| 法律史译丛 | 王银宏 主编 |

20世纪
公法学大师

〔德〕　彼得·黑贝勒
　　　　米夏埃尔·基利安　编
　　　　海因里希·沃尔夫

王银宏　王　锴　柳建龙 等　译

商务印书馆
The Commercial Press
创于1897

STAATSRECHTSLEHRER DES 20. JAHRHUNDERTS

Peter Häberle, Michael Kilian, Heinrich Wolff

根据德古意特出版社 2018 年版译出

编者简介

彼得·黑贝勒(Peter Häberle)

1934年生,德国拜罗伊特大学(Universität Bayreuth)欧洲宪法学教授,曾任圣加仑大学(Universität St. Gallen)终身客座教授(法哲学)以及罗马、格拉纳达和拉丁美洲等地大学的客座教授,共出版55部著作,相关著作被译为十余种语言。

米夏埃尔·基利安(Michael Kilian)

1949年生,德国哈勒–维滕贝格大学(Martin-Luther-Universität Halle-Wittenberg)法学院和经济学院教授,曾任德国萨克森–安哈尔特州宪法法院法官,自2014年起为德累斯顿执业律师。

海因里希·沃尔夫(Heinrich Wolff)

1965年生,1996年获得博士学位,1998年完成教授资格论文,自2014年1月3日起任德国拜罗伊特大学公法、环境法、科学技术与信息学教授。

译者简介

王银宏

中国政法大学教授、博士生导师，教育部人文社会科学重点研究基地·中国政法大学法律史学研究院副院长。

王　锴

北京航空航天大学法学院教授、博士生导师，国家社科基金重大专项首席专家，教育部青年长江学者（2021）。

柳建龙

中国社会科学院大学法学院副教授，中国社会科学院法学研究所副研究员。

周万里

华东师范大学法学院副教授，大夏合规负责人。

赵　真

中央财经大学法学院副教授。

吴国邦

维也纳大学法学院博士研究生。

中国政法大学法律史学研究院

法律史译丛

顾　问：张晋藩　朱　勇

主　编：王银宏

副主编：李　栋　于　明

　　　　周万里　李冰逆

"法律史译丛"总序

当前，世界各国、各地区之间的文化交流和联系日益密切，"文明因交流而多彩，文明因互鉴而丰富"，文明的交流互鉴是各国发展的应有之义。中国是一个历史悠久的国家，中华文明源远流长，在人类文明史上独树一帜。中华法制文明灿烂辉煌，在发展过程中融汇了多民族、多地域的法律文化，同时也对世界其他国家和地区的法律文明发展产生重要影响。

习近平总书记指出，"中华优秀传统文化是中华民族的突出优势"，"是我们在世界文化激荡中站稳脚跟的坚实根基"。实现中华民族伟大复兴，"要结合新的时代条件传承和弘扬中华优秀传统文化"，同时，在推进国家治理体系和治理能力现代化的过程中，"要学习和借鉴人类文明的一切优秀成果"，"学习借鉴不等于是简单的拿来主义，必须坚持以我为主、为我所用，认真鉴别、合理吸收，不能搞'全盘西化'，不能搞'全面移植'，不能照搬照抄"。因此，"在中外文化沟通交流中，我们要保持对自身文化的自信、耐力、定力"。深厚的历史文化基础是中华文明的生命力之所在，辉煌灿烂的中华文明是中华民族屹立于世界文明之林的根基所在，这是我们进行学术研究和学术交流的"自信、耐力、定力"的本源。

作为教育部所属的国家级人文社会科学重点研究基地，中国政法大学法律史学研究院三十多年来始终坚持以学术为己任，注重历史与现实的结合，注重法律史学理论研究与法律文化传承的结合，注重国内研究与国外交流的结合。法律史学研究院是一个开放性的学术机构，"法律史译<u>丛</u>"也是一个开放性的译<u>丛</u>，希望法律史学研究院和"法律史译<u>丛</u>"能够推进中外法律史学研究和中外法律文化交流，在学术研究中加强文化交流，在文化交流中深化学术研究，既让中国认识世界，也让世界了解中国。

张晋藩

2021 年 5 月 31 日

目　录

第一版前言

　　基于瑞士、奥地利和德国在实践和理论上的密切联系，国家法在知识方面的相互影响不仅体现在学术方面，而且超越了学术的价值。知识的引领总是跟个人相关。因此，本书的宗旨跟斯蒂芬·格伦德曼（Stefan Grundmann）和卡尔·里森胡贝尔（Karl Riesenhuber）所编的《20世纪私法学大师》以及埃里克·希尔根多夫（Eric Hilgendorf）所编的《德语区刑法学者的自画像》是一致的，本书汇编介绍了67位瑞士、奥地利和德国的著名国家法学者。本书的编者彼得·黑贝勒（Peter Häberle）此前已经在其所编的《公法年鉴》中对诸多学者的生平作出过论述和评价。首先是发表在《公法年鉴》1983年第32卷第31页及以下页（冯·西姆松［v. Simson]），之后还有发表在《公法年鉴》第58卷第337页及以下诸页（伯恩哈特［Bernhardt]）、第62卷第485页及以下诸页（汉加特纳［Hangartner]）、第449页及以下诸页（弗罗蒙特［Fromont]）、第511页及以下诸页（奥珀曼［Oppermann]）、第528页及以下诸页（蒂雷尔［Thürer]）以及第61卷第599页及以下诸页（施特恩［Stern]）。

　　本书所选的这些令人尊敬的国家法学者的著作主要发表于20世纪，虽然有些学者已经逝世，但是他们的著作在学术领域仍具有重要意义。本书的作者的选择首先是在形式上看他们是否属于该国家法学者的学生，或者在其他方面与国家法有着相关的联系。编者既选择令人尊敬的国家法学者，也选择其作者，其中既有所谓"形式上的标准"，也在该范围内尽可能考虑到多元性。我们意识到，任何选择都带有一定程度的主观性。无论是这些20世纪的国家法学者，还是21世纪的参与者或者合作者无疑都有同样的入选资格。因为本书被限定为从瑞士、奥地利和德国三个国家中最多选择 70 位国家法学者，因此不可避免地要作出选择。米夏埃尔·基利安（Michael Kilian）已经对国家法学者罗曼·施努尔（Roman Schnur）作出特殊的评价。①

　　编者在此由衷地感谢所有为本书的编写和出版工作付出辛劳者，首先是各位作者和出版社，特别是扬·马丁·施密特（Jan Martin Schmidt）先生、玛丽亚·埃尔格（Maria Erge）女士和菲尔基妮亚·恩格斯（Virginia Engels）女士。同时，我们也衷心地感谢这些令人尊敬的国家法学者的家人选择照片并慨允印刷。

彼得·黑贝勒，拜罗伊特

米夏埃尔·基利安，哈勒

海因里希·沃尔夫，拜罗伊特

---

　　① „Roman Schnur—Ein deutscher Staatsrechtslehrer in Polen" in: P. Kardas/T. Sroka/W. Wrobel（Hg.）, Panstwo Prawa I Prawo Karne, Krakauer Festschrift für Andrzej Zoll, Warszawa, Wolters Kluwer Polska, Band I, S. 207 – 227.

第二版前言

基于读者对第一版的认可以及出版社的大力支持，特别是扬·马丁·施密特先生的支持，这本关于 20 世纪德语区国家法学者的著作决定出版第二版。该书的基本结构没有变化，主要是根据上个世纪的国家法学者在国家法学方面对 20 世纪国家发展的影响做了相应的选择。德语区的国家法学者的成就和影响理应予以明确的论述。跟第一版一样，第二版也没有要求论述必须客观，不能有批评性论述，而是基于当时的历史环境予以阐释和论述，在时间的长河中对选择作出一定的改变。第二版中新增加的国家法学者有贝纳茨克(Bernatzik)、布鲁格(Brugger)、黑内尔(Hänel)、基希海默(Kirchheimer)、克尔茨(Kölz)、莱尔歇(Lerche)、察赫尔(Zacher)等。对于不久前逝世的国家法学者霍斯特·埃姆克(Horst Ehmke)、罗曼·赫尔佐克(Roman Herzog)、迪特里希·申德勒(Dietrich Schindler)、伊福·汉加特纳(Yvo Hangartner)和卡尔·科里内克(Karl Korinek)，国家法的专业报刊都刊登了悼词。对于霍斯特·埃姆克，彼得·黑贝勒之后在《公法档案》上发表了一篇评论。米夏埃尔·基利安关于罗曼·施努尔的论述参见波兰著作的第一版前言。关于阿尔贝特·亨泽尔(Albert Hensel)的内容，很遗憾本书没有收入，因为埃克哈特·赖默尔(Ekkehart Reimer)和克里斯蒂安·瓦尔德霍夫(Christian Waldhoff)已经于 2000 年在科隆出版了专著《阿尔贝特·亨泽尔的生平和著作》。关于汉加特纳，安德烈亚斯·克莱(Andreas Kley)在 2015 年出版了专著《作为事业的一生：国家法学者伊福·汉加特纳(1933—2013)》。亦如第一版的前言中所述，任何人物的选择都带有一定的主观性，本书的选择无疑也存在这个问题。

基于读者的意愿，本书增加了按姓氏的字母顺序排列的国家法学者目录。此外书中曾增加少数的解释性说明。这主要是想为非中欧的读者提供一些关于文中提及的政治人物的信息，书中所论述的国家法学者由此也可以与思想史建立起联系。但是，出于编辑工作的考虑，关于这些人物的解释性内容不得不略去。关于他们的家庭成员的名字可以在相关的著述中查到，因而人物目录中不再列入。

没有诸位作者的支持与友好合作，本书不可能得以出版。三位编者由衷地感谢所有作者及其他工作人员。两位编者尤其要感谢米夏埃尔·基利安，他以远远超出我们想象的热情投入第二版的编纂工作中。我们也衷心地感谢出版社的诸位编辑，特别是菲尔基妮亚·恩格斯（Virginia Engels）女士、克劳迪娅·勒尔（Claudia Loehr）女士和卡特娅·布罗克曼（Katja Brockmann）女士。本书的出版饱含了三位女士极大的热情和对法学的情感。最后，我们要感谢米夏埃尔·基利安的夫人玛丽安娜（Marianne）对于第二版出版工作的全方位支持。她以教职补偿了他。

彼得·黑贝勒，拜罗伊特

米夏埃尔·基利安，哈勒-维滕贝格

海因里希·沃尔夫，拜罗伊特

2018 年 6 月

作者名单

安德烈亚斯·冯·阿瑙德（Andreas von Arnauld）
德国基尔大学公法学、国际法和欧盟法教授

埃伯哈德·施密特-阿斯曼（Eberhard Schmidt-Aßmann）
德国海德堡大学公法学教授

维尔弗里德·贝格（Wilfried Berg）
德国拜罗伊特大学公法与经济法教授

帕斯卡尔·坎奇克（Pascale Cancik）
德国奥斯纳布吕克大学地区法和行政学研究所所长，主要研究领域为议会法、环境法、行政法史

霍斯特·德赖尔（Horst Dreier）
曾任德国海德堡大学、汉堡大学、维尔茨堡大学法哲学、国家法和行政法教授

迪尔克·埃勒斯（Dirk Ehlers）
德国明斯特大学教授，曾任公共经济法研究所所长

吉奥瓦尼·比亚基尼（Giovanni Biaggini）
瑞士苏黎世大学国家法、行政法和欧洲法教授

瓦尔特·施米特·格莱塞尔（Walter Schmitt Glaeser）
曾任马尔堡大学公法学教授，拜罗伊特大学公法学与行政学教授

卡特林·格罗（Kathrin Groh）
德国联邦国防大学（慕尼黑）公法学教授

克里斯托夫·古居（Christoph Gusy）

德国比勒费尔德大学公法、国家理论和宪法史教授

彼得·黑贝勒（Peter Häberle）

德国拜罗伊特大学欧洲宪法学教授

瓦尔特·哈勒（Walter Haller）

瑞士苏黎世大学国家法、行政法、比较宪法学教授

马蒂亚斯·耶施泰特（Matthias Jestaedt）

德国弗莱堡大学公法和法理学教授

赫伯特·卡尔布（Herbert Kalb）

奥地利林茨大学教授，宗教学、欧洲法律史和宗教法研究所所长，主要研究领域
为法律史、宗教法和法哲学

延斯·克斯滕（Jens Kersten）

德国慕尼黑大学公法和行政学教授

米夏埃尔·基利安（Michael Kilian）

曾任德国萨克森-安哈尔特州宪法法院法官，德累斯顿执业律师

保罗·基希霍夫（Paul Kirchhof）

德国海德堡大学国家法和税法教授，曾任德国联邦宪法法院法官

汉斯·胡果·克莱因（Hans Hugo Klein）

德国哥廷根大学教授，曾任德国联邦宪法法院法官

卡尔·科里内克（Karl Korinek）

曾任奥地利格拉茨大学、维也纳经济大学、维也纳大学国家法和行政法教授，自
1978年起任奥地利宪法法院法官，2003年至2008年任奥地利宪法法院院长

奥利弗·莱普修斯（Oliver Lepsius）

德国拜罗伊特大学公法、外国公法与法哲学教授

彼得·莱尔歇（Peter Lerche）

曾任柏林自由大学、慕尼黑大学公法学教授，1981 年至 1984 年任德国国家法教师协会主席

汉斯·迈尔（Hans Meyer）

曾任德国法兰克福大学和柏林洪堡大学国家法、行政法和财政法教授，曾任柏林洪堡大学校长

马库斯·默斯特尔（Markus Möstl）

德国拜罗伊特大学公法学教授

约格·保罗·穆勒（Jörg Paul Müller）

瑞士伯尔尼大学公法和法哲学教授

赖因哈德·穆斯格努格（Reinhard Mußgnug）

曾任德国柏林大学、曼海姆大学、海德堡大学国家法、行政法、宪法史、财政法和税法教授

埃克哈特·赖默尔（Ekkehart Reimer）

德国海德堡大学公法、欧盟法和国际税法教授，财政法与税法研究所所长

阿尔弗雷德·林肯（Alfred Rinken）

德国不来梅大学教授

约亨·罗泽克（Jochen Rozek）

德国莱比锡大学国家法和行政法、宪法史与国家教会法教授

沃尔夫冈·吕夫纳（Wolfgang Rüfner）

曾任德国基尔大学、萨尔大学、科隆大学公法学教授，退休后担任"德国教区国家教会法研究所"第二任主任

迪安·舍福尔德（Dian Schefold）

德国不来梅大学公法学教授

赫伯特·尚贝克（Herbert Schambeck）

奥地利林茨大学公法、政治学和法哲学教授，曾任奥地利共和国联邦议会主席

迪特尔·赫尔穆特·朔伊林（Dieter H. Scheuing）

德国维尔茨堡大学公法、国际法和欧盟法教授，欧盟法让·莫内讲席教授

克里斯托夫·施林特内尔（Christoph Schlintner）

曾任奥地利维也纳大学国家法和行政法研究所项目研究人员，自 2013 年起任维也纳大学学生法事务的法律研究者

鲁珀特·肖尔茨（Rupert Scholz）

曾任德国柏林自由大学公法学教授，慕尼黑大学国家法学、行政法学、行政理论与财政法教授

赫尔穆特·舒尔策-菲利茨（Helmuth Schulze-Fielitz）

曾任德国联邦国防大学（慕尼黑）教授，维尔茨堡大学公法、环境法和行政学教授

布鲁诺·西马（Bruno Simma）

曾任慕尼黑大学、密歇根大学教授，曾任联合国国际法委员会成员、国际法院法官等

克里斯蒂安·施塔克（Christian Starck）

德国哥廷根大学公法学教授，曾任哥廷根大学校长、国际宪法协会名誉主席、欧洲公法协会名誉主席等

克劳斯·施特恩（Klaus Stern）

德国科隆大学公法学教授，曾任北莱茵-威斯特伐利亚州宪法法院法官

米歇尔·施托莱斯（Michael Stolleis）

德国法兰克福大学公法与法律史教授，曾任马克斯·普朗克欧洲法律史研究所所长

格哈德·施特雷策克（Gerhard Strejcek）

奥地利维也纳大学宪法和行政法、一般国家理论教授

乌韦·福尔克曼（Uwe Volkmann）
德国美因茨大学法哲学和公法学教授

克里斯蒂安·瓦尔德霍夫（Christian Waldhoff）
曾任德国波恩大学公法学教授，现为柏林洪堡大学教授

海因里希·阿马多伊斯·沃尔夫（Heinrich Amadeus Wolff）
德国拜罗伊特大学公法、环境法、科学技术与信息学教授

阿尔贝特·黑内尔（Albert Hänel，1833—1918）

阿尔弗雷德·林肯　著　柳建龙　译

一、黑内尔：一个政治的教授

　　"政治的教授"（politischer professor），这一标签特别适合黑内尔[2]，不只是因为他职业生涯的双轨性——他既是重要的国家法学者，也是帝国议会中自由派的领袖，[3] 更是因为他的学术活动与政治活动的密切联系；他是一个"在政治上十分活跃的教授"[4]。

　　黑内尔所经历的学术与政治的联系和相互补充源于其在文化和政治上开放的家庭的熏陶。[5] 1833 年 6 月 10 日，阿尔贝特·黑内尔生于莱比

------

[2]　关于阿尔贝特·黑内尔的详细评述可见 Stephan Graf Vitzthum, Linksliberale Politik und materialem Staatsrechtslehre. Albert Hänel 1833 - 1918, 1971; Manfred Friedrich, Zwischen Positivismus und materialem Verfassungsdenken. Albert Hänel und seine Bedeutung für die deutsche Staatsrechtswissenschaft, 1971; ders., Geschichte der deutschen Staatsrechtswissenschaft, 1997, S. 262 ff.; Michael Stolleis, Geschichte des öffentlichen Rechts in Deutschland. Zweiter Band: Staatsrechtslehre und Verwaltungswissenschaft 1800 - 1914, 1992, S. 355 - 358。谨以此文纪念我英年早逝的朋友斯蒂芬·格拉夫·菲茨图姆（Stephan Graf Vitzthum），在曼海姆和弗莱堡一起担任助理期间，我和他曾就国家法的实证主义、拉班德及黑内尔进行了诸多深入的讨论。根据菲茨图姆的文章（第 9 页），黑内尔在写自己的名字用的是"ä"（而非"a"），下文从之。

[3]　Michael Stolleis, Albert Hänel, in: ders. (Hrsg.), Juristen. Ein biographisches Lexikon, 1995, S. 265.

[4]　关于"政治的教授"的特征的刻画是由霍斯特·埃姆克（Horst Ehmke）提出的，见 Horst Ehmke, Karl von Rotteck, der „politische Professor", 1964, S. 11。

[5]　更详细的传记，见 Stephan Graf Vitzthum, Linksliberale Politik und materialem Staatsrechtslehre. Albert Hänel 1833 - 1918, 1971, S. 17 ff.; Manfred Friedrich, Zwischen Positivismus und materialem Verfassungsdenken. Albert Hänel und seine Bedeutung für die deutsche Staatsrechtswissenschaft, 1971, S. 22 ff.; vgl. auch Wilfried Röhrich, Hänel, Albert Friedrich, in: Schleswig-Holsteinisches Biographisches Lexikon, Band 4, 1976, S. 76 - 79; Robert Scheyhing, Hänel, Albert, in: Neue Deutsche Biographie. 7. Band, 1966, S. 441.

锡。他的父亲是药学教授阿尔贝特·弗里德里希·黑内尔（Albert Friedrich Hänel，1800—1833）（黑内尔出生前，父亲就去世了），母亲是女权主义者伊杜娜·黑内尔（Iduna Hänel，1808—1879），娘家姓是来自莱比锡的劳贝（Laube）⑥。在他的继父海因里希·劳贝（Heinrich Laube，1806—1884）——文学革命作家协会"新德意志"的领袖、法兰克福国民议会的成员，之后成为维也纳歌剧院的主任——的熏陶下，黑内尔很早就熟悉政治纲领和活动，特别是自由运动中的政治纲领和活动。⑦ 在他的叔父古斯塔夫·黑内尔（Gustav Hänel，1792—1878）——莱比锡大学的罗马法教授——的熏陶下，黑内尔在很小的时候就接触法学。⑧ 1850年他进入维也纳大学学习，并于1851—1852学年在莱比锡继续深造。在1856年的第一次国家法律考试之后，他到海德堡大学听罗伯特·冯·莫尔（Robert von Mohl）的"政治学"课。1857年年底，在爱德华·阿尔布雷希特（Eduard Albrecht）的指导下，他以《萨克森之镜》（Sachsenspiegel）中的证明制度的德国法研究在莱比锡大学获得博士学位。1858年，该项研究的第二部分作为教授资格论文提交给莱比锡大学法学院，并通过答辩。⑨ 黑内尔的两位学术导师莫尔和阿尔布雷希特对他的学术作品产生了巨大影响。他们所传授的日耳曼历史方法不仅对他的德国法早期作品而言具有重要意义，对他的宪法学著作更具有重要意义，"由于政治发展的历史性和有机性，与之相应，（黑内尔）不无批判地赞许俾斯麦的统一工作，并认为俾斯麦的统一工作完成了民族宪法的发展；（他）也总是从中心政治目标和思想出发来解释宪法的形成过程"⑩。1860年，黑内尔被聘为柯尼斯堡大学民法副教授，1862年晋升为正教授。1863年，他接

---

⑥　Iduna Laube, Österreichisches Biographisches Lexikon, Bd. 5（1970），S. 46［Internetauszug］.

⑦　例如，在担任法兰克福国民议会顾问期间，劳贝为年轻的黑内尔在保罗教堂争取到了一个座位，使他可以旁听国民议会长达三个星期的讨论（Manfred Friedrich, Zwischen Positivismus und materialem Verfassungsdenken. Albert Hänel und seine Bedeutung für die deutsche Staatsrechtswissenschaft, 1971, S. 24）。

⑧　黑内尔本人对叔父的崇敬之情，可见 Albert Hänel/Ernst Landsberg, Gustav Hänel, in：Allgemeine Deutsche Biographie 49（1904），S. 751 - 755［Online-Version］。

⑨　Stephan Graf Vitzthum, Linksliberale Politik und materialem Staatsrechtslehre. Albert Hänel 1833 - 1918, 1971, S. 19; eine Bibliographie aller Arbeiten Hänels bei Vitzthum, S. 208 f.

⑩　Manfred Friedrich, Zwischen Positivismus und materialem Verfassungsdenken. Albert Hänel und seine Bedeutung für die deutsche Staatsrechtswissenschaft, 1971, S. 26.

受基尔大学邀请，担任基尔大学私法、教会法、德国国家和法律史、国家法和荷尔斯泰因特别法教授。在基尔大学，他是一名备受尊敬的学术教师[11]（1893 年和 1899 年担任法学院院长；1892—1893 年担任大学校长）；期间他拒绝了波恩大学和苏黎世大学的盛情邀请，在基尔大学一直工作至 1911 年退休。根据他的政治兴趣，黑内尔很快将其学术教学和著述的重点转移到宪法、行政法和国际法上，因此他也被视为"国家法学者"。

在很年轻的时候，黑内尔在政治上就已经非常活跃。[12] 当他还是莱比锡大学的一名年轻讲师时，他就加入了致力于在普鲁士领导下统一德国的全国协会；他是 1861 年在柯尼斯堡成立的德国进步党的共同创始人之一。他正式踏入政坛则始于担任基尔大学教授之时。在这里，作为弗里德里希·冯·奥古斯滕堡（Friedrich von Augustenburg）公爵的密友和国家法顾问，在石勒苏益格-荷尔斯泰因问题上，他支持公爵的继承权和各公国作为中央国家的地位。然而，1866 年普鲁士吞并石勒苏益格-荷尔斯泰因后，他就转而主张，在现实政治上承认既成事实，并以自由主义的立场参与将石勒苏益格-荷尔斯泰因并入普鲁士的活动中。就此而言，他值得一提的功绩是：在起草当时普鲁士最自由的城市条例——1869 年 4 月 14 日的《石勒苏益格-荷尔斯泰因城市条例》中，他发挥了决定性作用。

1867—1888 年，黑内尔任普鲁士代表院议员；[13] 1867—1893 年、1898—1903 年，两度任帝国议会议员。在议会中，他始终代表着左翼自由主义立场，这一点随着党派的变化而变化：最初他属于左翼的中央党，1870 年后属于进步党，1884 年后属于德国自由党。德国自由党是在

---

⑪　Festgabe der Kieler Juristen-Fakultät ihrem hochverehrten Senior Dr. Albert Hänel darge-bracht zum fünfzigjährigen Doktor-Jubiläum am 28. Dezember 1907, 1907 [Nachdruck 1987].

⑫　关于黑内尔的政治活动，详见 Stephan Graf Vitzthum, Linksliberale Politik und materi-alem Staatsrechtslehre. Albert Hänel 1833－1918, 1971, S. 21－84 以及 Manfred Friedrich, Zwi-schen Positivismus und materialem Verfassungsdenken. Albert Hänel und seine Bedeutung für die deutsche Staatsrechtswissenschaft, 1971, S. 31 ff. 。菲茨图姆的著作中附有帝国议会会议记录作为佐证。

⑬　黑内尔是 19 世纪末重新抬头的反犹太主义的坚定反对者。1880 年 11 月他在普鲁士众议院提出"黑内尔质询"（Interpellation Hänel）案，反对"反犹太主义请愿"，该请愿要求撤销实质上针对犹太人的平等对待法。

他的推动下由进步党和民族自由党的分离派融合而成的。1893 年，当新党由于对国防政策的意见相左而解体时，他是自由精神协会的发起人和领导人之一。[14] 黑内尔的议会活动是由三月革命前的自由主义思想传统中的"有机"自由主义观念所塑造的；这种自由"不仅指向个人的国家自由，将私人领域从国家中划分出来，而且也指向政治权利的保障和巩固及对国家的影响可能性。就该思想而言，国家和自由处于一种相互的关系之中，应该相互促进"[15]。这种观点将议会作为市民社会的代表机构置于利益的中心。正是由于这种以 1848 年理想为导向的观念，黑内尔在现实政治中果断地主张应穷尽议会权力，特别是应充分利用预算权，此外，他进一步主张帝国政府应完全向议会负责，在此基础上扩张议会；他认为，联邦参议院是帝国宪法的败笔。[16] "黑内尔想要的是民族的、统一的、自由的议会制立宪国家，它在人民主权的基础上克服了君主权力和议会之间的二元论。这既是'三月革命前的'，也是'现代的'。"[17] 然而，它在很大程度上是一个立宪政治方案。

二、　国家法著作

就狭义的国家法而言，黑内尔著述不丰。尽管事实上他有三卷本的

---

[14]　关于帝国成立后左翼自由党的复杂历史，vgl. Ernst Rudolf Huber, Deutsche Verfassungsgeschichte seit 1789. Band IV: Struktur und Krisen des Kaiserreichs, 1969, S. 75 ff. 。

[15]　Stephan Graf Vitzthum, Linksliberale Politik und materialem Staatsrechtslehre. Albert Hänel 1833 - 1918, 1971, S. 69 f. , 199 f. 黑内尔自由主义的基本信念反映在他对俾斯麦的反社会主义法律的激烈批评上，他认为，它与信仰和良心自由不相容，尽管他在政治上与社会民主作斗争。Vgl. Stephan Graf Vitzthum, Linksliberale Politik und materialem Staatsrechtslehre. Albert Hänel 1833 - 1918, 1971, S. 71.

[16]　黑内尔对殖民地国家法律的立场也与这一基本倾向相一致，他积极地主张帝国立法机构发挥决定性的作用。Vgl. dazu informativ Max Grohmann, Exotische Verfassung. Die Kompetenzen des Reichstags für die deutschen Kolonien in Gesetzgebung und Staatsrechtswissenschaft des Kaiserreichs（1884 - 1914），2001, S. 118 ff.

[17]　Michael Stolleis, Geschichte des öffentlichen Rechts in Deutschland. Zweiter Band: Staatsrechtslehre und Verwaltungswissenschaft 1800 - 1914，1992, S. 356.

《德国国家法研究》[18] 以及未完成的杰作《德国国家法》。

在《德国国家法研究》第一卷《德意志帝国宪法的契约要素》中，黑内尔在与以马克斯·冯·塞德尔(Max von Seydel)为代表的主张帝国仅具有邦联性质的学说商榷时，提出了自己的国家理论。[19] 其论点可以总结为："无论是单个国家抑或是国家之和，其本身都不是国家；它们只是以国家的方式组织和行动的政治共同体。国家仅指联邦国家，是前述二者的总和。"不过，作为权限之权限，"其主权的核心"的拥有者的整全性就是帝国。[20] 与此相应，成员国不是国家，只是以国家的方式组织起来的结构。[21] 在黑内尔的理论中，此种一元宪法论的倾向至为明显。

《德国国家法研究》第二卷《德意志帝国宪法上组织的发展》，可谓黑内尔的政治学著作。[22] 他对帝国宪法中的前后矛盾和不一致之处作了分析，其中分析了帝国首相向帝国议会负责的制度(帝国宪法第17条)，并且由此进一步分析了宪法政治的发展结果，即帝国宪法继续发展的结果是导向一种议会宪法制度。

《德国国家法研究》第三卷为出版于1888年的专著《形式和实质意义上的制定法》。该著作对于理解黑内尔的作品具有重要的意义，因为在与拉班德的商榷中他发展出了自己对于国家、法以及宪法的见解，他

---

[18] Albert Hänel, Studien zum Deutschen Staatsrechte. Bd. I: Die vertragsmäßigen Elemente der deutschen Reichsverfassung, 1873; Bd. II, Heft 1: Die organisatorische Entwicklung der Deutschen Reichsverfassung, 1880; Bd. II, Heft 2: Das Gesetz im formellen und materiellen Sinne, 1888 [Nachdruck 1968]. 下文所引黑内尔作品将根据现代拼写法进行调整；黑内尔频频强调的内容不再着重标注。

[19] 详见 Manfred Friedrich, Zwischen Positivismus und materialem Verfassungsdenken. Albert Hänel und seine Bedeutung für die deutsche Staatsrechtswissenschaft, 1971, S. 44 ff.; Stephan Graf Vitzthum, Linksliberale Politik und materialem Staatsrechtslehre. Albert Hänel 1833 – 1918, 1971, S. 185 ff.; 黑内尔同时代人关于联邦国家的讨论，参见 Michael Stolleis, Geschichte des öffentlichen Rechts in Deutschland. Zweiter Band: Staatsrechtslehre und Verwaltungswissenschaft 1800 – 1914, 1992, S. 365 ff.。

[20] Albert Hänel, Studien zum Deutschen Staatsrechte. Bd. I: Die vertragsmäßigen Elemente der deutschen Reichsverfassung, 1873, S. 63, 149.

[21] 相关阐述可参见 Albert Hänel. Deutsches Staatsrecht. Erster Band. Die Grundlagen des Deutschen Staates und die Reichsgewalt, 1892, S. 717 ff., 793 ff.。关于黑内尔联邦国家概念的分类和批评，Wieland Hempel, Der demokratische Bundesstaat, 1966, S. 241 f., 其中有相关证明。

[22] 详见 Manfred Friedrich, Zwischen Positivismus und materialem Verfassungsdenken. Albert Hänel und seine Bedeutung für die deutsche Staatsrechtswissenschaft, 1971, S. 50。

的自由-立宪主义的主张与拉班德的君主制-保守主义立场截然相反。与吉尔克在其关于拉班德的重要书评中的做法不同㉓，黑内尔并不是从原则上的方法论批判出发，而是在"形式逻辑上"㉔与拉班德进行争论，"平视"拉班德。他批判的对象是拉班德关于形式和实质意义上的制定法的理论，由此使得行政在普鲁士宪法冲突中相对于立法的优先性得以正当化。㉕通过使用这种双重定义作为划分立法和法规制定权以及确定预算法的法律性质的标准，"完全是为了解决两个问题，这两个问题到目前为止属于宪法上最重要的问题"。"它跟关于国家和法的最高观念密切相关……"㉖黑内尔由此恰当地确定了在表面上看来具有技术化的概念形成的基本意义。事实上，"一方面是法律，另一方面是法令，决定了议会和行政部门的范围以及社会和司法控制的标准"。而关于预算法的法律性质的争议涉及的是"在现代国家最敏感的领域——使用纳税人的钱"的议会化程度。㉗

根据拉班德的二元制定法理论，只有在实质意义上，即只有制定法包含法律语句时，才存在制定法；形式意义上的制定法(如预算法)，欠缺法律的拘束性，则不构成制定法。黑内尔强烈反对制定法理论的两个要素。他将"可能将法律上不相关的东西作为其内容"的形式意义的制定法概念与从实在宪法推导出来的制定法概念作了对比。根据这一点，制定法中任何能够颁布和公布的、表达了"何为国家意志，何者需要被尊重和服从"的句子都是客观法，因此是具有法律约束力的制定法；分离文本中与法律无关的部分是解释的任务。㉘因此，形式的制定法概念

㉓　Otto von Gierke, Labands Staatsrecht und die deutsche Rechtswissenschaft, in: Schmollers Jahrbuch für Gesetzgebung, Verwaltung und Volkswirtschaft im Deutschen Reich, NF 7 (1883), S. 1097 - 1195 [Nachdruck 1961].

㉔　Vgl. z. B. Albert Hänel, Das Gesetz im formellen und materiellen Sinne, 1888, S. 114, und öfter; Manfred Friedrich, Zwischen Positivismus und materialem Verfassungsdenken. Albert Hänel und seine Bedeutung für die deutsche Staatsrechtswissenschaft, 1971, S. 56 f.

㉕　Paul Laband, Das Budgetrecht nach den Bestimmungen der Preussischen Verfassungs-Urkunde unter Berücksichtigung der Verfassung des Norddeutschen Bundes, 1871 [Nachdruck 1971].

㉖　Albert Hänel, Das Gesetz im formellen und materiellen Sinne, 1888, S. 100, 104.

㉗　Michael Stolleis, Geschichte des öffentlichen Rechts in Deutschland. Zweiter Band: Staatsrechtslehre und Verwaltungswissenschaft 1800 - 1914, 1992, S. 370 f.

㉘　Albert Hänel, Das Gesetz im formellen und materiellen Sinne, 1888, S. 159 ff. , 171 f.

只是制定法形式的另一种表达。在法理论上，黑内尔着手对拉班德主张的实质意义的制定法概念进行根本性批判；这里他的批判针对的是拉班德的法律语句概念，而这又奠基于他的法概念。㉙ 拉班德认为，法的任务是"确定由人类的合群的共同生活所要求的个人出于本性的行动自由的限制和边界"。它实现如下任务："划定各个主体相互之间的权能和义务；其性质取决于可能相互冲突的意志载体的多数。"㉚ 由此也规定了实质意义上的法的功能。作为"法律语句的表达"㉛，它在国家法领域的任务是划定作为自成一体的国家法人的国家和公民相互之间的权能和义务。既然只是在国家和公民之间划清界限，那么国家内部领域的所有过程都被排除在法律的概念之外了。黑内尔正确地将拉班德的法律概念（以及耶利内克与之相应的法律概念）㉜的特征描述为"抽象自然法的传统残余"，并将其与另一种法律概念进行对比。除了调整和公正地维持相互关联和相互作用的意志力量的界限之外，法律"还有另一个基本任务，它构成了法律的最终目的和文化价值。这一任务是调整人类社会中的协作；创造那些固定的规则或形式，它们不是——消极地——限定或限制相互作用的意志力，而是——积极地——将它们联合起来……以便通过有计划的和可预见的力量联合，实现相互区隔的意志所无法实现的目标"㉝。

在"法律的组织功能"的基础上，结合对拉班德不可渗透的国家法人理论的批判，㉞ 黑内尔发展了法治国家的国家法和行政法的基本原理，他不承认国家有任何法外空间。他反对将立法限于概括条款意义上的实质意义上的法，以及由此将个别法律归入在形式意义上不具约束力的法

㉙ 以下参见 Ernst-Wolfgang Böckenförde, Gesetz und gesetzgebende Gewalt, 1958, S. 226 ff. （关于拉班德），S. 282 ff. （关于黑内尔）。

㉚ Paul Laband, Das Staatsrecht des Deutschen Reiches, Bd. II, 5. Aufl., 1911, S. 73, 181.

㉛ Paul Laband, Das Budgetrecht nach den Bestimmungen der Preussischen Verfassungs-Urkunde unter Berücksichtigung der Verfassung des Norddeutschen Bundes, 1871, S. 3, 12.

㉜ 根据 Georg Jellinek, Gesetz und Verordnung, 1887, S. 240 ff., "划定社会的边界"，这一目的是法律规范的重要特征。

㉝ Albert Hänel, Das Gesetz im formellen und materiellen Sinne, 1888, S. 207 f.

㉞ Albert Hänel, Das Gesetz im formellen und materiellen Sinne, 1888, S. 229 ff.

律类别中，[35] 也反对行政法规不能成为具有约束力的立法对象的论点。[36] 拉班德认为，"法和法律规范的任务不是积极地界定并引导行政，而是消极地限制行政"，黑内尔坚决反对拉班德的主张。相应地，与该理论相对，他主张如下观点，即所规定的法律上的自由在于行政行为的本质，行政行为也受现行的客观法约束。而组织条例也是法律条例或具有法律约束力的条例。"制定组织条例不是行政权力的自然属性，而是以宪法和制定法的授权为前提。"[37] 就该研究的结论而言，黑内尔反对拉班德的预算理论，根据这一理论，预算不包含任何法律规范，只是未来预期收入和支出的账目而已。这种理论没有认识到预算法作为国家活动的总体计划和宪法责任的制定法标准的功能。与当时的主流学说相反，黑内尔追求宪法的优先性效力，他倡导宪法优先性原则，尽管他没有使用这一概念，为此，预算法必须是一部具有法律约束力内容的制定法。与之相应，无预算的状态属于违宪的状态，虽然帝国和普鲁士的实在法对此未予以规定。该项研究以这样一个无可奈何的陈述结束："由于与法律和宪法相抵触，德国的法治国家暂时中止了；权力优先于法。"[38]

黑内尔所构思的四卷本著作《德国宪法》中，只有第一卷《德意志国家的根基和帝国权力》已经出版。[39] 其中第一部分[40]包含了一个具体的、一般的国家法学说，说它一般是因为它涉及"国家的本质"、主权、宪法及其与市民社会的关系，说它具体是因为这些一般性的阐述并非完全抽象的，而是在帝国宪法的具体背景下展开的。"国家是人类社会的一种组织形式。"在人类社会的组织形式类型中，它属于合作的共同体，

---

[35] 这反对的是格奥尔格·迈尔的理论，Albert Hänel, Das Gesetz im formellen und materiellen Sinne, 1888, S. 124 ff.。

[36] Albert Hänel, Das Gesetz im formellen und materiellen Sinne, 1888, S. 201 ff., 235 ff., 246.

[37] Albert Hänel, Das Gesetz im formellen und materiellen Sinne, 1888, S. 210 f., 184, 290.

[38] Albert Hänel, Das Gesetz im formellen und materiellen Sinne, 1888, S. 296 ff., 310 ff., 346 ff.

[39] Albert Hänel. Deutsches Staatsrecht. Erster Band. Die Grundlagen des Deutschen Staates und die Reichsgewalt, 1892. 另外三卷的构想为：第二卷讨论帝国机关，第三卷是关于国家功能的学说，第四卷为行政法。

[40] Albert Hänel, Das Gesetz im formellen und materiellen Sinne, 1888, S. 210 f., 184, 290.

其特殊的内部结构在于，根据机关和成员而构成社会的合作，其形成原则，即所有参与者的决定性动机是为了一个共同目的。针对国家法实证主义带来的国家目的学说的形式化，黑内尔指出："国家……是建立在一个共同目的之上的……这一目的经由国家权力及其载体借助国民予以实现，对该意志所有人都应予以承认和服从。"通过共同目的的要件事实和概念确立的共同意志是一个抽象的或虚构的实体，它是作为一个从个人出发的意志形成过程而被给定的。相对独立于个人的任意性的必要性导致了直接由宪法予以正当化的机关的构建，这些机关在公务员法律规定的权限框架内，通过其个人意愿（意欲）形成并贯彻共同意志。合作联盟之"国家"的成员是"在其义务地位方面是臣民，在其权利地位方面是公民"的国民。"国家的宪法……显示了机关的统治权与臣民的服从义务之间的关系和公民在实现国家目的中的参与权与机关的相应义务之间的关系有着不可分割的联系。"⑪法律人格并没有给合作联盟的内在本质增加任何东西；它只是由实在法在外部承认其效力，"由此它确立一个拟制，即合作联盟是一个人，只构成一个统一的法律主体"⑫。

　　与任何其他意志力或政权（Herrschaft）相比，国家是最高的政权；其主权构成了本质的特殊性。黑内尔从内容上描述了这种主权：国家"就其结构而言，是最高的，因为它是最全面的合作联盟；就其功效而言，是最高的，因为它将社会所欲实现的全部目标变成一个总体计划所调整的总体目标的协力；就其功能而言，是最高的，因为来自总体秩序中的所有意志力和统治权都由其掌握并从属于它"。然而，国家的"至高无上"在所有三个方面都受到内在的限制。从共同目的的角度来看，主权并不意味着不受限制的全能，而是规范地规定国家的任务：成为民族文化发展的自主因素和权利的最高保障者。国家"最高的统治权"不是不受限制的全能，"国家的统治权只有为了实现其共同目的，才具有道德

　　⑪　Albert Hänel. Deutsches Staatsrecht. Erster Band. Die Grundlagen des Deutschen Staates und die Reichsgewalt, 1892, S. 76, 82, 84, 86 ff., 96, 98 f.

　　⑫　Albert Hänel. Deutsches Staatsrecht. Erster Band. Die Grundlagen des Deutschen Staates und die Reichsgewalt, 1892, S. 106.

上和法律上的合理性"㊸。

黑内尔通过"组织机构方面"的国家思考方式对内容进行划分："国家的结构是它的体系或实质意义上的宪法(Verfassung)。国家的职能或活动形式形成了政府，是形式意义上的主权的具象。宪法机构的所有功能均指向国家的效能或任务，由此产生了行政，行政是实质意义上的主权的具象。"㊹ 实质上，无所不包、处理帝国的实证法的著作的"特别部分"也遵循了该划分。㊺"政府权力"部分涉及立法、制定法规、监督和本来意义的帝国行政。"行政"部分涵盖了帝国的管理(组织权、财政权、强制和刑罚权、战争权、外交权)、邦国管理、福利管理(包括社团、交通工具、新闻、国民经济管理等)和司法。

三、 实质意义上的国家法学说

黑内尔并未离开国家法形式主义的边界，其论证是"逻辑-演绎的"，尤其是著作《形式和实质意义上的制定法》体现得更为明显。㊻ 对于黑内尔而言，"在与现实的意志力的关系中，法只不过是形式的原

㊸　Albert Hänel. Deutsches Staatsrecht. Erster Band. Die Grundlagen des Deutschen Staates und die Reichsgewalt, 1892, S. 108 f. , 110, 113 f. 在其就 Hugo Preuß „Gemeinde, Staat, Reich als Gebietskörperschaften", 1889 撰写的书评„Zur Revision der Methode und Grundbegriffe des Staatsrechts", AöR 5 (1890), S. 457－479 中，黑内尔强化了他的主权概念(S. 468 ff.)和他关于法律和国家的关系的见解; vgl. zur Preuß-Rezension Dian Schefold, Einleitung, in: ders. (Hrsg.), Hugo Preuß. Öffentliches Recht und Rechtsphilosophie im Kaiserreich, 2009, S. 11 ff. 。

㊹　Albert Hänel. Deutsches Staatsrecht. Erster Band. Die Grundlagen des Deutschen Staates und die Reichsgewalt, 1892, S. 119; 关于这些特殊的划分术语，vgl. Ernst-Wolfgang Böckenförde, Gesetz und gesetzgebende Gewalt, 1958, S. 293。

㊺　Albert Hänel. Deutsches Staatsrecht. Erster Band. Die Grundlagen des Deutschen Staates und die Reichsgewalt, 1892, II. Buch. Die Reichsgewalt (S. 215－856).

㊻　不只同时代的批评家指出"逻辑推理"包含循环论证和同义反复的因素(拉班德尤其具有论战性); Michael Stolleis, Geschichte des öffentlichen Rechts in Deutschland. Zweiter Band: Staatsrechtslehre und Verwaltungswissenschaft 1800－1914, 1992, S. 357 f. ; Hans W. Kopp, Inhalt und Form der Gesetze, 1958, S. 76 ff. , 82 f. 。

则"⑰。他承认拉班德对法学方法发展所做的巨大贡献，和拉班德一样，他也认为，科学的任务是理解从一个系统的现实情况演绎出来的概念之间的联系。⑱ 然而，他的法学方法在一个关键点上与拉班德存在区别：对黑内尔而言，法律形式并不能脱离内容，而是始终与内容相关。正如米歇尔·施托莱斯（Michael Stolleis）所总结的那样，他的思想是"实质性的"，因为他认为只有当法律形式完全吸收了非法律的事实问题时，该问题才是法律上可以解决的。⑲ 因此，他与"以学者公式、形而上学的概念化以及技术上的阐释方法为已足"的方法保持距离，并呼吁采用"旨在解释现实要件事实"的分析方法。⑳ 这种方法使得"首先从历史起源上发展各自的法律问题，并说明其政治前提"成为可能，也要求这么做。㉑ 这种现实关联性使得法律史和比较法方面的思考成为可能，并要求此种思考。黑内尔保留了法律方法的组织功能，但避免了其抽象的空洞。

　　然而，不仅在方法上，也包括对国家和法律的理解上，黑内尔的国家法学说都有实质性的方法。

　　黑内尔以其合作的国家概念将自己与当时其他学说的片面性和夸张性区分开来；就这一发展而言，按照他自己的说法，吉尔克是他的"支柱和指挥"㉒。㉓ 他的国家理论首先明确否定了拉班德关于国家的学说，拉班德将国家视为实质性的、类似于人的实体（法人），黑内尔把这种学

　　⑰　Albert Hänel. Deutsches Staatsrecht. Erster Band. Die Grundlagen des Deutschen Staates und die Reichsgewalt, 1892, S. 111. 关于黑内尔的法学方法的讨论, vgl. auch Manfred Friedrich, Zwischen Positivismus und materialem Verfassungsdenken. Albert Hänel und seine Bedeutung für die deutsche Staatsrechtswissenschaft, 1971, S. 56 f.；Stephan Graf Vitzthum, Linksliberale Politik und materialem Staatsrechtslehre. Albert Hänel 1833 – 1918, 1971, S. 200。

　　⑱　Vgl. z. B. Albert Hänel, Das Gesetz im formellen und materiellen Sinne, 1888, S. 192.

　　⑲　Michael Stolleis, Geschichte des öffentlichen Rechts in Deutschland. Zweiter Band：Staatsrechtslehre und Verwaltungswissenschaft 1800 – 1914, 1992, S. 357.

　　⑳　Albert Hänel, Das Gesetz im formellen und materiellen Sinne, 1888, S. 232 f.

　　㉑　Michael Stolleis, Geschichte des öffentlichen Rechts in Deutschland. Zweiter Band：Staatsrechtslehre und Verwaltungswissenschaft 1800 – 1914, 1992, S. 357. 当黑内尔把 1849 年的《保罗教堂宪法》和 1850 年的《联邦宪法》描述为"今天生效的帝国宪法的唯一和决定性的法律历史参考点"时，他表明了自己思维的基本前提。

　　㉒　Albert Hänel. Deutsches Staatsrecht. Erster Band. Die Grundlagen des Deutschen Staates und die Reichsgewalt, 1892, S. 81 Note 1. 不过，黑内尔与概念现实主义有机体理论保持距离，因为它是从吉尔克的某些观念类推而来的；vgl. ebd., S. 99 ff., mit Note 4。

　　㉓　就下文而言，可参考我如下文章的讨论：Das Öffentliche als verfassungstheoretisches Problem, 1971, S. 192 – 201。

说讽刺为"形而上学的最浓重的迷雾"，并批评它是抽象概念的伪装。"国家……完全生存和活动于其机关中……除了这些机关之外，国家根本就没有实体，只是一种片面的抽象……"[54] 将国家定性为法人（仅仅）是技术条件下的拟制，这不影响国家的内在合作的实质，确保了人-建构的法释义学优点，而没有从法人的"一般"概念推导一个个人主义私法的国家构造，根据这种构造，国家作为"一个自足的（不可渗透的）个体……是孤立的，与其他法人没有联系"[55]。通过他的主权理论，黑内尔最终坚决反对格奥尔格·耶利内克关于国家在本质上不受限制的理论，根据耶利内克的理论，国家只有通过自我限制才会产生相对于其他人的法律上受限制的关系。黑内尔认为，将国家作为"大写的人"的基本统一体观念在根本上是错误的，它没有认识到国家的社会性质以及由此而受限于法律的性质。"法律是各种组织形式的人类社会所必需的秩序原则。"[56]"法律是国家必要的表现形式。如果其存在、有效性和任务中不存在法律，则国家不仅在实际上不能产生，而且在概念上也是不能想象的。"不过，这以一种法观念为前提，黑内尔不像拉班德和耶利内克那样，认为法律的本质只存在于法的划定边界或界限的消极功能之中，而是认为在法律之中也存在积极的使社会协作成为可能的功能。经由其"组织功能"，法律才提供了作为人类文化基本条件的可预测和安全协作的可能性。[57]

　　将国家定性为人类社会的一种组织形式有着更深远的后果：国家并非与社会或者更具体的"市民社会"的个体性相对立的外在统一体，它

---

　　[54]　Albert Hänel, Das Gesetz im formellen und materiellen Sinne, 1888, S. 230 f.

　　[55]　博肯弗尔德如此描述拉班德的国家概念，Ernst-Wolfgang Böckenförde, Gesetz und gesetzgebende Gewalt, 1958, S. 234。

　　[56]　Albert Hänel, Deutsches Staatsrecht. Erster Band. Die Grundlagen des Deutschen Staates und die Reichsgewalt, 1892, S. 115.

　　[57]　Albert Hänel, Das Gesetz im formellen und materiellen Sinne, 1888, S. 208; Albert Hänel. Deutsches Staatsrecht. Erster Band. Die Grundlagen des Deutschen Staates und die Reichsgewalt, 1892, S. 115.

们有着相同的根源。受狄尔泰(Dilthey)的影响[58]，黑内尔的社会概念首先是文化科学导向的：作为社会组织的"国家"是民族文化生活的前提，也是其结果，它是一个"文化国家"(Kulturstaat)。[59] 这样的观点使我们有可能认识到国家和社会之间保障自由的区别，而不把它夸大为一种对立，从而避免因这种夸大而产生的二元论的固化。黑内尔的国家和法律概念从根本上克服了国家和社会的排他性对立，支持以任务为导向的共同秩序，这一点首先表现在他关于国家相对于社会团体所具有的积极有利的地位以及关于公法和私法之间关系的论述中，于此可以说是私人的公共功能。[60] 从中我们可以看到将市民社会理解为一个由有组织的利益构成的多元结构社会和承认国家积极的监管和规划功能的方法。由此，更令人吃惊的是，作为"政治的教授"和政党政治家，黑内尔并不承认政党的宪法功能。[61]

四、 后续影响与现实意义

尽管黑内尔作为帝国宪法的缜密注释者获得了同时代人的认可，但

---

[58] Albert Hänel. Deutsches Staatsrecht. Erster Band. Die Grundlagen des Deutschen Staates und die Reichsgewalt, 1892, S. 75; vgl. dazu Stephan Graf Vitzthum, Linksliberale Politik und materialem Staatsrechtslehre. Albert Hänel 1833 – 1918, 1971, S. 118 ff.; Wilfried Röhrich, Hänel, Albert Friedrich, in: Schleswig-Holsteinisches Biographisches Lexikon, Band 4, 1976, S. 78.

[59] Albert Hänel. Deutsches Staatsrecht. Erster Band. Die Grundlagen des Deutschen Staates und die Reichsgewalt, 1892, S. 110, 127 ff. 然而，黑内尔本人并没有使用"文化国家"一词。克劳斯·黑斯佩(Klaus Hespe, Zur Entwicklung der Staatszwecklehre in der deutschen Staatsrechtswissenschaft des 19. Jahrhunderts, 1964, S. 59, with post-excerpts) 提到拉班德对这种国家概念的论战——不应认为国家是"社会完成文化任务的法律秩序"，因为国家任务的执行通常"与法律相去甚远"。

[60] Albert Hänel. Deutsches Staatsrecht. Erster Band. Die Grundlagen des Deutschen Staates und die Reichsgewalt, 1892, S. 154 ff., 169 ff.; vgl. dazu Stephan Graf Vitzthum, Linksliberale Politik und materialem Staatsrechtslehre. Albert Hänel 1833–1918, 1971, S. 183 f.; Rinken, Das Öffentliche als verfassungstheoretisches Problem, 1971, S. 199 f.

[61] Ernst Rudolf Huber, Deutsche Verfassungsgeschichte seit 1789. Band IV: Struktur und Krisen des Kaiserreichs, 1969, S. 6，表明了这一点。

事实上，其批判性立场并未能影响法律科学的原理争论。[62] 毕竟资产阶级也广泛接受的帝国政治制度与一直充分反映该制度的中央集权因素并予以正当化的保罗·拉班德的"通说"之间的一致性过于强大，而在上层资产阶级和中产阶级中自由主义的基础又过于薄弱。"人们对议会制的缺点并无太强烈的感受；像黑内尔这样充满激情的议员只是特例，并不存在这样一个阶层。"[63] 直到 20 世纪初，随着帝国的崩溃，社会、知识和政治背景逐渐发生了根本性的变化，[64] 实证主义概念和新的国家现实之间的不一致才变得清晰起来。至此，黑内尔的立场对于形式上和内容上的国家和法律的观点的贯通性才得到承认，特别是得到那些与黑内尔个人关系密切的宪法学者的积极评价。其连接点不只是黑内尔的联邦国家理论[65]，特别是他的更为开放的法学方法和对法律的理解，事实表明，就摆脱单一的"国家思维"和发展更复杂的"宪法思想"[66] 而言，其颇具成效，这不是实证主义批判的继承或者学派的形成，而是更为间接地鼓励人们进行实证主义批判，激励其探寻宪法的人文科学基础和"后实证主义"的宪法方法。[67] 海因里希·特里佩尔（Heinrich Triepel）的

---

[62] Stephan Graf Vitzthum, Linksliberale Politik und materialem Staatsrechtslehre. Albert Hänel 1833 – 1918, 1971, S. 122f. Erich Kaufmann, Kritik der neukantischen Rechtsphilosophie [1921], in: Gesammelte Schriften, Band III, 1960, S. 213, 指出当时的拉班德学派对黑内尔关于法律的形式概念及其后果的论战不屑一顾。

[63] Michael Stolleis, Geschichte des öffentlichen Rechts in Deutschland. Zweiter Band: Staatsrechtslehre und Verwaltungswissenschaft 1800 – 1914, 1992, S. 356 f.

[64] Stefan Korioth, Erschütterungen des staatsrechtlichen Positivismus im ausgehenden Kaiserreich, AöR 117 (1992), S. 212 ff. (232 ff.)指出，甚至在帝国崩溃之前，帝国的宪法和政治结构就有了发展，其致力于在考量政治和社会关联性的前提下对现行法作实质性的阐述（232 ff.）；参见 Wolfgang März, Der Richtungs-und Methodenstreit der Staatsrechtslehre, oder der staatsrechtliche Anti-positivismus, in: Knut Wolfgang Nörr u. a. (eds), Geisteswissenschaften zwischen Kaiserreich und Republik, S. 75 ff. (85 f.); Michael Stolleis, Geschichte des öffentlichen Rechts in Deutschland. Zweiter Band: Staatsrechtslehre und Verwaltungswissenschaft 1800 – 1914, 1992, S. 455 ff. 。

[65] Manfred Friedrich, Geschichte der deutschen Staatsrechtswissenschaft, 1997, S. 293, 指出黑内尔对于特里佩尔（Triepel）、考夫曼（Kaufmann）和斯门德（Smend）的联邦理论的重要性。

[66] 这方面的基本文献，见 Konrad Hesse, Die normative Kraft der Verfassung (1959), in: ders., Ausgewählte Schriften, 1984, S. 3 ff.; vgl. auch Alfred Rinken, Demokratie als Organisationsform der Bürgergesellschaft, in: Andreas Bovenschulte u. a. (Hrsg.), Demokratie und Selbstverwaltung in Europa. Festschrift für Dian Schefold, 2001, S. 223 ff. (229 ff.)。

[67] Vgl. zum Folgenden Manfred Friedrich, Geschichte der deutschen Staatsrechtswissenschaft, 1997, S. 275 f., 345 ff.

情况尤其如此，1908 年至 1913 年他在基尔大学担任教席教授期间，与黑内尔是同事。亚历山大·霍勒巴赫（Alexander Hollerbach）将特里佩尔的基本观念描述为"与法律伦理关联的、以价值为导向的目的论"，"其中，法律和现实之间存在着积极的相互关系，并且分析的-体系的建构跟与案件相关的、目的指向的具体诠释共同发挥作用"，⑱ 这与黑内尔的方法和法律思维的相似性就变得很明显，⑲ 即使目的论的成分受图宾根的利益法学的影响更强烈。埃里希·考夫曼（Erich Kaufmann）在黑内尔的指导下于 1908 年在基尔大学完成教授资格论文⑳，他描述了"在拉班德之后第一次接触到阿尔贝特·黑内尔的著作"的情形，黑内尔对国家法实证主义的批判㉑及其法律思想给他留下了"难忘的印象"。㉒ 鲁道夫·斯门德（Rudolf Smend）也在黑内尔的指导下于 1908 年取得教授资格，其教授资格论文与帝国最高法院（Reichskammergericht）有关，㉓ 其国家法的人文社会科学的进路也受到老师的影响。正是沿着黑内尔的这一轨迹，斯门德才能发展出整合理论；这在斯门德对黑内尔著作的特征的描述中表现得非常清楚：与拉班德的论述相反，黑内尔试图"将帝国国家法作为一个精神整体，而将国家法的个别部分作为该意义整体的子类加以理解"㉔。

　　黑内尔对国家法学说在上述方面发展的影响使我们有充分的理由将其视为 20 世纪的国家法学者，这一定位也可以从对他关于制定法的著作

⑱　Alexander Hollerbach, Zu Leben und Werk Heinrich Triepels, AöR 91（1966）, S. 417 ff.（433）.

⑲　Erich Kaufmann, Gesammelte Schriften, Band I, 1960, S. 311, 强调了特里佩尔与黑内尔的宪法方法之间的联系；vgl. auch Rudolf Smend, Heinrich Triepel [1966], in: ders., Staatsrechtliche Abhandlungen und andere Aufsätze. 2., erw. Aufl., 1968, S. 594 ff.（604 f.）。

⑳　Erich Kaufmann, Auswärtige Gewalt und Kolonialgewalt in den Vereinigten Staaten von Amerika, 1908.

㉑　Vgl. Erich Kaufmann, Gesammelte Schriften, Band I, 1960, S. 8; Erich Kaufmann, Kritik der neukantischen Rechtsphilosophie [1921], in: Gesammelte Schriften, Band III, 1960, S. 211 ff.

㉒　Vgl. Erich Kaufmann, Gesammelte Schriften, Band I, 1960, S. 359; Erich Kaufmann, Kritik der neukantischen Rechtsphilosophie [1921], in: Gesammelte Schriften, Band III, 1960, S. 267.

㉓　Rudolf Smend, Das Reichskammergericht. Erster Teil. Geschichte und Verfassung, 1911.

㉔　Rudolf Smend, Verfassung und Verfassungsrecht [1928], in: ders., Staatsrechtliche Abhandlungen und andere Aufsätze. 2., erw. Aufl., 1968, S. 234.

所主张的关于法理论和法律事务的立场的认可中得到例证。这只是在
《基本法》下发生的，即便是较晚才发生的，但这一事实清楚地表明，
黑内尔在国家法和行政法的法治国塑造方面已经走了很远。预算法不仅
是预算计划中包含的数额作品，而且也具有法律规范的实效，在精深的
法学研究工作的基础上⑦被联邦宪法法院确认为现行有效的法律。⑦ 经由
预算法的宪法审查，由黑内尔所提出的无预算状态的法治国的困境也得
以解决。根据《基本法》，个案立法并非不允许，只是在基本权利领域
不允许而已，这在不同层面确认了黑内尔的制定法理论。⑦ 黑内尔所反
对的将国家划分为法律上自由的内部领域和受法律调整的外部领域的做
法，也随着基本权利法外的"特别权力关系"⑦ 和有区别的外部法律与
内部法律体系的放弃而被取代。⑦ 时至今日，行政诉讼范围不断扩大，
行政行为受现行的客观法律的约束是理所当然的。最后，应该指出的
是，黑内尔的"积极的权利概念"对于克服将基本权利片面地理解为纯
粹的防御性权利以及发展适合于民主社会国家要求的基本权利理论具有
重要意义。⑧

---

⑦　基本文献，见 Hermann Heller, Der Begriff des Gesetzes, VVDStRL 4 (1928), S. 44 ff. (128 ff.), 引证黑内尔, in: ders., Gesammelte Schriften, Zweiter Band, 1971, S. 205 ff. (236 ff.) — Zur Rechtslage unter dem Grundgesetz vgl. insbes. Ernst-Wolfgang Böckenförde, Die Organisationsgewalt im Bereich der Regierung [1964], 2. Aufl. 1998, S. 107 ff.; Hans Heinrich Rupp, Grundfragen der Verwaltungsrechtslehre, 1965, S. 26 ff. 。

⑦　Bundesverfassungsgericht, Urteil vom 19. 7. 1966, BVerfGE 20, 56 (91) — Parteifinanzierung I, 该判决参考了黑内尔等人的观点。

⑦　Bundesverfassungsgericht, Urteil vom 7. 5. 1969, BVerfGE 25, 371 (398ff.).

⑦　为联邦宪法法院 1972 年 3 月 14 日的判决所确认，见 BVerfGE 33, 1 (9 ff.) — Strafgefangenenurteil。

⑦　Winfried Brohm, Verwaltungsvorschriften und besonderes Gewaltverhältnis, DÖV 1964, S. 238 ff.; Fritz Ossenbühl, Verwaltungsvorschriften und Grundgesetz, 1968, S. 158 ff.; Dietrich Jesch, Gesetz und Verwaltung, 1968, S. 206 ff.

⑧　Vgl. dazu Peter Häberle, Die Wesensgehaltsgarantie des Artikels 19 Abs. 2 Grundgesetz. Zugleich ein Beitrag zum institutionellen Verständnis der Grundrechte und zur Lehre vom Gesetzesvorbehalt [1962], 3., stark erw. Aufl., 1983, S. 156 ff., 225 f., 其中详细论述了关于黑内尔的基本内容。

保罗·拉班德（Paul Laband，1838—1918）

赖因哈德·穆斯格努格　著　王银宏　译

保罗·拉班德 1838 年 5 月 24 日出生于布雷斯劳（Breslau），1918 年 3 月 23 日在斯特拉斯堡逝世，他自 1872 年起就在斯特拉斯堡生活和教书。若人们认为 20 世纪国家法的开端不应根据年历来理解，而是应当依据 1918—1919 年间的宪法变迁来理解，那么将保罗·拉班德归属于 20 世纪的国家法学者，亦即在本卷的内容中予以论述，是不合适的。实际上，拉班德在 20 世纪亦即在 1900 年 1 月 1 日之后，生活了近二十年，或者更准确地说，他生活于 19 世纪末 20 世纪初。

作为帝国的国家法大师，拉班德在宪法史上具有重要地位，但是我们无法明确区分他对于魏玛共和国与联邦共和国的新宪法所具有的意义。暂且不论拉班德的其他著作，若没有其四卷本的《德意志帝国的国家法》[1] 奠定基础，《魏玛宪法》和《波恩基本法》不可能呈现出当时的样貌。从立宪君主国的国家法到议会共和国的国家法的转变过程中，拉班德在君主国的那边为其加固了桥头堡。因此，菲利普·措恩（Philipp Zorn）一如既往地多次表达对拉班德的尊重："拉班德之后的所有国家法著作都是站在他的肩膀上。"[2] 拉班德为宪法的现代过渡指明了道路，并且至今仍引发人们对于这条道路是否正确进行持续、深入的思考。无论如何，拉班德不仅是而且也应当属于 20 世纪的国家法大师。

---

[1] 自 1876 年至 1911 年，出版的书名是《德意志帝国国家法》，以一卷本的形式出版了五版；从 1894 年至 1919 年出版了七版，最后一版由奥托·迈耶（Otto Mayer）所编。

[2] Die Entwicklung der Staatsrechts-Wissenschaft, JöR 1 (1907), 47 ff., 72.

一、拉班德的生平

（一）出身

关于拉班德的生平，我们知道，在他逝世后出版的"回忆录"③为我们提供了较多的信息，但是并未给我们提供拉班德生平的所有信息。该回忆录提及拉班德的童年和学生时代。他与父母一起生活时也跟祖母和其他亲戚生活在一起，在西里西亚的希尔施贝格、维也纳和柏林生活时，他住的都是宽敞的房间。拉班德讲道，他十岁时表现出对于 1848 年革命的热情，但这受到年长者和保守者的善意嘲讽。人们知道，音乐和弹奏钢琴对他而言是十分重要的。这可以成为解释拉班德为何长时间独身的一个原因。④ 令人惊讶的是，他对于自己的家庭出身所述甚少，对于他从犹太教转信新教则完全没有记述。⑤

通常的文献资料表明，拉班德是犹太医生路德维希·拉班德(Ludwig Laband)的长子，其母亲是出身于施尼茨勒(Schnitzler)家族的耶内特(Jeanette)。⑥ 拉班德只是附带提及，在来到布雷斯劳之前，他父亲的家

---

③　1918 年以《保罗·拉班德回忆录》为题出版，由拉班德的外甥威廉·布鲁克(Wilhelm Bruck)所编。

④　他在柯尼斯堡(Königsberg)认识了亲密的朋友、刑法学者卡尔·居特尔博克(Karl Güterbock)的妻子，曾跟她学习，并对她产生爱慕之情。"她只犯了一个错误，这个错误让我十分痛苦，那就是她结婚了，并且她的丈夫是我最好的朋友……这使我必须克制自己的情感，这令我感到忧伤和精神上的痛苦。"他在回忆录中如此写道，并且一再提及此事（第 56—57、66—67、71、110 页）。

⑤　伯恩哈德·施林克对此也有记载，Bernhard Schlink, Laband als Politiker, in：DER STAAT 31 (1992), S. 554 ff., 556；Walter Pauly, Paul Laband — Staatsrechtslehre als Wissenschaft, in：Heinrichs/Franzki/Schmalz/Stolleis (Hrg.), Deutsche Juristen jüdischer Herkunft, 1993, S. 301 ff., 305。

⑥　此外，在他逝世之后，他的后代为其撰写的履历和拉班德在海德堡申请教授资格论文的相关资料现存于柏林的联邦档案馆，号码为 N 2161/19，序号为 1 和 11—12。

族来自"一个不值得一提的上西里西亚的小城"⑦；同样地，他也顺带提及其兄弟姐妹。⑧ 关于他于 1857 年 11 月 28 日在布雷斯劳的霍夫教堂（Hofkirche）⑨的洗礼，拉班德在其回忆录中则没有提及。我们并不知晓，他是否是出于宗教信仰上的确信而决定转信宗教或者仅仅是海因里希·海涅（Heinrich Heine）所说的"进入欧洲文化"。海涅所言有一定的依据。⑩但是，对此予以调查或者根据其所述得出结论，是不可能的。这仅仅是一种推测。我们必须尊重拉班德不想告诉我们他为什么转信新教。

　　然而，应当指出的是，拉班德的犹太人出身从未给他带来歧视或者敌意。对此，他的亲法国的阿尔萨斯仇敌感到气愤，并且愤于他忠于帝国-普鲁士的言论和活动⑪。⑫ 与他同时代的德国人并非不知晓拉班德的

---

　　⑦　Wilhelm Bruck（Hrsg.），Lebenserinnerungen von Paul Laband，1918，S. 27. 根据他父亲在波恩大学 1823 年夏季学期的学生册登记内容，还涉及卡托维兹（Kattowitz）西南部 30 公里远的索劳（Sohrau，现在的若雷［Zory］）。拉班德父亲的真正故乡可能是在 1964 年由格莱维茨（Gleiwitz）合并成的拉班德（Laband）小城（现在称为 Labedy）。犹太人根据 1812 年 3 月 11 日的普鲁士解放法令第 3 条被迫选择的家族姓氏经常是依其故乡所在地的地名。当然，这没有得到证实，因为拉班德的后代出于对 1933 年反犹太主义报复措施的恐惧，销毁了其家族关于犹太出身的所有资料，参见 Nachlaß im Bundesarchiv Berlin unter N 2161/19，fol. 1，11 ff.。

　　⑧　拉班德有一个兄弟卢茨（Lutz）和两个姐妹路易莎（Louise）和罗萨莉（Rosalie）。然而，拉班德对他的亲属仅更详细地介绍了堂兄弟（表兄弟）母亲家族的海因里希·卡洛（Heinrich Caro）——"后来成为著名的染料化学家"和巴斯夫（BASF）的董事。参见 Wilhelm Bruck（Hrsg.），Lebenserinnerungen von Paul Laband，1918，S. 35。

　　⑨　文献记载参见联邦档案馆收藏的洗礼证明书；Nachlaß im Bundesarchiv Berlin unter N 2161/19，fol. 4。

　　⑩　此外，拉班德对于相关事情的沉默可能不仅关于他转信宗教，甚至关于所有宗教及其在布雷斯劳的阿米宁（Arminen）的"学生社团经历"；Wilhelm Bruck（Hrsg.），Lebenserinnerungen von Paul Laband，1918，S. 22，37-38。他关于尤利乌斯·冯·斯塔尔的"偏执"的嘲讽（Wilhelm Bruck［Hrsg.］，Lebenserinnerungen von Paul Laband，1918，S. 35），同样可以作为证据解释其转信宗教的原因。拉班德的父母给他们的第一个孩子（即拉班德——译注）取名使徒保罗的名字，表明他的家庭应该没有深深地扎根于犹太文化，这也是一种推测。保利和施林克关于拉班德转信宗教的论述也是一种推测。Walter Pauly，Paul Laband — Staatsrechtslehre als Wissenschaft，in：Heinrichs/Franzki/Schmalz/Stolleis（Hrg.），Deutsche Juristen jüdischer Herkunft，1993，S. 305；Bernhard Schlink，Laband als Politiker，in：DER STAAT 31（1992），S. 555 f.

　　⑪　拉班德在其《回忆录》中承认与现实的密切联系，有时会感觉到现实中令人惊讶的冰冷氛围，例如，特别是一个关于他的房东的有争论的报道，他的房东被认为"有仇恨德意志的思想"，并且在房屋上悬挂普鲁士和帝国的旗帜（第 75 页）。

　　⑫　对此，参见施林克提供的证据（Bernhard Schlink，Laband als Politiker，in：DER STAAT 31［1992］，S. 554），摘引自 1911 年 12 月 18 日科尔马报纸《阿尔萨斯-洛林短篇小说报》。关于拉班德，其中写道："他最早叫拉班（Laban），但是没有从祖先雅各在他《圣经》之梦中见到的天堂阶梯上走下来。"与刻板僵化的反犹太主义联系在一起，拉班德"以前"曾名为拉班，这是失实的。拉班德的父亲于 1823 年在波恩入学注册时曾使用这个名字。他的儿子使用这个姓氏至少应该在两代之后，但有可能是在三代甚至四代之后。

犹太人出身，[13] 但是他们对此不感兴趣。他们从未以此跟他的职业生涯和社会认同联系在一起。拉班德是皇室的座上宾，也曾作为客人参加霍亨索伦亲王奥古斯特·威廉(August Wilhelm)的婚礼。[14] 王储弗里德里希在跟他的谈话中谈及，自己是如何专心致志地研究其《国家法》的第一卷。[15] 帝国总理比洛(Bülow)在他 70 岁生日时向其祝贺。[16] 斯特拉斯堡城在他获得博士学位 50 周年纪念时将一条街以他的名字命名。[17] 普鲁士以"阁下"(Exzellenz)的头衔任命他为枢密顾问。拉班德被列为帝国最有名望的人士之一，1914 年 10 月 4 日的所谓"93 人宣言"尤其证实了这一点，[18] 著名的作家、艺术家、研究者和学者都试图在第一次世界大战之初，针对敌人的宣传通过该宣言为帝国辩护。拉班德与格哈德·豪普特曼(Gerhard Hauptmann)、马克斯·李卜曼(Max Liebermann)、马克斯·莱因哈特(Max Reinhardt)、弗朗茨·冯·斯图克(Franz von Stuck)、保罗·埃尔利希(Paul Ehrlich)、阿道夫·冯·哈纳克(Adolf von Harnack)、弗里德里希·瑙曼(Friedrich Naumann)、马克斯·普朗克(Max Planck)、威廉·伦琴(Wilhelm Röntgen)以及乌尔里希·冯·维拉莫维茨-默伦多夫(Ulrich von Wilamowitz-Moellendorff)均为该宣言的签署者。

没有任何线索表明反犹太主义对此有所阻碍。[19] 拉班德被标签化为

---

⑬　感谢古斯塔夫·特普克(Gustav Toepke)所编的自 1907 年开始付梓的《海德堡大学的学生名册(第 6 部分)：1846—1870 年》，这使我们很容易查到，拉班德在 1855 年 10 月 17 日的宗教信仰仍登记为"犹太教"。

⑭　Wilhelm Bruck (Hrsg.), Lebenserinnerungen von Paul Laband, 1918, S. 103, 106 - 107. 更详细的关于亲王婚礼的报道，参见 Nachlaß im Bundesarchiv Berlin unter N 2161/19, fol. 55 ff.。但是其回忆录的印刷版本中没有记载。关于"奥维斯亲王"(Prinz Auwis)在斯特拉斯堡有争议的博士学位，古斯塔夫·施莫勒(Gustav Schmoller)(参见 Lothar Machtan, Einen Doktor für einen Prinzen, in: DIE ZEIT vom 22. 10. 2009 Nr. 44)认为，拉班德仅是"边缘性地"参与了；他给这位亲王上过国家法的小型指导课。

⑮　Wilhelm Bruck (Hrsg.), Lebenserinnerungen von Paul Laband, 1918, S. 79.

⑯　Wilhelm Bruck (Hrsg.), Lebenserinnerungen von Paul Laband, 1918, S. 102.

⑰　Wilhelm Bruck (Hrsg.), Lebenserinnerungen von Paul Laband, 1918, S. 101.

⑱　以该名字在网络上搜索。

⑲　拉班德作为"受洗的犹太人"，"在德意志学术界仅处于得到容忍的人民的异乡人的地位"，施吕特尔(Schlüter)所述只是一种假想，缺乏证据。一个"得到容忍的人民的异乡人"能跟皇帝一起用膳并且被皇帝授予"阁下"头衔，这在逻辑上是说不通的。参见 Bernd Schlüter, Reichswissenschaft—Staatsrechtslehre, Staatstheorie und Wissenschaftspolitik im Deutschen Kaiserreich am Beispiel der Reichsuniversität Straßburg, 2004, S. 387, Fn. 186。

"犹太人拉班德"并以此否认他的重要性,⑳ 且仍将其视为纳粹法学,是令人愤怒的,但这是在他逝世之后的事情。㉑

（二）学生和编外讲师时期

拉班德的学生时期完全处于普鲁士市民阶层教育的常态化时期。他的法学教育在 1855 年夏始于布雷斯劳,他在此上过特奥多尔·蒙森(Theodor Mommsen)的课。他对法学的想象无疑不同于蒙森所教授的,㉒因此,他在第一个学期结束之后决定改学其他专业。但是,在他父亲的敦促和要求下,他于 1855—1856 年的冬季学期在海德堡再次开始了法学的学习,在海德堡,卡尔·阿道夫·冯·范格洛(Karl Adolph von Vangerow)使他转变成为一个法学家。从他那里,拉班德首先学到的是,"通过何种法,法学成为一种科学……理性的科学和洞察力的后代"㉓。然而,罗伯特·冯·莫尔(Robert von Mohl)的国家法课程㉔并没有吸引到他。尤利乌斯·冯·斯塔尔(Julius von Stahl)同样没能对此有所改变。在海德堡之后,拉班德在柏林的那两个学期中,对他的课程的热情要高于罗伯特·冯·莫尔的国家法课程。但是,"因为其极端反动的思想和偏狭的性格",斯塔尔对他"没有好感"。㉕

在 1857—1858 年冬季学期,亦即六个学期学习的最后一个学期,拉班德回到布雷斯劳获得博士学位并参加实习教师考试。他的博士论文的主题是关于"妻子保护其嫁妆的抵押特权",他在博士论文中感谢范格

---

⑳ "在德意志法学界,犹太作者的法学著作并非最不值一提的",汉斯·弗朗克(Hans Frank)于 1936 年 10 月在那个无法用言语表达的"纳粹法律维护者联盟"会议的开幕式上着重提出"法学中的犹太文化";Heft 1 des Tagungsbandes, S. 7 ff., 15。

㉑ 卡尔·施米特在 1936 年的演讲《关于宪法史的新使命》起到主导性作用;参见 Positionen und Begriffe, 1939, S. 191 ff., 232。

㉒ 他在申请教授资格论文时对于蒙森的课程写道:"我听到的不是关于法律制度的逻辑表达和明确表述,不是关于其原则的阐释,而仅仅是一些'古董',它们与现代法律状况之间的关系对于当时的我来说是费解的。因为我想弄明白当前社会生活的法律基础,因此对我而言,持续地研究古罗马市民和拉丁人完全与我的目的不相符合。"Nachlaß im Bundesarchiv Berlin unter N 2161/19, fol. 11。

㉓ Wilhelm Bruck (Hrsg.), Lebenserinnerungen von Paul Laband, 1918, S. 27。

㉔ 拉班德认为,莫尔的课程"十分无聊并且很少激起其兴趣"。Wilhelm Bruck (Hrsg.), Lebenserinnerungen von Paul Laband, 1918, S. 62。

㉕ Wilhelm Bruck (Hrsg.), Lebenserinnerungen von Paul Laband, 1918, S. 35。

洛的"学说汇纂"课程的启迪。因为他在四个学期中不断转学,他在第六个学期期末才完成博士阶段的学习,这时是他 20 岁生日前的两个月。

拉班德对自己的博士论文并不满意,认为它"在学术上是没有价值的"[26]。因此,拉班德将其在获得博士学位之后不久全身心投入写作的关于"提单的理论"的研究视为他真正意义上的处女作。他当时才刚刚 21 岁,在该作品中,他冒险与年长他 20 岁的鲁道夫·冯·耶林(Rudolf von Jhering)进行了法教义学上的争论。拉班德"羞怯地"将手稿提交给《德意志法与德意志法学杂志》,然而,不仅迅速得到接受,[27] 而且卡尔·弗里德里希·冯·格贝尔(Carl Friedrich von Gerber)在其 1860 年出版的《德意志私法体系》第七版中对其给予高度评价,并且予以肯定性引用。[28] 通过这篇作品以及在上述杂志上发表的第二篇作品——其主题是关于经纪人权利的法律史研究,[29] 拉班德开始作为法律学者崭露头角,当然最初只是作为德意志法律史学者和私法学者。

奥托·斯托贝(Otto Stobbe)在 1859 年从柯尼斯堡来到布雷斯劳大学,是《德意志法与德意志法学杂志》的三位编者之一,也是鼓励拉班德从事学术研究的导师,拉班德认真听取了奥托·斯托贝的建议,从罗马法研究转向德意志法研究。拉班德并不满足于纯粹的书本研究,除了实习教师的工作之外,他还沉湎于档案研究和手稿研究,他的教授资格论文《〈施瓦本之镜〉的知识研究》[30] 即奠基于此。

在完成教授资格论文之后,拉班德最终决定谋取大学教职。他在 1860 年度以"良好"(gut)的成绩通过实习教师考试;候补文职官员考试使他的教授资格论文推迟了一年半,但因无助于他的教授生涯,他放弃了该考试。[31] 对于以《施瓦本之镜》研究为主题的教授资格论文应向哪里提交的问题,拉班德在波恩、哈勒和莱比锡之间犹豫,在莱温·戈

---

[26] Wilhelm Bruck (Hrsg.), Lebenserinnerungen von Paul Laband, 1918, S. 38.

[27] Bd. 19 (1859), S. 121 - 139.

[28] § 184, Fn. 8.

[29] Bd. 20 (1860), S. 1 - 65.

[30] 1861 年在完成教授资格论文的程序之后的印刷本。对于与现在的关系,其中极少涉及;然而,他教授资格论文 80 页的篇幅符合当时的标准要求。

[31] 即将到来的服兵役可能成为拉班德顺利完成教授资格论文的障碍,但是拉班德由于"缺少上颚骨的几乎所有牙齿",不符合服兵役的要求而没有服兵役;不用服兵役的通知发于 1861 年 9 月 20 日,见 Nachlaß im Bundesarchiv Berlin unter N 2161/19, fol. 14。

尔德施密特(Levin Goldschmidt)㉜的邀请下，他在海德堡取得大学教授资格，并且受到热烈欢迎，人们期望通过这个私法教师加强有两个空缺的德意志法学科。㉝拉班德的教授资格申请在 1861 年 6 月 15 日得到准许，㉞这时距他试讲报告结束已经过去了 40 天。㉟

（三）斯特拉斯堡时期

拉班德作为私法教师，在海德堡仅五个学期就取得了非凡的成绩。无论如何，他的课程吸引了诸多听众，"数额可观的补贴在极大程度上解决了他在海德堡的生活费用"，并且使他认识到自己工作的价值，"通过工作可以获得经济上的独立"。㊱在 1864 年 2 月，他向柯尼斯堡提交了职位申请，想接任离开柯尼斯堡到基尔任教的阿尔贝特·黑内尔的教授职位，拉班德不久即从副教授升任教授。㊲

在 1872 年 4 月，拉班德从柯尼斯堡来到新建的位于斯特拉斯堡的威廉皇帝大学，斯特拉斯堡在 1870—1871 年战争结束后成为德意志帝国的阿尔萨斯-洛林的一部分。不同于卡尔·宾丁(Karl Binding)和海因里希·布鲁纳(Heinrich Brunner)——他们是与拉班德一起作为法学院的首批教职人员来到斯特拉斯堡的，但早在 1873 年就再次离开了——拉班德待在斯特拉斯堡直到逝世。

然而，拉班德一直待在斯特拉斯堡并非完全出于自愿。他在 1873 年果断地拒绝了图宾根的教授职位；邀请来得太早了，而且他并没有完全被"施瓦本的缪斯之所"所吸引。㊳1879 年，拉班德也拒绝了帝国法院法官以及不久之后的帝国司法部部长委员会成员的职位。拉班德对这些职位心动过，但也担心帝国法院和帝国司法部的工作会使他没有充裕的时间从事学术研究。他在 1887 年接受的海德堡的教授职位是他仅有的从

㉜　Klaus-Peter Schroeder, Eine Universität für Juristen und von Juristen, 2010, S. 174 ff.

㉝　Wilhelm Bruck (Hrsg.), Lebenserinnerungen von Paul Laband, 1918, S. 47 – 48.

㉞　参见 Nachlaß im Bundesarchiv Berlin unter N 2161/19。

㉟　这并非异乎寻常的；参见 Klaus-Peter Schroeder, Eine Universität für Juristen und von Juristen, 2010, S. 90 ff.。

㊱　Wilhelm Bruck (Hrsg.), Lebenserinnerungen von Paul Laband, 1918, S. 49.

㊲　Wilhelm Bruck (Hrsg.), Lebenserinnerungen von Paul Laband, 1918, S. 63 – 64.

㊳　Wilhelm Bruck (Hrsg.), Lebenserinnerungen von Paul Laband, 1918, S. 85.

内心里愿意接受的职位。

　　然而，拉班德接受海德堡的教授职位的时机并不合适。在阿尔萨斯-洛林，1887 年的帝国议会选举突出强调反德意志，帝国政府将责任推给大学，认为大学没有强有力地推进德意志化的任务和使命。[39] 因此，大学遭受到帝国和阿尔萨斯-洛林政府的敌意和不友好，认为大学没有坚决努力地防止著名教授离职。法学院首先遭受的痛苦是鲁道夫·佐姆(Rudolf Sohm)离职前往莱比锡。接下来，拉班德也要离开。这不仅涉及拉班德，也包括其他学院的教授离职，这使斯特拉斯堡在与德国大学的竞争中受到损害。因此，校长发动其同事和学生，努力争取拉班德留下来，这确实起到了作用，使拉班德在最后时刻谢绝其已经同意接受的教职。拉班德在 30 年后写的《回忆录》中完全没有提及，他实际上更倾向于到海德堡任教。[40]

　　另一个离开斯特拉斯堡且令拉班德感到愉快的机会出现在 1894 年。弗里德里希·阿尔特霍夫(Friedrich Althoff，普鲁士文化部分管大学的负责人)告诉拉班德，希望他能作为鲁道夫·冯·格内斯特(Rudolf von Gneist)的继任者，在普鲁士的司法部和文化部、普鲁士的最高行政法院以及法学院工作。阿尔特霍夫立即具体介绍了法院的两个职位和大学之间较为复杂的关系，以便拉班德到柏林协商解决自己的聘任问题。但是，"其中充满了阴谋诡计，使此事没能实现"[41]。拉班德怀疑约瑟夫·科勒(Josef Kohler)、海因里希·布鲁纳(Heinrich Brunner)、奥托·冯·吉尔克(Otto von Gierke)以及古斯塔夫·施莫勒(Gustav Schmoller)是幕后操作者。[42] 他也感觉到阿尔特霍夫在此事背后操纵。使拉班德愤懑不满

---

　　[39]　具体参见 E. R. Huber, Deutsche Verfassungsgeschichte seit 1782, Bd. Ⅳ, 2. Aufl. 1969, S. 460；Stephan Roscher, Die Kaier-Wilhelms-Universität Straßburg 1872－1902, 1991, S. 102 ff. 。

　　[40]　Wilhelm Bruck (Hrsg.), Lebenserinnerungen von Paul Laband, 1918, S. 91 ff.

　　[41]　Wilhelm Bruck (Hrsg.), Lebenserinnerungen von Paul Laband, 1918, S. 96 ff., 98.

　　[42]　关于科勒和布鲁纳，因为拉班德与他们在商法和德意志法律史领域存在竞争关系；关于吉尔克，可能因为拉班德在《德意志帝国的立法、行政和国民经济年鉴》中对其"国家法"批评过；对于施莫勒，"我不知道是出于何种原因"。参见 Wilhelm Bruck (Hrsg.), Lebenserinnerungen von Paul Laband, 1918, S. 98。

的不是波恩的刑法学者威廉·卡尔（Wilhelm Kahl），而是关于柏林的聘任。[43] 这使拉班德满足于继续待在斯特拉斯堡。

因此，拉班德的名字持久地与斯特拉斯堡联系在一起，而斯特拉斯堡的威廉大学则首先是作为拉班德的大学在其《回忆录》中存在的。1880 年，拉班德被选为大学的校长。他的课程和研讨课的知名度远远超出斯特拉斯堡。来到斯特拉斯堡，听拉班德的课，是当时的时尚。拉班德作为一个亲切友好的主考者的声誉使他在斯特拉斯堡很受欢迎。[44] 斯特拉斯堡和帝国的阿尔萨斯-洛林地区给拉班德提供了诸多职位，[45] 例如，1880 年设立的阿尔萨斯-洛林国务委员会的成员，从 1911 年起成为阿尔萨斯-洛林地区议会的第一议院的议员。[46] 拉班德不遗余力地推进阿尔萨斯-洛林的德意志化，[47] 但这也赢得了那些亲法国派者的尊重。[48]

拉班德也尝试做出具专家意见的工作。[49] "被视为权威专家，在一些重要和疑难案件的判决中被征求意见"，这使他感到满意。此外，不断扩展的法律专家意见工作使他"与现实的法律生活建立起联系并且在理论上的奇思怪想之下为其提供保障"[50]。

拉班德作为编者编纂一些重要的专业期刊也使他久负盛名，特别是

㊸ 施吕特尔明确指出，拉班德被柏林的法学院拒绝是因为他的犹太人血统，"此外没有其他可能性"；但是，应当指出的是，他的犹太人血统是否明显地或内在地起到作用，这没有明确的依据。与此事相关的所有原因——包括拉班德自身的原因——都没有超出猜疑的范围。因此，唯一能确定的是，阿尔特霍夫曾亲自允诺拉班德并邀请他去柏林。参见 Bernd Schlüter, Reichswissenschaft—Staatsrechtslehre, Staatstheorie und Wissenschaftspolitik im Deutschen Kaiserreich am Beispiel der Reichsuniversität Straßburg, 2004, S. 387, Fn. 186。

㊹ 参见 Nachlaß im Bundesarchiv Berlin unter N 2161/19, fol. 73。斯特拉斯堡当地媒体的讣告写道，拉班德是非常令人难忘的主考者和博士生导师。

㊺ 拉班德在其《回忆录》中有列举。参见 Wilhelm Bruck（Hrsg.）, Lebenserinnerungen von Paul Laband, 1918, S. 84。

㊻ 关于这两个机构，他在由其共同编辑的《政治学手册》（Handbuch der Politik, Bd. 3, 2. Aufl. S. 203 ff.）中有记载，其标题是"阿尔萨斯-洛林的宪法改革"。

㊼ 关于拉班德在阿尔萨斯-洛林国务委员会和第一议院的工作，参见 Bernhard Schlink, Laband als Politiker, in: DER STAAT 31（1992）, S. 557 ff.。

㊽ 对拉班德并不友好的《阿尔萨斯-洛林短篇小说报》写道: „ Germanist germanisant. Aime, à sa façon, l'Alsace-Lorraine. … Adore les gros havanes authentiques. Est très chatouilleux. On admire unanimement sa verdeur juvénile et proverbiale autant que son talent de professeur. Ce qui n'est pas peu dire. Compte finir ses jours en Alsace-Lorraine, sauf imprévu. "

㊾ 他所出具的最著名的专家意见是关于利珀的王位继承争端；参见 Wilhelm Bruck（Hrsg.）, Lebenserinnerungen von Paul Laband, 1918, S. 106 f.。

㊿ Wilhelm Bruck（Hrsg.）, Lebenserinnerungen von Paul Laband, 1918, S. 80.

《整体商法杂志》《公法档案》[51]《公法年鉴》以及《德意志法学家报》。他通常也是这些期刊杂志的作者，特别是集中精力于《德意志法学家报》，从创刊直到 1917 年，亦即他去世前一年，他不断地为现实的法律问题表明立场和观点。[52]

拉班德在获得博士学位 50 周年也是他 70 岁生日时举办了公开的庆祝活动，当时整个德语学界的国家法学者都参加了，出版了三本祝贺文集，整个德语学界的法学院都发了贺信。在国外，拉班德也得到承认和认可。他的《国家法》在 1900 年被译为法语出版。[53] 在同一年，法兰西共和国授予他"公共教育勋章"。[54] 他的法国同事将其视为"形式主义宪法的创始人"。[55] 博洛尼亚授予其科学院的外籍院士称号，弗莱堡大学和日内瓦大学授予其名誉博士学位。

在拉班德生命的最后几年中，第一次世界大战支配着他的法学工作。像他所期望的那样，他也始终坚定地站在"热爱祖国"的多数一边。这在他联署的"93 人宣言"中已经提及。[56] 但是，首要的是拉班德在《德意志法学家报》上通过国家法和国际法评论对于战争发生的论述使其闻名。把他在 1914 年至 1917 年间写的东西斥为沙文主义，未免太过分了，但也不会过于夸张。拉班德说着当时的语言，生活在帝国的思想世界中。尽管如此，与热衷于战争的大众相比，拉班德显得尤为突出。"对还是错，我的祖国"，这不是拉班德的职责和事业。他致力于法学的客观性。这也体现在他的评论《李卜克内西事件》中[57]，在该事件

---

[51]　当然，他对此并不是十分满意。参见 Volkmar Heyen, Die Anfangsjahre des Archivs für öffentlichen Recht, in: ders. (Hrg.), Wissenschaft und Recht der Verwaltung seit dem Ancien Regime, 1984, S. 347 ff. 。

[52]　拉班德在《德意志法学家报》发表的文章汇编见于 1918 年 5 月 1 日第 9—10 期，在格哈德·安许茨撰写的一篇感人的悼词之后。他的文章除了关于国家法的主要问题之外，也涉及一些常见的问题。其中所有的文章都值得一读，特别值得一读的是《指挥权限与 1820 年的内阁命令》(DJZ 1914, Sp. 185 ff.)，拉班德在此文中对 1913 年的扎伯恩事件做了评论；他明显地反对格哈德·安许茨充满情感的观点(DJZ 1913, Sp. 1457 ff.)；拉班德也在他一再要求的"纯粹的法学方法"背后掩饰自己的禀性。

[53]　Le droit public de l'empire Allemand, 1900 – 1903.

[54]　Nachlaß im Bundesarchiv Berlin unter N 2161/19, fol. 79 ff.

[55]　Paul-Marie Gaudemet, Paul Laband et la Doctrine Francaise de droit public, in: Revue de droit public et de la science politique en France et à l'étranger, 1989, S. 957 ff.

[56]　以该名字在网络上搜索。

[57]　DJZ 1916, Sp. 656 ff.

中，帝国议会的多数针对卡尔·李卜克内西在1916年5月1日的演讲对其发布逮捕令，而社会民主党派的提案被拒绝。拉班德明确提出，对监禁李卜克内西直至战争最后一周负责的不应当是判决李卜克内西有期徒刑的法院，而是帝国议会，帝国议会本可依据帝国宪法第31条第3款无保留地结束监禁，但却以三分之二多数作出赞同的决议。拉班德对于一个关于"战俘"条款(58)的主张体现出他在法学上的客观性追求，他的观点虽未明确表达出来，但是不可忽视，尽管也存在一些反英和反法的主张，拉班德认为，《海牙陆战条例》不仅保护那些落入敌人之手的士兵，而且也保护那些被德国军队俘虏和监禁的敌军士兵。

拉班德直至晚年都十分活跃。他在1917年9月退休，出于身体健康状况的考虑，拉班德不再承担教学任务。1917年夏，79岁的拉班德仍然连续一个星期，包括周六在内，从中午12点到凌晨1点都在阅读《德意志帝国与各州的国家法》。1918年3月23日，即将年满80岁的拉班德去世，他见证了德意志帝国、他的精神故乡的覆灭，也目睹了属于德意志的斯特拉斯堡大学和他的学术故乡的消失。阿尔萨斯-洛林重新归属法国意味着他要被驱逐出斯特拉斯堡，然而，他被允许继续留在斯特拉斯堡，并在去世之后埋葬于此。

二、 现代国家法理论的奠基者

（一）拉班德通往国家法之路

如前所述，拉班德曾是民法学者。在柯尼斯堡，他被聘为日耳曼学和商法学教师；人们并不能于此期望听到他的国家法课程。他"对于该专业没有学术上的兴趣"；对他而言，"至于学术研究，那是次要的学科"。(59) 即使他被聘任到斯特拉斯堡，专业最初也不是国家法；它只是在

(58) DJZ 1915, Sp. 3 ff.

(59) Wilhelm Bruck (Hrsg.), Lebenserinnerungen von Paul Laband, 1918, S. 62.

最终的聘任书中被添加到德意志法和商法中。[60] 当时柯尼斯堡法学院的一位国家法教师离职，另一位教师停上国家法课程，[61] 若柯尼斯堡法学院没有要求拉班德自1866年冬季学期接替他们讲授国家法课程，那么拉班德可能不会转到国家法。

　　对于学院的要求，拉班德不情愿地接受了。他认为自己对于国家法的文献并不熟稔。他感觉到，当时除了常用的教科书之外，能引起人兴趣的著作并不多。但是，随着北德意志邦联在1867年8月的建立，"以往的阐释方式变得过时了"。那时主流的历史-政治学对于国家事务所持的观点和看法不再引起人们的兴趣。国家生活具有一种新的实在法基础，并且要求一种系统化的"严密的法学研究"，更准确地说是对传统国家法理论代表的不合时宜的挑战。作为民法学者的拉班德更愿意接受这种挑战，特别是他将卡尔·弗里德里希·冯·格贝尔于1865年出版的《德意志国家法体系的基本特征》[62] 视为适宜的榜样。[63] 拉班德由此在国家法领域获得成功，当然，他的日耳曼学和私法的教学及编辑出版工作并没有完全停止。[64]

　　拉班德第一次针对国家法提出自己观点的文章发表于《十字报》(Kreuzzeitung)[65]，标题是《下议院更改预算的权力》。这篇文章虽然

---

　　[60]　Bernd Schlüter, Reichswissenschaft—Staatsrechtslehre, Staatstheorie und Wissenschafts-politik im Deutschen Kaiserreich am Beispiel der Reichsuniversität Straßburg, 2004, S. 209 f.

　　[61]　卡尔·冯·卡尔滕博恩-斯塔豪(Carl von Kaltenborn-Stachau)于1864年到黑森选侯的政府任职，里夏德·爱德华·约翰(Richard Eduard John)成为普鲁士州议会的议员而被免去教职。

　　[62]　关于格贝尔及其《体系》，参见 Michael Stolleis, Geschichte des öffentlichen Rechts in Deutschland, Bd. 2, 1992, S. 331 ff. 。

　　[63]　在一篇匿名的但被认为是拉班德所写的发表于《德意志中央文学报》的评论(1866, Sp. 56 ff.)(Pauly, Der Methodenwandel im deutschen Spätkonstitutionalismus, 1993, S. 161)中，拉班德称赞格贝尔的《体系》"完善了德意志国家法文献中迄今为止在素材方面缺失的体系化"。

　　[64]　斯特拉斯堡的课程目录上，拉班德仍讲授物权法、家庭法、商法、票据法和航运法以及德意志法律史、德意志私法的基本特征等课程。从1910年起调整为，在冬季学期讲授"商法、票据法和航运法"，在夏季学期讲授"德意志帝国与各州的国家法"以及"民法(三)：家庭法"。

　　[65]　1863年2月21日。在其《回忆录》第51页，拉班德将该文章的日期错误地记为1862年12月12日。他关于笔名的记述也是不准确的。这背后所隐藏的是，他不想被其"十分厌恶的"《十字报》认出来，因为1862年至1866年宪法冲突期间，自由派反对普鲁士政府无预算的管理，而他的文章为普鲁士政府辩护，这引起了自由派的反对和怨恨，因此他在自由派的报刊上没有发表文章的机会。

篇幅不大，但引起了轰动，拉班德在任海德堡的编外讲师期间是以
"一个非普鲁士法学教师"为笔名发表著述的。简言之，该文内容的
详细论述，收入他在八年后出版的著作《根据普鲁士宪法以及基于
北德意志邦联宪法的预算法》中——人们认为这是他补交的国家法
教授资格论文。拉班德在他的《回忆录》中写道："在出版该著作
之后，国家法成为我真正的研究领域，而商法和德意志法律史研究
逐渐退出我的研究。"⑥ 在他的《德意志帝国的国家法》第一卷于1874
年出版之后，拉班德仅被公众视为国家法学者，更确切地说是作为帝国
的国家法学者。

（二）拉班德的国家法"发现"

拉班德的名声及其死后持续至今的声誉奠基于他的顶级著作《德意
志帝国的国家法》所具有的百科全书式的完备性及其与现实之间独特的
密切联系。⑥ 帝国的法学家将其视为手册和参考书的第一选择。宪法史
研究始终将其视为具有特殊可信性的历史资料。但是，拉班德并非仅仅
是一位国家法的百科全书式学者。国家法理论要感谢他所做的一系列举
足轻重的并且始终为学术界所认可的学术研究成果，这些学术成果理应
被列入法学中的"伟大发现"。

然而，拉班德作为"发现者"的声誉在其学术生涯早期的民法阶段
就确立起来了。他认为，代理行为应区分代理人与授权人之间的内部关
系及其与第三人之间的外部关系，这涉及代理人以授权人的名义做出的
法律行为。⑥ 拉班德的国家法"发现"具有重要意义，至少有三个方面
应当载入史册。

---

⑥　Wilhelm Bruck（Hrsg.），Lebenserinnerungen von Paul Laband，1918.

⑥　在这方面，1918年之前能与拉班德的著作相媲美的，或许是马克斯·冯·赛德尔
（Max von Seydel）的四卷本著作《巴伐利亚王国的国家法》（1903年第三版）。

⑥　„Die Stellvertretung bei dem Abschluß von Rechtsgeschäften nach dem ADHGB"，in：
Zeitschrift für das gesamte Handelsrecht 10（1866），S. 183 ff. 对此，参见 Dölle，Juristische En-
tdeckungen，in：Verhandlungen des 42. deutschen Juristentags 1957，Bd. 2，1958，S. 1 ff.，其中
除了拉班德关于代理行为的内部关系和外部关系的区分之外，还有耶林（Jhering）的缔约过
失、施陶布（Staub）的积极违约、基普（Kipp）的法律的双重作用以及萨维尼（Savigny）关于法
律关系的基础的理论等一系列内容。

1. 法律概念的二分法

拉班德的名字首先与法律概念的二分法联系在一起，即实质意义上的法律与形式意义上的法律。拉班德在1871年关于"预算法"的研究中就已经提出法律概念的二分法[69]，以此论证当时的国家财政计划并没有创设法律规范，而仅包括一种"计算工作"，以此，国家财政预算法仅是一种形式意义上的法律，无权使实质意义上的法律失去效力。人们有充分的理由怀疑这种不被认为是问题的问题是否存在。令人失望的是，形式意义上的法律虽然不是法律规范，但无论它说什么，都具有约束力。因此，"实质法律优于形式法律"原则的存在基础是脆弱的。

但是，拉班德并未如此主张。他提出的法律概念的二分法并非基于实质意义上的法律与形式意义上的法律之间的等级关系。他的这种观点被证明是具有合理性的，因为这让立法者拥有审查所有政治决议的权力，只要立法者想对其进行审查。[70]易言之，立法者不仅有权颁布法律，而且可以赋予那些超出其职能范围的政府和行政法令具有法律的形式并且因此具有与法律相同的效力。拉班德对此做了具有讽刺性但恰恰也因此令人印象深刻的阐释：[71]"火车车厢的一等座应当是黄色的，或者应当以一定的标识予以区别，或者应当由某个机构在其公函材料中对相应的供货商提出要求，或者应当在关于官方的要求或者账单相关的任何一个新表格中做出说明，等等"，这些都不是法律规定，尽管如此，若立法者愿意，他们就可以将此确立为一部法律的客体，使其成为法律，与其他主权者的命令相比具有优先地位。[72]"我们不可能用一句话概括出整个国家生活的对象和客体，当然人们可以说，不存在一种能成为法律内容

[69]　S. 15.

[70]　拉班德在其《国家法》第二卷(第66页及以下诸页)阐明了他对于预算法与形式意义上的法律的区分。在其关于预算法的文章中还没有对此有明确的区分；特别是没有明确，法律概念的二分法如何有助于解决"无预算的管理"问题。

[71]　一篇关于古斯塔夫·塞德勒(Gustav Seidler)的评论："Budget und Budgetrecht im Staatshaushalte der constitutionellen Monarchie", in: AöR 1 (1886), S. 172 ff. 。

[72]　例外情况当然是为更高位阶的法律所明确禁止的行为，例如，司法保留之下对于诉讼案件的判决和作出的决议以及拉班德提及的通过法律分配任务的情形，这种情形也涉及最近的欧盟指令的界限。

的思想观念。"⑦

　　在立宪君主国，立法者所拥有的绝对权力使立法在依赖于王权的同意和依赖于议会的同意之间确立起明确的界限，若君主不同意议会的意志，或者议会不同意君主的意志，则法律均无法颁布实施。在现代的议会民主制中，立法只掌握在议会手中，⑦ 拉班德关于法律概念的二分法明显具有影响力。他将立法权作为国家的职能，以此将议会的权力视为国家机构的权力。因此，他彻底改造了权力分立，但是加强了民主。

　　如何在宪法政治层面对此予以评断，是这里要注意的问题。⑦ 这里只需回顾拉班德提出的立法者所拥有的民主性的绝对权力及其过多的立法就可以理解，他为形式意义上的法律所具有的权力工具特性增加了实质意义上的法律这一层意涵。

2. 财政法律体系中财政预算的从属关系

　　拉班德第二个方面的"发现"较少有人知晓，但这并非不重要。他在 1871 年的预算研究中对其进行了深入研究；但是他此前八年在《十字报》上发表的小文章⑦就将此作为研究的重点。

　　当时涉及普鲁士在 1862 年至 1866 年间严重的宪法冲突⑦，而国家财政预算法并未完成。政府没有得到必要的法律授权，难道就必须放弃为公共事务承担更多的责任吗？⑦ 或者重新开始回到制度形成前的原始状态，允许政府在没有预算法授权的前提下使用国家财政并保持这种行为能力吗？⑦

　　拉班德的回答与预算法的内容有关：预算法确定财政计划并且因此限定国家财政支出。但是，除了财政计划，它作为"纯粹的计算工作"也许并不能撤销通过法律或者以协议为基础确定的国家支出义务。更准

---

　　⑦　Paul Laband, Deutsches Reichsstaatsrecht, Bd. 2, S. 63；对此的批评，参见 E. W. Böckenförde, Gesetz und gesetzgebende Gewalt, 2. Aufl. 1981, S. 280 ff.。

　　⑦　《基本法》第 77 条第 1 款第 1 句："联邦法律由联邦议会制定。"

　　⑦　此外，1984 年德国国家法教师协会曾讨论"行政保留"；VVDStRL 43（1985），S. 135 ff.。

　　⑦　1863 年 2 月 21 日《十字报》。

　　⑦　参见 E. R. Huber, Deutsche Verfassungsgeschichte seit 1782, Bd. 3, 3. Aufl. 1988, S. 269 ff.；Michael Kotulla, Deutsche Verfassungsgeschichte, 2008, Rdnr. 1889 ff.。

　　⑦　这也是普鲁士议会下议院中多数自由派的观点。

　　⑦　参见俾斯麦的"漏洞理论"（Lückentheorie）。

确地说，在缺少预算法规定的情形下，不能要求必须没有削减地执行预算。易言之，特定支出的法律义务优先于为满足其资金需要而通过计算得出的预算。有权利接受社会福利者并不意味着总是能得到社会福利，因为这需要财政计划批准财政部长发放社会救济金，更是因为社会福利法只是授予其一种请求权资格。

因此——不考虑预算法"仅仅"作为一种形式意义上的法律的资格——拉班德指出，普鲁士政府在宪法冲突期间没有根据预算进行的管理和统治在法律上不应受到指责。1862 年至 1866 年间的那些预算法是失败的，因为下议院拒绝了政府基于每年的征兵数额从 40 000 人增至63 000 人而提出的增加财政支出的要求。然而，对于拉班德而言，不能不考虑这种额外征兵的法律基础。这不是规定在失败的预算法中，而是规定在 1814 年的《兵役法》[80] 中，虽然该法自 1815 年起就没有被严格适用，但毫无疑问有助于加强军队的力量。

对此，拉班德——就宪法冲突而言——提出了一些相关的问题。他将国家在法律上的义务与充分利用 1814 年法律所确立的征兵潜能联系在一起。政府在 57 年的时间里应当斟酌决定，所有人都要履行兵役义务或者仅是其中的大部分需要服兵役。他同样忽视了被迫服兵役的变化，易言之，依据不具有效力的习惯法，普遍的兵役义务变成为不具有强制性的法，根据其观点，这种法——不同于强制性的法——只能根据预算法的规定予以执行。但是，这只不过会让人怀疑拉班德的辩护意图有利于不依据预算的俾斯麦统治。拉班德的"发现"并未切断国家在法律上的义务的独立性与预算法上准许财政支出之间的联系。拉班德的观点有助于解决长期以来存在的困惑。在 1928 年的德意志法学家大会上，阿道夫·默克尔仍坚持财政计划对于国家的财政管理具有约束力，[81] 然而，例如，即使议会不通过关于公职人员薪金的决议，但是《公职人员工资法》仍继续有效，[82] 由此，我们应当知道哪一种答案是正确合理的。拉班德应当是找到了这种两难问题的解决方法。这表明，财政计划并不规

[80]　Pr. GS, S. 79.

[81]　Verhandlungen des 35. Deutschen Juristentages, Bd. 1, S. 335 ff.

[82]　Verhandlungen des 35. Deutschen Juristentages, Bd. 2, S. 458 f.

制国家在法律上的基本义务，而应仅在计算方面予以理解。

因此，1898 年普鲁士的《国家财政预算法》和 1922 年的《帝国财政条例》的内容通过同样有说服力的并且规范明确的条款规定在《关于联邦财政原则的法律》《联邦财政条例》以及联邦各州的《预算法》中："权利或者义务既不能通过财政计划得以确立，也不能通过财政计划予以撤销。"⑧ 拉班德称得上是"法律·拉班德"（Lex Laband）。⑧

3. 跨地域的主权行为

最后但并非最不重要的是，拉班德敏锐地洞察到 1877 年的《帝国司法法》对于帝国的联邦国家制、魏玛共和国以及联邦共和国的影响。这些法律确立了统一的司法权并且明确了帝国和各州的司法权限，这显然涉及各州的国家权力：各州的主权性权力限于各州的地域范围，其结果是只有在得到明确承认的情形下，一个州法院的判决才能在其他州具有法律约束力。

拉班德认识到，《帝国司法法》需要"从根本上予以改革"。⑧ 在他看来，帝国应授予各州宣告其法律在全帝国范围内具有法律效力的权力，因此各州法律的效力超出各州的地域范围。拉班德对此进行了合理的论证："这种权力不能从各州的国家权力中推导出来……这种统一的、整个帝国全面的司法权力的真正来源只能是帝国权力本身。虽然各州建立起自己的法院，任命法官并开始工作，但是各州法院所行使的主权权力是限于其地域范围的普通司法权，这种权力源于帝国的权力，并且其最高的主体是帝国。"⑧

引人注目的是，拉班德的这种关于司法的观点仍被坚持下来，并且也被转用到行政方面。但是，拉班德并未想走得如此远。⑧ 因此，需要更长的时间才能认识到拉班德这种观点的意义，例如，帝国的一个州颁发驾驶执照，作为所谓跨地域的行政行为在整个帝国范围内适用。此

---

⑧ 《关于联邦财政原则的法律》第 3 条第 2 款以及《联邦财政条例》等。

⑧ 参见 Mußgnug, Der Haushaltsplan als Gesetz, 1976, S. 168 ff., 307 ff.。

⑧ Paul Laband, Deutsches Reichsstaatsrecht, Bd. 3, S. 399 ff.; „Die Wandlungen der Reichsverfassung", 1895, S. 34 f.

⑧ Die Wandlungen der Reichsverfassung, S. 35.

⑧ Paul Laband, Deutsches Reichsstaatsrecht, Bd. 1, S. 196. 虽然拉班德在第三卷中详细论述了州法院的判决在帝国范围内的法律效力，但令人惊讶的是，他并未在此之间建立起联系。

外，联邦宪法法院在 1960 年关于"蒸汽锅炉的裁决"中首次贯彻实施
跨地域的主权行为，该裁决的指导原则是："一个州的行政权力原则上
限于其管辖的地域。但是，各州执行联邦法律而实施的行政行为的效力
原则上在整个联邦范围内有效。"⑧ 虽然联邦宪法法院没有指出是引用拉
班德的观点，但是不应忽视拉班德在这方面的"教父"地位。

三、 法学上国家法理论的奠基者

（一）拉班德的国家法成就

毫无疑问，拉班德以其国家法上的"发现"而青史留名，但是他的
贡献和成就不仅于此，因为他还解决了国家法的地位问题，将国家法从
迄今为止与其他国家学一体化的密切联系中分离出来，并且因此真正开
创了法学的思维方法。这是十分困难的，因为在国家学的屋顶之下，新
的帝国宪法在实在法方面的规范范域需要开拓。

通过 1871 年帝国宪法，一个需要明确区分国家法和国家理论的时期
已经准备就绪。拉班德在这方面发挥了重要作用。⑧ 他的《国家法》中
缺少一般的国家理论，在此之前的教科书中，一般的国家理论毫无例外
地都是重复地对当时的宪法进行具体解释，这体现出当时的不成熟。拉
班德专注于运用法教义学的方法解释宪法文本，就像讲授民法那样，当
然，"简单地将民法的概念和规则转用于国家法的关系上"并非没有合
理的界限。拉班德同样反对在 19 世纪下半叶仍在流行的"不喜欢对国
家法的法学探讨"，"人们想要避免私法上的概念"，这从根本上背弃了
法学的概念，"想通过哲学和政治学的研究来取而代之"。⑩ 他在《国家
法》第一版的前言中写道，一种未经深入思考的"国家法的'市民'研
究是一种颠倒歪曲的研究"，但是，应当从民法中汲取经验；因此，国

---

⑧　BVerfG 11, S. 6 ff.

⑧　Wilhelm Bruck（Hrsg.）, Lebenserinnerungen von Paul Laband, 1918, S. 62.

⑩　Paul Laband, Deutsches Reichsstaatsrecht, S. VII.

家法不是"非法学的，也不应下落到政治性日常文献的程度"。⑨

为此，在拉班德看来，重要的是"法律制度的建构"并且"使单个的法律规定回归一般性的概念"以及"从这些一般性的概念中推导出结论"，亦即"一种纯粹逻辑的思考活动"。而"所有的历史学、政治学和哲学上的研究"，"对于具体的法律素材的教义学研究都是无关紧要的，唯一的益处是可以经常掩盖建构性工作的不足"。⑨

基于这种与宪法规范密切联系在一起的方法⑨，拉班德的国家法研究取得了巨大成就。代之以对国家的描述，他研究宪法是如何发挥功用的以及对宪法规范的要求，为何必须执行和遵守宪法规范。拉班德以此让读者知晓其研究的宗旨：不是寻求国家在哲学上的建构和政治上的支撑，而是为帝国的领导者、州政府以及像国会议员或新闻记者等公职人员的工作在法学上的要求提供充分的准备，为王储弗里德里希⑨将来作为普鲁士国王和德意志帝国皇帝的工作做好准备。就其《国家法》而言，拉班德的实证主义中国家的视野并未变窄；人们的兴趣至今仍首先是聚焦于帝国宪法的现实化。

（二）对"拉班德主义"的批评

拉班德的实证主义当然也受到批评。⑨这些批评都是针对具体的观

---

⑨　这种危险甚至是 19 世纪的学生之间的"行话"；他用习惯用语评论道："国家法就像在学校里唱歌。"

⑨　1887 年《国家法》第二版的前言，第 IX 页。重要的是理解这里的方法论信条及其术语，特别是"法律概念""法学机构"等术语。Maximilian Herberger, Logik und Dogmatik bei Paul Laband, in: Volkmar Heyen (Hrg.), Wissenschaft und Recht der Verwaltung seit dem Ancien Regime, 1984, S. 91 ff.

⑨　除了拉班德诸多针对卢修斯税收的争论之外，典型的是关于取消对不能转让的财产权进行征税的事件，普鲁士国王在没有明确的法律授权的情形下，在 1890 年同意取消对农业部长罗伯特·卢修斯的与其职位无关的室内球场进行征税。拉班德为此进行辩护，参见 „Das Gnadenrecht in Finanzsachen nach preußischem Recht", in: AöR 7 (1891), S. 31 ff.。他将取消税赋归类于"豁免"的概念之下，认为原则上"没有法律上的义务来利用有利条件"，因此也包括免除税赋。奇怪的是，这在当时没有人信服。作为拉班德的国家法榜样和实证主义者，格贝尔已经在 1871 年(„Über Privilegienhoheit und Dispensationsgewalt im modernen Staate", in: Zeitschrift für Staatswissenschaft 1871, S. 430 ff.) 从州议会参与立法权中得出结论，即在立宪君主国，君主在撤销或减轻刑事判决的刑罚方面的豁免权应当受到限制；行政机构的豁免权应以议会的同意及其法律授权为前提；除非君主仍然受其"约定的"法律的严格限制，否则议会参与立法之权则为虚置。

⑨　拉班德的读者中最为著名的一位。

⑨　总结概括，参见 Manfred Friedrich, Paul Laband und die Staatsrechtswissenschaft seiner Zeit, AöR 111 (1986), S. 197 ff.。

点；阿尔贝特·黑内尔(Albert Hänel)针对拉班德关于法律概念的二分法的争论是一个突出的例子。[96] 但是，他也是针对拉班德的核心观点；奥托·冯·吉尔克也对此有过批评，他直接根据拉班德完成的《国家法》第一版原则性地审视其"对于我们的法学的意义"。[97] 吉尔克的评价不全是消极的，他毫无保留地赞同"拉班德完全从法学的角度研究德意志帝国的国家法的有意识的、积极的努力"[98]。然而，拉班德"将这种正确的观念不正确地运用于一个孤立的法的遗传体系之中"，将其与"社会生活的其他表现隔离开来"；他的方法缺少"历史论证所具有的那种力量"。[99] 吉尔克还较为尖锐地批评拉班德过于简单地将私法上的法人资格转用于国家。[100] 在吉尔克看来，这是不够的，如此则由国民构成的民族共同体就成为国家的特性，由此——用吉尔克的话来说就是——国家产生于"现实的协会会员"。[101]

　　当然，这些批评并不会降低拉班德的《国家法》所具有的广泛影响。它们为一定范围内的国家理论学者提供了讨论的素材。但是，这些批评很少关心实践。更多的正面评价还要等到1918年的变革之后。君主国的覆灭打击了帝国在国家法方面的自信心。新的共和制要求合法性，从革命中诞生的宪法要求重新思考其效力根据。因此，国家法理论认识到需要挑战那种对于宪法在情感上的责任心，这种责任感没有充分地激起拉班德所提出的"纯粹法学的"方法。

---

[96]　Das Gesetz im formellen und materiellen Sinne, 1888.

[97]　Jahrbuch für Gesetzgebung, Verwaltung und Volkswirtschaft im Deutschen Reich, NF. 7 (1883), S. 1097 – 1195.

[98]　Jahrbuch für Gesetzgebung, Verwaltung und Volkswirtschaft im Deutschen Reich, NF. 7 (1883), S. 6.

[99]　Wilhelm Bruck (Hrsg.), Lebenserinnerungen von Paul Laband, 1918, S. 17, 19.

[100]　Paul Laband, Deutsches Reichsstaatsrecht, Bd. 1, S. 88 ff. 这方面的一个典型是，在一些学者那里，皇帝被视为"一个机构，就像人们在私人性团体中任命领导机构或负责人"(Paul Laband, Deutsches Reichsstaatsrecht, S. 228)。对此，拉班德在所有版本的《国家法》中都毫不动摇地予以坚持。对于吉尔克的反对意见(Jahrbuch für Gesetzgebung, Verwaltung und Volkswirtschaft im Deutschen Reich, NF. 7 [1883], S. 40 f.)，将皇帝视为"其特性中唯一的和最高的人格的一部分"，拉班德并未回应，这在今天被嘲笑为"宪法抒情诗"；在他看来，"试图通过非法律的描述来刻画一个法律机构的法律特性……是完全错误的"，所有这些"在法律上，同样无疑是毫无意义的"。

[101]　Jahrbuch für Gesetzgebung, Verwaltung und Volkswirtschaft im Deutschen Reich, NF. 7 (1883), S. 34 ff.

因此，"魏玛的方法之争"使国家法理论卷入那些以一种迄今尚不明了的热情要求正确地对待宪法的争论。[102] 对此，拉班德在逝世之后成为讨论的焦点。不赞同拉班德的观点占据多数。赫尔曼·黑勒将拉班德的实证主义简略为"拉班德主义"作为关键词。[103] 鲁道夫·斯门德认为，他与拉班德之间存在着"形式主义的真正的鸿沟"；[104] 他强烈地谴责拉班德"缺乏对于德意志人民在宪法政治方面的道义问题和切身问题的关切"；令他不满的是，"拉班德著作中有深刻的错误，并且产生极少的建设性作用和诸多的不利影响"。[105]

其中占主导地位的批评是针对拉班德在其实证主义方法背后所隐藏的目的，即其目的基本上不在于解释帝国宪法，而是试图抵御所有针对其保守立场的批评，从而有利于其继续发展。一方面，拉班德坚持其理论的基础是在魏玛时期仍然得到坚持的观点，即自由权或者基本权利"完全不是任何主观意义上的权利"，而仅仅是"关于国家权力的规范，这种规范规范其自身"；[106] 另一方面，他明确拒绝所有试图通过对预算法[107]和质询权[108]进行议会友好型的解释来拉近君主制与议会之间的关系。通过这两个方面，如前所述，拉班德的方法不是服务于法学知识，而仅是遮掩其保守的实证主义观念。然而，客观存在的明显事实是，拉班德在这方面和诸多其他方面没有为自己的保守主义辩护，而是为俾斯麦宪

---

[102]　对此，参见 Max-Emanuel Geis, Der Methoden- und Richtungsstreit in der Weimarer Staatslehre, in：NJW 1989, S. 91 ff. 。

[103]　Die Krisis der Staatslehre, in：Archiv für Sozialwissenschaften und Sozialpolitik, 55 (1926), S. 300.

[104]　Verfassung und Verfassungsrecht, 1928；Smend, Staatsrechtliche Abhandlungen, 1955, S. 119 ff., 271.

[105]　Smend, Staatsrechtliche Abhandlungen, 1955, S. 336. 斯门德用了不太友好的语句："对于其更深层次的原因，这里无需赘言。"（第338页）

[106]　拉班德在其《国家法》第一卷(第150—151页)中延续了格贝尔的观点。对此，胡果·辛茨海默(Hugo Sinzheimer, Jüdische Klassiker der deutschen Rechtswissenschaft, 1937, S. 145 ff., 155)没有批评拉班德，认为拉班德是有事业心的代表。

[107]　在这方面，斯门德具有代表性，参见《国家法论集》，第336页：拉班德解决宪法冲突的方法"无助于解决问题，而是通过诡计耍的把戏"。

[108]　Paul Laband, Deutsches Reichsstaatsrecht, Bd. 1, S. 307："帝国议会的质询权……是一种一般性的、民众所享有的质询政府问题的权能，可以根据其意愿要求政府回复或不予回复。"同一意义上的文章：„Das Interpellationsrecht", in：DJZ 1909, Sp. 677。

法的保守主义辩护。[109]

（三）现代评价中的拉班德

在现代评价中，拉班德得到更多公正的评价。[110]人们不再单纯地将拉班德视为其方法论的教义学辩护者，而是认识到，"以排他性的逻辑方式探讨法是一种极其有害的主观行为，并且在某些方面会导致我们的科学停滞不前"[111]。人们重又发现拉班德的优点并不仅仅是在口头上承认。当然，拉班德把宪法史、一般国家理论、政治学、法哲学跟实在的宪法解释联系在一起，在这些方面的阐释或深化做出了自己的贡献。他并非将此视为其宪法解释的首要任务，但是他在这方面的工作为后人的研究奠定基础。[112]他在此期间付印的课程讲稿为此提供了例证。[113]

那些关于拉班德将一般国家理论从"国家法"中排除出去并因此使国家法理论的思想等级降为"生计法学"的批评已经被遗忘。拉班德的自我辩护是，他从未认为"对国家法的对象进行法律史的、哲学的和政治的探讨是无价值的"，"并非每本著作都会探究所有的内容，并且一种

---

⑩　此外，拉班德被归属于"保守主义者"，甚至是"极端保守主义者"，是不公正的。拉班德是一个民族自由主义者。这不仅体现在他的《回忆录》中，而且也体现在《德意志法学家报》于 1911 年进行的一个关于死刑的民意调查中。与其他大多数的被调查者——例如，卡尔・宾丁、路德维希・富尔达、恩斯特・黑克尔、古斯塔夫・施默勒——相比，拉班德的观点是温和的。他的听众也不认为拉班德是一个"保守主义者"；参见 Wilhelm Beyer, Paul Laband: ein Pionier des öffentlichen Rechts, in: NJW 1988, S. 2227 f.。

⑩　这里首先要提到的是米歇尔・施托莱斯(Michael Stolleis)，参见 Geschichte des öffentlichen Rechts in Deutschland, Bd. 2, 1992, S. 341ff.; Bernhard Schlink, Laband als Politiker, in: DER STAAT 31 (1992); Walter Pauly, Der Methodenwandel im deutschen Spätkonstitutionalismus, 1993, S. 177 ff.; Frotscher/Pieroth, Verfassungsgeschichte, 10. Aufl. 2011, Rdnr. 445 ff.。

⑪　Paul Laband, Deutsches Reichsstaatsrecht, S. IX.

⑫　例如，拉班德在其演讲报告《帝国宪法的转变》（1895 年）中一开始就指出，宪法的不可侵犯性不仅依赖于相关的预防措施，防止宪法不被草率地修改或者被欠妥地突破，而且体现为有效的保障措施，"在人民的法律意识中，宪法是自由和法律保障的基础，因此，侵犯宪法是一种极其严重的违法行为"。这种表达可以视为对于前述的存在于拉班德和斯门德之间的"形式主义的真正的鸿沟"的一种回应。最后应当指出的是，拉班德在一定程度上预先推定出了整合理论(Integrationslehre)。

⑬　Laband, Paul Staatsrechtliche Vorlesungen. Vorlesungen zur Geschichte des Staatsdenkens, zur Staatstheorie und Verfassungsgeschichte und zum deutschen Staatsrecht des 19. Jahrhunderts gehalten an der Kaiser-Wilhelm-Universität Straßburg 1872 – 1918. Bearb. und hrsg. von Bernd Schlüter, 2004.

理性的自我限制是取得成功必不可少的前提",[114] 这些被认为是具有逻辑性和合理性的,从而被接受。拉班德受到人们的重新审视,是因为他并未预见到后人的所有见解,并非所有之后宪法的创新之处都被宣传是受到 1871 年帝国宪法的影响,并且他时而提出的论点并非总是得到人们的确信。本文的未尽之处仍有很多,但这就是拉班德,他将国家法作为一个完整的学科纳入 20 世纪的法学之中,并且为与现代宪法国家相适应的国家法理论奠定了基础。[115]

---

[114]　Paul Laband, Deutsches Reichsstaatsrecht, S. X.

[115]　Philipp Zorn, Die Entwicklung der Staatsrechts-Wissenschaft, JöR 1 (1907).

格奥尔格·迈尔（Georg Meyer，1841—1900）

帕斯卡尔·坎奇克　著　柳建龙　译

一、引言

就其生活的时间而言，格奥尔格·迈尔不能算为 20 世纪的国家法学者。不过，他的三部核心著作却及于 20 世纪：《德国国家法教科书》，初版于 1878 年，以"迈尔-安许茨"合著的形式最近一次再版于 1919年；① 《德国行政法教科书》，初版于 1883 年，以"迈尔-多霍"合著的形式于 1913 年出版了第四版；他关于"议会选举法"的杰作，在他去世后，由格奥尔格·耶利内克编辑并于 1901 年出版。

我们对于迈尔的了解应该说是比较特殊的，既没有关于他本人的专著，也没有关于其著作的专著。其生平的官方记录见诸诸多名人录中。② 就迈尔这个"人"而言，较详细的信息主要见诸海德堡大学的同事格奥尔格·耶利内克（Georg Jellinek）③ 在他逝世后所写的文章，后者于 1891

---

① 该书于 2005 年在柏林原封不动地再版，为了让读者更容易理解该书，恩斯特-沃尔夫冈·伯肯弗德（Ernst-Wolfgang Böckenförde）为之撰写了导论。

② Deutscher Parlamentsalmanach, Bd. 14, Leipzig 1881; Hirth's Parlaments-Almanach, Bd. 15, Berlin 1878; Hirth's Parlaments-Almanach, Bd. 16, Berlin 1887; Manfred Friedrich, in: Neue Deutsche Biographie 17 (1994), 339 – 340 [Onlinefassung].

③ 关于耶利内克在海德堡的情况，可参见 Klaus-Peter Schroeder, Eine Universität für Juristen und von Juristen. Die Heidelberger Juristische Fakultät im 19. und 20. Jahrhundert, Tübingen 2010, 287 ff.。关于他和迈尔的友情，该书第 291 页提到，二人"每天一起散步"。

年起任教于海德堡大学。④ 20 世纪 90 年代，人们重提迈尔，以防其被
"不恰当地遗忘"。⑤ 2010 年以后，维基百科上也有格奥尔格·迈尔的信
息，不过，没有他的画像。⑥ 此外，没有关于他的祝贺文集、悼念文集，
显然，他没有"学生"。⑦

　　2010 年面世的《海德堡大学法学院史》⑧ 中有篇短文对迈尔作了介
绍，并附有图像；迈尔于 1889 年转入该法学院。帝国议会有他的文章及
发言记录。晚近，这些内容已经数据化，⑨ 且易于获得。首先，在较年
轻的大学中根本看不到他的作品，在较古老的大学中大多也只能见到晚
近的版本。其次，迈尔是他同代人⑩以及 19 世纪后宪法和行政法研究的

---

　　④　Georg Jellinek, Worte der Erinnerung gesprochen bei der Trauerfeier am 2. März 1900,
Heidelberg 1900；Jellinek, Nachruf zu Georg Meyer, in：DJZ 1900, 130 f.；Jellinek, Georg Mey-
er, in：Biographisches Jahrbuch und deutscher Nekrolog, Band 5：Vom 1. Januar bis 31. Dezem-
ber 1900, Berlin 1903, 336 ff.；Jellinek, Georg Meyer, in：Weech, Friedrich von/Krieger, Albert
(Hrsg.)：Badische Biographien, Teil 5, Band 2, Heidelberg 1906, 559 ff. 格奥尔格·迈尔的生
平记录未被保留下来，Carsten Doerfert, Georg Meyer（1841－1900）. Staatsrechtslehrer und
Politiker aus Lippe, Georg Meyer（1841－1900）. Staatsrechtslehrer und Politiker aus Lippe, in：
Lippische Mitteilungen aus Geschichte und Landeskunde, Heft 62（1993）, 191 Fn. 1.；关于迈尔
生平的简单介绍，可见 A. Hinrichsen, Das literarische Deutschland, 2. A. 1891, Sp. 897f. =
Deutsches Biographisches Archiv（DBA）Fiche 836 Nr. 167 f.。

　　⑤　从地方志的角度：Carsten Doerfert, Georg Meyer（1841－1900）. Staatsrechtslehrer und
Politiker aus Lippe, Georg Meyer（1841－1900）. Staatsrechtslehrer und Politiker aus Lippe, in：
Lippische Mitteilungen aus Geschichte und Landeskunde, Heft 62（1993）, 191。

　　⑥　［http：//de. wikipedia. org/wiki/Georg_ Meyer_ ％28Politiker％29］, Aufruf 6. 4.
2012.

　　⑦　弗朗茨·多霍（Franz Dochow，海德堡大学的编外讲师和副教授）续写其行政法教科
书，但不被看作是迈尔的学生。根据第三版的序言和相关脚注，最应该接手续写任务的应该
是许金（Schücking），其中对于多霍与迈尔之间的关系并未置喙。海德堡大学法学院对多霍
的失望，参见 Klaus-Peter Schroeder, Eine Universität für Juristen und von Juristen. Die Heidelber-
ger Juristische Fakultät im 19. und 20. Jahrhundert, Tübingen 2010, 354 f.。迈尔为早逝的布鲁
诺·施密特（Bruno Schmidt）撰写了教授资格论文评阅意见（Klaus-Peter Schroeder, Eine
Universität für Juristen und von Juristen. Die Heidelberger Juristische Fakultät im 19. und 20. Jahr-
hundert, Tübingen 2010, 350）。在接到图宾根大学的邀请不久前，格哈德·安许茨曾谋求迈
尔的职位，参见 Klaus-Peter Schroeder, Eine Universität für Juristen und von Juristen. Die Heidel-
berger Juristische Fakultät im 19. und 20. Jahrhundert, Tübingen 2010, 402 f.。

　　⑧　Klaus-Peter Schroeder, Eine Universität für Juristen und von Juristen. Die Heidelberger Ju-
ristische Fakultät im 19. und 20. Jahrhundert, Tübingen 2010, 278 ff.

　　⑨　www. reichstagsprotokolle. de/treffer. html? anfrage1＝PND_ 117558680（Aufruf：
März 2012）.

　　⑩　参见尤拉塞克（Juraschek）、施特克（Stoerk）、罗辛（Rosin）、弗里克（Fricker）、兰德
斯贝格尔（Landesberger）、雷姆（Rehm）、奥托·迈耶（Otto Mayer）、勒宁（Loening）、尼德内
尔（Niedner）等人的评论。

学术研究或商榷的对象。[11]

二、传记[12]

　　1841 年 2 月 21 日，格奥尔格·迈尔出生于德特莫尔德市（Detmold）。他的父亲格奥尔格·海因里希·迈尔（Georg Heinrich Meyer，1803—1866）出生于梅勒市（Melle），是旅馆老板，1847 年起担任梅勒市市长。他的母亲伊达·苏菲·威廉明妮·迈尔（Ida Sophie Wilhelmine Meyer，1809—1842），娘家姓卡斯帕里（Caspari），生于席德尔（Schieder），她在生下一个女婴后去世，而女婴亦于一天后死亡。1848 年动乱发生时，迈尔七岁，在德特莫尔德的文法学校上学，据说他是那里的学生协会“特奥特堡”（Teutoburgia）的成员。[13] 耶利内克指出，作为一个文法学校的学生，迈尔参与了公开焚烧“海德堡教理问答”（Heidelberger Katechismus）的活动，第一次在政治上崭露头角；当时的利珀邦（Lippe）不顾民众反对，试图重新推行形成于 1563 年并广泛传播的“海德堡教理问答”。[14] 我们并不清楚，此次活动对迈尔是否有影响。

　　在文法学校毕业之后，迈尔于 1860 年春开始在耶拿大学学习法律，

----

　　[11]　例如，Peter Badura, Das Verwaltungsrecht des liberalen Rechtsstaats. Methodische Überlegungen zur Entstehung des wissenschaftlichen Verwaltungsrechts, Göttingen 1967, 11 ff., 51 ff.；Ernst-Wolfgang Böckenförde, Gesetz und gesetzgebende Gewalt. Von den Anfängen der deutschen Staatsrechtslehre bis zur Höhe des staatsrechtlichen Positivismus, Berlin 1958, 259 ff.；Martin Bullinger, Vertrag und Verwaltungsakt. Zu den Handlungsformen und Handlungsprinzipien der öffentlichen Verwaltung nach deutschem und englischem Recht, Stuttgart 1962, 187 ff.；最为重要的是：Michael Stolleis, Geschichte des öffentlichen Rechts in Deutschland. Zweiter Band (Staatsrechtslehre und Verwaltungswissenschaft 1800 - 1914), München 1992, 351 ff., 398 ff.；Stolleis, Verwaltungswissenschaft und Verwaltungslehre 1866 - 1914, Verw 15 (1982), 45 ff., 51, 58 ff. 。

　　[12]　本部分主要参考了德费特(脚注 4)和耶利内克的作品，特别是耶利内克的短文(脚注 4)及其中的参考文献。

　　[13]　因此，比勒费尔德的诺曼尼亚-尼伯龙根兄弟会(成立于 1905 年)的一个条目，将格奥尔格·迈尔列为“著名的兄弟会成员”，但没有进一步证明该兄弟会的情况。“创始兄弟会”的“著名的兄弟会成员”选择标准是什么并无说明(http：//www. normannia-nibelungen. de/article-11-beruehmte-burschen-schafter-in-und-aus-bielefeld. htm，2012 年 4 月 6 日访问)。在 1848 年运动失败后的反动时期，这种争议可能并非不典型(http：//www. teutoburgia. de/Teutoburgia/Seite1. htm，2012 年 4 月 6 日访问)。

　　[14]　关于背景，德费特提到了基特尔，E. Kittel, Heimatchronik des Kreises Lippe, Köln 1978, 174, 238。对于 1848 年运动失败后的反动时期来说，这场争端具有一定的代表性。

上了李斯特(Leist)、哈恩(Hahn)、米歇尔森(Michelsen)、道布(Daub)⑮
等人的法学课,此外,他还学习了历史和哲学。在耶拿,他成了"日耳
曼尼亚"(Germania)兄弟会的积极分子;⑯ 这是 1815 年在耶拿成立的
"创始兄弟会"(Urburschenschaft)日耳曼分支。⑰ 在被反动派镇压之后,
那些致力于德意志各邦国民族统一的人也在这里找到了出路,而此前通
常可归为 1848 年之前时期的自由主义和共和主义的理念日益受到压
制。⑱ 三个学期之后,迈尔于 1861 年 11 月转入著名的海德堡大学,1863
年 3 月,在第一次国家法律考试前,他获得了博士学位。⑲ 同年,他通
过了德特莫尔德的国家考试,成了利珀的公务员;不过,他很快就请
假,以便在柏林进行统计研究。1866 年起,他在耶拿统计局担任"助
理"。⑳ 显然,他同时也在学术的轨道上行进,1867 年 12 月 21 日,他在
马尔堡大学取得了授课的资格;其教授资格论文为《罗马帝国的没收
法》,这是他第一本专著《没收法》(莱比锡,1868 年)的一部分。同
年,他出版了《北德意志联邦法大纲》(莱比锡,1868 年),这也是关
于德国新的国家法状况的第一本专著。1869 年至 1870 年,他去英国作

⑮　Jellinek, Georg Meyer, in: Weech, Friedrich von/Krieger, Albert (Hrsg.): Badische Biographien, Teil 5, Band 2, Heidelberg 1906, 560.

⑯　Carsten Doerfert, Georg Meyer (1841－1900). Staatsrechtslehrer und Politiker aus Lippe, Georg Meyer (1841－1900). Staatsrechtslehrer und Politiker aus Lippe, in: Lippische Mitteilungen aus Geschichte und Landeskunde, Heft 62 (1993), 192; Jellinek, Georg Meyer, in: Weech, Friedrich von/Krieger, Albert (Hrsg.): Badische Biographien, Teil 5, Band 2, Heidelberg 1906, 560.

⑰　比较简略的,可见 Siegfried Schmidt, Ludwig Elm und Günter Steiger, Alma mater Jenensis. Geschichte der Universität Jena, Weimar 1983, 169 (zu Aktivitäten in den 1830 Jahren (auch: „Zeit des Progresses"): 182 ff., zu den 1848er: 201 ff.)。较为详细的,可见 Herman (sic) Haupt, Die Jenaische Burschenschaft von der Zeit ihrer Gründung bis zum Wartburgfeste. Ihre Verfassungsentwicklung und ihre inneren Kämpfe, in: ders. (Hg.), Quellen und Darstellungen zur Geschichte der Burschenschaft und der deutschen Einheitsbewegung, Bd. 1, 2. A., Heidelberg 1966, 18 ff.; Georg Heer, Geschichte der Deutschen Burschenschaft, Bd. 3, Heidelberg 1929, 36 ff., 43。1846 年这个兄弟会的德意志分支重新形成,主张一种旨在实现德国统一的民族态度(座右铭:"为祖国而生活和奋斗")。1993 年该兄弟会重新在耶拿登记注册,不过并未提及迈尔。

⑱　关于"1848 年前耶拿兄弟会运动的'英雄时代'之市民-民主传统"的镇压的描述,in: Siegfried Schmidt, Ludwig Elm und Günter Steiger, Alma mater Jenensis. Geschichte der Universität Jena, Weimar 1983, 224。

⑲　期间,他在哥廷根大学学习了一个学期。

⑳　So Jellinek, Georg Meyer, in: Weech, Friedrich von/Krieger, Albert (Hrsg.): Badische Biographien, Teil 5, Band 2, Heidelberg 1906, 560.

了一次长时间的学术旅行，他关于议会制的比较研究似乎始于此，这收入他最后的一本书(格奥尔格·耶利内克编：《议会选举法》，柏林，1901 年)。耶利内克强调指出，由于在 1870 年至 1871 年的德法战争中未能奔赴战场，迈尔备感遗憾。[21]

1872 年夏季学期，迈尔成了马尔堡大学的国家法和行政法副教授。在这里，他和马尔堡大学法律顾问的女儿埃内斯蒂娜·朔滕(Ernestine Schotten)喜结连理。[22] 但是，这一对"最幸福的伉俪"(耶利内克语)并无子女，无论如何，我们没有找到任何相关记录。[23] 在帝国新宪法生效当年，迈尔出版了《关于德意志帝国宪法的国家法讨论》(莱比锡，1872 年)，这本书页数不多，其中论述了帝国宪法的重要规范，特别是研究了关于邦联或者联邦制国家的诸多问题，具体来说是帝国的权限问题，尤其是后来帝国权限的扩张问题。1875 年他被耶拿大学聘为教授。

在耶拿，他开始积极参与政治。1878 年他当选魏玛邦议会代表，1881 年 11 月当选帝国议会耶拿-诺伊施塔特选区代表，[24] 直至 1890 年，他也是民族自由党的帝国议会代表。[25]

同时，他也在学术上继续耕耘。他的两本在 20 世纪仍被继续使用的教材形成于此时。其中，《德国国家法教科书》出版于 1878 年，《德国行政法教科书》出版于 1883 年。1888 年，迈尔出版了《德国保护区的

---

[21]　Jellinek, Georg Meyer, in: Weech, Friedrich von/Krieger, Albert (Hrsg.): Badische Biographien, Teil 5, Band 2, Heidelberg 1906, 561.

[22]　Carsten Doerfert, Georg Meyer (1841－1900). Staatsrechtslehrer und Politiker aus Lippe, Georg Meyer (1841－1900). Staatsrechtslehrer und Politiker aus Lippe, in: Lippische Mitteilungen aus Geschichte und Landeskunde, Heft 62 (1993), 193.

[23]　Jellinek, Georg Meyer, in: Weech, Friedrich von/Krieger, Albert (Hrsg.): Badische Biographien, Teil 5, Band 2, Heidelberg 1906, 561. 迈尔的夫人于 1931 年去世, Friedrich, Georg Meyer, in: NDB 17 (1994), 339 f. [www. deutsche-biographie. de/artikelNDB_ n17－339－01. html], Aufruf: 10. 10. 2011。

[24]　So Jellinek, Georg Meyer, in: Weech, Friedrich von/Krieger, Albert (Hrsg.): Badische Biographien, Teil 5, Band 2, Heidelberg 1906, 562; vom „Wahlkreis 3 Sachsen Weimar" spricht Carsten Doerfert, Georg Meyer (1841－1900). Staatsrechtslehrer und Politiker aus Lippe, Georg Meyer (1841－1900). Staatsrechtslehrer und Politiker aus Lippe, in: Lippische Mitteilungen aus Geschichte und Landeskunde, Heft 62 (1993), 195.

[25]　Siegfried Schmidt, Ludwig Elm und Günter Steiger, Alma mater Jenensis. Geschichte der Universität Jena, Weimar 1983, 第 224 页和第 233 页指出, "许多" 耶拿大学教授曾为民族自由党效力或者同情该党，因此该党 "在大学里拥有强大的地位"。有关当时帝国议会中的政治冲突，参见 Erich Brandenburg, 50 Jahre Nationalliberale Partei. 1867－1917, Berlin 1917, 12 ff. 。

国家法地位》一书。耶利内克盛赞，认为这是"对德国殖民法所作的第一次也是最成功的学理阐述"，在殖民法的制定方面，迈尔在帝国议会发挥了相当重要的作用。[26] 迈尔收到了马尔堡大学和布雷斯劳大学的邀请，不过，赫尔曼·舒尔策（Hermann Schulze）逝世后，海德堡大学"德意志国家法和行政法及德意志法律史教席"出现了空缺；为此，1889 年他接受了海德堡大学的聘请。[27] 他在教学方面的成就非常大。除了前述课程外，他还讲授教会法、德意志私法原理、国际法以及德意志统一的斗争史。由于转到了海德堡，迈尔辞去了帝国议会的议席，但在政治上仍然很活跃，不过只限于在巴登州：他是海德堡的民族自由协会（政党）的主席团成员以及该党的中央委员会和地区的一些委员会的成员，同时也担任各种顾问[28]；他还是海德堡大学在巴登州上院的代表。1897 年，他担任海德堡大学副校长。1900 年 2 月 28 日，格奥尔格·迈尔突然逝世。

三、 民族自由政治与国家法实务

迈尔很早就倾向于民族自由主义政治，为此，他和 19 世纪的其他一些国家法学者一样，在政治上非常活跃。[29]

其同代人耶利内克这样描述迈尔的政治观："一个强大的帝国，对外受到尊重，对内保护和促进德国人民的共同利益，维护祖国的联邦性

㉖ Jellinek, Georg Meyer, in: Weech, Friedrich von/Krieger, Albert（Hrsg.）: Badische Biographien, Teil 5, Band 2, Heidelberg 1906, 562 f. 下文也参考了该文献。

㉗ 迈尔的工资为 7500 马克，见 Klaus-Peter Schroeder, Eine Universität für Juristen und von Juristen. Die Heidelberger Juristische Fakultät im 19. und 20. Jahrhundert, Tübingen 2010, 279. 格奥尔格·耶利内克一开始的工资为 4800 马克（"相对较低"；不过，此外还有学院津贴，这是"基本工资的 1—2 倍"，见 Klaus-Peter Schroeder, Eine Universität für Juristen und von Juristen. Die Heidelberger Juristische Fakultät im 19. und 20. Jahrhundert, Tübingen 2010, 288）。

㉘ 耶利内克"所举的例子"有：区委员会、公民委员会、教区委员会、高级中学顾问委员会主任、法学协会和博物馆协会，参见 Jellinek, Georg Meyer, in: Weech, Friedrich von/Krieger, Albert（Hrsg.）: Badische Biographien, Teil 5, Band 2, Heidelberg 1906, 564。

㉙ 通常被视为典型的还有黑内尔。与三月革命和保罗教堂的全盛时期的"政治教授"相比，在转向"现实政治"后，议会中的教授数量明显减少。Stolleis, Staatsrechtslehre und Politik, Heidelberg 1996, 8 ff.

质，消除联邦成员的自私的个别主义和任何敌视各州特殊生活的单一主义，仍然是他的最高政治理念。在社会方面，他热衷于促使国家承认公民广泛的自主行动。"㉚

这里指的是资产阶级自由主义，而不是民主版本的自主行动，如贝尔(Behr)和其他早期民主人士在1848年之前提出的概念。㉛ 他欢迎社会的自我组织，如手工业的合作组织，以反对国家强制。

迈尔是马尔堡自由协会㉜即之后的民族自由党的成员。大体而言，这源于普鲁士预算冲突和柯尼格雷茨战役所带来的紧张关系。㉝ 在不同的自由团体的冲突之后，在1866年年底成立了这一新的"党派"，并于1867年首次参加选举。在献给其50周年纪念日的一篇文章中，提到了以下几点，认为其与(其他)自由主义者坚持的"毫无结果和不成功的反对派政治"存在决定性区别："自由主义坚决放弃了将赌注押在逐步妥协而非政治斗争上的议会制度(特别是在外事领域)"；洞察到"确保国家的权力地位系绝对首要和最必要的事情，内部塑造次之"。㉞

与俾斯麦达成意义深远的协议相应，承认俾斯麦的外交政策和帝国一体化高于自由主义经济和宪法思想决定了随后几年的民族自由主义政治。㉟ 这造成了党派内部的矛盾：在所谓1880年的分裂以及随后的与俾斯麦密切相关的政党改组之后，迈尔开始担任帝国议会议员。㊱ 不过，

㉚　Jellinek, Georg Meyer, in: Weech, Friedrich von/Krieger, Albert (Hrsg.): Badische Biographien, Teil 5, Band 2, Heidelberg 1906, 565.

㉛　Cancik, Volkstümlichkeit der Verwaltung, Der Staat 2004, 298 ff. (306 ff.).

㉜　Carsten Doerfert, Georg Meyer (1841-1900). Staatsrechtslehrer und Politiker aus Lippe, Georg Meyer (1841-1900). Staatsrechtslehrer und Politiker aus Lippe, in: Lippische Mitteilungen aus Geschichte und Landeskunde, Heft 62 (1993), 195.

㉝　许多长期以来坚定地反对俾斯麦的自由党人，为了不丧失所有的影响力，放弃了这一立场。事后追认法(Indemnitätsgesetz)的批准，使得预算争端中的违宪行为得以正当化，同时也使政党制度必须进行新的调整并导致最后的分裂。Alexander Burger, Geschichte der Parteien des deutschen Reichstags, Heft II, 2. A. Leipzig 1913, passim. Vgl. auch zum folgenden: Erich Brandenburg, 50 Jahre Nationalliberale Partei. 1867-1917, Berlin 1917, 4 ff.

㉞　Erich Brandenburg, 50 Jahre Nationalliberale Partei. 1867-1917, Berlin 1917, 5 ff.

㉟　此处无法对自由党的不同流派之间的冲突及其与其他党派的分裂与合作进一步讨论，可见 Alexander Burger, Geschichte der Parteien des deutschen Reichstags, Heft II, 2. A. Leipzig 1913。同时代人对该冲突的叙述，可见 Politisches Handbuch der Nationalliberalen Partei, hrsg. von Centralbüro des Nationalliberalen Partei Deutschlands, Berlin 1907, s. v. Nationalliberale Partei (= S. 765 ff.). Huber, Deutsche Verfassungsgeschichte Bd. 4, Stuttgart 1982, 65 ff.。

㊱　Huber, Deutsche Verfassungsgeschichte Bd. 4, Stuttgart 1982, 68 f.

在前述意义上，或许也很难说，迈尔是"议会制的叛徒"。㊲

约一百年后，德费特·迈尔（Doerfert Meyer）如此总结迈尔在帝国议会的活动："对外积极推行殖民政策，对内反对社会民主，是决定性的主题。"㊳

为德国的统一而斗争以及为帝国区域的整合而努力是迈尔在政治和学术上所致力于追求的带有其自身特点的持久的主题。在其著作中典型的简短历史介绍和提示中，他反复提到当代历史的这一方面。

迈尔通过立法工作在宪法和行政法方面发挥其特长，并使之进一步深化。就迈尔在巴登议会的时期而言，耶利内克提到关于地方道路和房基线的法律以及征收法，这都是行政法的重要领域。在帝国议会中，迈尔和阿尔贝特·黑内尔都参与《德意志保护区法》的起草并起了主要作用，1886 年，他将业已以预算拨款和已经成立行政组织并且付诸实施的《德意志帝国殖民法》予以法典化。迈尔在其《德国保护区的国家法地位》一书中谈到了帝国议会和政府之间围绕支持殖民地的预算安排以及殖民地的税收发生了冲突，这是后来发生的关于"保护区"的地位以及与之相关的规制权限的基本权限冲突的表现。这个典型的例子说明了他为平衡皇帝作为中央当局和作为普鲁士当局之间、作为"联合政府"的机构和帝国议会之间复杂的尚未最终达成一致意见的权力结构所做的努力。包括格奥尔格·迈尔在内的一些议员寻求一种——从今天的角度来看是相当温和的——参与权，这种参与权仅限于私法、刑法和司法程序方面的立法，并不包括行政法，因为在特定情形下，行政法受制于皇帝发布的法令。迈尔在学术上提出的国家法的基本问题在这里表现为国家实践的具体问题。

㊲　在政治上应如何评价迈尔，尚需进一步的研究。毕竟，他参与了帝国议会的殖民法和其他方面的立法。

㊳　Carsten Doerfert, Georg Meyer（1841 – 1900）. Staatsrechtslehrer und Politiker aus Lippe, Georg Meyer（1841 – 1900）. Staatsrechtslehrer und Politiker aus Lippe, in: Lippische Mitteilungen aus Geschichte und Landeskunde, Heft 62（1993）, 195.

四、 学术：主题、方法与学科

（一）主题

1. 通往联邦国家的道路：国家和殖民法

与时代相适应，对尚需归类的"帝国"现象的理解构成了迈尔的国家法著作中的核心主题。对他而言，"毫无疑问，该联邦，是诸德意志邦国的联盟……不过，它以联邦国家的形式出现"[39]。就这样，他在国际法和宪法之间流连顾盼，但是至 1872 年他已经形成了自己的观点，而且这不同于他对北德意志邦联的立场。[40] 对于修宪，尤其是扩权而言：帝国是否享有一种"权限之上的权限"，或者是否需要取得各个州的同意？如上所述，这是皇帝、帝国参议院和帝国议会三个机构之间的权限调整问题，对迈尔就正在形成的殖民法的国家法分析而言，这也是核心问题。作为帝国议会的成员，他从实际经验中认识到解决权限争端的重要性。他对(议会)立法相对于行政的重要性的理解是：从更长的宪法史来看，可以将皇帝发布法令同议会化的过程联系起来。[41]

当时探讨的另一国家法的基础性议题是：自由权的保障。迈尔将自由权理解为主观权利，而不只是客观法意义上的国家的自我限制。[42]

2. 其他主题：行政法、选举法、法律史

相应地，迈尔对"个人"和国家(行政)之间关系的理解对于他的另一个研究主题——行政法而言具有根本性，尽管不能低估其与今天的理

---

[39]　Meyer, Staatsrechtliche Erörterungen über die Deutsche Reichsverfassung, 1872, 81.

[40]　Meyer, Staatsrechtliche Erörterungen über die Deutsche Reichsverfassung, 1872, 65 oder 74 ff.；以及四年之前：Grundzüge des norddeutschen Bundesrechts, 1868。

[41]　1872 年，迈尔发表了一番批评性意见：帝国议会"也不是作为帝国权力的一个独立因素出现的，而是作为一个限制性因素出现的"（迈尔所接受的联邦委员会的政府权力）。这与君主制原则相一致，但是迈尔怀疑这一原则的基本正确性，他认为这一原则在法律上是既定的。Vgl. Meyer, Staatsrechtliche Erörterungen über die Deutsche Reichsverfassung, 1872, 49. 他对皇帝在立法中的独立地位也颇有微词，Meyer, Der Antheil der Reichsorgane an der Reichsgesetzgebung, 1889。

[42]　So Böckenförde, Einleitung zu：Georg Meyer, Lehrbuch des deutschen Staatsrechts, bearb. von Gerhard Anschütz, 8. A., Berlin 2005, XIII f., 这里也指出了迈尔跟格贝尔(Gerber)和拉班德(Laband)之间的区别。

解存在的巨大差别。虽然"行政法的制定法调整"和随之形成的（19世纪意义上）行政司法审查终结了个人"相对于行政只有义务而无权利"的时代，[43] 但是在迈尔看来，"处理主观权利和限定主观义务既非行政法的唯一任务，也非其主要任务"，"制定行政法规范的主要目的是实现公共利益"。仅举一例：警察命令因此并不需要明确的制定法授权，迈尔尚不承认法律保留原则。[44]

迈尔关于选举法的内容丰富的著作也同样以国家为中心——这显然扎根于19世纪。[45] 他用了400页的篇幅专门介绍了各国选举法的历史，其中包括英国、法国、美国以及欧洲大陆的许多小国，当然，也包括德国的各邦国。另外用了300页对选举法作了体系性研究，而且每每诉诸历史和比较法：积极的选举权、可选择性、代表津贴、选举制度、选举程序、选区、选期是核心的章节。他提及有关妇女选举权的讨论，并对"欧洲大陆几乎没有受到这些斗争的影响"这一事实表示满意。他认为："妇女属于住房和家庭；她会因为被卷入政治运动而偏离她真正的事业。"[46]

为了让人们对迈尔的广泛兴趣有一定的印象，最后需要提一下他对中世纪法律独一无二的贡献：国王禁令的颁布以及1881年边境总督的恩宠一事。虽然在该研究中，他用一本篇幅较小的著作探讨了司法权和处罚资格的问题。不过，这是值得钦佩的，因为研究诸如《萨克森之镜》或《施瓦本之镜》这样的原始资料需要法律语言能力和历史能力，即使在法律史上，19世纪法学家所处的学术环境与现在也大不相同。迈尔的

---

[43] Meyer, Lehrbuch des Deutschen Verwaltungsrechtes, 3. A（bearb. v. Dochow）, 1910, 37, auch zum folgenden.

[44] Meyer, Lehrbuch des Deutschen Verwaltungsrechtes, 3. A（bearb. v. Dochow）, 1910, 85; vgl. auch anhand der Beispiele Eisenbahn und Bauplanung vertiefend: Meyer, Der Staat und die erworbenen Rechte, in: Jellinek/Meyer（Hg.）, Staats- und völkerrechtliche Abhandlungen, 1895, H. 2（keine durchlaufende Seitenzählung）.

[45] 当时明显居于通说地位的观点将积极的选举权归为公共功能（而非天赋人权），Meyer, Das parlamentarische Wahlrecht, 1901, 411 f.。在庆祝他担任海德堡大学校长的学术集会上，迈尔作了说明，他本人反对当时正在讨论的废除普选权的问题，同时强调公民进行积极参与的公共义务。Meyer, Über die Entstehung und Ausbildung des allgemeinen Stimmrechts. Akademische Rede zur Feier des Geburtsfestes der höchstseligen Großherzogs Karl Friedrich [...], Heidelberg 1897.

[46] Außerdem stünden die Frauen im Zweifel unter fremdem Einfluss, Meyer, Das parlamentarische Wahlrecht, 1901, 455.

论文是否为法律史学家所接受，在此无法作出结论。无论如何，在过去的一百年中，宪法学教师关注的主题及其能力的巨大变化是很明显的。

（二）迈尔的方法：在"法学方法"的接受和调整之间

希弗勒在 1866 年所阐释的历史背景不仅在政治上重要，在方法上也很重要。不同于所谓国家学方法，如今居于首要地位的是"法学"或者"解释的方法"。不管它在当时文献中的实际情况如何——其实是相当值得怀疑的，从科学史的角度来看，可以将它理解为一种范式转变。㊼ 就像今天对方法的讨论一样，与这些术语相关联的方法的讨论，跟界定、自我定义和学科的构成有很大关系。因此，我们并不总是能够明确地将法律学者归入"一种方法"。在这方面，格奥尔格·迈尔并非不具有代表性：他着手研究相关讨论，作了一些调整后而予采用，但也保持了一定的距离。这一点在他关于行政法的阐述中表现得尤其明显，无论如何，这是"新的"行政法教科书系列中的第一本，主要采用法学方法，但也不想放弃与行政学的联系。㊽ 他既批评过度诉诸法学方法，也批评法实证主义学派㊾，但他原则上接受法学方法。㊿ 他对圆满性的追求使他坚持材料的收集和复述。这种被认为是老旧的"叙述"阐述模式立即受到了批评。采用法学-诠释的阐述、行政学科的形成往往经由阻断实体上之诉诸行政而达到减负的功能；而迈尔的方法显然未能实现这一功能。然而，他也并非不加批判地屈从于旧时代。相反，这种自我定位有

㊼　Michael Stolleis, Verwaltungswissenschaft und Verwaltungslehre 1866 - 1914, Verw 15 (1982), 45 (47). Zur Differenz zwischen methodischem Anspruch und Umsetzung: 49 ff. 何者构成法学方法，其与法实证主义方法及其他科学，如国家学方法之间的关系如何，讨论甚多，但有些部分仍然不清楚。

㊽　So auch Michael Stolleis, Verwaltungswissenschaft und Verwaltungslehre 1866 - 1914, Verw 15 (1982), 45 (59 f.).

㊾　格奥尔格·耶利内克对法实证主义学派的批评得到了迈尔有力的支持，so Klaus-Peter Schroeder, Eine Universität für Juristen und von Juristen. Die Heidelberger Juristische Fakultät im 19. und 20. Jahrhundert, Tübingen 2010, 292。耶利内克对拉班德及其追随者作了批评，认为他们忽视了个人的主观权利。

㊿　认为他的行政法仍然完全"受传统的国家学方法拘束"（Klaus-Peter Schroeder, Eine Universität für Juristen und von Juristen. Die Heidelberger Juristische Fakultät im 19. und 20. Jahrhundert, Tübingen 2010, 281），这一判断是不足的，即使材料的表述确实继续遵循旧的部门划分。

其方法上的自觉：行政法应该是并且仍然是行政理论（科学）的分支。[51]
尽管在细节上存在分歧，但迈尔并非唯一持此立场的学者，而这在当时
有时受到很激烈的批评。[52] 从长远来看，拒绝简单地完全切断与国家学
的联系似乎是一个经过充分考虑和可持续的立场。这并不能杜绝在时间
上和方法上将其行政法视为"奥托·迈耶（Otto Mayer）前的专业立场"
的代表因而存在一定缺陷的看法。[53]

前述评价也适用于国家法领域，尽管需要作一定的保留。就当时而
言，迈尔的国家法教科书具有创新性，因为其试图整合地区国家法和帝
国国家法。[54] 于此，他也没排除法学方法——不管它到底是什么——与
政治学尤其是历史的联系。[55] 这种概念形成是演绎而来的，以对概念形
成的批判性理解为指导，由此，它既不同于早期较为理想化的方法，也
不同于广泛传播的"纯粹法学的"概念形成。[56]

---

[51] 参见施托莱斯对迈尔观点的重述："如果形式的法学方法探讨行政法，而完全忽略
与行政学的联系，那将是令人遗憾的。"Michael Stolleis, Geschichte des öffentlichen Rechts in
Deutschland. Zweiter Band（Staatsrechtslehre und Verwaltungswissenschaft 1800 – 1914），
München 1992, 399 m. Fn. 95, 不过施托莱斯的引用无法核实。迈尔很快就认识到需要进行
方法上的改变，参见 Das Studium des öffentlichen Rechts, 1875, 17, 他主张："应以法学的方
法穿透素材，对行政法制度作法学的阐释……"不过，迈尔本人也未遵循这一要求，Michael
Stolleis, Verwaltungswissenschaft und Verwaltungslehre 1866 – 1914, Verw 15（1982），45（63）。

[52] 奥托·迈耶在其《行政法》第二版的评论中对迈尔的系统化尝试对于总论的贡献提
出了非常尖锐的批评，Otto Mayer, Über G. Meyer, Lehrbuch des deutschen Verwaltungsrechts,
2. A. Leipzig 1893 und 1894, in: AöR 11（1896），157 ff.。一方面，迈耶批评坚持"旧"的
陈述和体系方法，因为相关的"纯粹的法律概念"和"一般的法律制度"是无法追踪的。
另一方面，他批评迈尔试图通过设立一个总论部分来应对所有问题，认为这完全是不可能
的。迈尔对行政行为的概念界定就表明了这一点——根据迈耶的观点，这完全不够。

[53] Michael Stolleis, Verwaltungswissenschaft und Verwaltungslehre 1866 – 1914, Verw 15
（1982），45（62）。

[54] Klaus-Peter Schroeder, Eine Universität für Juristen und von Juristen. Die Heidelberger Ju-
ristische Fakultät im 19. und 20. Jahrhundert, Tübingen 2010, 282.

[55] 不仅仅是这种联系使迈尔明显地与安许茨相容。安许茨知道，他与迈尔在方法论上
有密切的联系。与迈尔一样，安许茨也觉得自己致力于当前的实在法，但同时又宣称对法律
有一种历史实证主义的理解。Klaus-Peter Schroeder, Eine Universität für Juristen und von Juris-
ten. Die Heidelberger Juristische Fakultät im 19. und 20. Jahrhundert, Tübingen 2010, 403 f.;
Michael Stolleis, Geschichte des öffentlichen Rechts in Deutschland. Zweiter Band（Staatsrechtsle-
hre und Verwaltungswissenschaft 1800 – 1914），München 1992, 351 f.: "基于历史的法实证
主义。"

[56] 与之相似，伯肯弗德认为迈尔的方法不是"抽象的，其在历史上是具体的；尽管
如此，他还是法学的概念形成"。Böckenförde, Einleitung zu: Georg Meyer, Lehrbuch des deut-
schen Staatsrechts, bearb. von Gerhard Anschütz, 8. A., Berlin 2005, XIII.

（三）经由学说和教学的学科形成

迈尔在德意志帝国的产生和整合背景中认识到了国家法和行政法学科的形成，并试图做出自己的贡献。他不同于其他那些在集体记忆中显然对学科有更多影响的同事，如奥托·迈耶[57]，他主要是通过教学：通过追求圆满性的教科书，形成他的教学观点。迈尔早期的观点可以作为例子说明他对"学科"的关注：1875 年他在耶拿开始学术生涯时的就职演说。在那里，迈尔阐述了公法的发展对其研究的影响。他非常明确地批评了公法和国家学领域的学术教学的"重要倒退"：[58]"对我们大学的状况进行不偏不倚的观察就可以发现，公法和国家学的研究几乎处于停滞状态。"迈尔在该主题上采用了历史的、政治的以及实践-具体的方法。他认为，造成前述失败的核心原因在于考试中关键科目的确定性不够："……在确定该国家公务员资格时未能给予这些专业以足够的权重……"迈尔的目标是为行政官员创设一个职业通道，或者更好的是，让所有法学家在公法和国家学方面具有一般资格，从而有可能使每个人都有资格成为公务员。具体的出发点是德国南部的培训条例和迈尔所明确批评的一个普鲁士法律草案。[59]他的批评是否对这一草案或对后来的法律教育发展产生了影响，尚需做进一步研究。迈尔利用这个机会起草了一份必修课课表，并要求各州予以配合。"德意志国家法"和"国家法总论"作为入门，后者的讲授显然与政治学课程相关，当时不能单独开设政治学课程。[60]国际法也不应被忽视，它不仅在实践中越来越重要，而且在科学上日益成为一个普通教育的领域。[61]

对于行政法，迈尔指出，这"完全是一个混乱的学科，在其中很难

---

[57] Michael Stolleis, Geschichte des öffentlichen Rechts in Deutschland. Zweiter Band（Staatsrechtslehre und Verwaltungswissenschaft 1800－1914），München 1992，403 ff.

[58] Meyer, Das Studium des öffentlichen Rechts，1875，6.

[59] 参见 Wilhelm Bleek, Von der Kameralausbildung zum Juristenprivileg, Berlin 1972，163 ff. 。

[60] Meyer, Das Studium des öffentlichen Rechts，1875，13 u. ö. 所设想的一般国家学也应包括政治，属于一个整体的东西不应被人为地割裂；最终，迈尔想象了一个由各个部分组成的课程：一般宪法学、一般政治学和政治。

[61] Meyer, Das Studium des öffentlichen Rechts，1875，15："……它（国际法）的发展（是）人类文化发展最重要的方面之一，对任何想了解人类历史的人而言，国际法的知识都是必要的。"

找到一个明确的体系：国民经济学理论和实务、政治经济学、政治经济政策、警察学、财政学、行政学、行政法，以及其他任何可能的称呼"[62]。在这里，他也主张将洛伦茨·冯·施泰因（Lorenz von Stein）所奠基的一般行政理论与（德国）行政法相结合。后者"就其性质而言，应该是一门法学学科"，但不应该堕落为纯粹的法律学科，因为这样的课程必须具有"头脑风暴"的效果。迈尔非常有远见地预见到当时出现的行政诉讼以及通过帝国立法出现的"一般行政法"的意义，这需要法学，反之，法学也会促进一般行政法。[63] 因此，德国行政法的授课不应少于每周6课时，此外，必须补充行政学的课程（在内部行政学和财政学的课程意义上）。最后，法律人也需要经济学和统计学的知识。[64] 从迈尔的传记来看，他自己曾在统计领域从事工作，这或许是其灵感来源。他的评估是，适当的知识储备对公务员和科学家的工作有帮助，这仍然可能是对的。

这一行政法的见解尚不承认一般行政法和特别行政法的区分，但标志着其发展的开始，这在其他地方已经有很多研究。[65] 迈尔对教学和教学法的贡献，特别是对于学术学科的形成的贡献也许至今仍被低估了。[66] 只需顺便提一下：用来让"学生"利用该提议的教学策略与目前正在讨论的策略惊人地相似。在承认强制性参与无益的情况下，争取将其纳入第一次国家考试（今天由大学重点考试补充）的考试范围是决定性的，显然在那个时候也是如此。[67]

---

[62] Meyer, Das Studium des öffentlichen Rechts, 1875, 16.

[63] Meyer, Das Studium des öffentlichen Rechts, 1875, 18.

[64] Meyer, Das Studium des öffentlichen Rechts, 1875, 19.

[65] Vgl. nur Michael Stolleis, Geschichte des öffentlichen Rechts in Deutschland. Zweiter Band (Staatsrechtslehre und Verwaltungswissenschaft 1800 – 1914), München 1992, 394 ff.

[66] Vgl. aber Michael Stolleis, Verwaltungswissenschaft und Verwaltungslehre 1866 – 1914, Verw 15 (1982), 45 (56 ff.).

[67] 迈尔主张进行全面的法律和行政教育，类似于目前仍在追求的全能律师和通才的概念，反对根据职业目标进行划分。他批评普鲁士草案中设想的三年学习期太短，应予延长，并缩短预备期，因为它已经被"机械性事务"所累，而这些事务最好由"下级官员"来处理。相应地，这要求增加教师人数和建立"法学系"（Meyer, Das Studium des öffentlichen Rechts, 1875, 27，这是针对罗伯特·冯·莫尔等人的要求）。另参见 Wilhelm Bleek, Von der Kameralausbildung zum Juristenprivileg, Berlin 1972。总而言之，学习和教育改革是他的一个潜在的主题。关于迈尔后来将所谓"研讨式教学"扩展到公法学科的主张，见 Klaus-Peter Schroeder, Eine Universität für Juristen und von Juristen. Die Heidelberger Juristische Fakultät im 19. und 20. Jahrhundert, Tübingen 2010, 229。

1893 年出版的关于德国大学的论文集中所收录的他的论文也清楚地表明，迈尔非常关注行政法学科的形成。[68]

五、 结论：漫长的 19 世纪中的国家法学者

迈尔作为宪法和行政法学者的重要性如何？对于一个生活如此丰富的人而言，一篇短文恐怕说不清楚。对他作品的接受体现在两个方面。在对迈尔的行政法教科书的书评中，奥托·迈耶在批评之后，挖苦地总结道："在其平静的、令人觉得是可靠的过程中，这本教科书被证明是正确的教学艺术。"[69] 由此可以得出结论，奥托·迈耶否认其学术价值。这种态度在后来的理解和接受迈尔方面或多或少得到了明确的延续。另一方面，迈尔的朋友耶利内克在 20 世纪初确信，"他作为政治家和学者的工作为他赢得了永久的纪念"[70]。在德意志联邦共和国，研究个别主题的早期的学术研究中仍会提及迈尔，[71] 不过，越来越多的人只简单地提到他的教科书，主要是"迈尔-安许茨"合著的《德国国家法教科书》。殖民法已经没有价值，而 19 世纪的选举法也只具有法律史上的价值。在最近的方法论讨论中，那些呼吁重新与"国家学"学科联系起来的人，可以参考格奥尔格·迈尔，不过，不无问题的是，他们通常会诉诸洛伦茨·冯·施泰因。然而，即便只是将迈尔视为"一般行政法的道路上"[72]

---

[68]　Meyer, Staats- und Verwaltungsrecht, in：Lexis（Hg.），Die Deutschen Universitäten，1893，362 ff.，zum Verwaltungsrecht：370 ff. 最明显的是，迈耶（F. F. Mayer）应被视为行政法这门学科的先驱之一，却未被提及，这也许是由他的立场所决定的。在其他情形下，他至少会被提及。Meyer, Grundbegriffe, Wesen und Aufgabe der Verwaltungslehre in：Gustav Schönberg（Hg.），Handbuch der politischen Ökonomie. Dritter Band：Finanzwissenschaft und Verwaltungslehre，2. A.，Tübingen 1885，687（698）.

[69]　Otto Mayer, Über G. Meyer, Lehrbuch des deutschen Verwaltungsrechts, 2. A. Leipzig 1893 und 1894, in：AöR 11（1896），160.

[70]　Jellinek, Georg Meyer, in：Weech, Friedrich von/ Krieger, Albert（Hrsg.）：Badische Biographien, Teil 5, Band 2, Heidelberg 1906, 564.

[71]　例如，对公务员关系的讨论，参见 Martin Bullinger, Vertrag und Verwaltungsakt. Zu den Handlungsformen und Handlungsprinzipien der öffentlichen Verwaltung nach deutschem und englischem Recht, Stuttgart 1962, 190 ff. 。

[72]　Stolleis, Entwicklungsstufen der Verwaltungsrechtswissenschaft, in：Hoffmann-Riem/ Schmidt-Aßmann/Voßkuhle（Hg.），Grundlagen des Verwaltungsrechts, Band I, 2. A.，München 2012，§ 2，Rn. 53 ff.

的早期开路者，也不应该低估他对该学科最终得以制度化的意义。

　　迈尔能算作 20 世纪的国家法学者吗？历史时期的划分和间隔具有任意性。迈尔的早逝使他无法见证 20 世纪初的国家法学发展。比他年轻 5 岁的奥托·迈耶，或许也是他最激烈的竞争对手，比格奥尔格·迈尔多活了 24 年。然而，如果我们把时间位置理解为一个（也是）内容的标记，那么，下述见解对格奥尔格·迈尔和奥托·迈耶或许都适用：他们更像是漫长的 19 世纪中的国家法学者，而非 20 世纪的国家法学者。但是他们都对 20 世纪的国家法学者产生了影响。

奥托·迈耶（Otto Mayer，1846—1924）

迪尔克·埃勒斯　著　王银宏　译

近三十年来，传统的德意志行政法学受到激烈的批评。行政法的对象被认为过于狭窄，学术上的关切（对现行法的解释）过于片面并且遗留下来的方法论工具（特别是传统的对教规的解释）已严重过时。与此相对，一种"新的"行政法学传播开来，这种行政法学认为应以调控科学为基础，要求将法律与现实、法学与社会学以及一般行政法与特别行政法密切地联系起来。① 行政法学科遭到批评的"罪魁祸首"似乎很快被找到了：奥托·迈耶作为德国一般行政法理论的"奠基者"应当对这种批评负责。② 为澄清该问题，本文首先简要地回顾奥托·迈耶的生平及其著述，而后作出评价。

一、 生平

总体上看，奥托·迈耶的生平是清楚明了的，但是没有完整的记录。迄今为止，只有一个学术性的年谱，记载了当时思想背景下迈耶的行政法学。③ 在其不甚丰富的生平记述中，特别是百科全书式的内容，

---

① 参见 Wolfgang Hoffmann-Riem und Eberhard Schmidt-Aßmann（teilweise auch Gunnar Folke Schuppert）（Hrsg.），Reform des Verwaltungsrechts（10 Bände），1993 – 2004；现在则是 Wolfgang Hoffmann-Riem/Eberhard Schmidt-Aßmann/Andreas Voßkuhle（Hrsg.），Grundlagen des Verwaltungsrechts, Bd. 1 – 3, 2. Aufl. 2012/2013。

② 例如，Christoph Engel, JZ 2006, S. 1168 f.。

③ Erk Volkmar Heyen, Otto Mayer-Studien zu den geistigen Grundlagen seiner Verwaltungsrechtswissenschaft, 1981. 关于奥托·迈耶的国家法和行政法的详细研究，参见 Reimund Schmidt-De Caluwe, Der Verwaltungsakt in der Lehre Otto Mayers, 1999。

没有明显的缺漏。④ 当时，迈耶根据询问曾两次较为明确地讲述自己的
人生道路，特别是为何决定研究公法。⑤

　　奥托·迈耶出生于 1846 年 3 月 29 日，是家中长子，在所有的兄弟
姐妹中排行第五。他的父亲是一位药剂师、市政府参事，也是巴伐利亚
州议会的议员，他的母亲是一位钢铁厂所有者的女儿，也是胡格诺派
家庭中一个牧师的女儿。在中学毕业考试之后，他在埃尔朗根、海
德堡和柏林学习法学，结束学业之后，他在家乡法兰克参加了大学
考试和国家考试——当时还是适用《普鲁士一般邦法典》。在埃尔朗
根学习期间，他跟随冯·朔伊尔攻读博士学位，并且提交了一篇属
于罗马法领域的题为《传统和取得时效中的正当理由》的博士学位
论文。自 1871 年起，他开始实践工作，特别是作为（德国的第一批）
律师在穆尔豪森工作。在那里，他被选举为律师协会会长以及科尔
马州高等法院地区律师协会会长。作为"所有机构的律师"，他第一
次深入地接触行政法。1877 年，他与阿尔萨斯的牧师和诗人阿道
夫·施特贝尔（Adolf Stoeber）的女儿结婚。1880 年，迈耶放弃了收
入颇丰的律师工作，举家迁往斯特拉斯堡，并作为编外讲师开始新
工作。一年之后，他在斯特拉斯堡的威廉皇帝大学以一篇关于不公平竞
争的竞争法论文获得教授资格。他获得德国和法国的民法与商法的任教
资格。1882 年，他在斯特拉斯堡——与保罗·拉班德在同一所大学——
被聘为副教授，主要精力转为教学和科研，此外，受到在巴黎获得的杜
福尔的《行政法教科书》的激励，他很快转向行政法。1887 年，他被聘
为行政法和法国民法的教授。后来，他又讲授国家法和教会法。1895—

---

　　④　一方面，参见马丁·奥托关于奥托·迈耶的文章，in：Handwörterbuch zur deutschen
Rechtsgeschichte, Bd. III, 2. Aufl. 2015, Sp. 1384 – 1387；Erk Volkmar Heyen, in：Otto zu
Stolberg-Wernigerode（Hrsg.）, Neue deutsche Biographie（NDB）, Bd. 16, 1990, S. 550 – 552；
Walter Pauly, in：Michael Stolleis（Hrsg.）, Juristen. Ein biographisches Lexikon, 2001, S. 430
f.；Katja Jönsson/Matthias Wolfes, in：Biographisch-Bibliographisches Kirchenlexikon, Bd. 15,
1999, Sp. 991 – 1011；另一方面，参见 Brockhaus Enzyklopädie in 30 Bänden, Bd. 18, 21. Au-
fl. 2006, S. 73；Meyers Enzyklopädisches Lexikon in 25 Bänden, Bd. 15, 9. Aufl. 1975, S.
796；Der große Herder, Bd. 6, 5. Aufl. 1955, Sp. 355。
　　⑤　Otto Mayer. Ein Stück curriculum vitae, DJZ 1909, Sp. 1041 – 1046；ders., in：Hans
Planitz（Hrsg.）, Die Rechtswissenschaft der Gegenwart in Selbstdarstellungen, 1924, S. 153 –
176.

1896 年，在经过了七年的准备工作之后，他应卡尔·宾丁的要求而撰写的伟大著作——两卷本的《德国行政法》出版。同时，他也承担其他各种不同的职务。自 1890 年起，他担任大学的受托人。1896 年，他被任命为斯特拉斯堡的乡镇代表大会成员，之后不久，被选为名誉性的城市顾问。以此身份，他最初管理建筑和交通警察(这促使他采用一种行政执行方式)，后来又增加了社会管理(这使他致力于完善有利于从事城市建筑的工作者的最低工资制度)。此外，他也是奥格斯堡新教的最高教会监理会——州的教会代表会议——的成员，同时也承担不同慈善团体的理事工作。1902 年，他被选为斯特拉斯堡大学校长。一年后，他转到莱比锡大学法学院，自此开始致力于整体的公法学研究：从一般的国家理论到国际法、帝国国家法和州国家法、德国行政法、特别行政法的不同领域以及天主教和新教的教会法。迈耶曾担任莱比锡大学的法学院院长(1905—1906 年和 1912—1913 年)和校长(1913—1914 年)。此外，他还被选为市议会议员，并且代表法学院参与萨克森州的新教教会代表会议。他在战争期间为波兰的德国新教教会编写的教会宪法不再得到适用。在他的法学院同事中，他与教会法的鲁道夫·佐姆(Rudolph Sohm)走得比较近，在政治上与弗里德里希·瑙曼(Friedrich Naumann)走得比较近。1918 年，迈耶主动提出退休。除了法学活动之外，他还出版了一些短篇小说，其中大多数是用的笔名爱德华·杜普雷(Eduard Dupre)。1924 年 8 月 8 日，他在穆格塔尔的希尔珀索(Hilpertsau im Murgtal)(巴登州)逝世。

二、 著作

(一) 行政法

奥托·迈耶以其所著的手册(实际上是教科书)《德国行政法》赢得声誉，该书较大修改的版本分别在 1895—1896 年、1914—1917 年和 1924 年出版。他的一些比较重要的论文都被列为必读书目或者作为教科书的补充读物，例如《法国行政法理论》(1886 年)、《公法契约理论》

(1888 年)⑥、《行政案件中的实质效力理论》（1907 年）⑦以及《公共财产问题》（1907 年）⑧。

　　研究阐释一种统一的德意志帝国行政法存在三个方面的困难和障碍。第一，并不存在一个统一的德国行政法，而是仅存在由各州的行政规范组成的具有地方性的"缝缝补补而成的地毯"。第二，传统的研究方法主要是具有"国家学的"性质，目的在于实现不同行政机构的漫无边际的行政职能。第三，不存在意见一致的、用以推导行政法原则的普遍基础，因为帝国宪法与各州的宪法之间并非互补关系。迈耶严谨地解决了这些难题，并且在概念化的过程中将具体的法律素材分离开来，以此建构起"行政法理论"⑨。他的著作的结构通常遵循着传统的民法范畴（物权法、特殊的债的关系法、法人法等），但是，将民法运用于国家仅在例外的情形下是容许的。借助于"确定性的概念"⑩ 可以建立起一个层次分明的体系。对此，迈耶引入了一些法国的法律概念，例如行政行为(acte administratif)。他也使用其他一些概念并对其予以明确地阐释或改造：例如，公共财产、特殊的权力关系、机构。对于迈耶而言，资产阶级的法治国家就像是一颗恒星，虽然他在 1871 年的《德意志帝国宪法》中用少量的规范将其确定下来，但更多地是将其视为历史哲学上的一个发展模型，将其作为继诸侯主权国家和警察国家之后现代发展的第三个阶段。在迈耶看来，法治国家的特性在于国家的权力通过行政机构行使，但以法律的形式体现出来。因此，国家不能被理解为一个个人，而是通过法律建构起来的，其所有的表现形式都通过法律来调控和控制。法治国家的目的在于——事后之见——驯化国家权力⑪。⑫ 然而，这并没有否定其见解："法治国家是一个良序的行政法国家。"⑬

---

　　⑥　AöR 3 (1888), S. 3 - 86.

　　⑦　AöR 21 (1907), S. 1 - 70.

　　⑧　AöR 21 (1907), S. 499 - 522.

　　⑨　Ottmar Bühler, VerwArch 27 (1919), S. 282 (286).

　　⑩　也参见 Michael Stolleis, Geschichte des öffentlichen Rechts in Deutschland, Bd. III, 1999, S. 406。

　　⑪　Vgl. AöR 3 (1888), S. 3 (30)："我们的国家完全有能力做到一切。"

　　⑫　详见 Reimund Schmidt-De Caluwe, Der Verwaltungsakt in der Lehre Otto Mayers, 1999, S. 55 ff. 。

　　⑬　Deutsches Verwaltungsrecht, Bd. I, 3. Aufl. 1924, S. 58.

1. 方法论基础

迈耶关于行政法学的使命的理解在关于法国行政法的相关论述中就已经体现出来。对于法学而言，重要的是法律主体之间的意志权力根据主观权利的标准表现出来的形式。在他看来，这些形式的性质及其相互关系构成法学的体系。这种思考方法不同于行政理论和国家学，不在于确定行政机构的任务、目标和职能，直至今天，这种思考方法仍被称为"法学方法"。这种方法并非虚无的形式主义和意识形态化的，而是要求实现法治国家。

对此，迈耶的最初目的在于"法律思想"或者一般的法律指导原则。⑭ 这些指导原则涉及宪法、国家和法治国家。它们部分是历史-描述性的，部分是规范的来源基础，因而同时是"原因和原理"⑮。由此得出"行政法机构"是"掌握充分素材的法学辅助工具"的结论。它们在其相互关系中形成行政法学体系，又在相互区别中体现出来，但在内容上体现为从警察国家到法治国家的进步，因为警察国家不是别的，"完全就是当权者的意志……对臣民的命令"。⑯ 迈耶所关心的是，建构起一个在全帝国范围内适用的行政法的"总则"。

2. 行政法的基本要素

迈耶所定义的"行政"的概念在法治国家的权力分立背景下具有消极性："行政是在司法之外，在法律制度之下为实现其目的而进行的国家活动。"若行政权不从属于法律，则成为不受约束的公权力。宪法和法律不是公权力的渊源或基础，而是其界限。公法是"行使公权力者之间的关系规则，同时也是公权力自身的关系规则"。行政法是"调整行使管理权的国家及其所管理的臣民之间关系的特定法律"。

在行政的法律渊源中，制定法因其法治国家功能而具有特殊的意义。迈耶将其定义为"一种规范，这种规范能够使每个人都能合理地实

---

⑭　也参见 Christian Bumke, Entwicklung der verwaltungsrechtswissenschaftlichen Methodik in der Bundesrepublik Deutschland in: Eberhard Schmidt-Aßmann/Wolfgang Hoffmann-Riem (Hrsg.), Methoden der Verwaltungsrechtswissenschaft, 2004, S. 73 (86)。

⑮　Erk Volkmar Heyen, Otto Mayer-Studien zu den geistigen Grundlagen seiner Verwaltungsrechtswissenschaft, 1981, S. 164.

⑯　参见 Deutsches Verwaltungsrecht, Bd. 1, 3. Aufl. 1924, S. 113 f.。

现那种依据一般性特征来描述的事实状况"⑰。法律的优先性和法律保
留应当予以区分。法律的优先性的作用在于撤销那些违反法律的行
政行为或者使其不产生效力。法律保留的作用在于干涉人们的自由
和财产。这里,迈耶没有自己的创新,只是承继了当时占主流地位
的学说,当时的主流学说忽视了1871年帝国宪法并没有规定基本权
利的内容。

　　在迈耶看来,行政行为的行为模式是司法形式的行政行为,通过这
种行为模式确立起法治国家和行政机构之间的联系。根据他的传统定
义,行政行为是"服从于其上级机构要求的一种表现,并且应当合理地
规范个案中的臣民"⑱。直至今天,人们仍然经常认为,《行政程序法》
第35条第一句规定的内容可概括总结为省略了上级机构的指示和以
"公民"代替"臣民"。⑲迈耶将法院的判决视为行政行为的典范,并且
从与法院判决的对照中得出这些概念的特性。然而,他并没有仅仅将行
政行为与受法律约束的行政权联系起来。他的目的在于将其与仅以法律
为依据的法院判决区别开来。

　　迈耶认为,行政裁量或者自由裁量是非依法律规定的权衡,亦即行
政机构自己进行权衡,这涉及"公共福利('公共利益')、正当性、合目
的性"。"所有警察运用的自由创设之权"以及规章的性质所涉及的不仅
仅局限于自由裁量的权力都是为了防御危险,但在法治国家中是例外。
此外,(不同于当时的主流观点)在法律审查的范围内不仅应审查事实状
况,还应审查与实现其目的相关的恣意专断。

　　在教科书中,公法上的契约仅仅是作为行政机构之间为实现一定目
的而组成的联合体的自由意志的形式而被略微提及。对于行政机构与个
人之间达成的公法上的契约,迈耶在多年前就因这种契约缺乏同等的协
议关系而不予认可。⑳

---

　　⑰　Deutsches Verwaltungsrecht, Bd. I, 3. Aufl. 1924, S. 66.

　　⑱　Deutsches Verwaltungsrecht, Bd. I, 3. Aufl. 1924, S. 93.

　　⑲　这方面的批评,参见 Reimund Schmidt-De Caluwe, Der Verwaltungsakt in der Lehre Ot-
to Mayers, 1999, S. 265。

　　⑳　这方面的批评,参见 Hans Kelsen, Zur Lehre vom öffentlichen Rechtsgeschäft, AöR 31
(1913), S. 190 (235 ff.)。

迈耶关于公共财产或者公法上的财产的研究虽然是不成功的，但是应予重视。对此，对他而言首要的是，面对私法保护公法上物的占有的特性，在现在的公共物权法中，大多数接受了公法与私法的叠加，而不是完全取代私法。

在迈耶看来，行政案件中的权利保障是法治国家的标志。行政司法应当是行政法学建构的前提。行政法院也被看作是国家机构，设立这种机构的目的在于行使行政司法权。迈耶认为，实现主观公法权利的保障应通过行政机构和行政法院消除古旧的警察国家。迈耶提出，权利是否能得到保障取决于法律上的准许，但是，帝国范围内对于法律上的权利保障的争论也没有明确地禁止专断恣意。人们明确认可的是，在行政案件中，权利保障的实现也应受到一般性条款的限制，这意味着权利保障不必与特定的行政行为联系在一起。

（二）其他法律领域

除了行政法之外，迈耶还在宪法、国际法、税法以及州教会法和教会法等方面发表自己的观点和意见。他的教科书第三版的前言中经常被引用的句子"宪法消逝，行政法永存"，并未得到正确认识，迈耶想要表达的是宪法对于行政法而言具有根本性意义。尽管他的行政法教科书的第三版几乎没有提及新的《魏玛宪法》，特别是该书既未突出民主原则也没有强调基本权利，然而，迈耶在其诸多宪法论文中多次论及联邦国家原则、权利分立原则以及州的国家法。他在第一次世界大战期间所写的两篇国际法论文证明了国际法是虚弱的、有缺陷的，因为对自然法的信奉已经成为过去时。当然，他也论及国际共同体。迈耶还在讨论财政和国家学的相关著述中确切地区分公共事业服务费、会费和税费，这些内容为1919年《帝国财税条例》的立法者所接受，并且直至今天仍成为财税法学的基础。各地王侯的教会统治随着《魏玛宪法》的生效而结束，迈耶在1905—1906年就已经提出该问题，并且指出在一种世俗的法国模式和总主教模式之外还有第三条道路：教会作为公法上的团体，可以继续维持其"自治"。《魏玛宪法》和之后的《波恩基本法》正是如此规定的。

三、 评价

迈耶的《德国行政法》具有划时代的意义，这同时得到其支持者和反对者的承认。[21] 其制度成就以及准确、优雅的语言风格得到普遍的称赞。但是，他对法国法的借鉴，部分地带来"模仿外国"的指责。[22] 无论如何，这为迈耶赢得了一生的声誉。[23] 虽然迈耶在法学方法方面没有创造性的贡献，但是他找到了进入民法教义学(卡尔·弗里德里希·格贝尔〔Carl Friedrich Gerber〕)、国家法(保罗·拉班德〔Paul Laband〕)以及部分地由他已经运用于行政法研究的方法(F. F. 迈耶〔F. F. Mayer〕[24]、奥托·冯·扎维〔Otto von Sarwey〕[25])的门径。但是，他的重要贡献在于，通过深入地研究内部关系，第一次建构起一般行政法具有自身特色的体系。其重点在于通过驯化当局的警察国家来建构起法治国家，当然这里的法治国家还不是具有现代特色的民主法治国家。迈耶没有忽视福利国家(社会国家)、国有企业以及基础设施(例如交通线路)，但是与此相关的概念和研究仍是相对"单调和模糊的"[26]（可能至今仍是如此）。另一方面，若不强烈地祛除行政现实的影响，几乎不可能建构起一种"截面行政法"[27]，这种行政法不存在于任何德意志国家。

迈耶对于行政法判决、行政法文献以及部分地对立法的影响超过了十年。弗里茨·弗莱纳(Fritz Fleiner)[28]、卡尔·科尔曼(Karl Kormann)[29]

---

[21]　参见 Georg Jellinek, VerwArch 5 (1897), S. 304。其中的矛盾心理，参见埃里希·考夫曼的悼词，in: VerwArch 30 (1925), S. 377 ff.。

[22]　Deutsches Verwaltungsrecht, Bd. I, 2. Aufl. 1914, S. IX.

[23]　参见 Michael Stolleis, Geschichte des öffentlichen Rechts in Deutschland, Bd. III, 1999, S. 404。

[24]　Grundzüge des Verwaltungs-Rechts und -Rechtsverfahrens, 1857; 对此，参见 Toshiyuki Ishikawa, Friedrich Franz von Mayer, Begründer der „juristischen Methode" im deutschen Verwaltungsrecht, 1992。

[25]　Allgemeines Verwaltungsrecht, 1884.

[26]　Otto Bachof, VVDStRL 30 (1972), S. 193 (213).

[27]　Ottmar Bühler, VerwArch 27 (1919), S. 282 (286).

[28]　Institutionen des Deutschen Verwaltungsrechts, 1. Aufl. 1911, 8. Aufl. 1928.

[29]　System der rechtsgeschäftlichen Staatsakte, 1910.

和瓦尔特·耶利内克(Walter Jellinek)㉚都或多或少地偏离了迈耶开拓的道路。在第二次世界大战之后，则偏离得更远。恩斯特·福斯特霍夫(Ernst Forsthoff)㉛将国家的生存照顾义务置于市民法治国的对立面。汉斯·尤利乌斯·沃尔夫(Hans Julius Wolff)㉜在很多方面受到奥托·迈耶的影响，但是他在当时产生了更加深远的影响。

迈耶的研究解决了诸多理论问题(例如，特别是权力关系、自由裁量、公法上对于契约效力的拒斥、公共行政与国家财产管理之间的相对性)。此外，首先要提到的是，他之后从立法与司法相互作用的角度研究行政法学的利益和需求(例如，行政机构内部的组织法、程序法、公民参与行政管理、行政机构与公民之间的信息关系、法律形态、规划法、私有化)。但是，迈耶并未预见到随着《波恩基本法》的生效而实现的具有现代特征的民主政治进程㉝，更没有预见到后来的欧洲化和国际化进程。今天，法学方法和国家学方法再次相互融合，这尤其表现出法律与现实以及一般行政法与特别行政法之间的分殊。㉞但是，若没有迈耶的贡献，这一阶段的发展是不可能的。此外，现在的行政法学所面临的使命类似于奥托·迈耶在百年前面临的使命。只是，行政法法学当前所面临的使命不再是德国行政法学的建立，而是整个欧洲行政法学的构建。对此，首要的是完成"欧盟行政法研究网络"(对于欧盟的行政程序法而言)的编纂草案。㉟

㉚　Verwaltungsrecht, 1. Aufl. 1928, 3. Aufl. 1931.

㉛　Lehrbuch des Verwaltungsrechts, 3. Aufl. 1953, S. 46 f. , 49 f.

㉜　Verwaltungsrecht, Bd. 1, 1. Aufl. 1956, Bd. 2, 1. Aufl. 1962, Bd. 3, 1. Aufl. 1966.

㉝　口号式的评价，参见 Fritz Werner, DVBl. 1959, S. 527；较早地为行政法下了定义："行政法是具体化的宪法。"

㉞　对于当前"存在于传统的教义学上的理解与财税学上的要求之间"的行政法状况，参见 Ivo Appel u. Martin Eifert, VVDStRL 67 (2008), 226 ff. , 286 ff. 。

㉟　参见 Jens-Peter Schneider/Herwig C. H. Hofmann/Jaques Ziller, Musterentwurf für ein EU-Verwaltungsverfahrensrecht, 2015。

格奥尔格·耶利内克（Georg Jellinek，1851—1911）

延斯·克斯滕　著　王银宏　译

格奥尔格·耶利内克在 1851 年 6 月 16 日出生于莱比锡。[①] 他出身于一个自由主义的犹太家庭。他的父亲阿道夫·耶利内克（Adolf Jellinek，1821—1893）是一个犹太学者，最初在莱比锡工作，自 1856 年起在维也纳工作。他的叔叔赫尔曼·耶利内克（Hermann Jellinek，1823—1848）在 1848 年因其政治和新闻工作，作为"人民的煽动者"而被处以死刑。当时政府的专断独裁的行为影响了格奥尔格·耶利内克的自由主义的基本信念，在他的叔叔逝世 50 周年之际，他写了一篇传记性质的文章发表在维也纳周刊《时代》上予以纪念。[②] 耶利内克的著作明显地体现出对于《保罗教堂宪法》的赞同和对于复辟的"梅特涅体系"的厌恶。

耶利内克在维也纳、海德堡（在 1870 年夏季学期跟随约翰·卡斯帕尔·布伦奇利［Johann Caspar Bluntschli］）和莱比锡（有时跟随年轻的编外讲师和后来的朋友威廉·温德尔班德［Wilhelm Windelband］）学习法学。在莱比锡，耶利内克在 1872 年出版了博士论文《莱布尼茨和叔本华的世界观：其基础与合理性——一个关于乐观主义和悲观主义的研究》，并获得哲学博士学位。在维也纳完成法学博士论文以及在奥地利行政机构短暂的插曲之后，耶利内克开始了学术生涯，其学术生涯起初因反犹太主义的歧视而蒙上阴影。1878 年，维也纳大学法学院拒绝了耶

---

① 此处及下文参见 K. Kempter, Die Jellineks（1820 - 1955），Düsseldorf 1998；J. Kersten, Georg Jellinek und die klassische Staatslehre, Tübingen 2000, S. 17 ff. ; A. Anter, Jellinek, Georg, in: R. Voigt/U. Weiß/K. Adorján（Hrsg.），Handbuch Staatsdenker, Stuttgart 2010, S. 195 ff. 。

② Vgl. G. Jellinek, Hermann Jellinek, in: ders. , Ausgewählte Schriften und Reden, hrsg. v. W. Jellinek, 1. Bd. , Berlin 1911, S. 266 ff.

利内克提交的教授资格论文《正义、非正义与刑罚的社会伦理意义》。维也纳大学法学院不认为——亦如其拒绝的理由——耶利内克"已经达到法学上的成熟和教育程度，而这被看作是担任法学院的讲师职位所必不可少的前提条件"③。鉴于该论文至今在刑法和社会哲学领域所具有的国际性意义，维也纳大学法学院作出这种判断的理由看起来是不充分的。耶利内克将法视为一个社会中"最低限度的道德"④，并且试图通过一种社会学的路径来阐释社会伦理，这对刑法理论和犯罪理论以及社会哲学和法哲学产生了持久的影响，⑤并且在同时代人中也产生了国际性影响，例如对涂尔干的影响。⑥耶利内克在1879年以其关于非正义的分类的著作以及关于绝对非正义和相对非正义的试讲报告获得法哲学专业的教授资格。

　　1880年，耶利内克以其专著《国家条约的法律本质》将教学资格扩展到国际法的申请，再次——同样还是基于反犹太主义的动机——被拒绝。耶利内克在该著作中提出的问题是，应如何在法学上一般性地看待条约在主权国家的法律约束力。他通过国家权力的规范性自我约束的观点来回答这个问题。因此，以康德的绝对命令在思想史上的一种变体为基础，他发展出一种联结事实性与规范性的观点。这种自我约束理论不仅成为耶利内克国家理论重要的教义学基石，⑦而且扩展至对主权的理解，例如，联邦宪法法院以此为基础在2009年6月30日作出关于《里斯本条约》的判决。⑧通过《国家间联合的理论》的出版，耶利内克在1882年首先获得了一般国家法和国际法的教学资格。在该著作中，耶利内克以其自我约束理论为基础对国家间的联合予以类型化，其法律比较的方法至今仍对联邦国家理论和国际法理论产生重要影响。

　　③　Zit. n. C. Jellinek, Georg Jellinek. Ein Lebensbild entworfen von seiner Witwe Camilla Jellinek, in: Hermann Jellinek, in: ders., Ausgewählte Schriften und Reden, hrsg. v. W. Jellinek, 1. Bd., Berlin 1911, S. 5*(22*).

　　④　G. Jellinek, Die sozialethische Bedeutung von Recht, Unrecht und Strafe, Wien 1878, Neudruck Hildesheim 1967, S. 42.

　　⑤　Vgl. J. Kersten, Georg Jellinek und die klassische Staatslehre, Tübingen 2000, S. 328 ff.

　　⑥　Vgl. W. Gephart, Gesellschaftstheorie und Recht, Frankfurt 1993, S. 326.

　　⑦　Vgl. J. Kersten, Georg Jellinek und die klassische Staatslehre, Tübingen 2000, S. 409 ff.

　　⑧　BVerfG, NJW 2009, S. 2267 (2270 [Rn. 223])-Lissabon.

在 1883 年至 1889 年间，耶利内克在维也纳大学法学院先是申请副教授职位失败，之后申请教授职位也未成功。尽管这些带有个人性和学术性的歧视在这些年间也提升了耶利内克的学术声誉。1887 年，耶利内克出版了《法律与法规》一书，他在书中运用了国家的行为模式，而其书名就使人联想到 19 世纪时议会与君主制政府之间的政治冲突。同时，耶利内克也阐明了自己的法政治学立场，其中具有代表性的是，他在 1885 年出版的著作《为奥地利设计的宪法法院》以及 1888 年为第 19 届法学家大会提出的意见："是否应当承认对立法团体的选举审查是法官的日常工作，其工作受到一个独立的选举审查法院的司法判决的约束是否合适？"耶利内克写出这些著作的具体缘由是 1881 年的一个明显的伪造选举人名单案件，直至现在，耶利内克的这些著作仍被看作是为宪法审查的法政治学基础做出了基本的方法论贡献。在耶利内克看来，由于政治性政党的影响，由议会来对自己的选举进行法律审查，是不可能做到公正的。因此，耶利内克主张，应由一个独立的宪法法院来进行选举审查。耶利内克论证的理由在于，他认为"政治智慧"是必需的，宪法法院法官的选举应考虑到党派的比例代表制，唯有如此，宪法法院的法律裁决才能在政治上得到接受和实施。⑨ 直至今天，在宪法法院法官的选举方面，耶利内克的这种"智慧规则"在宪法政治上仍被证明是切实有效的。在联邦制共和国，甚至超出联邦制共和国，在所有的宪法法院实践中，这种规则是基础性的，因为恰恰是一个由多党派的法官组成的委员会较少受到政党政治的影响，因为宪法法院的裁决离不开宪法的规定。⑩

尽管耶利内克在学术上得到认可，并且为宪法法院制度做出了这种法政治学上的努力，但是在维也纳，由于诸多部长的承诺落空，加之反犹太主义运动的阴谋诡计，他个人的学术处境是艰难的。在 1889 年 8 月，耶利内克向维也纳大学法学院提出了辞职申请。此后，鲁道夫·冯·耶林、卡尔·宾丁和保罗·拉班德都努力地帮助耶利内克在德意志帝国谋求一个大学的教职。在维也纳大学法学院受到不公正待遇的耶利

⑨ Vgl. G. Jellinek, Ein Verfassungsgerichtshof für Österreich, Wien 1885, S. 66 f.

⑩ Vgl. J. Kersten, Der Staat 40（2001），S. 221（231，241）.

内克早已享有国际性声誉。1889 年 11 月，柏林大学法学院认为耶利内克符合教授资格的所有形式要件而予以公告。在巴塞尔短暂的学术经历之后，耶利内克在 1890 年 12 月受聘为海德堡大学的约翰·卡斯帕尔·布伦奇利（Johann Caspar Bluntschli）和奥古斯特·冯·布尔梅林克（August von Bulmerincq）教席的正教授。耶利内克从此属于戈洛·曼（Golo Mann）后来所写的"当然诚挚地予以接纳的最好的海德堡"⑪，马克斯·韦伯（Max Weber）、阿尔弗雷德·韦伯（Alfred Weber）、库诺·费舍尔（Kuno Fischer）、威廉·温德尔班德（Wilhelm Windelband）、恩斯特·特勒尔奇（Ernst Troeltsch）、埃米尔·拉斯克（Emil Lask）、埃伯哈德·戈特因（Eberhard Gtohein）以及格奥尔格·耶利内克都在欧洲乃至世界范围内散发着学术的魅力。

在海德堡，耶利内克写出了他最具国际性影响力的著作。1892 年，耶利内克出版了他"最喜爱的著作"：《主观公法权利体系》。⑫ 通过该著作，耶利内克为主观权利理论奠定了基石，同时也为当前的行政法教义学和基本权利教义学奠定了基础。耶利内克在该书中回溯了国家法基础以及他对于国家权力的规范性自我约束的理解。然而，他对方法论的诉求超越了与脆弱的阿尔布雷希特-格贝尔-拉班德的传统路径的简单联系，他试图在《主观公法权利体系》中呈现一种"法学判断力的批判"⑬。耶利内克也在认识论上遵循这种新康德主义的路径，他从其著名的"交响乐范例"中发展出"双重特性理论"：⑭ 一个事物，亦即一部交响乐，具有自然科学的现实性，它通过空气振动来产生声音，但是作为艺术作品同样需要美学的现实性。通过这种方法论上的范例可以从不同的视角观察对象，将不同的视角整合在一起，耶利内克将此运用到对

---

⑪　G. Mann, Erinnerungen und Gedanken, Frankfurt 1986, S. 354.

⑫　Vgl. umfassend W. Pauly, Georg Jellineks „System der subjektiv öffentlichen Rechte", in: S. L. Paulson/M. Schulte (Hrsg.), Georg Jellinek—Beiträge zu Leben und Werk, Tübingen 2000, S. 227; ders./M. Siebinger, Staat und Individuum. Georg Jellineks. Statuslehre, in: A. Anter (Hrsg.), Die normative Kraft des Faktischen. Das Staatsverständnis Georg Jellineks, Baden-Baden 2004, S. 135 ff.

⑬　G. Jellinek, System der subjektiven öffentlichen Rechte, 2. Aufl. Tübingen 1905, S. 13.

⑭　Vgl. G. Jellinek, System der subjektiven öffentlichen Rechte, 2. Aufl. Tübingen 1905, S. 14 ff.

国家的观察和思考上，国家由此同时具有社会的特性和法律的特性。汉斯·凯尔森对此持有不同意见，并且主张一种不同的方法论，认为不同的视角只会导致产生其"自己"所观察到的事物：⑮ 国家和法律应当是同一的。与之相反，"双重特性理论"为耶利内克带来了三重好处：一是为他打开了社会学的可能性，为分析权力和国家特性提供了社会的和政治的根据。二是为他从法学研究法教义学提供了可能，耶利内克接续了卡尔·弗里德里希·冯·格贝尔和保罗·拉班德的研究，将此作为国家意志的规范展开。三是促使他对双重特性——实然和应然——予以完善。自我约束理论是一种事实性和规范性的约束：事实上的统治意愿反映出——如前所述——从类比到康德的绝对命令对自身的规范，也确立起国家作为法人在这种法的约束力方面跟其公民之间的法律关系。耶利内克将这种法律关系类型化为四种主观公法权利：作为义务的被动地位、作为自由的消极地位、作为权利诉求的积极地位以及作为公民参与权的主动地位。

通过在《主观公法权利体系》中对主观公法权利的这种类型化研究，耶利内克是想以此为基础，确立基本权利的政治性起源。1895年，他出版了《〈人权与公民权利宣言〉——现代宪法史论》。人权的起源——根据耶利内克的基本论点——并非源于法国大革命，而是源于争取宗教自由和良心自由的政治斗争，因此应被看作是首先起源于北美的宪法。对这一论题的历史讨论成为一个国际性、跨学科的讨论，至今仍未停止。⑯ 然而，在德国，这在当时人们对于1900年的讨论中发挥了民族性、反对法国的作用。不仅如此，耶利内克提出的这一论题在政治上与德意志帝国和德国的国家法理论是相契合的，当时的国家法理论不认

---

⑮　Vgl. H. Kelsen, Der soziologische und der juristische Staatsbegriff, Tübingen 1922, S. 114 ff.；hierzu O. Lepsius, Georg Jellineks Methodenlehre im Spiegel der zeitgenössischen Erkenntnistheorie, in：S. L. Paulson/M. Schulte（Hrsg.），Georg Jellinek—Beiträge zu Leben und Werk, Tübingen 2000, S. 309（329 ff.）；ders., Die Zwei-Seiten-Lehre des Staates, in：A. Anter（Hrsg.），Die normative Kraft des Faktischen. Das Staatsverständnis Georg Jellineks, Baden-Baden 2004, S. 63 ff.

⑯　此处及下文参见 M. Stolleis, Georg Jellineks Beitrag zur Entwicklung der Menschen-und Bürgerrechte, in：S. L. Paulson/M. Schulte（Hrsg.），Georg Jellinek—Beiträge zu Leben und Werk, Tübingen 2000, S. 103 ff.。

为法国大革命的目的具有普遍性。[17]

耶利内克当时涉入奥地利语言争论使其带有民族主义色彩，这一争论导致 1897—1898 年的巴德尼危机(Badeni-Krise)，使国际冲突处于爆发的边缘。[18] 耶利内克在其著作《少数人的权利》(1898 年)中反对官方确立的德语和捷克语的双语言制度，并认为其是"德意志民族的阻碍"[19]。尽管耶利内克在该语言争论中曾因一时激动明确地表达过大国沙文主义的基本立场，然而这并未对其国家法和法政治学的论据产生影响。根据少数民族国家中多数人和少数人之间的关系，耶利内克提出的中心问题是：民主存在的意义在于，今天的少数人能够成为明天的多数人。然而，若结构中的少数人没有被排除在外，那么面对多数人，必须通过"确认少数人的权利"[20]来保障结构中的少数人。

在 19 世纪 90 年代，耶利内克也写出了他的代表作：《一般国家理论》，1900 年第一版，1905 年第二版，在他逝世后于 1914 年出版了第三版。耶利内克的《一般国家理论》结束了该学科的"严重的旱情"[21]，如胡果·普罗伊斯(Hugo Preuß)所言，而约翰·卡斯帕尔·布伦奇利作为"最后的莫西干人(Mohikaner)，以其忠诚、勤奋看护着诸多前人留下的遗产"[22]。耶利内克的著作所具有的特殊的重要意义在于，在世纪之交的差不多同一时期出版的康拉德·伯恩哈克(Conrad Bornhak)(1896 年)、布鲁诺·施密特(Bruno Schmidt)(1896 年)、赫尔曼·雷姆(Hermann Rehm)(1899 年)以及里夏德·施密特(Richard Schmidt)(1901—1903 年)的国家理论著作都立即得到认可。[23]

---

[17]　这方面一个值得夸赞的例外是胡果·普罗伊斯，在其他诸多问题方面，普罗伊斯也是值得夸赞的。H. Preuß, Die Jubelfeier der Französischen Revolution (1888), in: ders., Gesammelte Schriften, 1. Bd., Tübingen 2007, S. 146 ff.；对于"1789 年的理想"的不同的分类，当然也参见 G. Jellinek, System der subjektiven öffentlichen Rechte, 2. Aufl. Tübingen 1905, S. 277 ff.。

[18]　Vgl. J. Kersten, Der Staat 40 (2001), S. 221 (231 ff.).

[19]　Brief G. Jellinek/ L. Felix vom 26. 7. 1898—zit. n. C. Jellinek, Georg Jellinek. Ein Lebensbild entworfen von seiner Witwe Camilla Jellinek, in: Hermann Jellinek, in: ders., Ausgewählte Schriften und Reden, hrsg. v. W. Jellinek, 1. Bd., Berlin 1911, S. 107*.

[20]　G. Jellinek, Das Recht der Minoritäten, Wien 1898, S. 43.

[21]　L. Gumplowicz, Geschichte der Staatstheorien, Innsbruck 1905, S. 521.

[22]　H. Preuß, AöR 18 (1903), S. 373 (374).

[23]　Vgl. J. Kersten, Georg Jellinek und die klassische Staatslehre, Tübingen 2000, S. 69 ff.

在其《一般国家理论》中，耶利内克将其之前的著作线索统合在一起：在《一般国家理论》的第一部分，关于方法论上导论式的考察，反映出耶利内克的方法论规划，这种方法论在其此前的诸多著作中有过试验，并且自《主观公法权利体系》开始带有防御性的新康德主义的方法论。这体现在耶利内克所用的源于经验的、区分认知判断和价值判断的学术概念，这使他将类型划分作为对国家进行社会学和法学研究的基础，并且在此基础上提出了具有认知理论意义的"双重特性理论"。在《宪法修改与宪法变迁》（1906年）中，耶利内克解释了他关于制度性目的变迁的理论以及确定国家法理论和政治学之间关系的双重规则：一是政治上的不可能之事不应作为法学研究的重要对象；二是应当对最高国家机构行为的合法性作出判断。

在《一般国家理论》的第二部分"国家的一般社会理论"中，耶利内克论述了在"导论式考察"中所表明的制度理论，即国家在社会学上作为目的论的统一体以及在法学上作为一个团体。由此，他——再次与制度性目的变迁理论联系起来——区分了国家的正当理论与目的理论，并且在个人主义的立场上提出了一种具有目的性的国家类型理论。最后，耶利内克将其全部的精力致力于解决中心问题——国家与法之间的关系：出发点是其心理学上的法律条款理论。这里，他对"事实的规范效力"的表述产生了影响，[24] 其意义在国家法和国际法方面有着详细阐述。然而，对国家意志的规范性自我承诺的阐释成为社会学的国家理论在智识上的拱顶石。国家受到其自己法律的约束成为实然和应然之间的桥梁，同时也因此处于社会学的国家理论和法学的国家理论的交叉点。

在《一般国家理论》的第三部分"一般国家法理论"中，他首先在"三要素理论"中建构了法学上的国家概念。由此，他将国家的人民、国家的领土和国家的权力置于"国家人"的主观-客观关系之中。在这种主观-客观关系中，他不仅整合了在《主观公法权利体系》中提出的四种地位理论以及在《人权与公民权利宣言》中发展出的基本权利的特定起源论题，而且表明其中心基点是在规范上具有自我反射能力的国家

---

[24]　G. Jellinek, Allgemeine Staatslehre, 3. Aufl., Berlin 1914, S. 337 ff.

权力。紧接着，他的进一步研究集中于纯粹的形式-规范性的主权概念，并且再次转到与主权概念相关的自我约束理论。该著作完善了宪法上的内部组织和国际法上的国家外部秩序的法律建构问题以及公法上的保障问题。

借助于"双重特性理论"以及制度性目的变迁理论，耶利内克在《宪法修改与宪法变迁》（1906 年）一书中描述了宪法变迁现象。耶利内克将宪法变迁纳入事实性和规范性的联结之中，这比同时期的保罗·拉班德在《帝国宪法在帝国建立后的历史发展》所作的分析更具开放性。[25]这本大约 90 页的专著所涉及的主题丰富多样：[26] 除了对权力与法之间的关系进行实质性阐释之外，还对国家理论和政治学之间的关系进行方法论上的反思。宪法修改和宪法变迁是在比较法上典型的、具有对比意义的主题。反议会主义色彩的制度批评与政治上的改革建议联系在一起。最后，在《宪法修改与宪法变迁》的结论中，耶利内克意在推进"未来的国家法"，并且指出了德意志帝国的"宪法变迁"：一个重要的且无可否认的事实是，"越过议会、越过这些在最新时期在诸多国家中的人工创造，国家中两种独特的坚如磐石的自然权力——政府和人民，开始直接面对面，新近的历史中最为强大的宪法变迁则隐藏起来。宪法变迁走向何方，将由我们的子孙后代来体验"[27]。这种 1906 年的预测至今仍使读者感到惊愕。

伴随着这种对帝国晚期合法性基础销蚀的描述，耶利内克同时也发现了在其余生中占主流地位的主题。[28]他的校长就职演说《旧权利与新权利的斗争》（1907 年）带有自己的风格特征，他与"德国国家学中的

㉕　Vgl. P. Laband, JöR 1 (1907), S. 1 ff.

㉖　Vgl. umfassend H. A. Wolff, Verfassungswandlung und ungeschriebenes Verfassungsrecht im Werke Georg Jellineks, in: S. L. Paulson/M. Schulte (Hrsg.), Georg Jellinek—Beiträge zu Leben und Werk, Tübingen 2000, S. 133 ff.

㉗　G. Jellinek, Verfassungsänderung und Verfassungswandlung, Berlin 1906, S. 88; vgl. hierzu C. Schönberger, Das Parlament im Anstaltsstaat, Frankfurt 1997, S. 282 ff., 295 ff.; ders., Ein Liberaler zwischen Staatswille und Volkswille: Georg Jellinek und die Krise des staatsrechtlichen Positivismus um die Jahrhundertwende, in: S. L. Paulson/M. Schulte (Hrsg.), Georg Jellinek—Beiträge zu Leben und Werk, Tübingen 2000, S. 31 f.

㉘　Vgl. Schönberger, Das Parlament im Anstaltsstaat, Frankfurt 1997, S. 193, 214.

教义学-法学学派"㉙ 之间的争论几乎导致历史上存留下来的方法论前提的终结。耶利内克最后说道,尽管对于"日常电报事件"(1908—1909年),他的法政治学观点中带有反议会主义的基本立场,但毕竟德意志帝国的议会制度没有政治上的替代品。㉚

1911 年 1 月 12 日,格奥尔格·耶利内克在海德堡逝世。他的著作至今仍对公法的历史发展、教义学概要和政治问题的提出产生影响:他提出了国家概念和类型概念、"双重特性理论"、三要素理论和四种地位理论、关于国家法理论和政治学之间关系的阐述、国家目的理论与自我约束理论、关于基本权利起源的阐释、关于宪法变迁和宪法法院制度的阐释、关于社会伦理上的少数人权利的理解、事实的规范性效力、主权概念以及国际法理论。为数众多的继受结果表明,耶利内克在方法论上联结事实性与规范性、概念与观念的尝试得到了人们的普遍赞同。通过对开放性的类型化模式进行解释,耶利内克在事实性和规范性之间建立起概念上的密切联系。这在概念上简化了社会学世界的复杂性。因此,范围大、程度高的论据联结能力和灵活的发展能力是其突出特点,这有利于其跨时间和跨系统的继受。尽管耶利内克的类型化模式与马克斯·韦伯的理想化模式㉛在方法论和概念上是不同的,但是二者在简化复杂性的阐释功能方面是相近的。㉜ 因此,韦伯通过其理想化的模式概念将

㉙ G. Jellinek, Der Kampf des alten mit dem neuen Recht, Heidelberg 1907, S. 49.

㉚ Vgl. G. Jellinek, Die Verantwortlichkeit des Reichskanzlers, in: ders., Ausgewählte Schriften und Reden, hrsg. v. W. Jellinek, 2. Bd., Berlin 1911, S. 431 ff.; ders., Ein Gesetzentwurf betreffend die Verantwortlichkeit des Reichskanzlers und seiner Stellvertreter nebst Begründung, Heidelberg 1909; ders., DJZ 1909, Sp. 393 f.; 532; grds. ders., Regierung und Parlament in Deutschland, Leipzig 1909; hierzu umfassend Schönberger, Das Parlament im Anstaltsstaat, Frankfurt 1997, S. 268 ff.; A. Anter, Jellinek, Georg, in: R. Voigt/U. Weiß/K. Adorján (Hrsg.), Handbuch Staatsdenker, Stuttgart 2010, S. 195.

㉛ Vgl. M. Weber, Die „Objektivität" sozialwissenschaftlicher und sozialpolitischer Erkenntnis, in: ders., Gesammelte Aufsätze zur Wissenschaftslehre, hsrg. v. J. Winkelmann, 7. Aufl., Tübingen 1988, S. 146 (190 f.).

㉜ Vgl. J. Kersten, Georg Jellinek und die klassische Staatslehre, Tübingen 2000, S. 127 ff.; 关于耶利内克与韦伯之间的关系,参见 S. Breuer, Georg Jellinek und Max Weber, 1999; A. Anter, Max Weber und Georg Jellinek. Wissenschaftliche Beziehung, Affinitäten und Divergenzen, in: S. L. Paulson/M. Schulte (Hrsg.), Georg Jellinek—Beiträge zu Leben und Werk, Tübingen 2000, S. 67 ff.。

国家视为"合法的自然暴力的垄断"③，但是同时也意识到，对于政治上的联合体而言，"暴力显然既不是唯一的行政手段，也不仅仅是正常的行政手段"④。就像韦伯完善其理想化模式一样，耶利内克完善其类型化模式也在于其阐释功能，对法学上概念形成的社会背景、政治背景和文化背景进行探讨。同时也应认识到模式解释的开放性和概念的变化。这同样使跨时间和跨系统地使用耶利内克的概念成为可能。

　　对于耶利内克在方法论上的成就，下一代的国家法学者已经再次提出问题。魏玛时期的方法论论争和方向论争的对手极端化地将自己塑造为方法论上迷失的一代，或者转为事实立场(卡尔·施米特、鲁道夫·斯门德)，或者转为规范立场(汉斯·凯尔森)。他们仅在一点上是意见一致的，即耶利内克试图在方法论上联结实然与应然是站不住脚的。魏玛时期的方法论论争和方向论争的危险和副作用将人们的注意力更多地转向作为"世纪法学家"⑤ 的格奥尔格·耶利内克，我们至今仍要站在他的肩膀上。

───────────

　　③　M. Weber, Politik als Beruf, in: ders., Gesammelte politische Schriften, hrsg. v. J. Winckelmann, 5. Aufl., Tübingen 1988, S. 505 (506).

　　④　M. Weber, Wirtschaft und Gesellschaft, 5. Aufl., Tübingen 1980, S. 29.

　　⑤　J. Isensee, JZ 2009, S. 949 (953); vgl. auch A. Anter, Jellinek, Georg, in: R. Voigt/U. Weiß/K. Adorján (Hrsg.), Handbuch Staatsdenker, Stuttgart 2010, S. 197: "基于其简明扼要的建构，耶利内克在超过百年的时间里仍是法学和社会学文献的基准点。"

埃德蒙·贝纳茨克（Edmund Bernatzik, 1854—1919）

赫伯特·卡尔布　著　王银宏　译

一、生平概要

埃德蒙·贝纳茨克①于 1854 年 9 月 28 日出生在米斯特尔巴赫（Mistelbach）（下奥地利）。他的父亲约翰·贝纳茨克（Johann Bernatzik）与一位军官的女儿威廉明妮·布奥尔（Wilhelmine Buol）结婚，之后接管了科尔纽堡（Korneuburg）的一家公证处。因此，埃德蒙·贝纳茨克和比他小两岁的弟弟在青少年时期就被带到克洛斯特纽堡（Klosterneuburg），并在那里上公立小学和中学。

埃德蒙·贝纳茨克是一个富有激情的运动员②，尽管他曾患有严重

---

① R. Knapp, Edmund Bernatzik (1854 – 1919). 梗概性论述, in: G. D. Hasiba (Hg.), 20 Jahre Institut für Europäische und Vergleichende Rechtsgeschichte (1989), 99 – 107; G. Winkler, Die Rechtswissenschaft als empirische Sozialwissenschaft (1999), 41 – 56; P. Goller, Georg Jellinek und Edmund Bernatzik. Zwei österreichische Staatsrechtslehrer an der Universität Basel (1889 – 1893), ZÖR 54 (1999), 475 – 528; Ders., Österreichische Staatsrechtswissenschaft um 1900. Aus Briefen Edmund Bernatziks an Georg Jellinek (1891 – 1903), MÖStA 51 (2004), 203 – 246; G. D. Hasiba, Edmund Bernatzik (1854 – 1919). Begründer der Theorie des österreichischen Verwaltungsrechtes, in: H. Valentinitsch, M. Steppan (Hg.), FS Kocher (60) (2002), 93 – 108; G. Strejcek, Edmund Bernatzik (1854 – 1919): Zyniker und Staatsrechtslehrer, in: Ders. (Hg.), Gelebtes Recht (2012), 1 – 4.

② 贝纳茨克终生保持着运动的乐趣和积极性，特别是酷爱滑冰和骑自行车，他的维也纳大学的教授同事曾抱怨贝纳茨克的这些运动与其身份不相称。因此，他在 1895 年 10 月 18 日写给格奥尔格·耶利内克的信中提到骑自行车："对我而言，骑自行车是一种非常好的运动，尽管我的同事对此非常惊讶，并且认为这是与身份不相称的行为。然而，实际上，这些观念都是有偏见的，在很大程度上是'守旧主义'的体现。米泰斯可能是其中表现最突出的，他确实有着教授的傲慢和自负。对其'礼服的高贵性'而言，一个小小的社会改革都是十分必要的。" 参见 P. Goller, Österreichische Staatsrechtswissenschaft um 1900. Aus Briefen Edmund Bernatziks an Georg Jellinek (1891 – 1903), MÖStA 51 (2004), 249。

的白喉疾病，并且因此终生伴有心脏瓣膜病。由于疾病，他在维也纳的特蕾西亚学校读书时被迫中断一年的学习，然而由于其语言天赋和较高的音乐才能(钢琴③)，埃德蒙自学准备高中毕业考试。他在 1871 年 16 岁时就在约瑟夫施塔特高级中学参加外科医生考试，而他的弟弟胡果则在特蕾西亚学校学习。

他对医学的学习感兴趣，然而他的母亲基于可能的政治前途考虑，催逼他学习法学。因此，他在法学专业注册，同时——瞒着他母亲——也在医学专业注册。但是，同时学习两个专业在时间上几乎是不现实的，因此，他在一年后中止了医学专业的学习。

他同样还瞒着他的母亲加入击剑社团"西里西亚"，因为作为大德意志意识形态下的一个奥地利军官的女儿，威廉明妮·贝纳茨克是拘谨和矜持的。在她的儿子多次参加完社团规定的击剑活动而没有露面之后，埃德蒙·贝纳茨克的朋友和大学同学，后来成为城堡剧院负责人的马克斯·布尔克哈德(Max Burckhard，1854—1912)代他向他的母亲道歉。埃德蒙·贝纳茨克终身秉持德意志民族主义的思想观念，他在 1918—1919 年始终主张奥地利与德国合并。④

贝纳茨克完成法学学习没有任何困难，他的第五学期和第六学期是在格拉茨度过的。但是，他参加第三次国家考试的整体成绩"多数是及格"，不合逻辑和情理的是他的行政法考试没有及格，主要原因是他的风湿性关节炎影响了考试。6 月 30 日，他获得了法学博士学位。根据他自己的记述，他的大学老师有卡尔·萨穆埃尔·格林胡特(Carl Samuel Grünhut)、阿道夫·埃克斯纳(Adolf Exner)以及弗朗茨·霍夫曼(Franz Hofmann)。

在被维也纳的一个关于志愿社区服务的工作委员会认定为不适合其工作职位之后，他成功地在格拉茨找到一份工作。在服兵役一年之后，他成为法院的实习生。1880 年，他通过了法官职业考试，接下来，在

---

③　在其一生中，贝纳茨克是非常杰出的钢琴家，他的音乐兴趣不仅包括"巴赫、勃拉姆斯和瓦格纳"的作品，"而且也包括阿诺尔德·舍恩贝格的'皮耶罗·卢内尔'"。Vgl. D. Byer, Der Fall Hugo A. Bernatzik. Ein Leben zwischen Ethnologie und Öffentlichkeit 1897 – 1953 (1999)，15.

④　即与德意志帝国合并(1919 年)。

1883 年被任命为米斯特尔巴赫法院的助理。

在米斯特尔巴赫法院工作期间，在"西里西亚"社团的一次"老同志"聚会时，他认识了来自威斯巴登的一位医生的女儿约瑟菲娜·图莱勒（Josephine Tourelle），他们在 1886 年秋季结婚。之后，他们生了三个儿子和两个女儿，分别是胡果·阿道夫（Hugo Adolf）、瓦尔特（Walter）、奥托（Otto）以及海伦妮（Helene）和玛丽（Marie）。在 1886 年，埃德蒙·贝纳茨克也成功地被调到泽克斯豪斯区的地方法院工作。

在 1885 年，贝纳茨克就到斯特拉斯堡考察旅行，德国的国家法和行政法著名的实证主义者保罗·拉班德和奥托·迈耶当时在斯特拉斯堡授课，紧接着，他在曼茨出版社（Manz-Verlag）出版了他最重要的著作：《司法判决及其实质性既判力：基于行政法的研究》。

该著作在专业范围内引起积极反响，特别是得到格奥尔格·耶利内克的支持，对他的学术生涯起到积极作用。通过《司法判决及其实质性既判力》，贝纳茨克成功地在维也纳大学获得法学和国家学的教授资格。1886 年，他作为编外讲师在维也纳大学讲授奥地利行政法。从 1887 年开始，他担任特蕾西亚学会法学临时分部的负责人，同时，他也作为罗马法和教会法的教师在该学会工作。1888 年，他获准授课的专业扩展至奥地利国家法和一般国家法。

在 1890—1891 学年，他在因斯布鲁克代理教会法课程，但是，因斯布鲁克的环境让他感觉自己的智识受到束缚。⑤ 1890 年，他出版了《关于一般意义上的法人概念和机构的法律人格的批判研究》。

在因斯布鲁克，贝纳茨克接受了巴塞尔大学聘任的公法学教授职位，这得到了格奥尔格·耶利内克的大力支持。很明显，耶利内克看重的是贝纳茨克的才能，他在行政法教义学的罗马法传统和教会法传统的相互关系方面成果颇丰。在巴塞尔，贝纳茨克教授宪法、国际法以及罗

---

⑤　贝纳茨克在 1891 年给耶利内克的信中写道："我为什么在给您的信中没有提及丹彻尔·特奥多尔，也没有提及其他人？很简单，因为他们都是不可描述的蠢蛋（Eseln），当然，维克托·马塔雅、保罗·施泰因勒希纳和奥托·察林格除外。这里就是一个纯粹的动物园；简直闻所未闻！我在这里没有跟任何其他人有来往，当然也包括这里的同事。"参见 P. Goller, Österreichische Staatsrechtswissenschaft um 1900. Aus Briefen Edmund Bernatziks an Georg Jellinek（1891‒1903），MÖStA 51（2004），205。

马法和教会法。他在巴塞尔的就职演讲《共和国与帝国》，是他从未完成的"关于国家形态的重要著作"⑥ 的一部分，由此，他第一次作为国家法学者而成为公众的焦点。

基于 1893 年 3 月 6 日的决议，贝纳茨克在 10 月 1 日起被聘任为格拉茨大学的一般国家法和奥地利国家法教授。在格拉茨，他感到环境的压抑，并且向耶利内克抱怨"同事们都例行公事，他们普遍淡漠和迟钝，同时，图书馆的状况糟糕，根本不可能开设研讨课"⑦。

一年之后，从 1894 年 10 月 1 日起，他接到维也纳大学的聘任，受聘为长期空缺的一般国家法和奥地利国家法、行政理论和奥地利行政法的教授职位。因此，他没有满足他夫人的愿望去柏林任教，因为他同时也收到了来自柏林的聘请。⑧

贝纳茨克同时也与莱奥·施特里索维尔(Leo Strisower)轮换上关于"法哲学史"⑨ 以及一般国家理论和社会理论的大课，直至去世，他从未再离开过维也纳大学，然而，他曾多次试探可能到德国任教的机会。⑩ 他曾拒绝普鲁士文化部建议的柯尼斯堡或者哥廷根大学的正教授职位，这次聘任商谈失败使他与每年 4000 克朗的个人津贴失之交臂。

贝纳茨克曾两次担任维也纳大学法学院院长（1886—1887 年和1906—1907 年），并且在 1910—1911 学年担任维也纳大学校长。作为维也纳大学校长，他成为议会上院有表决权的男性议员。

埃德蒙·贝纳茨克自 1901 年起还兼任帝国法院的法官，在他生命的最后一年(1919 年)，他还任(德意志-奥地利)宪法法院的法官。他还以

---

⑥　Republik und Monarchie（1892），2. Auflage（1919），Vorrede.

⑦　Brief v. 6. 5. 1894, zitiert bei P. Goller, Österreichische Staatsrechtswissenschaft um 1900. Aus Briefen Edmund Bernatziks an Georg Jellinek（1891－1903），MÖStA 51（2004），212.

⑧　G. D. Hasiba, Edmund Bernatzik（1854－1919）. Begründer der Theorie des österreichischen Verwaltungsrechtes, in: H. Valentinitsch, M. Steppan（Hg.），FS Kocher（60）（2002），101.

⑨　凯尔森记载道，他曾问过施特里索维尔，为什么不上关于法哲学的大课，而是仅仅讲授其历史。施特里索维尔的回答是："因为不存在法哲学。"凯尔森同意这种对当时学术的评价。Vgl. Th. Olechowski, T. Ehs, K. Staudigl-Ciechowicz（Hg.），Die Wiener Rechts- und Staatswissenschaftliche Fakultät 1918－1938（2014），520.

⑩　P. Goller, Österreichische Staatsrechtswissenschaft um 1900. Aus Briefen Edmund Bernatziks an Georg Jellinek（1891－1903），MÖStA 51（2004），213 ff.

高度的责任心履行其作为 1911 年设立的"行政改革促进委员会"委员的职务。⑪

贝纳茨克在维也纳大学被视为"尊贵的阁下、愤世嫉俗者⑫和多样性的演讲者"。马克斯·加尔(Max Garr)在其感人的悼词中将其描绘为一个受人欢迎的、风趣幽默的演讲者。贝纳茨克授课的阶梯教室虽然"不是勤勉于法学之人的圣地",但是,"只要是他……开设的大课,维也纳的学生以及贝纳茨克的同事们都乐于去听。他们的内心都十分兴奋……他乐于阐明我们的宪法中非同寻常的矛盾、匈牙利国家法中混乱的设想和构建、我们的行政法实践的奇特转变以及跟他有关的趣事"。⑬此外,阿道夫·尤利乌斯·默克尔(Adolf Julius Merkl)和汉斯·凯尔森(Hans Kelsen)都曾上过贝纳茨克的研讨课,卡尔·伦纳(Karl Renner)⑭也曾上过他的课。

然而,贝纳茨克对考试十分严格,⑮ 他对此没有什么顾忌,例如,他曾让下奥地利州州长格拉夫·基尔曼斯埃格(Graf Kielmannsegg)的儿

---

⑪ G. D. Hasiba, Die Kommission zur Förderung der Verwaltungsreform（1911 - 1914）, in: H. Valentinitsch（H.）, FS Baltl（70）（1988）, 237 - 262.

⑫ "他特别具有一种批判的天性,具有深刻的洞察力和尖锐的批判性;他基本上是一个愤世嫉俗者。"参见 H. Kelsen, Autobiographie（1947）, in: M. Jestaedt（Hg.）, Hans Kelsen. Werke, Bd. 1（Veröffentlichte Schriften 1905 - 1910 und Selbstzeugnisse）（2007）, 37。

⑬ M. Garr, Edmund Bernatzik, Österreichische Rundschau（1919）, 116 - 120.

⑭ "贝纳茨克以极具才情的方式讲授行政理论、行政法和国际法,并且通过对日常政治和政府的幽默讽刺和风趣批判加深学生对所讲解内容的理解,若不是必须对此负刑事责任的话,现在……的高校教师很有可能因此被停职。"贝纳茨克的同事们也是这种评价,例如,鲁道夫·克斯特勒将他描述为"才华出众、风趣幽默的同事",罗伯特·巴尔奇对他的评价是"喜好讽刺批评之人"。参见 K. Renner, An der Wende zweier Zeiten. Lebenserinnerungen（1946）, 255, vgl. Olechowski, Ehs, Staudigl-Ciechowitz, Die Wiener Rechts- und Staatswissenschaftliche Fakultät, 321, 365。凯尔森也对贝纳茨克的课堂讲授印象十分深刻,他记载道,很多同学都是这种印象,"不是因为人们能从中学到很多知识,而是能让人沉湎其中"。

⑮ "他所有的努力都是为了帮助那些惊恐不安以至汗流浃背的考生或者能熟练应对、喋喋不休的考生,为了将那些记忆性材料和学生没有很好理解的讲稿中的内容装进学生们的脑中,但这经常会使考生不知所措。令人费解的知识会从学生的口中讲出,贝纳茨克曾遇到令人震惊的无知,这种无知经常隐藏在凭记忆获得的知识中,他对此感到焦虑,一些学生会找到考试老师,以最友好的态度,满怀善情美意地坐在他对面,他们只有一个愿望,希望他作为一个折磨人之人能够引导他们在健全的理智之路上得到理性的答案。"参见 M. Garr, Edmund Bernatzik, Österreichische Rundschau（1919）, 119。

子的考试成绩没有及格。⑯ 这种严格也反映在奥地利文献的入门上，因为海米托·冯·多德雷尔(Heimito von Doderer)曾在《斯卢尼的瀑布》中以其"敏捷而俏皮的讽刺语调"提及"在通过国家考试过程中高度危险的贝纳茨克教授"。⑰ 在贝纳茨克从格拉茨转到维也纳大学时，格拉茨大学法学院应该是完全以善意接受了这个事实，"因为在格拉茨众所周知的宽容的考试环境中，人们应该会担心提高旅游业考试难度对于额外收入的影响"⑱。在给格奥尔格·耶利内克的信中，贝纳茨克描述道，格拉茨的同事们降低考试标准，以吸引维也纳的学生，并且将他们描述为"缺少学术和智识上的志向的吝啬鬼"。⑲

　　贝纳茨克在维也纳大学遭到令人烦闷的反犹太主义运动。他看到自己的犹太同事遭到不公正对待，但是他对此所能做的很少。基于文化公民的和谐观念，贝纳茨克倾向于认为，犹太人应当基于策略的考虑退出公共生活，使反犹太主义者无从挑起事端。⑳ 他接受新事物的能力体现

---

　　⑯　这种考试的管理也存在于奥地利的"大量趣闻轶事"之中，vgl. G. Markus, Das heitere Lexikon der Österreicher (2003)，42："埃德蒙·贝纳茨克教授，古老的奥地利国家中最重要的法学家之一，是一位令维也纳大学的学生敬畏的考试老师。有一次，一位出身最高等级的贵族的博士候选人在申请博士学位答辩时，贝纳茨克很快就回忆起，这位候选人之前更多地将精力用在人情关系上，而不是用在获得更多的知识上。令人痛苦的是，老师和这位学生从一个问题扯到另一个问题。最后，贝纳茨克忍无可忍，并且说道：'候选人先生，您将来可能会成为部长，我无法阻拦，但是我可以将其推迟。'他站起来，拿上帽子，而后离开。这位候爵候选人最终没有通过答辩。"胡果·贝纳茨克曾在 1931 年试图确认这则轶事的准确性，但是没有结果。对此，他的父亲说道："虽然我不能阻止他们成为部长，但是我能阻止他们成为各部的官员。"其重点在于，若不符合部长的资格条件，皇帝仍然可以仅依据某人的出身而任命其为部长，而部长之下的官员则必须完成法学专业的学习。Vgl. D. Byer, Der Fall Hugo A. Bernatzik (1999)，13.

　　⑰　16. Auflage 2015 (1995)，317.

　　⑱　G. D. Hasiba, Edmund Bernatzik (1854 - 1919). Begründer der Theorie des österreichischen Verwaltungsrechtes, in: H. Valentinitsch, M. Steppan (Hg.)，FS Kocher (60) (2002)，101.

　　⑲　格拉茨的学生团体在 1893 年年底给耶利内克写了一封信，zitiert bei P. Goller, Österreichische Staatsrechtswissenschaft um 1900. Aus Briefen Edmund Bernatziks an Georg Jellinek (1891 - 1903)，MÖStA 51 (2004)，212. 其中写道："学生们简直是无法忍受的。在人们看来，意大利人和克罗地亚人——人数都很多——完全不行；德意志人，几乎全部的施蒂利亚人和克恩滕人都是令人吃惊地迟钝、慵懒，只有极少数是有才能的。斯洛文尼亚人则好得多。"

　　⑳　这也是凯尔森的评价，他证明贝纳茨克不是反犹太主义者，而是出于对反犹太主义同事的畏惧。Vgl. Kelsen, Autobiographie (1947)，in: M. Jestaedt (Hg.)，Hans Kelsen. Werke, Bd. 1 (Veröffentlichte Schriften 1905 - 1910 und Selbstzeugnisse) (2007)，40.

在他根据《国家基本法》（StGG）第 19 条[21]将"意第绪语"视为地区流行
的语言。在针对一个犹太团体提出的诉愿而作出的裁决中，该团体以意第
绪语撰写的章程由于没有提交以当地流行语言写成的版本而被拒绝，贝纳
茨克——在有一位语言学专家出具鉴定意见的情形下——是帝国法院中唯
一对此持积极意见的法官。[22] 同样地，针对一个大学生代表团提交的要求
大学的主管部门承认犹太民族的要求，贝纳茨克坦然予以接受。[23]

贝纳茨克是维也纳的市民知识阶层的一分子，[24] 他写给格奥尔格·
耶利内克的信反映了这种富裕市民阶层的生活世界。他对于女性教育的
责任心跟有责任心的教育改革家欧根妮·施瓦茨瓦尔德（Eugenie
Schwarzwald）[25] 一起形成了一个朋友圈子，此外在维也纳还有一个社交
界与艺术家的交叉圈子和"沙龙文化"，他的兄弟威廉是维也纳分离派
的创始成员，带他接触维也纳现代派的艺术家。埃德蒙·贝纳茨克的别
墅[26]是由维也纳工作室的奠基者之一约瑟夫·霍夫曼（Josef Hoffmann）在
1912—1913 年建造的。

贝纳茨克还是于 1919 年成立的"市民民主党"的成员，其成员的
大多数来自 1915 年成立的"奥地利政治协会"，他们觉得自己有义务继
承市民自由的遗产。[27]

1919 年 3 月 30 日，在新国家的建立过程中，埃德蒙·贝纳茨克因
中风逝世。

---

[21] "国家的所有种族都享有平等的权利，任何种族在维护和保持其民族与语言方面享
有不可侵犯的权利。所有全国通行的语言在学校、机构和公共生活中都平等地得到国家的承
认……"（E. Bernatzik, Die österreichischen Verfassungsgesetze [1906], 370）

[22] Vgl. G. Stourzh, Galten die Juden als Nationalität im alten Österreich, Studia Judaica 10
(1984), 73-98, 80 f. 该诉愿并没有得到帝国法院的支持，帝国法院同意其波兰法官格拉
夫·皮尼斯基的建议，将意第绪语仅视为具有地方特色的方言。

[23] Vgl. T. Soxberger, Literatur und Politik—Moderne jiddische Literatur und „Jiddischismus"
in Wien (1904-1938), Diss. phil. Wien (2010), 29 f.

[24] 关于贝纳茨克的家庭所属的富裕市民阶层，参见 D. Byer, Der Fall Hugo A. Bernatz-
ik (1999), 13-17。

[25] D. Holmes, Langeweile ist Gift. Das Leben der Eugenie Schwarzwald (2012).

[26] 第十九区的斯普林西德尔街 28 号。

[27] 贝纳茨克的家庭与约瑟夫·霍夫曼、奥托·普里玛凡西、威廉·爱德华·阿斯特、
古斯塔夫·克利姆特、卡尔·莫尔、马克斯·冯·佐洛以及达格玛·佩歇都有社会交往；赫
尔曼·巴尔和胡果·冯·霍夫曼斯塔尔曾在贝纳茨克的别墅参加家庭音乐晚会。Vgl. D.
Byer, Der Fall Hugo A. Bernatzik (1999), 17.

二、 作为学者的贝纳茨克

（一）学术著作：方法论上的定位

贝纳茨克是以实证法为宗旨的国家法的重要开拓者。[28] 尽管贝纳茨克的学生凯尔森和默克尔对其不乏反对的观点，但是他们都认同他们的老师的开拓性成就，凯尔森对于贝纳茨克作为学者的整体贡献所作的评价仍显谨慎。[29]

按照规划，通过阐释其最具影响力的著作——他的教授资格论文《司法判决及其实质性既判力》（关于奥地利行政法的"未完稿"）——来确定他的方法论的定位。在回溯历史法学派的基础上，他认为，行政法的研究不仅涉及对于行政法制度的历史-政治分析，而且要通过法教义学的路径发展国家中现行的相关法律规范，并且"通过外在的现象谨慎地将个案一般化，将基于其现实基础以及道德的、文化的和经济的因素而抽象出的普遍规则运用到公法的材料之中"。通过法教义学的这种"一般化和制度化的过程"，行政法成为一个"法学-技术性的学科"。

贝纳茨克的研究以现行法为出发点，与自然法相关的内容在一个现代的法律思想中没有任何存在的空间："……显然，我只将现行法亦即奥地利法作为论述的对象。神圣的自然法时代虽然曾经在某个时期始终被视为世界上的'一般国家法'，在我们的领域不可能完全放弃；然而，我相信，现代法学以另一种符号存在着，我们终将通过努力，对实践产生影响，并且通过实践反过来再对它产生影响……当然，如我所认为的

---

[28]　R. Walter, Die Lehre des Verfassungs- und Verwaltungsrechts an der Universität Wien von 1810 - 1938, JBl 110 (1988), 609 - 624; G. Winkler, Die Rechtswissenschaft als empirische Sozialwissenschaft, 41 - 56.

[29]　"贝纳茨克不是一个空谈理论者。自其教授资格论文以后，贝纳茨克几乎没有出版较为重要的著作，也许多年来都没有发表学术著述。他——亦如我在讨论中对他所作出的评价——对新的文献不感兴趣，只是对与奥地利宪法相关的现实政治问题感兴趣。"参见 Kelsen, Autobiographie (1947), in: M. Jestaedt (Hg.), Hans Kelsen. Werke, Bd. 1 (Veröffentlichte Schriften 1905 - 1910 und Selbstzeugnisse) (2007), 37。

那样，这种实践只能在特定的国家最先开始发展。"㉚

　　拒斥自然法的倾向也对贝纳茨克的法哲学立场产生了影响。他与卡尔·贝格鲍姆(Karl Bergbohm)在关于自然法批判的讨论中基本上表达了自己的观点，认为传统的法哲学不具有专业法学的重要性，并且处于一种消解状况："法哲学，即关于法的基本观念的思考，无疑处于一种消解的状况。对此，哲学家跟法学家一样是无能为力的，无力在理论和实践方面向存在于人们日常生活中的法学提供确定性的观念基础，只能在细节方面继续构建。术语的乱象、徒劳的争论、武断的结论以及由此而来的不可预见的意见分歧是其负面作用。"㉛ 然而，贝纳茨克对于"何谓非法的争论"持严格的法律实证主义观念，并非每一个法学家都注重伦理道德的权衡，"因失去一个'纯粹的法学家'的称号而被惩罚"。非正义的法被视为"非法"，"并非针对法学的犯罪行为"，而是"法学家最为高尚的责任"，否则人们会将奴隶道德付诸实践，"若这能使人屈从的话"，那么所有的主人都将屈从于此。由此，人们可能会主张一种"贫血的法哲学"，并且"降低自己的地位，使自己成为保守主义和统治阶级的传声筒，统治阶级由此获得的愉悦远甚于此"。㉜

　　贝纳茨克认为，实证法是一种从历史中生成的规范制度，这种规范制度是通过法律概念而被理性地认知。国家理论必须将自身与国家法的"法学"研究区分开来。"法学研究不应后退到研究涉及纯粹的、明确的法律概念的内容，而只能往前进……补上被历史学派忽略的内容"，"在严格的系统学意义上，在准确的界限和形式的完善方面，现行法的教义学应当在学术上独立出来并且重新获得发展"。公法"应当从死气沉沉的雾海中走出来，进入法学概念世界的清澈空气中"。

　　然而，贝纳茨克拒绝从方法论的立场对纯粹逻辑的概念研究予以苛责。这种片面的狭隘运用和实证主义的概念简化——贝纳茨克将此追溯

　　㉚　Rechtsprechung und materielle Rechtskraft (1886), VI.

　　㉛　K. Bergbohm, Jurisprudenz und Rechtsphilosophie Bd. I/1: Das Naturrecht der Gegenwart (1892), in: Schmollers Jahrbuch für Gesetzgebung, Verwaltung und Volkswirtschaft im Deutschen Reich 20 (1896), 653 – 658, 653.

　　㉜　Ebda. 658.

到吉尔克对拉班德的批评③——没有认识到与此相关的"逻辑形式主义的徒劳无益"。法学"若不能始终铭记于此,则应当放弃在这种方法论上不典型的、真正的'法学'方法,在这种建构中并不包括法学家针对国家和法律的本质问题的最终答案"③。

贝纳茨克反对那种摈弃行政法中法的效力观念的德意志理论,他认为在行政法中,实质性的法的效力观念具有先锋作用。基于一种较为宽泛的司法裁决观念,他赞同决定(Entscheidungen)具有法律效力能力。一个行政机构针对"具体的事实构成,适用抽象法律规范"而作出的决定、"决议",跟司法裁决中的民事法院判决一样。自由裁量——贝纳茨克称之为"技术性"裁量——与法律的约束力在性质上是不同的:"所有的行政行为至少都是通过一般的法规范实施的:'无疑,这要受到公共利益的限制',并且'司法裁决'不是别的,而是意味着法律规范的适用,因此不能忽视的是,为何这种一般的法规范的适用本身不是司法裁决。"

但是,行政法院在法律审查中的自由裁量应当限于行政机构违反其职责义务的行为。只有在刑法和惩戒法领域,主观的法律审查才是可能的,而非客观的法律审查。在"技术性裁量"问题上,行政法院没有裁决权,否则就与"传统的行政机构没有区别",因此,形成一种"所谓双轨制行政,存在两套不同的相互独立的机构系统,行政机构和行政法院需要在公共利益方面是否存在规则作出决定"。⑤公民在自由裁量方面没有权利要求行政机构作出特定的决定(例如,请求行政机构的同意["准许"]),而是应当通过特定的程序由行政机构作出决定。

关于"是否可以针对技术性裁量提出法律审查要求",贝纳茨克与

---

③　M. Stolleis, Geschichte des öffentlichen Rechts in Deutschland, Bd. 2: Staatsrechtslehre und Verwaltungswissenschaft 1800 - 1914 (1992), 359 ff.

④　这种方法论上的本土化接着也出现在《司法判决及其实质性既判力》的序言中。

⑤　Vgl. G. Kucsko-Stadlmeyer, Merkls Rechtskraftslehre, in: R. Walter (Hg.), Adolf J. Merkl. Werk und Wirksamkeit (1990), 117 - 138, 119 f.; Ch. Grabenwarter, Verfahrensgarantien in der Verwaltungsgerichtsbarkeit (1997), 311 ff.; A. Dziadzio, Der Begriff des„ freien Ermessenes "in der Rechtsprechung des österreichischen Verwaltungsgerichtshofes 1876 - 1918, in: ZNR 25 (2003), 39 - 62, R. Biskup, Staatsrechtler zwischen Republik und Diktatur: Rudolf Laun (1882 - 1975) (2010), 28 ff.

弗里德里希·特茨纳（Friedrich Tezner，1856—1925）之间曾有过长达多年的论争。

　　基于其立场，贝纳茨克始终明确拒绝一种历史-社会学的国家理论，以国家法学者路德维希·贡普洛维奇（Ludwig Gumplowicz）为代表，贝纳茨克曾在方法论上予以定位："我的著作生动明确地反对极端的对立观点，包括贡普洛维奇曾提出的……法律虚无主义，我无须……对此详细阐释。"这场争论中的双方都带有"言语的粗暴"和学术上的恶意，其中，贝纳茨克反对贡普洛维奇的"进化论-组织学的"方法。在他的历史发展模式和"自然历史的过程"中，国家被视为社会中各种相互影响的团体的总和。参与者不是个体，而是团体，并且始终仅涉及针对服从者的权力行使。所有的法都是国家的产物，并且始终是一种不平等的规则。像贝纳茨克（以及格奥尔格·耶利内克）这样的国家法学者批评道，在法学上理解的国家应当关注国家与法之间的关系，国家应当在"法的束缚"之下。法学家们认为："国家（！），就跟义务一样，是法的产物……而实际上恰恰相反。"㊱贝纳茨克明确回答道：除了批评修辞学的错误、严重疏忽历史细节之外，"必须在历史关系中突出对普遍流行的知识的要求"。他将"令人费解的肤浅内容"视为"法律虚无主义""无政府主义"——这被贝纳茨克视为一种"病态"。㊲

　　贝纳茨克所主张的理论和实践之间的相互联系也体现在关于"行政改革促进委员会"的建议之中㊳，为埃格伯特·曼里歇尔（Egbert Mannlicher）的领导下起草并在 1925 年完成的行政程序法做出了贡献。这种责

　　㊱　Rezension von E. Bernatzik, Die juristische Persönlichkeit der Behörden. Zugleich ein Beitrag zur Theorie der juristischen Personen, in: Deutsche Literaturzeitung 7 (1891), 246 f.

　　㊲　Sammelrezension von: L. Gumplowicz, Einleitung in das Staatsrecht (1889) und Das österreichische Staatsrecht (1891), in: GrünhutsZ 19 (1892), 761 - 781; zu dieser Kontroverse vgl. B. Weiler, Die akademische Karriere von Ludwig Gumplowicz in Graz, in: Archiv für die Geschichte der Soziologie in Österreich 25 (2004), 3 - 54, 15 ff.; J. Feichtinger, Wissenschaft als reflexives Projekt. Von Bolzano über Freud zu Kelsen: Österreichische Wissenschaftsgeschichte 1848 - 1938 (2010), 354 ff.

　　㊳　Vgl. Hasiba, Die Kommission zur Förderung der Verwaltungsreform, 258 ff.; Bernatzik, Die Rechtskraft der Entscheidungen der Verwaltungsbehörden. Gutachten zum 26. Deutschen Juristentag 1902, in: Verhandlungen des 26. DJT II. Band, 32 - 53; Ders., Diskussion über die von der Regierung dem Parlamente vorgelegten Studien über die Reform der inneren Verwaltung. Einleitender Vortrag bei der Plenarversammlung der Wiener Gesellschaft vom 25. 1. 1905, in: Allgemeine österreichische Gerichtszeitung 56 (1905), Heft 6, 43 - 48.

任感也促使他关切法学教育的改革以及对于公务人员的强制性继续教育。㊟

在他出版的著作《行政机构的法律人格》㊿中,贝纳茨克分析了"国家职务""国家权力""行政机构"以及特别是"王室"的"法律人格"问题。由于法律行为能力涉及主观权利的资格及权利人,因此,他首先阐明主观权利的概念。他强烈反对受到罗马法学影响的意志理论(温德沙伊德[Windscheid])以及以耶林(Jhering)为代表的目的理论和利益理论,其目的在于将这两种理论结合起来:"因此,权利主体是任何一种人的目的承载者,主流的法律制度由此将其视为自身的目的,并且授予实现其目的的必要意志以法律效力。"㊖ 实质上,"实现意志的权力"也可能属于"作为权利主体的其他主体"。通过目的主体、意志主体等概念以及区分自身的权利、他人的权利和——这里以流传下来的教会财产权和捐赠权为例——共享的权利,贝纳茨克试图进行一种概念的分析。

在国家形式理论中,贝纳茨克主要以帝国和共和国的二分法进行分析。帝国是"一种其最高机构在机构的地位方面拥有自己权力的国家"㊷。国家的基本要素是存在统治者和被统治者,因此与实际上的不平等联系密切:"即使在最直接的民主中,人民或者其代表的多数决议——这些代表实际上就是统治者的隐晦表达——对个人的约束与君主的压倒性意志一样。"㊸ 对于贝纳茨克而言,没有统治权的国家是不可想象的,"对此,人们的理解力是不够的:这里,我们的法学停滞了,并开始患上精神疾病——至少在正直真诚的人看来是如此"。贝纳茨克在维也纳大学的就职演说中强调和阐释了无政府主义的历史㊹,并将此视为一种

㊟　Vgl. Bernatzik, Diskussion über die von der Regierung dem Parlamente vorgelegten Studien, 44.

㊿　Die juristische Persönlichkeit der Behörden. Zugleich ein Beitrag zur Theorie der juristischen Personen(1890); Separatdruck seines Beitrags im Archiv für Öffentliches Recht 5(1890), 169–318.

㊖　Ebda. 233(Separatdruck, 65).

㊷　Republik und Monarchie, 2. Auflage(1919), 33.

㊸　Ebda. 34.

㊹　贝纳茨克的演说是一个关于格言和概要的丰富宝库,例如:"教条主义的世界改革者……目不转睛地向前观望着,历史没有教会他任何东西","进步是不满意的产物"。

病态。

从 1898 年开始，贝纳茨克与欧根·冯·菲利波维奇（Eugen von Phil-ippovich）共同主编"维也纳国家学研究"丛书，1906 年出版了他的《奥地利宪法法律文集》，这已经是五年后出版的第二版增订版。基于第二版的内容，1917 年出版了单行本《奥地利的民族权利》。他所编的法律汇编除了形式意义上和实质意义上的宪法之外，还包括所有相关的国家法方面的重要法律文献。他在前言中明确指出，对于现行法特别是宪法的理解，历史发展的知识是必不可少的。

汉斯·凯尔森在 1914 年提议创办《奥地利公法杂志》，贝纳茨克、马克斯·胡萨莱克（Max Hussarek）、阿道夫·门策尔（Adolf Menzel）、海因里希·拉玛施（Heinrich Lammasch）成为编者，凯尔森则承担起"编辑部秘书"的职责。㊺

（二）知识的转运者

理论、实践与个人的责任心之间的联系特别明显地体现在贝纳茨克准许女性在大学注册学习法学上。

1899 年，基于女性教育协会的支持，贝纳茨克在法学和国家学学院准许女性申请学习法学。他曾呼吁专家提出意见，形成有利于准许入学注册的多数决议。最初，他在 1896 年要求准许女性参加高中毕业考试，基于同样的权利逻辑，也应当适用于大学的注册学习："目前的体制下，女性在高级中学毕业考试之后不能进入大学学习，虽然这已不合时宜，但这种状况还在持续。有的地方准许，有的地方禁止，这没有充分的理由，这种矛盾也不可能长久存在。"面对一系列社会-政治上的反对意见，他予以辩驳，并且追溯到流传下来的惯用语词"下等的女性"。这是一种"与我们的文化阶段不相适应的观念"，贝纳茨克论道："我有义务对这种观点进行驳斥，我不可能赞同这种观点，因为这种观点所依据的最终基础是确信人们不能对此予以驳斥，因为这种观点根本不是以理性作为基础。"依据《国家基本法》第 18 条（"每个人都有职业选择的自

㊺　由于君主国的崩溃，该杂志在停刊三卷之后，1919 年重新开始出版，其名称改为《公法杂志》。删去定语"奥地利"是由于奥地利与德意志帝国合并而做出的改变。

由，有权依据自己的意愿选择接受教育的方式和地点"），他认为，不准许注册入学是违宪的。1919 年，卡尔·伦纳发布临时政府的执行命令，准许女性入学注册学习法学，埃德蒙·贝纳茨克的女儿玛丽·哈费尔(Marie Hafferl)是第一批法学毕业生。

1901 年，贝纳茨克加入女性教育拓展协会，在此，他也结识了欧根妮(格尼娅)·施瓦茨瓦尔德(Eugenie [Genia] Schwarzwald)。在格尼娅·施瓦茨瓦尔德的动议下，1918 年成立了权利协会(Rechtsakademie)，其领导者是埃德蒙·贝纳茨克。到 1919 年准许女性注册学习法学，该协会以类似于大学的课程表为基础，讲授了一系列关于权利的课程。维也纳大学法学院的诸多著名教授都在该权利协会工作过，例如约瑟夫·胡普卡(Josef Hupka)、文策尔·格拉夫·格莱斯帕赫(Wenzel Graf Gleispach)、汉斯·凯尔森(Hans Kelsen)以及奥特马尔·施潘(Othmar Spann)。贝纳茨克不仅致力于女性教育，而且支持国家学专业的发展规划。1919 年，在完成国家学专业六年的学习之后可以获得政治学博士学位，但是这并非成为国家公职人员的资格条件。

贝纳茨克也致力于民众教育工作的学院化，并且以讲师的身份参与普及性的大学演讲。他也是"呼吁建立民众之乡(业余大学)"的支持者，"民众之乡"在 1901 年成为现实。他的名字也出现在社团"乌拉尼亚"(Urania)的讲师团之中，该社团致力于但不仅仅致力于自然科学的技术领域的发展。例如，贝纳茨克在这里曾做过"德意志奥地利与德意志帝国的合并"的报告。[46]

贝纳茨克也在报纸文章中提出一些具有现实意义的问题，例如，拒绝过度适用关于帝国代表的《国家基本法》第 14 条规定的"紧急命令"条款。[47]

贝纳茨克在其演讲中表示，自己作为坚信自由主义的德意志民族主

---

[46] Olechowski, Ehs, Staudigl-Ciechowicz, Die Wiener Rechts- und Staatswissenschaftliche Fakultät, 159ff, 173 ff., 720ff. ; T. Ehs, (Studium der) Rechte für Frauen? Eine Frage der Kultur!, in: BRGÖ 2012, 250－262.

[47] Gegen die unberechtigte Anwendung des Paragraph Vierzehn, in: Neue Freie Presse 25. 12. 1913.

义者——他曾表明自己"严格的德意志民族主义观念"[48]——厌恶所有激进的民族主义:"这种民族主义(或者沙文主义)意义上的民族情感,跟不受人为控制的个人自由一样,同样是无约束的,总是不满足于自己跟其他思想观念相比所具有的独立性,而是意图立即控制其他思想观念。"[49] 在贝纳茨克看来,民族不是"纯粹基于出身而形成的共同体","它是一种文化共同体,是一种共同的情感,这种情感仅存在于自己的意志之中"。[50] 民族是个体所有的一种最高等级的个人主义,他建议所有的自然人,"自然也包括女性",都应有权利和义务基于自己成立的家庭或者通过结婚在达到法定的成年年龄之后宣布自己所属的国籍。贝纳茨克认为,"拥有多种语言文字的国家,奥地利并未排除在外,会引起人们的暴行,例如经常会引起种族或民族之间的战争",因此,他强调民族自治体制在君主制的联合体中的必要性。与此相适应,他将国家理解为"文化国家",这种国家通过新的使命和新的"文化目的"有义务实现"宗教、思想、艺术和经济方面的利益"[51]。[52] "人们适用于自己,同时也准许适用于他人的"伦理道德也属于文化。文化、伦理道德与教育应当成为 20 世纪发展的重要内容,"从民族性,通过人性,达至最高层级的文化"[53]。

---

[48] Über nationale Matriken (1910), 93.

[49] Die Ausgestaltung des Nationalgefühls im 19. Jahrhundert (1912), 7.

[50] Ebda. 32.

[51] Rechtsstaat und Kulturstaat (1912) 4 (49).

[52] 贝纳茨克在其论文中探讨过"文化发展"计划,Verwaltungsrecht. II. Polizei und Kulturpflege, in. P. Hinneberg (Hg.), Die Kultur der Gegenwart. Ihre Entwicklung und ihre Ziele (1906), 387－425。

[53] Über nationale Matriken, 94;贝纳茨克略微改变了格里尔帕策(Grillparzer)的格言"从人性,通过民族性,而至善性"。

胡果·普罗伊斯（Hugo Preuß，1860—1925）

迪安·舍福尔德　著　王银宏　译

一、产生影响的历史及其意义

若人们在百年前就设定目标来评价当代最重要的国家法学者，那么人们会问道：胡果·普罗伊斯是否在该领域占有一席之地？虽然他完成了教授资格论文，被视为公法学的代表，并且发表了诸多有价值的论文。自 1906—1907 年度，他获得柏林商业高等学校的教授职位；1918 年，他当选为该校的校长。[①] 但是，他并非处于当时由保罗·拉班德和格奥尔格·耶利内克确立的国家法理论的中心。虽然拉班德和耶利内克认识他并跟他有过学术上的探讨，但主要还是对他持批评的态度。[②] 对于当时实践中的法学而言，普罗伊斯的影响是微不足道的。[③] 但是，应当指出的是，普罗伊斯虽然于 1889 年在弗里德里希·威廉大学完成教授资格论文，但是他从未在该大学获得教授职位；他终生只是编外讲师。

若将普罗伊斯与其同事相比，普罗伊斯的声誉影响范围会变得更加

---

① 关于普罗伊斯在柏林期间的学术生涯，参见 Christoph Müller, Privat-Dozent Dr. Hugo Preuß, in：Festschrift 200 Jahre Juristische Fakultät der Humboldt-Universität zu Berlin, Berlin 2010, S. 701 ff. 。文中也提供了诸多早期文献方面的证据。

② 普罗伊斯所持的观点与拉班德完全不同，其中具有典型性的，参见普罗伊斯的评论：Das städtische Amtsrecht in Preußen（1902），in AÖR 18, 1903, S. 73 - 84；对于耶利内克，普罗伊斯对其《一般国家理论》中的自治持批评态度，vgl. 3. Aufl. 1911（Neudruck 1960），S. 628 ff.（insb. S. 632 Fn. 3, 645 mit Fn. 1）。

③ 参见 Graf Hue de Grais, Handbuch der Verfassung und Verwaltung, 22. Aufl. Berlin 1914。关于普罗伊斯在行政改革方面的活动，该书对普罗伊斯公开发表相关文章之前的工作则完全没有提及。

清晰。在几乎都是 19 世纪 60 年代出生的人中,康拉德·博恩哈克(Con-
rad Bornhak,1861—1944)比普罗伊斯早一点在弗里德里希·威廉大学法
学院完成教授资格论文,虽然他从未被其他大学聘任,但是他很快就被
聘为副教授,并且直至去世——由于政治的原因在魏玛时期被中断——
仍为副教授,他取得的成就完全是令人印象深刻的。④ 格奥尔格·耶利
内克是普罗伊斯眼中持批评态度的权威学者,⑤ 在 1898 年师从耶利内克
完成教授资格论文的尤利乌斯·哈切克(Julius Hatschek,1872—1926)后
来成为哥廷根大学享有很高声望的教授。特别值得一提的是稍微年轻的
格哈德·安许茨(Gerhard Anschütz,1867—1948),他于 1896 年在柏林
完成教授资格论文,尽管他与普罗伊斯之间并非意见一致,但是与普罗
伊斯关系很好,⑥ 他出色的职业生涯体现出出身于弗里德里希·威廉大
学的青年学者可能的职业前景。但是,可与此相比的职业前景从未向普
罗伊斯开放。

此外,百年的历史也表明,在 1911 年之后,新一代的国家法学者是
异质化发展的,他们也开始提出新的专业问题。汉斯·凯尔森、鲁道
夫·斯门德、埃里希·考夫曼和卡尔·施米特明确提出方法论诉求的著
作,宣告方法之争和方向之争的开始。虽然普罗伊斯应当是对关于《魏
玛宪法》的讨论产生了决定性影响,但是《魏玛宪法》中并不存在以此
为基础的争论,而是存在发生在此之前的争论。⑦ 胡果·普罗伊斯——
跟格哈德·安许茨一样——没有直接参与该争论,他们被归入与上述年
轻学者不同的一代。实际上,普罗伊斯参与了拉班德与吉尔克之间的争

---

④ Vgl. Michael Stolleis, Geschichte des öffentlichen Rechts in Deutschland, Bd. 2,
München 1992, S. 303 Fn. 159.

⑤ 相关观点明确地体现在普罗伊斯针对哈切克的教授资格论文所写的评论性文章中:
Zur Methode juristischer Begriffskonstruktion(1900),jetzt in: Preuß, Gesammelte Schriften Bd.
2, S. 121 ff.;以及本人所写的导言,第36—37 页。

⑥ 一方面,参见格哈德·安许茨的论述:Aus meinem Leben, hrsg. und eingeleitet von
Walter Pauly, Frankfurt 1993, insb. S. 121 ff.,163,239 ff.;另一方面,参见普罗伊斯针对安
许茨关于普鲁士宪法(1912 年)评注所写的评论及其关于立宪主义的法律概念所作的演讲,
参见 Gesammelte Schriften Bd. 2, S. 570 ff.,191 ff.。

⑦ 这方面的论述,参见 Dian Schefold, Geisteswissenschaften und Staatsrechtslehre zwisch-
en Weimar und Bonn, in: K. Acham u. a.(Hrsg.),Erkenntnisgewinne, Erkenntnisverluste,
Stuttgart 1998, S. 567 ff.;vgl. auch Michael Stolleis, Geschichte des öffentlichen Rechts in
Deutschland, Bd. 2, München 1992, S. 448 ff.;Bd. 3, München 1999, S. 153 ff.。

论，若在此意义上，普罗伊斯也在一定程度上参与了前述的方法之争。[8]
但是，将受到当时的方向之争影响的学者对于魏玛时期的争论的阐述与
较年长的学者相比，可以窥见当时的代际问题：[9] 普罗伊斯虽然参与宪
法文件的解释，但是他对已经高涨起来的方法之争几乎不感兴趣。

　　然而，这里同时应提及的一个几乎是不言自明的缘由是，普罗
伊斯当时所处的地位及相关关系：普罗伊斯先是被人民代表委员会
任命为帝国内务部的国务秘书，后来成为内政部部长，在此期间负
责起草民主的德意志帝国的宪法、《魏玛宪法》，并参与议会的讨
论。[10] 在此后的岁月里，他在突出自己著作主线的基调下，一再地为自
己的著作辩护并强调其意义。因此，他的工作不仅对于德国国家法理论
的发展具有重要意义，而且对于国家法学科的发展也具有重要意义。这
种发展可能是历史地落在普罗伊斯的肩上。当然，这是基于一种有限度
的视角，这里应当总结概括重要的论据以及——这里作为先行讨论的主
题——普罗伊斯的学术观点所具有的基础性意义及其著作所具有的内在
一致性。

　　这种意义的第一个方面的明证是普罗伊斯在 1925 年 10 月 9 日逝世
之后所获得的尊重和声望。[11] 编辑出版其论文和遗留的手稿被证明是有

---

　　[8]　Vgl. Otto von Gierke, Labands Staatsrecht und die deutsche Rechtswissenschaft, SchmollersJb 7, 1883, S. 1097 ff. (Neudruck separat 1971); zum Kontext meine Einleitung in Preuß, Gesammelte Schriften, Bd. 2, S. 21 ff., 75 und Le costituzioni ed i due conflitti sui metodi e le tendenze, in: Il diritto fra interpretazione e storia. Liber Amicorum in onore di Angelo Antonio Cervati Bd. 5, Roma 2010, S. 29 ff.

　　[9]　该问题体现在魏玛共和国时期关于民主思想的分析之中，例如，卡特林·格罗 (Kathrin Groh)新近以克里斯托夫·古居(Christoph Gusy)所编的文集(Baden-Baden 2000)为基础出版的著作：Kathrin Groh, Demokratische Staatsrechtslehrer in der Weimarer Republik, Tübingen 2010；相关问题，参见Dian Schefold, Demokratische Staatsrechtslehre in der Weimarer Republik, Festschrift Hans Peter Bull, Berlin 2011, S. 325 (insb. 327 f., 334 f., 337)。

　　[10]　关于其意义的基本论述，参见Walter Jellinek, Entstehung und Ausbau der Weimarer Reichsverfassung, in: Handbuch des Deutschen Staatsrechts (Hrsg. G. Anschütz/R. Thoma), Bd. 1, Tübingen 1930, S. 127 ff.。

　　[11]　尤为重要的是黑德维希·欣策(Hedwig Hintze)的悼词：Hugo Preuß, in: Die Justiz 2, 1927, S. 223 ff.；以及恩斯特·费德尔(Ernst Feder)的早期著作：Hugo Preuß. Ein Lebensbild, Berlin 1926。

益的，对于理解德意志宪法及其产生奠定重要基础。[12] 后来，不少作者
发表著作和论文跟普罗伊斯商榷，[13] 直至国家社会主义使魏玛民主的名
誉受损，他的"宪法之父"之名也因其被作为"犹太人"而被污名化，
继续讨论被迫停止。[14]

　　在 1945 年之后，人们重新评价《魏玛宪法》及其价值，当然也包
括对胡果·普罗伊斯的评价。对此具有重要意义的是京特·吉勒森
（Günther Gillessen）于 1955 年在弗莱堡大学提交的博士论文，该博士论
文以档案研究以及与普罗伊斯的儿子的访谈资料为基础而写成，但是当
时并未印刷出版。该博士论文影响了当时正在进行的讨论，并且最终在
45 年后正式出版。[15] 西格弗里德·格拉斯曼（Siegfried Grassmann）的全面
系统的研究对于地方性政治以及普罗伊斯的理论基础具有特殊的补充意
义。[16] 在这一时期，除了一些较小的出版物之外，还有一些教授资格论

---

　　⑫　尤为重要的是由埃尔泽·普罗伊斯（Else Preuß）所编，特奥多尔·霍伊斯（Theodor
Heuss）为其所写导言的文集：Hugo Preuß, Staat, Recht und Freiheit, Tübingen 1926；此外，
Hedwig Hintze（Hrsg.）, Hugo Preuß, Verfassungspolitische Entwicklungen in Deutschland und
Westeuropa. Historische Grundlagen zu einem Staatsrecht der Deutschen Republik, Berlin 1927,
und Gerhard Anschütz（Hrsg.）, Hugo Preuß, Reich und Länder. Bruchstücke eines Kommentars
zur Verfassung des Deutschen Reiches, Berlin 1928。

　　⑬　Walter Simons, Hugo Preuß, Berlin 1930; Carl Schmitt, Hugo Preuß. Sein Staatsbegriff
und seine Stellung in der deutschen Staatslehre, Tübingen 1930.

　　⑭　关于普罗伊斯对反犹太主义运动的反应问题，Dian Schefold, Hugo Preuß（1860 -
1925）, in: H. Erler u. a.（Hrsg.）, „Meinetwegen ist die Welt erschaffen", Frankfurt 1997, S.
293 ff.；特奥多尔·霍伊斯的评论也很重要：Hugo Preuß, Staat, Recht und Freiheit, Tübingen
1926, S. 15。

　　⑮　Günther Gillessen, Hugo Preuß. Studien zur Verfassungs- und Ideengeschichte der Weima-
rer Republik, Diss. Phil. Freiburg 1955, Buchveröffentlichung mit Vorwort von Manfred Friedrich,
Berlin 2000. 令人感兴趣的是，科斯坦迪诺·莫塔蒂（Costantino Mortati）之前在其关于《魏玛
宪法》的介绍中对于普罗伊斯所发挥作用的强调，其内容在 1946 年作为意大利宪法制定的
基础材料提交给制宪大会；同时参见卡尔·波拉克（Karl Polak）等人的论述：Karl Polak, Die
Weimarer Verfassung, ihre Errungenschaften und Mängel, 3. Aufl. Berlin-Ost 1952; Ernst Fraen-
kel, Die repräsentative und die plebiszitäre Komponente im demokratischen Verfassungsstaat,
Tübingen 1958（wiederabgedruckt im häufig nachgedruckten Sammelband: Deutschland und die
westlichen Demokratien, Stuttgart 1964, und in stw 886, Frankfurt 1991）。此外，还有关于《魏
玛宪法》的相关内容可追溯至普罗伊斯的观点的批评。

　　⑯　Siegfried Grassmann, Hugo Preuß und die deutsche Selbstverwaltung, Lübeck 1965; 此前
的基础性论述，参见 Heinrich Heffter, Die deutsche Selbstverwaltung im 19. Jahrhundert, Stutt-
gart 1950（2. Aufl. 1969）。

文的再版、其他一些著作以及普罗伊斯逝世之后出版的论文集。⑰

　　胡果·普罗伊斯的持续性影响最初只限于较小的范围，但是在 1990
年之后，普罗伊斯的影响有了新的扩展。首先是普罗伊斯的一篇建议将
对主权的批评和对民主多样性的论断联结起来的较短的论文成为德特勒
夫·莱纳特(Detlef Lehnert)阐释"作为公民共同体的宪法民主"⑱ 的基
础，其中关于犹太出身的德意志法学家的论述为深入、详细地评价胡
果·普罗伊斯提供了契机。⑲ 魏玛共和国时期是宪法史上具有独立性的
一个历史时期，历史上对于《魏玛宪法》的恰切评价着眼于普罗伊斯，
突出强调对于魏玛共和国时期民主思想的肯认。⑳ 同样地，之前提及的
普罗伊斯的思想对于地方性政治的作用也成为一些研究的新的兴趣点。㉑
此外，从方法论视角的研究也存在着对于普罗伊斯的反对意见，包括意
大利学者的研究。㉒

　　因此，在 2000 年，一些志趣相投之人联合成立了胡果·普罗伊斯协
会，克里斯托夫·米勒斯(Christoph Müllers)任主席；以此为基础，在德

　　⑰　Hugo Preuß, Gemeinde, Staat, Reich als Gebietskörperschaften, Berlin 1889, erschien als
Neudruck Aalen 1964 (und erneut Dillenburg 1999); Die Entwicklung des deutschen Städtewesens,
Erster Band: Entwicklungsgeschichte der deutschen Städteverfassung, Leipzig 1906, Neudruck
Aalen 1965; Staat, Recht und Freiheit, 1926 (zit. Fn. 12), Neudruck Hildesheim 1964 (und er-
neut 2006).

　　⑱　这也是书名，Baden-Baden 1998；其中的基础性论文，in: Politische Vierteljahresschrift
33, 1992, S. 33 ff.；关于莱纳特(Lehnert)的其他著述，详见下文。

　　⑲　Dian Schefold, Hugo Preuß (1860-1925). Von der Stadtverfassung zur Staatsverfassung
der Weimarer Republik, in: H. Heinrichs u. a. (Hrsg.), Deutsche Juristen jüdischer Herkunft,
München 1993, S. 429 ff. 值得一提的是不久前出版的一篇博士论文: Jasper Mauersberg,
Ideen und Konzeption Hugo Preuß' für die Verfassung der deutschen Republik 1919 und ihre Durch-
setzung im Verfassungswerk von Weimar, Frankfurt 1991。

　　⑳　较具代表性的是克里斯托夫·古居的著作，该著作应放到迪特马尔·维罗维特(Di-
etmar Willoweit)所著的《德意志宪法史》的框架中予以理解，参见 Christoph Gusy, Die Wei-
marer Reichsverfassung, Tübingen 1997；此外，也参见古居所编的文集: Demokratisches Den-
ken in der Weimarer Republik, Baden-Baden 2000, 其中有约格-德特勒夫·屈内(Jörg-Detlef
Kühne)(第 115 页及以下诸页)以及德特勒夫·莱纳特(第 221 页及以下诸页)所写的关于普
罗伊斯的重要文章(第 115 页及以下诸页); Kathrin Groh, Demokratische Staatsrechtslehrer in
der Weimarer Republik, Tübingen 2010。

　　㉑　Christoph Müller, Bemerkungen zum Thema Gemeinde-Demokratie, in: Festschrift Dian
Schefold, Baden-Baden 2001, S. 73 ff.; ders., Zur Grundlegung der Kommunalpolitik bei Hugo
Preuß, Jahrbuch zur Liberalismus-Forschung 18, 2006, S. 13 ff.

　　㉒　Sandro Mezzadra, La costituzione del sociale. Il pensiero politico e giuridico di Hugo
Preuss, Bologna 1999.

特勒夫·莱纳特的动议下还设立了胡果·普罗伊斯基金会，自 2016 年起替代胡果·普罗伊斯协会。除了举办会议，该组织还致力于研究胡果·普罗伊斯的著作，通过出版会议论文集在更大的范围内促进学术讨论，[23]由此使得胡果·普罗伊斯文集的编辑出版被提上日程。该文集共五卷，虽然其中并没有包括大量的使人易于获得和便于引用的再版专著，[24] 但是试图在根本上完整地收录普罗伊斯的其他著述，并且通过导论、评注和索引来加以阐释，其中导论主要表明著述的内容及其之间的关系。目前为止，第一卷、第二卷、第四卷和第五卷已经出版；[25] 第三卷[26]即将出版。此外，还有其他一些出版的作品。[27] 这引起了当前的讨论，特别是普罗伊斯关于多元性的民主观念所具有的意义的讨论。[28] 希望这有助于

[23] 首先应提及的是，Detlef Lehnert/Christoph Müller（Hrsg.），Vom Untertanenverband zur Bürgergenossenschaft. Symposion zum 75. Todestag von Hugo Preuß am 9. 10. 2000, Baden-Baden 2003；Christoph Müller（Hrsg.），Gemeinde, Stadt, Staat：Aspekte der Verfassungstheorie von Hugo Preuß. Hugo-Preuß-Symposion 2004, Baden-Baden 2005；Detlef Lehnert（Hrsg.），Hugo Preuß 1860–1925. Genealogie eines modernen Preußen, Köln 2011。

[24] Hugo Preuß, Gemeinde, Staat, Reich als Gebietskörperschaften, Berlin 1889；Die Entwicklung des deutschen Städtewesens（1906）；Hugo Preuß, Das städtische Amtsrecht in Preußen, Berlin 1902（Neudruck Genschmar 2006）；Hedwig Hintze（Hrsg.），Hugo Preuß, Verfassungspolitische Entwicklungen in Deutschland und Westeuropa. Historische Grundlagen zu einem Staatsrecht der Deutschen Republik, Berlin 1927（Neudruck Genschmar 2008）。

[25] Hugo Preuß, Gesammelte Schriften, im Auftrag der Hugo-Preuß-Gesellschaft e. V. herausgegeben von Detlef Lehnert und Christoph Müller（im folgenden：GS），zunächst Bd. 1：Politik und Gesellschaft im Kaiserreich, herausgegeben und eingeleitet von Lothar Albertin in Zusammenarbeit mit Christoph Müller, Tübingen 2007；Bd. 2：Öffentliches Recht und Rechtsphilosophie im Kaiserreich, herausgegeben und eingeleitet von Dian Schefold in Zusammenarbeit mit Christoph Müller, Tübingen 2009；Bd. 4：Politik und Verfassung in der Weimarer Republik, herausgegeben und eingeleitet von Detlef Lehnert, Tübingen 2008.

[26] Bd. 3：Das Verfassungswerk von Weimar, herausgegeben, eingeleitet und erläutert von Detlef Lehnert, Christoph Müller und Dian Schefold, Tübingen 2015.

[27] Bd. 5：Kommunalwissenschaft und Kommunalpolitik, herausgegeben und eingeleitet von Christoph Müller, 2012.

[28] 对此，除了前述格罗的重要著作之外，还有新近出版的著作，J. Kocka/G. Stock（Hrsg.），Hugo Preuß：Vordenker der Pluralismustheorie. Vorträge und Diskussion zum 150. Geburtstag des „Vaters der Weimarer Reichsverfassung", Berlin 2011, mit dem Vortrag von Andreas Vosskuhle, Hugo Preuß als Vordenker einer Verfassungstheorie des Pluralismus, S. 23 ff.；Detlef Lehnert, Das pluralistische Staatsdenken von Hugo Preuß, Baden-Baden 2012, mit aktueller Bibliographie, S. 213 ff. 。

深入、详细地阐明普罗伊斯对于德国国家法理论发展所具有的意义。㉙

二、 政治理论和国家理论的宗旨

上述讨论的发展和展开表明，普罗伊斯的意义首先不在于他对于《魏玛宪法》的产生所做出的贡献，而是在于他早期就提出的国家法观念的发展结果，而这种发展结果跟他的政治-时事评论的责任感密切联结在一起。根据一项在柏林和海德堡的法学研究以及哥廷根大学的一篇关于罗马法学的博士论文的研究㉚，这最初是由"自由联合会"圈子里的一份政治上的书面文件而引起的，"自由联合会"受到特奥多尔·巴尔特(Theodor Barth)的影响，同时也得到他所编的杂志《民族》的合作。㉛ 当然，其中包含在宪法和宪法政治方面发表的观点和意见。这种竞争性的政治环境也受到法学的影响，例如弗朗茨·冯·霍尔岑多夫(Franz von Holtzendorff)㉜、约翰·卡斯帕尔·布伦奇利(Johann Caspar Bluntschli)、弗朗茨·利伯(Franz Lieber)㉝以及特别是在柏林的鲁道夫·格内斯特(Rudolf Gneist)，格内斯特的学术生涯后期具有重要地位。㉞

㉙ 当前的例子是：社会伦理学者哈特穆特·克雷斯引用(Zeitschrift für Rechtspolitik 2012, S. 60)"有社会之处就有法的存在"，参见普罗伊斯在 1918 年 10 月 19 日任柏林商业高等学校校长的就职演说，in：GS Bd. 1, S. 706 ff.。《普罗伊斯文集》第二卷第 884 页指出，普罗伊斯自 1891 年以来共五次引用上述法谚，第二卷的导言(特别是第 14—15、29—30 页)论道，阐释普罗伊斯理论之间的联系，特别是国际法与多层级体系中法源的约束力，国家与法律之间的关系是中心。Dazu jetzt auch Dian Schefold, Die Homogenität im Mehrebenensystem, JÖR 60, 2012, S. 49 (57 ff.)。

㉚ 《普罗伊斯文集》第二卷的导言第 2 页也论及这份保存在哥廷根大学档案馆的论文原稿，但是该论文受到一些批评(Karsten Ruppert, Rezension in ZRG GA 129, 2012, S. 63)，普罗伊斯本人对此评价是"其用处不大"，下文的一些文献与该论文没有什么关系，因为该论文并未正式出版。

㉛ Albertin, Einleitung zu GS Bd. 1, S. 13 ff.；vgl. die in GS Bd. 1, Nr. 2 - 7, 10, 12 - 19；Bd. 2, Nr. 3, 11 - 14, 18, 21 abgedruckten Schriften.

㉜ Dazu die frühe Rezension：Ein neues Handbuch des Völkerrechts, jetzt in：GS Bd. 2, S. 281 ff.

㉝ Dazu die jetzt in GS Bd. 2, Nr. 14 - 16 und 21 abgedruckten Schriften und dazu m. w. Nachw. Einleitung, S. 6 f.

㉞ 参见普罗伊斯在格内斯特逝世之后于 1895 年在《民族》杂志上发表的悼词，in：Staat, Recht und Freiheit, Tübingen 1926, S. 503 ff.。关于其早期著作的影响，参见《普罗伊斯文集》第二卷的导言第 5 页及以下诸页；und, für den Einfluss auf die frühen Schriften, Einleitung zu Bd. 2, S. 5 ff.；对于其自治理论也有不同的评价。

　　但是，这些评价很快就被置于奥托·冯·吉尔克的影响之下，并继续受到吉尔克的影响。基于对共同体理论的特别兴趣，普罗伊斯在吉尔克于1887年受聘到柏林之后就与其进行密切合作。这在普罗伊斯于1889年出版教授资格论文《作为地区性法人的乡镇、国家和帝国》时达到顶峰，^㉟其副标题是"基于共同体理论对德意志国家建构的尝试"，并且"向德意志共同体理论的先驱者、特别司法顾问和柏林大学法学教授奥托·吉尔克博士先生致敬"。

　　事实上，普罗伊斯的相关论证在很大程度上是遵循吉尔克的方法和研究方向。大量的研究是以法律史或社会史为基础论述人类的社会团体的形成，并且在实质上是着眼于人类的"组织化"的阐释。然而，普罗伊斯拒斥这种方法中所有的神秘主义-非理性的内涵意义，例如布伦奇利所明确主张的。但是，法律意义上的人不仅意指个人，而且也包括由一部分人形成的人的整体；这种由一部分人形成的人的整体可以是更大数量的人的整体。因此，不仅个人和法人能够成为法律主体，而且数量众多的、具有不同表现形式的人的整体也可以成为法律主体。在此意义上，乡镇、国家、帝国以及世界共同体在性质上没有区别。只不过是特定区域内的统治所需要的恰恰是地区性法人，特定的区域性主权有能力来重新组织其所统属的地区性法人，赋予特定的地区性法人——在当时的德意志帝国是各邦——特定的功能。而各特定区域内的统治通常并非排他性的统治。

　　就此而言，普罗伊斯基本遵循吉尔克的思想路线及其关于社会法的构想，因此，他的研究主要还是公法的研究。^㊱普罗伊斯的教授资格论文的第一章以摆脱联邦国家理论为出发点，以此通过排他性诉求来理解作为国家的各邦和帝国之间的矛盾以及这种试验的"绝对消极后果"^㊲。这同时也涉及第二个与吉尔克在实质上的不同。在坚持国家主权的同时又坚持作为人的整体的共同体形成的多样性，因此，普罗伊斯将其归咎

　　㉟　Hugo Preuß, Gemeinde, Staat, Reich als Gebietskörperschaften, Berlin 1889, dazu Einleitung zu Bd. 2, S. 4, 10 ff.

　　㊱　他在这方面明确的问题意识同时也体现在提交教授资格论文之后关于"公法的发展及其意义"的学术演讲(1889年)中，jetzt in: GS Bd. 2, S. 102 ff.。

　　㊲　Hugo Preuß, Gemeinde, Staat, Reich als Gebietskörperschaften, Berlin 1889, S. 83.

于前后的矛盾，其目的在于"撕裂那老旧的、不合时宜的主权概念的蜘蛛网"[38]。作为一种论据和理由的主权服务于专制主义的特别是世袭的统治；但是，主权并非与人的整体（共同体）之间互相协调一致或同时并存，这要求一种——经常是有争议的——组织上的共同作用，并且确定统治的界限和限度。这在一篇关于从帝国到乡镇的政治统治层级和关于国际法的教授资格论文中有过阐述；两年后，《服务于经济生活的国际法》进一步阐释了这一想法。[39]他批评一种罗马法学的、受到法人拟制理论影响的国家法，例如以拉班德为代表的国家法，[40]并且自始就乐于接受一种通过宪法及于所有层级的公法的规范化。该教授资格论文已经概述了决定普罗伊斯一生的研究主题——这里无法详细探讨，并且可以认为，普罗伊斯承担着以制宪为宗旨的使命。

三、 地方性法和地区政治的理论逻辑

在这方面具有重要意义的是，普罗伊斯除了关于时事评论的工作，特别是针对帝国的政治体制所作的时事评论及其教学工作之外，他的教授资格论文中的相关结论很快得到认可，并且在地方政治中得到实施。基于当时的财产状况以及普鲁士实施的无附加条件的三个等级的选举权，他在1895年被选举为柏林市议会的议员，并且不久就积极推进地方的政治实践。[41]柏林市议会最初确定的任务是，调整和适应在20世纪之交的城市化和城区的快速发展过程，并且要求地方行政机构也参与其中。帝国首都的政治气候是有利于这种发展的，因为基于三个等级的选

[38] Hugo Preuß, Gemeinde, Staat, Reich als Gebietskörperschaften, Berlin 1889, S. VI, 100 ff. ; 新近的研究，参见 Bernd Grzeszick, Hugo Preuß' Bundesstaatstheorie: Ein früher Entwurf zu einer offenen Staatlichkeit? In Heidelberger Thesen zu Recht und Gerechtigkeit, Tübingen 2013, S. 287（296 ff.）; vgl. Dian Schefold, Die Homogenität im Mehrebenensystem, JÖR 60, 2012, S. 49（57 ff. , 65 ff.）。

[39] Das Völkerrecht im Dienste des Wirtschaftslebens（1891），jetzt in: GS Bd. 2, S. 426 ff.

[40] 对此，可联系到吉尔克在此之前几年对拉班德的批评：Otto von Gierke, Labands Staatsrecht und die deutsche Rechtswissenschaft, Schmollers Jb 7, 1883, S. 1097 ff.（Neudruck 1970）; 关于普罗伊斯的论述受到的批评，参见 Albert Hänel, Zur Revision der Methode und Grundbegriffe des Staatsrechts, AÖR 5, 1890, S. 457 ff. 。

[41] Siegfried Grassmann, Hugo Preuß und die deutsche Selbstverwaltung, Lübeck 1965; 具体的评价和相关文献，参见 Christoph Müller, Einleitung zu GS, Bd. 5。

举权，柏林市议会包括了更多的在坚定支持自由主义和较亲近社会民主主义之间摇摆的党派。在此背景下，普罗伊斯支持特奥多尔·巴尔特所领导的"社会进步党"⑫，并且后来缓和了他站在通过阶级斗争来克服议会主义观念的立场上于1891年提出的对社会民主主义的批评。⑬

但是，首要的是地方城镇的自治原则得到了维护，在1889年城镇仍是作为地区性法人的诸多等级中的最低一级，现在受到更为具体的关注和规划。其出发点是对尤利乌斯·哈切克的教授资格论文的批评⑭，哈切克的教授资格论文是以格奥尔格·耶利内克的理论及国家主权为基础，将耶利内克的等级理论运用于自治并且特别是试图以此为基础将其归结为一种政治原则。普罗伊斯的论辩延续了他教授资格论文中确立的"组织化"的思路：作为人的整体，乡镇亦如所有的法人，需要确立其目标；外在的目标性分配应像概念法学那样受到批评。除方法论批评的视角之外⑮，这里还要指出，普罗伊斯将自治作为本土的自主权予以阐释，与罗马法学理论完全相反，普罗伊斯接下来继续对法人的组织性做出贡献，特别是其重要著作《普鲁士的城市公职法》⑯：就像普鲁士在1899年颁布实施的法律所规定的，地方公职人员不是间接的国家公职人员，而是所设立的法人机构的管理者。由此而来的是一种共和国公职人员权利的观念，这种权利得到1808年《斯泰因城市规章》的确认，但是与专制主义后期制定的《普鲁士一般邦法典》的规定相违，也不同于诸侯邦国的职务及其特殊的权力关系传统。⑰ 因此，这不同于那些关于

---

⑫ 这方面的论述及其界限问题，参见 Siegfried Grassmann, Hugo Preuß und die deutsche Selbstverwaltung, Lübeck 1965, S. 9 ff. 。

⑬ Preuß, Die Sozialdemokratie und der Parlamentarismus (1891), GS Bd. 1, S. 176 ff.; vgl. Dian Schefold, Hugo Preuß (1860 – 1925). Von der Stadtverfassung zur Staatsverfassung der Weimarer Republik, in: H. Heinrichs u. a. (Hrsg.), Deutsche Juristen jüdischer Herkunft, München 1993, S. 445 f.

⑭ Julius Hatschek, Die Selbstverwaltung in politischer und juristischer Bedeutung, Leipzig 1898, dazu Preuß, Zur Methode juristischer Begriffskonstruktion (1900), jetzt in GS Bd. 2, S. 121 ff.

⑮ 这方面的针对性批评，参见 Werner Krawietz (Hrsg.), Theorie und Technik der Begriffsjurisprudenz, Darmstadt 1976, S. 157 ff. 。

⑯ Hugo Preuß, Das städtische Amtsrecht in Preußen, Berlin 1902 (Neudruck Genschmar 2006); die Aufsätze Über Organpersönlichkeit, sowie: Stellvertretung oder Organschaft? (beide 1902, jetzt in GS Bd. 2, S. 131 ff., 162 ff.).

⑰ Dazu im einzelnen Einleitung zu GS Bd. 2, S. 41 ff.

确认由选举产生的公职人员拥有自由裁量权的国家法律。[48] 尽管如此，这种职官法给了我们一把理解现代宪法和公职人员法意义上适用于专业公务员的基本原则的钥匙。

因为普罗伊斯在这里仍沿用其教授资格论文中历史方法的论证方式，因此，他在这方面继续充分论证了自己的观点。他在《德意志城市特性的发展》中的论述也是服务于此，其中第一卷《德意志城市宪法的发展》出版于 1906 年，[49] 此后没有再继续下去。

更重要的是，这里论述的对自治的理解对于城镇职能的阐释所具有的意义。它们原则上应被视为相互独立的，在国家管理方面仅应受到合法性的审查。国家层面上对乡镇事务在其他方面的管理仅应根据特别法的规定，但是对自治原则的突破是例外，是应当受到限制的，特别是乡镇管理的事务不能解释为机构的授权，这在法律政策上是有问题的。依据这种标准，普罗伊斯的论辩首先有利于城镇的独立性，包括警察的独立性[50]以及与此相关的行政机构和学校事务的独立性。[51]

然而，这种对于自治的理解不同于鲁道夫·格内斯特基于英国自治制度研究而产生的具有广泛影响力的研究成果，特别是其实践结论。[52] 格内斯特的研究特别是涉及荣誉职位作为地方精英参与统一的行政管理的形式，[53] 同时也是为普鲁士设计的一种模式。这种模式是有争议的，普鲁士最终在 1872 年颁布《地区条例》，对于普鲁士而言，这是一种地

---

[48]　《普罗伊斯文集》第二卷中有专门一章论及普鲁士的这种权力的历史(第 527 页及以下诸页)，编者汉斯·德尔布吕克完全同意其迫切性，并在附言中予以强调(第 553—554 页)，参见 Einleitung S. 47 f. und Kommentar, S. 850。

[49]　Vgl. Die Entwicklung des deutschen Städtewesens, Erster Band: Entwicklungsgeschichte der deutschen Städteverfassung, Leipzig 1906, Neudruck Aalen 1965; 关于其评论问题，Dian Schefold, Hugo Preuß (1860 - 1925). Von der Stadtverfassung zur Staatsverfassung der Weimarer Republik, in: H. Heinrichs u. a. (Hrsg.), Deutsche Juristen jüdischer Herkunft, München 1993, S. 442 f.

[50]　1849 年《保罗教堂宪法》第 184 条、1808 年《城市条例》中"具有恶性的第 166 条"(以及 1831 年《城市条例》第 105 条)均坚持国家在这方面的垄断权力，参见 Das städtische Amtsrecht, S. 215 ff.。

[51]　Das städtische Amtsrecht, S. 235 ff.; dazu dann Preuß, Das Recht der städtischen Schulverwaltung in Preußen, Berlin 1905.

[52]　Rudolf Gneist, Geschichte und heutige Gestalt der englischen Communalverfassung oder des Selfgovernment, Berlin 1860, 2. Aufl. 2 Bde. Berlin 1863, 3. Aufl. Berlin 1871.

[53]　Erich J. Hahn, Rudolf von Gneist 1816 - 1895, Frankfurt 1995, S. 64 ff., 144 ff.

区性的法人组织，并且首要的是在地区层面独立于国家机构。这两种观点是基于不同的理论基础，一方面与罗马法学所理解的主权国家的法律人格形成鲜明对比，另一方面是追溯至人的整体的多个层级。[54] 这两种观点通过以格内斯特为代表的绅士管理和以普罗伊斯为代表的城市公职法形成对照。但是，普罗伊斯是以什么与格内斯特论述广泛、资料丰富的阐释相论辩？1901 年，奥地利人约瑟夫·雷德利希（Josef Redlich）恰好也出版了关于英国地方行政的研究成果，虽然他从历史的视角对格内斯特的研究予以深入、详细的评价，并表示赞同，但是对其阐释提出了批评。[55] 普罗伊斯在保罗·拉班德获得博士学位 50 周年纪念时写了一篇内容丰富的论文，收录于祝贺文集，普罗伊斯在该文中再次表达了自己关于自治的观点：[56] 任何层级的独立的行政机构，从乡镇到更高等级的地区性法人，再到各邦和帝国，都具有自治的属性；普罗伊斯接着雷德利希关于英国的研究，实现了本土化，因为在英国，其中混有贵族政治和财阀统治的因素。无论如何，其中区分了封建制统治形式和世袭国家的统治形式，并且指出，特别是通过 1835 年的改革（格内斯特反对此改革）施行公职法以来，相关机构的工作能力和工作效率显著提升，这既不是国家机构在地方层面的实现，也不是地方行政的机构职能通过国家来实现的结果。

　　由此，对普鲁士行政结构的批判分析工具已经准备就绪。在普罗伊

---

　　[54]　这方面的阐释，详见本人的论文：Selbstverwaltungstheorien. Rudolf Gneist und Hugo Preuß, in: Detlef Lehnert/Christoph Müller（Hrsg.）, Vom Untertanenverband zur Bürgergenossenschaft. Symposion zum 75. Todestag von Hugo Preuß am 9. 10. 2000, Baden-Baden 2003, S. 97 ff.（116 ff.）；基础性文献始终是 Heinrich Heffter, Die deutsche Selbstverwaltung im 19. Jahrhundert, Stuttgart 1950（2. Aufl. 1969）, insb. S. 753 ff. 。

　　[55]　Josef Redlich, Englische Lokalverwaltung. Darstellung der inneren Verwaltung Englands in ihrer geschichtlichen Entwicklung und in ihrer gegenwärtigen Gestalt, Leipzig 1901. 其中，前言的第 VII 页至第 VIII 页就提及，具体的批评，参见第 745 页及以下诸页。

　　[56]　Preuß, Selbstverwaltung, Gemeinde, Staat, Souveränität, in: Staatsrechtliche Abhandlungen. Festgabe für Paul Laband zum 50. Jahrestag der Doktor-Promotion, Bd. 2, Tübingen 1908, S. 199 ff., jetzt in: GS Bd. 2, S. 236 ff. 海因里希·罗辛（Heinrich Rosin）将标题略加改动的版本：Souveränetät, Staat, Gemeinde, Selbstverwaltung, München/Leipzig 1883。这是一篇深受普罗伊斯的教授资格论文影响的论文。

斯在柏林商业高等学校任职和纪念斯泰因城市条例 100 周年的著作[57]出版之后，他在为奥托·吉尔克纪念文集所写的论文中以大学教师的身份表达了自己以自治为基础推进行政改革的观点。[58] 然而，不同于普鲁士改革时期所推行的模式，该模式对"经济自治"予以一定的限制，同时保留当局的职能，特别是保留国家在警察领域的职能。普罗伊斯主张通过自治在共同体方面实现地区性法人的结构化，因此，接下来像乡镇那样，地区和省也按照这种方式进行结构化组织，所有相关领域的公法职能都以此予以分解，使其各行其职，各负其责。但这并不意味着国家行政管理的去中心化，特别是通过行政机构实现行政区的组织化，而是避免国家行政的去中心化。格内斯特设想通过（直接管辖乡镇的）专区委员会和行政区委员会将经济自治和当局的自治联合起来，试图以此将诸多层级联系起来，但是这模糊了各个地区性法人自身的职责，因此有碍于自治，而不是有利于实现自治。

柏林商人联合会中的最年长者——同时也是柏林商业高等学校的支持者——所承担的一项职责使普罗伊斯有机会从历史上充分论证这种原则性的观点，并且在法律政策方面予以细化。由此形成了关于普鲁士行政改革的回忆录[59]，他也以此为主题发表了诸多篇幅较小的著述，广泛探讨了普鲁士自 1872 年《地区条例》颁布以来的改革政策，并且不留情面予以批评，一方面试图指出改革与斯泰因的观念之间的矛盾之处，另一方面也揭示出通过格内斯特的工作和 19 世纪后期的发展而做出的改变。普罗伊斯强调，《城市条例》仍是不完善的，在其他层级并不能实

---

[57] Hugo Preuß, Staat, Recht und Freiheit, Tübingen 1926, S. 25 ff., 73 ff., abgedruckten Schriften über Ein Jahrhundert städtischer Verfassungsentwicklung, sowie: Stadt und Staat (jetzt mit weiteren Schriften in GS Bd. 5), ferner: Verwaltungsreform und Politik. Eine Säkularbetrachtung, GS Bd. 2, S. 581 ff.

[58] Die Lehre Gierkes und das Problem der preußischen Verwaltungsreform (1910), GS Bd. 2, S. 605 ff.

[59] Zur preußischen Verwaltungsreform. Denkschrift verfasst im Auftrag der Ältesten der Kaufmannschaft von Berlin (1910), jetzt in GS Bd. 2, S. 645 ff. 接下来的其他文献，参见 S. 732 ff., 750 ff., 760 ff. sowie Bd. 1, S. 372 ff., 542 ff., Bd. 4, S. 552 ff., 576 ff.。本人总结概括的导言，in: GS Bd. 2, S. 59 ff., und Dian Schefold, Ungelöste Probleme der Verwaltungsreform und der Verwaltungsgerichtsbarkeit in Preußen, in: Detlef Lehnert (Hrsg.), Hugo Preuß 1860 - 1925. Genealogie eines modernen Preußen, Köln 2011, S. 213 ff.。

现其目的，同时普鲁士的专区改革并没有消除弊病，而是使其更加恶化。[60] 普罗伊斯的表达一如既往地清晰明确，其批评比之前更加犀利，他指出，当时的集权专制国家继续产生影响，特别是在农庄地区和骑士领地、地区宪法中的封建制因素、行政区以及受哈布斯堡王朝影响的各邦。在他看来，一项改革必须在乡镇、专区、省和整个国家层面转向人民国家(Volksstaat)——这个概念现在所明确表达的意涵与专制国家相对。[61] 总之，这种观念成为理解普罗伊斯著作的关键，也为德国制定一部民主宪法准备了理论前提。普罗伊斯自始就对王朝‐世袭国家统治的遗风持批评态度，[62] 可以将其视为一种以此为基础的联邦主义。但是，这种联邦主义并不意味着反对中央集权主义，而是反对在多元、多层级的制度中始终坚持同一的自治原则，意欲通过区分这两种观点来为民主制的联邦国家奠定基础。[63]

　　观点的扩大化和激进化可能也是探讨的结果，也会导致不利的一面，普罗伊斯对此深有体会。[64] 1896 年，在被选为柏林市议会的议员一年之后，普罗伊斯跟与他差不多同龄但是学术兴趣迥异的、极其保守的

---

[60]　多次被引用并被奥伊伦堡的巴托伯爵所接受的格言如下："半是骨架建造，半是废墟。" Vgl. den Kommentar und die Nachweise in GS Bd. 2, S. 850, zu S. 541.

[61]　这明确地体现在 1912 年的另外一篇论文中，jetzt in GS Bd. 2, S. 732 (749), dazu Einleitung S. 76。

[62]　基础性文献是关于容克问题的论文(1897 年)，jetzt in: GS Bd. 1, S. 201 ff., 普罗伊斯在该文的最后(第 267 页及以下诸页)提出行政改革问题，同时也对《美国大百科全书》(1904 年)中的"德国"词条提出批评，其中将德国历史上的邦国视为"扩大的庄园"，jetzt in: GS Bd. 2, S. 554 ff.。

[63]　虽然有证据证明，普罗伊斯反对俾斯麦宪法中规定的联邦主义，例如，Dieter Langewiesche, Moderner Staat in Deutschland—eine Defizitgeschichte, Zeitschrift für Staats- und Europawissenschaften 2007, S. 1 (10) ; 但是，这被格哈德·安许茨视为中央集权主义者，参见 Gerhard Anschütz, Aus meinem Leben, hrsg. von Walter Pauly, Frankfurt 1993, S. 121 f., 251。但是，这是安许茨的观点，而非普罗伊斯的观点。一种联邦参议院原则可与这种联邦主义相提并论，例如，Albert Funk, Föderalismus in Deutschland (2008), S. 154 ff., 依此，普罗伊斯的观点并非合理、充分。较为合理的论述，参见 Peter Brandt, Hugo Preuß—Der Verfassungspatriot, Institut für Europäische Verfassungswissenschaften IEV-Online Nr. 5/2009, S. 4; Christoph Müller, Privat-Dozent Dr. Hugo Preuß, in: Festschrift 200 Jahre Juristische Fakultät der Humboldt-Universität zu Berlin, Berlin 2010, S. 709 ff., 其中参考了美国和瑞士的联邦国家理论。目前较为深入的论述，参见 Anke John, Der Weimarer Bundesstaat, Köln 2012。当然，其中(第 58 页及以下诸页)也强调了中央集权的倾向，并且很少将此归于自治思想。

[64]　关于这方面及由此引起的深入讨论和对冲突路线的强调，参见 Christoph Müller, Privat-Dozent Dr. Hugo Preuß, in: Festschrift 200 Jahre Juristische Fakultät der Humboldt-Universität zu Berlin, Berlin 2010, S. 713 ff., 723 ff.。该文运用一些较早的文献予以论证。

康拉德·博恩哈克[65]一起申请副教授职位，但是普罗伊斯在法学院没有成功。此外，在与文化部长博塞发生的冲突中，普罗伊斯反对其学校政策，也在该冲突中发挥了一定作用。该冲突在 1899 年加剧，普罗伊斯在柏林市议会中激烈批评、讽刺针对女性犹太小学教师的歧视，并且引起了公众的注意：皇后的高级家庭教师秘密写信给文化部长和普罗伊斯所在学校的校长，法学院迫于压力正式给予普罗伊斯纪律处分。尽管如此，在 1902 年年底，法学院提议授予普罗伊斯副教授，但是政府部门没有批准，普罗伊斯在 1910 年第三次申请的结果也是如此。

四、 通往《魏玛宪法》之路

普罗伊斯不仅通过政党政治的选择，而且更多的是通过宪法和宪法政治观念的发展以及通过与柏林商业高等学校的职业联结——在 1910 年被选为柏林市政府的荣誉参事——在专业科学和政治观念方面坚持反对派立场。不断提升的国际地位和第一次世界大战都为这种发展做出了贡献。普罗伊斯曾在论述关于英国和法国议会制度的历史发展中阐释其关于人民国家的选择；[66] 这也预示着比较语言学中的西欧模式的到来，这种模式被描述为遗留下来的 “德国和西欧的宪法政治发展”。[67] 但是，战争为普罗伊斯在其教授资格论文和接下来的第一批出版物(见前述第二部分)中发展出来的关于世界共同体的观念提出了考验。面对高涨的战争热情，如何维持人们对和平的希望和全德意志的奋斗梦想？

在经过最初的踌躇和彷徨之后，[68] 普罗伊斯早在 1915 年就在其著作

---

[65]　相关区分，参见 Michael Stolleis, Geschichte des öffentlichen Rechts in Deutschland, Bd. 2, München 1992, S. 303 mit Fn. 159 – 161。

[66]　Aufschlussreich der Aufsatz „Verwaltung"(1913), jetzt in GS Bd. 2, S. 750 (755 ff.).

[67]　Aus dem Nachlass herausgegeben von Hedwig Hintze, Berlin 1927 (Neudruck 2008); diese hatte ihrerseits, in Weiterführung von Preuß' Gedanken, das große Werk über Staatseinheit und Föderalismus im alten Frankreich und in der Revolution, Stuttgart 1928 (Neuausgabe Frankfurt 1989).

[68]　Insb. Preuß, Aus dem Schuldbuche englischer Frömmigkeit (1914), jetzt in GS Bd. 1, S. 533 ff. und dazu die Einleitung durch Albertin, S. 45 f. 这同时体现出其思想的连续性。

《德国人民及其政治》和诸多公开发表的论述中给出了答案。⑩他尊重为
战争而牺牲之人——普罗伊斯的三个儿子都在战争的前线，其中一个身
受重伤，最后逝世——但他也对战争持反对的立场，并且将矛头指向德
国的专制政体的弊端。经过长期以来人民国家的改革要求，孤立和隔离
可以避免"扰乱"，实现一种平衡与和平秩序。

这些明确表达的观点至今仍值得一读，但是，在第一次世界大战初
期，整个德国沉浸在胜利之中，这很难实现。当然，格哈德·安许茨在
评论中积极肯定普罗伊斯的观点，但是必须忍受出版发行机构的编者的
批评。⑩黑特(Härter)作为其反对者，坚持反犹太主义的立场，其评价比
古斯塔夫·施莫勒(Gustav Schmoller)更为激烈。⑪普罗伊斯坚持自己的
判断，在1917年仍试图使帝国转为一个人民国家，并论证其合法性，⑫
在1918年10月19日，他担任柏林商业高等学校校长的就职演说以《国
家矛盾与国际共同体》⑬为题，试图调和国家利益和国际利益。

普罗伊斯对宪法改革也做出了贡献，主要是基于战争时期国内政治
发展而进行的思考。基于对最高统帅部的相关制度的考察，他在1917年
9月撰写了《关于修改帝国宪法和普鲁士宪法的建议及其理由》⑭，同
时，鉴于君主国寿终正寝，他在1918年11月14日的《柏林日报》上发
表一篇题为《人民国家抑或与之相对的专制国家?》的文章⑮，明确表达
其观点：恰恰是民主观念使得通过无产阶级专政而进行革命成为不可
能。人民代表委员会对此作出回应，帝国内务部任命普罗伊斯为国务秘

⑩　Jetzt in: GS Bd. 1, S. 383 ff., 538 ff.; dort (S. 583 ff.) auch „Die Legende vom Störenfried"(1916).

⑩　Die Rezensionsabhandlung in Preuß. Jahrb. 164 (1916), S. 339 ff. 德尔布吕克的批评，参见第346页。Vgl. Kathrin Groh, Demokratische Staatsrechtslehrer in der Weimarer Republik, Tübingen 2010, S. 44 mit Fn. 15.

⑪　Gustav Schmoller, Obrigkeitsstaat und Volksstaat, ein missverständlicher Gegensatz, in: Schmollers Jahrb. 40/2 (1916), S. 423 ff., 再版，参见 Gustav Schmoller, Walther Rathenau und Hugo Preuß, 1922; vgl. Dian Schefold, Rassistische Rechtswissenschaft, Kritische Justiz 1993, S. 249 ff.。

⑫　Die Wandlungen des deutschen Kaisergedankens, jetzt in: GS Bd. 1, S. 616 ff.

⑬　Jetzt in: GS Bd. 1, S. 706 ff.

⑭　Hugo Preuß, Staat, Recht und Freiheit, Tübingen 1926, S. 290 ff.; 具体的文献资料，参见《普罗伊斯文集》第三卷。

⑮　Jetzt in: GS Bd. 4, S. 73 ff.

书。"普罗伊斯……在当时的德国是十足的左派国家法学者，但是当时选择他并不仅仅缘于此，因为当时没有社会民主党的国家法学者，艾伯特可能更多地是想通过普罗伊斯来架起与市民阶层之间的桥梁。"[76]

普罗伊斯的人生发展道路表明，他担任此职是值得信赖的，也是其人生道路中的一个转折，他的任命不久就得到制宪国民大会的确认。普罗伊斯现在有机会对德国的民主宪法制度产生决定性影响，并且起草草案提交国民大会和在此之前的国家委员会(Staatenausschuss)，为宪法的制定奠定基础。[77] 从持续参与议会的讨论到最后的表决通过[78]，都蕴含着他对于20世纪国家法理论所具有的意义。但是，一方面，其意义仅限于将其置于本文所论述的历史背景之中；另一方面，他对于民主-议会宪法讨论所产生的多方面的影响是有限的，其最初的观点已经在很大程度上被修改。

对于《魏玛宪法》产生的历史，本文不予详述，这——辅以诸多文献资料和论著——在《普罗伊斯文集》的第三卷中有着详细论述。普罗伊斯关于多层级制度的观念体现在《魏玛宪法》第17条中规定的在行政层面"得到最大程度扩展的地区性法人"[79] 之中，第127条涉及对地区自治的保障，同时，第4条承认国际法的效力，并且其中还有关于国际联盟的内容，但是，这些内容都被严重缩减；国际法只要被普遍承认就具有约束力。他最初设想的通过均等条款来保障自治的内容("第一草案"第12条)被相应地删减，并且关于地区自治的内容被转到基本权利部分。但是，首要的是放弃了普罗伊斯曾提出的一个观点，即在新成立

[76] Walter Jellinek, Entstehung und Ausbau der Weimarer Reichsverfassung, in: Handbuch des Deutschen Staatsrechts (Hrsg. G. Anschütz/R. Thoma), Bd. 1, Tübingen 1930, S. 127.

[77] 目前最易获得的草案内容，参见 Heinrich Triepel (Hrsg.), Quellensammlung zum Deutschen Reichsstaatsrecht, 3. Aufl. Tübingen 1922, S. 7 ff.；"第一草案"的内容，可参见 Jasper Mauersberg, Ideen und Konzeption Hugo Preuß' für die Verfassung der deutschen Republik 1919 und ihre Durchsetzung im Verfassungswerk von Weimar, Frankfurt 1991, S. 87 ff.。全部草案的内容，参见1919年1月3日的备忘录，最初公开发表于1919年1月20日的《帝国公报》，in: Hugo Preuß, Staat, Recht und Freiheit, Tübingen 1926, S. 368 ff. Vgl. nunmehr GS Bd. 3。

[78] 普罗伊斯最初是任帝国内政部的国务秘书，之后任帝国的内政部长，后来——在谢德曼内阁因《凡尔赛条约》而退职之后，普罗伊斯也拒绝了德国民主党的另一个部长职位——在国民大会召开之前，任宪法代表处的政府全权代表。

[79] 参见1919年1月3日的备忘录，第379页；《普罗伊斯文集》第三卷。

的德国中，各联邦成员国在规模和重要性等方面应具有可对比性。普罗伊斯在普鲁士的行政改革中也在这方面做了努力，试图通过重新划分行政区域使普鲁士的各省提升为一种新型的联邦的州，并且试图将诸多袖珍小邦合并起来。⑧ 这种新的区域划分将来应当仅是根据一种特殊的、经过充分讨论后确定的程序来进行才具有可能性。⑧ 同样地，他根据1849年《保罗教堂宪法》的规定而提出的关于设立两院制议会的建议也未被接受，取而代之的是一个由选举产生的众议院，联邦参议院则被帝国参议院所代替，但是很少涉及职权方面的内容。

　　对于《魏玛宪法》中的基本权利部分，需要指出的是，普罗伊斯对于基本权利的宪法保障持怀疑态度，⑧ 对此没有产生决定性的影响。对他而言，除了自治问题之外，关键的问题是帝国组织制度中的民主结构以及帝国的诸多最高机构之间的相互关系。因此，普罗伊斯的草案中的比例选举制、议会政体原则、由人民选举帝国的总统以及国家最高司法权等内容，虽然在细节方面被修改，但是仍在很大程度上被贯彻实施，通过相应的技术方式实质上在宪法中得到确认。普罗伊斯起草的"第一草案"中的一些内容未被采纳，但这些内容在后来被证明是有问题的。⑧ 但是，政府体制的基本结构以及由人民选举权力强大的帝国总统等内容都可追溯至普罗伊斯提交的草案，这些内容经过马克斯·韦伯以及当事人的讨论产生较大的影响。在此，人们可以发现其中对于共和原则和合作型

---

　　⑧　Vg. Lehnert, Einleitung zu GS Bd. 4, S. 10 f. ；关于其设计方案的具体内容，参见较早的文献：Michael Dreyer, Der Preußsche Neugliederungsplan von 1919 und sein Scheitern, in: Detlef Lehnert（Hrsg.）, Hugo Preuß 1860－1925. Genealogie eines modernen Preußen, Köln 2011, S. 279 ff. 。

　　⑧　《魏玛宪法》第18条；dazu Preuß, Art. 18 der Reichsverfassung. Seine Entstehung und Bedeutung, Berlin 1922, sowie Reich und Länder. Bruchstücke eines Kommentars zur Verfassung des Deutschen Reiches, Berlin 1928；这两个文献均见《普罗伊斯文集》第三卷。

　　⑧　其中具有代表性的是，die Rezension zu Anschütz' Kommentar zur preußischen Verfassung（1912）, jetzt in: GS Bd. 2, S. 570 ff. 。在关于修改帝国宪法的建议（1917）（zit. Hugo Preuß, Staat, Recht und Freiheit, Tübingen 1926, S. 300）中，他提到"'基本权利'已丧失信誉"，并且论道："根据《保罗教堂宪法》或者《普鲁士宪法》第二章的内容增补基本权利目录的方式在现在是不可取的。"相应地，《魏玛宪法》的"第一草案"中只有十分简略的关于基本权利的内容。

　　⑧　例如，被选举为帝国总统的前提条件——要求具有十年以上的德国国民资格（"第一草案"第53条）被删去；根据"第一草案"第58条规定的紧急命令权，因帝国议会权力的削弱而在《魏玛宪法》第48条中得到扩展。

的市政机构观念的反对意见，普罗伊斯是城市这一级的代表。但是，需要指出的是，在国家层面，普罗伊斯始终是中央集权制度的代表，并且在1918—1919年仍坚持这种观念，他试图以此制约地方分离主义倾向。[84]

因此，对于《魏玛宪法》的批评同时也针对普罗伊斯，还有一些批评是特别针对普罗伊斯在草案中提出的模式。[85]事实上，现在的一些制度，例如放弃国家元首的直接选举、加强政府在议会体制中的稳定性以及避免选举中的党派分裂，都可以视为对魏玛时期宪法制度的修正。但是，这种制度对于独裁专制和极权主义缺乏抵抗力，并因此受到诸多超出其范围的批评和责难。对此，当时的一些反对意见指出，普罗伊斯确实设计了相关制度，以对宪法提供相应的保障，但是部分制度没有取得成效。[86]之后，在魏玛共和国的早期和中期，不少宪法爱国者仍时刻惦记着为《魏玛宪法》辩护，并且指出胡果·普罗伊斯在其为数甚多的著述中为宪法辩护、解释并予以扩展，他们还突出普罗伊斯作为多元化民主的捍卫者的地位，[87]他还通过参与《普鲁士宪法》的制定，继续其制宪工作。[88]从1929年开始，经济危机过渡转化为国家和宪法危机，在普罗伊斯逝世之后的很长一段时间内，他的工作和努力的成果对此亦无能为力。这种危机对当时的宪法形势产生何种作用，我们只能予以推测。胡果·普罗伊斯对于民主原则的发展和维续、在艰难困境中做出的贡献至今仍是德国宪法思想的成果和重要因子。

---

　　[84]　Vgl. Dian Schefold, Hugo Preuß (1860 – 1925). Von der Stadtverfassung zur Staatsverfassung der Weimarer Republik, in: H. Heinrichs u. a. (Hrsg.), Deutsche Juristen jüdischer Herkunft, München 1993, S. 450.

　　[85]　Vgl. Ernst Fraenkel, Die repräsentative und die plebiszitäre Komponente im demokratischen Verfassungsstaat, Tübingen 1958 (Ausgabe stw 1991), S. 153 (194 ff.).

　　[86]　例如之前注释所列举的内容；关于紧急命令权的必要性受到很多不必要的批评，参见 Preuß, Reichsverfassungsmäßige Diktatur (1923), jetzt in GS Bd. 4, S. 523 ff.。

　　[87]　这在诸多关于宪法的著述和演讲中得到明确论述，这方面的内容收录于《普罗伊斯文集》的第四卷，莱纳特在导言中有过总体性评价(第67页)。关于普罗伊斯的多元主义的观点，现在仍有研究予以总结并继续评价，特别是前述所引的格罗、福斯库勒和莱纳特的著述。

　　[88]　参见《普罗伊斯文集》第四卷(第117页及以下诸页、第173页及以下诸页)收录的普罗伊斯所著篇幅较小的论文: Die Verfassung des Freistaats Preußen vom 30. November 1920, JÖR 10 (1921), S. 222 ff. (Abdruck in GS Bd. 3 vorgesehen), dazu Fabian Wittreck, Verfassunggebende Landesversammlung und Preußische Verfassung von 1920, in: Detlef Lehnert (Hrsg.), Hugo Preuß 1860 – 1925. Genealogie eines modernen Preußen, Köln 2011, S. 317 ff.。

格哈德·安许茨

（Gerhard Anschütz, 1867—1948）

克里斯蒂安·瓦尔德霍夫　著　　王银宏　译

一

　　格哈德·安许茨在其人生中的大学教师阶段是国家法和行政法的主要代表人物。若追溯性地予以回顾，他属于"国家法的经典作家"①。他被视为帝国时期和魏玛共和国时期"两个国家法时期的代表"②，同时也是那个时代的矛盾的典型体现。这种突出的地位外在地体现为，他在帝国当时占优势地位的海德堡和柏林——莱比锡除外——的法学院执教。此外，安许茨也是当时其专业领域中总体性的典型代表：他是帝国时期③和魏玛共和国时期④权威的学术评注著作者，他是立宪主义时期权威的国家法教科书的持续引领者⑤，他还是将魏玛时期的国家法理论整体

---

　　① Horst Dreier, Ein Staatsrechtslehrer in Zeiten des Umbruchs: Gerhard Anschütz (1867 - 1948), ZNR 1998, S. 28; Peter Häberle, Klassikertexte im Verfassungsleben, 1980.

　　② Walter Jellinek, Gerhard Anschütz zum achtzigsten Geburtstag, SJZ 1947, Sp. 1 (4).

　　③ Gerhard Anschütz, Die Verfassungsurkunde für den preußischen Staat vom 31. Januar 1850. Ein Kommentar für Wissenschaft und Praxis, erster (einziger) Band 1912. 弗里德里希·吉泽称之为"未完成的普鲁士雕像"，参见 Friedrich Giese, Rezension, AöR 82 (1957), S. 504 (505); 第二卷恰逢世界大战，被视为源于普鲁士的牺牲品，参见 Werner Heun, Gerhard Anschütz (1867 - 1933), in: FS 200 Jahre Juristische Fakultät der Humboldt-Universität zu Berlin, 2010, S. 455 (459).

　　④ Gerhard Anschütz, Die Verfassung des Deutschen Reichs vom 11. August 1919. Ein Kommentar für Wissenschaft und Praxis, 1. Aufl. 1921, 14. Aufl. 1933.

　　⑤ Georg Meyer/Gerhard Anschütz, Lehrbuch des Deutschen Staatsrechts, 7. Aufl. 1919; 之前的版本，vgl. Manfred Friedrich, Geschichte der deutschen Staatsrechtswissenschaft, 1997, S. 261: "……很快因其完全地不可或缺而得到承认和认可。"

性融入《德国国家法手册》的共同编者。⑥ 通过这些工作，"安许茨为当时的宪法制度留下重要著述，这些著述为后世描绘出权威性的整体图景"⑦。在帝国时期，安许茨代表了主流——格贝尔-拉班德实证主义⑧——的进步力量，这也促使他在这个阶段的国家法后期做出明确的改变。⑨ 在魏玛时期，他在政治上属于重组后的民族自由党人，他们在观念上赞同共和国并为之辩护，然而，不久就教条地认为年轻一代的改革吁求并不重要。⑩ 略带悲剧性的是，⑪ 依据安许茨的评注来修改的1850年《普鲁士宪法》已经进入立宪主义后期，威廉皇帝时期的帝国危机不断累积，⑫ 并且宪法上的缺陷，特别是普鲁士选举权方面的缺陷，已无法掩饰。安许茨所关心的格奥尔格·迈尔⑬的《国家法教科书》的最后一版出版于1919年4月，除了国家法上的根本变化之外，该教科书还具有划时代的意义，虽然没有满足众人的期待，但是在宪法史上占有一席

---

⑥ Gerhard Anschütz/Richard Thoma (Hrsg.), Handbuch des Deutschen Staatsrechts, 2. Bde., 1930/32.

⑦ Werner Heun, Gerhard Anschütz (1867 - 1933), in: FS 200 Jahre Juristische Fakultät der Humboldt-Universität zu Berlin, 2010, S. 461.

⑧ Michael Stolleis, Geschichte des öffentlichen Rechts in Deutschland, Bd. 2, 1992, S. 330 ff.

⑨ 关于国家法后期的实证主义和立宪主义，参见 Walter Pauly, Der Methodenwandel im deutschen Spätkonstitutionalismus, 1993; Stefan Korioth, Erschütterungen des staatsrechtlichen Positivismus im ausgehenden Kaiserreich, AöR 117 (1992), S. 212 ff. 。

⑩ 关于通过德国的国家法理论为魏玛民主辩护，仅参见 Christoph Gusy (Hrsg.), Demokratisches Denken in der Weimarer Republik, 2000; Kathrin Groh, Demokratische Staatsrechtslehrer in der Weimarer Republik, 2010；关于安许茨的转变，参见 Michael Stolleis, Geschichte des öffentlichen Rechts in Deutschland, Bd. 2, 1992, S. 354；安许茨在实证主义方面的变化，少有人关注，参见 Manfred Friedrich, Geschichte der deutschen Staatsrechtswissenschaft, 1997, S. 337；从隔代人的视角对于魏玛时期的方法和方向之争的看法，参见 Christoph Möllers, Der Methodenstreit als politischer Generationenkonflikt——Ein Beitrag zum Verständnis der Weimarer Staatsrechtslehre, Der Staat 35 (2004), S. 399 ff. 。

⑪ 关于这种"命运"，也参见 Horst Dreier, Ein Staatsrechtslehrer in Zeiten des Umbruchs: Gerhard Anschütz (1867 - 1948), ZNR 1998, S. 30 ff. 。

⑫ 关于安许茨明确的觉察和反应，vgl. nur dens., Zabern, DJZ 1913, Sp. 1457。

⑬ Carsten Doerfert, Georg Meyer (1841 - 1900). Staatsrechtslehrer und Politiker aus Lippe, Lippische Mitteilungen aus Geschichte und Landeskunde 62 (1993), S. 191 ff.; Michael Stolleis, Geschichte des öffentlichen Rechts in Deutschland, Bd. 2, 1992, S. 351 f.

之地。⑭ 他与里夏德·托马(Richard Thoma)⑮共同主编的两卷本的《德国国家法手册》出版于魏玛共和国末期的 1930/1932 年，在其出版仅仅几周之后，希特勒就攫取了德国的权力。其著名的关于《魏玛宪法》评注的最后一次(第四次)修订的第 13 版出版于希特勒攫取政权之后仅仅两个月，该事实同样被写入了前言之中，这意外地成为德国土地上第一个民主宪法国家的墓前悼词。⑯ 可能其命中注定如此，他在两个时期的学术工作均处于国家法和行政法的顶端，政治对他的影响亦如学术对他的青睐。在帝国末期，安许茨——在战争期间更加强烈地——明确主张进行必要的改革，包括普鲁士选举权改革、帝国的议会化改革，若不改革就会产生暴力革命。⑰ 直至魏玛共和国末期，他仍为民主宪法国家辩护，并且在国家社会主义攫取政权之后——经常讨论——通过向大学申请退休来完全回归退隐生活。在 1948 年逝世之后，他再也不能陪伴跟其两度成为同事的好友里夏德·托马在 1945 年的灾难之后积极参与国家的

⑭　参见前言的第Ⅳ页："该书终于再次出版，作为同时代中新近出版的关于整个德国国体的著作，跟革命前在帝国和各邦国所处的状况类似。希望它能够为后世提供关于这个国家国体的法律状况，同时也希望人们在德国的国家生活中保持清醒，超越本书中所述的法学目标，我们的人民通过实现统一的梦想，进而在更大程度上实现之前所渴望的诸多梦想，即使在较小的程度上也能够保持之前的权力、幸福和荣耀。"

⑮　关于托马，参见该书第 147 页及以下诸页；此外，参见 Hans-Dieter Rath, Positivismus und Demokratie. Richard Thoma 1874－1957, 1981; Christoph Schönberger, Elitenherrschaft für den sozialen Ausgleich: Richard Thomas „realistische" Demokratietheorie im Kontext der Weimarer Diskussion, in: Gusy (Hrsg.), Demokratisches Denken in der Weimarer Republik, Baden-Baden 2000, S. 156 ff.; Fabian Sösemann, Richard Thoma, in: Schmoeckel (Hrsg.), Die Juristen der Universität Bonn im „Dritten Reich", 2004, S. 555－580; Horst Dreier, „Unbeirrt von allen Ideologien und Legenden"—Notizen zu Leben und Werk von Richard Thoma, in: ders. (Hrsg.), Richard Thoma. Rechtsstaat—Demokratie—Grundrechte. Ausgewählte Abhandlungen aus fünf Jahrzehnten, Tübingen 2008, S. XIII－LXXXI; Christian Waldhoff, Art. „Thoma, Richard", in: NDB, im Erscheinen。

⑯　"该书的修订版出版于当时的内部政治斗争最激烈和政权最为动荡的一个时期，政权动荡亦即《魏玛宪法》的基础及其效力受到威胁。我们不能否认的是，现在充满着敌意，至少很大一部分德国人民对宪法持反对态度，而这正是人民在 1919 年将其设立为国家的基本制度。当然，我们必须坚持宪法，因为敌人的意图和进攻目标绝不可能是一致的。至少，这本关于魏玛共和国时期的规范效力的著作不可能屈服于……任何一种力量，亦如之前的帝国宪法因革命而被弃置。但是，其中的某些章节或者部分，无论是合法的还是不合法的，都可能被修改，因而，在这些方面其法学研究可能会变得没有现实意义，但是仅具有历史意义。无论如何，关于帝国宪法的评注现在再次修订、出版，这需要一定的信任和信心。" Vorwort, 14. Aufl. 1933, S. Ⅵ.

⑰　简要的概括，参见 Georg Meyer/Gerhard Anschütz, Lehrbuch des Deutschen Staatsrechts, 7. Aufl. 1919, S. 1023 ff. 。

重建。

　　除了上述提及的经典著作之外，安许茨作为退休教授所写的回忆录在 1993 年出版。[18] 他在自传的材料使用方面有着必要的审慎，人们可以从中看到一些将当时人的著述作为学术文本来看待而产生的思考。它展现出德国国家法理论在此之前少有的幸运和机遇。

　　安许茨的理论在学术上的承继曾短暂地受到阻碍，他作为帝国时期的国家法实证主义的主要代表，在魏玛时期也居于主要地位，在魏玛时期的方法和方向之争[19]中被认为是"不具有原创性的""过时的"，似乎在将来不可能具有较大的影响。学术上的专注使他作为改革者引入并进行了范式的转变。因为联邦德国的国家法理论在 1949 年之后——在细节方面所有的分化——最终与学术论争中的"反实证主义"相联系，[20] 魏玛共和国的辩护者几乎不可能在方法上经常固守传统，因此，新近的研究兴趣再次较多地集中于魏玛共和国的辩护者。[21]

　　格哈德·安许茨的著作被视为方法论上的主要代表，并且已被实证主义方法所突出强调。[22] 对此，始终应予以思考的是，法学上的实证主义，特别是从其反对者的视角来看，首先是一种口号，在一些学者看来甚至就是一种代号。在魏玛时期，除了里夏德·托马之外，安许茨被誉为"温和的实证主义者"中"最杰出的代表"。[23] 这种定位使其超越了

　　[18]　Gerhard Anschütz, Aus meinem Leben. Erinnerungen von Gerhard Anschütz, hrsg. und eingeleitet von Walter Pauly, Frankfurt a. M. 1993, 2. Aufl. Frankfurt a. M. 2008.

　　[19]　Vgl. etwa Manfred Friedrich, Der Methoden- und Richtungsstreit, AöR 102 (1977), S. 161 ff.；Christoph Gusy, Die Weimarer Reichsverfassung, 1997, S. 420 ff.；Michael Stolleis, Geschichte des öffentlichen Rechts in Deutschland, Bd. 3, 1999, S. 153 ff.；Christoph Möllers, Der Methodenstreit als politischer Generationenkonflikt-Ein Beitrag zum Verständnis der Weimarer Staatsrechtslehre, Der Staat 35 (2004).

　　[20]　Werner Heun, Der staatsrechtliche Positivismus in der Weimarer Republik, Der Staat 28 (1989), S. 377；Frieder Günther, Denken vom Staat her. Die bundesdeutsche Staatsrechtslehre zwischen Dezision und Integration 1949–1970, 2004.

　　[21]　Vgl. etwa Kathrin Groh, Demokratische Staatsrechtslehrer in der Weimarer Republik, 2010, S. 42 ff.

　　[22]　Kathrin Groh, Demokratische Staatsrechtslehrer in der Weimarer Republik, 2010, S. 50 ff.；Werner Heun, Gerhard Anschütz (1867–1933), in: FS 200 Jahre Juristische Fakultät der Humboldt-Universität zu Berlin, 2010, S. 461 ff.；关于新康德主义的背景，参见 Oliver Lespsius, Die gegensatzaufhebende Begriffsbildung, 1994, S. 329 f.。

　　[23]　Werner Heun, Der staatsrechtliche Positivismus in der Weimarer Republik, Der Staat 28 (1989), S. 379；Kathrin Groh, Demokratische Staatsrechtslehrer in der Weimarer Republik, 2010, S. 47.

格贝尔-拉班德式的概念法学的形式主义。在其自传中，安许茨略带敏感地指出，他本人既非一般意义上的哲学家，亦非特殊意义上的法哲学家。[24] 对他而言，实证主义意味着坚持所有"外在于法学的"视角对法的理解和认知，亦即政治的、哲学的、社会学的以及特别是"形而上学的"理解。在安许茨看来，所有的"自然法"——据推测，这是完全不同于其他人的理解——都是"所期冀之法"，几乎近似于魔鬼的作品。[25] 这明显地区别于带有时代烙印的一般性的实证主义以及通常相对而言不受批评的科学观念和进步观念。他的著作经常带有历史的维度——这在多大程度上被看作"非法学的"或者"外在于法学的"是不明确的。毕竟，他的历史解释涉及政治评断："宪法的历史解释意味着再政治化。"[26] 现在，我们知道，通过排除这种类型的因素而服务于一种"非政治性的"法学，这是法律实证主义历史上的"谎言"。[27] 当然，人们只能在一定限度内据此批评安许茨，他仍然——同时也在政治上——是其所研究阐释的法律制度和国家制度的决定性辩护者。[28] 这种评价同样适用于帝国后期，因为根据其改革日程，他试图稳固当时的制度体制；[29] 在特定的范围内，这也适用于他广泛参与并为之辩护的魏玛宪法制度。安许茨在《普鲁士宪法评注》的前言中就指出，他并未坚持最初的实证主义方法，因为除了学术性之外，该评注的副标题也表明其目的在于"实践

---

[24]　Gerhard Anschütz, Aus meinem Leben. Erinnerungen von Gerhard Anschütz, S. 289.

[25]　Horst Dreier, Ein Staatsrechtslehrer in Zeiten des Umbruchs: Gerhard Anschütz (1867 – 1948), ZNR 1998, S. 36.

[26]　Werner Heun, Gerhard Anschütz (1867 – 1933), in: FS 200 Jahre Juristische Fakultät der Humboldt-Universität zu Berlin, 2010, S. 463.

[27]　Zentral Peter von Oertzen, Die soziale Funktion des staatsrechtlichen Positivismus, 1974.

[28]　Ernst-Wolfgang Böckenförde, Gerhard Anschütz 1867 – 1948, in: ders., Recht, Staat, Freiheit, 1991, S. 367 (368); Oliver Lespsius, Die gegensatzaufhebende Begriffsbildung, 1994, S. 329 ff.; Werner Heun, Gerhard Anschütz (1867 – 1933), in: FS 200 Jahre Juristische Fakultät der Humboldt-Universität zu Berlin, 2010, S. 462 f.; 对于具体的案件——关于帝国总统艾伯特的诽谤罪诉讼，参见 Heinrich August Winkler, Weimar, 1993, S. 276；阿佩尔特被国家社会主义者解职，参见 Willibalt Apelt, Jurist im Wandel der Staatsformen, 1965, S. 226。

[29]　现在人们认为，方法论的变革并不像 1918—1919 年的革命所引起的范式变化那么明显，大约自 1900 年开始——正是安许茨的主要著作的出版时间——在立宪主义后期就已经显现出方法论的变化。Vgl. nur Walter Pauly, Der Methodenwandel im deutschen Spätkonstitutionalismus, 1993; Stefan Korioth, Erschütterungen des staatsrechtlichen Positivismus im ausgehenden Kaiserreich, AöR 117 (1992). 关于安许茨和托马被称为魏玛时期的"温和的实证主义者"，参见 Werner Heun, Der staatsrechtliche Positivismus in der Weimarer Republik, Der Staat 28 (1989), S. 379。

性"，因而同样也是政治性的："政治上的阐释是可能的，并且是不可避免的，因为对当前的法律状况或者行政实践的思考恰恰能引起人们的价值评价。我在这里以及除此之外所持的政治观点在本质上不同于大多数新近的著述(阿恩特［Arndt］、博恩哈克［Bornhark］、胡布里希［Hubrich］，以及措恩［Zorn］对于伦内斯［Roennes］著作的修订)中关于普鲁士国家法所明确强调的保守主义，任何人都不会忽略这一点，并且我不是在最低限度的意义上对此予以否认。我在书中……完全表达过我的这种观点，并且将此视为我的座右铭，伴随着普鲁士政府在 1848 年12 月 5 日'被迫接受的'宪法……：'祖国的状况、世界的状况都要求一个强大的普鲁士。但是，这种强大只是对于一个自由的普鲁士而言的。'"⑩

安许茨觉得自己的一生在政治上都是归属于自由主义——在帝国时期是属于民族自由主义中进步的一派，在魏玛时期是属于德国民主党(并不是在形式上成为该党的党员)。关键是他积极参与旨在捍卫共和和民主的诸多社团的工作。⑪ 受其世界观的影响，安许茨在帝国时期同样是社会上具有影响的阶层中的一员。无论在其学术著作中，还是在其回忆录中，我们都能看出他是时代的宠儿：⑫ 作为受过良好教育的国民，他受到进步乐观主义的影响，强调民族主义、新教信仰，一种近乎单纯的俾斯麦崇拜，主观上对具体的自然科学感兴趣，略带(联邦的、社会的或者民主的)多元主义的强烈追求统一的目标。"文化战争"没有扰乱他的自由主义信念，对于政治上的天主教教义，他只在贬义上使用。这二者——宗教上的他者以及议会中的利益相对方——从未超出他的视

---

⑩　Gerhard Anschütz, Die Verfassungsurkunde für den preußischen Staat vom 31. Januar 1850. Ein Kommentar für Wissenschaft und Praxis, erster Band 1912, Vorrede S. VI; 前后一贯的、作为受到价值判断影响的宪法政治的论述，参见 Gerhard Anschütz, Der deutsche Föderalismus in Vergangenheit, Gegenwart und Zukunft, VVDStRL 1 (1924), S. 11 (21 ff.)。

⑪　Vgl. Gerhard Anschütz, Aus meinem Leben. Erinnerungen von Gerhard Anschütz, S. 207 ff. und öfter.

⑫　Gerhard Anschütz, Aus meinem Leben. Erinnerungen von Gerhard Anschütz, S. 210 ff. und öfter.

界。这也与俾斯麦帝国中的资产阶级和文化精英的精神状况相适应。[33]
1867 年，在德国民族国家的形成进程中，安许茨出生了。这持续影响着
他的生平和精神状况。实现国家统一可以看作是安许茨所认定的目标中
具有决定性的一个主题。直至 1933 年，他一直都认同俾斯麦及其工
作。[34] 当然，国家统一始终伴随着对于自由的保障：事实上，安许茨在
这里已经表明其字面意义上的民族自由主义。

　　值得一提的是，他同样一贯坚持反联邦主义的立场：民族国家不应
受到始终强调出身和来源的地方本位主义的拖累，甚至受其威胁。[35]
"……整个联邦主义运动不是令人愉悦的，而是令人悲伤的。"[36] 即使在
1933 年 3 月试图退休，安许茨也没有受到打压，毕竟，他将国家社会主
义视为中央集权制国家的准则和发展趋势。[37] 这种中央集权主义以牢固
的民族主义和国家利益至上主义为基础。[38] 俾斯麦的统一工作受到人们
的持续颂扬，然而，特别是安许茨指出，在德国的立宪主义传统中，国
家在整个国家法建构中居于中心地位：国家，而非个人，是国家法思想
的起点；自由权并非天赋的，而是由国家予以保障的。[39] 国家似乎不是
自由的反对者，而是自由的保障者。这不是"西方的"自由主义，而是

　　[33] Vgl. Thomas Nipperdey, Deutsche Geschichte 1866 - 1918, Bd. 1, 1990, S. 382 ff. ;
Hans-Ulrich Wehler, Deutsche Gesellschaftsgeschichte 1849 - 1914, 1995/2008, S. 111 ff. , 125
ff. ; 与安许茨之间的联系，参见 Ernst-Wolfgang Böckenförde, Gerhard Anschütz 1867 - 1948,
in: ders. , Recht, Staat, Freiheit, 1991, S. 368ff. 。

　　[34] 在抵御联邦主义倾向方面，比较重要的论述，参见 Gerhard Anschütz, Der deutsche
Föderalismus in Vergangenheit, Gegenwart und Zukunft, VVDStRL 1 (1924), S. 14 f. 。

　　[35] Vgl. Gerhard Anschütz, Der deutsche Föderalismus in Vergangenheit, Gegenwart und
Zukunft, VVDStRL 1 (1924); 关于他在帝国时期的联邦国家立场，参见 Heiko Holste, Der
deutsche Bundesstaat im Wandel (1867 - 1933), 2002, S. 258 ff. 。

　　[36] Gerhard Anschütz, Der deutsche Föderalismus in Vergangenheit, Gegenwart und Zukunft,
VVDStRL 1 (1924), S. 24.

　　[37] "对此，我承认，这种新的国家法(即国家社会主义者的国家法——本文作者瓦尔德
霍夫注)在一些方面，例如，特别是帝国绝对居于各州之上，以及在帝国与各州的关系方面
的国家主义安排，都遵循这一目标，这是我始终主张的。" Gerhard Anschütz, Aus meinem
Leben. Erinnerungen von Gerhard Anschütz, S. 32.

　　[38] 他强调联邦制"与国家统一的思想"是不一致的。Gerhard Anschütz, Der deutsche
Föderalismus in Vergangenheit, Gegenwart und Zukunft, VVDStRL 1 (1924), S. 12.

　　[39] 关于德国立宪主义时期的这种基本观念，参见 Dieter Grimm, Deutsche Verfassungsge-
schichte 1776 - 1866, 1988, S. 132 ff. ; Kathrin Groh, Demokratische Staatsrechtslehrer in der
Weimarer Republik, 2010, S. 53 ff. 。

19 世纪的德国国家思想在国家能力和国家完整性方面的坚强信赖。[40] 当然，这种信赖不久就被动摇——在第一次世界大战中，德国在所有方面都放弃了权利保障，这跟对德国的国家信赖之间存在着明显的鸿沟：这种结果几乎动摇了格哈德·安许茨的信念。[41] 直至 1933 年退职，离开他积极投身于此的教职，国家仍是他的思想理论的出发点。

当然，所有这些都没有阻碍他对自由的感受。自由，而非民主的合法性决定了他的思想。由国家所保障的自由离开了国家是不可想象的：个人的自由带有资产阶级和文化阶层的色标。安许茨在帝国时期就远离那些打破利益平衡甚至加剧利益不平衡的党派之争，并且——虽然一直为《魏玛宪法》辩护——在 1919 年以后也是如此。国家整体的统一持续面临着危险——由于联邦制的区分、不同的利益群体、宗教信仰同质性的缺乏，最终也是由于所有的社会多元主义之间缺乏理解。[42] 在此背景下，安许茨开始其《魏玛宪法》的评注工作具有特殊的意义，当然，他也有着政治上的热情。鉴于其方法论上的辩护，他始终极力主张，宪法规范应从根本上得到重视。大多数在方法论上持不同意见者几乎不可能将其视为民主宪法国家的朋友。在 1933 年 3 月 31 日提交给巴登州文化部部长的退休申请书中，安许茨曾"经典地"表达出个人观点及其研究的认知对象之间的可依赖性："我的教授专业首要的是德国国家法。我一直以来都坚信，这个专业不仅具有法学的特性，而且也具有政治学的特性，因此我请求部长阁下同意以此要求大学教师。国家法学者的使命不仅在于为学生讲授德国国家法的知识，而且也在于培养学生理解现行国家制度的意义和精神。这是对大学教师的一个很高的内在要求，要求跟国家制度密切联系起来。对于我应承担的义务而言，我坦率地承

---

[40] Ernst-Wolfgang Böckenförde, Gerhard Anschütz 1867 – 1948, in: ders., Recht, Staat, Freiheit, 1991, S. 369 ff.；关于这种国家主义，参见 Christoph Möllers, Staat als Argument, 2000, S. 9 ff. 。

[41] Werner Heun, Gerhard Anschütz (1867 – 1933), in: FS 200 Jahre Juristische Fakultät der Humboldt-Universität zu Berlin, 2010, S. 465："俾斯麦建立德意志民族国家的基础成为安许茨的生活经历和理论研究的出发点。对他而言，民族思想是一个国家的不容置疑的基础……"

[42] Ernst-Wolfgang Böckenförde, Gerhard Anschütz 1867 – 1948, in: ders., Recht, Staat, Freiheit, 1991, S. 367 ff.；Michael Stolleis, Geschichte des öffentlichen Rechts in Deutschland, Bd. 2, 1992, S. 353 f.

认，我目前还没有完成向这种新的德国国家法的转变……基于上述理由，我感觉自己有义务通过自己的职位向政府提出，以选择合适的人担任此项工作。"⑬ 安许茨的退职申请很快得到批准。霍斯特·德赖尔（Horst Dreier）对此曾指出，这种解释表明，"实证主义者"完全将价值判断置于法律规定之前——至少也跟政治或个人的偏向有关。⑭

二

安许茨（1867 年 1 月 10 日出生于萨勒河畔的哈勒，1948 年 4 月 14 日在海德堡逝世）出生于哈勒（Halle）的一个具有较高社会地位的教授家庭。他的父亲奥古斯特·安许茨（August Anschütz）较早就去世，生前是哈勒大学的民法学教授。⑮ 他的母亲姓福尔克曼，出生于一个学者家庭。安许茨在日内瓦学习一个学期的普通语言学之后，于 1886 年至 1889 年在莱比锡、柏林和哈勒学习法学。1889 年，他在瑙姆堡的州高等法院参加法学的第一次国家考试。1891 年，安许茨在埃德加·勒宁（Edgar Loening）⑯的指导下，以题为《法律规定和形式法律理论的批判研究》的论文在哈勒获得博士学位。作为梅泽堡政府的候补官员，他主要基于历史的论述以至少 81 页的篇幅写成的论文《普鲁士的行政强制法》发表于《行政档案》第一卷，这已经体现出他继续进行学术研究的志向。⑰ 之后，他在柏林大学完成教授资格论文，在担任什切青（Stettin）的区委员会成员的职务休假期间，他还在行政法院第一审级的前身机构工作，在 1896 年完成了一篇关于国家责任法的论文（《基于国家权力的合法行为而

---

⑬　Gerhard Anschütz, Aus meinem Leben. Erinnerungen von Gerhard Anschütz, S. 328 f.

⑭　Horst Dreier, Ein Staatsrechtslehrer in Zeiten des Umbruchs: Gerhard Anschütz（1867 - 1948）, ZNR 1998, S. 35.

⑮　他曾短暂地共同主编《市民实践档案》，参见 "奥古斯特·安许茨" 词条，in: Killy（Hrsg.）, Deutsche biographische Enzyklopädie, Bd. 1, 1995, S. 145。

⑯　Michael Stolleis, Geschichte des öffentlichen Rechts in Deutschland, Bd. 2, 1992, S. 401 f.

⑰　这方面的深入研究，参见 Ralf Poscher, Verwaltungsakt und Verwaltungsrecht in der Vollstreckung, VerwArch. 89（1998）, S. 111 ff. ; Christian Waldhoff, Der Verwaltungszwang, Manuskript Habilitationsschrift München 2002。

提出的财产损害赔偿请求》)[48]。后来，引人注目的是他不久之后出版的教授资格论文，其中，安许茨激烈地批评当时代表君主拥有独立的法令颁布权的行政机构，他称之为"秘密的专制主义者"。

在担任普鲁士的行政官员之后，安许茨自 1896—1897 年的冬季学期开始在柏林大学任编外讲师，从事教学工作。1899 年，他首次被图宾根大学聘任，获得国家法和国际法的教授职位。1900 年，他作为格奥尔格·迈尔的继任者，担任海德堡大学的两个公法学教职中的一个教授职位。1908 年，他前往当时最有名望的柏林大学法学院任教。安许茨在其回忆录中记道，首先是普鲁士的行政机构，他始终与此联系在一起，之后被任命到帝国的首都工作，在此之前，普鲁士诸多大学的积极支持者、部长级主任弗里德里希·阿尔特霍夫(Friedrich Althoff)[49]就已经注意到他。他在柏林撰写教授资格论文期间就融入了当时法学院同事中主张国家主义的圈子，同时，他在柏林期间——也许是自由的、资产阶级世界主义的西南德的自由主义使其更加成熟——就展现出在民主-议会制度方面的改革潜力，但是在第一次世界大战期间，改革最终被迫中止。在柏林期间，安许茨于 1910 年被任命为司法委员会成员。1916 年，安许茨重新被聘回海德堡任教，这在当时是异乎寻常的，在当时人看来也是不可思议的，[50] 主要原因是他的继任者弗里茨·弗莱纳[51]回到其瑞士的家乡苏黎世。

在革命期间，他受胡果·普罗伊斯的邀请，共同参与起草宪法草案——在此期间致力于起草宪法的情况载于当时的备案录。安许茨接受建议，在帝国内政部做了关于宪法事务的专题报告。在海德堡，他与很快成为其朋友的里夏德·托马成为温和的实证主义国家法的"二重奏"，直到托马在 1928 年离职前往波恩之后，他们仍团结协作。他们合作的结

---

[48]　Der Ersatzanspruch aus Vermögensbeschädigungen durch rechtmäßige Handhabung der Staatsgewalt, VerwArch. 5 (1897), S. 1 ff.

[49]　Manfred Nebelin, Friedrich Althoff (1839 - 1908), in: Jeserich/Neuhaus (Hrsg.), Persönlichkeiten der Verwaltung, 1991, S. 234 ff.

[50]　Vgl. Ernst-Wolfgang Böckenförde, Gerhard Anschütz 1867 - 1948, in: ders., Recht, Staat, Freiheit, 1991, S. 367.

[51]　Michael Stolleis, Geschichte des öffentlichen Rechts in Deutschland, Bd. 2, 1992, S. 408 ff.; Roger Müller, Verwaltungsrecht als Wissenschaft. Fritz Fleiner 1867 - 1937, 2006.

果是共同编写《德国国家法手册》。(52) 正是在第二次受聘海德堡期间，安许茨经常受托出具法律鉴定意见；这符合他将法学和国家法视为一种实践科学或曰具体应用科学的理解。(53) 作为大学教师，安许茨仍然感觉自己与普鲁士的行政机构密切联系在一起，因为在前往图宾根任教之前，他曾是行政机构的候补官员和公职人员；后来，通过1912年第一次评注的出版，他出版著作的重心自然转移到国家法领域。安许茨跟海因里希·特里佩尔、弗里茨·施蒂尔-佐姆洛一起成为于1922年成立的德国国家法教师协会的第一届理事会成员。在德国法学家大会中，他在1926年提出专家意见，成为常设代表团成员。(54) 作为一位被普鲁士诸多代表所反对的主张中央集权主义者，他跟其同事弗里德里希·吉泽(Friedrich Giese)、赫尔曼·黑勒(Hermann Heller)、汉斯·彼得斯(Hans Peters)以及汉斯·纳维亚斯基(Hans Nawiasky)一起在1932年的“普鲁士诉帝国”的诉讼中向国务法院提出，主张在魏玛时期始终由社民党、中央党和德国民主党联合执政来统治这个伟大的国家。(55) 1948年，安许茨在海德堡逝世。

三

安许茨的学术著作中的一些主要观点在这里有必要特别地予以论述。

（一）他的博士论文和教授资格论文报告主要致力于研究立宪时期

---

(52) Vgl. Walter Pauly, Einführung: Die neue Sachlichkeit der Staatsrechtslehre in der Demokratie, in: ders. (Hrsg.), Gerhard Anschütz/Richard Thoma (Hrsg.), Handbuch des Deutschen Staatsrechts, Nachdruck der 1. Aufl. 1930, 1998, S. 3* ff.

(53) 相应的自我反思，参见 Gerhard Anschütz, Aus meinem Leben. Erinnerungen von Gerhard Anschütz, S. 288 ff.。

(54) Gerhard Anschütz, Aus meinem Leben. Erinnerungen von Gerhard Anschütz, S. 291 ff.

(55) 关于其动机，参见 Gerhard Anschütz, Aus meinem Leben. Erinnerungen von Gerhard Anschütz, S. 324 ff.；关于该诉讼，参见 Hagen Schulze, Otto Braun oder Preußens demokratische Sendung, 1977, S. 645 ff., 761 ff.; Gabriel Seiberth, Anwalt des Reiches, 2001, S. 111 ff.。

的国家法中法律的地位和功能，在他看来，这是该法律体系的关键和核心。[56] 他的博士论文研究仍在传统的范围内，并且试图将拉班德和格奥尔格·耶利内克关于法律的理论联结起来，由此，规范中涵括的法律条款在法律主体的意志范围界限内被赋予客观特性和主观特性。在其教授资格论文报告中，安许茨与阿道夫·阿恩特商榷了关于君主制时期的行政机构颁布的法规违反法律条款的规定，以及在此基础上理解关于侵犯自由和财产的形式问题。这种法律条款或者法律的概念只能在国家-公民的关系中予以理解，亦即在国家跟其"臣民"的一般权力关系中阐明其重要性，国家的内在疆域、组织法以及特殊的权力关系都不应是法律规定的内容。在权力分立理论的框架下，安许茨得出结论，认为君主政体中的法令颁布权不应依据法律继续存在，因为国王和人民的代表共同进行的立法涵括了所有的规范制定。因此，行政机构的法规，例如警察法规，只能依据形式上的法律授权才能颁布。通过这种明确的、具有高度政治性的推论，安许茨直指受立宪主义时期国家法影响的君主制原则的核心。[57] 与此相应，保守派的抨击也很激烈。

（二）在海德堡，教会法始终是安许茨必须讲授的课程，根据其回忆录，这门课程是他乐意履行的义务。他的国家法著作聚焦于（国家的）教会法问题，例如，其未完成的关于普鲁士宪法评注中的一些重要章节。[58] 安许茨坚持一种国家主义的新教教义；在他看来，"文化战争"无疑是正当的。无论如何，他在退休后发表的唯一值得一提的一篇学术论文就是从教会法的角度拒绝在新教教会中接受未经审查的领导原则。[59] 安许

---

[56] Vgl. Ernst-Wolfgang Böckenförde, Gesetz und gesetzgebende Gewalt, 2. Aufl. 1981, S. 253 ff., 271 ff.; Ernst Forsthoff, Gerhard Anschütz, Der Staat 6 (1967), S. 139 (140 f.); 关于人民代表的功能以及这种背景下的法律的功能，参见 Dieter Grimm, Deutsche Verfassungsgeschichte 1776 - 1866, 1988, S. 116 ff.。

[57] Manfred Friedrich, Geschichte der deutschen Staatsrechtswissenschaft, 1997, S. 337; 关于君主制原则，参见 Dieter Grimm, Deutsche Verfassungsgeschichte 1776 - 1866, 1988, S. 113 ff.。

[58] 具体是对第12条至第19条的评注，其评注的文本页码至少为从180至595。也参见关于国家教会法的阐释，in: Georg Meyer/ Gerhard Anschütz, Lehrbuch des Deutschen Staatsrechts, 7. Aufl. 1919, §§ 233 - 241 (= S. 997 - 1022)。

[59] Wandlungen der deutschen evangelischen Kirchenverfassung, ZÖR 20 (1940), S. 244; dazu Walter Pauly, Zu Leben und Werk von Gerhard Anschütz, in: ders. (Hrsg.), Gerhard Anschütz. Aus meinem Leben, 1993, S. XI (XLIII).

茨所理解的国家和宪法在自由-国家主义方面的基本特征体现在现代的
国家教会法中：[60] 从国家的角度，宗教共同体始终存在于一种主观关系
之中，因此，从一种坚定的国家主义来理解，契约性的平等配合被认为
是极具批判性的。[61] "国民应服从于国家的法律，而非服从于他们所信仰
的上帝。"[62] 这是我们在安许茨的《普鲁士宪法评注》中所读到的。这种
立场也明确地体现在他对《魏玛宪法》第137条第3款关于"所有有效
的法律"与教会自主权之间关系所提出的明确观点：将宗教共同体作为
特别法的规范对象，并且对团体性的教会进行一定程度的国家监督，看
起来是具有可行性的。[63] 他对于公立学校中宗教课程的特征所作的简明
扼要的论述（这有助于促进"宗教信仰的积极性和约束力"）[64]直至今天
仍被诸多学者援引并且成为通用的表述。[65]

（三）安许茨将通过在世界大战期间的改革努力所建立起来的联系
运用于共和国。"在某种程度上，在1919年至1930年期间……"，安许
茨被称为"魏玛共和国的'王冠法学家'"[66]，并不是毫无理由的。虽
然他对于制宪的影响是有限的，[67] 但他对帝国宪法所作的评注则产生了
最大可能范围的影响。在一种温和的源于民族-自由的实证主义者的意

---

[60]　对于他所强调的针对教会的国家主义评价的定位，Vgl. auch Werner Heun, Gerhard
Anschütz（1867－1933），in：FS 200 Jahre Juristische Fakultät der Humboldt-Universität zu Berlin,
2010, S. 465 f.。

[61]　Vgl. etwa Gerhard Anschütz, die bayerische Kirchenverträge von 1925, o. J.［1925］;
dazu Werner Heun, Gerhard Anschütz（1867－1933），in：FS 200 Jahre Juristische Fakultät der
Humboldt-Universität zu Berlin, 2010, S. 466. 其中指出，始终强调国家统一的危险的反多元
主义情绪强化了。

[62]　Gerhard Anschütz, Die Verfassungsurkunde für den preußischen Staat vom 31. Januar
1850. Ein Kommentar für Wissenschaft und Praxis, erster Band 1912, S. 229 f.

[63]　Gerhard Anschütz, Die Verfassung des Deutschen Reichs vom 11. August 1919. Ein
Kommentar für Wissenschaft und Praxis, S. 634 ff., 636 ff.

[64]　Gerhard Anschütz, Die Verfassung des Deutschen Reichs vom 11. August 1919. Ein
Kommentar für Wissenschaft und Praxis, S. 691.

[65]　Vgl. nur Axel Fhr. von Campenhausen/Heinrich de Wall, Staatskirchenrecht, 4. Aufl.
2006, S. 215; Christoph Link, Religionsunterricht, in: Listl/Pirson（Hrsg.），Handbuch des Sta-
atskirchenrechts der Bundesrepublik Deutschland, Bd. 2, 2. Aufl. 1995, § 54, S. 439（489）.

[66]　Carl Herman Ule, Gerhard Anschütz—ein liberaler Staatsrechtslehrer, Der Staat 33
（1994），S. 104（111）.

[67]　Vgl. Gerhard Anschütz, Aus meinem Leben. Erinnerungen von Gerhard Anschütz,
S. 239 ff.；Willibalt Apelt, Jurist im Wandel der Staatsformen, 1965, S. 81：由于战后的交通技
术问题，他与同样受到胡果·普罗伊斯邀请的马克斯·韦伯之间没有进行商谈；他参与编写
的备忘录后来出版。Die kommende Reichsverfassung, DJZ 1919, Sp. 113 ff.

义上，安许茨在重要的国家法议题的讨论中代表了主流，他与民主-议会制度妥协，并且基于信念，为深陷危机之中的共和国辩护。他对宪法的赞同并且以此为基础继续发展的思想浓缩在他曾多次用过的格言"我们就是国家"之中。[68]

他的方法论前提和对议会所通过的法律的尊重使他拒绝接受立法者应受基本权利约束的观点，特别是拒绝接受应受平等原则的约束。安许茨的中心论据是，面对司法审查，以民主作为合法性基础的议会居于优先地位，否则就存在着司法政治化的危险。[69] 因而，基本权利始终是作为法律保留理论的发散物和作为特殊的自由领域的标记来发挥其功能的。因此，所有的"整合功能"、所有的超出规范含义的规定自始就是无效的。[70] 对直接以民主作为合法性基础的议会通过的法律进行司法审查是不可能的。[71] 从实证主义的角度，法院针对议会通过的法律所具有的审查职能和否定性职能至少在平等原则的审查标准方面存在着危险，

---

[68] Gerhard Anschütz, Drei Leitgedanken der Weimarer Reichsverfassung, 1923, S. 30; ders., Besprechung zu Hugo Preuß „ Das deutsche Volk und die Politik ", in: Preußische Jahrbücher 164 (1916), S. 339 (342); Kathrin Groh, Demokratische Staatsrechtslehrer in der Weimarer Republik, 2010, S. 55 ff.

[69] Gerhard Anschütz, Die Verfassung des Deutschen Reichs vom 11. August 1919. Ein Kommentar für Wissenschaft und Praxis, S. 523 ff.；评注中的一个重要段落(第528—529页)写道："我们如此强烈地主张平等原则(法律的效力也受其约束)，认为我们能够对其做出唯一、正确、合理、全新的理解，但最终还是终结于政治上的价值判断，终结于一种对居于优势地位的议会多数在客观性方面的能力看似强烈的怀疑，这意味着同类事实同等对待……'法律绝对主义'在这里自然更多地意味着议会绝对主义……可以设想，当人们……将此机构的职能转至各级法院，根据美国的方式……来审查法律，审查依据法律而制定的规范的级别和层次……是否是基于……一种理性的根据，并且在否定的情况下，将其区别为不公正的、非理性的规范，而宣告其为非法规范吗？人们可以试想，仅仅将一种'绝对主义'替换为另一种'绝对主义'，将立法者的'绝对主义'替换为法官的'绝对主义'……在实践中认同一种新的理论要受到司法性审查权的认可，这几乎不可避免地会导致司法的政治化，这意味着法官的任命，特别是最高等级的法官职位受到政治立场的影响，这完全不是人们所希望看到的。"

[70] 关于魏玛时期的基本权利论争，参见 Klaus Kröger, Der Wandel des Grundrechtsverständnisses in der Weimarer Republik, in: FG Alfred Söllner, 1990, S. 299; ders., Grundrechtsentwicklung in Deutschland, 1998, S. 46 ff.; Walter Pauly, Grundrechtslaboratorium Weimar, 2004; Christoph Gusy, Die Weimarer Reichsverfassung, 1997, S. 272 ff.; Horst Dreier, Ein Staatsrechtslehrer in Zeiten des Umbruchs: Gerhard Anschütz (1867 - 1948), ZNR 1998, S. 44 ff.。

[71] 详见 Christoph Gusy, Richterliches Prüfungsrecht, 1985, S. 91 ff.，其中也论及他在发展过程中对于国务法院的审查权所持观点的变化; Christoph Gusy, Die Weimarer Reichsverfassung, 1997, S. 216 ff.; Horst Dreier, Ein Staatsrechtslehrer in Zeiten des Umbruchs: Gerhard Anschütz (1867 - 1948), ZNR 1998, S. 40 ff.。

"外在于法学"意味着以理性、正义或美德的范畴作为论据。[72] 因此，根据这种观点，内容上的界限——确定实质性侵犯基本权利的界限，只有在少数情形下是可能的——会被认同为修改宪法的相应界限：根据《魏玛宪法》第 76 条，在符合规定的程序中，基于必要的多数，任何宪法决定都可以被修改。[73] 人们一致认同，制宪权与制定法律的权力完全没有得到区分，[74] 这种重要的区分在北美和法国大革命中没有体现，因此，西欧的宪法模式中也不存在这种区分。[75] 最终，安许茨没有接受宪法的优先性观念，并且再次简明扼要地予以论述："宪法并不居于立法机构之上，而是对此予以安排。"[76] 至少在魏玛共和国，这种观点影响了其民主组织架构。民主的开放性——不同于较早时期涉及安许茨所表达的观点[77]——以及国家法中的实证主义方法究竟在多大程度上导致了德国第一个民主制度的覆亡，至今仍是研究的对象。

通过其至今仍被视为经典的两部评注，格哈德·安许茨为德国公法奠定了学术性（宪法）评注的文献类型。他的语言运用能力和使用简明扼要的概念能力[78]表明，他的学术阐释注定使他成为奠定手册、教科书以及评注的文献类型之人。虽然当时也有其他的关于 1850 年《普鲁士宪

---

[72] Werner Heun, Der staatsrechtliche Positivismus in der Weimarer Republik, Der Staat 28 (1989), S. 391 ff.

[73] Gerhard Anschütz, Die Verfassung des Deutschen Reichs vom 11. August 1919. Ein Kommentar für Wissenschaft und Praxis, S. 404 ff.

[74] Gerhard Anschütz, Die Verfassung des Deutschen Reichs vom 11. August 1919. Ein Kommentar für Wissenschaft und Praxis, S. 401.

[75] Vgl. dazu Christian Waldhoff, Die Entstehung des Verfassungsgesetzes, in: Depenheuer/ Grabenwarter (Hrsg.), Verfassungstheorie, 2010, § 8.

[76] Gerhard Anschütz, Die Verfassung des Deutschen Reichs vom 11. August 1919. Ein Kommentar für Wissenschaft und Praxis, S. 401.

[77] Carl Herman Ule, Gerhard Anschütz-ein liberaler Staatsrechtslehrer, Der Staat 33 (1994), S. 111; Horst Dreier, Ein Staatsrechtslehrer in Zeiten des Umbruchs: Gerhard Anschütz (1867 - 1948), ZNR 1998, S. 35 f.; Werner Heun, Gerhard Anschütz (1867-1933), in: FS 200 Jahre Juristische Fakultät der Humboldt-Universität zu Berlin, 2010, S. 465 Fn. 60.

[78] 这里还要提及他针对 1862—1866 年普鲁士的宪法冲突所说的格言"国家法在这里停止"，Gerhard Anschütz, Lücken in den Verfassungs- und Verwaltungsgesetzen, VerwArch. 14 (1906), S. 315 (336, 339); Georg Meyer/Gerhard Anschütz, Lehrbuch des Deutschen Staatsrechts, 7. Aufl. 1919, S. 906。

法》[79] 和关于《魏玛宪法》[80] 的评注，但是，与这里给予高度评价的安
许茨的评注相比，这些评注的内容并非深入、细致，也并非十分具有实
用性。[81] 因此，安许茨所作的两部评注被认为是独具特色的，评注的副
标题"致力于学术和实践的评注"体现出他的学术认知。于 1930—1932
年出版的《德国国家法手册》在联邦德国也产生了典范性影响。[82]

---

[79] 安许茨在前言中提及一些。

[80] 关于《普鲁士宪法》，参见 Michael Stolleis, Geschichte des öffentlichen Rechts in
Deutschland, Bd. 2, 1992, S. 298 Fn. 125, 其中除了安许茨的评注之外，还引用了其他六部
评注；关于《魏玛宪法》，参见 Michael Stolleis, Geschichte des öffentlichen Rechts in Deutsch-
land, Bd. 3, 1999, S. 95 ff., 其中提及诸多评注者之间的"赛跑"。

[81] 安许茨作为评注者，参见 Horst Dreier, Ein Staatsrechtslehrer in Zeiten des Umbruchs：
Gerhard Anschütz（1867‒1948），ZNR 1998, S. 30。

[82] Vgl. Ernst Benda/Werner Maihofer/Hans-Jochen Vogel（Hrsg.），Handbuch des Verfas-
sungsrechts, 1. Aufl. 1984, 2. Aufl. 1994; Josef Isensee/Paul Kirchhof（Hrsg.），Handbuch des
Staatsrechts der Bundesrepublik Deutschland, 10 Bde., 1. Aufl. 1987 ff., 2. Aufl. 1995 ff.,
3. Aufl. 2003 ff.

弗里茨·弗莱纳（Fritz Fleiner，1867—1937）

吉奥瓦尼·比亚基尼　著　王银宏　译

"致力于最简单易懂的法律思想，由此导衍出现行法的规则。"这是弗里茨·弗莱纳在 1923 年出版的《瑞士联邦国家法》的前言中写下的一句话。只有通过这种方式才能"在内心更好地掌握法律，在成文法之外明确地理解不成文法，而不是较低级地信守法律"[①]。类似的纲领性表述也体现在于 1911 年出版的《德国行政法制度》第一版的前言中："行政法大量地存在于实证法和德国行政法院的丰富实践之中，以下论述试图将行政法的出现追溯至法律的原则。随着时间的累积，制定法越来越复杂。大学教师的职责更多地在于教育和引导学生一种简单的法观念。"[②]

弗里茨·弗莱纳的两部代表作产生了持久的影响，这同样要归因于作者可能想要在更高的层次上实现更大的抱负和雄心。《德国行政法制度》在德国和瑞士很快就成为受欢迎的教科书，同时也成为行政法学术研究和实践的重要参考著作。该书在 17 年中出版了八版，并且被翻译为多种语言。[③]《瑞士联邦国家法》因是专题性著作，其影响范围稍小，但是除了瓦尔特·布尔克哈特（Walther Burckhardt，1871—1939）关于 1874

---

① Fritz Fleiner, Schweizerisches Bundesstaatsrecht, Tübingen 1923, Vorwort, S. Ⅶ.

② Fritz Fleiner, Institutionen des Deutschen Verwaltungsrechts, 1. Auflage, Tübingen 1911, Vorwort（ebenfalls abgedruckt in der 8. neubearbeiteten Auflage, Tübingen 1928, S. Ⅴ）.

③ 详见 Roger Müller, Verwaltungsrecht als Wissenschaft: Fritz Fleiner 1867 – 1937, Diss. Zürich, Frankfurt a. M. 2006, insb. S. 124 ff. 。1939 年出版了一个未加改变的"瑞士重印本"（1928 年第八版）。第二次世界大战之后，在德国又多次再版。除了由查尔斯·艾森曼（Charles Eisenmann）翻译的重要的法语译本之外，穆勒（Roger Müller）还提到被译为西班牙语、希腊语和日语（a. a. O., S. 261, mit Yvo Hangartner, Grundsatzfragen der Einbürgerung nach Ermessen, Schweizerisches Zentralblatt für Staats- und Verwaltungsrecht〔ZBl〕110/2009）。

年《瑞士联邦宪法》的评注④之外，该著作在十年的时间里一直被看作是引领着瑞士宪法制度的研究。1949 年，弗莱纳的一位重要的学生察卡里亚·贾科麦蒂(Zaccaria Giacometti, 1893—1970)出版了——完全由其独立扩展——修订的《瑞士联邦国家法》的一个版本。"弗莱纳/贾科麦蒂"⑤ 的教科书使一代又一代的学生受惠，同时也在瑞士的宪法学界一直享有崇高的声誉。弗莱纳主要著作的高品质和持久影响还要归功于作者在其学术生涯的不同阶段所积累的丰富经验。弗莱纳的最重要的工作地点有苏黎世、巴塞尔、图宾根、海德堡，之后又回到苏黎世。

一、　经历

1867 年 1 月 24 日，弗里茨·弗莱纳出生于瑞士的阿尔高州的首府阿劳(Aarau)，他是阿尔贝特·弗莱纳(Albert Fleiner，1826—1877)跟他的第二位妻子莱昂蒂娜·弗莱纳-乔克(Leontine Fleiner-Zschokke，1834—1905)的第五个孩子。他的父亲来自南部的黑森林地区(巴登的绍普夫海姆［Schopfheim］)，在经过专门的商业学习之后，最初在伯尔尼工作，后来在阿劳工作。他于 1856 年在阿劳接手了一家水泥厂，并将其扩建为瑞士的这类工厂中最大的工厂之一。⑥ 1858 年，阿尔贝特·弗莱纳在阿劳加入瑞士国籍。他的母亲是来自马德格堡的教育家、作家和自由主义的政治家海因里希·乔克(Heinrich Zschokke，1771—1848)的孙女，他最初在格劳宾登州，后来在阿劳安家，并且担任瑞士的州和国家层面的诸多公职。经过地区学校的学习之后，弗里茨·弗莱纳于 1887 年 4 月在阿劳参加高级中学毕业考试，也就是九年之后阿尔伯特·爱因斯坦获得大学入学资格的那所州立学校。在 1887 年的夏季学期，弗莱纳进

---

④　Kommentar der schweizerischen Bundesverfassung vom 29. Mai 1874 (1. Aufl., 1905), 3. Aufl., Bern 1931.

⑤　Fritz Fleiner/Zaccaria Giacometti, Schweizerisches Bundesstaatsrecht, Zürich 1949 (Innentitel: Zaccaria Giacometti, Schweizerisches Bundesstaatsrecht, Neubearbeitung der ersten Hälfte des gleichnamigen Werkes von Fritz Fleiner). Vgl. Andreas Kley, Von Stampa nach Zürich, Zürich 2014, insb. S. 309 ff.

⑥　Historisches Lexikon der Schweiz, Band IV, Basel 2005, Einträge „Fleiner, Albert" bzw. „Fleiner, Fritz".

入苏黎世大学学习法学。在莱比锡（1887—1888 学年）和柏林（1888—1889 学年）⑦分别度过了两个学期之后，弗莱纳于 1890 年在苏黎世以一篇教会法的论文获得博士学位。⑧ 1891 年，他参加阿尔高州的律师和公证员的国家考试。在 1891—1892 学年的冬季，弗莱纳在巴黎扩展和深化了他的教会法知识。通过以此为基础写成的关于"天主教婚姻规定"的论文，他在 1892 年 7 月获得苏黎世大学的教会法任教资格。从 1895—1896 学年的冬季学期开始，弗莱纳从编外讲师晋升为副教授，讲授法国民法、教会法以及后来的公法，其工资为每年 1000 瑞士法郎。1896 年，他跟范妮·法伊特（Fanny Veith）结婚，没有生育孩子。

1897 年，弗里茨·弗莱纳接受巴塞尔大学的聘任，⑨ 在几年前格奥尔格·耶利内克也曾在此工作（1890—1891 年），他们之后又在海德堡大学成为法学院的同事。在巴塞尔，弗莱纳任整个公法学和教会法的教授。1901 年，他担任巴塞尔大学的校长。在 1906 年夏季学期，弗莱纳接受图宾根大学的教授职位，讲授行政理论、行政法和一般国家法。1908 年 7 月，弗莱纳又接受海德堡大学的聘请，成为格哈德·安许茨的继任者。在海德堡大学，他成为德国国家史和法律史以及包括行政法和教会法在内的帝国国家法和州国家法的教授。

随着第一次世界大战的爆发，人们面临着新的形势。不同于德国的其他国家法学者，弗莱纳没有为德国侵犯比利时的中立地位而辩护。⑩因此，他欣然接受建议，回到苏黎世，担任国家法、行政法和教会法的

---

⑦　此外，弗莱纳还访问过福格特（Vogt）教授（苏黎世）、温德沙伊德（Windscheid）（莱比锡）、吉尔克（Gierke）、戈尔德施密特（Goldschmidt）、许布勒（Hübler）（柏林），他自称是福格特教授的学生. Vgl. Roger Müller, Verwaltungsrecht als Wissenschaft：Fritz Fleiner 1867 - 1937, Diss. Zürich, Frankfurt a. M. 2006, S. 6, Fn. 7.

⑧　Die richterliche Stellung der katholischen Kirche zur obligatorischen Civilehe, Diss. Zürich 1890. 一个修改后的版本曾于 1889 年 8 月在柏林获得国王的奖励. Vgl. Roger Müller, Verwaltungsrecht als Wissenschaft：Fritz Fleiner 1867 - 1937, Diss. Zürich, Frankfurt a. M. 2006, S. 5 ff.

⑨　关于在巴塞尔的岁月，参见 Ronald Kunz, Geschichte der Basler Juristischen Fakultät 1835 - 2010, Basel 2011, S. 157 - 159 und 194 - 200。

⑩　弗莱纳在退休之际曾对此有过回顾（1936 年 2 月 26 日）. Vgl. Roger Müller, Verwaltungsrecht als Wissenschaft：Fritz Fleiner 1867 - 1937, Diss. Zürich, Frankfurt a. M. 2006, S. 19, Fn. 75. 对此，本来就有报道称，弗莱纳的妻子范妮在海德堡时被认为对德国怀有敌意。

教职。[11] 在 1915—1916 学年的冬季学期，弗莱纳回到他的母校任教，直至到 1936 年退休。弗莱纳是少数在魏玛时期加入德国国家法教师协会的瑞士教授（1927 年）。1929 年，他在法兰克福召开的大会上做了题为"德国、奥地利和瑞士法律中联邦国家及其各州的法律制度之间的相互关系"的报告。[12] 作为苏黎世大学的校长（1932 年夏季学期至 1933—1934 学年的冬季学期），弗莱纳在百年校庆活动中发挥了重要作用（1933 年）。[13] 在 1935 年秋季，弗莱纳请求在 1935/1936 学年的冬季学期期末提前退休（在达到退休年龄前一年），苏黎世州政府基于对他履行职务的感谢，同意了弗莱纳的退休申请。

　　1937 年 10 月 26 日，弗里茨·弗莱纳在病后不久，在德欣（Tessin）州位于阿斯科纳（Ascona）的寓所逝世，享年 71 岁。当天出版的报纸和专业期刊都刊登了诸多讣告和悼词，表达对他的敬重。1938 年 1 月 24 日，苏黎世大学举办了关于弗莱纳的学术性纪念会议，期间演奏了对音乐十分痴迷的弗莱纳亲自作曲的"故乡之歌"。[14] 苏黎世这座城市十分敬重"这位杰出的瑞士法学家"，1951 年，苏黎世将弗莱纳最后居住地附近的

---

　　[11]　在弗莱纳回到苏黎世的事情上，特别是马克斯·胡贝尔（Max Huber，1874—1960）发挥了重要作用，胡贝尔后来任常设国际法院的法官和院长。但是，雅各布·朔伦贝格尔（Jacob Schollenberger，1851—1936）——他自 1891 年任副教授，自 1895 年任苏黎世大学的公法学教授——为弗莱纳的任职设置了障碍，因为弗莱纳作为年轻的巴塞尔大学教师在一篇评论（1898 年）中对朔伦贝格尔的一本著作进行了激烈的批评。1917 年，朔伦贝格尔声明放弃其提前退休的计划。详见 Andreas Kley, Geschichte des Öffentlichen Rechts der Schweiz, Zürich/St. Gallen 2011, S. 3 ff. und 72。当时，从海德堡到苏黎世，弗莱纳的收入并没有显著地减少。Vgl. Roger Müller, Verwaltungsrecht als Wissenschaft: Fritz Fleiner 1867 - 1937, Diss. Zürich, Frankfurt a. M. 2006, S. 21.

　　[12]　VVDStRL（6），1929，S. 2 - 24（2. Berichterstatter Josef Lukas, Münster）. Vgl. Michael Stolleis, Geschichte des öffentlichen Rechts in Deutschland, Band III, München 1999, S. 188（Fn. 188）.

　　[13]　参见 Karl S. Bader, Die Rechts- und staatswissenschaftliche Fakultät: Unterricht und Dozenten, in: Die Universität Zürich 1933 - 1983, Zürich 1983, S. 276（其中论道，庆祝活动带有弗莱纳的"个人印记"）。

　　[14]　Roger Müller, Verwaltungsrecht als Wissenschaft: Fritz Fleiner 1867 - 1937, Diss. Zürich, Frankfurt a. M. 2006, S. 358 - 360. 这首"故乡之歌"（由苏黎世的胡格［Hug］出版集团发行），in: Fritz Fleiner, Ausgewählte Schriften und Reden, Zürich 1941, S. 453 f. 。关于弗莱纳作为作曲家，siehe auch Michael Stolleis, Komponierende Staatsrechtslehrer, in: Klaus Reichert u. a.（Hrsg.），Recht, Geist und Kunst. Liber amicorum für Rüdiger Volhard, Baden-Baden 1996, S. 372 - 380, insb. S. 373 f. 。

街道以他的名字命名。⑮

二、 弗里茨·弗莱纳作为大学教师

弗里茨·弗莱纳所著的适应大学课程的学术著作首先是教会法方面的。尽管弗莱纳属于新教改革派并且有着自由主义的思想倾向，但是他对教会法并没有表现出忧虑或不安，而是惊叹于教会法的"卓越的结构"。⑯ 作为教授，弗莱纳在学术生涯的各个时期都致力于在很大的范围内研究"天主教和新教的教会法"，这也是大多数四个小时的主干课程的通常名称。⑰ 现在，弗里茨·弗莱纳的名字首先是与新设立的行政法学科结合在一起。然而，在大学的课程中，联邦国家法和一般国家法要早于行政法。⑱ 弗莱纳还承担了诸多不同的其他课程，此外还曾短期地讲授过在 1925 年年底去世的安德烈亚斯·冯·图尔（Andreas von Thur）所讲授的"罗马法"课程（1925—1926 学年冬季学期），他们在巴塞尔

---

⑮ Stadtarchiv, Auszug aus dem Protokoll des Stadtrates von Zürich vom 9. Februar 1951, Nr. 276；"被命名的弗里茨·弗莱纳街位于弗伦特恩居民区。"弗莱纳在一系列的著名人物中居于重要地位（其中有第一任联邦总统约纳斯·富雷尔、画家费迪南德·霍德勒以及诺贝尔奖获得者贝尔塔·冯·祖特纳）。

⑯ Vgl. Roger Müller, Verwaltungsrecht als Wissenschaft：Fritz Fleiner 1867－1937, Diss. Zürich, Frankfurt a. M. 2006, S. 176 f.（Fn. 59）. 但是，弗莱纳与天主教教义保持严格的距离。Vgl. Andreas Kley, Geschichte des Öffentlichen Rechts der Schweiz, Zürich/St. Gallen 2011, S. 79.

⑰ Roger Müller, Verwaltungsrecht als Wissenschaft：Fritz Fleiner 1867－1937, Diss. Zürich, Frankfurt a. M. 2006, S. 363－374. 作者还列举了其他的教会法课程的名单（例如"宗教改革以来的国家与教会""教会法文献导论"）。弗莱纳在苏黎世多次讲授"《教会法典》导论"（1924 年夏季学期，1926 年夏季学期，1932 年夏季学期），《教会法典》是教皇本笃十五世于 1917 年颁布的，并于同年生效。

⑱ 在巴塞尔，"（瑞士）联邦国家法"（通常是自 1897—1898 学年的冬季学期）和"一般国家法"（通常是自 1898 年夏季学期）；在图宾根，"符腾堡国家法"（1906—1907 学年的冬季学期）；在海德堡，"德意志帝国国家法和州国家法，以普鲁士和巴登州的法律为重点"（通常是自 1908—1909 学年的冬季学期）；在苏黎世，"瑞士联邦国家法"（通常是自 1916 年夏季学期至 1935 年夏季学期）。在海德堡，弗莱纳在格奥尔格·耶利内克逝世之后曾讲授"一般国家理论"（1911 年夏季学期）以及"一般国家理论与政治"（1912 年夏季学期和 1915 年夏季学期），在苏黎世的名称则是"一般国家法"（通常是自 1915—1916 学年的冬季学期）。

大学法学院曾短期共事过。[19]

　　弗里茨·弗莱纳的重要功绩不仅在于他是现代行政法学的奠基人之一，而且将行政法——他"最爱的学科"[20]——引入大学的课堂教学工作。首次开始相应的教学工作是他在巴塞尔的时候，当时直接将课程名称预告为"行政法"（1899—1900 学年的冬季学期，五小时的课时）。[21]图宾根大学开设的课程记录中曾两次出现"行政法研习"（1906—1907 和 1907—1908 学年的冬季学期）。在海德堡和苏黎世，弗莱纳定期开设"公法研习"课程，其中也包括行政法。这种工作产生的一个结果是"编写供大学课程使用的行政法案例"，首次出版于 1908 年。[22] 弗莱纳在巴塞尔的时候就已经开始印刷行政法课程的教义。[23] 他在关于第 32 届德国法学家大会的专家意见中总结概括了关于开设行政法课程的确信。行政法不再是"记忆的技术"，而是使学生有能力"在任何实证立法中重新辨识出行政法的概念，从而在思想观念上掌握现行法"[24]。诸多学生的成绩单表明，弗莱纳是一个优秀的大学教师，能够激发起听众对其讲授

---

　　[19]　Vgl. Roger Müller, Verwaltungsrecht als Wissenschaft: Fritz Fleiner 1867－1937, Diss. Zürich, Frankfurt a. M. 2006, S. 176. 此外，弗莱纳还讲授过"国际法"（在巴塞尔和苏黎世曾多次讲授）、"法学导论"、"法国民法导论"、"德意志法律史"（在海德堡经常讲授）以及"社会保险法"，偶尔讲授"政治学"（1917—1918 学年的冬季学期和 1926—1927 学年的冬季学期，在苏黎世）。在穆勒所列举的教学工作中，恰好记录了两次学术休假（在苏黎世，1920—1921 学年的冬季学期和 1928 年的夏季学期），弗莱纳在此期间完成了《瑞士联邦国家法》以及《德国行政法制度》的修订。Vgl. Roger Müller, Verwaltungsrecht als Wissenschaft: Fritz Fleiner 1867－1937, Diss. Zürich, Frankfurt a. M. 2006, S. 363 ff.

　　[20]　见于弗莱纳写给他的老师福格特的信（1901 年 6 月 30 日），Nachweis bei Müller（Roger Müller, Verwaltungsrecht als Wissenschaft: Fritz Fleiner 1867－1937, Diss. Zürich, Frankfurt a. M. 2006）, S. 51。

　　[21]　在图宾根，弗莱纳的课程名称通常是"德国行政法"和"符腾堡行政法"，在海德堡是"德国行政法"，在苏黎世则是"一般行政法"，有时也称为"一般行政法和瑞士行政法"。Vgl. Roger Müller, Verwaltungsrecht als Wissenschaft: Fritz Fleiner 1867－1937, Diss. Zürich, Frankfurt a. M. 2006, S. 363 ff.

　　[22]　第三版的修订版出版于 1929 年，72 页上包括 100 个行政法案例。

　　[23]　即《行政法课程概论》（巴塞尔，1905 年）。Vgl. Andreas Kley, Geschichte des Öffentlichen Rechts der Schweiz, Zürich/St. Gallen 2011, S. 70.

　　[24]　Fritz Fleiner, Wie ist der akademische Unterricht im Verwaltungsrecht zweckmässig zu gestalten?, in: Verhandlungen des 32. Deutschen Juristentages, Band 1（Gutachten）, Berlin 1914, S. 305－312, 307. Dazu Roger Müller, Verwaltungsrecht als Wissenschaft: Fritz Fleiner 1867－1937, Diss. Zürich, Frankfurt a. M. 2006, S. 37 ff.

内容的兴趣。㉕ 弗莱纳指导的诸多博士论文的主题十分广泛，除了作为核心的国家法和行政法之外，还涉及教会法、国家教会法以及国家理论，可见其知识之渊博。㉖ 弗莱纳在苏黎世指导的博士生中成就突出的有迪特里希·申德勒（Dietrich Schindler）和前文提及的察卡里亚·贾科麦蒂，他后来重新修订弗莱纳的《瑞士联邦国家法》（1949年）并且出版自己的著作《法治国家中行政法的一般理论》（1960年）。

三、 学术著作

弗里茨·弗莱纳首先以其作为现代行政法学的奠基人之一所发挥的重要作用而享有盛名。在他的第一部重要著作《德国行政法制度》（1911年第一版，1928年第八版）中，弗莱纳继续发展了由奥托·迈耶开创的领域。㉗ 这体现在弗莱纳的诸多不同著作之中，例如他在图宾根的就职演讲《通过公法重新塑造民法机制》（1906年），以及在巴塞尔就形成的《行政法课程概要》（1905年）。他的第二部重要著作《瑞士

㉕　Roger Müller, Verwaltungsrecht als Wissenschaft: Fritz Fleiner 1867 – 1937, Diss. Zürich, Frankfurt a. M. 2006, S. 238 ff. Vgl. auch Adolf Im Hof, Fritz Fleiner 1867 – 1937, in: Schweizer Juristen der letzten hundert Jahre, Zürich 1945, S. 455 – 483, S. 479 ff.; Dietrich Schindler (jun.), Fritz Fleiner 1867 – 1937, in: Jahrbuch des öffentlichen Rechts der Gegenwart 40 (1991/1992), S. 175（"他的课程有着令人难以置信的号召力"）.

㉖　相关目录，参见 Roger Müller, Verwaltungsrecht als Wissenschaft: Fritz Fleiner 1867 – 1937, Diss. Zürich, Frankfurt a. M. 2006, S. 375 – 386。在 1934 年的《瑞士银行法》颁布之后不久，其中一篇博士论文的题目（一如既往地具有现实性）是《瑞士立法中银行的保密义务——特别是与税法相比较》（1935年）。

㉗　弗莱纳将迈耶的工作视为"开拓性的"，并且将"纯粹的法学方法"描述为"法学的思考方法，通过这种方法私法学变得重要……这种方法也可以转予研究行政法问题"（Fritz Fleiner, Institutionen des Deutschen Verwaltungsrechts, 8. Auflage, Tübingen 1928, S. 44）。弗莱纳著作的标题使人想起其较早的巴塞尔大学法学院的同事安德烈亚斯·霍伊斯勒（Andreas Heusler, 1834—1921）的一本重要学术著作《德国私法制度》（2 Bände, Leipzig 1885/86; 弗莱纳在其《德国行政法制度》中赞扬该著作，1. Aufl., S. 57, 8. Aufl., S. 61; vgl. Roger Müller, Verwaltungsrecht als Wissenschaft: Fritz Fleiner 1867 – 1937, Diss. Zürich, Frankfurt a. M. 2006, S. 177）。

联邦国家法》（1923 年）以法学方法为基础。[28]

弗莱纳在《德国行政法制度》的第一章"概论"中区分了一些"基本概念"（例如"行政""权力分立""行政法"），这些概念在历史发展中一直受到格外的重视。第二章致力于研究"公共行政的载体"，第三章为"公共行政与公民之间的基本关系"，第四章为"法律保障"。"各论"部分基本上篇幅较少，主要研究"行政机构及其执行"以及"公民的行政法义务"。在篇幅上，该著作由初版(1911 年)的 358 页增加到修订版(1928 年)的 449 页。[29] 若不考虑增补的关于"新的组织形式"部分（第八版），该著作使用的材料和结构基本上没有改变。[30] 一个具有连续性的基本特征是关切"民法的解放"，意味着"公法的特殊原则……要求公共行政担负特殊的使命，承载特殊的利益"，亦如弗莱纳在图宾根的就职演说中的纲领性表述。[31] 教科书的成功不仅仅在于出色的语言表达，也在于诸多让人印象深刻的比喻。其中，极具特色的例子是"逃离……私法"[32]，或者"警察不应通过法规来射击麻雀"[33]；还有一些人们至今仍在使用的惯常用语，而弗里茨·弗莱纳作为著作权人不可能全都知晓。在瑞士的行政法实践中，《德国行政法制度》长时间代表着

[28] 弗莱纳的《论文与演讲选集》中收录有其所写的关于保罗·拉班德(1918 年)和奥托·迈耶(1924 年)的悼词不是偶然的，弗里茨·弗莱纳对他们予以高度评价，将他们视为"现代德国国家法学"的奠基者以及"现代德国行政法学"的奠基者(Fritz Fleiner, Ausgewählte Schriften und Reden, Zürich 1941, S. 348 bzw. 351)。弗莱纳也在祝贺文集的文章中对他们表达了敬意。

[29] 关于其出版的历史以及在实务界和学术界的接受，参见 Roger Müller, Verwaltungsrecht als Wissenschaft: Fritz Fleiner 1867－1937, Diss. Zürich, Frankfurt a. M. 2006, S. 128 ff.。

[30] 关于合法性原则和裁量理论方面的一些变化，参见 Benjamin Schindler, Verwaltungsermessen, Habil., Zürich usw. 2010, S. 30 ff. und 60。

[31] Fritz Fleiner, Über die Umbildung zivilrechtlicher Institute durch das öffentliche Recht, Tübingen 1906, S. 9.

[32] Fritz Fleiner, Institutionen des Deutschen Verwaltungsrechts, 8. Aufl., Tübingen 1928, S. 326: "国家和乡镇逃离司法。" Dazu Regina Ogorek, Das ,Öffentliche' und das ,Private', in: Festschrift Peter Forstmoser, Zürich 2003, S. 15－31, S. 27.

[33] Fritz Fleiner, Institutionen des Deutschen Verwaltungsrechts, 1. Aufl., S. 323, 8. Aufl., S. 404. Dazu Thomas Henne, „Mit Kanonen auf Spatzen schiessen." Ein Beitrag Fritz Fleiners zur deutschen Juristensprache, in: Deutsches Verwaltungsblatt 2002, S. 1094－1096. 弗莱纳并不担心被收入《威廉·布施引语》；例如，《德国行政法制度》第一版，第313、320页；第八版，第389、399页。关于弗莱纳的比喻，可参见 Benjamin Schindler, Hundert Jahre Verwaltungsrecht in der Schweiz, in: ZSR 2011 II, S. 331 ff., 384 ff.。

"被证明了的理论"，甚至完全被视为"书写的理性"，㉞ 这是人们用来称呼"法典"的称谓，当人们从制定法中——如经常出现的那样——找不到对于一般的行政法问题的答案时，就会试图从该书中寻找答案。直至今天，瑞士联邦法院在关于行政法的指导性判决中还时有引用《德国行政法制度》。㉟

《瑞士联邦国家法》（1923 年）被视为"第一部通过法学方法对瑞士国家法进行系统性、整体性研究的重要著作"㊱，这部著作规划于巴塞尔，开始于德国，结束于苏黎世。该著作的第一部分是"国家法的基本关系"，下设的两章分别是"联邦与州"以及"州与人民"。第二部分研究"联邦的机构"，引人注目的是，弗莱纳以一章的篇幅对"联邦公务人员"及其权利、义务和责任进行了深入研究。第三部分研究"公民的宪法权利"，下设两章"国民权利"和"个人的自由权"。第四部分研究"国家的功能"。在关于司法的内容方面，弗莱纳强调联邦法院的宪法审查在针对州的国家权力方面所发挥的极其重要的作用，他以简明扼要的语句写道："若政治的热情导致调控各州之间关系的困境，那么，国家中最后的公民知道，通往洛桑的路是敞开着的。"㊲ 除了立法和司法，弗

㉞　例如，Max Imboden, Der Beitrag des Bundesgerichts zur Fortbildung des schweizerischen Verwaltungsrechts（1959），in: ders., Staat und Recht, Basel/Stuttgart 1971, S. 367 ff., 371（其中并非没有批评之音）。Vgl. auch Alfred Kölz, Neuere Schweizerische Verfassungsgeschichte, Band II, Bern 2004, S. 841; Roger Müller, Verwaltungsrecht als Wissenschaft: Fritz Fleiner 1867 - 1937, Diss. Zürich, Frankfurt a. M. 2006, S. 280 ff. ; Dietrich Schindler（jun.）, Fritz Fleiner 1867 - 1937, in: Jahrbuch des öffentlichen Rechts der Gegenwart 40（1991/1992）, S. 176. 在 2011 年举行的瑞士法学家大会上，两位行政法报告人的题目是"行政法百年"（Anne-Christine Favre bzw. Benjamin Schindler, abgedruckt in: ZSR 2011 II, S. 227 - 330 bzw. S. 331 - 437）。弗莱纳的《德国行政法制度》在瑞士的成功，参见 B. Schindler, a. a. O., S. 349 f. 。尽管该书标题中的形容词是"德国"，但是，在《德国行政法制度》的第一版中，有不少例子来源于瑞士的立法和实践。后来，瑞士的例子还有增多。Vgl. Roger Müller, Verwaltungsrecht als Wissenschaft: Fritz Fleiner 1867 - 1937, Diss. Zürich, Frankfurt a. M. 2006, S. 284（mit Fn. 113 und 116）.

㉟　Vgl. BGE 131 I 1, 9（E. 4. 4）, Urteil vom 23. November 2004（Arbeitsleistungspflicht für den Strassenunterhalt, Ersatzabgabe; unter Bezugnahme auf 8. Aufl. , S. 416）; BGE 105 Ia 349, 352（E. 2. a）, Urteil vom 13. Juli 1979（Verwaltungsverordnung; unter Bezugnahme auf 8. Aufl. , S. 61 ff. ）.

㊱　这是贾科麦蒂的评价，参见 Zaccaria Giacometti, Fritz Fleiner, 24. Januar 1867 - 26. Oktober 1937, in: Schweizerische Juristenzeitung（SJZ）34（1937/38）, S. 145 - 149, hier S. 146。

㊲　Fritz Fleiner, Schweizerisches Bundesstaatsrecht, Tübingen 1923, S. 448.

莱纳也详细论述了"行政"作为国家的功能，在全书的 764 页中占了足足 300 页。这里，弗莱纳所研究的主题，在瑞士，当时和现在一样，虽然与宪法联系紧密，然而，通常并不被视为国家法的核心（例如铁路和邮政事务、军队、公共学校、联邦的警察立法）。[38]

尽管弗莱纳是基于法学方法进行研究，但是一再地详细论述历史的、地理学的、社会学的和政治学的事实。因此，弗莱纳在关于国民权利的一章中也探讨了全民公决和要求公民投票的提案（即"由人民发起的……对人民的申请"）[39]的"国家法作用和政治作用"[40]。基于法律政策方面的动机，弗莱纳也提出了自己的看法，例如，（直至现在）仍缺少对于联邦立法者的宪法审查以及（当时）缺少的对于联邦层面的行政法院审查。[41] 在这一章中，弗莱纳详细论述了"宗教自由及其限制"并论证其正当性，断然地将在 1848 年和 1874 年通过的具有反天主教动机的宗教信仰的例外条款[42]作为"实现内部和平的防护墙"。[43] 在结语部分[44]，人们可以发现他对于"纯粹的民主"（例如弗莱纳偶尔提及的直接民主）的优点所进行的思考——作为国家形式，它旨在在更高的层面上"培养公民的公共精神和政治责任"。弗莱纳指出，直接民主可能会偶然地走向

---

[38] 贾科麦蒂的修订版（Fritz Fleiner/Zaccaria Giacometti, Schweizerisches Bundesstaatsrecht, Zürich 1949）缺少相应的一章（尽管该版共 939 页，比第一版的内容更为广泛）。此外，结构和内容的诸多方面都有较大的修改。

[39] Fritz Fleiner, Schweizerisches Bundesstaatsrecht, Tübingen 1923, S. 398. 联邦法院在 1899 年 3 月 2 日的判决拒绝了他们的申请（BGE 25 I 64 ff., 77, E. 5）。

[40] Vgl. Fritz Fleiner, Schweizerisches Bundesstaatsrecht, Tübingen 1923, Titel zu § 34 sowie die Erörterungen auf S. 309 - 317.

[41] 参见 Fritz Fleiner, Schweizerisches Bundesstaatsrecht, Tübingen 1923, S. 276（mit Fn. 8）bzw. S. 172（"以当前的状况不可能实现"）。第 443 页也对国家法上的诉讼（宪法诉愿）的限制提出批评（贾科麦蒂的修订版的立场与此不同，参见 Fritz Fleiner/Zaccaria Giacometti, Schweizerisches Bundesstaatsrecht, Zürich 1949, S. 886 f.)。

[42] 例外条款特别规定了耶稣会禁令以及新建修道院和修会的禁令；这些内容在宪法中保留了很长时间（主要内容保留到 1973 年，部分内容保留至 2001 年）。

[43] Fritz Fleiner, Schweizerisches Bundesstaatsrecht, Tübingen 1923, S. 325 - 367, S. 329（Zitat）. 贾科麦蒂采用了一些最具特色的章节（vgl. Fritz Fleiner/Zaccaria Giacometti, Schweizerisches Bundesstaatsrecht, Zürich 1949, S. 315）。在其他方面，弗莱纳猛烈抨击联邦委员会在伯尔尼重新设立罗马教皇使节职位：罗马教皇使节的职位充当"天主教宣传反对异端的工具"（Schweizerisches Bundesstaatsrecht, Tübingen 1923, S. 731 f. mit Fn. 7）. Dazu Andreas Kley, Geschichte des Öffentlichen Rechts der Schweiz, Zürich/St. Gallen 2011, S. 143 ff.

[44] Fritz Fleiner, Schweizerisches Bundesstaatsrecht, Tübingen 1923, S. 758 - 764. 贾科麦蒂的修订版（Zürich 1949）缺少相应的内容。

"绝对主义"道路,⑮ 但是，他同时也强调那些（被外国的观察者偶尔忽视的）有效的反对力量（例如，承认不受国家约束的广泛的个人领域、国家责任的有限性、联邦国家制）。值得注意的是，弗莱纳作为一位现代行政法学的奠基者接下来所写的一句话："任何官僚制度都是不民主的，不仅其组织形式是不民主的，而且根据其整个统治的本质也是如此。"（《瑞士联邦国家法》，第 762 页）即使新的联邦宪法在 2000 年生效之后，司法判决和理论学说也偶尔引用《瑞士联邦国家法》的内容。⑯

这两部重要的著作也得到弗莱纳发表的诸多纪念文章或独立的论文的支撑，这些文章虽然篇幅不大，但很重要。若不计入书评的话，弗莱纳在德国法学的专业期刊上发表的论文很少。⑰ 弗莱纳的小文章涉及的主题多种多样，但他始终特别关注教会法问题、国家理论以及法律政策方面的问题（特别是关于行政法院制度和宪法审查制度的改革）。⑱ 弗莱纳对于历史发展有着强烈的兴趣，并且偏爱类型学的研究，例如，为奥托·迈耶的祝贺文集所写的论文《官员国家与人民国家》（1916 年）。⑲ 弗里茨·弗莱纳的学术兴趣和学术成果远远超出当时尚年轻的行政法学科和法学方法的继续发展，他所获得的学术荣誉也证实了这些事实，例

---

⑮ 对于弗莱纳对纯粹民主进行的田园诗般的夸张描写，克莱予以批评，参见 Andreas Kley, Geschichte des Öffentlichen Rechts der Schweiz, Zürich/St. Gallen 2011, S. 128 f. 。

⑯ 通常是引用 1949 年的修订版。Vgl. z. B. BGE 127 I 97, 102 (E. 4. c), Urteil vom 29. Juni 2001 (Tragweite des Grundrechts der Niederlassungsfreiheit); Giovanni Biaggini, Bundesverfassung der schweizerischen Eidgenossenschaft, Kommentar, Zürich 2007, N 12 zu Art. 1 (Konzept des Staatsvolks); Yvo Hangartner, Grundsatzfragen der Einbürgerung nach Ermessen, Schweizerisches Zentralblatt für Staats- und Verwaltungsrecht (ZBl) 110/2009, S. 293 - 314, S. 297; Andreas Zünd/ Christoph Errass, Die polizeiliche Generalklausel, Zeitschrift des Bernischen Juristenvereins (ZBJV) 147/2011, S. 261 - 293, S. 275.

⑰ 参见穆勒所列的内容广泛的目录，Roger Müller, Verwaltungsrecht als Wissenschaft: Fritz Fleiner 1867 - 1937, Diss. Zürich, Frankfurt a. M. 2006, S. 332 - 348, insb. S. 339 - 342 (Rezensionen)。与此相对，弗莱纳发表的论文主要集中于《瑞士国家管理与乡镇管理文摘》（ZBl）（现为《瑞士国家法与行政法文摘》）和《瑞士法杂志》（ZSR）。

⑱ 这里仅列举如下：Entstehung und Wandlung moderner Staatstheorien in der Schweiz (Zürcher Antrittsvorlesung), Zürich 1916; Schweizerische und deutsche Staatsauffassung (Recht und Staat in Geschichte und Gegenwart, Heft 67), Tübingen 1929; Die Prüfung der Verfassungsmässigkeit der Bundesgesetze durch den Richter, in: Zeitschrift für Schweizerisches Recht (ZSR) 1934, S. 1a - 35a。

⑲ 在之后的文献中，在瑞士常用的"人民国家"与在德国所用的"官员国家"被视为具有同样的意义。弗莱纳在《瑞士联邦国家法》中明确论述了二者之间的区别："最初，联邦发展成为官员国家，而各州则是人民国家。"（Fritz Fleiner, Schweizerisches Bundesstaatsrecht, Tübingen 1923, S. 762.）

如被授予政治学名誉博士(图宾根大学，1906 年)、社会学名誉博士(日内瓦大学，1916 年)、神学名誉博士(苏黎世大学，1931 年)，[50] 或者被选举为巴黎的国际公法研究所的主席(1930—1933 年)以及巴黎的宪法史国际研究所的副主席(1936 年)。[51]

四、 法律政策工作及其他官方的工作

弗里茨·弗莱纳不仅作为学者和大学教师做出了重要贡献，而且作为有责任心的法治国家的捍卫者以及特别是作为(偶尔是运气糟糕的和令人失望的)行政法院制度和宪法审查制度的先驱者也做出了重要贡献。1905 年，巴塞尔成为第一批在州层面设立行政法院制度的城市。弗莱纳起草了相应的法律。[52] 多年之后，弗莱纳被联邦委员会(联邦政府)聘为专家，承担起草相关法律和宪法性法律的任务，以此作为在联邦层面设立行政法院制度的法律基础。弗莱纳起草了多个法律草案。[53] 在法院的管辖权问题上，弗莱纳的观点发生了改变，从赞成列举的方式转变为坚定支持一般条款体系。当联邦委员会最初考虑一般条款方案，之后联邦立法者由于行政和司法机构强烈的反对态度转为考虑列举的方式时，他毫不掩饰自己的失望之情。在 1968 年，一个部分的一般条款方案在瑞士才时机成熟。在 2007 年年初，联邦层面的司法开始进行根本性改革，弗莱纳的愿望才成为现实。

---

　　[50]　Vgl. Roger Müller, Verwaltungsrecht als Wissenschaft: Fritz Fleiner 1867 - 1937, Diss. Zürich, Frankfurt a. M. 2006, S. 15, 21, 23. 此外，斯特拉斯堡大学还授予弗莱纳法学名誉博士学位(1934 年)。"日内瓦大学及其国家学院授予他名誉博士称号，是向他所著的《瑞士联邦国家法》致以谢意。"

　　[51]　Vgl. Roger Müller, Verwaltungsrecht als Wissenschaft: Fritz Fleiner 1867 - 1937, Diss. Zürich, Frankfurt a. M. 2006, S. 23, 26. 在弗里茨·弗莱纳 60 岁和 70 岁生日时都编有祝贺文集向他表达敬意(其中，前者有三种语言，此外还有耶策 [Jèze]、凯尔森 [Kelsen]、施蒂尔-佐姆洛 [Stier-Somlo])。

　　[52]　Dazu Alfred Kölz, Neuere Schweizerische Verfassungsgeschichte, Band II, Bern 2004, S. 352, 851 ff. ; Roger Müller, Verwaltungsrecht als Wissenschaft: Fritz Fleiner 1867 - 1937, Diss. Zürich, Frankfurt a. M. 2006, S. 305 ff.

　　[53]　Dazu Roger Müller, Verwaltungsrecht als Wissenschaft: Fritz Fleiner 1867 - 1937, Diss. Zürich, Frankfurt a. M. 2006, S. 308 ff. , und Benjamin Schindler, Verwaltungsermessen, Habil. , Zürich usw. 2010, S. 124 ff. (je mit Nachweisen).

弗莱纳支持对立法者进行司法审查，同时也主张改革联邦的宪法审查制度，特别是修改联邦宪法中规定的关于联邦法律是联邦法院的审查"标准"的内容，联邦法律作为联邦法院的审查"标准"就意味着即使联邦法律是违宪的，也必须予以适用。[54] 此外，他支持并且跟他的学生和苏黎世大学法学院的同事贾科麦蒂发起关于要求公民投票的提案，"以维护公民的宪法权利"（扩展宪法审查）。他们在 1936 年 6 月 29 日提交了有 58 690 个合法签名的申请，但是，1939 年 1 月 22 日举行的全民公决就如想象中的那样明确予以拒绝。[55]

跟其他的 20 世纪的瑞士国家法学者一样，弗莱纳也始终关心并且深入研究政治问题。[56] 他是自由主义和民主制度的捍卫者。1933 年 10 月 15 日，弗莱纳在他的出生城市阿劳举行的演讲中明确表达自己对于"新的国家理论"（即法西斯主义和国家社会主义）的反对，他强调其反民主和反自由的特性，并且认为其与瑞士的国家观念是不相容的。[57] 弗莱纳不仅是大学教师和法学家，而且是一位广受欢迎的演讲者，例如，他于 1931 年 5 月 3 日在利斯塔尔（Liestal）举行的诺贝尔文学奖获得者卡尔·施皮特勒（Carl Spitteler，1845—1924）的纪念像落成仪式上的致辞，以及 1934 年 8 月 1 日在广播电台针对海外的瑞士人发表的讲话（在苏黎世）。[58] 在私人生活方面，弗里茨·弗莱纳和夫人范妮在苏黎世生活期间曾跟詹

---

[54]　1874 年所确立的规定（1874 年《联邦宪法》第 113 条第 3 款）始终是现行有效的法律（《联邦宪法》第 190 条）。Vgl. auch Fleiners Referat zum schweizerischen Juristentag 1934 über „Die Prüfung der Verfassungsmässigkeit der Bundesgesetze durch den Richter", in: Zeitschrift für Schweizerisches Recht（ZSR）1934，S. 1a - 35a.

[55]　对于弗莱纳所发挥的作用（有不同的着重点），参见 Andreas Kley, Geschichte des Öffentlichen Rechts der Schweiz, Zürich/St. Gallen 2011，S. 170 ff.；Alfred Kölz, Neuere Schweizerische Verfassungsgeschichte, Band II, Bern 2004，S. 772 und 827 ff.。

[56]　Vgl. Andreas Kley, Geschichte des Öffentlichen Rechts der Schweiz, Zürich/St. Gallen 2011，S. 390；Roger Müller, Verwaltungsrecht als Wissenschaft: Fritz Fleiner 1867 - 1937, Diss. Zürich, Frankfurt a. M. 2006. 这里也提及 1916 年在苏黎世举行的演讲"作为科学的政治"，in: Fritz Fleiner, Ausgewählte Schriften und Reden, Zürich 1941，S. 181 - 196。虽然弗莱纳从未担任过政治职位，但是，1898 年至 1904 年在巴塞尔期间，他（通过人民的选举）曾兼任州最高法院（上诉法院）的法官。

[57]　Dazu Andreas Kley, Geschichte des Öffentlichen Rechts der Schweiz, Zürich/St. Gallen 2011，S. 147 ff.；dort auch zu Fleiners Haltung in der Frage der Totalrevision der Bundesverfassung（a. a. O.，S. 166）.

[58]　Abgedruckt in: Fritz Fleiner, Ausgewählte Schriften und Reden, Zürich 1941，S. 413 - 416 bzw. S. 442 - 444.

姆斯和诺拉·约伊瑟(Nora Joyce)夫妇以及托马斯·曼(Thomas Mann)及其夫人卡特雅(Katya)有过交往。⑤⑨

五、 评价

弗里茨·弗莱纳逝世后的声誉基本上是基于其作为现代行政法学的奠基人之一和作为《德国行政法制度》的著者通过法学方法⑥⑩所做出的重要贡献。⑥① 然而，若将弗莱纳的贡献局限于这种行政法的领域，那就错了。作为瑞士联邦国家法的"经典作家"，弗莱纳在国家法理论方面也占有特殊的地位。⑥② 此外，弗莱纳作为"学术转运的关键人物"也发挥了重要作用，⑥③ 这不仅体现在瑞士和德国之间的关系方面，而且超越于此，也体现在语言-地理学和方法-学科方面。弗莱纳对于新的发展始终持开放的态度，例如《德国行政法制度》第八版关于"新的组织形式"的内容以及《瑞士联邦国家法》中的"行政"一章关于公共设施管理和福利国家中的利益的早期表现形式。

《德国行政法制度》和《瑞士联邦国家法》在瑞士有着重要影响。因此，弗莱纳有时被称为"思想上的超越之父"是不令人惊奇的。在第二次世界大战之后，行政法学中逐渐出现一种解放运动，在 1960 年左

---

⑤⑨　Vgl. Michael Stolleis, Komponierende Staatsrechtslehrer, in：Klaus Reichert u. a. (Hrsg.), Recht, Geist und Kunst. Liber amicorum für Rüdiger Volhard, Baden-Baden 1996, S. 373 (Joyce)；Roger Müller, Verwaltungsrecht als Wissenschaft：Fritz Fleiner 1867 - 1937, Diss. Zürich, Frankfurt a. M. 2006, S. 189 f. （注释 118 引用了一封信，在信中，弗里茨·弗莱纳称托马斯·曼是他"已经去世的恩人"）. 穆勒也提及托马斯·曼写于 1934 年 12 月 19 日的日记内容（"弗莱纳一家在苏黎世山举办的社交晚会"）和 1937 年 9 月 29 日的日记内容（"与卡特雅在下午前往阿斯科纳拜访弗莱纳一家"）. Vgl. Roger Müller, Verwaltungsrecht als Wissenschaft：Fritz Fleiner 1867 - 1937, Diss. Zürich, Frankfurt a. M. 2006, S. 20 und S. 190.

⑥⑩　正如彼得·施奈德的报道，弗莱纳被称为"'法学方法'的教皇"，这在学生给他作的漫画中有相应的体现（Geisteswissenschaften in den Zwanziger Jahren：Staatstheorie in der Schweiz und in Deutschland, in：Geisteswissenschaften zwischen Kaiserreich und Republik, hrsg. von Knut Wolfgang Nörr u. a., Stuttgart 1994, S. 187 - 211, hier S. 197）。

⑥①　在此意义上，察卡里亚·贾科麦蒂于 1937 年 11 月中旬发表在《瑞士法学家报》上的一篇悼词中写道："弗里茨·弗莱纳首先是作为德国行政法的大师而永远活在人们的心中。"（in：SJZ 1937/38, Anm. 36, S. 145.）

⑥②　关于弗莱纳作为"宪法学的大师"，参见 Alfred Kölz, Neuere Schweizerische Verfassungsgeschichte, Band II, Bern 2004, S. 825 und 899 f. 。

⑥③　So Benjamin Schindler, Verwaltungsermessen, Habil., Zürich usw. 2010, S. 92.

右，即在《德国行政法制度》的第一版出版整整半个世纪之后，更为广泛地展开。[64] 即使是在 20 世纪 50 年代和 60 年代以行政法的革新者著称的马克斯·伊姆伯顿（Max Imboden，1915—1969）也在某些方面是弗莱纳的继承者。[65]

现在，人们一再地批评指出，德国行政法中的极权国家因素在瑞士的行政法实践和行政法理论中被毫无批判地予以接受，弗里茨·弗莱纳对此负有责任。[66] 这种批评更像是针对不加批评的信徒，因为弗莱纳自己——与奥托·迈耶不同——始终强调行政法对于宪法的强烈依赖性，同样也因为他在《德国行政法制度》第八版的序言中写道："在德国，新的宪法形态对于行政法的运行也已经产生强烈影响。"[67]

---

　　[64]　Vgl. Benjamin Schindler, Hundert Jahre Verwaltungsrecht in der Schweiz, in：ZSR 2011 II，S. 349 ff. und S. 352（Übervater）；Markus Müller, Verwaltungsrecht, Eigenheit und Herkunft, Bern 2006，S. 75 ff.，insb. 102 ff.

　　[65]　Vgl. Andreas Kley, Geschichte des Öffentlichen Rechts der Schweiz, Zürich/St. Gallen 2011，S. 403 ff.，406.

　　[66]　在这方面最新的评价，z. B. Markus Schefer, Öffentlichkeit und Geheimhaltung in der Verwaltung, in：Die Revision des Datenschutzgesetzes（hrsg. von Astrid Epiney und Patrick Hobi），Zürich 2009，S. 67-97，S. 74（据此，弗莱纳和他的《德国行政法制度》"对于这种接受起到关键作用"）。

　　[67]　Fritz Fleiner, Institutionen des Deutschen Verwaltungsrechts, 8. Aufl.，Tübingen 1928，S. V. 关于行政法对于宪法的依赖性以及制度状况的影响，vgl. auch Fritz Fleiner, Institutionen des Deutschen Verwaltungsrechts, 1. Aufl.，S. 34 ff.，8. Aufl.，S. 35 ff.，sowie den Beitrag zur Festgabe für Otto Mayer über „Beamtenstaat und Volksstaat"。

海因里希·特里佩尔

（Heinrich Triepel，1868—1946）

安德烈亚斯·冯·阿瑙德　著　王银宏　译

一、生平

1868 年 2 月 12 日，海因里希·特里佩尔出生于莱比锡，成长于一个富裕的商人家庭。[①] 在托马斯学校（Thomasschule）毕业之后，他自 1886年起在弗莱堡和莱比锡学习法学。特里佩尔在 1890 年通过第一次国家考试，之后曾短暂地有过一段见习期工作。在此期间，他于 1891 年在莱比锡大学法学院以优异的成绩获得博士学位，其博士论文的主题是关于过渡政府。在莱比锡期间，得益于其"老师和父亲般的朋友"[②] 卡尔·宾丁的支持和帮助，他的论文在 1893 年同时也作为教授资格论文在法学院得以通过。在第二次国家考试之后，特里佩尔于 1894 年在萨克森州获得一个助理法官职位。从此，他的生活有了物质保障，并且在当年的 8 月10 日跟未婚妻玛丽·埃贝斯（Marie Ebers）结婚，她是他的一位年轻朋友

---

① 实际上，关于特里佩尔的生平和著作的所有信息都要归功于乌尔里希·加斯纳（Ulrich Gassner），参见 Ulrich Gassner, Heinrich Triepel: Leben und Werk, Berlin 1999。此外，对于特里佩尔本人及其著作的深入研究，还有：Carl Bilfinger, In memoriam Heinrich Triepel, ZaöRV 13（1950/51），S. 1 – 13；Rudolf Smend, Heinrich Triepel, in：Festschrift für Gerhard Leibholz, Bd. 2, Tübingen 1966, S. 107 – 120；Alexander Hollerbach, Zu Leben und Werk Heinrich Triepels, AöR 91（1966），S. 417 – 441；Ralf Poscher, Heinrich Triepel, in：Arthur J. Jacobson/Bernhard Schlink（Hrsg.）：A Jurisprudence of Crisis, Berkeley 2000, S. 171 – 176；Christian Tomuschat, Heinrich Triepel（1868 – 1946），in：Festschrift 200 Jahre Juristische Fakultät der Humboldt-Universität zu Berlin, Berlin 2010, S. 497 – 521。

② Völkerrecht und Landesrecht, Leipzig 1899, S. VI.

的姐姐(或妹妹)。作为编外讲师和法官的双重压力使特里佩尔最终在
1897 年因健康原因向司法机构申请离职,以全身心地致力于研究和教学
工作。

1899 年,他的著作《国际法与地区法》使他获得学术上的成功,不
仅使他成为家乡的法学院的副教授,而且使他的名声超出帝国之外
(1913 年和 1920 年,该著作分别被译为意大利语和法语出版)。不久之
后,他受到图宾根大学的聘请,在 1900 年 10 月 1 日成为格哈德·安许
茨的继任者。根据当时的惯例,图宾根大学国家学学院在 1901 年授予特
里佩尔政治学名誉博士。在图宾根的岁月应该对他产生重要影响,特别
是遇到图宾根的利益法学派的菲利普·黑克(Philipp Heck)和马克斯·吕
梅林(Max Rümelin)。在这段时间,特里佩尔的研究公开地转向法的政治
阐释,这明确地体现在他在图宾根完成的最重要的著作的副标题中,即
在 1907 年出版的专著《德意志帝国的中央集权主义和联邦主义:一个
国家法和政治学的研究》。

1909 年,特里佩尔接受基尔大学的聘任,这引导他去往普鲁士,并
且更加接近他理想中的学术目的地柏林。在基尔的这段"过渡时期"③,
遇到阿贝贝特·黑内尔对于特里佩尔来说特别重要,黑内尔坚定的反实
证主义和法律比较的方法在方法论上就已经影响了特里佩尔在图宾根时
期的研究。作为帝国海军部的顾问和皇家海军教师的职务使特里佩尔的
学术兴趣的重心在一段时间内集中在国际海洋法和国际战争法的问题。
同时,直接与军事和政治圈子的联系应该使他在实践性和实效性方面对
法学的自我认知更为深入。④

1913 年 10 月 1 日,特里佩尔得到弗里德里希·威廉大学的聘任,
前往柏林,成为其多年的良师益友费迪南德·冯·马蒂茨(Ferdinand v.
Martitz, 1839—1921)⑤的继任者。1914 年 3 月,皇帝发布公告聘请他为

---

③ Rudolf Smend, Heinrich Triepel, in: Festschrift für Gerhard Leibholz, Bd. 2, Tübingen 1966, S. 111.

④ Siehe hierzu auch: Der Seeoffizier und das Studium des Völkerrechts, Marine-Rundschau 22 (1911), S. 1217 – 1240, 1515 – 1538.

⑤ 关于他不同于特里佩尔的描述,参见 Ferdinand von Martitz: Ein Bild seines Lebens und seines Wirkens, in: Niemeyers Zeitschrift für Internationales Recht 30 (1923), S. 155 – 170。

枢密司法委员会的成员。这个法学院的"传统证明，这里是国际法学科的重镇，在将来也是如此"⑥。他的著名的法学院同事有格哈德·安许茨(Gerhard Anschütz)、詹姆斯·戈尔德施密特(James Goldschmidt)、埃里希·考夫曼(Erich Kaufmann)、爱德华·科尔劳施(Eduard Kohlrausch)，1922 年后还有鲁道夫·斯门德(Rudolf Smend)。作为政治评论家、诸多重要学术期刊的共同编者以及大学教师，特里佩尔出版了内容广泛的著作，涉及大学自治、专业协会以及跟政治的对话(关于这方面，详见第二部分的内容)。1924 年，他参与威廉皇帝外国公法与国际法研究所的建立，并且起到关键性作用。在离开柏林大学法学院之后，他在这里找到了"避难所"。在斯门德看来，特里佩尔是 1933 年之前柏林大学法学院在"精神上和道德上杰出的专业人物"⑦。

　　跟同行中的诸多其他同事一样，在纳粹掌权之初，特里佩尔也是表示赞同的。一个"犹太的姻亲"(他的岳父从犹太教转信新教)和缺乏对不存在法治国家原则以及学术原则的准备，特里佩尔不久就不断地被孤立。1934 年，由于种族主义的原因，他遭到自从弗莱堡的学生时期就加入的学生团体苏维亚(Suevia)的排斥(特里佩尔患有严重的个人疾病，据他孙女［或外孙女］的叙述，该疾病能够导致自杀)；在 1935 年 3 月，特里佩尔退休，在当时的情形下没有考虑延迟退休的问题；在他 70 岁和 75 岁生日时也没有举办惯常应举行的荣誉性学术活动。⑧ 只有他家乡的莱比锡法学院在 1941 年 7 月 2 日举办活动庆祝他获得博士学位 50 周年，表彰他"在那段艰难和黑暗的时期，作为一个信念坚定的先驱者，为法律的信念和正义而斗争"⑨。

　　1927 年，热衷于徒步爬山的特里佩尔就在翁特格莱纳赫(Untergrain-

---

⑥　Bericht der Juristischen Fakultät an das Ministerium der geistlichen und Unterrichts-Angelegenheiten vom 13. Dezember 1912, zitiert nach Ulrich Gassner, Heinrich Triepel: Leben und Werk, Berlin 1999, S. 76, und Christian Tomuschat, Heinrich Triepel (1868 - 1946), in: Festschrift 200 Jahre Juristische Fakultät der Humboldt-Universität zu Berlin, Berlin 2010, S. 500.

⑦　Rudolf Smend, Zur Geschichte der Berliner Juristenfakultät im 20. Jahrhundert, in: Hans Leussink u. a. (Hrsg.), Studium Berolinense: Gedenkschrift, Berlin 1960, S. 109 - 128 (123).

⑧　Anna-Maria Gräfin v. Lösch, Der nackte Geist: Die Juristische Fakultät der Berliner Universität im Umbruch von 1933, Tübingen 1999, S. 376 ff.

⑨　Urkundentext, zitiert nach Ulrich Gassner, Heinrich Triepel: Leben und Werk, Berlin 1999, S. 104.

ach）——德国的最高峰楚格峰山脚下购买了一个度假寓所。当其位于柏
林-夏洛特堡的房屋在 1944 年 2 月的轰炸中完全被毁时，他和家人就住
在这里。由于健康原因，他从未考虑过要回到柏林。由于贫困和糟糕的
运气，他在 1945 年 4 月的眼部手术之后几乎完全失明。1946 年 11 月 23
日清晨，海因里希·特里佩尔在翁特格莱纳赫逝世，直至最后一刻，他
仍在从事学术研究。他的墓地位于奥伯格莱瑙（Obergrainau）的山地公
墓，但在 1988 年被移走。

二、工作

　　海因里希·特里佩尔的终身成就赢得人们的尊重，不仅在于他潜心
著述。在他的时代，只有少数几个国家法学者像特里佩尔那样作为大学
教师以及作为高等学校政治家和社团政治家具有广泛的影响力。作为一
位大学教师，他的工作在几十年的时间里一直得到高度评价。然而，特
里佩尔的才能还在于教学，这在他获聘图宾根的第一个教职时就已经铺
平了道路。根据一些在柏林上过他的课程的学生讲述，他的授课方式生
动活泼。[10] 无论特里佩尔作为大学教师做出多大的贡献，他发挥决定性
作用而创立的德国国家法教师协会都应该予以着重强调：他在 1922 年 6
月 22 日的邀请信中明确写道，作为一个新协会，其目的之一在于"对
公法进行有效地探讨，为大学的课程及其考试提供建议"[11]。

　　正如斯门德所述，"在正式的、同事的、学术的相互关系中"，特里
佩尔是"亲切友好的，但也是极具个性和令人信服的——仅有的一次完
全不得体的情况是偶然地被较高年级的社团学生鲁莽地拖走"。[12] 特里佩
尔关于大学自治的职务工作突出地体现在他于 1926—1927 年担任大学的

---

　　⑩　Näher Ulrich Gassner, Heinrich Triepel: Leben und Werk, Berlin 1999, S. 80 ff. 当然也
有批评的声音，例如，卡尔·赫尔曼·乌勒（Carl Hermann Ule）认为，"他针对维也纳学派所
进行持续不断的论辩是不客观的，特别是针对阿尔弗雷德·费尔德罗斯（Alfred Verdroß）"，
"更确切地说，是令人生厌的"。Vgl. Ein juristisches Studium vor über 50 Jahren, Köln u. a.
1982, S. 24.
　　⑪　Zitiert nach Ulrich Gassner, Heinrich Triepel: Leben und Werk, Berlin 1999, S. 133 f.
　　⑫　Rudolf Smend, Heinrich Triepel, in: Festschrift für Gerhard Leibholz, Bd. 2, Tübingen
1966, S. 119.

校长。除了以伟大的人格和一丝不苟的态度完成其代表和管理工作之外，他在此期间发表的两次校长演讲特别值得一提。[13] 比尔芬格（Bilfinger）和斯门德作为亲耳听到的见证人回忆起，特里佩尔在 1927 年亲自将校长外套交给其继任者，并且明确地表达了他对于校长职位的理解："这个外套分量很重，质量很好，人们绝不容许让它随风摇摆。"[14]

在当时，特里佩尔的名字为人所熟知特别是基于他所编的法律和条约汇编：《德意志帝国国家法汇编》（1901—1931 年）以及格奥尔格·弗里德里希·冯·马滕斯（Georg Friedrich von Martens）于 1791 年始编的著名的《新条约汇编》（1909—1944 年），这进一步巩固了特里佩尔的国际声誉。特里佩尔将这些法律和条约汇编视为法学课程必需的资料，[15] 多次强调其重要性，并且赋予其法学理论的意义。特里佩尔长年共同编辑的诸多法学专业期刊表明了他在同行中的地位和作用：《尼迈尔国际法杂志》（1915—1933 年）、《公法档案》（1919—1934 年）、《国际法、外交学与社会政策杂志》（1923—1941 年）、《公法年鉴》（1927—1938 年）、《德国法学家报》（1928—1933 年）。在（并非总是自愿地）放弃这些期刊杂志的编辑身份之后，特里佩尔（直至 1944 年）都将由他自 1929 年共同创办的《外国公法和国际法杂志》视为避难所，并且在这段时期"很少有例外不坚持学术标准而败坏其声誉"[16]。

关于特里佩尔所属的专业协会，首先是国际法研究所，他在 1910 年被增补为合作者。1920 年，他跟所属的其他德国的成员一起因关于战争债务问题的争议而宣布退出。但是，这并没有导致特里佩尔在国际上被

---

[13] Staatsrecht und Politik, 15. Oktober 1926; Die Staatsverfassung und die politischen Parteien, 3. August 1927.

[14] Carl Bilfinger, In memoriam Heinrich Triepel, ZaöRV 13 (1950/51), S. 13; Rudolf Smend, Zur Geschichte der Berliner Juristenfakultät im 20. Jahrhundert, in: Hans Leussink u. a. (Hrsg.), Studium Berolinense: Gedenkschrift, Berlin 1960, S. 124; Rudolf Smend, Heinrich Triepel, in: Festschrift für Gerhard Leibholz, Bd. 2, Tübingen 1966, S. 119.

[15] Vgl. Ulrich Gassner, Heinrich Triepel: Leben und Werk, Berlin 1999, S. 59 ff.

[16] Michael Stolleis, Geschichte des öffentlichen Rechts in Deutschland, Band 3: Staats- und Verwaltungsrechtswissenschaft in Republik und Diktatur: 1914–1945, München 1999, S. 394. 施托莱斯教授提到一个例外：Günther Küchenhoff, Großraumgedanke und völkische Idee im Recht, ZaöRV 12 (1944), S. 34–82。Hierzu auch Mathias Schmöckel, Die Großraumtheorie: Ein Beitrag zur Geschichte der Völkerrechtswissenschaft im Dritten Reich, insbesondere der Kriegszeit, Berlin 1994, S. 157, 196 ff., passim.

孤立：1923 年，他作为第一个被邀请的德国人，参加新创立的海牙国际法研究院并发表重要演讲；[17] 1927 年，他成为法国国际公法研究所的创始成员；[18] 1928 年，他成为德国-荷兰比较理事会的终身成员。由于他跟特奥多尔·尼迈尔（Theodor Niemeyer）之间不甚友好的关系，特里佩尔在德国国际法学会于 1917 年成立多年之后才加入该学会，但是是作为不同的委员会成员（国籍法、下一代和少数群体保障委员会）而进行工作，自1923 年起，特里佩尔成为理事会成员。特里佩尔还主动加入柏林的国家学学会，在 1915 年至 1937 年期间，他多次针对国家法和国际法的现实问题和基本问题作了报告。[19] 在"法与经济"协会，他与埃里希·考夫曼一起在 1918—1919 年共同起草宪法草案。在德国法学家大会中，特里佩尔先是作为会员，后来成为常设代表团的主席，在德国法学家大会中发挥重要影响，其中之一是将公法与政治分离开来，使其成为专门的研究对象，并且曾两次作为报告人作了报告（1921 年和 1924 年）。特里佩尔还为德国国家法教师协会的创立做出了奠基性贡献，该协会的创立主要是基于他的决定性倡议。作为一个各方面都受到敬重的同事和较年长的、与帝国（怀旧的？）有着密切联系的一代的一分子，作为一个有经验的组织者和温和的批判实证主义的代表，他都适合以其特殊的智慧开展论坛的讨论和促进学科的同事之间的融合，但是魏玛的方向之争及其背后积郁的政治冲突都使现实面临着分裂的危险。[20] 作为 1922 年至 1926 年

---

⑰ Les rapports entre le droit interne et le droit international, Recueil des Cours de l'Académie de Droit International (RdC) 1 (1923), S. 73 - 121.

⑱ 其他的创始成员还有约瑟夫·贝特莱米（Joseph Berthélémy）、弗里茨·弗莱纳（Fritz Fleiner）、莫里斯·豪里乌（Maurice Hauriou）、汉斯·凯尔森（Hans Kelsen）、瓦尔特·许金（Walther Schücking）、弗里茨·施蒂尔-佐姆洛（Fritz Stier-Somlo）。

⑲ Die Freiheit der Meere (31. Januar 1916), Grundfragen der künftigen Reichsverfassung (31. Januar 1919), Glossen zur neuen preußischen Verfassung (24. Juni 1921), Die neueste Entwicklung der internationalen Schiedsgerichtsbarkeit (27. Juni 1924), Verfassungsänderungen (22. März 1929), Über Hegemonie (27. Januar 1933), Auswärtige Politik der Unverantwortlichen (26. November 1937)—letzteres (dem missverständlichen Titel zum Trotz) vermutlich eine erste Fassung des Aufsatzes „Die auswärtige Politik der Privatpersonen", ZaöRV 9 (1939/40), S. 1 - 30 (zur fehlenden Verantwortlichkeit ebd., S. 23 ff.).

⑳ Rudolf Smend, Zur Geschichte der Berliner Juristenfakultät im 20. Jahrhundert, in: Hans Leussink u. a. (Hrsg.), Studium Berolinense: Gedenkschrift, Berlin 1960, S. 123 f.; Michael Stolleis, Geschichte des öffentlichen Rechts in Deutschland, Band 3: Staats- und Verwaltungsrechtswissenschaft in Republik und Diktatur: 1914 - 1945, München 1999, S. 186 f.

的主席，特里佩尔谨慎地指出，应让不同的思想流派表达自己的主张和见解。㉑ 1928 年，在维也纳举行的德国国家法教师协会会议上，特里佩尔与新实证主义的"倡导者"汉斯·凯尔森㉒共同作为报告人作了题为《宪法审查的本质及其发展》的报告。

在第一次世界大战期间，年近五旬之人所具有的"永不疲倦的一体化的意愿"㉓ 很少被预感到。当时，特里佩尔——跟他同时代的诸多知识分子一样——表现出不愿意妥协的民族主义和好战主义的立场：1915年 6 月，他在所谓"知识分子请愿书"（即"泽贝格请愿书"["Seeberg-Adresse"]）上签名，其中表达了兼并主义者的战争目的，并在 1917 年 7 月补充了一个新的请愿书，拒绝和平谈判。1918 年，他作为共同签署者响应大学教师的号召，最初是支持军队最高统帅部兼并波兰领土的"和平兼并"目的，并且在 10 月份支持帝国首相马克斯·冯·巴登（Max von Baden）提出的"强制性的和平"。特里佩尔的这种态度和行为使他陷入 1918 年至 1920 年间与"支持国际联盟的德意志联盟"及其主席马蒂亚斯·埃茨贝格尔（Matthias Erzberger）之间的冲突。对立特别严重的是，德意志联盟试图——最终无功而返——将具有爱好和平的思想倾向的国际法学者瓦尔特·许金（Walther Schücking）聘任到柏林，而特里佩尔则明确表示反对。㉔ 在帝国时期，特里佩尔成为德意志帝国党的成员，他在 1919 年又加入德意志民族人民党（DNVP），为了该党的利益，他在 1919 年年初两次支持其竞选宣言。之后，特里佩尔似乎尽可能地跟政治宣言保持一定的距离。1919 年 7 月，他拒绝在引渡威廉二世的声明上署名。㉕ 通过胡根贝格（Hugenberg）的政策，特里佩尔逐渐与德意志民族人民党疏远，并且在魏玛共和国后期支持以戈特弗里德·特雷维拉努斯（Gottfried Treviranus）为首的团体，而该团体支持帝国总理布吕宁

　㉑　Siehe Michael Stolleis, Geschichte des öffentlichen Rechts in Deutschland, Band 3: Staats- und Verwaltungsrechtswissenschaft in Republik und Diktatur: 1914 – 1945, München 1999, S. 188 ff.

　㉒　将凯尔森描述为维也纳学派的"倡导者"，vgl RdC 1 (1923), S. 84。

　㉓　Ulrich Gassner, Heinrich Triepel: Leben und Werk, Berlin 1999, S. 139.

　㉔　Näher Ulrich Gassner, Heinrich Triepel: Leben und Werk, Berlin 1999, S. 94 ff.

　㉕　特里佩尔在 1919 年 2 月就已经发表一篇与政治论争无关的文章，从国际法的角度论述了这个问题：Die Auslieferung des Kaisers, in: Deutsche Politik 4 (1919), S. 299 – 305。

(Brüning)。㉖

在 1907 年出版的《德意志帝国的中央集权主义和联邦主义》一书中，特里佩尔承认自己对于君主制的热情："我们德意志人是君主制下的人民，君主制'延展到我们的四肢'。没有君主制，我们不可能活下去。"㉗ 然而，"发自内心地拥护君主制"的特里佩尔在魏玛共和国时期远远不只是一个失去激情的"理性的共和主义者"㉘。他始终建设性地维护和支持《魏玛宪法》；㉙ 在"法与经济"协会时于 1918—1919 年参与起草宪法草案，㉚ 积极参与协会和委员会(州大会的宪法委员会、历史学的帝国委员会、德国大学的权利保障团体等等)，作为国务法院的法官(以法院的组织形式，对于针对帝国总统、帝国总理和帝国部长的控诉作出裁决)，作为鉴定专家以及为德国法学家大会和德国国家法教师协会确定会议主题。与此同时，他始终强调要维护和加强法治国家建设。特里佩尔作为一个"传统的民主制的批判者同时又带有些许自由-保守的思想"㉛ 当然始终是能觉察到的，他在 1927 年所做的有问题的校长演讲体现得最为明显。这里，他注意到"根据自由原则而形成的法"以及存在不可调和的矛盾的情形下"大众民主的实效性"问题，要解决这种矛盾必须"改善'平等主义的'民主，而这需要通过领袖型寡头政治的

　㉖　Ulrich Gassner, Heinrich Triepel: Leben und Werk, Berlin 1999, S. 181 ff.

　㉗　Unitarismus und Föderalismus im Deutschen Reiche, Tübingen 1907, S. 124.

　㉘　这是弗里德里希·迈内克的名言，乌尔里希·加斯纳将其用在特里佩尔身上。Vgl. Friedrich Meinecke, Verfassung und Verwaltung der deutschen Republik, in: Die neue Rundschau 30 (1919), S. 1–16 (2); Ulrich Gassner, Heinrich Triepel: Leben und Werk, Berlin 1999, S. 183 f.

　㉙　当然，人们可能以特里佩尔没有专门研究《魏玛宪法》的著作，将此作为他对于魏玛体系缺乏认同的证据，特别是《帝国的监督》(1917 年)被看作是君主国的宪法不具有统一性和完整性的体现。

　㉚　斯门德的评价是特里佩尔的"非常有生命力的研究"，参见 Rudolf Smend, Heinrich Triepel, in: Festschrift für Gerhard Leibholz, Bd. 2, Tübingen 1966, S. 114;„Die Entwürfe zur neuen Reichsverfassung", in: Schmollers Jahrbuch 43 (1919), S. 459–510。

　㉛　Ulrich Gassner, Heinrich Triepel: Leben und Werk, Berlin 1999, S. 117.

改革和国家结构组织的改革来实现”。㉜

特里佩尔发表在 1933 年 4 月 2 日《德意志汇报》上的一篇文章㉝继续了他在上述演讲中所述的内容，此后，他赞同纳粹的掌权并将其视为解放，并且将授权法视为“合法的革命”：在法的轨道上，但是“跟《魏玛宪法》的基本思想无疑是完全矛盾的”。论证其合法性是贯穿在特里佩尔这篇文章中的红线，但是，他利用合法性作为论据来提醒对于法治国家的制度和自由权利的尊重：㉞

> 总的来说，总理重视和强调他对于正义的感受。我们同意他所说的话。在他看来，授权法是以最简明扼要的形式来执行帝国的宪法，也包括标题部分：“德国人的权利和义务”。在这一章中有些内容令人感到奇怪，有些内容是倾向于妥协的，还有些内容是“马克思主义的”。若将这些内容彻底清除出去，我们不会感到怜惜。但是，其中还涵括了诸多描述真正的、古老的德意志法律遗产的内容。例如，某些“自由权利”，人们不应随便摆摆手就放弃这些留存下来的“自由主义”的成果……虽然这些自由权利可以在一些紧急状态和例外情形下被限制和剥夺，但是不能长久地放弃这些自由权利。德国的农民和德国的工人以及德国的手工业者和德国的学者都将以“自由为基础，成为自由的人民”。

在所有的德意志民族的特性中，将“彻底消灭”的修辞法和《浮士

㉜　Die Staatsverfassung und die politischen Parteien（1927），Berlin 1928，Zitate auf S. 28. Karl Dietrich Bracher，Die Auflösung der Weimarer Republik，5. Aufl. 1971（Nachdruck 1978），S. 36，这里认为建立了一种权威的国家理论。霍伦巴赫给予其高度评价（“对于议会主义的本质持有自由-贵族气派的基本观念”），参见 Alexander Hollerbach，Zu Leben und Werk Heinrich Triepels，AöR 91（1966），S. 434 ff.。同样引人注目的还有特里佩尔的学生莱布霍尔茨在德国国家法教师协会会议上所作的报告，vgl. Gerhard Leibholz，Die Wahlrechtsreform und ihre Grundlagen，VVDStRL 7（1932），S. 159 - 190。Zu dessen Einordnung wiederum Michael Stolleis，Geschichte des öffentlichen Rechts in Deutschland，Band 3：Staats- und Verwaltungsrechtswissenschaft in Republik und Diktatur：1914 - 1945，München 1999，S. 198 f.

㉝　Abgedruckt bei Martin Hirsch/Diemut Majer/Jürgen Meinck（Hrsg.），Recht，Verwaltung und Justiz im Nationalsozialismus，Köln 1984，S. 116 - 119.

㉞　Ebd.，S. 118.

德Ⅱ》中的咒语作为一个时代的典型的效忠信几乎是不可能的。㉟ 特里佩尔在1934年为《公法档案》发行24年所写的导言与此类似，这一期出版于1933年4月初，而出版社基于象征性的原因，将其标注为新一年度的第一期。在此，特里佩尔承认，"在宪法的逐步形成中认识宪法，是可以理解的，也是有助益的，这能给人以启发和灵感，而在他处则伴随有警告的性质"，他还提醒人们，"一个新的时期……不应漫不经心地排除那些流传下来的有用的思想遗产，这些思想遗产能够适用于将来的思想建设"。㊱

《德国法学家报》在"一体化"㊲企图方面的落空，特里佩尔发挥的作用是决定性的：他宁愿长久地将其停刊。㊳出于对德国国家法教师协会的责任心，他在1933年4月退出协会，因为他意识到，奥托·克尔罗伊特(Otto Koellreutter)在推进其"一体化"㊴。在1933年，特里佩尔就已经辞去《德国法学家报》的共同编者之职，此后，他在1934年又退出《公法档案》的编辑圈子，他将这个圈子看作是在让步和妥协之后，"在陡峭的道路上"的新的幽灵。㊵对法治国家及其制度的蔑视以及亲密的朋友(例如埃里希·考夫曼、格哈德·莱布霍尔茨)逐渐地被剥夺权利，使特里佩尔在纳粹德国成为一个持不同政见者，㊶尽管他——根据

㉟　So auch Anna-Maria Gräfin v. Lösch, Der nackte Geist: Die Juristische Fakultät der Berliner Universität im Umbruch von 1933, Tübingen 1999, S. 151 f.

㊱　详见 Lothar Becker, „Schritte auf einer abschüssigen Bahn": Das Archiv des öffentlichen Rechts (AöR) im Dritten Reich, Tübingen 1999, S. 60 ff. 。

㊲　这里的"一体化"(Gleichschaltung)是指纳粹在组织、思想等方面实施的具有强制性的"一体化"。——译注

㊳　Ulrich Gassner, Heinrich Triepel: Leben und Werk, Berlin 1999, S. 131 ff.

㊴　Ulrich Gassner, Heinrich Triepel: Leben und Werk, Berlin 1999, S. 143. 这里引自1933年4月21日写给克尔罗伊特的一封信，特里佩尔在信中告知此事。特里佩尔在上一封信中跟他"以友好的方式继续确认，迄今为止都只是推测的事情。我现在清楚地看到，旅行的目的地是哪里，因此想尽快地告知您，我已经打算不再一起继续此项工作"。

㊵　特里佩尔在1933年7月22日写给出版者格奥尔格·西贝克(Georg Siebeck)的信，zitiert nach Ulrich Gassner, Heinrich Triepel: Leben und Werk, Berlin 1999, S. 167。关于《公法档案》在1933年至1934年期间的具体情形，参见 Lothar Becker, „Schritte auf einer abschüssigen Bahn": Das Archiv des öffentlichen Rechts (AöR) im Dritten Reich, Tübingen 1999, S. 45 – 131。

㊶　这是格特鲁德·拉普的评价，参见 Gertrud Rapp, Die Stellung der Juden in der nationalsozialistischen Staatsrechtslehre, Baden-Baden 1990, S. 170 ff.；Ulrich Gassner, Heinrich Triepel: Leben und Werk, Berlin 1999, S. 188。

他自己的表达[42]——从未积极地予以反抗。特里佩尔没有加入纳粹党或者纳粹国家的机构。[43] 在他逝世之后出版的最后的著作中，特里佩尔在书中回顾了国家社会主义的种族立法，将其视为令人厌恶的、极其不道德的法。[44] 在长时间与宪法问题保持一定的距离之后，特里佩尔在第二次世界大战末期尝试参与建构一个新的德国宪法秩序，并为此做出自己的贡献。[45]

三、著作

海因里希·特里佩尔的著作范围十分广泛，在较窄的范围内不能做出客观的评价；因此，有必要区别出一些具有主导性的主题，这些主题与特里佩尔的专题性研究具有密切的联系。亚历山大·霍勒巴赫(Alexander Hollerbach)曾明确指出，[46] "对特里佩尔的著作进行形式类型学的区分"最终"不能区分出重要著作和普通著作"。

特里佩尔首先是一位国际法学者。在《国际法与地区法》（1899年）中，他为两个不同地区的法律之间关系的二元理论奠定了理论基础，一个地区的规范只有经过转化才能成为另一个地区的法律（第 111 页及以下诸页，第 169 页及以下诸页）。直至 1923 年，他在海牙授课时还针对维也纳学派的一元理论来为这种理论辩护。[47] 特里佩尔在该著作中体现为实证主义理论的代表，认为国际法的效力基础在于通过国家的意志将其"本土化"，对此，他提出，"共同体的意志"成为各方"协议"

---

[42]　Personalfragebogen, Universitätsarchiv der Humboldt-Universität zu Berlin, nach Ulrich Gassner, Heinrich Triepel: Leben und Werk, Berlin 1999, S. 149.

[43]　仅有的一次例外是，他在 1936 年接受了德国军事政策和军事科学协会的荣誉会员资格，参见 Ulrich Gassner, Heinrich Triepel: Leben und Werk, Berlin 1999, S. 169。

[44]　Vom Stil des Rechts (1947), Nachdruck Berlin 2007, S. 151.

[45]　So v. a. Denkschrift vom März 1946, aus dem Nachlaß herausgegeben von Alexander Hollerbach, AöR 91 (1966), S. 537－550; ferner: Zweierlei Föderalismus, SJZ 2 (1947), Sp. 150－152.

[46]　Alexander Hollerbach, Zu Leben und Werk Heinrich Triepels, AöR 91 (1966), S. 423.

[47]　RdC 1 (1923), S. 85 ff.

的基础，这首先需要建立国际法渊源的语言游戏规则（第 88—89 页）。[48]
1911 年，特里佩尔在基尔时就称他"已经将国际法领域的学术研究确定
为自己毕生的事业"[49]（这通过一系列篇幅较小的文章和鉴定工作得到证
明），但是，在去往柏林之后，他的主要研究完全转向了国家法和行政
法。在他生命的最后一段时期，他又重新转回国际法研究。[50]

　　特里佩尔当时断然地批评国际联盟，[51] 在 1945 年之后，他寄希望于
联合国，并且看到了一种"新"的国际法的可能性。在这种"新"的国
际法秩序中，国家主权——这始终是特里佩尔的法律观念的基点[52]——
并不是唯一的构成要素，[53] 这表明了他对于自己的立场的深思熟虑。虽
然他对于跟纽伦堡审判相关的"不根据法律就不得惩罚"的原则持积极
态度，但是他同时也提出问题：纽伦堡审判给人留下的"深刻的印象"
是否并非"首先是基于控告行为所实施的所有超出人们想象的恶行"。[54]

　　国家之间联系的法律与实践无疑是特里佩尔的"毕生事业的主要特
征"[55]。他的大量论著都证明了这一点，特别是其三本大篇幅的著作：
《德意志帝国的中央集权主义和联邦主义》（1907 年）、《帝国的监督》
（1917 年）以及《霸权》（1938 年）。在《德意志帝国的中央集权主义和

---

　　[48]　Zur Würdigung Christian Tomuschat, Heinrich Triepel (1868 - 1946), in: Festschrift 200
Jahre Juristische Fakultät der Humboldt-Universität zu Berlin, Berlin 2010, S. 504 ff.

　　[49]　Der Seeoffizier und das Studium des Völkerrechts, Marine-Rundschau 22 (1911), S.
1217.

　　[50]　Die Hegemonie, Stuttgart 1938; Die auswärtige Politik der Privatpersonen, ZaöRV 9
(1939), S. 1 - 30; Die geschichtliche Entwicklung des Seekriegsrechts bis zur Londoner Deklara-
tion, in: Walter Gladisch/Berthold Widmann (Hrsg.), Grundfragen des Seekriegsrechts im
zweiten Weltkrieg, Berlin 1944, S. 27 - 64; Rezensionen in ZaöRV 11 (1941), S. 616 - 625 und
12 (1944), S. 130 - 136. 在两次世界大战期间只有: Virtuelle Staatsangehörigkeit, Berlin 1921;
Internationale Wasserläufe, Berlin 1931; zwei kürzere Rechtsgutachten (1931, 1932)。

　　[51]　Der Völkerbund, in: Daheim 55 (1918/19), Nr. 2 vom 12. Oktober 1918, S. 8 f.

　　[52]　Rudolf Smend, Heinrich Triepel, in: Festschrift für Gerhard Leibholz, Bd. 2, Tübingen
1966, S. 109.

　　[53]　Ulrich Gassner, Heinrich Triepel: Leben und Werk, Berlin 1999, S. 499 ff., 这里是根
据两个未出版的文本的分析，也参见讽刺性短评《从恐惧走向信任》, in: Neue Zeit vom
8. 1. 1947, S. 1 f., 该文以如下话语结尾："若联合国是成功的，那么受到折磨的欧洲就能
保证得到持久的和平，它所引导的道路就是从恐惧走向信任，伟大的欧洲人由此实现百年之
久的梦想！"

　　[54]　Die neuen Wege des Völkerrechts, unveröff. Manuskript, ca. 1946, S. 7, zitiert nach
Ulrich Gassner, Heinrich Triepel: Leben und Werk, Berlin 1999, S. 503.

　　[55]　Alexander Hollerbach, Zu Leben und Werk Heinrich Triepels, AöR 91 (1966), S. 425.

联邦主义》中，特里佩尔将联邦国家定义为一种"混合形式"、一种
"介于邦联和中央集权国家的中间形式"，认为"中央集权主义和联邦主
义的追求之间长久存在冲突"（第9—10页），以此为基础展开论述。他
以俾斯麦帝国宪法为例，认为该帝国宪法所起到的宪法的调节器作用对
于其他联邦国家的秩序同样是有益的，人们可能会想到基本法之下的中
央集权化趋势，对此，在结构上，目前为止只能通过修改宪法的"联邦
主义改革"来予以应对。特里佩尔很快将这种分析应用于对于联邦国家
的不同职能的研究方面并予以深化，包括与美国的隐含权力理论和概括
条款的法律比较，将其作为加强中央权力的灵感来源。[56] 特里佩尔明确
表达出他所判断的中央集权化趋势（第80页），此外，他还将俾斯麦的
联邦国家的命运问题与普鲁士的霸权地位联系起来（第105页及以下
诸页）。

在其共715页的重要著作《帝国的监督》中，特里佩尔选择以监督
作为出发点，将监督视为在一个"由各部分所组成的"国家中的历史-
政治冲突的场所，"从帝国监督的角度来研究德意志帝国的国家法"（第
6页），并且提出了监察功能和改正功能以及区分独立监督和非独立监督
的类型，这都对基本法的讨论产生影响。[57] 他将法院的审查（第124页及
以下诸页）以及一些温和的方式，例如"告诫、提醒、异议"（第630
页）均归入监督的概念之下，直至今天，这对于分析欧盟的行政法都具
有借鉴意义。[58]

特里佩尔的巨大吸引力来源于他的"中央集权-普鲁士倾向"[59]，而
普鲁士在帝国始终居于主导地位，直至魏玛时代末期，普鲁士一直都是

[56] Die Kompetenzen des Bundesstaats und die geschriebene Verfassung, in: Staatsrechtliche Abhandlungen: Festgabe für Paul Laband zum 50. Jahrestage der Doktor-Promotion, Bd. 2, Tübingen 1908, S. 249 – 335.

[57] Ulrich Gassner, Heinrich Triepel: Leben und Werk, Berlin 1999, S. 322 m. w. N.

[58] Vgl. Andreas v. Arnauld, Zum Status quo des europäischen Verwaltungsrechts, in: Jörg Philipp Terhechte (Hrsg.), Verwaltungsrecht der Europäischen Union, Baden-Baden 2011, § 2 Rn. 7, 34. Vertiefend Meike Eekhoff, Die Verbundaufsicht, Tübingen 2006, S. 112 ff. , passim.

[59] Ulrich Gassner, Heinrich Triepel: Leben und Werk, Berlin 1999, S. 305.

冲突之源。[60] 在具有终生的吸引力方面，人们完全有理由将出版于1938年的《霸权》列入在内。这本著作表面上是"一本领导国家的书"（其副标题），其出发点是"领导人类"和"领导团体"，并且提出各国之间"相对意义上的"平等性，"而不是绝对的平等"（第217页），这事实上提出了"几个具有危险性的关键词"。[61] 然而，以自愿的追随（第217—218页："真正的霸权类型"）为基础，特里佩尔只是将霸权适用于国际法上，并且解释道，它不涉及其他民族和国家的服从的合法性。他的著作的目的在于，"在方法上将国际关系的社会学跟（基于历史的）国家法和国际法融合在一起"，"更确切地说，是一位远离国家社会主义的、秉持民族保守主义的退休教授基于广阔的空间和丰富的资料而进行的世界史的省思"。[62] 此外，通过对国家的平等性进行比较的解释，特里佩尔还论及对实体的平等的理解，他在对《魏玛宪法》的平等条款进行解释时就已经提出这种观点，[63] 至今仍对联邦宪法法院的判决产生影响。[64]

特里佩尔研究的第三个方面的重要主题是法治国家，但是只是针对具体问题进行研究，没有形成专著。其中居于核心地位的是基本权利的

---

[60]　即所谓1932年的"普鲁士政变"。Vgl. dazu Triepels Anmerkung „Die Entscheidung des Staatsgerichtshofs im Verfassungsstreite zwischen Preußen und dem Reiche", in：DJZ 37（1932），Sp. 1501 – 1508. 关于普鲁士的霸权地位，参见 Das Interregnum, Leipzig 1892, S. 107 ff.；Unitarismus und Föderalismus im Deutschen Reiche, Tübingen 1907, S. 107 ff.；Die Reichsaufsicht, Berlin 1917, S. 708 ff. 。

[61]　So Michael Stolleis, Geschichte des öffentlichen Rechts in Deutschland, Band 3：Staats- und Verwaltungsrechtswissenschaft in Republik und Diktatur：1914 – 1945, München 1999, S. 388, 对此有不同的评价。

[62]　Michael Stolleis, Geschichte des öffentlichen Rechts in Deutschland, Band 3：Staats- und Verwaltungsrechtswissenschaft in Republik und Diktatur：1914 – 1945, München 1999, S. 389. Kritischer Mathias Schmöckel, Die Großraumtheorie：Ein Beitrag zur Geschichte der Völkerrechtswissenschaft im Dritten Reich, insbesondere der Kriegszeit, Berlin 1994, S. 118 ff.；Christian Tomuschat, Heinrich Triepel（1868–1946）, in：Festschrift 200 Jahre Juristische Fakultät der Humboldt-Universität zu Berlin, Berlin 2010, S. 508 f.

[63]　Goldbilanzen-Verordnung und Vorzugsaktien, Rechtsgutachten, Berlin 1924, S. 29 ff.

[64]　Aus der Frühzeit BVerfGE 1, 14（52）；1, 264（275 f.）. Zur Diskussion näher und m. w. N. Sigrid Boysen, in：Ingo v. Münch/Philip Kunig（Hrsg.）, Grundgesetz-Kommentar, Bd. 1, 6. Aufl. 2012, Art. 3 Rn. 64 ff.

"三次升值"⑥——通过内容的扩展⑥、相对于立法者所具有的效力及其之间的密切联系以及他多年来一直强调和捍卫的司法审查权。⑥一些人"更多地将法治国家的狂热者作为怀疑论者"⑥，有这种宪法政治动机倾向的人无疑应该是根深蒂固的民主怀疑论者。特里佩尔的其他法治国家的研究涉及立法者授权行政机构立法的内在界限⑥、违反宪法的问题⑦以及相对于联邦国家的宪法审查权，受早期立宪主义影响的国务法院的司法权的发展。⑦

特里佩尔的学术研究涉及的其他为数众多的研究主题中，还有两本晚期的著作具有特殊的意义：在1942年的《代表与授权》中，特里佩尔接续了在图宾根时期的准备工作，其目的在于将两个研究所完全分离开来。在追溯罗马法渊源的基础上，他将二者的主要区别界定为：代表导致职权的转移，并且改变职能制度，而授权"或者将任务委托给一个机构，由其行使委托者的职权，或者……由有权机关将其职能全权授予另一个主体，由该主体以授权者的名义履行法律行为"（第26页）。由此，特里佩尔得出结论，认为代表需有资格，"至少在现代宪法国家"不能违反宪法规定的职能制度（第38页），但是，"在一定的情形下，根据不成文法的规定，减轻或免除职能承担者的责任"是可能的（第111页）。特里佩尔细致地区分代表和授权的不同形式及其下一级形式，并

⑥　Konzise Rudolf Smend, Heinrich Triepel, in: Festschrift für Gerhard Leibholz, Bd. 2, Tübingen 1966, S. 115. Näher Ulrich Gassner, Heinrich Triepel: Leben und Werk, Berlin 1999, S. 355 ff.; Christian Tomuschat, Heinrich Triepel (1868–1946), in: Festschrift 200 Jahre Juristische Fakultät der Humboldt-Universität zu Berlin, Berlin 2010, S. 510 ff.

⑥　特别是平等原则和财产保障：Goldbilanzen-Verordnung und Vorzugsaktien, Rechtsgutachten, Berlin 1924. Näher Ulrich Gassner, Heinrich Triepel: Leben und Werk, Berlin 1999, S. 358 ff.。

⑥　Ulrich Gassner, Heinrich Triepel: Leben und Werk, Berlin 1999, S. 375, 这里表明特里佩尔起到了"大众传播的先锋作用"。

⑥　Wesen und Entwicklung der Staatsgerichtsbarkeit, VVDStRL 5 (1928), S. 28.

⑥　Empfiehlt es sich, in die Reichsverfassung neue Vorschriften über die Grenzen zwischen Gesetz und Rechtsverordnung aufzunehmen?, in: Verhandlungen des 32. DJT, Berlin/Leipzig 1922, Bd. 2, S. 11–35, 54–56.

⑦　Zulässigkeit und Form von Verfassungsänderungen ohne Änderung der Verfassungsurkunde, in: Verhandlungen 33. DJT, Berlin/Leipzig 1925, Bd. 2, S. 45–65（特里佩尔曾短期地协助已去世的原巴登州司法部长阿德尔贝特·迪林格尔［Adelbert Düringer］，迪林格尔曾表达过该原则）。

⑦　Wesen und Entwicklung der Staatsgerichtsbarkeit, VVDStRL 5 (1929), S. 2–29.

且深入地探讨和区分资格问题，这种研究体现出一个"最真实的特里佩尔"[72]。

特里佩尔的最后一部著作是《法的风格：一种法的美学研究》（在他逝世后，出版于 1947 年），在主题上可以看作是之前研究的"接龙"；跟特里佩尔的诸多著作一样，这部著作也是经过一个长期的成熟过程的成果。1892 年，特里佩尔就在《莱比锡报》上发表一篇关于"法学家德语"的文章[73]，指出从美学的角度来看待法，对他而言并非新近才关注的。文化研究对他产生了重要影响：他的外祖父是瑞士的汉学家和文献历史学家海因里希·库尔茨（Heinrich Kurz，1805—1873），他的岳父格奥尔格·埃贝斯（Georg Ebers，1837—1898）是埃及学研究者和作家，他的堂妹苏珊嫁给了美学家和艺术史学家马克斯·德索伊（Max Dessoir，1867—1947）；在国家学协会中，他跟伟大的历史学家弗里德里希·迈内克（Friedrich Meinecke，1862—1954）联系密切。在他的最后一部专著中，特里佩尔首先是借鉴了埃里希·罗特哈克（Erich Rothacker，1888—1965）的历史哲学，将法归化为特定时期的时间和空间中的"文化风格"或者"整体风格"（第 64 页），由此开启了一种可能性，即"从'风格批判'方面研究双重意义上的法：着眼于与整体风格的关系以及与其他文化现象的比较，特别是与经济、文学的比较"[74]。特里佩尔除了将纯粹的形式作为美学的研究对象之外，还研究内容以及内容与形式之间的关系（第 42 页及以下诸页）。特里佩尔创立的一些标准完全被确立为作家的人文主义的教育标准，这表明他的后期著作在诸多方面与现代的法美学的讨论联系密切。[75]

特里佩尔曾承认，他"特别是在图宾根时期"，"在方法论方面……

---

[72] Heinrich Mitteis, Rezension, in：Zeitschrift der Savigny-Stiftung für Rechtsgeschichte（Germanistische Abteilung）65（1947），S. 401–406（406）.

[73] Juristendeutsch, in：Leipziger Zeitung Nr. 169 vom 23. Juli 1892, S. 2729 f. Dazu Ulrich Gassner, Heinrich Triepel：Leben und Werk, Berlin 1999, S. 43.

[74] Andreas v. Arnauld/Wolfgang Durner, Heinrich Triepel und die Ästhteik des Rechts, in：Heinrich Triepel, Vom Stil des Rechts：Beiträge zu einer Ästhetik des Rechts（1947），Nachdruck mit einer Einführung, Berlin 2007, S. V–XLII（XXIX）. 再版的前言中对此予以高度评价。

[75] Näher Andreas v. Arnauld/Wolfgang Durner, Heinrich Triepel und die Ästhteik des Rechts, in：Heinrich Triepel, Vom Stil des Rechts：Beiträge zu einer Ästhetik des Rechts（1947），Berlin 2007, S. XXII ff.

就有了改变".[76] 他的基本观点是，向政治的、文化的和历史的作用开放——这明确地背离格贝尔和拉班德传统中的概念法学，他的这种观点再一次纲领性体现在 1926 年的校长演讲中。[77] 特里佩尔对概念法学的评价具有自己的特征，认为它是一种"与法伦理学联系在一起的、以价值为中心的目的论……涉及法与现实之间的关系以及分析-系统性的体系，并且通过相关的目的性的具体阐释，使各个部分之间共同作用"[78]。特里佩尔始终坚持区分实然与应然，并且认为尽管法来源于政治过程，但还是应当确立其界限。[79] 通过这种方法，特里佩尔在观念-概念方面的细致、精确的研究是可靠的，他的这种研究首先是受教于宾丁。特里佩尔被看作是反对实证主义者，而事实上，特里佩尔被讽刺为始终是进步的实证主义的代表，鲁道夫·斯门德以带入感情的笔触写道：[80]

　　特里佩尔没有参与（方法之争）。他了解当时有创见的经典作家，并且知道他们一旦有必要就会予以大力支持。但是，在我们看来，他完全是一个能够深入思考的法学家，并且他的联邦共同体学说为合法性论证提供了极大的助益。当然，我们不承认，他从内在克服实证主义，同时也是一个实证主义者。

四、 影响

　　马克·吐温（Mark Twain）曾写给卡莱布·托马斯·温彻斯特（Caleb Thomas Winchester）一句名言：一个经典作家是每个人都想读他的作品，

---

[76]　Delegation und Mandat, Stuttgart／Berlin 1942, S. III.

[77]　Staatsrecht und Politik: Rede beim Antritte des Rektorats der Friedrich-Wilhelms-Universität zu Berlin am 15. Oktober 1926, publiziert Berlin 1927.

[78]　Alexander Hollerbach, Zu Leben und Werk Heinrich Triepels, AöR 91 (1966), S. 433.

[79]　Ulrich Gassner, Heinrich Triepel: Leben und Werk, Berlin 1999, S. 296 f. 第 312 页所举的例子非常恰切。

[80]　Rudolf Smend, Heinrich Triepel, in: Festschrift für Gerhard Leibholz, Bd. 2, Tübingen 1966, S. 118.

但无一人愿意去读。这句名言实际上也适用于海因里希·特里佩尔[81]，尽管他是德国国家法学者中现在不为人熟知的重要人物。他的名字普遍地为人所知，但是几乎不跟他本人联系在一起——除了他作为德国国家法教师协会的发起者所发挥的作用。他从未创立一个学派，尽管他唯一的真正的学生格哈德·莱布霍尔茨（Gerhard Leibholz）承继了特里佩尔的研究。[82] 特里佩尔提出许多概念和方案，并且成为法学共有的知识财富，但是其著作权人则被人淡忘：国际法上的二元主义和转化理论、联邦国家的非成文的职能、联邦国家中的监督形式、禁止专断和实质平等、司法的规范审查、法规授权的界限、违反宪法、代表职权的形式和资格。这些概念和方案继续存在，却跟它们的创造者渐行渐远。它们体现出特里佩尔的智慧和卓越：他的"主权的区分艺术"[83] 是从大量精心收集的材料中创造出来的，这种创造又超越法律材料的界限，他的系统化观点所具有的明确性和准确性（因此，在逻辑上也是有争议的）表明，特里佩尔是"一个辩护者的辩护者"。只有对他的著作和工作进行整体性考察，才能理解特里佩尔对于公法学的全部意义，才能理解他提出的学说和创设的机构。[84]

---

[81] 霍伦巴赫评价他是公法的"经典作家"，参见 Alexander Hollerbach, Zu Leben und Werk Heinrich Triepels, AöR 91 (1966), S. 441。

[82] 例如，对于普遍性的平等原则的阐释：Die Gleichheit vor dem Gesetz: Eine Studie auf rechtsvergleichender und rechtsphilosophischer Grundlage (1925), 2. Aufl., München/Berlin 1959, 或者对于政党政治的批评：Die Wahlrechtsreform und ihre Grundlagen, VVDStRL 7 (1932), S. 159-190; Verfassungsrechtliche Stellung und innere Ordnung der Parteien, in: Verhandlungen des 38. DJT, Tübingen 1951, S. C2-C28。

[83] Rudolf Smend, Heinrich Triepel, in: Festschrift für Gerhard Leibholz, Bd. 2, Tübingen 1966, S. 109.

[84] Vgl. Rudolf Smend, Heinrich Triepel, in: Festschrift für Gerhard Leibholz, Bd. 2, Tübingen 1966, S. 116.

里夏德·托马（Richard Thoma, 1874—1957）

卡特林·格罗　著　　王银宏　译

一、从帝国到德意志联邦共和国时期的人生阶段

里夏德·托马于 1874 年 12 月 19 日出生在德国西南部黑森林地区的托特瑙（Todtnau），是一个工厂主的儿子。在布赖斯高（Breisgau）的弗莱堡（Freiburg）通过了高级中学毕业考试之后，他在柏林和弗莱堡学习法学。1900 年，托马以一篇题为《〈德国民法典〉的占有权中占有意愿的意义》的论文获得博士学位，导师是乌尔里希·施图茨（Ulrich Stutz）。在巴登州担任候补文职人员之后，他在 1906 年完成教授资格论文《巴登州法中的警察命令：基于法律比较的研究》，导师是海因里希·罗辛（Heinrich Rosin）。随后，他的高校学术生涯进入了快车道：1908 年，他就得到汉堡的克罗尼亚尔高等学校的聘任，1909 年去往图宾根，1911 年又得到海德堡大学的聘任，接替去世的格奥尔格·耶利内克的教授职位，在海德堡大学任教 17 年。在海德堡大学，他萌生出编写一种可归为教科书的文献类型《德国国家法手册》的想法，他跟同在海德堡大学的朋友格哈德·安许茨共同编写完成。[1] 托马后来拒绝了柏林的弗里德里希·威廉大学的聘任，而是在 1928 年到波恩大学任教，直至去世。[2]

---

[1] G. Anschütz, Aus meinem Leben, hrsg. v. W. Pauly, Frankfurt/M., Klostermann 1993, S. 171.

[2] H. Dreier,„ Unbeirrt von allen Ideologien und Legenden"—Notizen zu Leben und Werk von Richard Thoma, in: Richard Thoma, Rechtsstaat—Demokratie—Grundrechte. Ausgewählte Abhandlungen aus fünf Jahrzehnten, hrsg. v. H. Dreier, Mohr Siebeck, Tübingen 2008, S. XIII (XIII ff.).

　　在作为大学教师的早期，托马对于德国的君主立宪制政府持确信的态度。他是民族自由派的成员。他的思想的根本性转变发生在德国战败的那段时间。托马从此完全相信——并且不仅仅是听天由命③——新的民主的国家制度。④ 他加入了左翼的德国民主党，并且坚信要以《魏玛宪法》作为国家的基础，直至最后，他都确信《魏玛宪法》具有"相对的卓越性"⑤。1926 年，托马共同创立了"高校教师忠于宪法联合会"，1931 年更名为"魏玛圈子"。可以确定的是，他对民主与共和的态度不同于他对宪法的"爱"⑥，后世至少可以从细微之处作出不同的判断。这里论述——根据他对民主理论的解释——的跨度涉及托马从一个"发自肺腑的"共和主义者⑦和民主的理想主义者⑧到一个内在地相信共和主义者⑨，再到一个（纯粹的）理性的共和主义者。⑩ 尽管年轻时的托马不同于

　　③　R. Thoma, Warum bekenne ich mich zur Demokratie?, in: Heidelberger Tageblatt, Juni 1920, BA NL Thoma, N 1194, Band　49; ders., Rezension zu Albrecht Mendelsohn-Bartholdy „Der Volkswille. Grundzüge einer Verfassung", in: ASWSP 47 (1920/21), S. 580. 然而，托马在联邦共和国刚成立之后不久举行的一次关于现代民主的演讲中易被误解地说道，"听天由命的民主化"以联邦德国的民主作为合法性基础，因为对于民主而言，"在我们这个时代，听天由命本就是具有强制性的论据"。Abgedruckt als R. Thoma, Über Wesen und Erscheinungsformen der modernen Demokratie, Bonn, Dümmlers 1948, S. 27 ff.《西德评论》评论道，托马的著作是在"民主化和听天由命"的大标题下写成的，但是，托马坚持认为，民主的道德合法性是他的论文的核心。Nach F. Sösemann, Richard Thoma, in: M. Schmoeckel (Hrsg.), Die Juristen der Bonner Universität im Dritten Reich, Köln, Böhlau 2004, S. 554 (578 f.).

　　④　R. Thoma, Republik oder Monarchie, in: Neue Badische Landeszeitung vom 21. 11. 1918, S. 1, BA, NL Thoma, N 1194, Band 49. 托马在 1918 年 12 月的竞选演讲的手稿中写道，"以愉悦的心情踏入纯粹民主的土地"，但是他的遗物中没有此手稿。详细的情况，参见 H. -D. Rath, Positivismus und Demokratie. Richard Thoma 1874 – 1957, Berlin, Duncker & Humblot 1981, S. 33 ff. 。

　　⑤　R. Thoma, Das Reich als Demokratie, in: Gerhard Anschütz/Richard Thoma (Hrsg.), Handbuch des deutschen Staatsrechts, Band I, Tübingen, Mohr 1930, § 16 S. 194.

　　⑥　H. Mosler, Richard Thoma zum Gedächtnis, in: DÖV 1957, S. 826 (826).

　　⑦　H. Dreier, „Unbeirrt von allen Ideologien und Legenden"—Notizen zu Leben und Werk von Richard Thoma, in: Richard Thoma, Rechtsstaat—Demokratie—Grundrechte. Ausgewählte Abhandlungen aus fünf Jahrzehnten, hrsg. v. H. Dreier, Mohr Siebeck, Tübingen 2008, S. XXVI.

　　⑧　H. -D. Rath, Positivismus und Demokratie. Richard Thoma 1874 – 1957, Berlin, Duncker & Humblot 1981, S. 35.

　　⑨　H. Döring, Der Weimarer Kreis. Studien zum politischen Bewusstsein verfassungstreuer Hochschullehrer in der Weimarer Republik, Meisenheim/Glan, Hain 1975, S. 159.

　　⑩　H. Döring, Der Weimarer Kreis. Studien zum politischen Bewusstsein verfassungstreuer Hochschullehrer in der Weimarer Republik, Meisenheim/Glan, Hain 1975, S. 159.

他的同事和朋友⑪格哈德·安许茨，仍在第三帝国的机构任职，并且继续履行其授课义务，但是他在学术上并不与新的意识形态相一致。⑫ 他或多或少地保持沉默。⑬ 随着德意志联邦共和国的建立，托马重新登上学术和政治的舞台。他特别是作为基本权利和国家组织问题的专家为议会提供咨询和建议。⑭ 1957 年 6 月 26 日，托马逝世，享年 83 岁。

二、 著作分类

托马的著作涉及的主题范围都具有一定的密切联系，这些主题都属于托马感兴趣的领域，因而具有内在的一致性和整体性。⑮ 尽管托马在波恩时担任国际法和政治研究所的所长，但是他对国际法的贡献是有限的。更确切地说，托马的研究主题通常是作为法治国家的国家、作为民主制的国家以及基本权利，他不仅使自由的和民主的法治国家中的基本权利成为现实主义的理论，而且使其成为具有指导性的理论。

（一）方法之争与方法

关于托马，他在魏玛时期的方法之争和方向之争中的立场是始终绕

---

⑪　H. Döring, Der Weimarer Kreis. Studien zum politischen Bewusstsein verfassungstreuer Hochschullehrer in der Weimarer Republik, Meisenheim/Glan, Hain 1975, S. 159.

⑫　F. Giese, Nachruf Richard Thoma, in: JZ 1957, S. 589 (590)：托马是一个道德上的完美之人，有着坚定、率直的态度，他一直都是忠实之人。

⑬　Näher und mit Nachweisen H. Dreier,„ Unbeirrt von allen Ideologien und Legenden "-Notizen zu Leben und Werk von Richard Thoma, in: Richard Thoma, Rechtsstaat-Demokratie-Grundrechte. Ausgewählte Abhandlungen aus fünf Jahrzehnten, hrsg. v. H. Dreier, Mohr Siebeck, Tübingen 2008, S. XXXI ff.; F. Sösemann, Richard Thoma, in: M. Schmoeckel (Hrsg.), Die Juristen der Bonner Universität im Dritten Reich, Köln, Böhlau 2004, S. 570 ff. R. Thoma, Die Staatsfinanzen in der Volksgemeinwirtschaft. Ein Beitrag zur Gestaltung des deutschen Sozialismus, Mohr, Tübingen 1937. 托马的这本书令人难以理解，弗里森哈恩(E. Friesenhahn)的评价是 "短暂的迷惘"。Vgl. E. Friesenhahn, Anmerkungen zu dem Buch von Hans-Dieter Rath über Richard Thoma, in: ZNR 1984, S. 74 (77).

⑭　Der Parlamentarische Rat 1948 - 1949, Akten und Protokolle, Band 5/1, hrsg. v. E. Pikart/W. Werner, München, Oldenbourg 1993, S. XXVII; Der Parlamentarische Rat 1948 - 1949, Akten und Protokolle, Band 13/2: Ausschuß für die Organisation des Bundes/Ausschuß für Verfassungsgerichtshof und Rechtspflege, hrsg. von E. Büttner/M. Wettengel, München, Oldenbourg 2002, S. 873 ff.

⑮　U. Scheuner, Zum Gedächtnis von Geh. Hofrat Prof. Dr. Richard Thoma, in: NJW 1957, S. 1309 (1309).

不过去的，至少要简短地提及，因为"托马引起了论争中的方法意识及其精确性，现在的国家法教义学不应退回到论争的背后"⑯。托马将自己定位为"温和的"实证主义者。他所持的跟社会学相通的方法受到马克斯·韦伯的影响，韦伯是他在海德堡时的邻居。他的国家法研究方法主要是一种功能性的，至少是目的论的研究，因为他的研究集中于与政治相关的国家法理论在实践中的应用。他的研究是具有现实性的学术，同时也运用法的历史方法和比较方法，⑰ 以他的方法为基础，托马主要关注两个方面的问题，即为民主选举产生的立法者"在法律上行使主权性的权利建构职能"奠定基础⑱以及从社会学上确证作为法治国家基础的民主的前提。⑲

（二）法治国家、立法国家与权利保障

法治国家是托马从教授资格论文开始就为国家法架设穹顶的主题。托马将权力分立视为法治国家的基本支柱。国家权力的分立以及宪法上的职能分配是实现法治国家和保障自由的基础，尽管立法者在法律上居于优势地位。⑳ 对此，托马首先是放弃了密闭理论。他将一个地区的国家机构在法律上相互联系在一起，并且让每一种国家权力都发挥其功

---

⑯ W. Heun, Der staatsrechtliche Positivismus in der Weimarer Republik, in: Der Staat 28 (1989), S. 377 (403).

⑰ R. Thoma, Gegenstand-Methode-Literatur, in: G. Anschütz/R. Thoma (Hrsg.), Handbuch des Deutschen Staatsrechts, Band I, Tübingen, Mohr 1930, § 1 S. 2; näher H. Dreier, „Unbeirrt von allen Ideologien und Legenden"—Notizen zu Leben und Werk von Richard Thoma, in: Richard Thoma, Rechtsstaat—Demokratie—Grundrechte. Ausgewählte Abhandlungen aus fünf Jahrzehnten, hrsg. v. H. Dreier, Mohr Siebeck, Tübingen 2008, S. XXXVI ff.; K. Groh, Demokratische Staatsrechtslehrer in der Weimarer Republik. Von der konstitutionellen Staatslehre zur Theorie des modernen demokratischen Verfassungsstaats, Tübingen, Mohr 2010, S. 70 ff.

⑱ R. Thoma, Gerhard Anschütz zum 80. Geburtstag, in: DRiZ 1947, S. 25 (25 ff.).

⑲ E. Friesenhahn, Anmerkungen zu dem Buch von Hans-Dieter Rath über Richard Thoma, in: ZNR 1984, S. 74 f.

⑳ R. Thoma, Das System der subjektiven öffentlichen Rechte und Pflichten, in: G. Anschütz/R. Thoma (Hrsg.), Handbuch des Deutschen Staatsrechts, Band II, Tübingen, Mohr 1932, § 102 S. 612.

能，最终使行政机构完全从属于立法机构。㉑ 在托马看来，议会是一个国家中第一位和最高等级的具有决定权的机构。对于正义和相关目的性事项作出必要的"决定"的权力理应属于立法机构。㉒ 立法机构塑造社会，但并不受到其他内容方面的限度的约束，而是受到"旨在获得自由和自决权的个人特性"的限制。㉓ 托马没有在法学上为国家的公共福利义务奠定基础，而是在必要的情形下论述了伦理－道德方面的要求。㉔ 现代国家是法律国家或者立法国家，法律的合法性在于民主的程序，㉕ 因此，"统治权力的组织体制和机构之间的共同协作制度"对于实现明智的制宪使命是特别重要的。㉖ 制宪中的法治国家的智慧，一方面反映出立法机构与行政机构之间的关系，另一方面也反映出立法机构与司法机构之间的关系。

托马完善了制定法的优先性和法律保留原则以及行政机构受到立法

㉑ R. Thoma, Funktionen der Staatsgewalt: Grundbegriffe und Grundsätze, in: G. Anschütz/R. Thoma (Hrsg.), Handbuch des Deutschen Staatsrechts, Band II, Tübingen, Mohr 1932, § 71 S. 112: 宪法应"保障国家生活根据一般的、由代表大会通过的……规范来开展，缓和'治理的刚性'，并且为公民的自由奠定基础，并予以保障"。Bereits R. Thoma, Rechtsstaatsidee und Verwaltungswissenschaft, in: JöR 4 (1910), S. 196 (204).

㉒ R. Thoma, Rechtsstaatsidee und Verwaltungswissenschaft, in: JöR 4 (1910), § 71 S. 143 f.

㉓ R. Thoma, Rezension zu Leonard Nelson „System der philosophischen Rechtslehre und Politik", in: ZgStW 79 (1925), S. 550 (552).

㉔ R. Thoma, Staat, in: L. Elster u. a. (Hrsg.), Handwörterbuch der Staatswissenschaften, Band VII, 4. Aufl., Jena, G. Fischer 1924, S. 724 (742); R. Thoma, Rechtsstaatsidee und Verwaltungswissenschaft, in: JöR 4 (1910), S. 196 (202 f.).

㉕ R. Thoma, Staat, in: L. Elster u. a. (Hrsg.), Handwörterbuch der Staatswissenschaften, Band VII, 4. Aufl., Jena, G. Fischer 1924, S. 747; R. Thoma, Rechtsstaatsidee und Verwaltungswissenschaft, in: JöR 4 (1910), § 71 S. 109; E. Friesenhahn, Anmerkungen zu dem Buch von Hans-Dieter Rath über Richard Thoma, in: ZNR 1984, S. 79. H.-D. Rath, Verfassungsbegriff und politischer Prozeß, in: JöR 33 (1984), S. 131 (139), 其中认为, 托马将民主和议会主权相提并论。托马自己将魏玛的政府体制视为"瘸腿的议会制", R. Thoma, Die rechtliche Ordnung des parlamentarischen Regierungssystems, in: G. Anschütz/R. Thoma, Handbuch des Deutschen Staatsrechts, Band I, Tübingen, Mohr 1930, § 43 S. 504。

㉖ Bereits R. Thoma, Rechtsstaatsidee und Verwaltungswissenschaft, in: JöR 4 (1910), S. 204; R. Thoma, Das Reich als Demokratie, in: Gerhard Anschütz/Richard Thoma (Hrsg.), Handbuch des deutschen Staatsrechts, Band I, Tübingen, Mohr 1930, § 16 S. 194; und später R. Thoma, Über Wesen und Erscheinungsformen der modernen Demokratie, Bonn, Dümmlers 1948, S. 5, 34; dazu H.-D. Rath, Verfassungsbegriff und politischer Prozeß, in: JöR 33 (1984), S. 136 ff.

者所制定规范的约束，这特别地体现在他的就职演讲中。㉗ 因为托马所补充的形式法律上的法治国家理念首先是要求将其作为基础，而绝不是作为法治国家的实现，至少"在立法之下，可以保障国家权力和司法的合法性"㉘。托马后来认为，法治国家具有动态的、广泛的意义，"若一个国家的法律制度能够规范公权力的行使及界限并且通过独立的、权威得到保障的法院对公权力进行审查，那么这种意义上的国家就是法治国家"㉙。在托马看来，独立的行政法院制度职能的扩增和完善（其中，一个中央的［帝国］行政法院居于最高层级）能够保障法律的统一和公民的自由。㉚ 因此，他后来用一个当时很形象的语词来描述德国《基本法》第19条第4款中的权利保障，将其视为法治国家的"拱顶石"。㉛

一种具有普遍性的司法审查权涉及对议会通过的法律进行审查和撤销，托马在魏玛时期对此持怀疑态度，因为他认为，由那些保守的"老人政治式的"法官们㉜来对议会的立法者行使最终的裁决权是有争议的。在联邦共和国时期，托马也坚持这种观点。在魏玛时期，关于司法审查权的争论首先是跟依据《魏玛宪法》第109条对平等条款的新定义有关：立法者应受到正义标准的约束，但是正义的标准是不明确的，坚持正义标准应当受到法院的审查。由于《魏玛宪法》没有对这个问题予以规定，因此，在托马看来，不存在"法律上的逻辑"，而是至多存在一

㉗ R. Thoma, Rechtsstaatsidee und Verwaltungswissenschaft, in: JöR 4 (1910), S. 197 u. ö.; R. Thoma, Der Vorbehalt der Legislative und das Prinzip der Gesetzmäßigkeit von Verwaltung und Rechtsprechung, in: G. Anschütz/R. Thoma (Hrsg.), Handbuch des Deutschen Staatsrechts, Band II, Tübingen, Mohr 1932, § 76 S. 221 ff.

㉘ R. Thoma, Rechtsstaatsidee und Verwaltungswissenschaft, in: JöR 4 (1910), S. 205.

㉙ R. Thoma, Der Vorbehalt der Legislative und das Prinzip der Gesetzmäßigkeit von Verwaltung und Rechtsprechung, in: G. Anschütz/R. Thoma (Hrsg.), Handbuch des Deutschen Staatsrechts, Band II, Tübingen, Mohr 1932, § 76 S. 233；关于托马的动态观念的形成，参见 H. Mosler, Richard Thoma zum Gedächtnis, in: DÖV 1957, S. 827 f.; F. Giese, Nachruf Richard Thoma, in: JZ 1957, S. 589 f.。

㉚ R. Thoma, Rechtsstaatsidee und Verwaltungswissenschaft, in: JöR 4 (1910), S. 211 f.; R. Thoma, Liegt ein Bedürfnis eines deutschen Reichs-Verwaltungsgerichts vor?, in: 30. DJT 1910/11, S. 51 (64 f., 79 f. u. ö.).

㉛ R. Thoma, Über die Grundrechte im Grundgesetz für die Bundesrepublik Deutschland, in: H. Wandersleb (Hrsg.), Recht-Staat-Wirtschaft, Band III, Düsseldorf, Schwann 1951, S. 9 (9).

㉜ R. Thoma, Rechtsstaatsidee und Verwaltungswissenschaft, in: JöR 4 (1910), § 71 S. 153.

种法政治上的解决方案。然而，这在托马看来是多余的，因为《魏玛宪法》已经通过其平衡性考量针对立法者的违宪问题充分规定了预防性措施。[33] 虽然托马强调，立法者应承担"良心上的义务"[34]，确保平等不能被专断地不平等地对待，更确切地说，不能含有任何专断，[35] 但是，在托马看来，对民主的立法者制定规范的行为进行是否存在专断的审查至少不能由各审级的法院进行。[36] 对于当时的国务法院以及后来设立的联邦宪法法院，托马——根据当时规定的程序性要求——存在着矛盾心理。他认为，国务法院和宪法法院存在着不能逾越的界限，因为逾越了这种界限，民主将会被"阉割"，[37] 并且应当在尽可能地保持法官相对于议会所具有的独立性中找到这种形式上的界限。[38] 托马后来提出，跟《魏玛宪法》第 109 条同样规定了平等原则的德国《基本法》第 3 条第 1 款不能被解释为立法者受到平等条款的约束，因为这将导致所有的法律都要被送到联邦宪法法院的试验台上，并且将议会所具有的民主的合法性位阶转予宪法法院。托马同样有远见地预见到，最高层级的法院的判决具有追溯效力，即这里所说的联邦宪法法院，这在政治层面具有"命中注定的意义"。[39]

（三）魏玛的基本权利理论与联邦共和国的基本权利批判

虽然《魏玛宪法》中规定了诸多基本权利，但是"基本权利理论"

---

[33] R. Thoma, Das richterliche Prüfungsrecht, in: AöR 43 (1922), S. 267 (268 ff.).

[34] H. Dreier,„Unbeirrt von allen Ideologien und Legenden"—Notizen zu Leben und Werk von Richard Thoma, in: Richard Thoma, Rechtsstaat—Demokratie—Grundrechte. Ausgewählte Abhandlungen aus fünf Jahrzehnten, hrsg. v. H. Dreier, Mohr Siebeck, Tübingen 2008, S. XLVI f.

[35] R. Thoma, Das System der subjektiven öffentlichen Rechte und Pflichten, in: G. Anschütz/R. Thoma (Hrsg.), Handbuch des Deutschen Staatsrechts, Band II, Tübingen, Mohr 1932, § 71 S. 151 ff.

[36] Auch noch R. Thoma, Ungleichheit und Gleichheit im Bonner Grundgesetz, in: DVBl. 1951, S. 457 (458): "错误的理论"。

[37] R. Thoma, Die Staatsgerichtsbarkeit des Deutschen Reiches, in: Die Reichsgerichtspraxis im deutschen Rechtsleben, Festgabe der juristischen Fakultäten zum 50-jährigen Bestehen des Reichsgerichts, Band I, Berlin, Walter de Gruyter 1929, S. 179 (197 f.).

[38] R. Thoma, Rechtsgutachten betreffend die Stellung des Bundesverfassungsgerichts, in: Die Rechtsstellung des Bundesverfassungsgerichts—Denkschriften, Stellungnahmen, Gutachten, Karlsruhe, Bundesverfassungsgericht 1953, S. 19 (29 ff.).

[39] R. Thoma, Rechtsgutachten betreffend die Stellung des Bundesverfassungsgerichts, in: Die Rechtsstellung des Bundesverfassungsgerichts—Denkschriften, Stellungnahmen, Gutachten, Karlsruhe, Bundesverfassungsgericht 1953, S. 20, 24.

仅是确认基本权利，即面对非法的行政强制时的自由权，而字面上区分的公民自由和政治自由则取决于立法者的规划，[40] 宪法理论在这方面功不可没。基本权利被认为全部都是"未来权利"。[41] 对此，托马持有不同观点并且发展出一种层级理论，依此，帝国的不同立法者和各州都要受到基本权利的约束。在帝国时期，托马就思考过基本权利针对前立宪时期的立法者所具有的撤销法律的效力。[42] 在魏玛时期，以基本权利的法律保留为基础，可依据基本权利的保障作用将基本权利分为四个层级：第一个层级是专制国家所确认的或者帝国宪法中规定的基本权利；第二个层级是帝国宪法所规定的基本权利；第三个层级是帝国法律所规定的基本权利；第四个层级是最低层级的基本权利，根据托马的表述就是，仅根据法律规定而得到保障的基本权利。在托马看来，只有在这个层级上，立法者或者法规制定者在基本权利方面才是缺位的。[43] 毕竟，在托马看来，现在的联邦宪法法院多次引用的、关于基本权利有效性解释的原则产生于基本权利"更高等级的授予"：对于诸多可能的"解释而言，基本权利规范总是具有优先地位，这使得相关规范在法律上的效力得到最广泛的扩展"。所以，托马认为，相关的基本权利不能降低和退化为一种程序性语句，而应增加现行法的"厚度"，对此，后一种解释是有

---

　　[40]　Z. B. G. Anschütz, Die Verfassung des Deutschen Reichs vom 11. August 1919. Ein Kommentar für Wissenschaft und Praxis, 1. Aufl. , Berlin, Stilke 1921, S. 185："法律状况……并不比之前更好。"

　　[41]　H. Heller, Grundrechte und Grundpflichten, in: M. Drath/C. Müller (Hrsg.), Hermann Heller: Gesammelte Schriften, Band II, Leiden, Sijthoff 1971, S. 281 (312 f.).

　　[42]　R. Thoma, Der Vorbehalt des Gesetzes im preußischen Verfassungsrecht, in: Festgabe für Otto Mayer, Tübingen, Mohr 1916, S. 167 (217 ff.).

　　[43]　R. Thoma, Grundrechte und Polizeigewalt, in: Festgabe zur Feier des 50-jährigen Bestehens des Preußischen Oberverwaltungsgerichts, Berlin, Heymanns 1925, S. 183 (191 ff.); R. Thoma, Die juristische Bedeutung der grundrechtlichen Sätze der deutschen Reichsverfassung im allgemeinen, in: H. C. Nipperdey (Hrsg.), Die Grundrechte und Grundpflichten der Reichsverfassung. Band I: Allgemeine Bedeutung der Grundrechte und die Artikel 102－117, Berlin, Hobbing 1929, S. 1 (30 ff.); näher H. Dreier,,, Unbeirrt von allen Ideologien und Legenden"—Notizen zu Leben und Werk von Richard Thoma, in: Richard Thoma, Rechtsstaat—Demokratie—Grundrechte. Ausgewählte Abhandlungen aus fünf Jahrzehnten, hrsg. v. H. Dreier, Mohr Siebeck, Tübingen 2008, S. LXIX ff.

争议的。[44] 托马认为，法律规定的系统化和明确性不仅要有助于法治国家的发展，而且要有利于自由的保障，他反对在联邦共和国以华丽的辞藻表达大部分基本权利，而不是在法律上直接明确地予以规定。[45] 在议会没有采纳他的相关建议之后，托马不祥地预言，但他似乎很少如此讽刺地说道，之后，法学必须等待，直至联邦宪法法院通过一种解释或者另一种解释"授予主权印章"。[46] 这里是通过联邦宪法法院来表达国家法学者的失势。

（四）民主制国家

对于有着民族思想倾向的托马而言，民主本身不是目的。[47] 他对民主没有过多的激情，而是将其视为一种国家形式，通过这种国家形式可以实现一个国家中各阶级和各阶层之间不同利益的平衡。民主是少数群体的联盟：民主国家是一个"少数人的国家"。托马首先从社会历史方面将民主定义为"社会底层的政治解放"[48]。国家中的人们为了争取选举权而斗争，[49] 他们通过作为立法者的议会来体现自己的利益。因此，法

---

[44] R. Thoma, Die juristische Bedeutung der grundrechtlichen Sätze der deutschen Reichsverfassung im allgemeinen, in: H. C. Nipperdey (Hrsg.), Die Grundrechte und Grundpflichten der Reichsverfassung. Band I: Allgemeine Bedeutung der Grundrechte und die Artikel 102 – 117, Berlin, Hobbing 1929, S. 5, 14, näher K. Groh, Demokratische Staatsrechtslehrer in der Weimarer Republik. Von der konstitutionellen Staatslehre zur Theorie des modernen demokratischen Verfassungsstaats, Tübingen, Mohr 2010, S. 414 ff.

[45] Richard Thoma, Kritische Würdigung des vom Grundsatzausschuß des Parlamentarischen Rates beschlossenen und veröffentlichten Grundrechtskatalogs, in: Der Parlamentarische Rat 1948 – 1949. Akten und Protokolle, Band 5/1: Ausschuß für Grundsatzfragen, hrsg. v. E. Pikart/ W. Werner, München, Oldenbourg 1993, S. 361 ff.

[46] R. Thoma, Über die Grundrechte im Grundgesetz für die Bundesrepublik Deutschland, in: H. Wandersleb (Hrsg.), Recht-Staat-Wirtschaft, Band III, Düsseldorf, Schwann 1951, S. 9 f.

[47] Näher C. Schönberger, Genossenschaftliche Bürgerdemokratie oder nachwilhelminischer Elitenreformismus: Hugo Preuß und Richard Thoma, in: D. Lehnert/C. Müller (Hrsg.), Vom Untertanenverband zur Bürgergenossenschaft, Baden-Baden, Nomos 2003, S. 179 (179 ff.).

[48] R. Thoma, Über Wesen und Erscheinungsformen der modernen Demokratie, Bonn, Dümmlers 1948, S. 7; R. Thoma, Der Begriff der modernen Demokratie in seinem Verhältnis zum Staatsbegriff. Prolegomena zu einer Analyse des demokratischen Staates der Gegenwart, in: M. Palyi (Hrsg.), Erinnerungsgabe für Max Weber, Band II: Die Hauptprobleme der Soziologie, München, Duncker & Humblot 1923, S. 39 (41, 43).

[49] R. Thoma, Das Reich als Demokratie, in: Gerhard Anschütz/Richard Thoma (Hrsg.), Handbuch des deutschen Staatsrechts, Band I, Tübingen, Mohr 1930, § 16 S. 189.

律上的民主"始终并且仅仅意味着在一个国家中……所有重要的公权力都来源于所有的……成年国民所享有的普遍的、平等的选举权和表决权"[50]。托马在这里所指向的是政治平等的优先性，并且将选举权视为民主的唯一本质。[51] 作为国家法学者，托马将国家视为一种政权的组织形式[52]，国家在他的民主理论中居于核心地位。这不仅适用于魏玛国家，而且也适用于联邦共和国：统治总是归于少数人，而管理则只能是由（能发挥作用的）有能力的精英进行。[53] 正如他的同时代人以及一些回顾性作品所论，难道托马已经放弃所有的关于人民专制统治的思想并且设计出一个寡头政治的集权国家吗？在这样一个国家中，受到上帝佑护的统治者直接被替换为一个由选举产生的人，而人们有时需要容忍其统治。[54] 托

[50]　R. Thoma, Rezension zu A. Aulard „Politische Geschichte der französischen Revolution: Entstehung und Entwicklung der Demokratie und der Republik 1789 - 1804", in: AöR 48 (1925), S. 114 (116).

[51]　R. Thoma, Der Begriff der modernen Demokratie in seinem Verhältnis zum Staatsbegriff. Prolegomena zu einer Analyse des demokratischen Staates der Gegenwart, in: M. Palyi (Hrsg.), Erinnerungsgabe für Max Weber, Band II: Die Hauptprobleme der Soziologie, München, Duncker & Humblot 1923, S. 43, 42; R. Thoma, Staat, in: L. Elster u. a. (Hrsg.), Handwörterbuch der Staatswissenschaften, Band VII, 4. Aufl., Jena, G. Fischer 1924, S. 741; R. Thoma, Sinn und Gestaltung des deutschen Parlamentarismus, in: B. Harms (Hrsg.), Recht und Staat im neuen Deutschland, Band I, Berlin, Hobbingen 1929, S. 98 (98).

[52]　R. Thoma, Staat, in: L. Elster u. a. (Hrsg.), Handwörterbuch der Staatswissenschaften, Band VII, 4. Aufl., Jena, G. Fischer 1924, S. 727.

[53]　R. Thoma, Das Reich als Demokratie, in: Gerhard Anschütz/Richard Thoma (Hrsg.), Handbuch des deutschen Staatsrechts, Band I, Tübingen, Mohr 1930, § 16 S. 191; R. Thoma, Der Begriff der modernen Demokratie in seinem Verhältnis zum Staatsbegriff. Prolegomena zu einer Analyse des demokratischen Staates der Gegenwart, in: M. Palyi (Hrsg.), Erinnerungsgabe für Max Weber, Band II: Die Hauptprobleme der Soziologie, München, Duncker & Humblot 1923, S. 41; R. Thoma, Staat, in: L. Elster u. a. (Hrsg.), Handwörterbuch der Staatswissenschaften, Band VII, 4. Aufl., Jena, G. Fischer 1924, S. 745; aber auch R. Thoma, Rezension zu Leonard Nelson „System der philosophischen Rechtslehre und Politik", in: ZgStW 79 (1925), S. 554; R. Thoma, Über Wesen und Erscheinungsformen der modernen Demokratie, Bonn, Dümmlers 1948, S. 5 f.

[54]　C. Schmitt, Der Begriff der modernen Demokratie in seinem Verhältnis zum Staatsbegriff, in: ASWSP 51 (1924), S. 817 (821 ff.); C. Schönberger, Genossenschaftliche Bürgerdemokratie oder nachwilhelminischer Elitenreformismus: Hugo Preuß und Richard Thoma, in: D. Lehnert/C. Müller (Hrsg.), Vom Untertanenverband zur Bürgergenossenschaft, Baden-Baden, Nomos 2003, S. 164 ff., 188.

马在一些语言方面的变化体现出这种思想倾向。[55] 这种思想倾向也融合
了托马所重视的但至少也是暂时性的市民阶层参与政权的权利,[56] 然而,
鉴于大众的年龄,这种权利与自由的精英理论的时代精神相适应,并且
托马据此提出加强无产阶级的教育。[57] 托马所赞同的是一种严格观念意
义上的代表制民主和"责任政府",这从作为"安全阀"[58] 的直接民主
因素和基本权利作为保障少数人的权利得到巩固,[59] 也从自我规制的市
民社会以及从基本权利出发保障自由习俗的方面体现了他的调控性意
见,[60] 并且这些方面也应得到控制。[61] 在托马看来,社会正义不是形式上
的法治国家原则所内含的(法律的)要求,而是民主的(法律)结果。因
此,托马所主张的议会制民主旨在通过代表制下的议会立法者以发现妥

[55] Z. B. R. Thoma, Staat, in: L. Elster u. a. (Hrsg.), Handwörterbuch der Staatswissenschaften, Band VII, 4. Aufl., Jena, G. Fischer 1924, S. 729, 744: 民主作为 "大众的驯化"; R. Thoma, Der Begriff der modernen Demokratie in seinem Verhältnis zum Staatsbegriff. Prolegomena zu einer Analyse des demokratischen Staates der Gegenwart, in: M. Palyi (Hrsg.), Erinnerungsgabe für Max Weber, Band II: Die Hauptprobleme der Soziologie, München, Duncker & Humblot 1923, S. 61 f.

[56] H. -D. Rath, Positivismus und Demokratie. Richard Thoma 1874 – 1957, Berlin, Duncker & Humblot 1981, S. 36.

[57] R. Thoma, Rezension zu Leonard Nelson „System der philosophischen Rechtslehre und Politik", in: ZgStW 79 (1925), S. 554.

[58] R. Thoma, Recht und Praxis des Referendums im Deutschen Reich und seinen Ländern, in: ZöffR 7 (1928), S. 489 (493); R. Thoma, Sinn und Gestaltung des deutschen Parlamentarismus, in: B. Harms (Hrsg.), Recht und Staat im neuen Deutschland, Band I, Berlin, Hobbingen 1929, S. 114.

[59] R. Thoma, Die juristische Bedeutung der grundrechtlichen Sätze der deutschen Reichsverfassung im allgemeinen, in: H. C. Nipperdey (Hrsg.), Die Grundrechte und Grundpflichten der Reichsverfassung. Band I: Allgemeine Bedeutung der Grundrechte und die Artikel 102 – 117, Berlin, Hobbing 1929, S. 12 f.; R. Thoma, Die Regelung der Diktaturgewalt, in: DJZ 1924, Sp. 654 (659).

[60] R. Thoma, Die juristische Bedeutung der grundrechtlichen Sätze der deutschen Reichsverfassung im allgemeinen, in: H. C. Nipperdey (Hrsg.), Die Grundrechte und Grundpflichten der Reichsverfassung. Band I: Allgemeine Bedeutung der Grundrechte und die Artikel 102 – 117, Berlin, Hobbing 1929, S. 8: 宪法必须设计一种民主制度,作为 "一种自由的国民的生活状况,通过政治-社会的自由……国家生活超越其本身而得以塑造"。

[61] R. Thoma, Das Mehrheitsprinzip, in: Deutsche Literaturzeitung 40 (1919), Sp. 761 (765); R. Thoma, Das Reich als Demokratie, in: Gerhard Anschütz/Richard Thoma (Hrsg.), Handbuch des deutschen Staatsrechts, Band I, Tübingen, Mohr 1930, § 16 S. 190; R. Thoma, Die juristische Bedeutung der grundrechtlichen Sätze der deutschen Reichsverfassung im allgemeinen, in: H. C. Nipperdey (Hrsg.), Die Grundrechte und Grundpflichten der Reichsverfassung. Band I: Allgemeine Bedeutung der Grundrechte und die Artikel 102 – 117, Berlin, Hobbing 1929, S. 26.

协的方式实现社会平衡。⑥ 虽然托马将议会"存在的理由"转为优秀的国家领导者所发挥的作用，⑥ 但是居于优先地位的是其综合才能，这种才能通过——必要时成为个性化的——（适当的）比例选举制⑥得到实现，亦如通过基于社会需求而产生的适当数量的党派。⑥ 不同于他的大多数魏玛时期的同事，托马认为，以实现议会制民主为目的的政党国家是必不可少的，在这种政党国家中，"国家……被委托给社会团体"⑥。

民主适用形式上的多数原则，该原则基本上不涉及作出实质性决定的禁忌："但是，不可能……将既定的和无可争辩的人民中的多数即将或正在选择的合法道路（以及推翻现行宪法的基柱）视为政变或者反抗。"⑥ 托马反对魏玛时期的卡尔·施米特所提出的多数立法者修改宪法要受到宪法的"核心"约束的"新理论"，将其视为"愿望权的主张"，并且带有"法律的缠绕线"的特征，因而是不可信的，特别是因为这种约束在任何地方都不能得到确证，并且宪法的"核心"在任何地方都不

---

⑥　R. Thoma, Sinn und Gestaltung des deutschen Parlamentarismus, in：B. Harms（Hrsg.）, Recht und Staat im neuen Deutschland, Band I, Berlin, Hobbingen 1929, S. 115 f., 105：妥协作为"作为政治的本质，并不是通过刀剑来达成的"。

⑥　R. Thoma, Deutsche Verfassungsprobleme, in：Annalen für soziale Politik und Gesetzgebung 6（1918/19）, S. 409（433）.

⑥　R. Thoma, Die Reform des Reichstags, Heidelberg, Braus 1925, S. 2 ff.；R. Thoma, Über Wesen und Erscheinungsformen der modernen Demokratie, Bonn, Dümmlers 1948, S. 20. 托马在其个性化的比例选举的改革建议中预先认识到联邦共和国后来的发展，但是并未体现出他的重视程度。Näher H. Dreier,„Unbeirrt von allen Ideologien und Legenden"—Notizen zu Leben und Werk von Richard Thoma, in：Richard Thoma, Rechtsstaat—Demokratie—Grundrechte. Ausgewählte Abhandlungen aus fünf Jahrzehnten, hrsg. v. H. Dreier, Mohr Siebeck, Tübingen 2008, S. XVI f.

⑥　R. Thoma, Staat, in：L. Elster u. a.（Hrsg.）, Handwörterbuch der Staatswissenschaften, Band VII, 4. Aufl., Jena, G. Fischer 1924, S. 102；F. Schale, Die Arbeiten von Richard Thoma zur Parteienforschung, in：M. Gangl（Hrsg.）, Das Politische. Zur Entstehung der Politikwissenschaft während der Weimarer Republik, Frankfurt/M., Peter Lang 2008, S. 359（376, 371）, 在沙勒（Schale）看来，托马的著作是一种"社会学研究，通过这种研究来探讨民主制下的政党国家发挥功效的可能性"。

⑥　R. Thoma, Staat, in：L. Elster u. a.（Hrsg.）, Handwörterbuch der Staatswissenschaften, Band VII, 4. Aufl., Jena, G. Fischer 1924, S. 743 f.；R. Thoma, Der Begriff der modernen Demokratie in seinem Verhältnis zum Staatsbegriff. Prolegomena zu einer Analyse des demokratischen Staates der Gegenwart, in：M. Palyi（Hrsg.）, Erinnerungsgabe für Max Weber, Band II：Die Hauptprobleme der Soziologie, München, Duncker & Humblot 1923, S. 63；R. Thoma,（o. Fußn. 64）, S. 5.

⑥　R. Thoma, Das Reich als Demokratie, in：Gerhard Anschütz/Richard Thoma（Hrsg.）, Handbuch des deutschen Staatsrechts, Band I, Tübingen, Mohr 1930, § 16 S. 193 f.

能予以定义。[68] 在第二次世界大战之后,托马从实践的弊端和损害中变得明智,并且支持将好争论的民主作为宪法原则,以此保障民主免受"逐渐的侵害",将民主视为至少"相对最好的"国家形式。[69]

三、 结论

托马是德国国家法的经典作家。他创造的一些语词至今仍是国家法理论中的一般性概念,例如瘸腿的魏玛议会制、基本权利的有效解释、权利保障作为法治国家的拱顶石。然而,他的民主理论仅处于边缘地位,托马的现实主义和自由主义的民主理论至少没有在较广的范围内成为现在德国基本法的代表制民主中占主流地位的信条。[70] 将里夏德·托马排在为众者所认可的"四驾马车"(即卡尔·施米特、汉斯·凯尔森、赫尔曼·黑勒、鲁道夫·斯门德)[71]之后,也是不公正的。

---

[68] R. Thoma, Das Reich als Demokratie, in: Gerhard Anschütz/Richard Thoma (Hrsg.), Handbuch des deutschen Staatsrechts, Band I, Tübingen, Mohr 1930, § 16 S. 199; R. Thoma, Rechtsstaatsidee und Verwaltungswissenschaft, in: JöR 4 (1910), § 71 S. 153 f.; R. Thoma, Die juristische Bedeutung der grundrechtlichen Sätze der deutschen Reichsverfassung im allgemeinen, in: H. C. Nipperdey (Hrsg.), Die Grundrechte und Grundpflichten der Reichsverfassung. Band I: Allgemeine Bedeutung der Grundrechte und die Artikel 102 – 117, Berlin, Hobbing 1929, S. 39.

[69] R. Thoma, Über Wesen und Erscheinungsformen der modernen Demokratie, Bonn, Dümmlers 1948, S. 38 ff.; R. Thoma, Die Lehrfreiheit der Hochschullehrer und ihre Begrenzung durch das Bonner Grundgesetz, Tübingen, Mohr 1952, S. 19, 25.

[70] R. Chr. van Ooyen, Relativismus, Positivismus, Demokratie: Kelsen, Thoma, Radbruch als politische Theoretiker der Wiener und Weimarer Republik, in: M. Gangl (Hrsg.), Die Weimarer Staatsrechtsdebatte, Baden-Baden, Nomos 2001, S. 239 (244 ff.).

[71] H. Dreier, „Unbeirrt von allen Ideologien und Legenden"—Notizen zu Leben und Werk von Richard Thoma, in: Richard Thoma, Rechtsstaat—Demokratie—Grundrechte. Ausgewählte Abhandlungen aus fünf Jahrzehnten, hrsg. v. H. Dreier, Mohr Siebeck, Tübingen 2008, S. XIII.

埃里希·考夫曼（Erich Kaufmann，1880—1972）

约亨·罗泽克　著　赵　真　译

一、　生平和作品

埃里希·考夫曼是当代法学史上的多面手，他作为国家法学者、国际法学者、法哲学家和法律实践者无论过去还是现在都充满了争议。他被誉为"声望很高的学者"[1]和"德国法学少有的大人物"[2]，但在有些人那里，他也遭到了粗暴的否定。在悼词中，罗伯特·肯普纳（Robert Kempner）这样评价他的大学老师："考夫曼在国际法上的好战主义观点令我们这些学生感到震惊……"[3]类似地，卡尔·施米特——经过了最初的同事关系，从20世纪20年代的最后几年开始，他和考夫曼成了冤家对头[4]——在威廉大街诉讼的调查中，将其贬斥为"军国主义者和好战主义者"[5]。但是，极化成为考夫曼的国家法和国际法研究中一个主要修辞手段并不偶然。这个时期的选词有助于他的清晰立场的形成，对这个或那个学术立场的同情有时候已经风格化为"自白"和信仰问题。考

---

[1]　H. Mosler, ZaöRV 32（1972），S. 235.

[2]　K. J. Partsch, JZ 1973, S. 133.

[3]　R. Kempner, Allgemeine unabhängige jüdische Wochenzeitung v. 24. 11. 1972, S. 4.

[4]　对于这一传说中的敌对关系，参见 F. Berber, Zwischen Macht und Gewissen—Lebenserinnerungen，1986，S. 53；A. Koenen, Der Fall Carl Schmitt, 1995, S. 31 f.；H. Quaritsch, in：FS für W. Schuller，2000，S. 71 ff.；F. Degenhardt, Zwischen Machtstaat und Völkerbund，2008，S. 119 ff.；R. Mehring, Carl Schmitt—Aufstieg und Fall, 2009, S. 141 ff.，166 f.，314。Laut H. Quaritsch, a. a. O.，S. 71，二者都证明："愤怒和仇恨并没有缩短寿命。"（考夫曼终年92岁，施米特终年96岁）

[5]　引自 H. Quaritsch, Carl Schmitt—Antworten in Nürnberg，2000，S. 53；也见 F. Degenhardt, Zwischen Machtstaat und Völkerbund，2008，S. 1。

夫曼一直到晚年都忠于他的学术"自白"——不考虑政治和社会框架条件的基本变化。这是如此地引人注意：考夫曼在漫长的人生中在涉及学术和国际法实践的三个不同的国家体系中发挥了影响：帝国时代末期、魏玛共和国和基本法时代的波恩州。[6] 他在 1972 年去世，享年 92 岁。考夫曼是德国法学——从帝国建立到第一次世界大战这段时期，它形成了自己的学术特征——最后的代表之一。他的人生道路在很大程度上受到德意志国家的两次崩溃以及随之而来的重建的影响。

（一）从帝国时代到 1914 年

1880 年，埃里希·考夫曼出生于德明（Demmin）/波美拉尼亚（Pommern）。他的父亲是律师，此后不久迁居柏林。考夫曼在法兰西高级中学完成毕业考试后来到柏林。1898 年，他在柏林大学学习文学史和哲学，但很快换到具有强烈的哲学兴趣引导的法学专业学习。在他的学生时代，科学哲学的时代潮流是新康德主义，为了回应黑格尔主义观念论的衰落，它回退到科学认识证立的可能性。[7] 在第五个学期之后，考夫曼从柏林来到弗莱堡（待了一个学期）和海德堡（待了两个学期）学习，他与西南德意志的新康德主义建立了直接联系。在为在哈勒（Halle）的法学院攻读博士撰写的个人简历中，考夫曼列举了他所参与过的数量可观的讲座和研讨课。在哲学联系上，首先是海因里希·里克特（Heinrich Rickert），他对考夫曼具有"决定性的和指引方向的意义"。考夫曼感谢奥托·冯·吉尔克唤起了他对法律问题最初的兴趣，对他进一步学习提供了最有益的刺激。[8] 他从耶利内克（G. Jellinek）和施塔姆勒（R. Stammler）那里获得了无数的启发。他在 1906 年完成的博士论文《君主制原则的国家学研究》[9] 使他归属于耶利内克学派，这个学派专注于现代国家的思想史基础的研究。[10] 这个年轻的新生代学者并不缺乏自信，

---

⑥ F. Degenhardt, Zwischen Machtstaat und Völkerbund, 2008, S. 2，生动地谈到"强大的适应能力"。

⑦ M. Friedrich, Der Staat 27（1987），S. 233；ders., in: Deutsche Juristen jüdischer Herkunft, 1993, S. 693 f.

⑧ 转引自 F. Degenhardt, Zwischen Machtstaat und Völkerbund, 2008, S. 12 f. 。

⑨ E. Kaufmann, Gesammelte Schriften, 1960, Bd. I, S. 1 ff., Bd. III, S. 1 ff.

⑩ M. Friedrich, Der Staat 27（1987），S. 233.

这体现在该书的序言中，考夫曼提示读者注意他已经计划好的三卷本著作，这本书不久之后以《现代国家与国家形式》为题出版，其中的第一部分就来自他的博士论文。然而，考夫曼在完成这个计划时劳累过度，至少在撰写第一部分时是这样的。⑪

年轻的考夫曼对拉班德的建构主义的实证主义没有兴趣，后者试图把国家学教义学建立在脱离所有政治内容的概念的基础上。相反，考夫曼追随的是拉班德的批评者吉尔克和阿尔贝特·黑内尔。⑫ 吉尔克和黑内尔的影响明确地体现在考夫曼的文章《美国的对外权力和殖民权力——关于美国和德国宪法基础的比较法研究》，借此，他于 1908 年在黑内尔指导下在基尔取得了大学授课资格。⑬ 在那里，他先是编外讲师，然后在 1912 年成为副教授。1913 年，考夫曼在哥尼斯堡获得了他的第一个教授职位。

考夫曼的教授资格论文的学术起点是对 19 世纪德国帝国思想和国家思想的整理和观念史分类。考夫曼 1906 年的博士论文——与弗里德里希·尤利乌斯·施塔尔（Friedrich Julius Stahl）进行商榷——是对普鲁士立宪主义的机构国家学和机构法学的积极辩护，他的比较法的教授资格论文则补充了《君主制原则的国家学研究》，前者通过讨论人民主权的和君主制原则的对抗式国家学而有助于立宪主义学说的历史和发展。⑭ 考夫曼在基尔的教授资格演讲《19 世纪国家学中有机体主义的概念》（1908 年）⑮勾勒了从它起源的 18 世纪开始的有机体主义概念的变化。他在演讲中主要处理的是国家理论中的"建构问题"的思想史分析。⑯

考夫曼的战前作品的学术巅峰无疑是他著名的也是声名狼藉的国际法处女作：1911 年的《国际法的本质和情势变更条款》，副标题是"法

---

⑪　参见 F. Degenhardt, Zwischen Machtstaat und Völkerbund, 2008, S. 14。

⑫　M. Friedrich, Der Staat 27（1987）, S. 233; F. Degenhardt, Zwischen Machtstaat und Völkerbund, 2008, S. 13.

⑬　更进一步，参见 F. Degenhardt, Zwischen Machtstaat und Völkerbund, 2008, S. 13。

⑭　参见 E. Kaufmann, Auswärtige Gewalt und Kolonialgewalt in den Vereinigten Staaten von Amerika—Eine rechtsvergleichende Studie über die Grundlagen des amerikanischen und deutschen Verfassungsrechts, 1908, S. IX; 以及 F. Degenhardt, Zwischen Machtstaat und Völkerbund, 2008, S. 16。

⑮　E. Kaufmann, Gesammelte Schriften, 1960, Bd. III, S. 46 ff.

⑯　参见 M. Friedrich, Der Staat 27（1987）, S. 234。

概念、国家概念和条约概念的法哲学研究"。⑰ 一直到当代，这都是考夫曼在国际法学上被接受的作品，但在当时的讨论中，这篇文章遭到了尖刻的批评和粗暴的否定。⑱ 海尔曼·黑勒批评它"背弃了国际法"⑲。贝恩德·魏德士(Bernd Rüthers)说它摧毁了条约的国际法。⑳ 尤其是，考夫曼把战争胜利描绘成"社会理想"和"对整个国家的现实的正当性检验和功效检验"㉑，这被视为公开地否定国际法、为帝国主义的大国辩解和不堪忍受的威廉二世时代的权力国家一元论。㉒ 这篇文章是从私法出发，从对当时私法学说的分析开始，谈到条约概念，谈到对国际法中约款(Clausula)的支持。根据他的核心命题，国家的自卫权是一个相对于国家之间所有权力而言的内在边界，因此，所有国际法上的条约都包括作为不成文法的情势变更条款："所有国家之间的条约……都应该和想要有约束力，只要缔约时的权力状况和利益状况没有因为条约的主要条款与缔约国的自卫权不协调而有所改变。"㉓ 考夫曼对战争的法创设功能和控诉功能的思考无疑属于 19 世纪的遗产，人们不能忽视这篇文章的另一个要求：考夫曼通过对约款的承认，最终不支持对国家有利的法外空间，而是要以约款作为国际法上的法律建构——它显露出一定的前提和

⑰　考夫曼的作品集只是摘要式地收录了这一作品；参见 E. Kaufmann, Gesammelte Schriften, 1960, Bd. III, S. 69 ff. 。对于这个情况，一方面见 M. Friedrich, Der Staat 27 (1987), S. 235；另一方面见 F. Degenhardt, Zwischen Machtstaat und Völkerbund, 2008, S. 17。

⑱　F. Degenhardt, Zwischen Machtstaat und Völkerbund, 2008, S. 16 f. m. w. N.

⑲　H. Heller, Hegel und der nationale Machtstaatsgedanke, 1921, S. 208；此外，参见否定的观点, H. Kelsen, Das Problem der Souveränität, 1928, S. 198 f. , 265 f. 。

⑳　B. Rüthers, Die unbegrenzte Auslegung: Zum Wandel der Privatrechtsordnung im National-alsozialismus, 1968, S. 94.

㉑　E. Kaufmann, Das Wesen des Völkerrechts und die Clausula rebus sic stantibus, 1911, S. 146.

㉒　对比 F. Degenhardt, Zwischen Machtstaat und Völkerbund, 2008, S. 17；M. Friedrich, Der Staat 27 (1987), S. 235。两次世界大战后，考夫曼越来越将同时代尖刻批评的责任推到"年轻人喜好自相矛盾的表述"和"思路不严谨"（作为他的论述的刺激性内容）上；参见 E. Kaufmann, Gesammelte Schriften, 1960, Bd. III, Vorwort S. XX。

㉓　E. Kaufmann, Das Wesen des Völkerrechts und die Clausula rebus sic stantibus, 1911, S. 204.

结果——来强化法的思考本身。㉔ 法理念未来仍会是它的重要主题。

考夫曼在 1914 年以前最后的作品是具有部分专著特征的简明辞典文章《行政、行政法》（1914 年）㉕，它展示了德国行政机构的历史发展以及德国法治国发展的特殊性，它有意识地与奥托·迈耶——在教义学上遵照法国行政法的形式——的行政法制度形成鲜明对照。㉖ 这个词条试图为当时还年轻的行政法学科指出与奥托·迈耶不同的道路。

（二）第一次世界大战和魏玛共和国

考夫曼作为拜仁州的炮兵军官参与了第一次世界大战。这不仅带来了学术生活关系的改变，而且在考夫曼的学术发展中形成了一个转折。㉗ 经历了严重的战争创伤后，考夫曼于 1917 年在柏林获得了国家法和行政法教席；柏林大学法学院只推荐了他一个人。㉘ 在 1920 年，考夫曼更换了教席，希望在波恩的教席（一直到 1927 年）安静地工作。㉙ 在 20 世纪 20 年代，考夫曼一方面成为魏玛国家学中所谓“精神科学方向”最著名的主角，另一方面则成为忙碌的国际法实践家，在国内外享有崇高的声望。

君主制的垮台为立基于人民主权原则的宪法世界打开了一扇门。然而，在 1917 年，考夫曼对于代议制观念并不友好。㉚ 世界大战后期的一篇宪法政治檄文《帝国宪法中的俾斯麦遗产》（1917 年）可以说明这一

㉔ 对比 M. Friedrich, in: Deutsche Juristen jüdischer Herkunft, 1993, S. 696；P. Lerche, in: Große jüdische Gelehrte an der Münchener Juristischen Fakultät, 2001, S. 22；对考夫曼的国际法概念的深入研究，见 F. Degenhardt, Zwischen Machtstaat und Völkerbund, 2008, S. 18 ff. 有进一步的证据。

㉕ E. Kaufmann, Gesammelte Schriften, 1960, Bd. I, S. 75 ff.

㉖ 对此，参见 M. Friedrich, in: Deutsche Juristen jüdischer Herkunft, 1993, S. 696 f.。

㉗ 这样认为的有 M. Friedrich, Der Staat 27 (1987), S. 237。

㉘ 此前已经有一份建议名单，考夫曼不在名单上，学院的管理部门认为该名单不合适，予以退回，因而才有了这一新的建议。见 A. -M. Lösch, Der nackte Geist, 1999, S. 88 f. 有进一步的证据。

㉙ M. Friedrich, in: Deutsche Juristen jüdischer Herkunft, 1993, S. 697.

㉚ 中肯的观点，参见 P. Lerche, in: Große jüdische Gelehrte an der Münchener Juristischen Fakultät, 2001, S. 23。

点。㉛ 在这篇文章中，考夫曼与马克斯·韦伯形成了直接的对立。㉜ 就他对民主制和"西方理念"的激烈反对和对非代议制立宪主义的支持，人们可以这篇号召"宪法战争"的文章㉝算作那个时代德国教授的战争文献。㉞ 除了这种"时代的迷惑"㉟，对他来说，在对俾斯麦宪法体系的内在局限和联系的精准阐述中还存在其他价值。㊱

　　直到"一战"结束，考夫曼一直都是坚定的君主主义者。但是，在其崩溃和革命之后，从 1919 年开始，他转变为"理性的共和主义者"，就像魏玛共和国建立时和早期的作品所清楚表明的那样(《未来帝国宪法的基本问题》[1919 年]㊲、《调查委员会和国事法院》[1920 年]㊳、《普鲁士和帝国的政府组织以及政党的作用》[1921 年]㊴)。

　　考夫曼在波恩时代最重要的成果是著名的《新康德主义法哲学批判》(1921 年)。㊵ 这篇文章的核心是考夫曼与实证主义思想的——有时是论战性质的——论辩以及变化的思想方向，尤其重要的是带有自己的学术立场。为回应由第一次世界大战带来的震惊，考夫曼要求回到超实证的法原则以及——从 1926 年开始——转向前理性主义意义上的自然法。㊶ 考夫曼的黑格尔主义、转向本体论、形而上学以及对自然法的信

　㉛　E. Kaufmann, Gesammelte Schriften, 1960, Bd. I, S. 143 ff.

　㉜　后者激烈地批评了考夫曼对 1871 年帝国宪法的分析；参见 M. Weber, Gesammelte politische Schriften, 2. Aufl. 1958, S. 229 ff. 。

　㉝　同盟国最终将战争与这一政治目标——使德国走向民主——联系起来。由此，国家形式问题就变成了"国家理论上的世界观之争"；参见 M. Stolleis, Geschichte des öffentlichen Rechts in Deutschland, Bd. III, 1999, S. 65。

　㉞　关于"一战"期间德国国家法学与代议制民主之间的关系的深入研究，见 M. Stolleis, Geschichte des öffentlichen Rechts in Deutschland, Bd. III, 1999, S. 61 ff. 。

　㉟　这特别是指，考夫曼在"一战"期间支持不受限制的潜艇战(还有人持此观点，如奥托·冯·吉尔克[Otto v. Gierke]、卡尔[W. Kahl]和海因里希·特里佩尔[H. Triepel])；见 M. Stolleis, Geschichte des öffentlichen Rechts in Deutschland, Bd. III, 1999, S. 63。

　㊱　参见 P. Lerche, in: Große jüdische Gelehrte an der Münchener Juristischen Fakultät, 2001, S. 23; M. Friedrich, Der Staat 27 (1987), S. 237 f. 。

　㊲　E. Kaufmann, Gesammelte Schriften, 1960, Bd. I, S. 253 ff.

　㊳　E. Kaufmann, Gesammelte Schriften, 1960, Bd. I, S. 309 ff. 在这篇文章中，考夫曼塑造了国家法上的"形式滥用"概念。

　㊴　E. Kaufmann, Gesammelte Schriften, 1960, Bd. I, S. 374 ff.

　㊵　E. Kaufmann, Gesammelte Schriften, 1960, Bd. III, S. 176 ff.

　㊶　参见 M. Stolleis, Geschichte des öffentlichen Rechts in Deutschland, Bd. III, 1999, S. 176; F. Degenhardt, Zwischen Machtstaat und Völkerbund, 2008, S. 38 f. 。

仰，是其法哲学作品的重心转移，然而，这不应被过分强调。[42] 因为考夫曼所利用的不同的哲学和认识论观点通常是服务于目的——赋予自己认为的真理更多的可信性——的手段。[43] 因此，他的法哲学作品不应贴上哲学综合论的标签。[44]

在魏玛国家法学的方法之争和方向之争中，[45] 考夫曼肯定是站在"反实证主义"阵营，[46] 后者想要使实在的国家法相对化以及使它向实质的价值判断开放。考夫曼在这一时期的其他作品也强调了这一点，尤其是他在1926年明斯特的国家法学大会上所做的关于平等的专题报告。[47] 在那里，考夫曼和汉斯·纳维亚斯基是报告人和协同报告人，反实证主义方向和实证主义方向产生了尖锐的冲突。考夫曼强调，在这样一个根本问题上，比如法律面前人人平等，没有"信仰"（Bekanntnis）是不行的，考夫曼的每一个命题对于迄今为止的主流观点来说都是一种挑衅：[48] 将亚里士多德-基督教自然法传统的信仰作为直接适用的法律标准，[49] 平等原则之下代议式的立法者的服从，遵从绝对价值，立法者和司法者权能的模糊化。他的报告属于司法对代议制立法的相对化，这是以唯心主义的激情来表达的，司法作为"纯粹的容器"可以通过直接回到信念来回答正义的问题。

---

[42] 富有启发的观点，见 K. Rennert, Die „geisteswissenschaftliche Richtung" in der Staatsrechtslehre der Weimarer Republik, 1987, S. 97 f.。强调考夫曼法哲学作品中的连续性，至少在时代的基调中，见 F. A. Frhr. v. d. Heydte, in: Festgabe für E. Kaufmann, 1950, S. 103 ff.; R. Smend, ebd., S. 391 ff.。

[43] K. Rennert, Die „geisteswissenschaftliche Richtung" in der Staatsrechtslehre der Weimarer Republik, 1987, S. 99; F. Degenhardt, Zwischen Machtstaat und Völkerbund, 2008, S. 39.

[44] 这样认为的有 O. Lepsius, Die gegensatzaufhebende Begriffsbildung, 1994, S. 344 ff., 354。

[45] 对此的深入分析，如 M. Stolleis, Geschichte des öffentlichen Rechts in Deutschland, Bd. III, 1999, S. 153 ff. 还有进一步的文献。

[46] 属于该阵营的，除了考夫曼，还有鲁道夫·斯门德和赫尔曼·黑勒等，参见 M. Stolleis, Geschichte des öffentlichen Rechts in Deutschland, Bd. III, 1999, S. 171 ff.。

[47] E. Kaufmann, Die Gleichheit vor dem Gesetz im Sinne des Art. 109 der Reichsverfassung, in: VVDStRL 3 (1927), S. 2 ff. = Gesammelte Schriften, 1960, Bd. III, S. 246 ff. 他的演讲《关于人民意志的问题》（1931年）得到了特别的回应; in: Gesammelte Schriften, 1960, Bd. III, S. 272 ff.。

[48] 简明扼要的描述，见 M. Stolleis, Geschichte des öffentlichen Rechts in Deutschland, Bd. III, 1999, S. 189 ff., 191。

[49] 尤其是这一自然法的信条在明斯特很少有人理解，更不用说赞同了；参见 M. Friedrich, Der Staat 27 (1987), S. 243 f.。

考夫曼实践参与的第一个时期开始于 1922 年初外交部门交办的国际法上的任务,这在 1933 年突然终止。[50] 不同于许多同时代的同事,考夫曼并没有被《凡尔赛条约》所击垮,他很快将国际联盟的机构和争议解决体制理解为实现虚弱的德意志国家的民族利益的机会。[51] 他首先投身于当时与德国东面的邻国之间严重的争议中,尤其是波兰和捷克社会主义共和国。考夫曼作为帝国政府的专家和法律顾问积极活动,为条约谈判做准备,并且参与条约谈判。他作为政府代表和政党代表参加混合仲裁庭,在海牙国际法院代表帝国,但也代表奥地利共和国和自由城市但泽(Danzig)。这项多样和繁重的工作使他于 1927 年从波恩迁回柏林:自 1926 年起,普鲁士文化部在帝国政府的压力下开始谋求将考夫曼重新安排在柏林大学,这在那里的法学院引起了不小的学术上的骚动。[52] 考夫曼最终在 1927 年秋被任命为柏林大学的荣誉教授,并获得了在公法和法哲学方面任教的委任。他告别了波恩。他的薪酬由帝国承担。由于他的荣誉教授职位,考夫曼卸任了西部的教授职位,积极地为帝国利益而参与国际法的实践活动。

(三)驱逐和流亡

随着纳粹攫取权力,考夫曼也不能作为帝国政府法律顾问发挥影响力了。对于纳粹政权来说,他是"非雅利安人"。他的祖父母和外祖父母归属于犹太教,他和他的妻子是新教徒。在柏林的法学院,《终身制公务员恢复法》[53] 的"前线战士特权"和"战前公务员规定"保护他躲过了第一波驱逐。[54] 经过 1933—1934 年冬季学期,他的柏林大学荣誉教授职位被撤销,他的波恩大学教授的休假也被取消。1934 年 11 月,考

---

[50] 对此深入的描述和分析,见 F. Degenhardt, Zwischen Machtstaat und Völkerbund, 2008, S. 91 ff., 131 ff.。进一步的文献还可参见 M. Friedrich, Der Staat 27 (1987), S. 242; ders., in: Deutsche Juristen jüdischer Herkunft, 1993, S. 699 f.; K. J. Partsch, ZaöRV 30 (1970), S. 226 f.; R. Smend, in: Festgabe für E. Kaufmann, 1950, S. 395 f.。

[51] 参见 F. Degenhardt, Zwischen Machtstaat und Völkerbund, 2008, S. 89 f., 207。

[52] 更详细的,见 A. -M. Lösch, Der nackte Geist, 1999, S. 89 ff. 有进一步的文献。

[53] § 3 BBG v. 7. 4. 1933.

[54] A. -M. Lösch, Der nackte Geist, 1999, S. 201 ff. 有进一步的文献。对于免职浪潮,见 M. Stolleis, NJW 1988, 2849 f.。

夫曼——只是为了强制退休——在柏林大学被调离岗位，同时被辞退。在这个背景下，卡尔·施米特投了反对票，并阻挠了另一项教学任务。1934 年 12 月 14 日，施米特在一封写给普鲁士文化部的告密信中憎恨和讥笑地写道：⑤

> 考夫曼教授无疑是一个异乎寻常的犹太人如鱼得水的例子。他是一个完全意义上的犹太人，但相比于其他取得巨大成就的人，他成功地隐藏了自己的犹太身份——这会刺激到很多人。一直到 1934 年，他都大声地向诸多学生和听众宣称他的德国人身份，成功地使人相信他是纯粹的德意志血统。从德国人的感受来说，这种完全为了隐瞒出身和伪装的存在是难以理解的。它不可避免地导致道德上不可能的状况……因此，如果今天民族-社会主义国家重新给予一种特别明显的犹太人在最著名的德国大学任教的机会，这不仅是误入歧途，而且是对德国学生的精神伤害。如果国家把这样一个人当作最重要领域的法学教师放在德国学生面前，学生要么屈服于他的伪装术，要么识破这种伪装术，反而怀疑国家社会主义的基本原则……

1935 年至 1936 年之交，考夫曼最终被剥夺了任教资格。这也意味着考夫曼作为法学教授的事业暂告结束。此前，他已经被排挤出他参与管理的期刊编辑委员会：1933 年是《行政论丛》，1934 年是《尼迈尔杂志》，1935 年是《外国公法和国际法杂志》。⑥

但是，在纳粹独裁的打压下，考夫曼还是发现了继续发挥影响力的可能性。尽管他的声望没能使他保全所有的职位和地位，但是，长期参与国际法实践以及与外交部门的紧密联系使他比其他犹太出身的学者更长时间地免于追究和迫害。从 1934 年到 1938 年，所谓"尼克拉西学圈"

---

⑤ 引自 A.-M. Lösch, Der nackte Geist, 1999, S. 207。也见 F. Degenhardt, Zwischen Machtstaat und Völkerbund, 2008, S. 123 f.；R. Lamprecht, myops 15/2012, S. 31。

⑥ F. Degenhardt, Zwischen Machtstaat und Völkerbund, 2008, S. 125. 就档案管理而言，正式的说法是："由于过度劳累"，考夫曼不得不离开主编职位。

变成了一个私人避难所。[57] 这是一个连续的研讨班,由考夫曼和当时他的部分学生在他位于柏林尼克拉西的家中秘密举办。那里讨论的主题很广泛:除了国家哲学和法哲学讲座、国际法上的分析和对施米特作品的争论,还有文学和艺术史问题。这个研讨班在被排斥的时代为后一代教授搭建了桥梁。[58] 此外,考夫曼到国外演讲在很长一段时间也是可能的。他在1935年还获得了出国许可,到海牙国际法研究院授课,随后以《和平法的一般规则》(1936年)[59]为题发表在研究院的《法院文集》上。除了关于情势变更条款的文章,《海牙条约》也是考夫曼的法理论观点最重要的来源,同时也是他对国家和法律问题最后的体系性阐述。[60] 它们超越其真正的论题,阐述了考夫曼关于国家机构、法理念、正义的形式和人类共同生活的制度的观点。

在所谓"帝国水晶之夜"后,考夫曼最终无法继续留在德国。1939年4月,他和妻子流亡荷兰,从1940年开始荷兰也被德国占领。[61] 1941年年底,考夫曼被强制剥夺德国国籍,仅剩的与"尼克拉西学圈"成员的联系在这个时期也被迫中断。1946年春天,同事之间流传着这样的谣言:考夫曼在流亡中死去。[62]

(四)战后时代和波恩共和国

这被证明是假消息。1946年,考夫曼以百折不挠的精力从流亡地荷兰返回德国,参与重建。1946年至1947年冬季学期,考夫曼被任命为

---

[57]　F. Degenhardt, Zwischen Machtstaat und Völkerbund, 2008, S. 125 f.; M. Friedrich, Der Staat 27 (1987), S. 245;也见 R. Smend, in: Festgabe für E. Kaufmann, 1950, S. 397:"这个圈子是德国反抗的历史中不可或缺的一章。"

[58]　路德维希·赖泽尔(Ludwig Raiser)和康拉德·茨威格特(Konrad Zweigert)等人也属于这个圈子。

[59]　E. Kaufmann, Gesammelte Schriften, 1960, Bd. III, S. 320 ff. (摘要)

[60]　参见 M. Friedrich, Der Staat 27 (1987), S. 245 f.; R. Smend, in: Festgabe für E. Kaufmann, 1950, S. 397; P. Lerche, in: Große jüdische Gelehrte an der Münchener Juristischen Fakultät, 2001, S. 27。

[61]　F. Degenhardt, Zwischen Machtstaat und Völkerbund, 2008, S. 128.

[62]　F. Degenhardt, Zwischen Machtstaat und Völkerbund, 2008, S. 129.

慕尼黑法学院的正式教授，^⑥ 马尔堡、图宾根、美因茨、柏林、美因河畔的法兰克福也竭力争取他。在慕尼黑，他很快晋升为国际法研究所主任，成为法学院院长，他在慕尼黑法学院一直工作到 1950 年至 1951 年冬季学期(第二次)退休，尽管他与学院同事汉斯·纳维亚斯基的关系并不融洽。^⑥

在"二战"后最初的出版物中，考夫曼与他 1933 年之前的时期联系起来，他的学术关注点聚焦于当代国际法问题：《战俘的释放和遣返》(1947 年)、《联合国章程和国际法院规约》(1948 年)、《德国在占领之下的法律地位》(1948 年)、《恢复原状的国际法基础和边界》(1949 年)、《国际控制法》(1949 年)。尤其是《德国在占领之下的法律地位》^⑥ 这篇文章对德国在无条件投降后的国家法和国际法的状况做了重要的说明。^⑥ 考夫曼区分了在法律上握有国家权力和只是行使国家权力：^⑥ 德国的国家权力并没有消灭，当时的占领国受委托行使它，只要德国当局不能再自己行使国家权力(众所周知，这是逐步形成的)。考夫曼以这个区分反对所谓"覆灭论题"——由于崩溃，国家本身，也就是德意志帝国，其实覆灭了——的支持者。

在考夫曼晚期的作品中，比较突出的是他在 1950 年慕尼黑举办的德国国家法教师大会上的报告《宪法审查的边界》。^⑥ 这次报告的时间是在联邦宪法法院成立之前。在这里，考夫曼思考了《基本法》之下的独立的宪法法院制度的设立，他对此有所怀疑，尽管也有藏而不露的乐观主

---

　　⑥　考夫曼接受慕尼黑的聘请，就像同龄的国家法和行政法学者汉斯·纳维亚斯基(1880—1961)被召回一样，是重新开始的标志。纳维亚斯基是 1946 年巴伐利亚州宪法的制定者之一。参见 M. Stolleis, Geschichte des öffentlichen Rechts in Deutschland, Bd. IV, 2012, S. 62 f. 。

　　⑥　生动的描述，见 P. Lerche, in: Große jüdische Gelehrte an der Münchener Juristischen Fakultät, 2001, S. 30 f. ; 也参照 H. P. Ipsen, Staatsrechtslehrer unter dem Grundgesetz, 1993, S. 15。

　　⑥　E. Kaufmann, Gesammelte Schriften, 1960, Bd. II, S. 306 ff.

　　⑥　当时的争论，参见 M. Stolleis, Geschichte des öffentlichen Rechts in Deutschland, Bd. IV, 2012, S. 636 有进一步的文献。

　　⑥　E. Kaufmann, Gesammelte Schriften, 1960, Bd. II, S. 306 ff. , 313 f. ; 也见 P. Lerche, in: Große jüdische Gelehrte an der Münchener Juristischen Fakultät, 2001, S. 30。

　　⑥　E. Kaufmann, in: VVDStRL 9 (1952), S. 1 ff. = Gesammelte Schriften, 1960, Bd. I, S. 500 ff. 参见对在慕尼黑举办的德国国家法教师大会的描述，M. Stolleis, Geschichte des öffentlichen Rechts in Deutschland, Bd. IV, 2012, S. 212。

义。这个报告包含了一系列关于宪法法院的任务的观察和思考，这些洞见已经超越了时代限制。考夫曼首先思考的是，宪法法院是否会在诱惑之下将自己的权能延伸到政治领域，也就是以其他标准作为宪法标准。这迄今为止仍然是一个主要论题。

考夫曼的慕尼黑时代还不是他发挥影响力的最后阶段。国家实践的召唤又一次突然落在他身上：紧随其 1950 年的退休，一直到 1958 年，也就是在联邦共和国早期的重要阶段，考夫曼作为联邦政府的法律顾问和外交部门的法律顾问在国际法问题上积极工作；他作为波恩大学的荣誉教授，即使是今天还与学术理论联系在一起。通过法律顾问的职位，在外交部门的历史上，唯一为考夫曼准备——他坚持维护其独立性，拒绝任何官方级别意义上的安排，避免个人自由的丧失——的位置形成了。[69] 卡尔·约瑟夫·帕尔奇(Karl Josef Partsch)详细描绘了考夫曼第二个经历丰富的时期：作为国际法的实践者和外交部门尤其是联邦总理的"法律良知的代言人"。[70]

考夫曼人生的最后十年是在海德堡度过的。他获得了很多荣誉[71]，比如名誉博士头衔(基尔、慕尼黑)以及国家法教师协会的荣誉主席。从 1952 年起，他是科学和艺术荣誉勋章会(Orden Pour le mérite für Wissenschaften und Künste)成员，1959 年到 1964 年担任该协会主席。在公众看来，考夫曼长久以来是"国际法学者的带头人"，《时代》周报在 1950 年考夫曼 70 岁生日之际也以此作为标题。[72]

二、 影响

考夫曼属于德国法学的"经典人物"。[73] 他不是通常意义上的经典人物。虽然一些已经成为学术共同财富的概念(如国家法上的"形式滥

---

[69]　参见 K. J. Partsch, ZaöRV 30 (1970), S. 229 f. ; F. Degenhardt, Zwischen Machtstaat und Völkerbund, 2008, S. 204 f. 以及关于考夫曼的"雄鹿天性"。

[70]　K. J. Partsch, ZaöRV 30 (1970), S. 223 ff.

[71]　参见 H. Mosler, ZaöRV 32 (1972), S. 238。

[72]　R. Stödter, in:„Die Zeit" zum 70. Geburtstag Kaufmanns am 21. 9. 1950.

[73]　这样认为的有 M. Friedrich, in: Deutsche Juristen jüdischer Herkunft, 1993, S. 703; 此前, ders. , Der Staat 27 (1987), S. 247。

用")可以归功于他。相反，考夫曼既没有在国家法上也没有在国际法上
建立自己的学派。使他成为经典人物的是他的学术作品的宏大主题和思
想上的跨度。[74] 他的作品不是狭隘的专家的产物或纯粹的法学家的产
物，[75]他对于哲学的、历史的、公法的以及民法的素材的驾驭达到了异乎
寻常的程度。[76] 这种广度在今天是很难达到的。更进一步，考夫曼作品
的特点是，他不断将国家和法律问题回溯到人类秩序的伦理基础问题。
他公开承认，即使对于法学家来说，在某些时候回溯到超实证的生活秩
序是不可避免的。为此，他甘愿承担这里的法律意识形态化的危险和法
律内容和概念的损失。[77] 借助他的法哲学和方法的综合主义，考夫曼使
自己从根本上区别于"纯粹法学"在学术方法上的限缩。谁如果没有把
他的法哲学前提和方法前提分开，谁就不会读懂他。同时代的人批评他
缺乏逻辑思考——这种批评习惯于以辩证法和法律的非理性来对待考
夫曼。

考夫曼作品的另一个特点是哲学、国际法和国际法之间相互关联。[78]
在他的国际法的论文中，考夫曼经常深入生活关系的本质，突出它的
"内在理念"，借助"本质概念"把握一般国际法，[79] 从而看到了国际法
的"特别魅力"。他的国际法理解建立在相同的法哲学和法律方法论的
基础上。在此基础上，考夫曼作为所谓"精神科学方向"的先驱之一，
建立了他在魏玛时代对实证主义的重要批评，并公开向维也纳学派宣
战。[80] 对于他的反实证主义方法和他对法和正义的实质理解来说，国际
法是理想的试验场。他作品中的国家法和国际法的关系也几乎如此。就

---

[74] M. Friedrich, in: Deutsche Juristen jüdischer Herkunft, 1993, S. 703.

[75] 在考夫曼看来，纯粹的法学家简直令人害怕；参见 E. Kaufmann, Gesammelte Schriften, 1960, Bd. I, S. 501: "受过纯粹实证主义训练的法学家倾向于只在法律文本的囚笼中活动，而没有意识到将他与外部世界分离的囚笼栅栏。"

[76] M. Friedrich, in: Deutsche Juristen jüdischer Herkunft, 1993, S. 703.

[77] Vgl. O. Lepsius, Die gegensatzaufhebende Begriffsbildung, 1994, S. 164 ff., 344 ff.

[78] F. Degenhardt, Zwischen Machtstaat und Völkerbund, 2008, S. 5 有进一步的文献。

[79] E. Kaufmann, Probleme der internationalen Gerichtsbarkeit (1932), in: Gesammelte Schriften, 1960, Bd. III, S. 311 f.; 进一步见 dens., Gesammelte Schriften, 1960, Bd. I, Vorwort S. XV。

[80] F. Degenhardt, Zwischen Machtstaat und Völkerbund, 2008, S. 5; 详细的论述，见 K. Rennert, Die „geisteswissenschaftliche Richtung" in der Staatsrechtslehre der Weimarer Republik, 1987, passim。

像他的国际法概念建立在特定的国家法理解的基础上，考夫曼从国际法实践的经验出发表述他的国家法立场。[81] 对此，有说服力的例子是考夫曼的报告《法律面前的平等》以及《宪法审查的边界》，分别发表于1926 年和1950 年国家法教师大会。在那里，他尤其是从他的国际法的实践经验出发对平等进行实质理解以及对法律争端与利益争端进行区分。

如果要恰当地评价考夫曼，不能只局限于他的学术作品，而要把他作为外交部门的法律顾问以及作为鉴定人、政党和诉讼代表的法律实践活动也算入其中。这些与他的学术活动具有密切的相互关系。[82] 鲁道夫·斯门德是考夫曼在所谓方法和方向之争中的战友，他从考夫曼身上体现出来的理论和实践的相互联系中正确地看到，考夫曼在魏玛共和国时期的国际法实践工作也是"在实践上维护他迄今为止的理论作品"[83]。实际上，考夫曼的一生的作品不仅仅是他的学术工作，恰恰也包括他在外交部门的国际法顾问工作。在那里，他作为一个实用的、国际法方向的专家在工作，超越了所有当时典型的激情以及他对极化的偏爱，展现出过人的眼力，能够明辨在国际法上可行的东西。[84]

---

[81]　F. Degenhardt, Zwischen Machtstaat und Völkerbund, 2008, S. 5.

[82]　清楚的描述，见 F. Degenhardt, Zwischen Machtstaat und Völkerbund, 2008, S. 4:"理论和实践的联系"。

[83]　R. Smend, in: Festgabe für E. Kaufmann, 1950, S. 396.

[84]　Vgl. M. Stolleis, Geschichte des öffentlichen Rechts in Deutschland, Bd. III, 1999, S. 176 f.; F. Degenhardt, Zwischen Machtstaat und Völkerbund, 2008, S. 209.

汉斯·凯尔森（Hans Kelsen，1881—1973）

霍斯特·德赖尔　著　王银宏　译

一、人生之路：从布拉格到维也纳以及从科隆到伯克利

汉斯·凯尔森一生被授予十多个名誉博士学位，例如乌德勒支大学（1936 年）、哈佛大学（1936 年）、芝加哥大学（1941 年）、加州大学伯克利分校（1952 年）、柏林大学（1961 年）、维也纳大学（1961 年）、巴黎大学（1963年）、萨尔茨堡大学（1967 年）、斯特拉斯堡大学（1972 年）；他被授予的高等级荣誉和最高荣誉有奥地利科学和艺术勋章（1961 年）、维也纳市的荣誉戒指（1966 年）；他的一些著作被译为二十多种语言，包括英语、法语、意大利语、西班牙语、葡萄牙语、瑞典语、匈牙利语、捷克语、希伯来语、日语、韩语、中文；出版过三本关于他的纪念文集；对凯尔森流行的、通常的评价是 "20 世纪的法学家"；1973 年 4 月 19 日，凯尔森在美国的太平洋沿海地区逝世。凯尔森无疑是学术界中一位著名的、非常受人尊敬的并且在世界各地受到高度重视的学者。① 毫无疑问，通过这种方式不可能对凯尔森做出准

---

① 关于凯尔森的著述和人生道路的著作，首先是：R. A. Métall, Hans Kelsen. Leben und Werk, 1969；R. Walter/C. Jabloner, Hans Kelsen（1881‒1973）. Leben-Werk-Wirkung, in：M. Lutter/E. C. Stiefel/M. H. Hoeflich（Hrsg.），Der Einfluß deutschsprachiger Emigranten auf die Rechtsentwicklung in den USA und in Deutschland, 1993, S. 521 ff.；H. Dreier, Hans Kelsen（1881‒1973）：„Jurist des Jahrhunderts？"，in：H. Heinrichs u. a.（Hrsg.），Deutsche Juristen jüdischer Herkunft, 1993, S. 705 ff.。现在较为重要的是凯尔森在 1947 年的自传，较易获得的版本是：Hans Kelsen im Selbstzeugnis. Sonderpublikation anläßlich des 125. Geburtstages von Hans Kelsen am 11. Oktober 2006, hrsgg. von M. Jestaedt in Kooperation mit dem Hans Kelsen-Institut, 2006（第 97 页及以下页，详细的编年史）。三本文集分别是：Gesellschaft, Staat und Recht. Festschrift, Hans Kelsen zum 50. Geburtstage gewidmet, hrsgg. v. A. Verdroß, 1931；Law, State, and International Legal Order. Essays in Honor of Hans Kelsen, Knoxville 1964；Festschrift für Hans Kelsen zum 90. Geburtstag, hrsgg. v. A. Merkl, 1971。

确、全面的评价。他作为一个犹太灯具商的儿子在 1881 年 10 月 11 日出生于布拉格，之后举家迁往维也纳，并且于 1900 年在维也纳完成高级中学毕业考试以及修完法学和国家学的课程之后，于 1906 年在维也纳大学获得博士学位。[②] 根据凯尔森自己提供的资料，他对宗教信仰并不感兴趣，为学术发展考虑，他在 1905 年加入罗马-天主教教会，但是，在 1912 年，与玛格丽特·邦迪(Margarete Bondi)结婚前不久，他转信新教(奥格斯堡新教)。[③] 1911 年的教授资格论文是奠定他学术声誉的基石。[④] 当时的同时代人也认识到该著作的重要性，[⑤] 在接下来的几十年间，凯尔森通过一系列著作提出了法学上的全新观点，特别是 1934 年出版的以"纯粹法理论"命名的著作第一次对其理论观点做了系统总结。[⑥] 这二十余年间(1911 年至 1934 年)不仅发生了世界历史上的重要事件，而且也是凯尔森的人生和事业的重要阶段。在第一次世界大战期间，他因身体条件的限制在文书处工作，主要是在国防部工作，最后是作为宪法专家成为国防部长施特格尔-施泰纳的主管干事。[⑦] 1918 年，奥地利总理卡尔·伦纳(Karl Renner)博士请他起草一部新宪法。当然，凯尔森因此被广泛地誉为 1920 年《奥地利联邦宪法》的(甚至是唯一的)"创造者"；对于他作为制定这一国家基本法的实质参与者或者也可以称其为"设计

[②]　在这一年之前，凯尔森就已经出版著作，即 Hans Kelsen, Die Staatslehre des Dante Alighieri, 1905。

[③]　当时的背景：奥地利从 1938 年开始设立民事婚姻机构。在此之前适用的都是各个教派的规定。根据天主教教会法，离婚和再婚都是被禁止的。但是，新教徒对此持开放态度。

[④]　Hans Kelsen, Hauptprobleme der Staatsrechtslehre, entwickelt aus der Lehre vom Rechtssatze, 1911 (2., um eine Vorrede vermehrte Auflage 1923).

[⑤]　仅见卡洛的书评：F. Caro, Schmollers Jahrbuch für Gesetzgebung, Verwaltung und Volkswirtschaft im Deutschen Reich 36 (1912), S. 1928 ff. 。

[⑥]　Hans Kelsen, Reine Rechtslehre. Einleitung in die rechtswissenschaftliche Problematik, 1934. 对于这二十年间凯尔森理论的发展，详见 M. Jestaedt, Von den „Hauptproblemen" zur Erstauflage der „Reinen Rechtslehre", in: R. Walter/W. Ogris/T. Olechowski (Hrsg.), Hans Kelsen: Leben—Werk—Wirksamkeit, 2009, S. 113 ff. 。

[⑦]　这一人生阶段，具体参见 J. Busch, Hans Kelsen im Ersten Weltkrieg. Achsenzeit einer Weltkarriere, in: R. Walter/W. Ogris/T. Olechowski (Hrsg.), Hans Kelsen: Leben—Werk—Wirksamkeit, 2009, S. 57 ff. 。

者"（在此不一一列举）所发挥的作用，人们已经做出公正合理的评价。⑧
毫无疑问的是，他对于宪法法院制度的建立发挥了主要作用，更确切地
说，他设计出一个特殊的、在制度上独立的法院，该法院具有针对州法
律和联邦法律的抽象规范审查和具体规范审查的功能。⑨ 他在 1920 年基
于超党派的建议，被选举为该宪法法院"终身任职的"法官（同时也是
少数几个常务负责法官之一）。⑩ 当然，在 1920 年代的后半期因不断扩大
的政治冲突，宪法法院法官不再终身任职。冲突的原因尤其体现在所谓
"豁免婚姻"案件中，保守派力量与宪法法院的自由立场之间的冲突，宪
法法院的自由立场和此类案件的判决受到凯尔森的决定性影响。⑪ 结果是，
打着"去政治化"的旗号使所有的宪法法院法官离职；基于社会民主党的
建议，凯尔森再次（单独地）被选为宪法法院法官，但是凯尔森拒绝了。

　　同时，凯尔森的学术职位也发生了重大变化。他自 1919 年起继任其
学术导师埃德蒙德·贝纳茨克（Edmund Bernatzik）的维也纳大学国家法与
行政法的教授职位；在那几年中，他与几位同事卷入激烈的学术争论
中。⑫ 此外，一些诽谤，特别是天主教圈子的诽谤以及普遍扩大的反犹
太主义氛围使他感到心情沉重。因此，1930 年 10 月 15 日，他接受了科

---

⑧　这方面的深入论述和不同的论述，参见 G. Schmitz, Die Vorentwürfe Hans Kelsens für
die österreichische Bundesverfassung, 1981; F. Ermacora, Die österreichische Bundesverfassung und
Hans Kelsen, 1982; G. Stourzh, Hans Kelsen, die österreichische Bundesverfassung und die re-
chtsstaatliche Demokratie (1982), in: ders., Wege zur Grundrechtsdemokratie, 1989, S. 309 ff.;
T. Olechowski, Der Beitrag Hans Kelsens zur österreichischen Bundesverfassung, in: R. Walter/W.
Ogris/T. Olechowski (Hrsg.), Hans Kelsen: Leben—Werk—Wirksamkeit, 2009, S. 211 ff.。

⑨　T. Olechowski, Der Beitrag Hans Kelsens zur österreichischen Bundesverfassung, in: R.
Walter/W. Ogris/T. Olechowski (Hrsg.), Hans Kelsen: Leben—Werk—Wirksamkeit, 2009, S.
227. 这种由一个专门的法院来集中审查法律的合宪性的模式也被称为"奥地利模式"，参见
T. Öhlinger, Die Entstehung und Entfaltung des österreichischen Modells der Verfassungsgerichts-
barkeit, in: Festschrift für Ludwig Adamovich, 2002, S. 581 ff.。

⑩　关于凯尔森的工作，参见 R. Walter, Hans Kelsen als Verfassungsrichter, 2005。

⑪　关于该问题的深入研究，参见 C. Neschwara, Kelsen als Verfassungsrichter. Seine Rolle
in der Dispensehen-Kontroverse, in: S. L. Paulson/M. Stolleis (Hrsg.), Hans Kelsen: Sta-
atsrechtslehrer und Rechtstheoretiker des 20. Jahrhunderts, 2005, S. 353 ff.; ders., Hans Kelsen und
das Problem der Dispensehen, in: R. Walter/W. Ogris/T. Olechowski (Hrsg.), Hans Kelsen:
Leben—Werk—Wirksamkeit, 2009, S. 249 ff.。

⑫　Hans Kelsen, Rechtswissenschaft und Recht. Erledigung eines Versuchs zur Überwindung
der „Rechtsdogmatik", in: ÖZöR 3 (1922), S. 103–235; ders., Der Staat als Übermensch. Eine
Erwiderung, 1926; ders., Rechtsgeschichte gegen Rechtsphilosophie? Eine Erwiderung, 1928. 对
此及其他方面的争论，参见 A.-J. Korb, Kelsens Kritiker, 2010, insb. S. 77 ff.。

隆大学的公法教职，首先是一般国家理论和法哲学教职（当时是仅次于柏林的普鲁士第二大城市）——这是在他离任宪法法院的法官职位整整八个月之后。尽管这次聘任不乏争议[13]，但是他进入了一个学术上富有成果和令人满意的阶段[14]。但是，风云突变，这一阶段戛然而止。在他任院长期间，1933 年 4 月 12 日，基于 1933 年 4 月 7 日的《恢复公职法》，他成为第一批被免职的人员，当时他通过报纸知道了这一消息。[15]接下来的几年是艰难的。他最初受聘于日内瓦的"国际关系高等研究所"，自 1936 年起他又在布拉格的德语大学担任国际法教职，然而，由于学生团体的反犹太主义宣传活动，他在 1937—1938 年的冬季学期之后很快就结束了教学活动。[16]第二次世界大战爆发之后，他被迫移居外国，他在 60 岁时并且在几乎没有掌握英语的情况下于 1940 年 6 月移居美国。[17]在美国，他最初是作为讲师受聘于哈佛大学法学院，两年后受聘为加州大学伯克利分校的政治学讲师，直至去世。从 1945 年到他退休的1952 年，他作为伯克利政治学系的全职教授讲授"国际法、法学和法律体系的起源"。他的告别演讲是关于正义问题。[18]他的退休生活仍集中于

---

[13]　关于此前的历史及争论，参见 B. Heimbüchel, Die neue Universität. Selbstverständnis-Idee und Verwirklichung, in: ders./K. Pabst, Kölner Universitätsgeschichte, Bd. II: Das 19. und 20. Jahrhundert, 1988, S. 453 ff.; B. Rüthers, Universität im Umbruch. Hans Kelsen und Carl Schmitt in Köln 1933, in: AnwBl. 1990, S. 490 ff.; O. Lepsius, Hans Kelsen und der National-sozialismus, in: R. Walter/W. Ogris/ T. Olechowski (Hrsg.), Hans Kelsen: Leben—Werk—Wirksamkeit, 2009, S. 271 ff. (275 ff.)。

[14]　对于凯尔森作为大学教师令人印象深刻的描述，参见上过其课程的学生的记载: Hans Mayer, Ein Deutscher auf Widerruf. Erinnerungen I, 1982, S. 148 ff.。

[15]　参见 F. Golczewski, Kölner Universitätslehrer und der Nationalsozialismus, 1988, S. 114 ff. (118 ff.); O. Lepsius, Hans Kelsen und der Nationalsozialismus, in: R. Walter/W. Ogris/ T. Olechowski (Hrsg.), Hans Kelsen: Leben—Werk—Wirksamkeit, 2009, S. 271 ff. Hans Kelsen im Selbstzeugnis. Sonderpublikation anläßlich des 125. Geburtstages von Hans Kelsen am 11. Oktober 2006, hrsgg. von M. Jestaedt in Kooperation mit dem Hans Kelsen-Institut, 2006, S. 82。关于他为退休(金)问题而进行的斗争，详见 Lepsius, Hans Kelsen und der Nationalsozial-ismus, in: R. Walter/W. Ogris/T. Olechowski (Hrsg.), Hans Kelsen: Leben—Werk—Wirk-samkeit, 2009, S. 279 f.。

[16]　关于这个阶段，参见 J. Osterkamp, Hans Kelsen in der Tschechoslowakei, in: R. Walter/W. Ogris/T. Olechowski (Hrsg.), Hans Kelsen: Leben—Werk—Wirksamkeit, 2009, S. 305 ff.。

[17]　具体内容，详见 J. Feichtinger, Transatlantische Vernetzungen. Der Weg Hans Kelsens und seines Kreises in die Emigration, in: R. Walter/W. Ogris/T. Olechowski (Hrsg.), Hans Kelsen: Leben—Werk—Wirksamkeit, 2009, S. 321 ff. (327 ff.)。

[18]　Hans Kelsen, Was ist Gerechtigkeit?, 1953. Dazu (mit diesem Titel) etwa G. Nogueira Dias, in: ZöR 57 (2002), S. 63 ff. (76 ff., 84 ff.)

紧张热烈的学术活动，同时也保持着国际交流。他多次被授予荣誉称号并被邀请到世界各地讲学，当然也包括奥地利和德国，无论在何种意义上，美国也成为他的故乡。当然，他的唯一故乡就是学术。1973 年 4 月 19 日，凯尔森以 90 多岁高龄在伯克利附近逝世，几个月前，与他结婚相伴逾 60 年的夫人玛格丽特逝世。

二、 毕生之作:《纯粹法理论》

凯尔森将其毕生致力于研究的法学理论以"纯粹法理论"命名。该理论的基础是他在 1911 年完成的教授资格论文，之后通过诸多论文和著作不断发展完善，[19] 1934 年《纯粹法理论》第一版出版，1960 年以第一版五倍篇幅的综合性形态再次出版，[20] 而不仅仅是继续完善、修改或者深化其理论观点。凯尔森生前最后发表的论文仅在逻辑上以极其细致的方式针对其理论的批评性意见做出回应。[21] 在 1960 年之后，他也对其"理论大厦"进行或多或少地改建。这方面的例证，特别是在他逝世后出版的关于一般规范理论研究的著作[22]，可以部分地看作是对于特定的理论原则的重要修正。[23] 以下内容仅是"木刻式地"论及凯尔森法学理论的中心观点和基本特征。

---

[19]　Hans Kelsen, Das Problem der Souveränität und die Theorie des Völkerrechts, 1920 (2. Aufl. 1928); ders., Der soziologische und der juristische Staatsbegriff, 1922 (2. Aufl. 1928); ders., Allgemeine Staatslehre, 1925.

[20]　Hans Kelsen, Reine Rechtslehre. Mit einem Anhang: Das Problem der Gerechtigkeit, 2., völlig neu bearbeitete und erweiterte Auflage, 1960.

[21]　Hans Kelsen, Die Problematik der Reinen Rechtslehre, in: ÖZöR 18 (1968), S. 143 ff.

[22]　Hans Kelsen, Allgemeine Theorie der Normen, hrsg. v. K. Ringhofer und R. Walter, 1979.

[23]　凯尔森的后期著作部分地提出了一些内在的问题，但绝不是统一的评价或者回答，实质上是涉及对规范冲突的理解以及关于规范秩序中规范适用的最终规则。关于这方面问题的新近研究，参见 E. Wiederin, Das Spätwerk Kelsens, in: R. Walter/W. Ogris/T. Olechowski (Hrsg.), Hans Kelsen: Leben—Werk—Wirksamkeit, 2009, S. 351 ff.; C. Jabloner, Der Rechtsbegriff bei Hans Kelsen, in: S. Griller/H. P. Rill (Gesamtredaktion), Rechtstheorie: Rechtsbegriff—Dynamik—Auslegung, 2011, S. 21 ff. (28, 33 ff.); S. L. Paulson, Kelsen's Radical Reconstruction of the Legal Norm, in: Gesellschaft und Gerechtigkeit. Festschrift für Hubert Rottleuthner, 2011, S. 101 ff. 。但是，凯尔森在其晚年绝没有放弃其时有论及的实然与应然的二元论；参见 H. Dreier, Benedikt XVI. und Hans Kelsen, in: JZ 2012, S. 1151 ff. 。

（一）学术规划

通过纯粹法理论，凯尔森试图——如他在第一版的前言中纲领性地说道——"将法学提升为一种真正的科学、一种精神科学"，使法学"尽可能地接近所有科学、客观和准确的理想目标"。[24] 这种学术规划的潜在危险[25]体现在凯尔森混合了关于法的(法)政治学观点和个人价值判断的阐述中，深植于"习惯，以法的科学之名……为政治需求辩护"。这与马克斯·韦伯关于评断自由的观点相近。[26] 同样地，就此而言，他不是要放弃评断，而是仅仅在于区分学术阐释与政治意见。[27] 同样地，凯尔森也绝不是否定政治的、经济的、社会的和其他的因素在法的形成和实施方面的作用。[28] 凯尔森所要宣扬的不是其想象意义上的法的纯粹性，并以其替代真正的社会变化进程。他所要求的是在新康德主义传统[29]中明确区分实然和应然的二元性的背景下探讨法在法学上的纯粹性。纯粹法理论不是纯粹的(良好的、合理的、正义的)法的理论，而应是法的纯粹的(自然的、客观的)的理论。[30] 去政治化的要求仅仅与法的科学性有关，而不涉及法自身，它所涉及的是克制进行评断的追述和阐释。

---

[24]　Hans Kelsen, Reine Rechtslehre, 1934, S. III.

[25]　H. Dreier, Hans Kelsens Wissenschaftsprogramm, in: H. Schulze-Fielitz (Hrsg.), Staatsrechtslehre als Wissenschaft, 2007, S. 81 ff. (下文有数次引用该文的内容)

[26]　H. Dreier, Max Webers Postulat der Wertfreiheit in der Wissenschaft und die Politik, in: H. Dreier/D. Willoweit (Hrsg.), Wissenschaft und Politik, 2010, S. 35 ff.

[27]　凯尔森明确地表达出该观点，参见 Hans Kelsen, Juristischer Formalismus und reine Rechtslehre, in: JW 1929, S. 1723 ff. (1724)。斯门德在学术上提出了明确的反对观点，但是其观点是站不住脚的，判断、认知和意愿由此形成一个不可分割的整体，参见 Dreier, Hans Kelsens Wissenschaftsprogramm, in: H. Schulze-Fielitz (Hrsg.), Staatsrechtslehre als Wissenschaft, 2007, S. 85f.; S. Korioth, Kelsen im Diskurs—Die Weimarer Jahre, in: M. Jestaedt (Hrsg.), Hans Kelsen und die deutsche Staatsrechtslehre, 2013, S. 29 ff. (36, 40, 44)。

[28]　仅参见 Hans Kelsen, Allgemeine Staatslehre, 1925, S. 21。

[29]　准确地判断凯尔森与新康德主义之间的关系本身就是一个(重大且复杂的)课题。参见 H. Dreier, Rechtslehre, Staatssoziologie und Demokratietheorie bei Hans Kelsen (1986), 2. Aufl. 1990, S. 56 ff., 83 ff.; 对于整体复杂性的深入探讨，参见 R. Alexy u. a. (Hrsg.), Neukantianismus und Rechtsphilosophie. Mit einer Einleitung von S. L. Paulson, 2002。对此，特别是阿列克西的相关研究：C. Heidemann und S. L. Paulson (S. 179 ff., 203 ff., 223 ff.); S. Uecker, Vom Reinheitspostulat zur Grundnorm, 2006; A. Carrino, Das Recht zwischen Reinheit und Realität, 2011。

[30]　简明扼要的论述，参见 Hans Kelsen, Was ist die Reine Rechtslehre?, in: H. Klecatsky/R. Marcic/H. Schambeck (Hrsg.), Die Wiener Rechtstheoretische Schule. Ausgewählte Schriften von Hans Kelsen, Adolf Julius Merkl und Alfred Verdroß, Bd. I, 1968, S. 611 ff. (620)。

要实现此目的，凯尔森需要解决两个方面的问题㉛，一方面是因果科学，特别是法社会学；另一方面是所有那些认为实在法都应服从于一个更高级的非法学的规范范围的思想流派，例如自然法具有最高效力。凯尔森坚持法的应然维度，这种应然维度所针对的是所有试图通过因果关系的阐释来代替或取代法学的规范描述的观点。"法学上的事实恰恰不意味着任何内容。"㉜ 法是现实的事件过程的一种规范阐释模式，并赋予这种事件过程一种特定的意义。因此，凯尔森拒绝"现实主义的"观念，毕竟这种观念——例如斯堪的纳维亚的法律现实主义㉝——试图否定应然的因素或者消解精神上的强制观念。当然，特别是法社会学并非不承认存在的合理性，然而，凯尔森试图通过与那种特殊的方法及其不同的阐释范围和阐释方向相关的意识来明确不同学科之间的界限。"凯尔森的理论并未把法社会学和国家社会学排除在外，而是仅仅将其作为社会学。"㉞

通过拒斥自然法可以进一步地实现对法学理解的纯粹性。凯尔森终其一生都涉及的关于自然法论辩的一些论述和论据经常被忽视，而这些内容思想很重要，应将其作为知识对象尽可能地予以理解。没有应然范域，因果科学本身也会产生一定的危害，现在法律范域的重合导致产生另一种危险，一种始终与自然法联系密切且作为自然法基础的应然范域成为更高等级的事物。凯尔森对这种规范范围和规范体系的混合持反对态度，认为法学应当认识和理解由人类所确立的实证法，这种法应当排

㉛　详见 Dreier, Rechtslehre, Staatssoziologie und Demokratietheorie bei Hans Kelsen (1986), 2. Aufl. 1990, S. 27 ff. 。

㉜　Hans Kelsen, Das Problem der Souveränität und die Theorie des Völkerrechts, 1920（2. Aufl. 1928）, S. 71.

㉝　J. Bjarup, Skandinavischer Rechtsrealismus, 1978; M. Schmidt, Reine Rechtslehre versus Rechtsrealismus, in: R. Walter（Hrsg.）, Schwerpunkte der Reinen Rechtslehre, 1992, S. 137 ff.

㉞　C. Möllers, Staat als Argument, 2000, S. 56; 这方面分工的思考, 也参见 O. Lepsius, Die Wiederentdeckung Weimars durch die bundesdeutsche Staatsrechtslehre, in: C. Gusy（Hrsg.）, Weimars lange Schatten—„Weimar" als Argument nach 1945, 2003, S. 354 ff.（359）。凯尔森自己曾十分明确地发表过关于魏玛共和国时期法官的"司法社会学"的观点, 参见他在《德国国家法教师协会会刊》1927 年第 3 期上发表的评论（第 53 页及以下诸页）。关于凯尔森与欧根·埃利希之间尽人皆知的、相互之间存在误解的非自由论辩, 参见 S. L. Paulson（Hrsg.）, Hans Kelsen und die Rechtssoziologie, 1992; K. Lüderssen, Hans Kelsen und Eugen Ehrlich, in: S. L. Paulson/M. Stolleis（Hrsg.）, Hans Kelsen: Staatsrechtslehrer und Rechtstheoretiker des 20. Jahrhunderts, 2005, S. 264 ff. 。

除其他规范体系的涉入或修正，同时应当解决法受到意识形态影响的问题。⑤ 与科学的客观性的理想相适应，法所涉及的是其自身，而非其应然状态。法学既不应肯定法也不应否定法，而是应当认识和描述法。⑥ 即使有缺陷的、有悖于风俗习惯的法也属于规范体系的一部分，但是可以——或许是必须——在伦理和道德的立场上对其予以批判。在凯尔森看来，评断一个有效规制人们行为的强制性体系是否属于法律体系的标准不应无视人的尊严及其认同的权利资格，更不应将法律规范延展为人们必须服从的义务。⑦ 对于人们是否应当遵守法或者是否有权反对法的问题，不能仅从实证法本身来回答。纯粹法理论将该问题的回答转予每一个个人及其宗教观、世界观、政治观或者其他价值观念的自主决断。

（二）基础规范

凯尔森需要解决两个方面的问题：一是因果科学在法学中的重要地位；二是在自然法之下，如何解决法的效力根据问题，这既不能从一个现行的强制性制度的事实存在本身找到答案，也不能从超实证的规范的合法性中找到答案。凯尔森从诸多意义各异、形态不明的事物中选择了基础规范⑧，基础规范——凯尔森部分地将其作为超验的前提，部分地

---

⑤　仅参见凯尔森：《纯粹法理论》第一版，第38页："反意识形态的趋向保障了纯粹法理论试图将实证法的阐释与任何形式的关于自然法的正义思想区隔开来。纯粹法理论不讨论实证法秩序之外的效力可能性。该理论限于讨论实证法，并且防止法学致力于探讨一个更高等级的秩序或者将法的正当性从中解放出来；或者防止滥用任何以此为前提的正义理想与实证法之间的不一致性，将此作为法学上的论据来否定实证法的效力。"关于凯尔森作为意识形态的批评者，参见 W. Krawietz/E. Topitsch/P. Koller（Hrsg.），Ideologiekritik und Demokratietheorie bei Hans Kelsen，1982。

⑥　凯尔森的明确表述，参见 Hans Kelsen, Reine Rechtslehre, 1960, S. 70-71。

⑦　这方面及下文的详细论述，参见 Dreier, Rechtslehre, Staatssoziologie und Demokratietheorie bei Hans Kelsen（1986），2. Aufl. 1990, S. 179 ff. , 228 ff. ; in aller Kürze R. Walter, Hans Kelsens Rechtslehre, 1999, S. 12; Hans Kelsen, Reine Rechtslehre, 1960, S. 441 f. 。

⑧　典范性但非创造性的论述，参见 Hans Kelsen, Reine Rechtslehre, 1960, S. 196 ff. 。二手文献为数甚多，参见 Dreier, Rechtslehre, Staatssoziologie und Demokratietheorie bei Hans Kelsen（1986），2. Aufl. 1990, S. 27 ff. , 42 ff. , 86 ff. , 128 ff. ; R. Thienel, Kritischer Rationalismus und Jurisprudenz, 1991, S. 100 ff. ; R. Walter, Entstehung und Entwicklung des Gedankens der Grundnorm, in: ders. （Hrsg. ）, Schwerpunkte der Reinen Rechtslehre, 1992, S. 47 ff. ; S. L. Paulson, Die unterschiedlichen Formulierungen der „Grundnorm", in: Rechtsnorm und Rechtswirklichkeit. Festschrift für Werner Krawietz zum 60. Geburtstag, 1993, S. 53 ff. ; C. Heidemann, Die Norm als Tatsache. Zur Normentheorie Hans Kelsens, 1997, S. 90 ff. , 144 ff. , 208 ff. , 348 ff. ; U. Bindreiter, Why Grundnorm?, 2002。

将其作为假定的前提——在一定程度上被设想为规范的最终基础。只有以此作为基础，一个国家现行的、事实上发挥效能的强制性体系才能被视为法律体系，法作为现实的事物过程的阐释模式才能得到适用。㊦ 但是，对于持价值相对主义观点的凯尔森㊵而言，在一个世界观多元的世界里，法律规范的约束力不再基于客观性和普遍性，基础规范虽然为其提供了一个最终的基础，但该基础并非稳固的：因为它出自一个其决定根本不具有强制性的法律观察者的假定。人们完全可以将一个国家的法律体系视为事实上居于统治地位的国家权力和强权的产物，也可以将其视为奥古斯丁意义上的"伟大的匪帮"。

（三）法律体系的规范理论

基础规范除了作为规范的产生基础之外，还具有统一规范的功能，类似于法律体系中位阶等级的最高点所具有的功能。㊶ 实质上由阿道夫·默克尔所创造的位阶等级理论使得法的自我创生（以及自我撤销）在一个相互依赖的规范世界中成为一种有意识的逐级具体化的结果。㊷ 与此相适应，法律规范处于一种相互的授权关系和派生关系之中。规范的效力仅仅来源于其上级规范。因此，纯粹法理论所指向的法律体系不是基于包括习惯法在内的普遍性规范，而是将其视为不同法律层级所产生的法的整体：从宪法到法律到法规，直至司法判决、行政机构的决定或

㊦　Hans Kelsen, Reine Rechtslehre, 1934, S. 66.

㊵　这方面的详细论述，参见 H. Dreier, Joh 18, Wertrelativismus und Demokratietheorie, in：Reflexionen über Demokratie und Recht. Festakt aus Anlass des 60. Geburtstages von Clemens Jabloner, 2009, S. 13 ff. (18 ff.)。

㊶　关于位阶等级理论，参见 Hans Kelsen, Reine Rechtslehre, 1960, S. 228 ff.；诸多的二手文献，参见 Dreier, Rechtslehre, Staatssoziologie und Demokratietheorie bei Hans Kelsen (1986), 2. Aufl. 1990, S. 129 ff.；H. Mayer, Die Theorie des rechtlichen Stufenbaus, in：R. Walter (Hrsg.), Schwerpunkte der Reinen Rechtslehre, 1992, S. 37 ff.；M. Borowski, Die Lehre vom Stufenbau nach Adolf Julius Merkl, in：S. L. Paulson/M. Stolleis (Hrsg.), Hans Kelsen：Staatsrechtslehrer und Rechtstheoretiker des 20. Jahrhunderts, 2005, S. 122 ff.；这方面的批评，参见 P. Koller, Zur Theorie des rechtlichen Stufenbaues, ebd., S. 106 ff.；A. Jakab, Probleme der Stufenbaulehre, in：ARSP 91 (2005), S. 334 ff.；其他方面的新近文献，参见 Dreier, Hans Kelsens Wissenschaftsprogramm, in：H. Schulze-Fielitz (Hrsg.), Staatsrechtslehre als Wissenschaft, 2007, S. 107 f.；这方面的补充，参见 E. Wiederin, Die Stufenbaulehre Adolf Julius Merkls, in：S. Griller/H. P. Rill (Gesamtredaktion), Rechtstheorie：Rechtsbegriff—Dynamik—Auslegung, 2011, S. 81 ff.。

㊷　十分生动形象的描述，参见 Hans Kelsen, Reine Rechtslehre, 1934, S. 63 ff.。

者个人之间所订立的契约（契约准据法）。㊸各种不同形式的实证法通过设想中的基础规范而实现统一性和体系化。

　　这种基于法学学科的独立性而在理论上的整体安排、新康德主义-价值相对主义的效力根据以及法律规范的位阶等级理论体现为凯尔森在解释理论、宪法法院制度以及国家理论方面问题的具体结论。

三、　解释理论与宪法法院制度

　　凯尔森的位阶等级理论和解释理论之间的关系㊹十分清楚，因为无论是较高等级的规范创制还是较低等级的规范创制都存在不同的具体化的等级。由此，直接明确的是，较高等级的规范，例如宪法的规定决定了位阶等级低于宪法规范的立法的内容、形式和程序，亦即决定了议会立法的内容、形式和程序，虽然不是完全决定，但也预先确定了其一定的形式和实质性内容，亦如规定其一定的范围。在凯尔森看来，这种宪法与法律之间的关系也适用于其他位阶等级的规范，例如法规的制定也必须在法律预先确定的范围内进行，或者可以将法律直接适用于个案。以较为抽象的语言来说就是："法律体系中较高等级的规范和较低等级的规范之间的关系，例如宪法与法律之间或者法律与司法判决之间的关系，是一种规定关系或者义务关系；较高等级的规范通过规制……特定的行为来创制较低等级的规范……但是，这种规定绝非一种全面的规定。较高等级的规范可以通过特定的行为使其本身的内容得到执行，但不是在所有方面都予以规定。始终存在着一个或者较为广泛或者较为狭小的自由裁量空间，因此相对于执行其内容的规范创制或者具体实施行为，较高等级的规范始终仅在该执行行为的范围内发挥作用。"㊺ 这表

　　㊸ 简明扼要的论述，参见 Hans Kelsen, Reine Rechtslehre, 1934, S. 62 ff., 73 ff.; Hans Kelsen, Reine Rechtslehre, 1960, S. 228 ff.。

　　㊹ 参见 Hans Kelsen, Reine Rechtslehre, 1934, S. 90 ff.; Hans Kelsen, Reine Rechtslehre, 1960, S. 346 ff.; Dazu Dreier, Rechtslehre, Staatssoziologie und Demokratietheorie bei Hans Kelsen (1986), 2. Aufl. 1990, S. 145 ff.; Thienel, Kritischer Rationalismus und Jurisprudenz, 1991, S. 133 ff., 168 ff.; H. Mayer, Die Interpretationstheorie der Reinen Rechtslehre, in: R. Walter (Hrsg.), Schwerpunkte der Reinen Rechtslehre, 1992, S. 61 ff.。

　　㊺ Hans Kelsen, Reine Rechtslehre, 1934, S. 90 f.

明，对于规范的解释的运用并不存在一种唯一正确的判断，由此，那些经常将凯尔森归为概念法学的代表的做法完全是错误的。㊻ 基于他明确表达出的对于通常的解释方法所具有的效力的怀疑，他宁愿将自己归为自由法学派。㊼ 无论如何，在凯尔森看来，任何法的适用过程同时也是法的创制过程，在这个过程中——诸多要素存在不同的混合——同时存在着意志和认知的因素。因此，解释部分是认知，部分是意志行为，同时存在着认知和决断，阿道夫·默克尔将此形象地描述为"法的双重面相"㊽。凯尔森同样不认为，法的适用是一种机械的、自动的执行过程，亦如神话传说之于一个唯一正确的判决。对于一种普遍性的涵摄结论或者将解释视为一种纯粹逻辑的行为，凯尔森并没有论述过。完全相反地，凯尔森没有否定每一个法的适用者——同时也是法的创造者——都会受到其价值判断影响的主观裁量。㊾ 通过区分有法律效力的解释与法学上的解释，一方面，凯尔森明显地想用具体的法律实践对法学作出评判；另一方面，人们承认，法的适用者，特别是法官的行为具有政治的特性，但是这并不意味着法的适用者无须不作评价地、非政治性地适用规范。㊿

　　㊻　详细论述，参见 H. Dreier, Zerrbild Rechtspositivismus, in: Vom praktischen Wert der Methode. Festschrift Heinz Mayer zum 65. Geburtstag, 2011, S. 61 ff. (84 ff.)。

　　㊼　Hans Kelsen, Juristischer Formalismus und reine Rechtslehre, in: JW 1929, S. 1726. 凯尔森对于概念法学的拒斥，参见 Hans Kelsen, Reine Rechtslehre, 1934, S. 99 f.; Hans Kelsen, Reine Rechtslehre, 1960, S. 353。

　　㊽　A. Merkl, Das doppelte Rechtsantlitz, in: Juristische Blätter 1918, S. 425 ff., 444 ff., 463 ff.

　　㊾　在这方面，凯尔森几乎没有通过法学或者通过一种详细的法学方法论提出适宜的面向具体实践的可能性，这使他招致批评，被认为是"规划虚无主义者"。若在这方面走得过远，那么人们无论如何都要坚持认为，他的理论没有解决法律适用的具体问题（具体内容，详见 Dreier, Rechtslehre, Staatssoziologie und Demokratietheorie bei Hans Kelsen [1986], 2. Aufl. 1990, S. 148 ff.）。然而，这同样适用于四位著名的魏玛时期的国家法学者中的其他三位（除凯尔森之外，其他三位是施米特、斯门德和黑勒）。像"法的生产理论"将规范确立方面的内容纳入其中一样，该理论也将规范关系方面的内容纳入其中，这方面的概略，参见 M. Jestaedt, Grundrechtsentfaltung im Gesetz, 1999, S. 279 ff.。

　　㊿　参见 Dreier, Hans Kelsens Wissenschaftsprogramm, in: H. Schulze-Fielitz (Hrsg.), Staatsrechtslehre als Wissenschaft, 2007, S. 109 ff.。恰切的论述，参见 M. Jestaedt, Einleitung, in: Hans Kelsen im Selbstzeugnis. Sonderpublikation anlässlich des 125. Geburtstages von Hans Kelsen am 11. Oktober 2006, hrsgg. von M. Jestaedt in Kooperation mit dem Hans Kelsen-Institut, 2006, S. 1 ff. (2): 这涉及"违反一种双重的禁忌": 凯尔森"揭开了自己所在学科的面纱，其背后是不想被干扰地谈论政治，相反地，他认为通过法的创制机构可以解释法（学）的关系，这可以回应政治决断问题"。同样也可参见 U. Lembke, Weltrecht—Demokratie—Dogmatik. Kelsens Projekte und die Nachwuchswissenschaft, in: M. Jestaedt (Hrsg.), Hans Kelsen und die deutsche Staatsrechtslehre, 2013, S. 223 ff. (238)。

　　在位阶等级理论与凯尔森将宪法法院制度视为一种规范审查的审级之间存在明显的密切联系，他在于维也纳举办的国家法学者会议上发表的演讲中对此有明确的阐释。[51] 若法律行为的统一性要求或者一个规范应当受到上一级规范的审查成为可能时，特别是与法治国家的理念相适应，依据传统的合法性原则，行政法院审查行政行为是否与国家正式颁行的法律相一致成为现实时，那么，我们就没有理由认为，法律作为一种处于较高等级但位阶仅次于宪法的规范不应在国家的组织机构中受到同样的审查。在魏玛时期的政治讨论中，对(帝国的)法律进行司法性的合宪性审查[52]是有争议的，这体现出时人意欲探寻一种在思想观念方面令人信服的(普遍接受的)方式，同时在功能上探寻一种易于理解的并且同时是一种完美的方式来依据法律对行政行为进行审查。除了行政法院的司法审查之外，还存在一种"立法的司法审查"[53]。对此，凯尔森认为，奥地利的 1920 年宪法是这种保障体制的开端，其中"不仅包括对行政行为的合法性审查，还包括对法律的合宪性审查"[54]。但是，因为他认识到司法权的法律解释的有效性问题，因此他既要求通过设立一个专门的法院(包括一种受到限制的申请审查权的大概范围)，具有集中地审查相应的法律的职能，同时也要求绝对避免在宪法中规定一般条款式的规定；确定准确的审查标准的权力应该避免从民主选举的议会转移到司

---

　　[51] 参见 Hans Kelsen, Wesen und Entwicklung der Staatsgerichtsbarkeit, in: VVDStRL 5 (1929), S. 30 ff.；关于该事件，参见 H. Wendenburg, Die Debatte um die Verfassungsgerichtsbarkeit und der Methodenstreit der Staatslehre in der Weimarer Republik, 1984, S. 129 ff.；R. Walter, Die mitteleuropäische Verfassungsgerichtsbarkeit und die Reine Rechtslehre, in: Österreichische Richterzeitung 1993, S. 266 ff. 。关于1928年在维也纳召开的国家法学者大会，参见 T. Olechowski, Hans Kelsen als Mitglied der Deutschen Staatsrechtslehrervereinigung, in: M. Jestaedt (Hrsg.), Hans Kelsen und die deutsche Staatsrechtslehre, 2013, S. 11 ff. (14 ff.)。

　　[52] Wendenburg, Die Debatte um die Verfassungsgerichtsbarkeit und der Methodenstreit der Staatslehre in der Weimarer Republik, 1984, S. 130 ff. (第 133 页及以下诸页也准确地提示，凯尔森始终尽最大可能将具体的规范作为审查的标准，以使民主体制中合法的立法权不转移至司法机构)；H. Dreier, Verfassungsgerichtsbarkeit in der Weimarer Republik, in: T. Simon/J. Kalwoda (Hrsg.), Schutz der Verfassung: Normen, Institutionen, Höchst- und Verfassungsgerichte, 2014, S. 317 ff. (332 ff., 361 ff.)。

　　[53] 该术语参见 K. Schlaich/S. Korioth, Das Bundesverfassungsgericht. Stellung, Verfahren, Entscheidungen, 10. Aufl. 2015, Rn. 6。

　　[54] H. Kelsen, Die Entwicklung des Staatsrechts in Oesterreich seit dem Jahre 1918, in: G. Anschütz/R. Thoma (Hrsg.), Handbuch des Deutschen Staatsrechts, Bd. I, 1930, S. 147 ff. (158)．《奥地利联邦宪法》的第六部分规定了奥地利宪法法院，其标题是"宪法保障与行政保障"。

法机构。⑤ 鉴于众所周知的通过社会招聘的大多数法官及其相应的政治性安置，凯尔森将在魏玛共和国受到诸多宣传的（混乱不明的）一般性司法审查权⑤视为"民主的自杀"⑤。

四、 联邦制国家、国家理论、国际法

联邦制被认为是国务法院制度⑤的一个重要基础，该制度借鉴参考了 1920 年《奥地利联邦宪法》的规定。1920 年《奥地利联邦宪法》被视为这种制度的开端，它为解决审查联邦制国家中的各州法律的问题提供了一种可能性，下一个重要阶段就是审查联邦法律的合宪性问题，因此，联邦的等级制补充和完善了规范的等级制。⑤ 凯尔森首先通过宪法法院制度实现了联邦制国家的这种政治理念。⑥ 他在接受传统中三分法的基础上构想出这种制度。⑥ 除了联邦的各州和中央政府之外，他认为还存在第三个方面的重要力量，即整体国家（Gesamtstaat），更确切或者更准确地说是整体性宪法。它超越于中央政府和各州之上，在组织结构上划分中央政府和各州的权限并规定它们之间的相互关系。这种（宪法

---

⑤　Kelsen, Wesen und Entwicklung der Staatsgerichtsbarkeit, in: VVDStRL 5（1929）, S. 69 f.

⑤　在准确的和"非凡的意义上"，"任何法官有权审查任何帝国法律的合宪性，也包括依据法规颁布的帝国法律的合宪性，在没有得到审查的情况下有权拒绝予以适用"（G. Anschütz, Die Verfassung des Deutschen Reichs vom 11. August 1919, 14. Aufl. 1933, Art. 70 Anm. 5 [S. 372]）。

⑤　凯尔森在这里引用了弗朗茨·诺伊曼的著作，参见 Franz Neumann, Gegen ein Gesetz über Nachprüfung der Verfassungsmäßigkeit von Reichsgesetzen, in: Die Gesellschaft VI（1929）, S. 517 ff.（534）；当然，诺伊曼在这里特别探讨了国务法院其他职能方面有争议的问题。而凯尔森则明确表达出不明确的法官审查权在其他方面的疑虑（参见他在《德国国家法教师协会会刊》1927 年第 3 期上发表的评论）。

⑤　K. Schlaich/S. Korioth, Das Bundesverfassungsgericht. Stellung, Verfahren, Entscheidungen, 10. Aufl. 2015, Rn. 498.

⑤　Dreier, Hans Kelsen（1881－1973）:„ Jurist des Jahrhunderts?", in: H. Heinrichs u. a.（Hrsg.）, Deutsche Juristen jüdischer Herkunft, 1993, S. 706 f.

⑥　Kelsen, Wesen und Entwicklung der Staatsgerichtsbarkeit, in: VVDStRL 5（1929）, S. 81.

⑥　特别参考 Hans Kelsen, Allgemeine Staatslehre, 1925, S. 193 ff., 207 ff.; ders., Die Bundesexekution, in: Festgabe für Fritz Fleiner zum 60. Geburtstag, 1927, S. 127 ff.。详见 E. Wiederin, Kelsens Begriffe des Bundesstaats, in: S. L. Paulson/M. Stolleis（Hrsg.）, Hans Kelsen: Staatsrechtslehrer und Rechtstheoretiker des 20. Jahrhunderts, 2005, S. 222 ff.。

理论上的)第三个方面的力量在国家层面上没有相对应的组织机构；毋宁说，作为联邦的存在基础，一方面是中央政府，另一方面是整体国家或者整体性宪法。尽管在德国，两分法的理论始终占据主导地位，[62] 但是，凯尔森的理论仍然得到承认，他的理论既没有被归为等级的从属关系，也没有被归为简化的联邦制结构中纯粹的协调关系，而是在一定程度上被"无拘束地"阐释为与《基本法》相关的实证法规范。[63]

若完全不考虑联邦制国家组织的特性，纯粹法理论的前提(对于对象的中立描述、价值判断自由、方法的纯粹性)必然与国家的概念相关。[64] 每一个国家都有自己的法律制度，其中必然有应予批判的方面。再者，在这种简化的、去物质化的特殊意义上，若只涉及对于人们行为的强制性效力，每一个国家都是法治国家。[65] 各个学科的方法中对象决定论的前提会导致拒斥国家的"两面理论"，而这正是格奥尔格·耶利内克等人所坚持的理论。[66] 与此相适应，国家一方面被视为社会现象和政治现象，另一方面被视为法律现象和法学现象。基于其方法论基础，凯尔森拒绝这种二元性，因为无论用何种方法确立的"国家"作为一种实体存在的前提都是不同学科的研究对象。对于凯尔森而言，不存在基于其自身的国家：既不是作为事实存在，也不是作为一种形而上学观念的实现。依据宪法通过各科学学科而确立的基础只能被阐释为不明确的

---

[62]　相关争论，详见 S. Oeter, Integration und Subsidiarität im deutschen Bundesstaatsrecht, 1998, S. 385 ff.。德国联邦宪法法院在裁决中具体确认了两分法(BVerfGE13, 54 [77])。

[63]　参见 M. Jestaedt, Bundesstaat als Verfassungsprinzip, in: J. Isensee/P. Kirchhof (Hrsg.), Handbuch des Staatsrechts der Bundesrepublik Deutschland, 3. Aufl., Bd. II, 2004, § 29 Rn. 10; näher J. Isensee, Idee und Gestalt des Föderalismus im Grundgesetz, in: J. Isensee/P. Kirchhof (Hrsg.), Handbuch des Staatsrechts der Bundesrepublik Deutschland, 3. Aufl., Bd. VI, 2008, § 126 Rn. 88 ff., 91。其中提到，《基本法》的一些规定——例如关于联邦机构的规定——仅适用于联邦作为中央政府的情形，由此形成了一个"部分宪法"，而其他一些规定——例如关于宪法修改的职权规定或者控制性措施——则同时涉及联邦和各州，因此仅适宜作为整体性宪法来理解。

[64]　参见 Hans Kelsen, Allgemeine Staatslehre, 1925, S. 1 ff., 16 ff.; Hans Kelsen, Reine Rechtslehre, 1960, S. 289 ff.

[65]　Hans Kelsen, Allgemeine Staatslehre, 1925, S. 44, 91, 109; Hans Kelsen, Reine Rechtslehre, 1960, S. 314 f., 320; näher Dreier, Rechtslehre, Staatssoziologie und Demokratietheorie bei Hans Kelsen (1986), 2. Aufl. 1990, S. 208 ff.

[66]　Dreier, Hans Kelsens Wissenschaftsprogramm, in: H. Schulze-Fielitz (Hrsg.), Staatsrechtslehre als Wissenschaft, 2007, S. 95 ff.

"规范-事实混合物",在学科上被视为大而无当的"国家-法律事物"。[67]
凯尔森既没有把国家置于法律制度之后,更没有将其超越于法律制度之
上,在他看来,国家就是法律制度;国家和法是同一的。因此,在法学
上,合法的国家权力不能超越法律上的合理基础。[68]

　　国际法始终是凯尔森特别关注的领域。"纯粹法理论"这个短语出
现在其1920年关于主权和国际法的著作的副标题中并非偶然。[69] 凯尔森
首先要解决的是国际法和国内法的关系问题,针对这两个法律体系的二
元主义,他试图建构起适合于认知的所有法律之间的统一性,因此,他
在"思想逻辑上"坚持一元论。[70] 无论是作为国家法律体系中效力理论
的优先性(主权教义),还是作为国际法体系中效力理论的优先性(统一
的整个法律体系的教义),这种一元论的设想是可行的,即所谓一元论
的"选择假说"。[71] 这种选择本身最终体现为世界观的问题。[72] 凯尔森关
于国际法的著述超越了理论上的基本观念,其中包括了为数众多或者说
不计其数的关于国际法的教义学问题[73],当然也包括关于1945年《联合
国宪章》的评注,他试图将其方法论的逻辑前提与此联系起来。[74] 这应

---

　　⑥⑦　Hans Kelsen, Der soziologische und der juristische Staatsbegriff, 1922 (2. Aufl. 1928),
S. 105; Allgemeine Staatslehre, 1925, S. 74 ff.

　　⑥⑧　Hans Kelsen, Der soziologische und der juristische Staatsbegriff, 1922 (2. Aufl. 1928), S. 88.

　　⑥⑨　参见 Hans Kelsen, Das Problem der Souveränität und die Theorie des Völkerrechts, 1920
(2. Aufl. 1928)。

　　⑦⑩　这里及下文,参见 Hans Kelsen, Reine Rechtslehre, 1934, S. 129 ff., 134 ff.; Hans
Kelsen, Reine Rechtslehre, 1960, S. 328 ff.。

　　⑦①　M. Jestaedt, Hans Kelsens Reine Rechtslehre. Eine Einführung, in: ders. (Hrsg.), Reine
Rechtslehre. Studienausgabe der 1. Auflage 1934, 2008, S. LIV; J. v. Bernstorff, Der Glaube an
das universale Recht. Zur Völkerrechtstheorie Hans Kelsens und seiner Schüler, 2001, S. 91 ff.;
Lembke, Weltrecht—Demokratie—Dogmatik. Kelsens Projekte und die Nachwuchswissenschaft, in:
M. Jestaedt (Hrsg.), Hans Kelsen und die deutsche Staatsrechtslehre, 2013, S. 235.

　　⑦②　Hans Kelsen, Das Problem der Souveränität und die Theorie des Völkerrechts, 1920 (2.
Aufl. 1928), S. 317; Hans Kelsen, Reine Rechtslehre, 1934, S. 139 ff.;凯尔森试图在意识形
态领域区分帝国主义与和平主义,参见 Hans Kelsen, Die Einheit von Völkerrecht und staatli-
chem Recht, in: ZaöRV 19 (1958), S. 234 ff.。

　　⑦③　A. 鲁布进行了广泛的列举,参见 A. Rub, Hans Kelsens Völkerrechtslehre: Versuch
einer Würdigung, 1995, S. 595 ff.。

　　⑦④　Hans Kelsen, The Law of the United Nations. A Critical Analysis of Its Fundamental
Problems (1950), 4th printing New York 1964, S. XIII ff. —Näher v. Bernstorff, Der Glaube an
das universale Recht. Zur Völkerrechtstheorie Hans Kelsens und seiner Schüler, 2001, S. 199 ff.;
B. Fassbender, Hans Kelsen und die Vereinten Nationen, in: Festschrift für Christian Tomuschat,
2006, S. 763 ff. (insb. 770 ff.)

该恰好是一种高等级的抽象化与研究主体和提出问题的多样性之间的联
结，凯尔森的这种联结能力及此后对其不断增多的理解接受体现出他在
这方面所做出的重要贡献。[75] 对欧盟的整体建构及其与各成员国之间的
关系予以解释的困难，使人们重新思考凯尔森的主权观念及其开放性，
在不同层面针对不同国家以一种完全是富有成效的方式应对主权权能的
流动形态及其分配的可能性，[76] 因为凯尔森认为，设立一个其成员不具
有国家性质的国际组织完全是可能的。[77]

五、 民主理论

凯尔森不仅是法学理论家和不计其数的包括评注在内的法教义学著
作的作者，而且——在民众教育方面的实践工作[78]除外——"总的来说，
也是一个写出诸多重要的民主基础著述"的作者。[79] 他在这方面的主要

---

[75]　C. Leben, Hans Kelsen and the Advancement of International Law, in: European Journal
of International Law 9 (1998), S. 287 ff.; v. Bernstorff, Der Glaube an das universale Recht.
Zur Völkerrechtstheorie Hans Kelsens und seiner Schüler, 2001, S. 39 ff. (insb. 49 ff.); R.
Walter/C. Jabloner/K. Zeleny (Hrsg.), Hans Kelsen und das Völkerrecht, 2004; H. Brunkhorst/
R. Voigt (Hrsg.), Rechts-Staat. Staat, internationale Gemeinschaft und Völkerrecht bei Hans
Kelsen, 2008; Lembke, Weltrecht—Demokratie—Dogmatik. Kelsens Projekte und die Nachwuch-
swissenschaft, in: M. Jestaedt (Hrsg.), Hans Kelsen und die deutsche Staatsrechtslehre, 2013,
S. 233 ff.

[76]　Dreier, Hans Kelsens Wissenschaftsprogramm, in: H. Schulze-Fielitz (Hrsg.), Sta-
atsrechtslehre als Wissenschaft, 2007, S. 102f.; 相关补充，参见 M. Jestaedt, Der Europäische
Verfassungsverbund, in: Gedächtnisschrift für Jürgen Blomeyer, 2004, S. 637 ff. (657 ff.); T.
Ehs (Hrsg.), Hans Kelsen und die Europäische Union, 2008。

[77]　Hans Kelsen, Reine Rechtslehre, 1960, S. 343.

[78]　关于这方面的工作领域，参见 T. Ehs, Hans Kelsen und politische Bildung im mode-
rnen Staat, 2007。这里仅论及当时报纸所载的他对于当前政治问题所做出的广泛贡献。

[79]　H. Boldt, Demokratietheorie zwischen Rousseau und Schumpeter, in: M. Kaase
(Hrsg.), Politische Wissenschaft und politische Ordnung. Festschrift für Rudolf Wildenmann,
1986, S. 217 ff. (217). 关于政治学领域中再次逐渐继受凯尔森的民主理论的学者，参见 K.
G. Kick, Politik als Kompromiß auf einer mittleren Linie: Hans Kelsen, in: H. J. Lietzmann
(Hrsg.), Moderne Politik. Politikverständnis im 20. Jahrhundert, 2001, S. 63 ff.; R. v. Ooyen,
Der Staat der Moderne. Hans Kelsens Pluralismustheorie, 2003; ders., Hans Kelsen und die offene
Gesellschaft, 2010。

著作《论民主的本质及其价值》⑧ 写于魏玛共和国的动荡时期，这一时期占主导地位的也还是诸多国家法学者所主张的对议会制、多元主义和对党派的批判。然而，凯尔森明确提出，议会制是"唯一的现实形式"，"社会现实中的民主理念在今天可以通过议会制得到实践"；这种民主"对于一个政党国家而言是必要的，也是必然的"；在现代，基于多样的社会多元性以及与此相应的不同观点和利益分歧，这种民主是可设想的，在"实现妥协"的过程中以及注定要实现此目的的议会程序中必然要实现平衡。⑧

凯尔森关于民主的论据的出发点不是作为集合性主体的人民，而是个人的自由观念及其自治和自我立法。这成为其十分重要的基点。当然，这种基于社会关系的复杂化、劳动分工组织的有利条件以及整个社会统一教育的必要性的基点受到一系列重要变化的影响，这促使空想的和基于绝对的个人自治的国家理想转变为现实中由选举出的议会代表的多数进行统治的形式。每一个制度中无政府的自由都转变为国家中始终受到限制的自由，这种自由由选出的议会代表以多数决的形式通过有约束力的法律予以限制。这不是抱怨要通过客观的效力才能成为一种更高级的理性表达，而是仅仅意味着对于一种状况做出的临时有效的、原则上可予以修正的记录，这反映出当时的多数人的意志。通过这种方式，民主被理解为一种基于得到承认的意见、宗教观念和利益的多元性而在

---

⑧ Hans Kelsen, Vom Wesen und Wert der Demokratie, 2. Aufl. 1929；之前，在 1920 年以同样标题还有一个非常简短的（且十分梭式的）版本；他的《一般国家理论》中诸多部分也论及民主制国家机构的相关问题（特别是第 43 节及以下）。多年之后，凯尔森以《民主的基础》（Ethics 66 [1955], Nr. 1, S. 1 - 101）不仅回顾了范围拓展的民主及其新近发展，而且出版了与之前的主题完全不同的关于民主理论的著作。该著作的复印本以及其他关于民主的著作，包括 1932 年以《为民主辩护》为题的论文，收录于 Hans Kelsen, Verteidigung der Demokratie, hrsgg. v. M. Jestaedt u. O. Lepsius, 2006。

⑧ Kelsen, Vom Wesen und Wert der Demokratie, 2. Aufl. 1929, S. 18 ff., 56 ff.；该著作的三处引文分别引自第 27、20、57 页。此外，凯尔森也发表意见，支持在宪法中确认党派的地位以及民主的内在结构（同上，第 23—24 页）。这方面的论述，参见 Dreier, Rechtslehre, Staatssoziologie und Demokratietheorie bei Hans Kelsen (1986), 2. Aufl. 1990, S. 249 ff.；ders., Kelsens Demokratietheorie：Grundlegung, Strukturelemente, Probleme, in：R. Walter/ C. Jabloner (Hrsg.), Hans Kelsens Wege sozialphilosophischer Forschung, 1997, S. 79 ff.；T. Groß, Neu Gelesen, in：KritJ 40 (2007), S. 306 ff.；O. Lepsius, Kelsens Demokratietheorie, in：T. Ehs (Hrsg.), Hans Kelsen. Eine politikwissenschaftliche Einführung, 2009, S. 67 ff.；K. Groh, Demokratische Staatsrechtslehrer in der Weimarer Republik, 2010, S. 129 ff., 212 ff., 276 ff., 488 ff., 587 ff.。

政治上共存的制度，对此不可能要求体现出客观的真实。因此，凯尔森认为，作为民主基础的世界观都是相对的。[82]

六、 政治学、社会学、政治哲学

汉斯·凯尔森的著述不仅涵括一般意义上包括国家法和国际法在内的狭义的法学著作，也包括数量众多的包括民主理论在内的超出一般意义上的狭义法学的著作，但是这些著作也体现出与法学的联系。凯尔森在关于政治学的研究中批评一些法律理论中的意识形态功能及其思想基础。[83] 不久前出版的凯尔森关于"世俗宗教"的著作也属于这个方面。[84]他担忧世俗宗教的观念可能会损害学术自由的启蒙和教育意义，同时也会有碍于政治和宗教的分离。

这里还要提及的是凯尔森关于"复仇及其因果性"的重要研究[85]，他在这里退回到想象中的远古社会（"原初"社会）并且回归到民族学的知识，亦如我们逐渐形成的关于法和法学的理解中自然与社会、实然与应然、因果律与规范性之间的根本性区别，而这种根本性区别在现代思想中是不言而喻的，更确切地说，依据复仇思想，将自然和社会的最初社会形态阐释在一定程度上限定于规范范域的发展过程中并将自然的发展归为因果律的解释模式。

---

⑧　Kelsen, Vom Wesen und Wert der Demokratie, 2. Aufl. 1929, S. 101; 关于这方面及与此相关的误解, 参见 Dreier, Kelsens Demokratietheorie: Grundlegung, Strukturelemente, Probleme, in: R. Walter/C. Jabloner (Hrsg.), Hans Kelsens Wege sozialphilosophischer Forschung, 1997, S. 96 ff. ; ders. , Joh 18, Wertrelativismus und Demokratietheorie, in: Reflexionen über Demokratie und Recht. Festakt aus Anlass des 60. Geburtstages von Clemens Jabloner, 2009, S. 18 ff. , 25 ff. 。

⑧　Hans Kelsen, Sozialismus und Staat, 2. Aufl. 1923; ders. , The Political Theory of Bolshevism, 1948; ders. , The Communist Theory of Law, 1955.

⑧　Hans Kelsen, Secular Religion. A Polemic against the Misinterpretation of Modern Political Philosophy, Science and Politics as „New Religions", 2012.

⑧　Hans Kelsen, Vergeltung und Kausalität, 1941 (ausgeliefert 1946). 关于这方面的研究, 参见 C. Jabloner, Bemerkungen zu Kelsens ‚Vergeltung und Kausalität', besonders zur Naturdeutung der Primitiven, in: W. Krawietz/E. Topitsch/P. Koller (Hrsg.), Ideologiekritik und Demokratietheorie bei Hans Kelsen, 1982, S. 47 ff. ; H. Dreier, Vom mythologischen Weltbild zur demokratischen Staatsordnung—Hans Kelsen als politischer Soziologe (1988), in: C. Jabloner u. a. (Hrsg.), Gedenkschrift für Robert Walter, 2013, S. 123 ff. 。

在凯尔森的著作中，对于自然法一以贯之的批判性研究占有重要地位。[86] 在这方面，亦如在他逝世之后出版的大篇幅的手稿所体现出的，他对于希腊哲学的深入、细致研究，首先也是最重要的是对柏拉图的研究，是不可超越的。[87]

七、 继受

凯尔森的著作对于世界诸多国家的法学具有广泛的国际影响力和辐射度，在这方面，20 世纪的法学家中几乎没有人能与凯尔森相提并论。在他逝世后出版的三卷这方面内容的文集是具体体现。[88] 虽然他的新理论并没有得到所有人的赞同，但是仍被评价为做出了重要贡献，并且很快有一批学生和同行聚拢在他周围（例如阿道夫·默克尔和阿尔弗雷德·费尔德罗斯 ［Alfred Verdross］）[89]，被"标签化"为维也纳法律学派，而凯尔森是该学派当仁不让的领导者。而在德国，人们的评价似乎与此不同。在 20 世纪 20 年代，他就受到德国学术界的批评，特别是在所谓"方法之争"的背景下，凯尔森的理论不仅没有得到理解（例如以安许茨和托马为代表的国家法实证主义者），而且受到（例如斯门德、施米特、黑勒以及特别是同行中的保守主义代表）猛烈的批评以及并非总

---

⑧　Hans Kelsen, Die philosophischen Grundlagen der Naturrechtslehre und des Rechtspositivismus, 1928；《纯粹法理论》第二版的附录（„Das Problem der Gerechtigkeit", S. 355 – 444）同样也属于这方面。这方面的研究，参见 R. Walter, Hans Kelsen, die Reine Rechtslehre und das Problem der Gerechtigkeit, in: Der Gerechtigkeitsanspruch des Rechts (Rechtsethik, Bd. 3), 1996, S. 207 ff. 。

⑧　Hans Kelsen, Die Illusion der Gerechtigkeit. Eine kritische Untersuchung der Sozialphilosophie Platons, hrsgg. v. K. Ringhofer u. R. Walter, 1985. 关于这方面以及其他可回溯至 20 世纪 20 年代的相关文献，参见 R. Walter/C. Jabloner/K. Zeleny (Hrsg.), Griechische Philosophie im Spiegel Hans Kelsens: Ergebnisse einer internationalen Veranstaltung in Wien, 2006。

⑧　Der Einfluß der Reinen Rechtslehre auf die Rechtstheorie in verschiedenen Ländern, 1978；Der Einfluß der Reinen Rechtslehre auf die Rechtstheorie in verschiedenen Ländern, Teil II, 1983；Hans Kelsen anderswo. Hans Kelsen abroad. Der Einfluss der Reinen Rechtslehre auf die Rechtstheorie in verschiedenen Ländern, Teil III, hrsgg. v. R. Walter/C. Jabloner/K. Zeleny, 2010.

⑧　R. Walter/C. Jabloner/K. Zeleny (Hrsg.), Der Kreis um Hans Kelsen. Die Anfangsjahre der Reinen Rechtslehre, 2008. 默克尔和费尔德罗斯因其具有各自的意义而未列入。

是基于纯粹学术的反对。⑨ 即使凯尔森受到了激烈的抨击，但他至少仍然是一个受到尊敬的具有催化作用的对手。⑨ 在纳粹主义时期，这位犹太人也因与社会民主党走得近而被视为"敌人"而被驱离并且——同样也是因为卡尔·施米特——极尽能事地诽谤。在 1945 年后，面对实证主义者、意识形态批判者、民主党人、多元论者和流亡国外者——可能是基于潜意识中的反犹太主义——不情愿的继受仍在继续。⑨ 大多数对于凯尔森理论的认知形态是由于知识的贫乏与封闭。毕竟作为一种卓有成效的虚假宣传运动，实证主义传说⑨使犯罪者成为受害人，并且成为在1993 年迫使一些民主党人移居他国的根据和理由，以其思想主张为纳粹主义做出了贡献。若纯粹法理论不被看作是无政府主义的或者——恰恰相反地——被视为神圣的国家的一种形式，那么它最多被认为是怪诞的或者荒谬的，或者被认为是无意义的谜题。⑨ 这里要承认的是，凯尔森"在 60 年代末期引起了人们的惊讶并且体现出学术上的风险"⑨。根本性的转变出现在 20 世纪 80 年代和 90 年代。⑨ 此后，他一生的工作逐渐得

---

⑨ 关于其整体性的继受(从第一次世界大战直至 20 世纪末)，参见 H. Dreier, Rezeption und Rolle der Reinen Rechtslehre, 2001, S. 17 ff. 。

⑨ 施米特的《宪法学说》以及斯门德的《宪法与实在宪法》(二者都出版于 1928 年)基本上都是对于凯尔森在 1925 年出版的《一般国家理论》的回应。

⑨ 参见 Dreier, Rezeption und Rolle der Reinen Rechtslehre, 2001, S. 27 ff. ; F. Günther, „Jemand, der sich schon vor fünfzig Jahren selbst überholt hatte", in: M. Jestaedt (Hrsg.), Hans Kelsen und die deutsche Staatsrechtslehre, 2013, S. 67 ff. ; C. Schönberger, Kelsen-Renaissance?, ebd. , S. 207 ff. (208)。

⑨ 更详细的内容，参见 Dreier, Rezeption und Rolle der Reinen Rechtslehre, 2001, S. 29 f. ; L. Foljanty, Recht oder Gesetz, 2013, S. 19 ff. 。

⑨ 相关讽刺、挖苦话语的汇集，参见 Dreier, Hans Kelsens Wissenschaftsprogramm, in: H. Schulze-Fielitz (Hrsg.), Staatsrechtslehre als Wissenschaft, 2007, S. 81。

⑨ M. Stolleis, Geschichte des öffentlichen Rechts in Deutschland, Bd. IV: Staats- und Verwaltungsrechtswissenschaft in West und Ost 1945 - 1990, 2012, S. 389.

⑨ H. Dreier, Zur (Wieder-) Entdeckung Kelsens in den 1980er Jahren—Ein Rückblick (auch in eigener Sache), in: M. Jestaedt (Hrsg.), Hans Kelsen und die deutsche Staatsrechtslehre, 2013, S. 175 ff.

到客观和正常的对待，⑨ 这不仅仅体现在本文的注释所引用的著述中。凯尔森著作的生命力与当前学术的联结性之间的分歧只是凯尔森被正常化对待的一种标识。⑱

八、以学术为故乡

在凯尔森的一生中，他的国籍曾多次改变。基于出生，他最初是奥地利人，后来在获得科隆的教职之后成为德国人，此后成为布拉格的大学教授并获得捷克国籍。1945 年，他成为一个美国公民。然而，这只是表面现象，在一定程度上不具有价值判断性。他从未离开过的真正的故乡是学术。⑲ 他自己在告别演讲中的感人结束语是这样说的："事实上，我不知道，也不能下结论说何为正义，绝对的正义是人类的美好梦想。我必须满足于一种相对正义，我只能告诉大家，什么是我所认为的正义。因为我的使命是学术，因此在我的生命中最重要的那种正义是守护学术，能够通过学术守护真理和真诚。这是一种自由的正义、和平的正义、民主的正义、宽容的正义。"⑳

---

⑨　Dreier, Rezeption und Rolle der Reinen Rechtslehre, 2001, S. 30 ff.；赞同意见，见 Günther，„Jemand, der sich schon vor fünfzig Jahren selbst überholt hatte", in: M. Jestaedt (Hrsg.), Hans Kelsen und die deutsche Staatsrechtslehre, 2013, S. 83；Lembke, Weltrecht—Demokratie—Dogmatik. Kelsens Projekte und die Nachwuchswissenschaft, in: M. Jestaedt (Hrsg.), Hans Kelsen und die deutsche Staatsrechtslehre, 2013, S. 225 ff. （第 225 页："令人愉快的正常化"）；Schönberger, Kelsen-Renaissance?, in: M. Jestaedt (Hrsg.), Hans Kelsen und die deutsche Staatsrechtslehre, 2013, S. 210 f. （第 210 页："并未令人惊异的正常化"）；对于在其遭受不公正待遇而予以补偿的意义上，一种——舍恩贝格尔（同上，第 208 页及以下诸页）理所应当地以其非学术性和非历史性而予以拒绝的——积极地恢复凯尔森在历史道德方面的名誉的意图并非显而易见的。

⑱　舍恩贝格尔之前曾对此予以怀疑，参见 Schönberger, Kelsen-Renaissance?, in: M. Jestaedt (Hrsg.), Hans Kelsen und die deutsche Staatsrechtslehre, 2013, S. 211 ff.，而莱普修斯对此深信不疑，参见 O. Lepsius, Hans Kelsen und die Pfadabhängigkeit in der deutschen Staatsrechtslehre, in: M. Jestaedt (Hrsg.), Hans Kelsen und die deutsche Staatsrechtslehre, 2013, S. 241 ff. （257 ff.）。

⑲　R. Walter, Hans Kelsen. Ein Leben im Dienste der Wissenschaft, 1985；wieder abgedruckt in: R. Walter/C. Jabloner/K. Zeleny (Hrsg.), Hans Kelsens stete Aktualität. Zum 30. Todestag Hans Kelsens, 2003, S. 65 ff.

⑳　Hans Kelsen, Was ist Gerechtigkeit?, 1953, S. 43.

鲁道夫·斯门德（Rudolf Smend，1882—1975）

赫尔穆特·舒尔策-菲利茨　著　周万里　译

一、 生平

1882 年 1 月 15 日，鲁道夫·斯门德出生在瑞士巴塞尔，其父亲是一位新教教授。斯门德父子同名。1904 年，斯门德以一篇获奖的博士论文获得哥廷根大学的博士学位。在博士论文中，他对 1850 年修订的《普鲁士王国宪法》与 1831 年的《比利时王国宪法》做了比较研究。1908 年，斯门德在阿尔贝特·黑内尔的指导下在基尔大学完成了关于帝国最高法院的教授资格论文。随后，他在格赖夫斯瓦尔德大学担任编外教授(1909 年)，在图宾根大学(1911 年)、波恩大学(1915 年)及德意志帝国当时最有声望的"萨维尼法学院"——柏林大学法学院——担任编内教授(1922 年)。[①] 纳粹政府为了在柏林大学法学院安排职位给纳粹法学家赖因哈德·赫恩(Reinhard Höhn，1904—2000)，斯门德被迫在 1935 年转赴哥廷根大学任教。[②] 在哥廷根大学，他于 1944—1949 年担任哥廷根科学院院长[③]及战后该校的第一任校长，开设具有传奇色彩的"斯门德研讨班"（即"国家法理论与宪法理论研讨班"），产生了开宗立派的

---

① 对于柏林大学法学院的定位和地位，参见斯门德：《20 世纪柏林大学法学院的历史》，1960 年，收录于他的《国家法文集》(Staatsrechtliche Abhandlungen und andere Aufsätze)，第 4 版，都宏出版社 2010 年版(以下简称"《斯门德文集》")，第 572 页(第 543 页及以下诸页)；同样参见 Korioth, Rudolf Smend (1882 - 1975)，in: FS 200 Jahre Juristische Fakultat der Humboldt-Universitat zu Berlin, 2011, S. 583 (583 f.)。

② A. M. Gräfin von Lösch, Der nackte Geist, 1999, S. 394 ff.

③ 对于历史背景，参见 R. Smend, Die Gottinger Gesellschaft der Wissenschaften (1951)，载《斯门德文集》，S. 423 ff. 。

影响。④ 他不仅在退休前，而且在 1951 年退休后，直到九十高龄仍坚持开设该研讨班。1975 年 7 月 5 日，斯门德在哥廷根逝世。他备受尊重，荣获包括四个名誉博士的嘉奖。⑤

除了在高校从事教研活动，值得注意的是，自 1918 年起，四十多年以来，斯门德担任教会大会的成员和领导机关的领导，是一位积极的教会成员。⑥ 在教会的抗争中，他被迫退出，1933 年后服务于"认信教会"，1939 年担任改革宗委员会的委员，1945—1963 年担任改革宗联盟委员会的委员。自 1945 年起，他担任德国新教联合会（Evangelische Kirche in Deutschland）委员会的主席达十年之久，并出任由他推动并于1946 年创建的德国新教联合会教会法研究所的第一任所长。⑦

斯门德在宪法、神学、哲学及历史的专业领域拥有极高的造诣，是一位拥有大百科全书风格的学者。他讨论的内容的原创性极强，性格直爽又正直，积极为教会做奉献，是新教伦理道德的化身。所有这些使这位极为冷静和克制的学者的一生享有最高的声望。⑧ 这同时彰显了德国大学最优秀的传统。他在一些重要的学术作品中也反思了德国大学的传统。

二、作品

（一）国家理论和宪法理论

在斯门德的学说中，具有核心意义的是关于国家理论的论点。该理

---

④ Vgl. F. Günther, Denken vom Staat her, 2004, S. 159 ff. ; H. Zwirner, Rudolf Smend †, DOV 1976, S. 48.

⑤ A. v. Campenhausen, Rudolf Smend（1882 - 1975）. Integration in zerrissener Zeit, in: Fritz Loos（Hrsg.）, Rechtswissenschaft in Gottingen, 1987, S. 510（510）.

⑥ v. Campenhausen, Smend（Fn. 5）, S. 523 f. ; K. Hesse, Rudolf Smend zum 80. Geburtstag, AoR 87（1962）, S. 110（113）.

⑦ 详见 K. Hesse, In memoriam Rudolf Smend（1975）, in: ders. , Ausgewahlte Schriften, 1984, S. 573（576 ff.）; D. Heuer,（Carl Friedrich）Rudolf Smend（1882 - 1975）. Kirchenrechtliches Wirken eines Staatsrechtslehrers, in: T. Holzner/H. Ludyga（Hrsg.）, Entwicklungstendenzen des Staatskirchen- und Religionsverfassungsrechts, 2013, S. 519（524 ff.）。

⑧ 精要的文献，参见 M. Stolleis, Smend, Rudolf（1882 - 1975）, in: ders.（Hrsg.）, Juristen, 2001, S. 584（585）; A. v. Campenhausen, Rudolf Smend 1882 - 1975, JoR 56（2008）, S. 229 ff. 。

论首先⑨体现在他的代表作《宪法与实在宪法》当中。正如其他人的基础性研究，包括卡尔·施米特(1928 年的《宪法学说》)或赫尔曼·黑勒(1934 年的《国家学说》)所做的基础性研究，⑩ 斯门德的论点主要受到汉斯·凯尔森提出的反命题的挑战，即新式的及严格的方法，这集中反映在凯尔森的作品《国家的一般理论》(1925 年)当中。⑪ 斯门德的方法的起点是明确反对具有新康德主义色彩的、由凯尔森所提倡的学术上"纯粹"的规范主义，同时也反对国家法上针对 1918 年宪法变迁对实证主义的错误理解。⑫ 相反，斯门德意图以历史经验为基础，整合和理解由价值确定的实证的及规范的观点。从外在来看，斯门德在该书中以特奥多尔·利特(Theodor Litt, 1880—1962)的哲学为基础，将"整合的意义原则"作为国家的根本起点，具体而言是作为宪法的起点。⑬ 它们被描述为思想过程的有意义的交融；这种思想过程作为文化的效能，主要是由国家公民推动产生。⑭ 因此，它们作为超越个体的整体，以融合的方式得以产生。国家并非处之泰然，⑮ 而是一种精神的现实。在个人的生活表象相互作用的过程中，这种精神的现实在不同的(理性情况下是)个人的(比如在积极地以领导人物为方向的意义上)、功能的(比如选举、

---

⑨　该方法已经体现在 R. Smend, Die politische Gewalt im Verfassungsstaat und das Problem der Staatsform (1923)，载《斯门德文集》，S. 68 ff. 。

⑩　参见 H. Triepel, Staatsrecht und Politik, 1927, S. 17 ff. , 23。

⑪　参见最新的文献：K. Malowitz, Was den Staat im Innersten Zusammenhalt：Rudolf Smend als Antipode Hans Kelsens in der staatstheoretischen Grundlagendiskussion der Weimarer Staatsrechtslehre, in：M. Gangl (Hrsg.), Die Weimarer Staatsrechtsdebatte, 2011, S. 69 (77 ff.)；W. März, Der Richtungs- und Methodenstreit der Staatsrechtslehre, oder der staatsrechtliche Antipositivismus, in：K. W. Norr u. a. (Hrsg.), Geisteswissenschaften zwischen Kaiserreich und Republik, 1994, S. 75 (94 f. , 96, 107)。

⑫　Vgl. W. März, Der Richtungs- und Methodenstreit der Staatsrechtslehre, oder der staatsrechtliche Antipositivismus, in：K. W. Norr u. a. (Hrsg.), Geisteswissenschaften zwischen Kaiserreich und Republik, 1994, S. 88 ff.

⑬　R. Smend, Verfassung und Verfassungsrecht (1928)，载《斯门德文集》，S. 119 (136 ff.)；概述性的，参见 W. März, Der Richtungs- und Methodenstreit der Staatsrechtslehre, oder der staatsrechtliche Antipositivismus, in：K. W. Norr u. a. (Hrsg.), Geisteswissenschaften zwischen Kaiserreich und Republik, 1994, S. 108 ff. ; ausf. Rekonstruktionen bei S. Korioth, Integration und Bundesstaat, 1990, S. 111 ff. ; M. H. Mols, Allgemeine Staatslehre oder politische Theorie?, 1969, S. 131 ff. , 142 ff. 。

⑭　后来的观点，参见 R. Smend, Deutsche Staatsrechtswissenschaft vor hundert Jahren—und heute (1969)，载《斯门德文集》，S. 609 (618)。

⑮　R. Smend, Verfassung und Verfassungsrecht (1928)，载《斯门德文集》，S. 134 f. , 136, 144 f. , 192, 212 f. , 274 u. o.

表决)及事物的(在通过共同的价值观、象征或基本权利的共同证立的意义上)融合因素的框架中,作为精神的整体关联产生作用,持久地通过人们的直接表决得以构成。它们的机关和权力,诸如政府,被视为政治实践的国家活动的推动力量。这种推动通过个人的融合,以动态的方式不断地重塑国家。[16] 宪法作为预设的实质的价值秩序的表达而服务于国家,国家是推动一体化的主体;[17] 在基本权利中,国家公民被归属到国家调整的整体,而同时国家公民的多元主义的分化及其异质的利益却没有得到强调。[18] 但对宪法理论产生关键和持续影响的基本思想是:国家法是"融合法"[19],产生的后果包括:一方面,只有被接受的和实践的宪法才能影响国家的政治文化;另一方面,宪法文本的解释必须以其和谐和活力为目标。[20]

(二)方法

斯门德的思维方式受到其新教家庭的影响,这决定了他认为个体始终都是其所在集体的一员,个体应当融入其所在的精神和社会的环境中,禁止个体逃避对整体的责任。[21] 基于该基础,国家的意义和本质在于"跨越性地自我调整社会生活"[22]。斯门德所依据的连接点不是概念上或体系上发展出的理论,而是在 20 世纪 20 年代——一大部分的公民疏远《魏玛宪法》在主观上推动和在客观上提出的挑战——在国家法和国家理论思维中的新方法:这种方法尝试针对当时具体的挑战,采用实证

---

⑯ R. Smend, Verfassung und Verfassungsrecht (1928),载《斯门德文集》,S. 144 ff.

⑰ R. Smend, Verfassung und Verfassungsrecht (1928),载《斯门德文集》,S. 187 ff., 233 ff.

⑱ Vgl. R. Smend, Verfassung und Verfassungsrecht (1928),载《斯门德文集》,S. 262 ff.; Mols, Staatslehre (Fn. 13), S. 212 ff.

⑲ R. Smend, Verfassung und Verfassungsrecht (1928),载《斯门德文集》,S. 236.

⑳ R. Smend, Verfassung und Verfassungsrecht (1928),载《斯门德文集》,S. 238 ff.; 后来的新的理性的重建,参见 S. Obermeyer, Integrationsfunktion der Verfassung und Verfassungsnormativitat, 2008, S. 41 ff., bes. 74 ff.; M. Morlok/A. Schindler, Smend als Klassiker: Rudolf Smends Beitrag zu einer modernen Verfassungstheorie, in: R. Lhotta (Hrsg.), Die Integration des modernen Staates, 2005, S. 13 (16 ff.)。

㉑ Vgl. R. Smend, Integration (1966),载《斯门德文集》,S. 482 (486); ders., Das Problem der Institutionen und der Staat (1956),载《斯门德文集》,S. 500 (505).

㉒ U. Scheuner, Rudolf Smend. Leben und Werk, in: Festgabe fur Rudolf Smend, 1952, S. 433 (440).

的和历史的方式阐释实在的宪法，进而从历史的和精神的根源理解法律制度和基本概念甚至是整个宪法制度。通过这种历史的和精神科学的引导，他不仅区别于更为老式的国家法的实证主义者（这留下了他的老师阿尔贝特·黑内尔的痕迹[23]），也区别于受新康德主义影响最大的凯尔森的"纯粹"法理论的实证主义者，[24] 同样也与实证主义的自然法学说保持距离，例如埃里希·考夫曼的自然法学说。这种问题切入方式有利于在后来的联邦德国从跨学科和社会科学的视角丰富国家法学说。[25] 这种国家法学说，因此超越纯粹的实证主义，使"混合"类型诸如"公共"（Öffentlichen）得以讨论，[26] 同时这种国家法学说再次融入精神科学和社会科学的整体关联中。[27]

（三）不成文宪法

在该意义上，斯门德在早期就已经注意到了法律规范与政治现实之间的紧张关系，发展出不成文宪法的原则。与之相对，社会现实的变迁对于实证主义而言在方法论上没有任何意义。[28] 在 1871 年的帝国宪法还有效力的情况下，斯门德从实证的、历史的及价值判断的视角，原创性地推导出不成文的宪法，其表现形式是"联邦友好型行为"的法律义务。当然，他的意图是维护帝国宪法的正当性，即便（在第一次世界大战期间）有诸多改革努力，当时的俾斯麦的制度已经在"腐烂"。[29] 类似的情况是，在议会政党民主中，对于党团议会条件下的变迁，他通过分

㉓ Vgl. S. Graf Vitzthum, Linksliberale Politik und materiale Staatsrechtslehre, 1971, S. 83 ff., 111 ff.

㉔ 详见 D. Wyduckel, Jus Publicum, 1984, S. 263 ff.。

㉕ F. Günther, Denken vom Staat her, 2004, S. 162 ff.; D. Schefold, Geisteswissen-schaften und Staatsrechtslehre zwischen Weimar und Bonn, in: K. Acham u. a. (Hrsg.), Erkenntnisgewinne, Erkenntnisverluste, 1998, S. 567 (592 f.).

㉖ R. Smend, Zum Problem des Offentlichen und der Offentlichkeit (1954)，载《斯门德文集》，S. 462 ff.；关于"时代性"的贡献，同样参见 P. Häberle, Zum Tode von Rudolf Smend, NJW 1975, S. 1874 f.。

㉗ S. A. v. Campenhausen, Rudolf Smend (1882-1975). Integration in zerrissener Zeit, in: Fritz Loos (Hrsg.), Rechtswissenschaft in Gottingen, 1987, S. 514.

㉘ S. Korioth, Erschutterungen des staatsrechtlichen Positivismus im ausgehenden Kaiser-reich, AoR 117 (1992), S. 212 (221 ff.).

㉙ R. Smend, Ungeschriebenes Verfassungsrecht im monarchischen Bundesstaat (1916)，载《斯门德文集》，S. 39 ff.；dazu ausf. Korioth, Integration (Fn. 13), S. 32 ff.

析比例选举方式对后果做了推测。这种变化并不能通过对实在宪法的文本的解释而穷尽，而是需要"社会学基础上的宪法理论"[30]，并且期间体现在议会习惯法中。这种对不成文的、非正式的发展的认可建立在一种方法的基础之上。这种方法并没想让规范与现实在实证上相互孤立，而是让它们开放发展并且辩证地相互联系。[31] 当然，随之而来的是并非没有问题的"对实在宪法进行流畅的效力续造"[32] 的可能性，以及给宪法要完成的任务带来不确定性，即确保稳定的持续发展——该观点自产生以来就面临着诸多批判。[33]

（四）教会法和国家教会法

"二战"之后，斯门德的法学研究重点转移到教会与国家的关系，这是他积极参与新教活动在学术上的体现。[34] 他在退休后到 1969 年，担任新教教会法研究所的所长，担任《新教教会法杂志》有重要影响力的主编。[35] 德国《基本法》第 140 条全盘吸纳《魏玛宪法》第 136 条及以下几条，他的有影响力的论文《波恩基本法的国家和教会》[36] 关于国家与教会的关系变迁对新的忠诚伙伴关系的讨论和发展具有指导意义。这篇文章再次体现了文本"后面"的精神科学认识如何实质性地（参与）决定对宪法的理解。他的大量关于教会法和国家教会法的发表及关于新教宪法的基本问题的专家论证，回溯到问题的历史根源，同时以牢固确立的作为稳定保障的教会制度为导向，紧密联系比较法的方法及对世俗法的类推研究，并对少数群体的特别之处与根本性的原则及法律逻辑与实

---

　　[30]　R. Smend, Die Verschiebung der konstitutionellen Ordnung durch die Verhaltniswahl (1919), 载《斯门德文集》, S. 60 (67).

　　[31]　同样参见 C. Möllers, Staat als Argument, 2. Aufl. 2011, S. 110 f. 。

　　[32]　R. Smend, Verfassung und Verfassungsrecht (1928), 载《斯门德文集》, S. 242；批判性的，参见 K. Hesse, Grundzüge des Verfassungsrechts der Bundesrepublik Deutschland, 20. Aufl. 1995, Rn. 74; R. Smend, Integrationslehre (1956), 载《斯门德文集》, S. 475 (480 f.)。

　　[33]　比如参见 H. Kelsen, Der Staat als Integration, 1930, pass. ; H. Heller, Staatslehre, 1934, S. 49, 69 f. , 166, 194, 229, 269, 274 u. ö. 。

　　[34]　Heuer, Smend (Fn. 7), S. 528 ff.

　　[35]　详见 M. Stolleis, Fünfzig Bände „Zeitschrift für evangelisches Kirchenrecht", ZevKR 50 (2005), S. 165 (167 ff.)。

　　[36]　R. Smend, Staat und Kirche nach dem Bonner Grundgesetz (1951), 载《斯门德全集》, S. 411 ff. ; s. schon ders. , Protestantismus und Demokratie (1932), ebd. S. 297 ff.

质的公平建立更为紧密的联系。㊲斯门德以创建学派之力，在教会与国家的融合共荣的意义上，对很多的教会法学者产生了重要影响。在定期举办的跨学科的针对神学家和法学家开放的《新教教会法杂志》工作人员大会上他也是如此。㊳

（五）法史和宪法史

斯门德在宪法理论和教会法上的研究完全反映了他基于"民族国家历史的力量源泉"对法的历史发展和论证的浓厚的兴趣。㊴这已经反映在他早期的、主要是关于法律史的研究。在他的博士论文中（1904年的《与比利时宪法比较的普鲁士宪法》），他背离保罗·拉班德的方法，研究表明尽管1850年的《普鲁士宪法》吸收翻译了具有民主特征的1831年的《比利时宪法》，但对于《普鲁士宪法》的理解受到了普鲁士特殊的历史发展的影响。这表明他所有的作品基调：只有在宪法的具体语境中才能理解宪法规范。他关于帝国最高法院的教授资格论文（1911年初版，1965年重印）填补了法律研究的漏洞。在该论文中，一方面，他展现了帝国最高法院自1495年成立至1806年的三百年间的地位；另一方面，在一般的政府机构和行政机关历史的意义上，他仔细地研究法院的组织架构，从最高法院法官和院长的职位到律师、检察官、送信人及公证人的角色。斯门德曾经规划的关于法院法官职能的第二卷一直没有开始进行。这两份作品使他成为不同寻常的历史学家。这些知识在他的国家法作品中到处得到展现。

㊲　Vgl. A. v. Campenhausen, Rudolf Smend（1882－1975）. Integration in zerrissener Zeit, in: Fritz Loos（Hrsg.）, Rechtswissenschaft in Gottingen, 1987, S. 526; K. Hesse, Rudolf Smend zum 80. Geburtstag, AoR 87(1962), S. 111 f.

㊳　K. Hesse, In memoriam Rudolf Smend（1975）, in: ders., Ausgewahlte Schriften, 1984, S. 342 f.; D. Heuer,（Carl Friedrich）Rudolf Smend（1882－1975）. Kirchenrechtliches Wirken eines Staatsrechtslehrers, in: T. Holzner/H. Ludyga（Hrsg.）, Entwicklungstendenzen des Staatskirchen- und Religionsverfassungsrechts, 2013, S. 536.

㊴　R. Smend, Bürger und Bourgeois im deutschen Staatsrecht（1933）, 载《斯门德全集》, S. 309（325）.

三、　影　响

斯门德与赫尔曼·黑勒、汉斯·凯尔森及卡尔·施米特一起，成为魏玛共和国时期在国家法领域影响重大的四位理论家。在讨论问题时，人们总是将这四位人物结合在一起，并将他们对立比较。这反映在围绕国家法学基本问题的争论上，即在 1918—1919 年后政治关系和宪法关系发生了激进变化，围绕国家的政治基础和法律基础而产生的争议，这被称为"魏玛的方向之争"（下文［一］）。在德国《基本法》产生效力时，针对宪法理论的基本争议，四位学者对后来的讨论产生了决定性的影响。[40] 在他们中间，尤其是斯门德产生了决定性的影响，以至于他成为联邦德国早期的国家法学者（下文［二］）。

（一）魏玛共和国时期学术争论中的核心人物

与魏玛共和国时期的方法之争和方向之争紧密相关联且影响至今的，是 20 世纪 20 年代德国国家法的基础之争。在该争议中，有一批年轻的国家法学者从方法和内容角度反对当时还是主流的实证主义的国家法思想。[41] 这批以论战的姿势将自己视为"精神科学"方向的年轻学者[42]（即使他们的观点也并不是相同的）研究了深受概念法学影响的体现"拉班德-格贝尔"特征的"严格的法学"方法。后者在严格的逻辑演绎的法律解释中将所有的哲学的、历史的、政治的或社会的视角排除在外，

---

⑩　O. Lepsius, Die Wiederentdeckung Weimars durch die bundesdeutsche Staatsrechtslehre, in: C. Gusy (Hrsg.), Weimars lange Schatten—„ Weimar " als Argument nach 1945, 2003, S. 354 (358 ff.).

⑪　最新的，参见 M. Gangl （ Hrsg. ）, Die Weimarer Staatsrechtsdebatte, 2011; übersichtlich einf. M. E. Geis, Der Methoden- und Richtungsstreit in der Weimarer Staatslehre, JuS 1989, S. 91 ff. ; ausf. M. Stolleis, Geschichte des öffentlichen Rechts in Deutschland, Band III, 1999, S. 153 ff. ; W. März, Der Richtungs- und Methodenstreit der Staatsrechtslehre, oder der staatsrechtliche Antipositivismus, in: K. W. Norr u. a. （ Hrsg. ）, Geisteswissenschaften zwischen Kaiserreich und Republik, 1994, S. 75 ff. ; M. Friedrich, Der Methoden- und Richtungsstreit, AöR 102 (1977), S. 161 ff. 。

⑫　参见概述：K. Rennert, Die „ geisteswissenschaftliche Richtung " in der Staatsrechtslehre der Weimarer Republik, 1987, S. 62 ff. ; begrifflich zuerst G. Holstein, Von Aufgaben und Zielen heutiger Staatsrechtswissenschaft, AöR 50 (1926), S. 1 (31)。

即排除所有的与这些视角相关的论点。[43] 在宪法文本中的概念与政治社会的现实脱离的背景下，主要是在1919的宪法发生根本性的改变时应当有新的观点和价值判断得以包含进去。反对主导的同时又是完全反思政治和社会的法律实证主义以格哈德·安许茨或里夏德·托马为代表。这个方向的代表人物尝试在国家法中强化目的性的方法（海因里希·特里佩尔）[44]，以形而上学的方式在价值哲学意义上超越实证主义，以自然法思想的价值为导向（埃里希·考夫曼）[45]，以更多的政治社会学的反实证主义，而不是理想主义的反实证主义来行动。政治社会学的反实证主义试图以现象学认识法的经验的和社会的基础，并且在从法的视角观察时，从目的论上理解法（格哈德·莱布霍尔茨、赫尔曼·黑勒）。[46] 在他们中间，斯门德以哲学为基础的整合理论是精神科学方向的最有影响力的一个模式。[47] 他的思想与当时新的哲学思潮一致[48]，影响了整个学界的讨论。例如，他的学说对1922年创建的德国国家法教师协会的影响一直

[43] 参见总结：C. Schönberger, Das Parlament im Anstaltsstaat, 1997, S. 83 ff. ; M. Stolleis, Geschichte des öffentlichen Rechts, Band II, 1992, S. 330 ff. 。

[44] 结论性的，参见 H. Triepel, Staatsrecht und Politik, 1927, S. 37；概述性的，参见 März, Richtungs- und Methodenstreit (Fn. 11), S. 100 ff. ; D. Wyduckel, Jus Publicum, 1984, S. 318 ff. 。

[45] 参见概述：W. März, Der Richtungs- und Methodenstreit der Staatsrechtslehre, oder der staatsrechtliche Antipositivismus, in: K. W. Norr u. a. (Hrsg.), Geisteswissenschaften zwischen Kaiserreich und Republik, 1994, S. 102 ff. ; D. Wyduckel, Jus Publicum, 1984, S. 304 f. ; 详见：K. Rennert, Die „geisteswissenschaftliche Richtung" in der Staatsrechtslehre der Weimarer Republik, 1987, S. 97 ff. , 160 ff. ; M. Friedrich, Erich Kaufmann, Der Staat 26 (1987), S. 231 (240 ff.)。

[46] 参见概述：W. März, Der Richtungs- und Methodenstreit der Staatsrechtslehre, oder der staatsrechtliche Antipositivismus, in: K. W. Norr u. a. (Hrsg.), Geisteswissenschaften zwischen Kaiserreich und Republik, 1994, S. 111 ff. ; D. Wyduckel, Jus Publicum, 1984, S. 307 ff. 。

[47] 参见概述：W. März, Der Richtungs- und Methodenstreit der Staatsrechtslehre, oder der staatsrechtliche Antipositivismus, in: K. W. Norr u. a. (Hrsg.), Geisteswissenschaften zwischen Kaiserreich und Republik, 1994, S. 106 ff. ; 详见：K. Rennert, Die „geisteswissenschaftliche Richtung" in der Staatsrechtslehre der Weimarer Republik, 1987, S. 141 ff. , 214 ff. ; P. Badura, Staat, Recht und Verfassung in der Integrationslehre, Der Staat 16 (1977), S. 305 (307 ff. , 312 ff.)。

[48] W. Heun, Der staatsrechtliche Positivismus in der Weimarer Republik, Der Staat 28 (1989), S. 377 (396 f.).

到1931年。(49) 即使在手册文献中主导的观点一如既往地占据主流,(50) 即使施米特的主张主要是以具体的同时又不受制于根本性的公平考虑的决策为导向的强大的反实证主义，并意图强化这种批判的动力,(51) 斯门德的整合理论还是占据了一席之地。

（二）联邦德国早期公法学的化身

斯门德的原创的整合理论产生了巨大的影响力，对此至少有以下不同的成功因素。

1. 方法的开放性

他的理论在方法上尤为开放，在事实问题接入及规范的问题接入方面具有较强的续造能力和灵活性。(52) 这种方法的特点能够使人们整体地思考，将国家思考为现实，将法思考为事实的融合工具。因此，将事实的论点和规范的论点以一种方式结合在一起，而这种方式通过基调的变化，能够不断地针对变迁中的挑战给出新的回答。(53) 虽然方法的批判者一直以来都批判缺乏理论的纯粹性(这经常体现在难以理解的、通过相对化的例外造成自相矛盾的文本的多义性上)(54)，但是，在理论上不受特定的宪法约束，在德国《基本法》的情况下(与斯门德本人明显的基调变化一致)，完全有可能让整合理论与宪法的规范性更紧密地结合起来。

---

(49) 参见概述：W. März, Der Richtungs- und Methodenstreit der Staatsrechtslehre, oder der staatsrechtliche Antipositivismus, in：K. W. Norr u. a.（Hrsg.）, Geisteswissenschaften zwischen Kaiserreich und Republik, 1994, S. 118 ff.；斯门德自己的认识，参见 Die Vereinigung der Deutschen Staatsrechtslehrer und der Richtungsstreit（1973），载《斯门德文集》，S. 620 ff.。

(50) Vgl. z. B. G. Anschütz/R. Thoma（Hrsg.）, Handbuch des Deutschen Staatsrechts, 1930/1932；H. C. Nipperdey（Hrsg.）, Die Grundrechte und Grundpflichten der Reichsverfassung, 1930.

(51) 参见概述：W. März, Der Richtungs- und Methodenstreit der Staatsrechtslehre, oder der staatsrechtliche Antipositivismus, in：K. W. Norr u. a.（Hrsg.）, Geisteswissenschaften zwischen Kaiserreich und Republik, 1994, S. 113 ff.；D. Wyduckel, Jus Publicum, 1984, S. 309 ff.。

(52) O. Lepsius, Die Wiederentdeckung Weimars durch die bundesdeutsche Staatsrechtslehre, in：C. Gusy（Hrsg.）, Weimars lange Schatten—„Weimar“ als Argument nach 1945, S. 363 ff.

(53) G. Leibholz, Gedenkrede auf Rudolf Smend, in：In memoriam Rudolf Smend, 1976, S. 15（32）；O. Lepsius, Die Wiederentdeckung Weimars durch die bundesdeutsche Staatsrechtslehre, in：C. Gusy（Hrsg.）, Weimars lange Schatten—„Weimar“ als Argument nach 1945, S. 359 f., 363 ff.

(54) P. Badura, Staat, Recht und Verfassung in der Integrationslehre, Der Staat 16（1977）, S. 307 m. w. N.

这体现在斯门德的学生霍斯特·埃姆克(Horst Ehmke, 1927—2017)及康拉德·黑塞的纲领性的作品对当代思想产生的持久影响。这种理论的"规范化纲领"(奥利弗·莱普修斯 [Oliver Lepsius, 1964])使斯门德的理论起点一方面摆脱了生活哲学的约束及经常受到批评的规范性的瑕疵,[55] 另外,以多样的方式强化了他的精神科学问题的观点即在宪法诠释学上的潜在影响,[56] 例如,相对于技术性-实证主义的方法理解和法治国家理解。[57] 与整合相关的、将"利益衡量"过程中的对立面以和谐的方式解决的思维方式[58]发展成为斯门德的新思想。在今天是理所当然的观点,即宪法为整体,尤其是在高度抽象的宪法概念、在联邦宪法法院的裁判中[59]及在战后的国家法学说中作为解释的定理被接受和深入发展,[60] 体现在"实践的协调性"的原则(康拉德·黑塞)中或在同等意义上体现在"尽可能爱护双方的平衡原则"(彼得·莱尔歇 [Peter Lerche, 1928—2016])中。这些拥有高度智慧的公式在今天已经成为主流的宪法解释的原理。

2. 解释学说的超实证主义

整合理论也是宪法生活中宪法外因素的一种宪法理论,它的论证超越成文法的实证性。[61] 因此,在很大程度上,它在德国《基本法》适用的背景下也具有适应能力。[62] 斯门德在 1945 年德国崩溃之后联邦宪法和

---

[55] 最新的,参见 C. Hillgruber, Staat, Recht und Verfassung im Prozess der Integration-Smends Integrationslehre in ihrer Ausgangsgestalt und in der Rezeption unter der Geltung des Grundgesetzes, in: FS Bartlsperger, 2006, S. 63 ff. 。

[56] 范式的文章,参见 A. Hollerbach, Auflösung der rechtsstaatlichen Verfassung?, AoR 85 (1960), S. 241 ff.; ferner P. Lerche, Stil, Methode, Ansicht (1961), in: ders., Ausgewählte Abhandlungen, 2004, S. 19 ff.; s. auch F. Günther, Denken vom Staat her, 2004, S. 166 ff., 243 ff.; krit. W. Hennis, Integration durch Verfassung?, JZ 1999, S. 485 (489 f.)。

[57] Vgl. nur E. Forsthoff, Die Umbildung des Verfassungsgesetzes (1959), in: ders., Rechtsstaat im Wandel, 2. Aufl. 1964, S. 147 ff.

[58] Grdl. BVerfGE 7, 198 (210).

[59] BVerfGE 1, 14 (32); 99, 1 (11); M. Morlok/A. Schindler, Smend als Klassiker: Rudolf Smends Beitrag zu einer modernen Verfassungstheorie, in: R. Lhotta (Hrsg.), Die Integration des modernen Staates, 2005, S. 22 ff.; P. Lerche, Stil und Methode der verfassungsrechtlichen Entscheidungspraxis, in: FS BVerfG, Band 1, 2001, S. 340 ff.

[60] 方向性的,参见 H. Ehmke, Prinzipien der Verfassungsinterpretation (1963), in: ders., Beiträge zu Verfassungsrecht und Verfassungstheorie, 1981, S. 329 ff. 。

[61] M. Friedrich, Rudolf Smend 1882-1975, AoR 112 (1987), S. 1 (12 f.).

[62] Lepsius, Wiederentdeckung (Fn. 40), S. 364 ff.

州宪法产生之前就指出改革的必要性，即摆脱传统德国将国家理解为权力工具的灾难性的理解，转向将国家理解为借助法律明确秩序的任务。另外，他将(马克斯·韦伯理解的)作为抗争的政治受制于政治道德的标准——这两个核心的生活条件是在构建民主秩序中必要的政治意愿。[63] 在手册中的两篇文章中，斯门德再次强化整合理论蕴含的规范性的意图（而不只是公式）：整合是受宪法伦理影响的过程，这种过程使法的特征适合成为整合过程中的秩序因素。[64] 在 20 世纪 50 年代和 60 年代发展宪法理论和基本权利教义学的过程中，整合理论中明显的规范性的修正，在"正确和全面解释宪法的法学理论"[65] 的意义上，不仅承认保障社会多元性，而且对创造和政治发展持开放性的态度，影响了很多出自斯门德学派的作者的前理解。[66] 后来的单边主义对这位魏玛时期的保守理论家[67]提出的批评最终也没有成功——斯门德至 1930 年是德意志民族人民党的党员，并且在一定程度上也主张延续德国的反自由主义和反多元主义的国家观。[68]

---

　　[63]　R. Smend, Staat und Politik (1945)，载《斯门德文集》，S. 363 ff.

　　[64]　R. Smend, Integrationslehre (1956)，载《斯门德文集》，S. 475 (480).

　　[65]　斯门德最后的观点，参见 R. Smend, Integration (1975), EvStL3 1987, Sp. 1354 (1357); s. auch G. Leibholz, Gedenkrede auf Rudolf Smend, in: In memoriam Rudolf Smend, 1976, S. 30; S. Korioth, Europaische und nationale Identitat: Integration durch Verfassungsrecht, VVDStRL 62 (2003), S. 117 (124)。

　　[66]　D. Schefold, Geisteswissenschaften und Staatsrechtslehre zwischen Weimar und Bonn, in: K. Acham u. a. (Hrsg.), Erkenntnisgewinne, Erkenntnisverluste, 1998, S. 593 f., mit Verweis auf R. Bäumlin, Recht, Staat und Geschichte, 1961; H. Ehmke, Grenzen der Verfassungsande-rung, 1953; ders., Wirtschaft und Verfassung, 1961; ders., Prinzipien (Fn. 60), jetzt alle in ders., Beitrage (Fn. 60), S. 21 ff., S. 208 ff. bzw. S. 329 ff.; K. Hesse, Die normative Kraft der Verfassung (1959), jetzt in: ders., Schriften (Fn. 7), S. 3 ff.; ders., Grundzuge (Fn. 32); H. Zwirner, Politische Treuepflicht des Beamten (1956), 1987; s. auch die Weiterentwick-lung bei P. Häberle, Verfassung als Offentlicher Prozess, 3. Aufl. 1998; 概述的，参见 Obermey-er, Integrationsfunktion (Fn. 20), S. 107 ff.; Morlok/Schindler, Smend (Fn. 20), S. 25 ff.; Korioth, Integration (Fn. 13), S. 280 ff.; H. Vorländer, Verfassung und Konsens, 1981, S. 333 ff. 。

　　[67]　最新的，参见 R. C. van Ooyen, Hans Kelsen und die offene Gesellschaft, 2010, S. 87 ff., 101 ff., 123 ff.; W. Bauer, Wertrelativismus und Wertbestimmtheit im Kampf um die Wei-marer Demokratie, 1968, S. 262 ff., bes. 321 ff.; vgl. M. Friedrich, Rudolf Smend 1882 - 1975, AoR 112 (1987), S. 13 ff. 。

　　[68]　Vgl. S. Korioth, Integration und staatsburgerlicher Beruf: Zivilreligiose und theologische Elemente staatlicher Integration bei Rudolf Smend, in: R. Lhotta (Hrsg.), Die Integration des modernen Staates, 2005, S. 113 (120); P. Badura, Staat, Recht und Verfassung in der Integra-tionslehre, Der Staat 16 (1977), S. 309.

3. 对联邦宪法法院司法裁判的影响

无论斯门德如何反对传统的实证主义，他的问题起点，即魏玛的方向争论中的精神科学的方向，对德国联邦宪法法院的裁判产生深远的影响。从斯门德对《魏玛宪法》第 118 条限制言论自由的"公共性"的理解对联邦宪法法院关于德国《基本法》第 5 条第 2 款产生的修订作用，[69]或联邦宪法法院接纳斯门德为君主制的联邦国家发展出的在《魏玛宪法》有效时没有被接受的不成文宪法原则，即对基本法的联邦忠诚，[70]可以看出斯门德的影响并不是体现在单个的解释问题上。[71]

更为重要的影响更一般地体现在风格、方法及宪法裁判理论新导向上。例如，格哈德·莱布霍尔茨作为精神科学方向的代表人物，借助该理论及其核心人物斯门德，使宪法法院法官的身份产生多样的影响。该起点是他在"状况说明"[72]中认为联邦宪法法院是产生整合作用的宪法机关。这同样反映在他自己对判例法的解释工作的影响上。[73] 教科书式的"西南州裁判"在其关于宪法解释或宪法原则的陈述中，不仅接受整合理论，而且在实践中认可莱布霍尔茨于 1925 年提出的观点，即立法者受平等原则约束。[74] 类似的还有涉及政党的角色与地位及比例选举法的

[69]　Vgl. BVerfGE 7, 198（209 f.）und R. Smend, Das Recht der freien Meinungsauserung（1928），载《斯门德文集》, S. 89（96 ff.）; in diesem Sinne krit. S. Ruppert, Geschlossene Wertordnung? Zur Grundrechtstheorie Rudolf Smends, in: T. Henne/A. Riedlinger（Hrsg.）, Das Luth-Urteil aus（rechts-）historischer Sicht, 2005, S. 327（342 ff.）; K. A. Bettermann, Die allgemeinen Gesetze als Schranken der Pressefreiheit, JZ 1964, S. 601 ff.

[70]　P. Unruh, Die Unionstreue, EuR 2002, S. 141（50）; 详见 Korioth, Integration und Bundesstaat, 1990, S. 187 ff. 。

[71]　Vgl. BVerfGE 1, 299（315）mit Smend, Ungeschriebenes Verfassungsrecht（Fn. 29）, S. 51 ff.; ferner etwa BVerfGE 6, 309（361）; 8, 122（138）; 12, 205（254 f.）; 103, 81（88）.

[72]　Z. B. Bemerkungen des Bundesverfassungsgerichts zu dem Rechtsgutachten von Professor Richard Thoma, JoR 6（1957）, S. 194（197 f.）.

[73]　Vgl. auch F. Günther, Denken vom Staat her, 2004, S. 188 ff.; M. H. Wiegandt, Norm und Wirklichkeit, 1995, S. 66 ff., 94 ff., 146 ff., 184 ff., 212 f., 292 u. ö.

[74]　Vgl. zuletzt J. Saurer, Der allgemeine Gleichheitssatz: Weimarer Einflusse auf das Grundgesetz, in: U. J. Schroder/A. v. Ungern-Sternberg（Hrsg.）, Zur Aktualitat der Weimarer Staatsrechtslehre, 2011, S. 101（104 ff., 111 ff.）; vgl. BVerfGE 1, 14（52）mit G. Leibholz, Die Gleichheit vor dem Gesetz, 1925.

裁判。⑦ 基于德国《基本法》的整体性,⑦ 对《魏玛宪法》中的教会条款所做的解释也可以追溯到斯门德。

　　尤其是《基本法》中基本权利制度的实施可以阐释为通过客观价值在民主上的意思而产生融合的特征。在司法裁判中,基本权利的这种意义更多是借助《基本法》第 1 条第 3 款从规范上来强化基本权利,而不是借助整合理论所做的解释。⑦ 将基本权利理解为客观的价值秩序⑦——作为其价值的理由的指令和推动对一般法律的所有领域都产生了影响,在斯门德那里得到原创性的发展。⑦ 最初对斯门德而言,基本权利的意义并非是脱离国家的自由,而是作为整合的因素相对于国家的自由,即在参与整合过程的意义上,⑧ 作为一种每天都在不断进行的"表决",⑧ 使得生活在民主的宪法国家具有其意义,而且带来的是公民积极参与民主的宪法生活。⑧ 除了对德国《基本法》的自由主义的基本权利的理解,

---

　　⑦　Vgl. BVerfGE 1, 208 (241 ff.); G. Leibholz, Die Grundlagen des modernen Wahl-rechts (1932), auch in ders., Strukturprobleme der modernen Demokratie, 3. Aufl. 1967, S. 9 ff.

　　⑦　Vgl. BVerfGE 19, 206 (218 ff.).

　　⑦　P. Lerche, Stil und Methode der verfassungsrechtlichen Entscheidungspraxis, in: FS BVerfG, Band 1, 2001, S. 333 (335); H. Dreier, Dimension der Grundrechte, 1993, S. 15 f.

　　⑦　Grdl. BVerfGE 7, 198 (205 f.); ubersichtlich W. Geiger, Grundwertentscheidungen des Grundgesetzes, BayVBl. 1974, S. 297 ff. ; krit. H. Goerlich, Wertordnung und Grundgesetz, 1973.

　　⑦　R. Smend, Verfassung und Verfassungsrecht (1928), 载《斯门德文集》, S. 262 ff. ; R. Smend, Bürger und Bourgeois im deutschen Staatsrecht (1933), 载《斯门德全集》, S. 312 ff. ; s. auch H. Dreier, Integration durch Verfassung? Rudolf Smend und die Grundrechtsdemokra-tie, in: FS H. -P. Schneider, 2008, S. 70 (89 f.); C. Hillgruber, Staat, Recht und Verfassung im Prozess der Integration-Smends Integrationslehre in ihrer Ausgangsgestalt und in der Rezeption unter der Geltung des Grundgesetzes, in: FS Bartlsperger, 2006, S. 73 f. ; D. Krausnick, Staatli-che Integration und Desintegration durch Grundrechtsinterpretation: Die Rechtsprechung des Bundes-verfassungsgerichts im Lichte der Integrationslehre Rudolf Smends, in: Lhotta, Integration (Fn. 68), S. 135(139 ff.); R. Alexy, Verfassungsrecht und einfaches Recht—Verfassungsgerichts-barkeit und Fachgerichtsbarkeit, VVDStRL 61 (2002), S. 7 (9); G. Leibholz, Gedenkrede auf Rudolf Smend, in: In memoriam Rudolf Smend, 1976, S. 35 ff. ; politikwissenschaftlich zuletzt ausf. J. Bühler, Das Integrative der Verfassung, 2011, S. 83 ff. , 223 ff.

　　⑧　A. v. Campenhausen, Rudolf Smend (1882 – 1975). Integration in zerrissener Zeit, in: Fritz Loos (Hrsg.), Rechtswissenschaft in Gottingen, 1987, S. 522; vgl. Nw. Fn. 18; krit. Ruppert, Geschlossene Wertordnung? Zur Grundrechtstheorie Rudolf Smends, in: T. Henne/A. Riedlinger (Hrsg.), Das Luth-Urteil aus (rechts-)historischer Sicht, 2005, S. 337 ff.

　　⑧　R. Smend, Verfassung und Verfassungsrecht (1928), 载《斯门德文集》, S. 136, 182 u. ö.

　　⑧　同样参见 G. Leibholz, Gedenkrede auf Rudolf Smend, in: In memoriam Rudolf Smend, 1976, S. 28 f. ; M. Friedrich, Rudolf Smend 1882 – 1975, AoR 112 (1987), S. 7 ff. 。

这种处理问题的方式[83]不仅强调了言论自由的高权重是权衡利益冲突时在公共言论上的贡献，[84]而且在司法裁判中对基本权利的客观维度有了根本性的展开。所以，并不奇怪且具有象征意义的是，斯门德在 1962 年发表了关于联邦宪法法院十周年纪念的讲话。[85]

4. 整合理论的语境下联邦宪法法院的功能

有些观察者认为，斯门德对联邦宪法法院的裁判的影响非常大。[86]这可能主要是相对于针对宪法裁判性作为一种制度进行根本性批判的施米特学派的作者而言的。在联邦德国的发展历史中，整合理论在联邦宪法法院的裁判中的功能得以体现，这对联邦德国国家法持久地接纳斯门德的思想具有关键的意义。他的宪法理论入口最初并不扩展到单个的教义学问题或司法裁判，而是在抽象的层面延伸到联邦宪法法院在其裁判中的功能和定位。[87]因此，对于联邦共和国而言，政治问题法律化典型地体现为，宪法裁判和宪法解释是卓有成效的宪法生活规范化实践中的一个核心要素，无论是自"吕特案判决"[88]以来司法传统中对于分歧意见的整合功能，抑或是"明镜案"中新闻媒体的"公共责任"方面，还是通过合宪性解释来维持对于规范效力的理解、通过纯粹的宣告违宪来代替确定法律的无效性，以及 1945 年后否定公务关系的延续[89]、从政党的角色到其融资功能或者大量的司法裁判中所体现出的宪法法院法官的偏见等等。联邦宪法法院以特殊的方式履行了整个社会融合的功能和任务。正如斯门德指出的，国务法院即为制度化的"整合机制的收山之作"[90]。这在当前仍具有意义。

---

[83] R. Smend, Bürger und Bourgeois im deutschen Staatsrecht (1933)，载《斯门德全集》，S. 318 ff.; ders., Das Problem der Institutionen und der Staat (1956)，载《斯门德文集》，S. 505.

[84] Vgl. H. Schulze-Fielitz, in: H. Dreier (Hrsg.), GG-Kommentar, Band 1, 3. Aufl. 2013, Rn. 45, 162, 209, 286.

[85] R. Smend, Das Bundesverfassungsgericht (1962)，载《斯门德全集》，S. 581 ff.

[86] Vgl. W. Hennis, Integration durch Verfassung?, JZ 1999, S. 486:"家庭上帝"。

[87] Vgl. dazu auch Korioth, Integration und Bundesstaat, 1990, S. 270 ff., 273 ff.

[88] H. Schulze-Fielitz, Das Luth-Urteil nach 50 Jahren, Jura 2008, S. 52 ff.

[89] BVerfGE 3, 58 ff., gegen BGHZ 13, 265 (271 ff.).

[90] Smend, Verfassung (Fn. 13), S. 202 f.; ausf. Krausnick, Integration (Fn. 79), S. 135 ff.; 批判的，比如参见 Dreier, Integration (Fn. 79), S. 83 ff.; U. Haltern, Integration als Mythos, JoR 45 (1997), S. 31 ff.。

（三）经典公法学者的永恒意义？

斯门德是经典的国家法学者，他的基本性论述的作品超越了 20 世纪 20 年代。在德国《基本法》通过 60 年后的国家法思想的历史化的过程中，这些作品具有划时代的意义，并且还在展示着它的魅力。[91] 即便他与作为一种特殊的德国国家法思维传统有着紧密的联系及他的整合理论有明显的理论局限性，[92] 这种意义和魅力还得以存在。这也适用于欧洲化的进程，不过如果没有区别化地考虑欧盟和欧盟法的整合功能，[93] 这种进程长期而言就不会成功。

---

[91] Hesse, In memoriam (Fn. 7), S. 582; allg. H. Schulze-Fielitz, Konjunkturen der Klassiker-Rezeption in der deutschen Staatsrechtslehre—Vermutungen auch im Blick auf Hans Kelsen, in: M. Jestaedt (Hrsg.), Ein schwieriges Verhaltnis. Vom Umgang der deutschen Staatsrechtslehre mit Hans Kelsen, 2013, S. 147 ff.

[92] M. Friedrich, Rudolf Smend 1882-1975, AoR 112 (1987), S. 16 ff.

[93] Vgl. A. v. Bogdandy, Grundprinzipien, in: ders./J. Bast (Hrsg.), Europaisches Verfassungsrecht, 2. Aufl. 2009, S. 13 (40); M. Morlok/A. Schindler, Smend als Klassiker: Rudolf Smends Beitrag zu einer modernen Verfassungstheorie, in: R. Lhotta (Hrsg.), Die Integration des modernen Staates, 2005, S. 29 ff.; A. Hurrelmann, Integration und europaische Verfassung: Zur Eignung der Integrationslehre als Theorie eines supranationalen Konstitutionalismus, in: Lhotta, Integration (Fn. 68), S. 163 ff.; C. Calliess, Europa als Wertegemeinschaft—Integration und Identitat durch europaisches Verfassungsrecht?, JZ 2004, S. 1033 (1043 f.); I. Pernice, Carl Schmitt, Rudolf Smend und die europaische Integration, AoR 120 (1995), S. 100 (113 ff.); 隐含指出的，参见 P. Häberle, Europaische Verfassungslehre, 7. Aufl. 2011。

奥特马尔·布勒（Ottmar Bühler, 1884—1965）

埃克哈特·赖默尔　著[*]　王　锴　译

20 世纪，公法经历了一场悄悄的分化、专业化和开放，这一点同时在国家法学者的作品目录中有所反映。20 世纪后 60 年中，布勒在税法学上是无可争议的主角，这是一个由国家法具体塑造、受法治国约束、同时面向国际的学科。他的学术生涯主要发生在布雷斯劳、明斯特、科隆和慕尼黑，在法学领域和德国之外都获得了很高的声誉。

一、 三种国家形式下的一生

（一）帝国建立时期

1884 年，布勒出生于苏黎世，是施瓦本的一个林业学家的儿子，他早期的学术生涯是在完整的帝国时期度过的。他曾在图宾根、慕尼黑和柏林学习法律。1911 年，他以一篇在当时来说内容特别丰富的关于符腾堡行政权和司法权之间关系发展的论文，获得了图宾根大学的博士学位。① 之后在 1912 年，布勒担任符腾堡州政府的候补文官，同时继续他的学术工作。在此期间，他主要对行政法感兴趣。1913 年，他在布雷斯劳取得了教授资格，并完成了另一篇内容特别丰富的关于主观公权利及

---

  * 感谢维尔纳·尼格布尔（Werner Nigbur）先生对手稿的批判性审阅和提出的许多建议。
  ① Ottmar Bühler, Die Zuständigkeit der Zivilgerichte gegenüber der Verwaltung im württembergischen Recht und ihre Entwicklung seit Anfang des 19. Jahrhunderts. 对司法和行政划分学说的贡献（1911; Tübinger staatswissenschaftliche Abhandlungen, Bd. 16; 240 S.）。

其在德国行政法判决中的保护的论文。[2]

（二）明斯特：学术独立的全盛时期

1919 年，作为戈德哈德·约瑟夫·埃伯斯（Godehard Josef Ebers）副教授的继任者，布勒接受了明斯特大学公法学副教授的邀请。[3] 地点的变化同时也表明研究重心的重新定位：布勒致力于财政法，并且想把税法作为他学术工作的中心。[4] 他的职位尚未稳固。1921—1922 年在柏林担任了一学年的教职代理后，布勒于 1922 年在哈勒取得了教授席位。1922 年 10 月，他作为哈勒的正式教授，并成为德国国家法教师协会的42 名创始成员之一。[5] 但早在 1923 年 10 月 1 日，他就回到了明斯特，执掌新设立的教授职位。[6] 对他来说，在他中年前不久，第二个明斯特时期的开始标志着在一个在阶梯教室中产生巨大生产力和影响的时代，这一直持续到他生命的尽头。

（三）清醒的距离：纳粹时期的教授

1932 年 7 月，布勒因为批评纳粹的意识形态，与支持纳粹的学生发

---

② 他的教授资格论文的指导教师可能是西格弗里德·布里（Siegfried Brie），布里于1866 年在海德堡获得教授资格，1878 年起在布雷斯劳任教，当时他是布雷斯劳大学唯一的公法教授：Helmuth Schulze-Fielitz, Staatsrechtslehre als Mikrokosmos（2013），S. 464. Zu *Brie* s. die biographische Skizze bei Klaus-Peter Schroeder, „Eine Universität für Juristen und von Juristen"：Die Heidelberger Juristische Fakultät im 19. Und 20. Jahrhundert（2010），S. 329 ff.；以及 1911 年 12 月 13 日，在西格弗里德·布里获得博士学位 50 周年之际，布雷斯劳法学院为他举行了庆典仪式（1912 年）。

③ 这一时期主要参见 Dieter Birk, Das Steuerrecht in Münster：Ottmar Bühler（1884 - 1965），in：Thomas Hoeren（Hrsg.），Münsteraner Juraprofessoren（2014），S. 130 ff.。

④ 参见 Dieter Birk, Ottmar Bühler（1884 - 1965）—sein Einfluss auf die Entwicklung der Steuerrechtswissenschaft in Münster und Köln, in：StuW 2013, 280；Dieter Birk, Das Steuerrecht in Münster：Ottmar Bühler（1884 - 1965），in：Thomas Hoeren（Hrsg.），Münsteraner Juraprofessoren（2014），S. 130 f.。

⑤ S. Ekkehart Reimer/Christian Waldhoff, Steuerrechtliche Systembildung und Steuerverfassungsrecht in der Entstehungszeit des modernen Steuerrechts in Deutschland. Zu Leben und Werk Albert Hensels（1895 - 1933），in：dies.（Hrsg.），Albert Hensel, System des Familiensteuerrechts und andere Schriften（2000），S. 18 mit Fn. 105；und allgemein Michael Stolleis, Geschichte des öffentlichen Rechts in Deutschland, Bd. 3（1999），S. 186 ff.

⑥ Lieselotte Steveling, Aus der Geschichte der Juristischen Fakultät Münster, in：Bernhard Großfeld（Hrsg.），Westfälische Jurisprudenz（2000），S. 534.

生了公开争执。⑦ 1933 年夏天，天主教徒布勒被列为"政治上不可靠的
人"。平等对待委员会建议他转移；校长甚至想让他休假。但布勒仍留
在明斯特，试图与体制和平相处。1938 年是他人生的一个转折点。在这
一年，坚定的纳粹党人格奥尔格·埃勒尔(Georg Erler)尝试在布勒——
尽管布勒是普鲁士公务员但从未加入过纳粹党⑧——处撰写教授资格论
文，但没有成功。⑨ 同年，也可能是与埃勒尔划清界限的结果，布勒与
明斯特的同事发生了冲突。最终，布勒决定不再上一般公法学的课程。⑩
院长随后催促布勒调到另一个学院。⑪

　　这种双重疏离是基于同事之间不确定的敌意还是布勒适应政治的意
愿下降，很难说清楚。能够确信的是布勒的愿望是能够更多地关注国际
法，特别是国际财政法；这种愿望与时代精神背道而驰。同样值得注意
的是，在那些年里，布勒如何持续地帮助受到迫害的犹太裔同事，他的
作品在国内不再被引用，但是在国外仍然保持积极的影响力。1943 年 6
月在科隆的就职演讲中，他仍然有勇气回顾 1925 年德国-意大利双重征
税协定的创立，并承认"当时的部长多恩(Dorn)"是这个重要模式的创
造者。⑫ 后者于 1931 年成为帝国财政法院的院长，但是根据 1993 年重建

　　⑦　Simon Kempny/Henning Tappe, Ottmar Bühler: Meine Stellung zum Nationalsozialis-
mus, in: StuW 2009, 376 (377).

　　⑧　N. N. , Artikel „Ottmar Bühler", in: Catalogus Professorum Halensis, Internet: http: //
www. catalogus-professorum-halensis. de/buehlerottmar. html (31. 8. 2014) unter Hinweis auf
die Akte BArch R 4901/13260.

　　⑨　关于埃勒尔(1905—1981)，参见 Michael Stolleis, Geschichte des öffentlichen Rechts
in Deutschland, Bd. 3 (1999), S. 269; Anikó Szabó, Vertreibung, Rückkehr, Wiedergutma-
chung: Göttinger Hochschullehrer im Schatten des Nationalsozialismus (2000), S. 303 f. 。

　　⑩　布勒致大学管理层和帝国科学部的信，参见 Dieter Birk, Ottmar Bühler (1884 -
1965)—sein Einfluss auf die Entwicklung der Steuerrechtswissenschaft in Münster und Köln, in:
StuW 2013, S. 280 f. 。

　　⑪　Dieter Birk, Ottmar Bühler (1884 - 1965)—sein Einfluss auf die Entwicklung der Steuer-
rechtswissenschaft in Münster und Köln, in: StuW 2013, S. 281.

　　⑫　Ottmar Bühler, Die leitenden Ideen des deutschen Steuerrechts, in: AöR N. F. Bd. 33
(1943), S. 122 ff. (153).

终身制公务员制度的法律，他因为犹太血统而失去了这一职位。[13]

1940 年，他提交的一份关于潜艇战的国际法出版物似乎指向了另一个方向，这在布勒的作品中显得与众不同。[14] 它将主流的法律素材的介绍与从德国的角度来评价第一次世界大战中英国和美国的行为相结合，呼吁遵守国际海洋法，特别是在战争时期。他概述了发展国际海洋法的现实方案，但与此同时，它一方面受到自然法的限制，另一方面博弈论冲击了国际法的一般原则，从而远离了实定的国际条约法。[15]

（四）转向科隆

1942 年，他被任命为科隆大学公法特别是财政法和税法的正教授，该大学于 1919 年由康拉德·阿登纳（Konrad Adenauer）重建。[16] 布勒以原则为导向的就职演说意义重大。[17] 这个"精湛的陈述"（维尔纳·弗卢姆[Werner Flume] 语）[18]从经验开始，在谈到方法论问题之前，首先展示了专业的重要性和法律素材的丰富性。在法律适用层面，布勒提到当法治国的解释方法无法确定税收规范的内涵的情况下，在特殊时期可以参考"有疑问时有利于税"。在法律制定层面，他目光敏锐地指出了对经济指导的关切，要求重视纯收入原则，主张"即使在威权国家"[19] 也要坚持法律保留，并指出了概括性条款的不足。他并不担心《税收调整法》第 1 条第 1

---

⑬　对于多恩，主要参见 Ludwig Heßdörfer, Nachruf für Dr. Herbert Dorn, StuW 1957 I, Sp. 633 ff.；Ludwig Falk, Die Bedeutung von Herbert Dorn, FR 1967, 305 ff.；Franz Klein, Zur Erinnerung an Herbert Dorn, StuW 1987, 97 f.；Alfons Pausch, Herbert Dorn. Wegbereiter des internationalen Steuerrechts, in：Pausch（Hrsg.）, Persönlichkeiten der Steuerkultur, 1992, S. 104 ff.；Ekkehart Reimer, Der ungeliebte Präsident, in：FS Wolfgang Spindler（2011）, S. 507 ff.；und demnächst Christoph Bräunig, Herbert Dorn（1887－1957）. Pionier und Wegbereiter im Internationalen Steuerrecht. Diss. iur. Heidelberg（Veröff. in Vorbereitung）；und die Hinweise unten V. und VI. 2。

⑭　Ottmar Bühler, Neutralität, Blockade und U-Bootkrieg in der Entwicklung des modernen Völkerrechts（1940）.

⑮　后述第二部分第三小节。

⑯　关于科隆大学当时的情况，参见 Michael Stolleis, Geschichte des öffentlichen Rechts in Deutschland, Bd. 3（1999）, S. 282 ff. 。

⑰　Ottmar Bühler, Die leitenden Ideen des deutschen Steuerrechts, in：AöR N. F. Bd. 33（1943）, S. 122 ff.

⑱　Werner Flume, Ottmar Bühler zum 100. Geburtstag, FR 1984, S. 573（574）.

⑲　Ottmar Bühler, Die leitenden Ideen des deutschen Steuerrechts, in：AöR N. F. Bd. 33（1943）, S. 131 ff.

款作为遮蔽了个别规范的概括性条款，因为它必须服从于征税的符合真实情况原则。为此，他用法治国的理念来反对纳粹的领袖国家。

布勒在科隆的教学对象不局限于法学院的学生，而是扩展到未来有志于从商的人。布勒的法哲学主张除了法律智慧，还要有经济上的合理性，并且要抓住机会。他从年轻的企业家中寻找志同道合者，[20] 并且意识到，只有接近税务官的职业实践——不限于科隆，才能影响一代人，他们才能从他的作品中获得联系的动力。

（五）布勒在科隆的晚年

德国的税法学早在纳粹垮台之前就已经崩溃了。当布勒在战后被摧毁的科隆恢复教学和研究工作时，他是德国税法学的最后一位保持不变的、继续工作的重要代表：多恩(Dorn)、伊赛(Isay)和利昂(Lion)移民了，贝克尔(Becker)、亨泽尔(Hensel)和波皮茨(Popitz)去世了，沃尔德克(Waldecker)也于1946年去世。因此，布勒就优先成为法学院唯一的税法研究所所长。1947年，他说服科隆大学邀请另一位税法学者——前布拉格大学法学家阿明·斯皮塔勒(Armin Spitaler)，布勒在战争期间就认识他，并且共同出版了作品，[21] 后来(1953年)接替他执掌教席。

1954年，在布勒70岁生日时，斯皮塔勒发表了一篇简明的祝寿文章展示了科隆的几年对布勒有何影响。科隆人汉斯·卡尔·尼佩代(Hans Carl Nipperdey)撰写了温暖的颂词。然而，在同事中，除了斯皮塔勒之外，只有1949年才来到科隆的汉斯·彼得斯参与撰写了祝寿文章，他是布勒的早期听众和他在柏林的助手。[22] 作为天主教徒[23]和纳粹的反对

---

⑳　Unter denen Albert Rädler herausragt; s. unten VI. 3. und VII.

㉑　Ottmar Bühler/Armin Spitaler, Steuertafel für das Sudetenland und erste Einführung in das reichsdeutsche Steuerrecht (1939).

㉒　Hans Peters, Ottmar Bühler zum 80. Geburtstag, in: AöR Bd. 89 (1964), S. 369 (371).; ders., Rede anlässlich der Gedächtnisfeier für Prof. Dr. Dr. h. c. Ottmar Bühler am 23. November 1965 (1966), S. 6 f.

㉓　汉斯·彼得斯在1935年将他的论文(Der totale Staat und die Kirche)重印本寄给布勒，布勒在1935年2月15日用多页信件感谢他：BArch Koblenz, Nachlass Hans Peters, Bd. 15; vgl. Levin von Trott zu Solz, Hans Peters und der Kreisauer Kreis (1997), S. 114; und Hans Peters, Rede anlässlich der Gedächtnisfeier für Prof. Dr. Dr. h. c. Ottmar Bühler am 23. November 1965 (1966), S. 7, 13, 20。

者，他与布勒格外亲近。㉔ 仍然健在的同事恩斯特·冯·希佩尔（Ernst von Hippel）和赫尔曼·贾里斯（Hermann Jahrreiss）没有参加。

（六）慕尼黑作为新的工作地点

布勒在退休后搬到了慕尼黑，并在那里获得了教学任务。最主要的是，慕尼黑大学允许他建立一个半官方的国际税法研究中心，该中心由布勒用他自己的钱和其他的捐款资助。㉕

二、 国家法学者和政治家

（一）对主观公权利的研究

作为行政法领域的教师和研究人员，布勒早在 1914 年就凭借布雷斯劳大学的教授资格论文展示了他最好的学术工作：主观公权利研究。㉖ 他希望将已有的和当代的理论与行政法院的判决联系起来，从而为法律适用提供确定公法规范的主观内涵的具体标准："产生真正主观权利的客观法规定与只产生反射效力的客观法规定有何不同？"㉗ 在这个问题上，布勒首先注意到普鲁士和符腾堡行政判决之间的巨大分歧。他自信地指出了格奥尔格·耶利内克的不足——对主观公权利的定义不尽如人

㉔　Zu Hans Peters, der auch Präsident der Görres-Gesellschaft war, Klaus Joachim Grigoleit/ Jens Kersten, Hans Peters（1886 - 1966）, in: Die Verwaltung 30（1997）, S. 365 ff. ; Klaus Joachim Grigoleit, Hans Peters（1896 - 1966）, in: Stefan Grundmann, Michael Kloepfer, Christoph G. Paulus, et al.（Hrsg.）, Festschrift 200 Jahre Juristische Fakultät der Humboldt-Universität zu Berlin. Geschichte, Gegenwart und Zukunft（2010）, S. 755 ff. ; ferner Michael Stolleis, Geschichte des öffentlichen Rechts in Deutschland, Bd. 3（1999）, S. 413 und Bd. 4（2011）, S. 42 ff. , 59.

㉕　Albert Rädler, Ottmar Bühler, in: Juristen im Porträt. Verlag und Autoren in vier Jahrzehnten（1988）, S. 195 ff.（197）.

㉖　Ottmar Bühler, Die subjektiven oeffentlichen Rechte und ihr Schutz in der deutschen Verwaltungsrechtsprechung（1914）. 布勒后来多次谈到这本出版物的主题：Debattenbeitrag in VVDStRL Bd. 8（1949）, S. 158 f. ; ausführlich aber auch ders. , Zur Theorie des subjektiven öffentlichen Rechts, in: Zaccaria Giacometti/Dietrich Schindler（Hrsg.）, Festgabe für Fritz Fleiner zum 60. Geburtstag（1927）, S. 26 ff. 。

㉗　Ottmar Bühler, Die subjektiven oeffentlichen Rechte und ihr Schutz in der deutschen Verwaltungsrechtsprechung（1914）, S. 21.

意，以及汉斯·凯尔森的定义是同义反复的。^㉘ 接着在理论基础上，布勒在论文的第二部分整理了普鲁士、符腾堡、巴伐利亚、萨克森和巴登的高等行政法院的判决。不同的调查结果为自己的解决方案提供了空间，他的观点与萨克森高等行政法院的意见非常接近："能够产生主观公权利的法律规定，必须是(1)它是强制性的……，(2)有利于特定人或群体的利益，满足他们的个人利益，而不仅仅是为了公共利益，(3)如果它是为这些人的利益而公布，那么必须是他们能够在起诉时援引它……"^㉙ 这一结果植根于对法律保留的深刻理解，并且包括了——明显区别于瓦尔特·耶利内克(Walter Jellinek)——法院审查行政机关的裁量决定的教义。^㉚ 总之，布勒的著作使他成为法治国的重要理论家、行政诉讼实践的同行者，以及主观诉讼的早期支持者。

(二) 经历魏玛立宪国家

在明斯特的最初几年里，他同时从事税法和一般公法的教学和出版活动。在魏玛共和国早期，就像其他许多人一样，布勒对新宪法保持距离。^㉛ 但他是有正义感的。这首先体现在他 1922 年对帝国宪法(《魏玛宪法》)的简短评论中。他对帝国现行的宪法表示不安，但是对立宪国家的现代性及其概念并没有表示不安。虽然布勒没有在内心里放弃君主制，但他也直接肯定了共和宪法处于核心地位。由于《魏玛宪法》艰难的产生条件，这甚至是"一项国家行为"。^㉜ 在文本和体系的清晰度方面，《魏玛宪法》落后于《保罗教堂宪法》，但与 1871 年的帝国宪法相比，它代表着"重大进步"。值得批判的只是个别部分和侧重点：尽管人们

㉘　Ottmar Bühler, Die subjektiven oeffentlichen Rechte und ihr Schutz in der deutschen Verwaltungsrechtsprechung (1914), S. 17 ff.

㉙　Ottmar Bühler, Die subjektiven oeffentlichen Rechte und ihr Schutz in der deutschen Verwaltungsrechtsprechung (1914), S. 21.

㉚　Ottmar Bühler, Die subjektiven oeffentlichen Rechte und ihr Schutz in der deutschen Verwaltungsrechtsprechung (1914), S. 513 ff., 517 ff.

㉛　Lieselotte Steveling, Juristen in Münster, Ein Beitrag zur Geschichte der Westfälischen Wilhelms-Universität Münster (1999), S. 184, 186, 198.

㉜　Ottmar Bühler, Die Reichsverfassung vom 11. August 1919 mit Einleitung, Erläuterung und Gesamtbeurteilung (1922), S. 119 ff.

都赞同在帝国一级集中税收权力,[33] 但他在 1922 年明确批评,"帝国成员国的国家性质远没有以前那么明显,而且以这种方式进一步增加帝国的权力几乎没有任何法律障碍,但是从国家的角度来看,它实际上仅仅是一个自治团体"。然而,最重要的是,布勒抱怨说,国民议会在重要问题上"严重失算了"。因此,他把对帝国宪法(《魏玛宪法》)的批评与1919—1922 年的实际发展联系起来。在这方面,他的批评既针对联邦内部的具体状况,也针对欧洲列强竞争中帝国实力下降的状况。对于联邦国家的现实,布勒抱怨说,制宪者既没有实现普鲁士省独立自主的愿望,也没有执行联邦制,可能也无法执行。

布勒的经济政策偏好在一篇关于劳动法的公法基础的论文中有所体现。[34] 这篇描述性的小文章清楚地表明了他对 1919—1923 年社会保障立法保持距离,[35] 在立法中,他看到了 1922—1923 年货币贬值的根本原因。1931 年的档案《徒劳的战后争夺》披露了布勒对魏玛政府外交政策的评估。在这场政治争论中,他表面上是反对过度的赔偿负担,更深层的是反对德国政治在舆论斗争领域缺乏专业精神。后一项指控也特别适用于布吕宁(Brüning)政府。

在布勒生活和教书的地方,他都产生了很大影响。1929 年 1 月 18日明斯特大学庆祝帝国成立仪式上,他谈到了行政法和宪法改革的现状。[36] 他经常担任学术性用途的法律汇编的编者。[37] 甚至在 1926 年他在

㉝　Ottmar Bühler, Der Einfluss des Steuerrechts auf die Begriffsbildung des öffentlichen Rechts. Mitbericht, VVDStRL 3 (1927), 102 (115 f.).

㉞　Ottmar Bühler, Arbeitsrecht. I. Teil: Öffentlich-rechtliche Grundlagen (1926).

㉟　a. a. O., S. 136:"一次完全的失败"。

㊱　同年科尔哈默(Kohlhammer)出版了扩展版:Ottmar Bühler, Der heutige Stand der Verwaltungs- und Verfassungsreform (1929; 52 S.)。

㊲　除了对帝国宪法的简短评论,参见 Ottmar Bühler, Die Reichsverfassung vom 11. August 1919 mit Einleitung, Erläuterung und Gesamtbeurteilung (1922), 还有 Ottmar Bühler (Hrsg.), Verfassungsrechtliche Nebengesetze und -Verordnungen des Deutschen Reiches (mit kurzen einführenden Bemerkungen; 1931); ders. (Hrsg.), Staatsrechtliche Gesetze des Reiches und Preussens sowie Gewerbeordnung und Gaststaettengesetz (1931); ders. (Hrsg.), Verwaltungsgesetze des Reiches und Preussens (mit einführenden Bemerkungen, Paragraphenüberschriften und Sachregister; 1931); ders. (Hrsg.), Neue staatsrechtliche Gesetze des Reichs und Preußens nebst den wichtigsten neuen Verwaltungsgesetzen Preussens (mit Paragraphenüberschriften und Sachregister; 1934); ders. (Hrsg.), Verfassungsurkunde der Vereinten Nationen: Textausgabe (deutsch und englisch, mit Einleitung und Sachregister; 1946). Hinzu treten zahlreiche steuerrechtliche Textsammlungen。

国家法教师大会作报告之前，他就曾参加过该协会的年会讨论；[38] 在接下来的一段时间里，情况依然如此。[39] 他的意见涵盖了令人吃惊的不同主题和生活领域。最重要的是他为法治国原则做出的贡献。[40] 他关于税法领域权限划分的贡献在安许茨和托马主编的《德国国家法手册》中留下了不少的痕迹。[41] 同样在明斯特时期，他写了一篇关于鲁尔地区行政组织法[42]的小文章，并且积极参与即使在战后仍然继续编纂的关于威斯特伐利亚地区调查的多卷本的半官方汇编，他成为该研究的共同编辑。1931 年，布勒为该项目的第一卷提供了威斯特伐利亚省政治和行政组织的历史-社会学-地理概况，部分内容像是为后来的北莱茵-威斯特伐利亚州的成立做理论准备。[43]

然而到 1933 年，布勒停止了自己在一般公法学领域的研究。早在明斯特时期就表现得越来越清晰，前往科隆后更加成为他的关注重点，最后，完全是自我选择的结果，在慕尼黑时期他仍然在从事这一工作，即对财政法和税法的研究。[44]

（三）国际法和国际政治

更令人惊讶的是，他 1940 年发表在由弗里茨·贝尔贝（Fritz Berber）主编的"德国外交政策研究所和汉堡外交关系研究所文丛"中的文章《现代国际法发展中的中立、封锁和潜艇战》在二手文献中屡次受到批判。[45] 布勒非常详细地为文章辩护。他将西塞罗的"战争状态无法律"

㊳ VVDStRL Bd. 2 (1925), S. 112.

㊴ VVDStRL Bd. 6 (1929), S. 148 f.；1949 年协会重新成立后：VVDStRL Bd. 8 (1949), S. 158 f.；Bd. 12 (1953), S. 98 f.；Bd. 18 (1959), S. 102 f. 。

㊵ VVDStRL 12 (1953), S. 98 f. im Anschluss an die Berichte von Otto Bachof und Ernst Forsthoff.

㊶ Ottmar Bühler, Die Zuständigkeitsverteilung auf dem Gebiete des Finanzwesens, in: Anschütz/Thoma (Hrsg.), Handbuch des Deutschen Staatsrechts Bd. I (1930), S. 321–345.

㊷ Ottmar Bühler, Die Behördenorganisation des Ruhrgebietes (1926).

㊸ Ottmar Bühler/Adolf Ley, Raum und Verwaltung, in: Hermann Aubin/Ottmar Bühler/Bruno Kuske/Aloys Schulte (Hrsg.), Der Raum Westfalen. Band I: Grundlagen und Zusammenhänge (1931), S. 125 ff.

㊹ Günther Felix, Verzeichnis der Schriften Ottmar Bühlers, in: FS Bühler (1954), S. 279 ff. (286 ff.).

㊺ Ottmar Bühler, Neutralität, Blockade und U-Bootkrieg in der Entwicklung des modernen Völkerrechts (1940).

与他对国际法效力与实效进行了对比，特别是在战争中。[46] 布勒为战争时期国际法的规范性进行辩护，他反对战斗人员的恣意。他不怕用"专政"（Diktatur）这个词来证明战争时期的权力集中——尽管这个词被拉丁经典作家修饰，并且强调它是一种国家法上的例外状态。他清醒地描述了 19 世纪以来的实定海战法，试图依据国际法重新评估美国在 1914 年至 1917 年初摇摆的中立性，并以过去为中心对损害中立国的海上封锁的法律和实践进行了分析。

尽管这项研究在布勒早期的作品中并不连续，但它不是突然出现的。他对于德国在欧洲拥有独立话语权的讨论给出了悲观的回答：早在 1932 年，布勒就对第一次世界大战前和第一次世界大战期间外交上的失败表示遗憾，并目睹了这场失败的真正原因。[47] 这种失败继续产生影响：德国继续允许自己在欧洲和国内公众舆论中被贬低，没有以足够的自信证明自己对应付战争负担的贡献，因此在 1932 年夏天的洛桑会议上，德国也几乎无法令人信服地获得进一步付款的豁免。如果将两部著作放在一起，固定的主题都是对 1914 年以前德国外交政策的拒绝。自那时起，布勒的符腾堡同乡马蒂亚斯·埃尔茨贝格尔（Matthias Erzberger）继承了这一传统立场。正如布勒对税法外观的特殊兴趣，这种兴趣通过个人交往以及国际税法方面的实践工作得到加强，[48] 但是，在他的著作中，并没有特别显示出特定税法的内容以及对同时代的外交政策的特别兴趣。[49]

三、 开辟财政宪法（Finanzverfassung）

总体而言，布勒在 20 世纪 30 年代初停止了自己在一般公法学领域的研究，并专注于其在 1945 年后的几年中作为德国税法先驱的角色。然

---

[46] Ottmar Bühler, Neutralität, Blockade und U-Bootkrieg in der Entwicklung des modernen Völkerrechts (1940), S. 8.

[47] Ottmar Bühler, Verlorene Nachkriegs-Schlachten. Ein Beitrag zu der Frage: Warum kommen wir nicht weiter im Verhältnis zu Frankreich? (1932), S. 63.

[48] 后述第四部分。

[49] 更多的例子，参见 Ottmar Bühler, Carl Schurz and the Revolution of 1848, in: The American-German Review, Bd. XIV (Juni 1948) Nr. V。

而，他的工作并不局限于技术性的和税法理论的工作。在 20 世纪 20 年代形成的辩论中，财政宪法是他的第二个重要研究领域。对布勒来说，这是他与国家法学之间保持联系的方式。

财政宪法的研究也证明了布勒从事税法研究时的谨慎：不是孤立地看待干预国家与公民之间关系的现象，而是不断考虑纳税人。早在魏玛时期，他就表现出了为协调财政均衡和基于经济绩效原则(《魏玛宪法》第 134 条)的税收取向而竭尽所能。[50] 后来，布勒对《基本法》第 105—115 条进行首次评注，这段评注在 1950 年出版的《波恩基本法评注》中脱颖而出。同年在里夏德·托马的祝寿文集中发表的一篇有关宪法变迁中的财政权的文章跨越了这两个时期。[51]

四、 税法的体系化——与税收学的关系

布勒的大部分著作都致力于税法。19 世纪末 20 世纪初，政治学争取税收学合法化的努力，对于奥特马尔·布勒和比他小 10 岁的同事阿尔贝特·亨泽尔(Albert Hensel)来说，都是重要的国家实践。恩诺·贝克尔(Enno Becker)和赫伯特·多恩(Herbert Dorn)很突出，都致力于税法的体系化。这一努力反映在税法文献的繁荣中，可以在不同的文章体例中观察到——从完整形式，比如教科书和评注，以及期刊的创建、有关税法话语转型的论文、对外国法的介绍[52]，到在协会杂志以及日报和周刊上发表的大量文章。布勒对于几乎所有的论坛和形式都有涉猎。

---

[50] Ottmar Bühler, Artikel 134. Gleichheit der Lastenverteilung, in: Nipperdey (Hrsg.), Die Grundrechte und Grundpflichten der Reichsverfassung. Kommentar zum zweiten Teil der Reichsverfassung, Bd. 2 (1930), S. 313 ff. Zu den dort (S. 316) angestellten Überlegungen zu den kommunalsteuerlichen Folgen kommunaler Neugliederungen und Eingemeindungen auch Albert Hensel, Verfassungsrechtliche Bindungen des Steuergesetzgebers. Besteuerung nach der Leistungsfähigkeit—Gleichheit vor dem Gesetz, in: Vierteljahresschrift für Steuer- und Finanzrecht 4 (1930), S. 441 ff. (473), Wiederabdruck in: Reimer/Waldhoff (oben Fn. 5), S. 245 ff. (276 f.)

[51] Ottmar Bühler, Finanzgewalt im Wandel der Verfassungen, in: FS Richard Thoma (1950), S. 1 ff.

[52] Ottmar Bühler, Die englische Einkommensteuer: ihr heutiger Stand und ihre Handhabung im Vergleich mit der deutschen Einkommensbesteuerung nebst Überblick über das ganze englische Steuersystem (1925). Zum international-steuerrechtlichen Wirken Bühlers unten VI.

(一) 构建概念的理论? 1926年国家法教师大会上的报告

1926年，布勒被邀请在家乡明斯特举行的第三届德国国家法教师大会上作为第二报告人讨论税法对公法概念形成的影响，第一报告人是来自波恩的副教授阿尔贝特·亨泽尔。(53) 两人都将概念构建作为他们报告的核心，即向国库纳税的义务的法律地位。亨泽尔在演讲中强调税法关系中武器平等的要求，为此强调其债法性质。而布勒选择了行政法方法，并且追溯到奥托·迈耶倾向于隶属关系的经典理论。(54) 关于税法与行政法教义学之间的关系，布勒主要致力于法力制度(即存续力)(55)和法官审查行政机关裁量决定的标准,(56) 1919年宪法典编纂对行政法的进一步发展具有十分重要的意义。但他也强调，从维护法秩序统一的角度，必须把帝国财政法院的判决与刑事法院的判决联系起来。(57) 总的说来，国家法教师大会上的报告成为一份关于税法基本内容及其在国家实践中发挥作用的叙述性、积极向上的报告。

因此，大家对这份报告的接受是十分明显的。与亨泽尔不同，布勒在1926年的讨论中几乎没有受到任何批评，当然也几乎没有欢呼。与财政宪法的问题(1955年、1992年、2006年、2013年)不同，在亨泽尔和布勒的报告之后，该协会再未将税法作为大会的主要议题。(58) 尽管教义学的工作有了很好的条件，但是区分税法与一般国家法和行政法的理论(至少在当时多数成员的看法中)仍然是困难的。自那时起，维护公法学

---

(53) VVDStRL 3 (1927), S. 102 ff. Spanische Übersetzung op. post. u. d. T. Albert Hensel/Ottmar Bühler, La influencia del derecho tributario sobre la construcción de los conceptos del derecho público, in: Hacienda Pública Española 22 (1973).

(54) Ottmar Bühler, Der Einfluss des Steuerrechts auf die Begriffsbildung des öffentlichen Rechts. Mitbericht, VVDStRL 3 (1927), S. 105 ff. Vgl. zu diesem Gegensatz bereits Ekkehart Reimer/Christian Waldhoff, Steuerrechtliche Systembildung und Steuerverfassungsrecht in der Entstehungszeit des modernen Steuerrechts in Deutschland. Zu Leben und Werk Albert Hensels (1895 – 1933), in: dies. (Hrsg.), Albert Hensel, System des Familiensteuerrechts und andere Schriften (2000), S. 66 f., 81 f.

(55) Ottmar Bühler, Der Einfluss des Steuerrechts auf die Begriffsbildung des öffentlichen Rechts. Mitbericht, VVDStRL 3 (1927), S. 109 f.

(56) Ottmar Bühler, Der Einfluss des Steuerrechts auf die Begriffsbildung des öffentlichen Rechts. Mitbericht, VVDStRL 3 (1927), S. 112 f.

(57) Ottmar Bühler, Der Einfluss des Steuerrechts auf die Begriffsbildung des öffentlichen Rechts. Mitbericht, VVDStRL 3 (1927), S. 113 f.

(58) 1980年只讨论了基本权利对税法的影响问题。

的统一的努力就一直在进行。与布勒一样，许多将税法作为主要研究领域的国家法学者仍然与大会保持着联系。布勒是众多国家法学者中第一位虽然对于一般公法学有着极高的工作热情，但完全转向了税法和财政宪法的学者，尽管维护税法的统一性以及与国家法学的联系是一项长期性的工作。

（二）基于实践的教义学的建立

布勒撰写的教科书中的基础是一部两卷本的作品，其中第一卷《一般税法》于1927年首次出版，三年后，阿尔贝特·亨泽尔进行了体系性的整理并将其更名为《税法》。[59] 第二卷《个人所得税法》（税法的特别部分）于1938年出版。这部作品继承了时代传统，它试图将民法的三部分结构——人法、债法、物法移植到税法上。然而，布勒在这里走得并没有亨泽尔远，他强调税法的公法性质，因此在移植民法制度时要做大范围的保留。[60]

值得注意的是教科书的法治国导向：由于税收是对个人经济自由的高权干预，税法的内容形成和适用，需要遵守平等性和合法程序。这一澄清在1927年仍然是超前的，在1938年也不是不言自明的。但它却让这本教科书比战争中的其他作品"活得更长"。尽管布勒稍微收缩了它的范围，只称其为"概论"，并在1951年更新了第一版。[61] 然而，50年代出版的第三版仍然是经典的教科书。第三版（战后版）迎来了著名的同事的参与：在他写完第二卷《个人所得税法》之后[62]，他将第一卷《一

---

⑤⑨ 详细的评论，参见 Strutz, in：AöR 17 (1929)，S. 456–460。关于两部著作之间的关系，参见 Werner Flume, Ottmar Bühler zum 100. Geburtstag, FR 1984, S. 574。

⑥⓪ 布勒也如此明确，Ottmar Bühler, Die leitenden Ideen des deutschen Steuerrechts, in：AöR N. F. Bd. 33 (1943)，S. 137。

⑥① Ottmar Bühler, Steuerrecht. Bd. 1：Allgemeines Steuerrecht (1951)；Bd. 2：Einzelsteuerrecht (1953). Zur materiellen Kontinuität mit dem Lehrbuch der Zwischenkriegszeit aber treffend Gerhard Wacke, FinArch N. F. Bd. 14 (1953/54)，S. 202.

⑥② Bühler/Strickrodt, Steuerrecht. Grundriß in zwei Bänden, Bd. 2：Einzel-Steuerrecht, 3. Aufl. (1958).

般税法》——显然不是出版社的要求(63)——委托给前下萨克森州财政部长和现在的同事格奥尔格·斯特里克罗特(Georg Strickrodt)撰写。(64)直到20世纪60年代，“布勒/斯特里克罗特”的《税法》被认为是“唯一真正重要的教科书”(65)；在第三版中，布勒和斯特里克罗特制定了标准，这些标准长期以来一直是税法整体阐述中的黄金法则。

此外具有重大现实意义的还有布勒从1933年开始的草稿——《收支平衡与税收》，它很快发展成为有很多版本的小教科书，(66) 只有在布里吉特·克诺贝-科伊可(Brigitte Knobbe-Keuks)的教科书《收支平衡与公司税法》出版后才算找到了接班的著作。最后，布勒在联邦德国早期对税法的广泛影响还体现为他的第三本教科书——《团体和企业税法》，该书于1951年首次面世，1953年出版了第二版，1956年出版了第三版。

布勒在评注撰写上花的功夫较少。不过他和海因茨·保利克(Heinz Paulick)一起为《所得税法》和《公司税法》撰写了评注。这本大型评注直到1976年还在更新，(67) 直到50年代初才出现了竞争性的著作，对高度差异化的《所得税法》进行了新的评注。然而，他们的工作并没有像其他评注那样产生广泛影响。

---

(63) 参见斯特里克罗特的前言，in：Bühler/Strickrodt，Steuerrecht. Grundriß in zwei Bänden，Bd. 1：Allgemeines Steuerrecht，3. Aufl.（1960），Vorwort. Der bereits 1958 erschienene Band 2：Einzel-Steuerrecht trägt auf den Umschlagseiten bereits die Autorenbezeichnung „Bühler/Strickrodt“，nimmt darauf im Innern aber nicht Bezug und stammt allein aus der Feder Bühlers。

(64) Zu Strickrodt（1902－1989），der von 1954－1971 den Darmstädter Lehrstuhl für Steuerrecht innehatte，Christian Flämig，Im Dienst für Staat，Wirtschaft und Wissenschaft，in：JZ 1977，S. 317 f.；Nachlass aus seiner politischen Zeit：Konrad-Adenauer-Stiftung，Archiv für christlich-demokratische Politik，Bestand 01－085.

(65) Klaus Vogel，Rezension der 3. Aufl.（1958/59），in：JR 1960，S. 479.

(66) Ottmar Bühler，Bilanz und Steuer nach der jüngsten Rechtsprechung des Reichsfinanzhofs und der Aktiennovelle von 1931（1933）；später u. d. T. „Bilanz und Steuer bei der Einkommens-，Gewerbe- und Vermögensbesteuerung—unter Berücksichtigung der handelsrechtlichen und betriebswirtschaftlichen Grundsätze，der Rechtsprechung des Reichsfinanzhofs und des Reichsgerichts“（1937；6. Aufl. 1957 mit Peter Scherpf；7. Aufl. op. post. 1971 betreut von Peter Scherpf）.

(67) Ottmar Bühler/Heinz Paulick，Einkommensteuer—Körperschaftsteuer nebst Durchführungsverordnungen（Loseblatt）. Zu Paulick statt vieler Heinrich Wilhelm Kruse，NJW 1978，S. 930；ders.，NJW 1983，S. 732；und Hugo von Wallis，FR 1983，S. 107.

（三）从税法学到税收学

早在明斯特时期，但正式是在科隆和慕尼黑时期，布勒不愿意将他的教学和研究活动集中在法教义学上，他觉得太狭隘。早在 1926 年，他就抱怨行政法的法律方法"完全取代了"旧的行政学。他想为这个学科分支的复兴做出贡献。[68] 怀着对跨领域视角的渴望，布勒在魏玛方法论争论中是行政实证主义的早期反对者之一。[69] 因此，在新兴的税法研究中，他再次与阿尔贝特·亨泽尔背道而驰。不仅古典行政法，而且独立的税法在主要受到民法的影响下都在发生变化，从而最终实现跨领域的体系化。布勒对魏玛共和现实的不安似乎与他对学科向内发展的不安平行。布勒恢复了经验的重要性，首先是在行政法中，[70] 后来是在税法中。[71]

五、 博学的活动家和学术组织者

在战前尤其是战后，布勒还对大众传播做出了短暂的贡献。一方面，他为企业家或同行经常订阅的经济期刊撰稿。[72] 但他同时也出现在日报和周刊上，例如著名的《莱茵商业》杂志。

布勒也是法律政策时事的积极参与者，因为他很早就与柏林的税收

[68]　Ottmar Bühler/Adolf Ley, Raum und Verwaltung, in: Hermann Aubin/Ottmar Bühler/Bruno Kuske/Aloys Schulte (Hrsg.), Der Raum Westfalen. Band I: Grundlagen und Zusammenhänge (1931), S. 127.

[69]　参见 Walter Norden, Was bedeutet und wozu studiert man Verwaltungswissenschaft? (1933); 也见 Michael Stolleis, Geschichte des öffentlichen Rechts in Deutschland, Bd. 3 (1999), S. 370 ff. 。

[70]　Ottmar Bühler/Adolf Ley, Raum und Verwaltung, in: Hermann Aubin/Ottmar Bühler/Bruno Kuske/Aloys Schulte (Hrsg.), Der Raum Westfalen. Band I: Grundlagen und Zusammenhänge (1931), S. 149 ff. : groß angelegte Umfrage unter 400 westfälischen und rhei-nisch-westfälischen Wirtschaftsverbänden mit dem Ziel, Aufschluss über ihre räumlichen (region-alen) Zugehörigkeiten zu gewinnen.

[71]　Ottmar Bühler, Die leitenden Ideen des deutschen Steuerrechts, in: AöR N. F. Bd. 33 (1943), S. 122 ff. (128); 参见 Dieter Birk, Ottmar Bühler (1884 - 1965)—sein Einfluss auf die Entwicklung der Steuerrechtswissenschaft in Münster und Köln, in: StuW 2013, S. 282; Ludwig Heßdörfer, Ottmar Bühler zum achtzigsten Geburtstag, in: StuW 1964, S. 400 (401)。

[72]　他的著述目录（直到 1954 年年中），参见 Günter Felix, in: Armin Spitaler (Hrsg.), Probleme des Finanz- und Steuerrechts. FS Ottmar Bühler (1954), S. 279 ff. (291 ff.)。

政策活跃人士建立了密切联系。1920 年在明斯特的市政周上，他认识了稍微年轻一点的赫伯特·多恩，多恩最初在由约翰内斯·波皮茨（Johannes Popitz）领导的帝国财政部税务部门负责一般法律事务和税法问题，后来成为部门主管，并于 1931 年担任帝国财政法院院长。在当时德国财政部门为记录来自瑞士的收入和转移到瑞士的德国纳税人的资产而进行的诉讼中，多恩抱怨瑞士拒绝与德国就收入和资产税领域的司法协助协定进行谈判。布勒认识到缺乏信息交换是新帝国税法的核心弱点，[73]因此向多恩提出了一个不寻常的建议：布勒想用部门的费用以学者的身份前往瑞士，与他认识的一些银行家、商人、律师和学者交谈，通过这些方法深入了解德国资本的逃亡路线，然后在给德国财政部的报告中提出一些行动建议。[74] 多恩接受了。1920 年 8 月，布勒在瑞士进行了多次考察。随后的书面报告很务实：从政治上讲，瑞士未来将继续拒绝与德国合作。布勒考虑投入德国代理人、改善税收伦理以及向海外的德国人进行解释，但也建议国内可能的改进，如控制货物出口资金的回流。[75] 布勒一直与该部门保持联系直到他去世。1949 年，随着科学顾问委员会的成立（他是该委员会的创始成员之一），他在波恩与部长级决策者取得了接触，从而有机会将他的研究和教学与国家的实践联系起来。

　　布勒作为学术组织者则不太引人关注。毕竟，在 1943 年，他成为学术期刊《税收与经济》的共同编辑，并且一直在这个职位上干到去世。但是，他从未进入国家法教师协会的理事会——就像他通常主要是担任学术导师、顾问，并且在晚年越来越成为与众不同的批评者，而不是作为同事。

---

　　[73]　Ottmar Bühler, Technik und Durchführbarkeit der neuen Reichssteuergesetze, in: DJZ 1920, Sp. 675 ff.

　　[74]　Schreiben an das RFM vom 20. 7. 1920, in: BArch R 2/19677. Diesen Hinweis verdanke ich der Dissertation von Christoph Bräunig (oben Fn. 13), Kap. 2, Abschnitt A. III. 3.

　　[75]　Ottmar Bühler, Ergebnisse der Erhebungen in der Schweiz. Gutachten vom 13. 9. 1920, BArch R 2/19677; 转引自 Christoph Bräunig, Herbert Dorn (1887 - 1957). Pionier und Wegbereiter im Internationalen Steuerrecht. Diss. iur. Heidelberg (Veröff. in Vorbereitung).

六、 国际开放

(一)30 年代争取对外联系

战争期间,国际税法和比较税法领域越来越受到布勒的关注。随着税法向法治国的回归,法教义学失去了实践意义。尽管布勒努力让德国税法变得更规范,但他显然也认识到,在独裁统治时期对学术的需求有限。在这种情况下,布勒在德国税法领域的产出减少了。

在开辟新领域的渴望中,他的目光越来越关注外面。早在 20 世纪 30 年代,他就是德国第一位对双重征税协定的法律问题产生浓厚兴趣的全职大学教授。1936 年,他在海牙国际法学院就避免双重征税协定的国际公约进行了报告,并为创建一个国际税法协会努力。⑯ 本着这种精神,他于 1937 年去美国进行了一次重要的访学之旅。1938 年,布勒的努力促成了国际财政协会(IFA)的成立,该协会从一开始就是在不同专业团体的交流与合作中对国家的税法进行比较整理和介绍的最重要的世界性论坛,也是对双重征税协定和它的方法论实践进一步发展的最重要的世界性论坛。⑰ 这段历史突然被战争的准备和爆发打断了。1941 年,布勒应格里齐奥蒂(Griziotti)的邀请在帕维亚停留了一段时间;⑱ 总体而言,布勒的国际联系在五年内停滞不前。

(二)战后的工作投入加强

战后初期,旅行再次成为可能,德国(西德)法律秩序向国际法的重新开放、采纳外国法律的冲动以及欧洲化的开始也变得可能。权力跨越国界的现象和法律制度也在布勒的生活和作品中受到重视。在职业生涯的最后几年中,国际税法成为布勒学术研究的中心。在多年的国内倒退

---

⑯　例如布勒给帕维亚金融学家本韦努托·格里齐奥蒂(Benvenuto Griziotti)的信,Bestand USPv DEPT A－3－1。信中附有该协会 16 名可能的创始成员的名单。

⑰　Zur Geschichte der IFA v. a. dies. , International Fiscal Association 1938－1988 (1988) m. w. N.

⑱　Brief Bühlers an Griziotti vom 31. 12. 1941, USPv DEPT A－3－1, Nr. 9617.

导致国际交往受到很大限制后，布勒可以谨慎地继续其战前的通信和旅行活动，并恢复其在国际财政协会的成员资格。

布勒对德国代表进入或重返国际讲台的明显承诺，以及对在纳粹政治中受到迫害的同事重返社会的帮助，构成了这位在德国已经享有盛誉的学者让世人所知的传记基础。战后布勒创立了德国国际税法协会，作为国际财政协会在德国的分会。多年来，他一直担任主席。国际财政协会在战争结束后不到十年首次在德国举行了国际会议，这应该都是他的功劳。1954 年的科隆会议取得了圆满成功。布勒本人担任总报告人。为了表彰他的贡献，国际财政协会早在 1955 年就授予他荣誉会员资格。该奖项在它成立后的前五十年里只有七位名人获得过。

相反，重新接纳在战争期间受到迫害和被驱逐的同事，他们在"二战"期间建立和塑造了德国的税法学，这显然是布勒的人格魅力和政治责任的体现。在议会委员会召开过程中，布勒被邀请前往波恩，⑦ 他提到了赫伯特·多恩，⑧ 多恩移民后一直在新西兰担任教授。20 世纪 50 年代，布勒亲自邀请多恩参加他的慕尼黑研讨会，前帝国财政法院法官、后来的纽伦堡首席财务官罗尔夫·格拉博韦尔（Rolf Grabower）也应邀出席。⑧

从学术上讲，布勒的博士论文中已经提出要重视跨领域研究，现在又重新焕发出力量。一方面，布勒开始对国际私法和国际法感兴趣。在马丁·沃尔夫（Martin Wolff）的祝寿文集中，⑧ 他贡献了两篇内容丰富的

---

⑦　Ottmar Bühler, Akten des Parlamentarischen Rates, 9. Sitzung des Ausschusses für Finanzfragen am 29. 9. 1948, abgedruckt in: Der parlamentarische Rat, 1948 – 1949: Ausschuss für Finanzfragen Nr. 10, S. 285（287）.

⑧　Ludwig Heßdörfer, Nachruf für Dr. Herbert Dorn, StuW 1957 I, Sp. 633 ff. ; Ludwig Falk, Die Bedeutung von Herbert Dorn, FR 1967, 305 ff. ; Franz Klein, Zur Erinnerung an Herbert Dorn, StuW 1987, 97 f. ; Alfons Pausch, Herbert Dorn. Wegbereiter des internationalen Steuerrechts, in: Pausch（Hrsg.）, Persönlichkeiten der Steuerkultur, 1992, S. 104 ff. ; Ekkehart Reimer, Der ungeliebte Präsident, in: FS Wolfgang Spindler（2011）, S. 507 ff. ; und demnächst Christoph Bräunig, Herbert Dorn（1887 – 1957）. Pionier und Wegbereiter im Internationalen Steuerrecht. Diss. iur. Heidelberg（Veröff. in Vorbereitung）.

⑧　Albert Rädler, Ottmar Bühler, in: Juristen im Porträt. Verlag und Autoren in vier Jahrzehnten（1988）, S. 199.

⑧　Ottmar Bühler, Der völkerrechtliche Gehalt des internationalen Privatrechts, in: von Caemmerer（Hrsg.）, Beiträge zum Zivilrecht und internationalen Privatrecht. FS für Martin Wolff（1952）, S. 177 ff.

文章——《关于国际税法的原则》（1959 年）[83]和《国际税法和国际私法》（1960 年）。[84] 另一方面，他试图利用他现在对国际税法及其方法的深刻了解，为一般国际法的深入研究和进一步发展提供动力。[85] 因此，他在五六十年代的出版物中不仅记录了德国早期的法律发展（如 1956 年在《所得税法》第 34c 条中引入的单边评估）和条约实践；同时，它们也反映了一般国际法、欧洲法[86]以及除英国[87]外的法国和美国税法[88]的新发展。其关注的范围之广令人印象深刻。特别是通过对国际税法和国际私法的比较，布勒完成了一个出众的晚期作品。这不仅是他以前工作的总和，而且是继教授资格论文[89]后，在新颖的价值和分析能力上，标志着他学术生涯的第二个高潮。

（三）学术工作的顶点与总结：原理

在上述基础上，通过指导阿尔贝特·雷德勒尔（Albert Rädler）撰写关于欧共体（EGW）对其成员国税法的意义的论文，[90] 布勒最终在 1964 年出版了一部晚年作品《国际税法原理》。他是在 1924 年赫伯特·多恩向海德堡律师公会提出专家意见的 40 年后，[91] 重新开启了国际税法作为公法的分支的专题研究。这部作品开启了当代的原则学说，布勒进行了百科全书式的收集，并对早期的法律发展进行了汇编。

正是这些特点使这部作品取得了成功：在布勒去世的那一年（1965

---

　　[83]　In: Archiv für Schweizerisches Abgaberecht Bd. 28 (1959), S. 321 ff.

　　[84]　Werner Flume, Ottmar Bühler zum 100. Geburtstag, FR 1984, S. 574.

　　[85]　Exemplarisch Ottmar Bühler, Internationales Steuerrecht rollt Völkerrechtsfragen auf, in: Karl Carstens/Hans Peters (Hrsg.), FS für Hermann Jahrreiss (1964), S. 33 ff.

　　[86]　Etwa Bühler, Kritisches über die Schranken des Umlagerechts der Europäischen Gemeinschaft für Kohle und Stahl, in: NJW 1961, S. 1287 ff.; und zuvor bereits der Debattenbeitrag in VVDStRL Bd. 18 (1959), S. 102 f.

　　[87]　前引注 52。

　　[88]　Etwa in Bühler, Art. „Steuerrecht, Internationales", in: Strupp/Schlochauer, Wörterbuch des Völkerrechts, 2. Aufl., Bd. III (1962), S. 377 ff.

　　[89]　前述第二部分第一小节。

　　[90]　Albert J. Rädler, Die direkten Steuern der Kapitalgesellschaften und die Probleme der Steueranpassung in den sechs Staaten der Europäischen Wirtschaftsgemeinschaft (1960).

　　[91]　Herbert Dorn, Welche Grundsätze empfehlen sich für das internationale Vertragsrecht zur Vermeidung internationaler Doppelbesteuerung bei Einzelpersonen und Körperschaften, insbesondere bei gewerblichen Betrieben? Verhandlungen des 33. Deutschen Juristentages (1925), S. 495 ff.; Dorn, JW 1924, S. 1834 ff.

年)出版了第二版；十多年来，它在德语教科书中取得了无可争议的统治地位。人们可以推测，这种成功也是归功于 1963 年第一个欧洲经济合作组织（OEEC）（经合组织［OECD］）示范协议公布后广大专业公众的兴趣增强。学术上，布勒的《国际税法原理》给年轻学者留下了进行个人学术探索、教义学发现和精确化的空间。布勒在 1964 年撰写的这部专著，在当时看来，主题上是随机的，并没有充分地反映学术。但是，年轻的克劳斯·沃格尔（Klaus Vogel）在《法学家报》上的评论特别强调了该书的引领功能："人们希望……无论如何，奥特马尔·布勒当前在国际税法方面的作品——这是我们法学的一个分支，它在今天同样具有吸引力，也是我们法学中有实际意义的分支——能够吸引众多新的感兴趣者加入。"㊾ 理论和实践元素的结合、方法论的贯彻以及对法律素材的各个部分的详细介绍，构成了布勒之后德语国家许多税法学者的工作风格。尤其是自 70 年代中期以来出现的越来越多的国际税法教科书都将自己——有意或者无意地——置于这一传统之中。

七、 持久的意义

布勒去英国旅行后，于 1965 年 5 月带病返回慕尼黑。他并没有再次康复，于 5 月 27 日在慕尼黑去世，享年 80 岁。他在博根豪森的圣乔治公墓的东墙找到了最后的安息之地，这里离 1944 年 7 月 20 日阿尔弗雷德·德尔普（Alfred Delp）被捕的教堂很近，布勒与几位帝国财政法院的院长以及联邦财政法院的院长都是"邻居"。

布勒的学术遗产具有广泛的分支。表面看这令人惊讶：尽管学术谱系显示他是格奥尔格·埃勒尔和汉斯-于尔根·施洛豪尔（Hans-Jürgen Schlochauer）的老师，但埃勒尔未能在明斯特取得教授资格，㊿ 而施洛豪尔实质上比布勒更早师承卡尔·斯特鲁普（Karl Strupp）。布勒一生都是

㊾   Klaus Vogel, JZ 1965, 381.

㊿   Michael Stolleis, Geschichte des öffentlichen Rechts in Deutschland, Bd. 3（1999）; Anikó Szabó, Vertreibung, Rückkehr, Wiedergutmachung: Göttinger Hochschullehrer im Schatten des Nationalsozialismus（2000）.

一个孤独的人。他不觉得自己是一个学术朝代的一部分。然而，事实上，在布勒去世前，坚持他的传统并主动提及他的人数也在增加。20世纪60年代后半期，尤其是他的学生和最后一位合作者——企业经济学家阿尔贝特·雷德勒尔，给布勒提供了巨大的专业支持。这尤其体现在开辟了早期欧共体法中的直接税法。1957年之前，布勒就有远见地主张协调欧洲国家的税收体制。在他看来这是"未来几年一项新的、非常艰巨的任务"[94]。雷德勒尔早于其他很多人执行了这一遗愿，也是雷德勒尔在布勒去世后将研究中心——显然与布勒在慕尼黑创立和经营的非正式研究中心一样——转到处于初创期的雷根斯堡大学，雷德勒尔于1966年在那里获得了教席。布勒提出一个新的文丛系列，该计划也迁移到新的研究中心并在雷德勒尔的支持下得以实现：在一本"向德国私人投资征税……"的小书中，展示了一些被选中的发展中国家的税法。[95]

布勒对国际税法的研究兴趣也吸引了年轻学者克劳斯·沃格尔，后者已经远远超越了他的老师格哈德·瓦克(Gerhard Wacke)。沃格尔处理了双重征税协定的理论和实践问题，也处理过很多国内税法的宪法问题，并在1977年继承了慕尼黑的传统，重新创立了一个——现在是大学官方的——外国和国际财政法以及税法研究中心。同样在布勒的法学传统中还有海因里希·威廉·克鲁泽斯(Heinrich Wilhelm Kruses)，他的学术导师是海因茨·保利克(Heinz Paulick)。[96] 克鲁泽斯一直到90年代都是波鸿鲁尔大学的教授，他一方面将税法发展成为与行政法、国家法和私法相互独立的学科，另一方面培养了在当代税法中产生重大影响的高校教师。布勒的合著者格奥尔格·斯特里克罗特后来去了达姆施塔特工业大学，那里正在发展一个重要的税法传统，就像明斯特和科隆蓬勃发展的税法研究一样，他们共同维护了其共同的奠基人布勒的遗产。因

---

[94]　Ottmar Bühler, Steuerrecht. Grundriß in zwei Bänden, Bd. 2：Einzel-Steuerrecht, 2. Aufl. (1953)，S. 351.

[95]　尼日利亚（Bd. 1：Albert Rädler/Manfred D. Sommerer, 1967）；巴基斯坦（Bd. 2：Hans-Werner Hauck/Albert Rädler, 1967）；智利（Bd. 3：R. J. Northmann, 1967）；菲律宾（Bd. 4：Lotti Mählmann, 1967）；摩洛哥（Bd. 5：Dietmar Ahrndsen, 1967）；希腊（Bd. 6：Lotti Mählmann, 1969）；以色列（Bd. 7：Ernst W. Klimowsky/Albert J. Rädler, 1969）。

[96]　Heinrich Wilhelm Kruse, NJW 1978, S. 930；ders. , NJW 1983, S. 732；und Hugo von Wallis, FR 1983, S. 107.

此，布勒不仅会被视为德国独立税法学的共同创始人和奠基人⑰;⑱ 在制度上和就其习惯而言，他也是当今大部分德国税法学者学术谱系的开端。他因此成为鼻祖，而他自己却没有预料到这一点。

正是布勒将税法从早期行政法中的体系分类中剥离出来，但并没有放弃与一般行政法共享的法治国属性。他对魏玛共和后期的行政法和行政程序的研究也没有失去现实意义。⑲ 在法治国与比较法的基础上，将国内法与国际法相结合影响了布勒的税法著作，他在纳粹当政时期保持克制的⑳税法工作在联邦德国早期得以延续和复兴。尽管所有作品都是贴近实践的，但布勒的作品是广泛和根本的，其半衰期很长。除了他对主题的选择之外，最重要的也是他的方法促成了这一点。他的著作具有坦诚和清晰的特点。因此，适用于他的评语也适用于他的著作：令人惊讶的抗老化能力跨越了三个时代。

---

⑰ Karl M. Hettlage, Ottmar Bühler +, in: AöR Bd. 90 (1965), S. 379 f.

⑱ Karl M. Hettlage, Ottmar Bühler +, in: AöR Bd. 90 (1965), S. 380; Dieter Birk, Ottmar Bühler (1884 – 1965)—sein Einfluss auf die Entwicklung der Steuerrechtswissenschaft in Münster und Köln, in: StuW 2013.

⑲ Michael Stolleis, Geschichte des öffentlichen Rechts in Deutschland, Bd. 2 (1992), S. 376.

⑳ Werner Flume, Ottmar Bühler zum 100. Geburtstag, FR 1984, S. 574.

卡尔·施米特（Carl Schmitt，1888—1985）

马蒂亚斯·耶施泰特　著　　周万里　译

在 20 世纪超越法学界限的人物中，卡尔·施米特应当是最为著名和最为极化的德国国家法学者。没有第二个人能像他一样，超出其本人 60 多年的创造阶段，对探讨产生深刻的影响。即便是在他离世之后也是如此。在魏玛共和国时期的方向争论和方法争论中，他是反实证主义的代表人物；在"第三帝国"的起初阶段，他被视为"桂冠法学家"。在战后的德国《基本法》第一个十年时期，他被认为是德国国家法学的幕后实权者。从他的广为流传的著述可以看出他产生的持续影响：直到今天，他的 30 多种以德语撰写的著作还在不断更新和在书店出售（不包括日记和《语汇》）。期间，他的部分作品被翻译成 29 种语言，涉及施米特的原始文献和延伸文献的目录有 500 多页。①

本文的焦点是国家法学者施米特。只要涉及施米特的为人、作品及影响的其他方面对国家法学者施米特没有直接的改变，本文就省略这些方面的论述。

一、国家法学者施米特的生平与作品

（一）威廉皇帝后期的初期

1888 年 7 月 11 日，卡尔·施米特出生在威斯特伐利亚州绍尔兰地

---

① Vgl. Alain de Benoist, Carl Schmitt. Internationale Bibliographie der Primär- und Sekundärliteratur, Graz 2010.

区的普莱腾贝格，是家中四个孩子中最大的一个，父亲是约翰·施米特（Johann Schmitt，1853—1945），母亲是路易斯·施米特（Louise Schmitt，1863—1943），娘家姓是施泰因莱因（Steinlein）。施米特一家是天主教的小资产阶级家庭。在新教文化更为普及的学术环境中，他一生都感觉自己是"知识优越的进步者和外部人士"②。1907—1910 年，施米特先后在柏林大学(2 学期)、慕尼黑大学(1 学期)，最后可能是出于经济上的原因，在斯特拉斯堡大学(4 学期)研习法学。1910 年 6 月 24 日，施米特在弗里茨·范·卡尔克（Fritz van Calker，1864—1957）的指导下，反对主流的关于罪责类型的观点，在斯特拉斯堡大学完成博士论文《论罪责及罪责类型——术语学的研究》，获得博士学位。1912 年，施米特发表了一篇方法论的文章，献给导师卡尔克教授，题为《法律与裁判——法律实践的研究》。在该文中，施米特研究了"什么时候法官的裁判是正确的?"的问题，以令人瞩目的方式与自由法运动一起，反对当时主流的法律实证主义，同时强调法官裁判具有决断的特征。

施米特在 1914 年的教授资格论文《国家的价值与个人的意义》中，一方面阐释认为个人的角色及其尊严仅是推理出来的，另一方面批判所有的法的权力理论，将国家界定为"法的形成物，其意义仅是在于实现法的使命"③。一年后，他与出身贵族的舞蹈家保利娜（帕芙拉）·卡里塔·玛丽亚·伊莎贝拉·（冯）·多萝蒂克（Pauline ［Pabla］ Carita Maria Isabella ［von］ Dorotić，1883—1968）完婚，妻子的娘家姓是卡里（Cari）。1924 年，在施米特的敦促下，波恩地方法院基于恶意欺诈，宣布该婚姻无效，但施米特想要科隆大主教法院宣布教会婚姻无效的裁决并没有实现。1916 年，施米特在斯特拉斯堡大学完成教授资格论文，所以被免除服兵役的义务。1916—1918 年，施米特在斯特拉斯堡大学担任讲师。

（二）动荡的魏玛全盛时期

1919 年，施米特任慕尼黑商业大学的"高级讲师"。在该阶段，诞

---

② Reinhard Mehring, Carl Schmitt. Aufstieg und Fall, München 2009, S. 24.

③ Carl Schmitt, Der Wert des Staates und die Bedeutung des Einzelnen, Tübingen 1914, S. 52.

生了对未来具有方向性的作品《专制——从现代的主权思想的开始到无
产阶级的斗争》（1921 年）。在 1921—1922 年的冬季学期，施米特又回
到斯特拉斯堡大学担任教授。在接下来的夏季学期，他又转赴波恩大学
任教，继任斯门德的教席，成为埃里希·考夫曼等人的同事。借助于作
品《政治的神学》（1922 年）及《罗马天主教与政治形式》（1923 年），
施米特成为天主教知识分子中的耀眼明星。让人伤心的是，他与第二任
妻子杜斯卡·托多罗维奇（Duška Todorovic，1903—1950）的婚姻，使他
即使是在离世的时候还处于被天主教会开除教籍的状态。在这段婚姻
中，他们生育了女儿阿尼玛·露易丝（Anima Louise，1931—1983），也
是施米特唯一的后代。施米特的一生都在维护着这个亲情关系。

　　1923 年，施米特发表了《当今议会主义的思想史状态》第一版，严
厉批评了议会制度。这也可以被解读为对主流的魏玛关系的批判：他宣
称属于自由主义的对议会主义的信任与现代的以同一性和同类性为基础
的民主之间产生脱节，将政党议会描述为公证处，即对在其他地方已经
做出的决定做公证。1924 年，在耶拿举办的德国国家法教师大会上，施
米特以《基于帝国宪法第 48 条的帝国总统的专制权》（1924 年）为题，
在白热化的魏玛的“方法争论和方向争论”中表明了自己的观点。德国
国家法教师协会成立于 1922 年，是第一个有相关学术纲领的专业机构。
施米特在该协会中，也在异质的“反实证主义”的阵营中将自己视为外
部人，与埃里希·考夫曼和赫尔曼·黑勒闹翻。他只是不定期地参加该
协会的大会。在波恩大学，他有一批学生，包括恩斯特·弗里森哈恩
（Ernst Friesenhahn，1901—1984）、恩斯特·鲁道夫·胡贝尔（Ernst Ru-
dolf Huber，1903—1990）、维尔纳·韦伯（Werner Weber，1904—1976）
及奥托·基希海默（Otto Kirchheimer，1905—1965）。

　　在波恩大学的时光，施米特在撰写他的最为重要的纲领性的作品
《政治的概念》和他的代表作《宪法学说》。在被认为是“国家法作品的
钥匙”④ 的《政治的概念》中，除个别的情况，他发展出受到高度评价、

---

④　Ernst-Wolfgang Böckenförde, Der Begriff des Politischen als Schlüssel zum staatsrechtli-
chen Werk Carl Schmitts, in: Helmut Quaritsch（Hrsg.）, Complexio Oppositorum. über Carl
Schmitt, Berlin 1988, S. 283 ff.

超越一般的对政治的认知，将政治阐释为区别于其他类型同时又不依赖于这些类型的"有意义的客观性和独立性"⑤：政治的行为和动机所追溯到的政治上具体的区别，是朋友与敌人的区分。⑥ 对此，施米特明确指出，"公共的"朋友并不需要好的道德，"公共的"敌人并不需要恶劣的道德；相反，敌友区别的意义在于表达"结合或分离、联系或解散的最大（补充说明：生死存亡）的强度"⑦。在这个充满大量论点的作品中，展现了他对主权学说的贡献。同时，他在该作品中发展出其他两个标志着他的世界观的核心观点：多元主义使作为政治统一体的国家陷入困惑；只要有国家，世界就并非政治的统一体，而是"政治的多样体"。⑧

　　1928年的《宪法学说》是施米特唯一大型的体系化的著作。在该书中，施米特的起点不是国家，而是更为基础的，涉及生存，以"政治"为起点，与传统的观点一致，不是以国家理论的视角，而是以宪法理论的视角，探讨现代公民的宪法国家的类型。而正是这些类型的民主目标是魏玛共和国和《魏玛宪法》必须要优先遵守的。因此，施米特将宪法的概念和意义置于国家法思考的中心。施米特以其传统的宪法理论协调体系，与其他人所认为的宪法和实在宪法的区分做了决裂：（在形式意义和实质意义上）传统理解的宪法只是一种依赖于真正宪法的内容和效力，仅将其以法律技术体现的"实在宪法"；相反，在施米特看来，"宪法"不是简短的规范，甚至不是简短的法律，而是一个政治决定，详细而言："对政治统一体的类型和方式所做的总体决定"⑨，"依据的不是它的规范性的正确或基于体系上的一致性"，而是"基于制定它的人的政治意图"。在实在的宪法修改的程序中——施米特明确指出《魏玛宪法》第76条，被修改的只是实在宪法，而不是先于它的赋予其规范效力的宪法。第二个与此相关的"宪法学说"的核心思想是，反对将宪法等同于

---

　　⑤　Carl Schmitt, Der Begriff des Politischen. Text von 1932 mit einem Vorwort und drei Corollarien, Berlin 1963, S. 28.

　　⑥　Carl Schmitt, Der Begriff des Politischen. Text von 1932 mit einem Vorwort und drei Corollarien, Berlin 1963, S. 26

　　⑦　Carl Schmitt, Der Begriff des Politischen. Text von 1932 mit einem Vorwort und drei Corollarien, Berlin 1963, S. 27.

　　⑧　Carl Schmitt, Der Begriff des Politischen. Text von 1932 mit einem Vorwort und drei Corollarien, Berlin 1963, S. 7, 54 ff.

　　⑨　Carl Schmitt, Verfassungslehre, München und Leipzig 1928, S. 20 u. ö.

其"公民法治国"的组成部分，即现代的公民法治国由两个极端的要素构成，因此是充满紧张和混合的宪法：构成个人自由的"非政治的"（但没有国家的）公民法治国家的部分，与实证上是政治的依赖于国家形式——民主作为一种以生存相同性（同质性）为基础的政府管理者和被管理者的一致性——的部分产生对立。

1928 年，施米特转赴柏林商业大学。他深入研究了"宪法的守护者"的问题，并发表了一系列作品，与法律实证主义的国家法学者展开了一场著名的争论，尤其是与汉斯·凯尔森的争论。在该争论中，施米特认同帝国总统是中立的权力机关，反对凯尔森一派认为宪法法院是宪法的守护者。在柏林，魏玛共和国的总统制度在律师、咨询人士及专家鉴定活动中得到了支持。其高潮是在 1932 年，帝国政府在位于莱比锡的帝国国务法院的"普鲁士诉帝国案"中参与诉讼活动。施米特在 1932 年完成的《合法性与正当性》中反对"议会制的立法国家"，并反对其体现出的"封闭的合法性制度中的规范主义的拟制"。这种合法性制度"与现实存在的合法的意志产生显然的和不可避免的矛盾"[⑩]。在 1933 年的夏季学期，施米特正是在凯尔森的帮助下转赴科隆大学任教几个月。而凯尔森在几个月后，因为他的犹太人血统，必须离开德意志帝国。

（三）陷入国家社会主义

就在同一年的秋天，施米特接受柏林大学的教授职位。他拒绝了海德堡大学发出的继任格哈德·安许茨（Gerhard Anschütz，1867—1948）和慕尼黑大学发出的继任卡尔·罗腾比歇尔（Karl Rothenbücher，1880—1932）的邀请。对施米特而言，不管是在柏林担任教授，还是快速地晋升，都受到他的导师范·卡尔克手下曾经的一位助理即"帝国法律总监"汉斯·弗兰克（Hans Frank，1900—1946）的提拔。汉斯·弗兰克自1939 年起担任总督府的总督，因其所犯的罪行，在 1946 年的纽伦堡审判中被判处死刑并被绞死。1933 年 3 月，施米特作为"三月革命英雄"加入纳粹党，在"国家社会主义德国法学家协会"（BNSDJ，1936 年后

---

⑩　Carl Schmitt, Legalität und Legitimität, 1932, S. 10 f.

成为"国家社会主义权利保护人协会")和"国家社会主义德意志教师协会"（NSD-Dozentenbund）中担任重要职务。在国家社会主义权利保护人协会中，他担任高校教师的"帝国专业工作组负责人"和"帝国工作组负责人"，同时担任《德意志法学家杂志》的责任主编。普鲁士总理赫尔曼·戈林（Hermann Göring，1893—1946）使施米特如同罗兰德·弗莱斯勒（Roland Freisler，1893—1945）和古斯塔夫·格林德根斯（Gustaf Gründgens，1899—1963）一样在（普鲁士）国家委会担任委员并拥有声望的职位。即使这个职位并没有重要影响力。

在纳粹政权的初期，施米特努力在国家学领域多次并从多方面赋予新秩序以合法性：宪法的角度（《人民和帝国的危机消除法》，1933年）、国家理论的角度（《国家、运动及人民——政治统一体的三大支柱》，1933年）、宪法史的角度（《第二帝国的构造与崩溃》，1934年）、法哲学的角度（《论法学思维的三种模式》，1934年）及国际公法的角度（《国家社会主义与国际公法》，1934年）。对此，他采用了大量的由他在魏玛共和国时期塑造的概念、类型及论证的模式；他新发展出的是"具体秩序"的思维。标志着施米特的学术到达最低点的，是在1934年6月30日的所谓"罗姆政变"中，他为谋杀辩解（《元首守护法律——论阿道夫·希特勒1934年6月30日的帝国议会讲话》），以及他于1936年10月在国家社会主义权利保护人协会中组织的帝国高校教师的大会（《反犹太精神的德意志法学》）。面对施米特的这些变化，当时的学生和挚友与他保持距离，其中包括恩斯特·弗里森哈恩（Ernst Friesenhahn，1901—1984）、恩斯特·福斯特霍夫（Ernst Forsthoff，1902—1974）及恩斯特·鲁道夫·胡贝尔（Ernst Rudolf Huber，1903—1990）。

"旧抗争者"的圈子中由"同事密谋的嫉妒者"[11]——尤其是奥托·克尔罗伊特（Otto Koellreutter，1883—1972）、卡尔·奥古斯特·埃克哈特（Karl August Eckhardt，1901—1979）及赖因哈德·赫恩（Reinhard Höhn，1904—2000）——在纳粹机关"黑色团体"（Das Schwarze Korps）针对施米特发起责难，谴责施米特实在是不可信的和没有道德底线的机

---

⑪　Bernd Rüthers, Carl Schmitt im Dritten Reich. Wissenschaft als Zeitgeistverstärkung?, 2. Aufl., München 1990, S. 66.

会主义者。这导致施米特在一夜之间失去在法律政策和学术政策上有重要影响的职位，从权力的圈子中被驱除出去。保留给施米特的是在柏林大学的教席和（普鲁士）国家委员会委员的头衔。

施米特后来主要是集中在法律史、学术史及国家理论和国际公法理论方面的研究。他对托马斯·霍布斯的探讨，反映出他对"专制国家"的认识（《霍布斯国家学说中的利维坦》，1938 年）。他在国际公法的层面上尝试发展的"友敌二分法"备受关注，这反映在第二次世界大战即将爆发之前由他撰写的宣言《国际公法上的大空间秩序及空间外力量的干涉禁止——论国际公法中的帝国概念》（1939 年）上。施米特在战争期间思考，直到战后才公开发表的作品有《欧洲法学的现状》（1950年）和《大地的法》（1950 年）。在《欧洲法学的现状》中，施米特从继受罗马法出发，重构一体化的欧洲法学。

（四）"圣卡夏诺"和波恩共和国

1945 年，施米特被革职。在纽伦堡审判中，他受到美国的首席检察官罗伯特·肯普纳（Robert Kempner, 1899—1993）审讯，但没有被起诉而释放。因为他在国家社会主义政权中的角色非常有争议，在战后，他在公立大学没有找到职位，也没有成为重新设立的国家法教师协会的成员。他和家人搬出柏林，回到他的出生地绍尔兰地区的普莱腾贝格，用他的话说是回到了"圣卡夏诺"——借用了马基亚维利的流放地的名字。受形势所迫，处在"官方"学术圈子之外的施米特从 20 世纪 50 年代起与青年知识分子建立联系。他们包括国家法学者汉斯·施奈德（Hans Schneider, 1912—2010）、约瑟夫·H. 凯泽（Joseph H. Kaiser, 1921—1998）、罗曼·施努尔（Roman Schnur, 1927—1996）、恩斯特-沃尔夫冈·伯肯弗尔德（Ernst-Wolfgang Böckenförde, 1930—2019）及其哥哥神学家维尔纳·伯肯弗尔德（Werner Böckenförde, 1928—2003）和哲学家约阿希姆·里特尔（Joachim Ritter, 1903—1974），以及后者的学生罗伯特·施佩曼（Robert Spaemann）、奥多·马夸德（Odo Marquard）及历史学家赖因哈特·科泽勒克（Reinhart Koselleck, 1923—2006）。这些学者前去普莱腾贝格拜访施米特。自 1957 年，施米特受邀参加在明斯特举办的

"里特尔论坛"及与施米特和好的学生福斯特霍夫组织的"埃布拉赫假日研讨班"。在 1959 年的研讨班上,施米特以《价值的僭政》(1960年)为题,批判联邦德国的宪法思维,尤其是批判联邦宪法法院关注价值秩序的裁判。即使这样,施米特也没有直接参与到联邦德国的国家法讨论中——除他在 1952 年仅有一次的关于"法治国家的宪法执行"的专家报告。对于《基本法》及波恩共和国,这位(多次)被排挤的人物再也不能产生近距离的关系。高龄的施米特富有活力,继续撰写书信和报告。1985 年 4 月 7 日,施米特在普莱腾贝格逝世。2007 年,卡尔·施米特基金会成立,在 2010 年被归入卡尔·施米特研究院(Carl-Schmitt-Gesellschaft)⑫,以维护施米特的作品。

二、 作品中的人:施米特风格

不管人们对施米特的为人及主张的观点的看法如何,在国家法学者的圈子里,施米特始终是一位具有丰富思想和跨界兴趣的原创思想家。他的思考方式和表达方式就已经使他拥有特殊的地位。不求完全,施米特风格大致可以由五个特征表现出来。当然,并不是每个特征在每部作品所处的阶段甚至在每部作品中都以同样的方式和同样的程度表现出来。

(一)情形思想家:决断与概念

与魏玛共和国时期的对手凯尔森相比,施米特不是以体系论突显自己的思想家。施米特的作品的特征不是以一个明确的原理为基础,通过整理协调一致的相互关联的观点展现出一个统一的(内在的)体系。施米特唯一的大型体系论的作品是《宪法学说》,他更加喜欢的是小型专著、争辩文章及小册子。基于施米特的大量名言,将他称为格言家也说得过去。人们更多将他称为偶因论者、情形思想家。⑬ 他首先且主要是基于具体情况,从情形出发,针对情形思考和写作。施米特在一本名为《决

---

⑫　参见主页:www. carl-schmitt. de。

⑬　Helmut Quaritsch, Einleitung:über den Umgang mit Person und Werk Carl Schmitts, in: ders. (Hrsg.), Complexio Oppositorum, 1988, S. 13 (21).

断与概念》的论文集中，总结出他的二分思维的特点。

概念现实主义者施米特与概念存在着一种超越工具的重要关系。对他而言，概念具有实在性。用概念争论，发现概念，在词语最真实的意义中捕捉和获得概念，对他而言，不只是以词语展开的战术性的或哗众取宠的游戏。正如事物和概念能够共同被思考，借助具有极端化特征的政治的概念，施米特认为："它们有具体的对立性，受具体的情形约束，其最终的结果是形成敌友群体。而如果没有这种情形，它们将会变成空洞的和幽灵般的抽象性。"[14] 因此，这已经说明施米特思想中"决断"或"情形"的双重意义和角色：它表明各自的情形，可以说是交替和约束同在，因此，不能和任意、自由处分或投机相混淆。施米特的学生恩斯特·鲁道夫·胡贝尔将此归纳为精炼的公式："决断是时间和地点之上的理论的具体约束，同时也是理论者本人在时间和地点之上的明确观点。"[15] 从具体情况出发的思维和概念现实主义相互关联，即使是有条件的相互关联：具体情况带出概念，在具体情况中概念得以发掘，以具体情况为目标进行探索，概念从具体情况得到实质及其存在。在该背景之下，人们可以清楚看出，对美学家施米特而言，美学不只是讨人喜欢的展示，可能也是合比例的展示。

（二）例外法学家：寻找法的规范性的载体物

施米特不仅是一位例外法学家，而且也是例外理论家。他的思想由例外决定，也即由极为重要的激化来决定。在规范（性）对例外的极端依赖中，施米特法律思想的核心线索得以呈现。用来描述施米特的可能是最为重要的问题，是法的规范性的载体物的问题：是什么承载、维护和滋养了法的规范性和合法性？对于最终是构成封闭的和自主地建构规范并从法当中要求独立个体的规范主义，施米特不讲情面地反对。格哈德·安许茨和里夏德·托马以法律实证主义为基础的自由的法律主义成

---

[14]　Carl Schmitt, Der Begriff des Politischen. Text von 1932 mit einem Vorwort und drei Corollarien, Berlin 1963, S. 31.

[15]　Ernst Rudolf Huber, „Positionen und Begriffe". Eine Auseinandersetzung mit Carl Schmitt, in: ZgS 101 (1941), S. 1 (4).

为他嘲笑的对象；对于凯尔森的认识论的规范主义——这种规范主义不再提出仅是假设（似乎）的规范性，他看到了一以贯之、理性建构的法的本身的不足。同时，他反对任何的法实质观和价值观。例如，自然法的或评价法学的来源，它们被烙上了"价值僭政"的印记。

　　施米特认为，（法）规范性的真正的承载物是在政治中，也即是在政治的存在中。政治的存在或对内（包容）的集合和对外分离（排他）产生的现实的聚集状态作为的统一，对施米特而言，标志着首要状态和最初的状态。而规范成为次要状态，由此衍生出被推理及其基础之上的部分。政治的存在优先于规范性的存在和效力。当施米特认为"物质的存在优于简单的规范性"[16]，当他表达"在任何规范之前，都有政治联合的人民的具体存在"[17]，可以得出，不是实在法决定由多少国家存在，而是需要实际存在的政治统治权力及其后面的根本性的决定，因此，法能够具有存在的正当性。

　　那里离施米特的例外主义不远了。这种例外主义体现在著名的两个句子中："主权者是决定例外状态的人"[18] 以及"正常状态表明不了什么，例外状态证明一切；它不仅确认规则，规则也仅依靠它而存在"[19]。规范和规范性（规范状态）相互依赖，在最为有利的情况下趋于稳定，绝不能没有对方而存在。分裂的情形和例外同样使规范性和规范失去基础。超级权力（suprema potesta）和最高权力由决定进入紧急状态或维持正常状态的人掌握。在宪法理论方面，施米特将实在意义上的——最初的——宪法（"宪法"）与实在法意义上的——衍生的——宪法（"宪法性法律"）做了对比，阐述了存在和规范的关系。[20] 因此，对施米特而言，制宪权在制定法上不可取得，也即在法上不可处分的"政治的意思，其权力和权威能够对自己的政治存在的类型和形式做出具体的总

---

[16]　Carl Schmitt, Verfassungslehre, München und Leipzig 1928, S. 107.

[17]　Carl Schmitt, Verfassungslehre, München und Leipzig 1928, S. 121.

[18]　Carl Schmitt, Politische Theologie. Vier Kapitel zur Lehre von der Souveränität, unveränd. 2. Aufl., München und Leipzig 1934, S. 11.

[19]　Carl Schmitt, Politische Theologie. Vier Kapitel zur Lehre von der Souveränität, unveränd. 2. Aufl., München und Leipzig 1934, S. 22.

[20]　对此，参见上文一（二）。

体安排"㉑。

(三)跨学科学者：国家法学者、政治神学家、公共知识分子

施米特不只是法学家。即便是作为法学家，他也不是原本意义上的主张传统学科界限的法律人。在很多人的眼中，施米特的思想具有特别的吸引力，他被认为是公共知识分子。但是，在以视角选择的反思性和严格性为科学标准的人眼中，施米特的声誉并不好。

在一定程度上，施米特是在学科的世界中的穿梭者。基于他的切入点，认真地区分这些学科的界限也很难。㉒ 在没有明确和准确指出学科定位的情况下，施米特以《政治的神学》和《宪法学说》（宪法理论）创建了两个新的具有独特风格的学科结合的混合(子)学科。无论是学科内——比如宪法理论、宪法教义学、宪法比较、宪法史和国际公法，还是跨学科——除了政治理论和哲学，除了政治神学、社会学和哲学，还有文学和其他的学科，施米特擅长很多的学科，而且在学科的界限经常没有被厘清的情况下，他娴熟地往返于这些学科之间。他的博学和领悟能力，他的联想能力和整合能力，他的表达天赋和观点的说服力，赋予他拥有这样的研究能力(并且促使他这样)。他的跨学科能力使他对非法学的专业讨论产生兴趣，并有能力参与到国内的和国际的政治哲学的讨论中，他同样也是热门的政治咨询专家和法律咨询专家。他是学者，还是文艺专栏作家，是拥有敏锐洞察力的分析师，还是捉摸不透的反启蒙者，一直以来都很难区分开来。

基于这样的归属问题，一个作品属于这个学科，还是更好地划分给另外一个学科，属于这个类型，还是另一个类型，这样的归类问题其实是多余的。《政治的浪漫派》（1919 年）或《政治的神学》（第一卷和第二卷，1922 年和 1970 年）、《特奥多尔·多伊布勒的〈北极光〉》（1916 年）或《陆地与海洋》（1942 年）、《哈姆雷特抑或赫库芭》（1956

㉑　Carl Schmitt, Verfassungslehre, München und Leipzig 1928, S. 75.

㉒　精要的，参见 Helmut Quaritsch, Positionen und Begriffe Carl Schmitts, 4. Aufl., Berlin 2010。该书第 11 页："当然，施米特不能也不想完全分离他的学术存在。"

年)或《罗马天主教与政治形式》（1923 年），这些无论如何都不属于传统意义上的法学。即使是《政治的概念》这样的核心著作在进行分类时，也会面临无法解决的困难。施米特虽然以总体的范式进行研究，但是并没有将其理解为普世的科学，更没有否认学科间的差别。施米特作为法学家，坚持法学视角的独特性——不过是具有规范外特征的独特性。将其切入点界定为"精神史的"㉓，突出了一个重要方面，但当时的界定还是不够。

（四）"政治的"教授：尖锐化者和拦阻者

施米特不仅是政治的理论家，他自己作为学者在施米特的意义上又是政治的：人们对他有不同的观点，以他为朋友和敌人。具体而言，这有很多的原因。这里只列举三个原因：施米特是一位论战尖锐化和集中化的大师。他的概念和观点都是以论战的意图——πολεμικός 最初意指"敌意的"——而形成和提出的。他赢得他的"决断和概念"是在与他不认同的对立观点的"抗争中"取得，但一般都不是有序展开的。这些对立的观点通常是主流的观点。与此相关并不少见的是修辞的和论证的"闪电战"策略：在作品的开始就已经指出作品的核心；经过他深思熟虑的"概念闪电战"㉔ 产生的效果正如闪光弹一样，在一个决定性的惊喜时刻，让读者迷失方向，进入施米特的思想过程。施米特在其一生（是否除去 1933—1936 年的阶段值得思考）都将自己视为对抗时代精神和统治阶级的角色，例如在凡尔赛、魏玛或波恩。他将本人定位为"真正的天主教的尖锐化者"㉕ 的角色或是拦阻者的角色：一般情况下，他反对时代精神，采用知识分子的游击战，接受"反对者"的少数观点，

㉓ 典型的，参见 Helmut Quaritsch, Carl Schmitt（1888 – 1985），in：Jürgen Aretz/Rudolf Morsey/Anton Rauscher（Hrsg.），Zeitgeschichte in Lebensbildern, Bd. 9：Aus dem deutschen Katholizismus des 19. und 20. Jahrhunderts, Münster 1999, S. 199（210 u. ö.）。

㉔ 该表达源自 Jan-Werner Müller, Ein gefährlicher Geist. Carl Schmitts Wirkung in Europa, 2007，S. 43。该书的英语原版（A Dangerous Mind. Carl Schmitt in Post-War European Thought, New Haven und London 2003）中没有该表达。

㉕ 施米特在 1948 年 6 月 16 日的日记中谈到了"围绕真正的天主教尖锐化的抗争"（Carl Schmitt, Glossarium. Aufzeichnungen der Jahre 1947 – 1951, Berlin 1991, S. 165）。

将自己设想为"具体的对立性"的喉舌。㉖他的否定的、文化悲观主义的态度,不仅是回应的,在词语意义上也是保守者。

此外,施米特主要是在对立意义上做思考,因此导致对立化。不管是朋友和敌人、合法性和正当性、法律(规范)和措施、宪法和宪法性法律,这些他思想中核心的"决断与概念"都被他发展在对立的思想背景中。最后,施米特从事学术,将其视为策划,而且多数是充满激情的和戏剧化的策划,权力和语言的魔力得以使用。至少与理解一样,他关注的是给人留下印象。在大多数情况下,施米特的作品体现不出对肯定的和否定的观点的冷静、客观和稳固的思考。相反,相较于一般的法学作品,从样式和风格、形式和内容、视野和要求上来看,它们是让人印象深刻的美学的和具有策略的"乐曲",在里面并不少见的是对紧急情况的阐述,并且也道出知识分子的危言耸听,作者因此表现出提醒者或警告者的角色。

(五)"反启蒙者":在揭露和掩盖之间

与此紧密相关的还有施米特的一个思维特点。施米特作为保守的反启蒙的核心人物,呈现很多的"反"形象:反法律主义、反实证主义、反相对主义、反多元主义、反自由主义和反议会制(同样还有反犹太主义、反美式和反帝国主义)的方法和偏见。反启蒙者通常有两个步骤:首先,他们以启蒙者的方式批判以傲慢态度呈现的未经批判的启蒙以及表面的未经反思的理性主义;然后,他们展示非理性或反理性的、没有阐释清楚的或不能阐释清楚的地方。这种反启蒙的非黑即白的做法也体现在施米特的风格中。一方面,他以清晰和明确的分析揭示比如政党国家的弊端及内倾的排除紧急状态的规范主义的弊端。另一方面,只要公民自由主义的"中立主义"的揭露者展开自己的对立方案时,展示就失去了清晰、严格和一致性。㉗比如,针对政治的理念、实证意义上的宪

㉖ Carl Schmitt, Der Begriff des Politischen. Text von 1932 mit einem Vorwort und drei Corollarien, Berlin 1963, S. 31.

㉗ Hasso Hofmann, Legitimität gegen Legalität. Der Weg der politischen Philosophie Carl Schmitts, 4. Aufl., Berlin 2002, S. XXVIII ff., bes. XXIX.

法也即基于(政治的)存在进行效力传递的建构，几乎就是幻想和建议、起誓和谜团；肯定和暗示取代了讨论和推论。国家终结的观点以及"大空间"理论，使用的是对愿景和预言的需求，与对理性的分析和预测的需求差不了多少。在不少的情况下，给人的感觉是，施米特有意使用概念魔法和他的谜团策略，从而产生捉摸不透的多义性。为了破解这种多义性，"法律施米特"和"左派施米特"的一代人做了勤奋和耐心的工作。

有可能是作为"免疫技术"[28]来使用，施米特在非自愿地离开大的公众舞台期间，最晚是在 1945 年之后，有可能在 1936 年之后，使用的难以理解的表述增多。应该不会错的是，施米特在 1938 年《霍布斯国家学说中的利维坦》的最后几句中援引了他的榜样托马斯·霍布斯的悲剧性的伟大，能够读出这是对他本人处境的描写：

> 对我们而言，他因此是一位具有丰富的政治经验的真正的学者；正如每位开拓者，他是孤单的；正如每一个人，他被误解为他的政治思想不能在自己的人民中实现；正如打开一扇门没有被嘉奖的人一样，别人通过这扇门继续前进；但是，在智者时代的永生的群体中，他是"古代智慧的唯一的复得者"。[29]

三、　施米特国家法学说的遗产

有关施米特的影响的问题呈现出复杂的及基于时间地点和学科的非常不同的影响力。这对同样有天赋和明显问题的跨学科学者也是如此。尽管如此，完全没有争议的是，这位从各方面而言就是非凡的国家法学者，超越他的死亡，具有非同寻常的影响。这证明了他作为现代的经典

---

　　[28]　Helmut Quaritsch, Carl Schmitt（1888 - 1985），in：Jürgen Aretz/Rudolf Morsey/Anton Rauscher（Hrsg.），Zeitgeschichte in Lebensbilden, Bd. 9：Aus dem deutschen Katholizismus des 19. und 20. Jahrhunderts, Münster 1999, S. 19.

　　[29]　Carl Schmitt, Der Leviathan in der Staatslehre des Thomas Hobbes. Sinn und Fehlschlag eines Symbols, Hamburg 1938, S. 132.

作家的潜力。以超越学科和跨越学科为标准，他应当是被阅读最多（或许谨慎地说是"被提起最多"）的魏玛国家法学者。一直以来，可以明显看出，人们还有激情和需要去探讨施米特及其作品，并引出新的东西。当然，探讨的重点在发生转移。可以明显看出，离施米特的生活时代越久，讨论的重点从其为人转移到其作品③⓪、从其作为法学家转移到作为政治哲学家或理论家。但是，没有改变的是，施米特分裂他的读者群，促使他们有自己的观点。矛盾的是，施米特有时出现的"概念和论断"超越它们产生的具体情形，有时候具有充满活力的现实性（当然，对此有些人也许喜欢使用"病毒"的表述）。

下文仅涉及施米特在国家法学说上留下的遗产。对于他产生的影响和效果，原则上可以区分两个问题，即施米特截至目前在国家法学中引起了什么样的反应？他的学说中有哪些适合当今的（和未来的）国家法学？对此，从以下五方面予以阐述。

（一）魏玛经典作家比德国国家法学者更适合

施米特很少发表纯粹的法学作品；只有少数狭义上的宪法教义学的作品，尽管他完全有能力这样做，至少他作为帝国的代理人于 1932 年在帝国国务法院联合代理"普鲁士政变"案件就是证明。他的声誉是靠其他的作品获得的。这些作品从法学的角度来看，最适合被归类于国家理论和宪法理论及国家哲学和法哲学。也正是这些在施米特看来不可分割的专业领域的作品使施米特的思想和切入点充满魅力，在国家法学中也是如此。

虽然施米特在国家法学领域有着一群具有直接关系的学生，但施米特本人并没有创建严格意义上的"学派"。比如 1945 年之前，施米特担任教授时严格意义上的学生，诸如恩斯特·福斯特霍夫、恩斯特·鲁道夫·胡贝尔或维尔纳·韦伯；1945 年后，施米特被免去教授后的广义上的学生，诸如恩斯特-沃尔夫冈·伯肯弗尔德、约瑟夫·H. 凯泽、赫尔

---

　⑳　施米特的日记（目前有 1912—1915［2005 年出版］、1915—1919［2005 年出版］及 1930—1934［2010 年出版]）持续出版也扭转不了这样的趋势。笔者避免使用"为别人所作所为感到丢人"的句子，出版日记的做法事实上让施米特不得安息。

穆特·夸里奇（Helmut Quaritsch，1930—2011）。施米特通过他们又对战后第一个十年的国家法学产生影响。㉛ 这两代人退出学术圈后，施米特在国家法学中的意义和影响更多体现在政治理论的讨论，而不是法学方面的讨论上。在 1985 年之后，国家理论和宪法理论方面的推动力既不是来自德国国际法学，也不是德语区的学术界，而是来自西班牙或美国，来自法国或日本，来自意大利或拉丁美洲。作为魏玛时期的经典作家，他享有世界性声誉。相反，作为德国国际法学者身份的他大步地退居其后。

（二）陷入国家社会主义及其意义的争论

法学陷入国家社会主义中，与此紧密关联的名字没有哪个能像施米特一样。这不是因为施米特可能是法学家中彻头彻尾的国家社会主义分子或最激进的种族主义者，或他参与纳粹实施残忍行为的机关——"第三帝国桂冠法学家"㉜ 的称呼更多是一种论战式的夺人眼球的用语，而不是冷静思考后的综合考虑，（相较于几乎同龄段的哲学家马丁·海德格尔［Martin Heidegger，1889—1976］）就知识界的辉煌度及跨领域的知名度而言，他是魏玛法学家中服务于"民族法律创新"的最重要的人物。另外，施米特对过去坚定不悔过，挑衅了人们。人们期待他明确且坚定地与 1933—1945 年期间发表的作品划分界限，却是白费力气。他在这些作品中为种族主义的、专制主义的及最终是法律虚无主义的政权站队。相反，他将自己标榜为法学中反思过去的悲惨的受害者（牺牲者）。因此，并不让人惊讶的是，人们在处理法学在法律恶化过程中的作用时，尤其关注施米特的角色和个性。通过施米特的命运，得以范式地研究总的来说学术精英的（除了机会主义、职业主义、追求权力及其他的错误）特殊的被利用特性及尤其是研究保守知识分子对国家社会主义的自视甚高。

㉛　Frieder Günther, Denken vom Staat her. Die bundesdeutsche Staatsrechtslehre zwischen Dezision und Integration, München 2004, passim, bes. S. 112 - 158, 264 - 283.

㉜　Waldemar Gurian, Carl Schmitt, Kronjurist des III. Reiches, in: Deutsche Briefe 1934, Bd. I, S. 52 ff.

目前的讨论在这里不能够从原则上深入下去。㉝但可以明确的是，反思过去如果涉及单个的学者，可以按照认识兴趣点，集中在完全不同的点上。对此，至少有三个问题：法学家在"民族法律创新"中担当什么角色？从学术代表作的角度看，他们是如何参与的——是当时延续的结果抑或与当时断裂？现在在接受所涉法学家的"决断与概念"时，这种参与起到什么作用？施米特在 1936 年前的几年中，不仅在纳粹学术官僚体系中担任职务，而且在新闻工作方面也充当支柱和领导的角色。他尽所有力量尽可能地在新时代的意义上转变考虑和转阐法律概念。如果不能这样做的话，他会创造新的概念代替（"具体秩序思维"等；对此，参见上文一［三］）。虽然在 1936 年年底，施米特职业生涯中断也能清楚地体现在他的学术作品中，但他强度更大地从事国家法和国际公法、法律史和学术史的主题研究。他从来没有在思维、语言甚至在作品中成为政权的反对者，甚至成为反对专制思想以及反犹太主义的反抗者。

一直以来，人们对 1933—1936 年抑或 1933—1945 年这一阶段标志着施米特思想的断裂还是延续是有疑问的。对这个问题，没有简单明确的回答，有很多的出处支持断裂说，也支持延续说。㉞不太可能的说法是，施米特在纳粹时期尤其是在其初期的作品并不像 1933 年之前和 1945 年之后那样是"作者的原本的精神表述"㉟。无论如何，施米特保持了机会论和决断主义的思维，这给借助转变和延续的替代选择去解读他的作品带来难处。这背后反映的是，确定认同一个观点和反对另外一个观点，是否能够比满足学术秩序需求赢得的更多。

第三个问题，即施米特陷入国家社会主义是否以及在多大程度上阻碍人们接受他的论点。这个问题的回答并不是泛泛而论和不加区别。不管怎么样，人们一直认同的是，施米特因为仅在纳粹阶段主张的论点就

㉝ 代表性的，参见 Bernd Rüthers, Carl Schmitt im Dritten Reich. Wissenschaft als Zeitgeistverstärkung?, 2. Aufl., München 1990。针对反犹太主义的问题，参见拉斐尔·格罗斯的《卡尔·施米特与犹太人》。

㉞ 代表性的，参见 Hasso Hofmann, Legitimität gegen Legalität. Der Weg der politischen Philosophie Carl Schmitts, 4. Aufl., Berlin 2002。霍夫曼（Hofmann）借助"变化丰富的延续性"的对立统一也提出适当的专业表述。

㉟ Hasso Hofmann, Legitimität gegen Legalität. Der Weg der politischen Philosophie Carl Schmitts, 4. Aufl., Berlin 2002, S. III.

已经从以自由宪法国家为使命的国家法学的学术讨论共同体中退出。这涉及的不是对他的这些观点的平反或事后正当化。同时，没有争议的是，很少人能够脱离施米特在纳粹时期的政治行为和学术行为对施米特及其作品作出评价，也没有多少人将其简化为3年(1933—1936年)或12年(1933—1945年)，或仅从那段时间出发来阐述。一个概念、一个论证或一个论点被用来支持反民主的、非法治国的、极权的甚至是种族主义的思想，这本身并不能说明其不能适用于自由民主国家的国家法学。

（三）反时代精神的权威人物

施米特主张并践行国家社会主义。这对于他的对手而言，国家法学"黑色怪兽"(bête noire)拥有"危险的心灵"。他的追随者并未否认陷入国家社会主义的事实，大部分也没有对其进行美化，但是认为施米特迷人却又令人害怕并不准确，至少是不充分的。对于那些不认同时代精神的人而言，施米特作为反启蒙者，因为他对触犯禁忌的兴趣，是一位令人振奋的联系点，他在"圣卡夏诺"的命运是对自称为自由主义的不妥协者的警告。谁要是再想提出"政治正确"，正如右翼或左翼的文化悲观主义的知识分子，就会在施米特的概念世界和论证世界中找到丰富的财富。对于那些因现代启蒙者的意识形态批判甚至只是(学术)政治的权力而感到无话可说的人，施米特可以帮助他们重新找到语言。因此对于"非时代精神"的知识分子精英而言，施米特起到投影幕布的作用。当然，这样的功能在当今的国家法学中意义不大。

（四）国家法学者中一位修辞家的遗产

在施米特的概念现实主义的修辞家的形象上，美学家和技艺精湛者相互交错：一位深知语言表达的意义所在并能够娴熟掌握它的人。我们感谢他创造了具有鲜明特点的概念和简洁的句子、具有启发性的格言及深邃的幽默。这也是施米特遗产(不容忽视)的一部分。

施米特的语言表达并不是每一句都能够实现使用者完全或部分认同他的学说，同时实现使用者与施米特保持一致，甚至被施米特"传染"

（"完全认同施米特的人没有好结局"）。㊱比如，没有更好的专业表达能比以下的更加到位："假象的程式妥协"（Dilatorischer Formelkompromiss）㊲和"无界限的结论"（Grenzenlosigkeitsschluss）㊳，"（法治国家）配置原则"（［rechtsstaatliches］Verteilungsprinzip）㊴和"合法占有合法权力的法律外的赏金"（über-legale Prämie auf den legalen Besitz der legalen Macht）㊵。这些表述的目的是在概念术语方面将所描述的事实纳入宪法国家的（后）现代学术之中。同样，法律和措施的两分法区别㊶及"制度性保障"（institutionelle Garantien）和"制度保障"（Institutsgarantien）的两分法区别，㊷这些在现今的教义学和理论的宪法国家的语境中不容忽略。最后，在今天也得到认可的认识还有："什么是自由……最终只能由那些应当自由的人来决定。否则，按照人类关于自由的所有经验，自由就会很快终结。"㊸或者，"统治者是由人民来区分的，而不是从人民中区别开的"㊹。就是在今天也难以找到如此精确的和引人注目的句子。

形成本人的语言力量和表达魅力的大多数人，熟悉施米特的思想方式，也不能脱离他的思想。下面按照产生的顺序给出一些不少策略性的作为论战的开头习语和表述："主权者是决定例外状态的人。"㊺"正常状态表明不了什么，例外状态证明一切；它不仅确认规则，规则也仅依靠

㊱　这个改编自反宗教至上论中的名言"吃了教皇的东西的人就会因此死亡"（Qui mange du pape, en meurt）。参见 Helmut Quaritsch, Einleitung: über den Umgang mit Person und Werk Carl Schmitts, in: ders. (Hrsg.), Complexio Oppositorum, 1988, S. 16。

㊲　Carl Schmitt, Verfassungslehre, München und Leipzig 1928, S. 32, 118.

㊳　Carl Schmitt, Freiheitsrechte und institutionelle Garantien der Reichsverfassung (1931), in: ders., Verfassungsrechtliche Aufsätze der Jahre 1924 - 1954. Materialien zu einer Verfassungslehre, Berlin 1958, S. 140 (147).

㊴　Carl Schmitt, Verfassungslehre, München und Leipzig 1928, S. 126, 158, 166, 175, 181, 200.

㊵　Carl Schmitt, Legalität und Legitimität, 1932, S. 35.

㊶　Carl Schmitt, Verfassungslehre, München und Leipzig 1928, S. 138 ff.

㊷　Carl Schmitt, Freiheitsrechte und institutionelle Garantien der Reichsverfassung (1931), in: ders., Verfassungsrechtliche Aufsätze der Jahre 1924 - 1954. Materialien zu einer Verfassungslehre, Berlin 1958, S. 143.

㊸　Carl Schmitt, Freiheitsrechte und institutionelle Garantien der Reichsverfassung (1931), in: ders., Verfassungsrechtliche Aufsätze der Jahre 1924 - 1954. Materialien zu einer Verfassungslehre, Berlin 1958, S. 167.

㊹　Carl Schmitt, Verfassungslehre, München und Leipzig 1928, S. 138 ff.

㊺　Carl Schmitt, Politische Theologie. Vier Kapitel zur Lehre von der Souveränität, unveränd. 2. Aufl., München und Leipzig 1934, S. 11.

它活着。"⑯　"现代国家理论中所有的重要概念都是世俗化的神学概念。"⑰"有一股反罗马的冲动。"⑱　"民主的核心概念是人们，而不是人类。"⑲"凡政治上重要存在的，从法律上来看，都有存在的价值。"⑳"制定宪法的意思只能通过事实来证明，而不是通过观察规范调整的程序。"㉑"法律面前平等是法律的法治国家概念的本质所在。"㉒"政治特有的区别是敌友的区分。"㉓"国家的概念以政治的概念为前提条件。"㉔"讲人类的人想要欺骗。"㉕　"我们重新思考法概念。……我们站在未来的一边。"㉖"借助和平产生的法是有意义和公道的；借助法产生和平是帝国主义的统治要求。"㉗"国家性的时代现在已经终结。对此无需赘述。"㉘

（五）基本法的国家法学说能够抛弃施米特吗？

如果施米特的思想和学说对当今的（和未来的）国家法学仍提出挑战，它还要在历史的和遥远的养分中和施米特的遗产打交道吗？施米特离世后不到两周，著名的政治学家库尔特·松特海默尔（Kurt Sonthei-

---

⑯　Carl Schmitt, Politische Theologie. Vier Kapitel zur Lehre von der Souveränität, unveränd. 2. Aufl., München und Leipzig 1934, S. 22.

⑰　Carl Schmitt, Politische Theologie. Vier Kapitel zur Lehre von der Souveränität, unveränd. 2. Aufl., München und Leipzig 1934, S. 46.

⑱　Carl Schmitt, Römischer Katholizismus und politische Form, 2. Aufl., München 1925, S. 5.

⑲　Carl Schmitt, Verfassungslehre, München und Leipzig 1928, S. 234.

⑳　Carl Schmitt, Verfassungslehre, München und Leipzig 1928, S. 22.

㉑　Carl Schmitt, Verfassungslehre, München und Leipzig 1928, S. 83.

㉒　Carl Schmitt, Verfassungslehre, München und Leipzig 1928, S. 154.

㉓　Carl Schmitt, Der Begriff des Politischen. Text von 1932 mit einem Vorwort und drei Corollarien, Berlin 1963, S. 26. 在原文中强调。

㉔　Carl Schmitt, Der Begriff des Politischen. Text von 1932 mit einem Vorwort und drei Corollarien, Berlin 1963, S. 20.

㉕　Carl Schmitt, Der Begriff des Politischen. Text von 1932 mit einem Vorwort und drei Corollarien, Berlin 1963, S. 55. 改编语源自皮埃尔-约瑟夫·蒲鲁东（Pierre-Joseph Proudhon, 1809—1865）。

㉖　Carl Schmitt, Nationalsozialistisches Rechtsdenken, in: DR 1934, S. 225 (229).

㉗　Carl Schmitt, Glossarium. Aufzeichnungen der Jahre 1947–1951, Berlin 1991. 1951 年 6 月 24 日记录，第 316 页。

㉘　Carl Schmitt, Der Begriff des Politischen. Text von 1932 mit einem Vorwort und drei Corollarien, Berlin 1963, S. 10.

mer，1928—2005)提出一个口号，即满怀自由民主的人士无需施米特。[59]

这种语言方式的记忆抹煞的正确之处是，施米特的法律和政治的时间观，即反自由主义、反多元主义、反相对主义及反实证主义等，并不能给现代的自由的、代议制的和政党国家的民主理论提供建设性的基础。不正确的是，为了让自由的民主理论和实践更加反思和丰富，更加具有抵抗力和功能性，施米特并没有做出特别的、超越定义的贡献。施米特尤其是在处理法和在法中坚持政治。具体而言，这意味着：认真对待常态和规范的脆弱性和动态性；更加强调常态(期待)作为以规则为基础的规范的参照点，同时强调社会文化的最低程度的同质性的必要性。以霍布斯的"谁将裁判?"和"谁将解释?"这两个核心问题作为切入点，阐述宪法理论和宪法教义学中的宪法职权；通过权力的意思，而不是通过法律商谈达到方法论和教义学的理想化，去隐藏法律获取行为的裁判特征；允许一个自由的民主政体中论战力量和正当性的影响产生无法回避的和丰富的张力。施米特的力量产生解药的作用，用来抵抗软弱肤浅的、幼稚普世的自由主义理论。这种自由主义的理论没有意识到其前提和限定，以及自身的盲目和危险。因此，它无意间贬低了民主的宪法国家的本质和价值。

㊾　Kurt Sontheimer, Der Macht näher als dem Recht. Zum Tode Carl Schmitts, in: Die Zeit vom 19. 4. 1985, Nr. 17.

阿尔弗雷德·费尔德罗斯

（Alfred Verdross, 1890—1980）

布鲁诺·西马　著　王银宏　译

一、生平[①]

　　阿尔弗雷德·费尔德罗斯在 1890 年 2 月 22 日出生于因斯布鲁克，是一位皇帝行猎军官的儿子。他在罗维莱托(Rovereto)和布里克森(Brixen)完成高级中学的学习以后，在维也纳学习法学，1913 年获得法学和国家学博士学位。他在学生时期就认识了汉斯·凯尔森，并且在第一次世界大战期间上过他开设的研讨课。1916 年，费尔德罗斯通过司法职业考试，并且后来在位于维也纳的最高军事法院作为中尉-法官服完兵役。在第一次世界大战结束前，他转至帝国外交部的国家法和国际法部门工作。在奥匈帝国解体之后，他直接作为使馆秘书，代表年轻的奥地利共和国被派往柏林，直至 1920 年年底。在此期间，他跟汉斯·凯尔森一样，发表新闻评论支持奥地利跟德国合并，但是在当时的情况下，他们

　　① Vgl. dazu die autobiographische Skizze in N. Grass (Hrsg.), Österreichische Rechts- und Staatswissenschaften der Gegenwart in Selbstdarstellungen (1952) 201 ff.; S. Verosta, „Alfred Verdross-Leben und Werk", in: F. A. Frh. v. d. Heydte u. a. (Hrsg.), Völkerrecht und rechtliches Weltbild. Festschrift für Alfred Verdross (1960) 5; B. Simma, „Alfred Verdross (1890－1980): Bibliographical Note with Bibliography", European Journal of International Law 6 (1995) 103; I. Seidl-Hohenveldern, „Recollections of Alfred Verdross", ibid. 98; besonders materialreich jüngst J. Busch, „Verdross im Gefüge der Wiener Völkerrechtswissenschaft vor und nach 1938", in: F. -S. Meissel u. a. (Hrsg.), Vertriebenes Recht—Vertreibendes Recht. Zur Geschichte der Wiener Rechts- und Staatswissenschaftlichen Fakultät zwischen 1938 und 1945 (2012) 139.

跟国家社会主义之间的关系并不密切。作为《魏玛宪法》起草的观察员，费尔德罗斯通过其发表的一篇关于国际法在国内法的地位的论文前瞻性地影响了《魏玛宪法》第 4 条的内容(关于一般性地承认国际法规则在德国法领域的效力)。在回到维也纳之后，直至在 1924 年被聘为(作为主要职业的)维也纳大学教授之前，费尔德罗斯在奥地利外交部的法律部门工作。1921 年，他就已经在维也纳大学法学院获得国际法专业的教授资格，其教授资格论文是《违反国际法的战争行为和国家的刑事诉求》，此外还获得法哲学和国际私法的教授资格。在拒绝了位于布尔诺的德国高等技术学校的聘请之后，他在 1925 年正式成为维也纳大学教授，直至退休，费尔德罗斯在 35 年的时间内一直任维也纳大学教授。在此后的多年里，他拒绝了一系列外国大学的聘请，其中包括科隆大学和慕尼黑大学。1933 年，他同样根据建议，接受了通过违反共和国宪法的方式获得权力的多尔富斯政府②的司法部部长职位，尽管他作为保守的天主教徒并不必然反对奥地利的等级制国家。

在 20 世纪 20 年代和 30 年代，费尔德罗斯——作为国际法学者成为所谓"维也纳法律理论学派"的主要代表(即汉斯·凯尔森、阿道夫·默克尔以及费尔德罗斯)——不仅在德语国际法学界居于领先地位，而且得到了国际上的广泛认可。所以，他在 38 岁时被选为当时享有盛誉的国际法研究所(法国)的联合会员，在 1927 年至 1935 年间多次被海牙国际法研究院邀请去授课，并被聘为董事会成员。对于他在 1937 年出版的《国际法》第一版，米歇尔·施托莱斯在《德国公法史》中将其评价为"当时最重要的国际法教科书"③。

1938 年 6 月，在奥地利被德意志帝国占领后三个月，阿尔弗雷德·费尔德罗斯被纳粹当权者暂停教学工作。一年后，他重新获得国际法的教职，但是被取消了法哲学的教学资格。在第二次世界大战期间，费尔德罗斯被纳粹国防军聘为柏林军事法院的候补法官。

有学者曾通过当时发表的一系列出版物深入地研究阿尔弗雷德·费

---

② 恩格尔贝特·多尔富斯当时任奥地利联邦政府总理。——译注

③ M. Stolleis, Geschichte des öffentlichen Rechts in Deutschland, Bd. 3 (1999) 399.

尔德罗斯对于国家社会主义的态度。④ 由此呈现出的费尔德罗斯的形象，虽然不涉及道德上的评价，但无疑是有问题的，在笔者看来，费尔德罗斯是(不仅是学术上的)一个父亲的形象，是良师益友。他在 1937 年的《国际法》教科书中从反对帝国主义和联邦主义的立场，错误地将墨索里尼评价为基督教价值和纳粹国际法学说的捍卫者，无疑是令人惊异和感到失望的。但是，若我们明晓费尔德罗斯的国家保守主义的和受到天主教信仰影响的世界观，这就是可以理解的。此外，他希望，纳粹主义和国家社会主义能够证明自己是反对斯大林治下的布尔什维主义的堡垒，在对其有利的协定中——我们所能想到的仅是阿道夫·希特勒和罗马教廷在 1934 年签署的协定，这项外交政策的成果一直保持到 1938 年，这在西方实行民主制的其他国家也有许多支持者。⑤ 尽管阿尔弗雷德·费尔德罗斯在纳粹期间的表现和态度不能看作是模范性的，他在 1945 年之后同样很少对此做过解释。⑥ 但是，我们应当看到，他的学术成果在一些重要问题上还是明确地反对国家社会主义的国际法学说，下文将对此予以详细论述。

在 1945 年之后，费尔德罗斯的学术成就达到了新的高度；这不仅体现在他在维也纳获得的成就，即在维也纳大学重新获得了法哲学的教授资格，在 1951—1952 年成为维也纳大学的校长，而且特别地体现在他在国际上获得的成就。例如，他很快成为国际法研究所(法国)的正式成员，而且在 1959 年至 1961 年任主席，此外，他还是不同的双边仲裁委员会以及海牙常设仲裁法院的成员。从 1957 年至 1966 年，他属于联合国国际法委员会的委员；1958 年至 1976 年，他作为欧洲人权法院的法官在斯特拉斯堡工作；1961 年，他作为主席领导由联合国召集的维也纳

---

④ Juengst von Busch, „Verdross im Gefüge der Wiener Völkerrechtswissenschaft vor und nach 1938", in: F. -S. Meissel u. a. (Hrsg.), Vertriebenes Recht—Vertreibendes Recht. Zur Geschichte der Wiener Rechts- und Staatswissenschaftlichen Fakultät zwischen 1938 und 1945 (2012), insbes. 157.

⑤ B. Simma, „Alfred Verdross (1890 - 1980): Bibliographical Note with Bibliography", European Journal of International Law 6 (1995) 36.

⑥ Juengst von Busch, „Verdross im Gefüge der Wiener Völkerrechtswissenschaft vor und nach 1938", in: F. -S. Meissel u. a. (Hrsg.), Vertriebenes Recht—Vertreibendes Recht. Zur Geschichte der Wiener Rechts- und Staatswissenschaftlichen Fakultät zwischen 1938 und 1945 (2012) 168.

外交法会议的工作。1969 年至 1972 年，他担任主席主持奥地利和联邦德国之间关于德国在 1938 年至 1945 年统治期间造成的财产问题的仲裁程序。1957 年，他被奥地利的两个保守派政党提名为联邦总统的候选人，但是费尔德罗斯拒绝了。他收到至少三部祝贺文集，以及数量众多的名誉博士学位和奖章。

　　1980 年 4 月 27 日，阿尔弗雷德·费尔德罗斯在其出生的城市因斯布鲁克逝世，享年九十岁。

　　通过上述简短的叙述，可以看出费尔德罗斯在奥地利以及德国和瑞士所具有的突出地位。在他的祖国，他似乎是国际法学的代表。他个人非常谦逊、宽容、得体、热情、乐于助人并且家庭和睦。最后，应当指出的是，他努力地为他的同事和朋友汉斯·凯尔森在 1929 年之后在奥地利的遭遇给予一种道义上的补偿。⑦

二、 国际法的自然法-普遍性思想

　　费尔德罗斯的国际法理论的哲学基础，亦即其法哲学，是一种实质法学的观念，接续了古代的传统，同时也继承了基督教-西方的哲学。⑧在费尔德罗斯看来，在当前的条件下重述古代和中世纪的目的论本质的知识对于法哲学而言是富有成果的。⑨ 由此产生的法学知识在本质上是普遍主义的；费尔德罗斯认为，从这个视角可以在后期经院哲学的代表萨拉曼卡（Salamanca）、弗朗西斯科·维多利亚（Francisco Vitoria）和弗朗西斯科·苏亚雷斯（Francisco Suarez）那里找到十分完美的表达。萨拉曼

---

⑦　Vgl. Juengst von Busch, „Verdross im Gefüge der Wiener Völkerrechtswissenschaft vor und nach 1938", in：F. -S. Meissel u. a. （Hrsg.）, Vertriebenes Recht—Vertreibendes Recht. Zur Geschichte der Wiener Rechts- und Staatswissenschaftlichen Fakultät zwischen 1938 und 1945 （2012）163.

⑧　Zum folgenden E. Mock, „Die Erschliessung der materialen Rechtsphilosophie durch Alfred Verdross", in：H. Miehsler u. a. （Hrsg.）, Ius Humanitatis. Festschrift zum 90. Geburtstag von Alfred Verdross （1980）9; G. Luf, „Alfred Verdross als Rechtsphilosoph", in：F. -S. Meissel u. a. （Hrsg.）, Vertriebenes Recht—Vertreibendes Recht. Zur Geschichte der Wiener Rechts- und Staatswissenschaftlichen Fakultät zwischen 1938 und 1945 （2012）195.

⑨　G. Luf, „Alfred Verdross als Rechtsphilosoph", in：F. -S. Meissel u. a. （Hrsg.）, Vertriebenes Recht—Vertreibendes Recht. Zur Geschichte der Wiener Rechts- und Staatswissenschaftlichen Fakultät zwischen 1938 und 1945 （2012）199 f.

卡学派也将通过国家组织起来的人民视为社会的本质，这要求人们和平地共同生活在一个法律秩序中，即万民法中。诸多国家形成一个共同体，这个共同体在本质上具有普遍性，通过法律制度可以实现全体的公共利益的目的，自然理性(以及在上帝意志的最后一级)规定了其基本原则，并且通过实践和约定实现其具体化。阿尔弗雷德·费尔德罗斯将西班牙后期经院哲学家的思想作为其国际法观点的哲学基础的主导动机不应被夸大，⑩ 他从一开始就明确地赞同汉斯·凯尔森自20世纪20年代以来所赞同的新康德主义及其哲学理论的形成，有时也是受到当时极具影响力的社会哲学家奥特马尔·施潘(Othmar Spann)的理论的影响。⑪ 费尔德罗斯也是"维也纳法律理论学派"的主要成员，但是他很快就放弃其同事凯尔森和默克尔在形式法律方面的观点，主张一种实质的、价值导向的、自然法视角的法。

这里所论述的费尔德罗斯的国际法哲学也受到批评，特别是在第二次世界大战之后对现代法哲学的阐释是不充分的，现代法哲学也失去了费尔德罗斯不断强化的目的论基础。这也许应当予以赞同。阿尔弗雷德·费尔德罗斯在20世纪的法学中居于显著地位，不是基于他的这种法哲学著作，而是基于他所发展出的国际法体系。他的国际法体系不仅具有独特的完整性，而且与特定的世界观相联系，这不同于这个时期的其他国际法学者，然而，这并没有妨碍费尔德罗斯通过与持其他观点的学者进行持续的对话，使其观点继续得到发展。这里要表明的是，基督教-西方价值体系中的这种基础跟由此而产生的费尔德罗斯的法律世界观之间的一致性完全决定了费尔德罗斯的国际法理论的立场——特别是体现为其思维的洞察力、逻辑性和体系的完整性，这在一定程度上也得到其他法哲学流派的代表性人物的认可。但是，费尔德罗斯作为"维也纳学派"的成员与该学派在世界观原则方面存在着不同。

---

⑩　Vgl. B. Simma, „Alfred Verdross (1890 – 1980): Bibliographical Note with Bibliography", European Journal of International Law 6 (1995), 38 f.

⑪　Dazu A. Carty,„Alfred Verdross and Othmar Spann: German Romantic Nationalism, National Socialism and International Law", European Journal of International Law 6 (1995) 78.

三、 一般法律原则的重要作用

阿尔弗雷德·费尔德罗斯在国际法法源理论方面最重要的贡献体现为他关于《国际法院章程》第 38 条(1)(c)意义上的"一般法律原则"的研究。[12] 在现代国际法实践和理论中，相对于条约、习惯法和"软法"的诸多形式，"一般法律原则"已经失去意义，但是这成为费尔德罗斯的哲学理论的国际法大厦的一个关键基础，他在数十年间发表的至少 30 篇论文为此奠定了基础。法律实证主义过去——和现在——不再将一般法律原则视为特殊情形下的一种"替代性渊源"，而是将其视为填补法律漏洞的方式，这种填补漏洞的方式是通过不断发展的、完全予以区分的国内法原则的类似运用来实现的。对于以自然法为基础的国际法学者，特别是在两次世界大战之间的那段时期，第 38 条规定的一系列国际法渊源中对"一般原则"的接受敲响了实证主义观点的丧钟，这种实证主义观点认为，国际法无例外地都是源于国家之间的意见一致。关于这个问题，在 20 世纪 20 年代和 30 年代出现了名副其实的信仰冲突，作为法律实证主义的反对者一方的阿尔弗雷德·费尔德罗斯和赫尔施·劳特帕赫特(Hersch Lauterpacht)发挥了主要作用。费尔德罗斯发现一般法律原则范畴中的共同点，或者更准确地说：实证法及其法律基础之间的交叉点以及他的统一的世界观的黏合剂。他指出，唯意志论的国际法实证主义在百年间的国际仲裁司法实践中不再具有正当性，更多数量的一般法律原则的适用(经常表述为"国际正义")表明，若没有一般法律原则的适用，历史的断裂是显而易见的。在费尔德罗斯看来，这个原则的适用不涉及国内法对于国际法的简单接受。这种方式所涉及的国内法实际上只是赞同普遍适用的法律

---

⑫　Zu den folgenden Abschnitten B. Simma,„Der Beitrag von Alfred Verdross zur Entwicklung der Völkerrechtswissenschaft", in: H. Miehsler u. a. (Hrsg.), Ius Humanitatis. Festschrift zum 90. Geburtstag von Alfred Verdross (1980) 23; I. Marboe,„Verdross' Völkerrechtstheorie vor dem Hintergrund des Nationalsozialismus", in: F. -S. Meissel u. a. (Hrsg.), Vertriebenes Recht-Vertreibendes Recht. Zur Geschichte der Wiener Rechts- und Staatswissenschaftlichen Fakultät zwischen 1938 und 1945 (2012) 171.

思想的间接证据，在国际法中应具有独立的效力。在一般法律原则方面，这不仅涉及漏洞的填补，而且涉及实证的国际法的基础，也涉及费尔德罗斯或多或少援引的直接与自然法有关的价值的实现。对此，费尔德罗斯区分两种不同种类的原则。其中最重要的一种是对于他的国际法哲学具有更加重要意义的、由诸多法律制度所固有的原则所组成的原则，若没有这种原则，法律制度就不能发挥其功能或者几乎不能发挥其功能。这些原则，如诚实信用原则，既不能从法的理念中推导出来，也不能以特定的法律领域为基础，而是以契约法和习惯法为前提。在汉斯·凯尔森的术语中，它们是"基础规范"——或者更准确地说是基础规范的结构——的代表，它们不是像凯尔森的理论中那样仅仅具有假设的特性，而是连接起自然法的基本制度，并体现出自然法所蕴含的价值。

四、 强制性的国际法

在20世纪30年代，费尔德罗斯就已经在一系列论文中赞同国际法中存在强制性规范的观点，而且是必须存在，这意味着法律规则不能通过各方协商一致而被废除，也不导致内容有冲突的协约不具有效力。通过这种观点，他明确地反对当时占主流地位的实证主义的国际法理论，其界限就是国家之间的意见一致。总的看来，它们不是基于法律逻辑，究其实质，不是对国家行为的法律限制，而仅仅是对国家行为的道德限制。他从两个方面为强制性的国际法得到认可而不断努力。第一，他赞同将国家主权的强制性限制和谐一致地嵌入其国际法理论的自然法基础之中，这是必要的。国际法中的强制性法的观念在自然法上无疑是"有天生的缺陷"；费尔德罗斯似乎是作为先驱者对此予以论证。在他看来，法律和道德之间的联结是必要的，只有以此为基础，它们在内容上才能是一致的。第二，在两次世界大战之间的那段时间，德语地区的国际法学者对于1919年《凡尔赛条约》的法律效力问题产生十分激烈的争论，阿尔弗雷德·费尔德罗斯的立场是，赞同国际法上的协约可能基于其内容的原因而无效。[13] 虽然国际法文献中的主流观点是对于这种"强制"的合法性持怀疑态度，但是德意志第三帝国无疑乐意接受这种观点，然而，依此就认为这种观点在学术界的代表者在总体上支持国家社会主义的政治目的则是不合适的——如果这样评价费尔德罗斯，无疑离题太远。[14] 费尔德罗斯在 1945 年之后的著述中关于"强制性规范"的论述并没有否定其早期著述中的这种独特的思考。

费尔德罗斯指出，强制性的国际法规范的存在无疑是对于法律实证主义的胜利。跟实证国际法的基础存在于一种自然法秩序中协调一致，费尔德罗斯明确强调一般法律原则的效力，他似乎为国家之间达成一致意见的自由划定了界限：任何一个文明国家的法律制度或者文明国家之间的法律制度都不可能接受具有不道德内容的协约，并认可其为有效的法律。费尔德罗斯将这种违反公序良俗的协约视为国家之间不可能达成的特别协约，协约应满足其存在的目的(维护法律与秩序，对内和对外保障公民的福利和权利)。

当前的国际法中存在着具有强制性本质的一系列规范，例如原则上在联盟中适用的强制性规范，虽然其中列举的强制性规范有所修改，特别是由于第二次世界大战和纳粹对犹太人的屠杀所带来的人道主义灾难，在其中加入了国家所承担的人权义务——这主要是基于费尔德罗斯在战后关于这个主题的著述[15]——然而，与国家有关的强制性规范，例如费尔德罗斯在其早期的著述中所论述的，始终是作为这种较高层级的、似乎也是必要的法律的核心而发挥其效力的。强制性的国际法理念在经过激烈的讨论之后，通过联合国范围内国际法法典化的最重要的成

---

⑬　Vgl. I. Marboe,,,Verdross' Völkerrechtstheorie vor dem Hintergrund des Nationalsozialismus", in: F.-S. Meissel u. a. (Hrsg.), Vertriebenes Recht—Vertreibendes Recht. Zur Geschichte der Wiener Rechts- und Staatswissenschaftlichen Fakultät zwischen 1938 und 1945 (2012) 182; ferner M. Stolleis, Geschichte des öffentlichen Rechts in Deutschland, Bd. 3 (1999) 88:"(德语地区的国际法学界)在这方面的观点不可能存在真正中立的立场。"

⑭　笔者在 1979 年邀请费尔德罗斯到慕尼黑举办的客座报告的主题是他自己选定的，他选择的主题是《巴黎城郊和约》的法律效力。他在报告中明确指出了跟他自己——在超过半个世纪的时间中，在这个主题的政治爆炸力开始显现之后——有关的证据，在两次世界大战之间的那段时间里，他的著述没有逢迎讨好任何一位国家社会主义者，而是表达了他在其一生的最后时期仍在坚持的法律观点。

⑮　,,Jus Dispositivum and Jus Cogens in International Law", in: American Journal of International Law 60 (1966) 55.

果 1969 年《维也纳国际条约法公约》而成为有效的实在法，规定违反
强制性的公约为无效。⑯ 这种规范的制定者没有考虑到的是，这在一定
程度上是类似于充满疑虑地试图抓住自己的辫子将自己从沼泽中拉出
来，即将强制性的国际法观念从其自然法渊源中分离开来，使在意识形
态方面分裂的、没有任何法哲学信条的国家共同体予以接受，这从一开
始就被认为是注定要失败的。尽管如此，强制性规范被成功地从哲学领
域和理论领域运送到法律实践；国际正义也认可了强制性规范的存在，
因此其目的是使这种法律思想的结果适用于国际法的不同领域。阿尔弗
雷德·费尔德罗斯是这种发展的一个关键的倡议者。对国际法实证主义
最不满的代表者认为，强制性规范由此失去了其所具有的威慑性的特
征；这也"驯化"了《维也纳国际条约法公约》及其他法典化的成果。
这不是最初所忧虑的那样滥用法律武器，以此来清除人们所不满意的条
约，而是——总的来说，像自然法观念那样——将其作为一种威慑的工
具，警告那些试图超出现代国际法共同体以民主方式所确定的界限的行
为。强制性国际法的观念始终在哲学上和法律理论上对法律实证主义提
出过多的要求。但是，其体系本身内在的解释并没有陷入一种循环论证
的境地。

五、"温和的一元论"

如果我们试图找出一个自 19 世纪末至 20 世纪上半叶在国际法学界
争论最激烈的主题，并且这种话题有时会被卷入完全是形而上学层面的
争论中，那么这个主题也许就是关于国际法和国内法关系的争论。这种
争论随着二元论理论的发展而不断扩展，这种二元论理论在德国以海因
里希·特里佩尔为代表，紧接着是意大利的迪奥尼斯奥·安齐洛蒂（Dio-
nisio Anzilotti）。他们主张应将国际法和一国的国内法完全区分开来，其
基础则是法律渊源以及法律制度对象的不同，这种观点认为违反国际法
的国内法在一国内部仍是具有法律效力的；这种情形下的国际法和国内

---

⑯ 《维也纳国际条约法公约》第 53 条和第 64 条。

法就像两个没有交叉的圆。

在费尔德罗斯看来，这种区分是基于一种循环论证。费尔德罗斯以其统一的法哲学和理论的观念为基础，发展出一种以自然法为基础的具有普遍性的国际法观念，并且进一步发展为"法律世界观的统一性"。几十年来，他在为数甚多的著述中与二元论理论的代表者进行了持续的讨论。在这种争论的过程中，他的观点发生了一定的变化，这里不予详述。[⑰] 但是，在他之后的理论中出现了最终的确定性表述，即所谓"温和的"或者"分阶段的"一元论，这在恰当性和现实生活方面符合其创造者的学术品格。这种理论将国际法和国内法之间的关系问题与法律制度中规范的优先地位（"优先性"）问题联系起来。针对二元论的批评，费尔德罗斯始终通过法律经验中新的例证来为其"主体建筑"辩护：在与国际法制度的关系方面，一个国家的法律制度从属于国际法制度，它不具有国际法上的主权特性，而仅与其他国际法主体的主权产生关系。主权被描述为一种特殊的权能，各国以国际法为基础而享有主权。这种主权只能在国际法所确定的权能范围内依法行动和展开，虽然这种权能受到很大限制，但其整体恰恰是被称为"主权"。国家的主权及其直接从属于国际法的特性意味着二者的同一性。由此概述的"法律世界观的统一性"并不因为存在违反国际法的国家法而受到侵害。由这种矛盾而产生的冲突可以在国际法程序中通过适用关于国际争端解决和关于国际法上的非正义及其法律后果的国际法规则而得到解决。由此，费尔德罗斯认为，违反国际法的国家法只是一种暂时性的存在，这既不意味着国家法不从属于国际法，也不意味着法律体系的统一性被打破。费尔德罗斯的思想大厦的基础是存在着国际法规则，并且国际法规则的地位要高于一国的法律及其宪法。费尔德罗斯在其早期的著述中将这种超国家的法律称为"国际法宪法"。[⑱] 然而，他在 1926 年出版的《国际法共同体的

---

⑰　Dazu aber B. Simma, „Der Beitrag von Alfred Verdross zur Entwicklung der Völkerrechtswissenschaft", in：H. Miehsler u. a. (Hrsg.), Ius Humanitatis. Festschrift zum 90. Geburtstag von Alfred Verdross (1980) 24 ff.；A. Brodherr, Alfred Verdross' Theorie des gemässigten Monismus (2005).

⑱　Vgl. B. Simma, „Der Beitrag von Alfred Verdross zur Entwicklung der Völkerrechtswissenschaft", in：H. Miehsler u. a. (Hrsg.), Ius Humanitatis. Festschrift zum 90. Geburtstag von Alfred Verdross (1980) 31.

宪法》中是在更宽泛的意义上使用宪法的概念。在该著作中，费尔德罗斯提出一种一般国际法的普遍主义的观念，将此视为一种法律体系，这种法律体系存在于一种统一的价值体系中，并且在实质上是由权能制度所组成。在他生命的最后，费尔德罗斯在其关于普遍的国际法渊源的著述中以及与其他作者合作而成的《一般国际法》中将《联合国宪章》提升为国际共同体的宪法性文件，成为一般国际法的组成部分。通过这些论述，我们应当明确的是，费尔德罗斯仅在一定的范围内被视为现代"立宪主义的"国际法观念的"先驱者"或早期代表，这涉及他为克服公法上的"幻肢痛"而斗争，以类似于国内法中宪法上的结构来理解国际法，并且不断地加强这种认识和理解。[19]

六、 最后的思考

由于空间的原因，笔者只能论述阿尔弗雷德·费尔德罗斯著作中的支柱，即使在这方面也只能以最简短的方式予以论述。

此外，费尔德罗斯还以原创性的、在学术讨论中深具影响力的方式或者完全是以令人铭记的方式对诸多其他国际法问题进行了深入研究。[20]然而，在20世纪的国际法学界，他的声望首先是通过对实证法材料所进行的一种极其系统化的、准确的论述，并且以此为基础形成其令人印象深刻的国际法世界观的统一性。

---

⑲　Zum ganzen neuerdings Th. Kleinlein, Konstitutionalisierung im Völkerrecht（2012）.

⑳　例如，人们会想到他在国家和地区的关系方面借助于"领域内的主权"和"领土主权"这一对概念所做出的卓越的理论工作；会想到他在规则的实施方面，依据一般国际法对国际条约进行解释，先是在国际法研究所（法国），之后在国际法委员会以及为《维也纳国际条约法公约》所做的工作；会想到他借助于"半国际法条约"和"内部的国家共同体法"的法律塑造，在当前的国际法体系中将新的发展联结起来；会想到他对于国际习惯法的不同存在形式的扩展，以及他为奥地利长期保持中立国家地位所奠定的理论基础。

阿道夫·默克尔（Adolf Merkl, 1890—1970）

赫伯特·尚贝克　著　王银宏　译

任何人的一生都是与时代和命运密切相关的，同时也受到历史的限制；这种普遍性的论断也适用于一位国家法学者，即奥地利的阿道夫·默克尔。

一

1890 年 3 月 23 日，阿道夫·默克尔[①]出生在维也纳。维也纳是当时的帝国城市和国都，也是恩斯河下游的大公爵的首府。默克尔的父亲是一位林业学者，默克尔的童年时代在拉克斯（Rax）附近的纳斯瓦尔德（Naßwald）度过，那里是他父亲当时的工作地。

在他的父亲较早地去世之后，阿道夫·默克尔[②]最初是作为家里的独子跟母亲一起生活，后来跟他的妻子埃迪特一起生活，她是一位维也纳律师的女儿，他们居住在施内贝格（Schneeberg）和拉克斯附近，终身

---

① Siehe über Adolf J. Merkl: Autobiographie Adolf Julius Merkl in: Österreichische Rechts- und Staatswissenschaften der Gegenwart in Selbstdarstellungen, geleitet von Nikolaus Grass, Schlern-Schriften 97, Innsbruck 1952, S. 137 ff.

② Herbert Schambeck, Leben und Werk von Adolf Julius Merkl, Schriftenreihe der Niederösterreichischen Juristischen Gesellschaft, Band 55, Wien 1990; Wolf-Dietrich Grussmann, Adolf J. Merkl, Leben und Werk, Schriftenreihe des Hans-Kelsen-Instituts, Band 13, Wien 1989; Adolf J. Merkl Werk und Wirksamkeit, Ergebnisse eines Internationalen Symposions in Wien (22. - 23. 3. 1990), hrsg. von Robert Walter, Schriftenreihe des Hans-Kelsen-Instituts, Band 14, Wien 1990 sowie Wolf-Dietrich Grussmann, Chronologische Bibliographie der Werke Merkls, in: Walter (Hrsg.), a. a. O. S. 279 ff.; und Die Wiener Rechtstheoretische Schule, Schriften von Hans Kelsen, Adolf Merkl, Alfred Verdross, hrsg. von Hans Klecatsky, Rene Marcic, Herbert Schambeck, 2 Bände, Wien, Frankfurt, Zürich 1968, Neudruck Wien 2010, S. 1969 ff.

相爱不渝。他所有的空暇时间都是在拉克斯附近的普莱因（Prein）度过的。默克尔从未有过较长时间的旅行，除了有几次参加德国国家法教师协会的年度大会。他的夫人在他逝世之后去世。

下奥地利的山中风景体现出默克尔对大自然的爱，他后来在倡议中提出制定州自然保护法③就是以下奥地利为出发点的。

阿道夫·默克尔的青少年时期是在一个多民族国家奥地利度过的，最初是学习，后来是参与公共生活。他在纳斯瓦尔德的国民小学毕业之后，进入维也纳的约瑟夫施塔特区的高级中学，后来又到维也纳新城，1908 年高级中学毕业考试之后，在维也纳大学学习法律。

在维也纳大学，阿道夫·默克尔曾跟随埃德蒙·贝纳茨克和汉斯·凯尔森研习国家学，他是该课程最早的三位学生之一，同样给他留下深刻印象的还有哲学教授弗里德里希·约德尔（Friedrich Jodl）、劳伦茨·米尔纳（Laurenz Müllner）、阿道夫·施特尔（Adolf Stöhr），以及特别是来自柏林的教育家和后来的和平主义者弗里德里希·威廉·弗尔斯特（Friedrich Wilhelm Förster）。

默克尔在 1912 年拿到毕业免试证明之后，在 1913 年就作为法律实习生在法院工作，在不到两年的法院实践期间，他曾十一次变换效力方式。1913 年 5 月 31 日，他获得法学博士学位。

1914 年 12 月，阿道夫·默克尔被任命为候补法官，之后，1915 年 1 月 15 日，他进入维也纳市的行政部门，开始了他的行政实践工作，这使他在较短的时间内较为广泛地了解概况。1916 年，阿道夫·默克尔放弃下奥地利州政治上的行政职位实践考试。1917 年 3 月，他得到商务部的任命，在商务部的社会政治部门工作之后，默克尔在 1918 年 1 月 1 日又得到奥匈帝国的社会管理部的任命，在三个月之后又被调任部长会议主席团的国家法办公室，当时部长会议主席约瑟夫·冯·勒文塔尔（Josef von Löwenthal）特别委托他解决国家法问题、奥地利与匈牙利之间的关系、国家法上的准备工作以及布雷斯特-利托夫斯克和布加勒斯特之间

---

③　Beachte Dorothea Mayer-Maly, Das Naturschutzanliegen Adolf J. Merkls, Wiener Natur-schutzNachrichten, 65/1990, S. 3 ff. ; und Ralf Unkart, Merkl und die rechtliche Fundierung des Naturschutzes, in: Walter（Hrsg.）, a. a. O., S. 235 ff.

和平条约的执行。

阿道夫·默克尔的飞黄腾达有多方面的原因值得注意。鉴于奥地利外交部当时的人事政策，没有最低程度的推荐，默克尔作为一介平民在最年轻的时候进入帝国行政机构的中心，这种可能性微乎其微，当然，这同时也是基于他在国家法方面的著述和出版的著作。这里必须着重强调的是，皇帝依据帝国法律第 14 条拥有紧急命令权，通过这项权力，《关于帝国代表的国家基本法》被修改，皇帝弗里茨·约瑟夫还通过行使这项权力来关闭帝国议会，阿道夫·默克尔于 1915 年和 1916 年在《法律报》上发表文章④试图对此进行猛烈地批评。由于审查，一些相应的段落被删除，只有标题和作者的名字明确地得到保留，文章的内容却与之相反。⑤

尽管阿道夫·默克尔持批评的态度，但是鉴于当时占主流的自由主义立场，他的生涯一如既往地继续引人注目，并且他已经为教授资格论文做好了准备。

二

当时对于奥地利而言是决定命运的时期，阿道夫·默克尔不仅作为法学家在其所负责的最高职位上凭借自己的能力做着指导性工作，而且同时已经开始发表范围广泛的著述，他在 26 岁、27 岁和 28 岁时就发表了诸多后来具有重要意义的学术作品，以此奠定了由他创造的众所周知的法律制度的位阶构造理论。

默克尔在 1916 年发表的论文有《法律解释中的法律》⑥ 和《论解释

---

④ Adolf J. Merkl, Die Verordnungsgewalt im Kriege, Juristische Blätter, 44. Jg. , 1915, S. 375 f. , S. 387 f. (因审查被删除), S. 509 ff. ; und 45. Jg. 1916, S. 397 f. , S. 409 ff. , S. 493 ff. , S. 505 ff. , S. 517 ff.

⑤ Siehe dazu die Anmerkungen der Redaktion sowie Merkls anlässlich des Abdrucks des der Zensur zum Opfer gefallenen Artikels in den Juristischen Blättern, 48. Jg. , 1919, S. 337 ff.

⑥ Adolf J. Merkl, Das Recht im Spiegel seiner Auslegung, Deutsche Richterzeitung, 8. Jg. , 1916, Sp. 584 ff. ; 9. Jg. , 1917, Sp. 162 ff. , S. 394 ff. , S. 443 ff. ; und 11. Jg. , 1919, Sp. 290 ff.

问题》⑦，1917 年发表了《法律适用中的法》⑧，1918 年发表了《法的两张面孔：一个法的认识论的研究》⑨ 以及当时的现实性研究《奥地利国家中法的统一》⑩ 和《奥地利的昨天、今天和明天》⑪。

1919 年，阿道夫·默克尔取得大学教授资格，此时，他已经发表 30 篇重要的学术文章，并且出版著作《德意志奥地利共和国的宪法》⑫，对此，他后来在写给阿道夫·沙夫（Adolf Schärf）的信⑬中写道，该书"仅仅是在夜间"完成的。

1918 年 11 月 2 日，即在皇帝卡尔发表退位声明之前，阿道夫·默克尔被任命为部长会议主席团的第一批公职人员，为当时新成立的德意志奥地利共和国的总理卡尔·伦纳（Karl Renner）博士提供服务。阿道夫·默克尔当时是作为国家法学者以及帝国末期的最后一任总理、大学教授海因里希·拉马施（Heinrich Lammasch）博士的亲密顾问，同时也是新建立的共和国的总理卡尔·伦纳博士的亲密顾问。这两位总理都在任期结束时作为行政首脑表达出对于阿道夫·默克尔的衷心感谢，指出阿道夫·默克尔在其任职期间的工作一如既往地卓越，他"无限的尽职的热忱"得到他们的全面认同。⑭

阿道夫·默克尔后来经历了共和国产生的重要道路选择时期、临时

---

⑦　Adolf J. Merkl, Zum Interpretationsproblem, Grünhut'sche Zeitschrift für das Privat- und öffentliche Recht der Gegenwart, Bd. 42, 1916, S. 535 ff., Neudruck in Wiener Rechtstheoretische Schule, a. a. O., 2. Band, S. 1059 ff.

⑧　Adolf J. Merkl, Das Recht im Lichte seiner Anwendung, Sonderabdruck aus der Deutschen Richterzeitung, Hannover 1917.

⑨　Adolf J. Merkl, Das doppelte Rechtsantlitz. Eine Betrachtung aus der Erkenntnistheorie des Rechts, Juristische Blätter, 1918, S. 29 ff.

⑩　Adolf J. Merkl, Die Rechtseinheit des österreichischen Staates. Eine staatsrechtliche Untersuchung auf Grund der Lehre von der lex posterior, Archiv für öffentliches Recht, Band 37, 1918, S. 56 ff.

⑪　Adolf J. Merkl, Das Österreich von gestern, heute und morgen. Eine staatsrechtliche Frage, Österreichische Zeitschrift für Verwaltung, 51 Jg., 1918, S. 189 ff.

⑫　Adolf J. Merkl, Die Verfassung der Republik Deutschösterreich. Ein kritisch-systematischer Grundriss, Wien, Leipzig 1919.

⑬　Adolf J. Merkl, Brief an Adolf Schärf vom 18. November 1955, siehe Grussmann, Adolf J. Merkl Leben und Werk, a. a. O., S. 22 (FN 60).

⑭　Brief des kk Ministerpräsidenten Dr. Heinrich Lammasch an den Ministerialkonzipisten im kk Ministerratspräsidium Dr. Adolf Merkl vom 28. 10. 1918, Zl. n 10. 752 M. P., sowie von Staatskanzler Dr. Karl Renner vom 7. 7. 1920, 1458/9 St. K., an den Ministerialvizesekretär der Staatskanzlei Dr. Adolf Merkl；两者都是来自笔者所持有的遗物。

国民大会和紧随其后的制宪国民大会的发展，以及《联邦宪法法》的产生和发展。默克尔经常参与国务委员会的会议，致力于从国家法方面处理《圣日耳曼条约》及其准备和实施、对帝国时期法律的继承和义务的承担、对少数人权利的保障以及国籍问题等。

为发挥联邦制总理办公室的宪法服务职能，阿道夫·默克尔也被调用参与制宪国民大会的宪法委员会的下设委员会的工作，他是制宪国民大会的宪法委员会的发言人伊格纳·茨塞佩尔（Ignaz Seipel）的密切合作者，因此也参与草拟宪法委员会报告的一些重要部分，同时也参与了《联邦宪法法》的编辑审校工作。汉斯·凯尔森后来评价默克尔"出色地参与和完成了奥地利共和国的第一部联邦宪法的准备工作"[15]。

此外，阿道夫·默克尔在卢多·哈特曼（Ludo Hartmann）教授的邀请下，自1915年起在奥塔克灵的福尔克斯海姆举办成人业余大学的系列讲座，直至1938年，这项工作仍在继续。

之后，阿道夫·默克尔的教学工作主要是在大学。作为其固定的主要职业的工作，他在1920年12月4日成为维也纳大学法学院的副教授，接替去往汉堡任教的鲁道夫·冯·劳恩（Rudolf von Laun）的职位。

在阿道夫·默克尔被聘任为维也纳大学的教授之前，他曾拒绝了来自布尔诺（Brünn）的聘任。1933年年初，阿道夫·默克尔被维也纳大学聘为教授，实际上他在1930年就被授予教授头衔。这发生在汉斯·凯尔森离职去往科隆并且他拒绝了布拉格大学和马尔堡大学的教授职位聘请之后。两年之后，即在1934—1935学年，阿道夫·默克尔被选任为维也纳大学的法学院院长。

三

上述这些年是阿道夫·默克尔在学术上最为高产的时期。仅在1921年，他的著述目录中就显示超过44项成果。

---

⑮　Hans Kelsen, Adolf Merkl zu seinem siebzigsten Geburtstag am 23. 3. 1960, Österreichische Zeitschrift für öffentliches Recht, Band X NP（1960）, S. 315.

在两次世界大战之间的那段时期，默克尔发表的成果中有一些后来被经常引用的论著，例如，1921 年发表的《联邦制国家中职能划分的法律技术问题》[16]，1923 年发表的《民主与行政》[17]，以及与汉斯·凯尔森、格奥尔格·弗勒利希（Georg Fröhlich）共同为 1920 年 10 月 1 日的联邦宪法所作的评注[18]，他在 1923 年出版了专著《基于法律概念的法的效力理论：一种法理论的研究》[19]，该著作超过 300 页。特别值得一提的是他在 1927 年出版的专著《一般行政法》[20]，该著作在国际上引起了强烈的反响，针对该著作发表的诸多书评以及特别是被译为捷克语[21]和西班牙语[22]都是其明证。1969 年，这本长期脱销的著作经过卡尔·科里内克（Karl Korinek）的积极倡议，由达姆斯塔特的学术性著作出版社再版，其中附有卡尔·科里内克所写的导言[23]。

阿道夫·默克尔在这本代表性著作以及后来在 1931 年发表的收录于凯尔森寿诞祝贺文集的论文[24]中详细地论述了法律制度的位阶构造理论，并且进一步推进了作为该理论之渊源的汉斯·凯尔森所提出的纯粹法理论。[25]

在这种法律制度的位阶构造中，一个规范的等级决定了它所具有的撤销性效力。除了最高等级的规范之外，每一个法律条款都具有两个方面的性质：约束其他规范和受到其他规范约束的性质。例如，宪法性条

---

[16] Adolf J. Merkl, Zum rechtstechnischen Problem der bundesstaatlichen Kompetenzverteilung, Zeitschrift für öffentliches Recht, Band I (1921), S. 336 ff.

[17] Adolf J. Merkl, Demokratie und Verwaltung, Wien, Leipzig 1923.

[18] Hans Kelsen/Georg Fröhlich/Adolf Merkl (Hrsg.), Die Bundesverfassung vom 1. 10. 1920, Wien, Leipzig 1922.

[19] Adolf J. Merkl, Die Lehre von der Rechtskraft, entwickelt aus dem Rechtsbegriff. Eine rechtstheoretische Untersuchung, Wiener staatswissenschaftliche Studien, Band 15, Leipzig, Wien 1923.

[20] Adolf J. Merkl, Allgemeines Verwaltungsrecht, Wien, Berlin 1927.

[21] Obecne pravo spravni, (Allgemeines Verwaltungsrecht), Band 1, Praha, Brno 1931, und Band 2, Praha, Brno 1932.

[22] Teoria General del Derecho Administrativo (Allgemeines Verwaltungsrecht), Madrid 1935, und Teoria General del Derecho (Neudruck), Mexico 1980.

[23] Siehe Karl Korinek, Vorwort zum Neudruck von Adolf Merkl, Allgemeines Verwaltungsrecht, Darmstadt 1969, S. VI ff.

[24] Adolf J. Merkl, Prolegomena einer Theorie des rechtlichen Stufenbaus, in Alfred Verdross u. a. (Hrsg.), Gesellschaft, Staat und Recht, Festschrift für Hans Kelsen zum 50. Geburtstag, Wien 1931, S. 252 ff.

[25] Siehe Hans Kelsen, Vorrede zur 2. Auflage „Hauptprobleme der Staatsrechtslehre", entwickelt aus der Lehre vom Rechtssatze, Tübingen 1923, Neudruck Scientia, Aachen 1960, XV.

款仅受到其本质的约束，而执行性规范只具有受到其他规范约束的特性。每一个法律条款都是宪法的具体化关系中的授权体系的一部分。

基于阿道夫·默克尔在宪法的具体化问题包括其连续性问题方面所做出的贡献，他从联邦总理办公室的宪法岗位离职之后，在 1921 年 1 月 3 日也被任命为副教授。直至 1923 年，阿道夫·默克尔仍根据合同履行其法律顾问的职责。在后来的几年中，奥地利国家法的发展没有出现重要的历史阶段，而阿道夫·默克尔没有对此作出批评性评注。㉖ 但是，在这方面，他的责任心主要体现为对于 1929 年宪法修正案的批评㉗，默克尔坚持维护法律的连续性，主张加强直接民主和联邦总统的权力以及深入分析奥地利与德国合并的问题。

应当指出的是，在当时的情形下，默克尔跟汉斯·凯尔森一样，都是在共和国建立之初支持奥地利与德国合并㉘，并且他跟凯尔森还曾致力于研究起草一部适用于整个德意志地区的宪法。相对而言，当时的刑法学界也存在类似的倾向，其中奥地利的费迪南德·卡德卡(Ferdinand Kadecka)以及德国的古斯塔夫·拉德布鲁赫(Gustav Radbruch)曾研究起草一部适用于整个德意志地区的刑法典。

四

支持奥地利与德国合并的阿道夫·默克尔在奥地利属于所谓自由主义者㉙，但是他反对任何专制的、法西斯主义的、国家社会主义的和种族主义的政权。因此，默克尔既批评和反对恩格尔贝特·多尔富斯

㉖ Beispielsweise seien erwähnt Adolf J. Merkl, Zur Trennung Wiens von Niederösterreich, Österreichische Zeitschrift für Verwaltung, 1921, S. 251, sowie zur B-VG-Novelle 1925: derselbe, Epilog zur Verfassungsreform, Der österreichische Volkswirt, 1925, S. 1241 ff. und 1269 ff. ; und derselbe, Die österreichische Verfassungsreform, Preußisches Verwaltungsblatt, Bd. 47, 1926, S. 275 ff.

㉗ Siehe u. a. Adolf J. Merkl, Zur Verfassungsreform. Die Verfassungsnovelle im Licht der Demokratie, Juristische Blätter, 1929, S. 469 ff. ; derselbe, Verfassungsreform und Verfassungslegende, Der österreichische Volkswirt, 1929, S. 293 ff. ; und derselbe, Zur Verfassungsreform, Wiener Neueste Nachrichten vom 20. 10. 1929 und vom 27. 10. 1929, S. 2 f.

㉘ Dazu näher Grussmann, a. a. O., S. 36.

㉙ Siehe Theo Maxer-Maly, Der liberale Gedanke und das Recht, in: Festschrift für Adolf J. Merkl zum 80. Geburtstag, München-Salzburg, 1970, S. 247 ff.

（Engelbert Dollfuß）和库尔特·冯·舒施尼格（Kurt von Schuschnigg）㉚，也反对阿道夫·希特勒。但是，结果是不一样的。

阿道夫·默克尔曾批评所谓"多尔富斯宪法"㉛，包括当时关闭宪法法院㉜；1935 年，他在施普林格出版社出版了至今仍受到国家理论重视的著作《奥地利的等级-专制的宪法：一个批判性-系统性的概论》㉝。此外，在 1937 年 11 月和 12 月以及 1938 年 1 月，他在《奥地利国民经济学家》上发表了一系列文章㉞，探讨了现代国家和民主的基础问题，他的这些探讨并不以当时的宪法为基础。

尽管阿道夫·默克尔在 1933 年之后强烈地批评奥地利，但是他的批评并不带有政党政治的因素，他还毫无阻碍地继续他的教学和出版工作，人们可以不考虑那些个人的以及有敌意的报纸的攻击。库尔特·冯·舒施尼格曾经讲道，他跟埃迪特·默克尔博士有一次一起出席在维也纳举办的法学家舞会。

但是，奥地利在 1938 年 3 月被希特勒德国占领以后，形势的发展出

㉚　Vgl. u. a. Adolf J. Merkl, Legitime Diktatur, Wiener Neueste Nachrichten vom 4. 10. 1932, S. 1 f. ; derselbe, Die Verfassungskrise im Lichte der Verfassung, Der österreichische Volkswirt, 1933, S. 584 f. ; derselbe, Die Suspension der Pressefreiheit, Neue Freie Presse vom 9. 3. 1933, S. 2; derselbe, Die Beschränkungen der Vereins- und Versammlungsfreiheit, Neue Freie Presse vom 28. 3. 1933, S. 4; derselbe, Der Verfassungskampf, Arbeiterzeitung vom 26. 3. 1933, S. 5 f. ; und derselbe, Die Führerstellung des Bundeskanzlers, Juristische Blätter, 65. Jg. , 1936, S. 177 ff.

㉛　Vergleiche Adolf J. Merkl, Das neue Verfassungsrecht, Juristische Blätter, 63. Jg. , 1934, S. 201 ff. , S. 225 ff. , S. 265 ff. , S. 290 ff. , S. 357 ff. ; derselbe, Österreichs neue Verfassung, Wiener neueste Nachrichten vom 1. 4. 1934; und derselbe, Die Wende des Verfassungslebens, Wiener Neueste Nachrichten vom 1. 5. 1934. Beachte dazu Norbert Leser, Merkls Analyse der ständisch-autoritären Verfassung, 1934, in: Walter (Hrsg.), a. a. O. , S. 213 ff.

㉜　Siehe Adolf J. Merkl, Sein oder Nichtsein des Verfassungsgerichtshofes, Wiener Neueste Nachrichten vom 9. 3. 1933; beachte auch derselbe, Den politischen Parteien ins Gewissen!„Sein oder Nichtsein des Verfassungsgerichtshofes", Der Staatsbürger, Beilage der Salzburger Nachrichten, 12. Jg. , 1959, S. I f. , und Helmut Pichler, Merkl zur Verfassungs- und Verwaltungsgerichtsbarkeit, in: Walter (Hrsg.), a. a. O. , S. 257 ff.

㉝　Adolf J. Merkl, Die ständisch-autoritäre Verfassung Österreichs. Ein kritisch-systematischer Grundriss, Wien 1935.

㉞　Adolf J. Merkl, Probleme der ständischen Neuordnung Österreichs, Wien 1938, Sonderabdruck einer Aufsatzreihe aus dem österreichischen Volkswirt, in welchem Merkl folgende Themen behandelte: Das Ständeparlament, Der österreichische Volkswirt, 1937, S. 111 ff. ; Die Fragen des ständischen Wahlrechts, Der österreichische Volkswirt, 1937, S. 171 ff. ; Ständische Staatsverfassung und ständische Selbstverwaltung; Der österreichische Volkswirt, 1937, S. 191 ff. ; Die staatspolitische Bedeutung der Ständeordnung, Der österreichische Volkswirt, 1938, S. 299 ff.

乎阿道夫·默克尔的预料。他在 1938 年 4 月被迫离职。后来，默克尔被盖世太保审问，当时，他强烈地反对阿道夫·希特勒，认为人们在当时的形势下觉得，他似乎完全丧失理智。

1939 年 12 月，阿道夫·默克尔持续地处于退休状态。于是，他尝试作为助手进行税务方面的工作，为此，他还在阶梯教室中上相应的预备课程。1941 年 10 月，这种状况发生了改变，他受到委托，代为履行图宾根大学的一个公法教授职位之责，那里有一些志趣相投的同事等待他的到来。在回到维也纳之后，默克尔仍跟其中的一些同事保持有联系，例如埃里希·费希纳（Erich Fechner）。

在第二次世界大战和纳粹政权的统治结束之后，默克尔成为所在学院的"无忧无虑之人"，同时他的大学任教资格也扩展至国际法。

1948 年 11 月 11 日，阿道夫·默克尔再次被聘任为维也纳大学的教授，他在 1950 年夏季学期再次继续其教学工作，直至 1965 年退休。

五

值得注意和强调的是，1938 年至 1945 年的这段时间对于阿道夫·默克尔而言不仅是他本人的一段艰难的时期，而且也是他确立新的研究重点的时期。总的来说，由于种族主义和政治上的原因，阿道夫·默克尔对迫害和纳粹统治的结果感到恐慌。基于这些原因，他在第二次世界大战之后，直至 1970 年去世，比以前更多地专注于法伦理学问题[35]的研究。作为法律规范形式理论的大师，他在经历过滥用实证法的令人可怕的体验之后，转向注重法的实质内容。

他在 1945 年之后发表的大量论著都指向这种基础性研究，例如《现代国家的建筑风格》[36]《民族史和民族法阐释中的难民问题》[37]《拒绝服兵

---

[35]　Dazu siehe näher Herbert Schambeck, Ethik und Demokratie bei Adolf Merkl, in: Walter (Hrsg.), a. a. O., S. 266 ff. und derselbe, Ethik und Staat, Schriften zum öffentlichen Recht, Band 500, Berlin 1986.

[36]　Adolf J. Merkl, Baustile des modernen Staates, Universitas, 1. Jg., 1946, S. 225 ff.

[37]　Adolf J. Merkl, Das Flüchtlingsproblem in volkstumsgeschichtlicher und volkstumsrechtlicher Beleuchtung, Christ unterwegs, 2. Jg., 1948, Nr. 4, S. 4 ff.

役与争取和平运动》㊳《永恒的自由遗产》㊴《顺从的悲剧》㊵《对战犯的赦免?》㊶《现代德国中的新自然法体系作为制定法危机的表达》㊷《政治自由的理念与形态》㊸ 以及《作为学术认知对象的正义和国家》㊹。

阿道夫·默克尔特别致力于两个主题领域的研究：奥地利宪法制度的发展㊺和自然保护㊻。

关于奥地利的国家法制度，阿道夫·默克尔在第二次世界大战结束

㊳　Adolf J. Merkl, Kriegsdienstverweigerung und Friedensbewegung, Friedenswarte, 1949, Nr. 3, S. 123 ff.

㊴　Adolf J. Merkl, Unvergängliches Freiheits-Erbgut, in: Festschrift für Heinrich Klang zum 50. Geburtstag, Wien 1950, S. 14 ff.

㊵　Adolf J. Merkl, Tragödie des Gehorsams, Stuttgarter Zeitung vorn 20. 1. 1950, S. 3.

㊶　Adolf J. Merkl, Gnade für Kriegsverbrecher?, Zukunft, April 1951, S. 114 ff.

㊷　Adolf J. Merkl, Neue Naturrechtssysteme im heutigen Deutschland als Ausdruck der Krise des gesatzten Rechts, Vortrag, gehalten vor der Juristischen Gesellschaft am 7. 12. 1950, Juristische Blätter, 1951, S. 60 ff.

㊸　Adolf J. Merkl, Idee und Gestalt der politischen Freiheit, in: Max Imboden u. a. (Hrsg.), Demokratie und Rechtsstaat, Festschrift für Zaccharia Giacometti, Zürich 1953, S. 163 ff.

㊹　Adolf J. Merkl, Gerechtigkeit und Staat als Gegenstand wissenschaftlicher Erkenntnis, Anzeiger der philosophisch-historischen Klasse der österreichischen Akademie der Wissenschaften. 1957, Nr. 22, S. 353 f.

㊺　Hervorgehoben seien Merkl, Die Verfassung der Republik Deutschösterreich, a. a. O.; derselbe, Zur Verfassung unserer Republik, Juristische Blätter, 48. Jg., 1919, S. 147 ff. und 181 ff.; derselbe, Die deutschösterreichische Bundesverfassung, Deutsche Juristen-Zeitung, 1921, Sp. 18 ff.; Kelsen/Fröhlich/Merkl, Die Bundesverfassung vom 1. 10. 1920, a. a. O.; derselbe, Epilog zur Verfassungsreform, a. a. O.; derselbe, Das neue Verfassungsrecht, a. a. O.; derselbe, Verfassungsreform in Österreich, a. a. O.; derselbe, Zur Verfassungsreform, a. a. O.; derselbe, Das neue Verfassungsrecht, a. a. O.; derselbe. Die Wende des Verfassungslebens, neue Verfassungsrecht, a. a. O.; derselbe, Die ständisch-autoritäre Verfassung Österreichs, a. a. O.; derselbe, Probleme der ständischen Neuordnung Österreichs, a. a. O.; und derselbe, Gedanken zur Entstehung und Entwicklung der Republik Österreich und ihrer Verfassung, in: Hans Lentze/ Peter Putzer (Hrsg.), Festschrift für Ernst C. Hellbling zum 70. Geburtstag, Salzburg 1971, S. 517 ff. Dazu Heinz Schäffer, Merkl Darstellung und Kritik des B-VG 1920 und seiner Entwicklung, in: Walter (Hrsg.), a. a. O., S. 159 ff.

㊻　默克尔关于这个主题的著述非常广泛，这里列举如下：Adolf J. Merkl, Das Walderhaltungsgesetz, Österreichische Zeitschrift für Verwaltung, 54. Jg., 1921, S. 250 f.; derselbe, Das Naturschutzgesetz, Eine Entgegnung, Juristische Blätter, 1925, S. 86 ff.; derselbe, Erreichtes und Erstrebtes im Naturschutz, Blätter für Naturkunde und Naturschutz, 16. Jg., 1929, S. 45 ff.; derselbe, Das Wiener Naturschutzgesetz und wir, Blätter für Naturkunde und Naturschutz, 22. Jg., 1935, S. 161; derselbe, Naturschutzgebiete in Österreich, Mitteilungen des deutschen und österreichischen Alpenvereins, Band 50 NF, 1934, S. 111 f.; derselbe, Naturkenntnis, Naturliebe, Naturschutz, Blätter für Naturkunde und Naturschutz, 28. Jg., 1941, S. 41 ff.; derselbe, Wann erhält Österreich seinen ersten Nationalpark?, Naturschutz 1960, Nr. 17, S. 34 ff.; und derselbe, Die Verunreinigung der Gewässer als innerstaatliches und internationales Rechtsproblem, Diskussionsbeitrag, Verhandlungen des 1. österreichischen Juristentages, II/3, 1961, S. 43 ff. 。

之后的研究涉及奥地利被占领的理论根据,[47] 即奥地利在 1938 年至 1945 年被希特勒德国占领,不是因为失去了权利能力,而是因为失去了行为能力,因此,他坚持国际法上的主体性。

在任图宾根大学教授时,阿道夫·默克尔认为,法律的连续性问题对于奥地利具有重要意义,这在后来签订 1955 年国家条约时被证明是正确的。他在这方面的思想特别是概括性地体现在他发表的论文《奥地利与德意志帝国的合并———一个历史的阐释》和《奥地利在 1938 年至 1945 年成为德意志帝国的一部分》[48] 之中,可以明确地说,阿道夫·默克尔对于奥地利成为政党国家的发展道路持批判态度。默克尔的批判性观点首先体现为———原则上持肯定态度,如阿道夫·默克尔自己的表述,"政治上的政党负有维续国家的责任"———人事上的议会比例代表制与宪法上的平等要求之间的关系以及加入议会党团的强制性与自由的议会席位之间的关系。[49]

除了这种国家法和政治上的现实问题之外,阿道夫·默克尔终身致力于自然保护问题并将其视为自己的责任。若根据现在的思想范畴和评价标准,人们完全可以称阿道夫·默克尔是"第一位绿党成员"!阿道夫·默克尔对奥地利各州自然保护法的制定发挥了重要作用,并且数十年内一直在德国自然保护区协会的领导机构任职,其职位长时间位列主席阿尔弗雷德·特普费尔(Alfred Töpfer)之后。

令人惊讶的是,阿道夫·默克尔年龄越大,越能在一个始终不断扩展的领域内加深对问题的研究,而这些研究已经超出了纯粹的形式法学

　　[47]　Vgl. Adolf J. Merkl, War Österreich von 1938 bis 1945 Bestandteil des Deutschen Reiches?, Archiv für öffentliches Recht, Band 82, 1957, S. 480 ff. ; derselbe, 13. 3. 1938 -Schicksalstag als Rechtsproblem, Der Staatsbürger, 16. Jg. , 1963, Nr. 5, S. 1 ff. ; und derselbe, Okkupation oder Annexion? Die Rechtsstellung Österreichs in der Zeit der Beherrschung durch das Hitler-Reich, in: Anton Burghardt u. a. (Hrsg.), Im Dienste der Sozialreform, Festschrift für Karl Kummer, Wien 1965, S. 425 ff.

　　[48]　Adolf J. Merkl, Der Anschluss Österreichs an das Deutsche Reich—eine Geschichtslegende, Juristische Blätter, 1955, S. 439 f. ; und derselbe, War Österreich von 1938 bis 1945 Bestandteil des Deutschen Reiches, Archiv des öffentlichen Rechts, 1957, S. 480 ff.

　　[49]　Adolf J. Merkl, Der Staat und die politischen Parteien, Jahrbuch des österreichischen Gewerbevereins, 1962, S. 62 ff. und derselbe, Das Unbehagen im Parteienstaat. Die Antwort der Verfassung, Forum, 6. Jg. , 1959, Nr. 62, S. 50 ff.

的领域。默克尔的法学思想没有局限于某一个学科，但是有着清晰的发展脉络。他讲授的课程除了奥地利宪法和行政法之外，还有一般国家理论和行政理论的大课，以及多年来的关于"自由与正义"的研讨课；我曾参加他的这个研讨课的学习并担任研讨课的助手，通过研讨课的学习，我认识了他和该研讨课的前任助手多罗特娅·迈尔-马利（Dorothea Mayer-Maly），她认为阿道夫·默克尔功勋卓著，这对我后来的职业之路和人生之路都产生了决定性的影响。

六

阿道夫·默克尔在他的青年时期就发表了诸多引人注目的研究成果，例如关于法的位阶构造理论，致力于实证法的形式研究，在晚年又探讨实证法的滥用。在经过对法律的形式研究之后，他致力于探讨法的内容。这特别地体现在他在 1961 年发表的两篇重要论文《基督教伦理视野中针对国家权力的反抗权》[50] 以及《祝贺汉斯·凯尔森八十寿诞：纯粹法理论与道德秩序》[51] 中。

作为法的位阶构造理论的大师，阿道夫·默克尔曾经历过他曾论述的形式法律的滥用，并且因此认识到，即使在 20 世纪，法律也可能被滥用，用来侵害人们的自由和尊严。默克尔因此经常深信不疑地说道："有一些时代能够成为更值得人们尊敬的时代，这样的时代应是通过国家而逝去，而不是为了国家而逝去。"

阿道夫·默克尔在晚年写下的下述内容完全是他生活的自白，亦即前述引用的祝贺汉斯·凯尔森八十寿诞的论文《纯粹法理论与道德秩序》，当时的《奥地利公法杂志》以专门的期号予以刊发："纯粹法理论恰恰是针对混合了其他规范性和解释性的科学知识，通过相应的判断而形成的一种理论的必要，是一种关于法的突破。因为法被过多地视为人

---

[50] Adolf J. Merkl, Das Widerstandsrecht gegen die Staatsgewalt im Lichte christlicher Ethik, in: Joseph Höffner u. a. (Hrsg.), Naturordnung in Gesellschaft, Staat, Wirtschaft, Festschrift für Johannes Messner, Innsbruck, Wien, München 1961, S. 467 ff.

[51] Adolf J. Merkl, Zum 80. Geburtstag Hans Kelsens. Reine Rechtslehre und Moralordnung, Österreichische Zeitschrift für öffentliches Recht, Band XI NF, 1961, S. 293 ff.

类的创造，在正义的试验和讽刺之间摇摆，因此需要通过一种法伦理学来对法理论予以补充。"[52]

因此，阿道夫·默克尔有意识地转回到他发表的第一篇论文[53]中的思想。这篇论文是针对埃里希·容（Erich Jung）的著作《自然法的问题》所写的书评，发表在 1914 年的《公法杂志》。[54] 阿道夫·默克尔的阐释似乎带有宗教信仰的意味，他认为自然法的特殊使命就是"永久地成为'实证法的规则原则'"[55]。他在这里强调，"国家的命令具有约束力，不是来源于其起源，而是来源于跟法的理念协调一致"[56]。后来，阿道夫·默克尔在 1918 年发表的论文《法的两张面孔》[57] 和 1923 年出版的著作《法的效力理论》[58] 中，所有涉及法律制度的论述都没有忽视这种前实证的联系。

不应忽视的是，阿道夫·默克尔对于天主教的社会理论中国家法内容的研究，其出发点是教皇的教义性言论，例如他在 1934 年[59]和 1961 年[60]发表的论文。

然而，这里论述的阿道夫·默克尔的生平及其成就并不是完整的，人们不可能通过本文尽可能多地了解到自己想要了解的关于阿道夫·默

---

[52] Zum 80. Geburtstag Hans Kelsens, a. a. O., S. 313.

[53] Merkl, Selbstdarstellung, a. a. O., S. 139, 该文指出，尽管已经过去了 35 年，但是，现在仍有其意义。

[54] Adolf J. Merkl, Buchbesprechung von: Erich Jung, Das Problem des natürlichen Rechts, Zeitschrift für öffentliches Recht, I. Jg., 1914, S. 570 ff.

[55] Buchbesprechung Jung, a. a. O., S. 570.

[56] Buchbesprechung Jung, a. a. O., S. 570.

[57] Merkl, Das doppelte Rechtsantlitz, a. a. O., S. 29: "自然法根源的特性在于一直都不缺乏虚构的法秩序。任何实证法规范都曾经历过自然法上的规范性这个阶段；那里对于'自然法学者'的批评并不准确，而是首先应当确立法律大厦的基石。"

[58] Merkl, Die Lehre von der Rechtskraft, a. a. O., S. 210: "若将其作为相互关联的现象的整体，以一个词来表达就是法律体系，将其作为一个法的宇宙来理解，那就意味着法律形式的混乱，更准确地说，必须将其作为一个共同起源的结果来看待。一个本源性规范不是其他东西，而是由其派生而来的规范的总和，这是一个法律现实，它仅仅所表现出的不现实的假象是，它从未将实证法的外在形式分离出去；特别是从未作为所谓的成文法而出现。"

[59] Adolf J. Merkl, Der staatsrechtliche Gehalt der Enzyklika Quadragesimo anno, Zeitschrift für öffentliches Recht, Band XIV, 1934, S. 208 ff., Neudruck in Wiener Rechtstheoretische Schule, a. a. O., 1. Band, S. 381 ff.

[60] Adolf J. Merkl, Der staatsrechtliche Gehalt der Sozialenzykliken und die Möglichkeit ihrer Verwirklichung in der Gegenwart, in: Nikolaus Hovorka (Hrsg.), Siebzig Jahre Enzyklika „Rerum novarum", Schriftenreihe des Instituts für Sozialpolitik und Sozialreform, Heft 15, Wien 1961, S. 29 ff.

克尔的人生。

阿道夫·默克尔是易于知足的，甚至带有些许禁欲主义，虽然他自信和相信自己的观点的正确性，这在他的著述中随处可见，但他从未固执己见、自以为是。他本人是内向寡言的、谨慎自制的，甚至几乎是令人感到冷漠的，但是热衷于他的事业。在这方面，他从未吝惜自己的责任心。只要他处于健康的状况，他就对当前的主题或读者来信的内容发表自己的意见，投身于自己的事业。他终生关注自然保护和保障少数人的权利，后来也参加抗议活动与和平运动，但从不滥用思想武器！

七

阿道夫·默克尔参与了他所在时代的发展，特别是参与了政治和法律的发展，当然，应予批评的是，他从未试图跳出与国家的代表人物之间的联系。

阿道夫·默克尔在其晚年更加得到外界的认可。从他发表论著的早期，他自始就得到人们的敬佩，并且引起强烈的反响，直到他被传讯出庭一直如此。他后来发现外界对他的认可和肯定不同于汉斯·凯尔森和阿尔弗雷德·费尔德罗斯，虽然他没有积极反抗，但是他的所作所为给人留下了深刻的印象。在阿道夫·默克尔70岁时，教会、国家和学术界授予他诸多荣誉：因斯布鲁克大学、图宾根大学、萨尔茨堡大学和塞萨洛尼基大学授予他名誉博士学位；教皇保罗六世授予他西尔维斯特勋章中的骑士十字勋章；奥地利共和国授予他大银质荣誉勋章，维也纳市授予他金质荣誉奖章以及人文社会科学奖，下奥地利州授予他金质骑士十字勋章。

1970年8月22日，终身患有心脏病的阿道夫·默克尔完成了他一生的事业。维也纳教区在中央公墓为他举行荣誉葬礼，阿道夫·默克尔被安葬在总统墓地的左边。一生都给政治上的代表人物提供咨询的阿道夫·默克尔应该满足于这种距离，现在，在他们的墓地旁边找到了他最后的长眠之地。

　　阿道夫·默克尔的著述范围广泛、内容丰富⑥，其思想影响超越了他的世俗生活，他是维也纳法律理论学派⑥中除汉斯·凯尔森和阿尔弗雷德·费尔德罗斯之外的重要代表人物，并且继续对法的发展产生影响。长期担任奥地利宪法法院法官并且后来担任院长的卡尔·科里内克以自己的经历为基础评价道，阿道夫·默克尔"为现在的奥地利国家法理论奠定了基础，也为宪法法院的司法实践中主流的方法论立场奠定了基础，使宪法法院坚持一种以价值为中心的温和的实证主义……"⑥。通过这种方式，阿道夫·默克尔在逝世之后仍继续对诸多维度的法律思想产生影响。阿道夫·默克尔作为法学家不仅努力地为法学知识做出了贡献，而且为法律良知做出了贡献。在他看来，法从来都不是其目的本身，而是有其适用的功能；法应当服务于人性和人道。

---

　　⑥ Siehe Adolf J. Merkl, Gesammelte Schriften, hrsg. von Dorothea Mayer-Maly, Herbert Schambeck, Wolf-Dietrich Grussmann, 6 Bände, Berlin 1993－2009.

　　⑥ Näher Herbert Schambeck, Adolf Merkl und die Wiener Rechtstheoretische Schule, in: derselbe, Der Staat und seine Ordnung, ausgewählte Beiträge zur Staatslehre und zum Staatsrecht, hrsg. von Johannes Hengstschläger, Wien 2002, S. 781 ff.

　　⑥ Karl Korinek, Besprechung von Wolf-Dietrich Grussmann, Adolf Julius Merkl—Leben und Werk, Zeitschrift für Verwaltung, Wien 1990, S. 23.

赫尔曼·黑勒（Hermann Heller, 1891—1933）

乌韦·福尔克曼　著　王银宏　译

一、在逝世后的声誉与忘却之间

　　赫尔曼·黑勒与卡尔·施米特、汉斯·凯尔森和鲁道夫·斯门德一起至今仍被视为魏玛时期国家法理论的领军人物：就像人们通常温和地称呼那样，被称为魏玛时期的"四大国家法学者"[①]。在他们当中，黑勒是我们最少论及的一位。施米特一如既往地以其著述占据着一极，并且再次为当时政治上的左翼政党提供了国际支持，[②] 斯门德的整合理论至今仍被联邦宪法法院在裁决中引用，[③] 凯尔森以其同样冷静的思考和与道德无涉的关于法律的理论经历了一个少有的复兴时期。[④] 只有赫尔曼·黑勒的著作逐渐地被人遗忘。1983 年，在他逝世 50 周年之际几乎没有人反对如下观点，即他的著述已经"完全成为德国国家理论和宪法理论中理所当然的一部分"[⑤]：黑勒恰恰被国家法理论的一个完整的时代再次发现，他的著述成为一个新的、独立的宝库，不管黑勒的其他法律思想如

[①]　其特征可参见赫尔穆特·舒尔策-菲利茨（Helmuth Schulze-Fielitz）所写的关于鲁道夫·斯门德的文章。

[②]　Z. B. Ch. Mouffe, Über das Politische, 2005; dies., Agonistik-Die Welt politisch denken, 2014; G. Agamben, Homo sacer, dt. 2002, S. 13 ff.

[③]　参见赫尔穆特·舒尔策-菲利茨所写的关于鲁道夫·斯门德的文章；较近的例子是对于将选举作为"政治整合的基础"的阐释，BVerfGE 123, 39（68）。

[④]　Vgl. dazu die Beiträge in M. Jestaedt（Hrsg.）, Hans Kelsen und die deutsche Staatsrechtslehre, 2013, zum Thema dort namentlich C. Schönberger, Kelsen-Renaissance? Ein Versuch über die Bedingungen ihrer Möglichkeit im deutschen öffentlichen Recht der Gegenwart, S. 207 ff.

[⑤]　W. Fiedler, Materieller Rechtsstaat und soziale Homogenität, JZ 1984, 201（201 ff.）.

何，马斯特里赫特判决表明，在十年后，甚至联邦宪法法院也应当给予其应有的敬重。[6] 但是，他在当时作为主要证人所持的立场使很多人感到恼怒。[7] 赫尔曼·黑勒当时基本上已经再次保持沉默。在政治学中，他始终被视为一位重要的奠基者，并且受到人们的敬重，[8] 但是，他作为法学家则再次遭到失败。[9] 新近的研究大多仍是关注他的历史形象，同时也比较研究其当时的时代及相关论辩。[10] 最近几次在他逝世整十周年时，没有举办任何关于他的纪念研讨会、座谈会，也没有出版纪念文集。[11] 在此，他跟其他学者一样，以同样的方式得到纪念，他所具有的意义可能在长时间内远远超过其他一些学者。[12] 赫尔曼·黑勒正逐渐地再次重新得到人们的重视，他极其短暂的一生给人的印象是：一个边缘者的形象。

二、生平

对于外界的人来说，赫尔曼·黑勒在当时首先为人所知的是他的犹太出身，之后是他的政治态度以及他的性格。赫尔曼·黑勒是一位律师

---

⑥　BVerfGE 89, 155 (186).

⑦　相应的批评，参见 O. Lepsius, Die Wiederentdeckung Weimars durch die bundesdeutsche Staatsrechtslehre, in: C. Gusy (Hrsg.), Weimars lange Schatten— „Weimar" als Argument nach 1945, 2003, S. 354 (386); R. van Ooyen, Homogenes Staatsvolk statt europäische Bürgerschaft: 联邦宪法法院引用黑勒的观点，认为施米特否定了凯尔森关于民主的法律共同体的后民族主义观念, in: M. Llanque (Hrsg.), Souveräne Demokratie und soziale Homogenität, 2010, S. 261. 当然，联邦宪法法院在这方面错误地理解了黑勒关于"同质性"的概念，参见本文第四部分的内容。

⑧　Vgl. W. Bleek, Geschichte der Politikwissenschaft in Deutschland, 2001, S. 220 ff.; M. Henkel, Hermann Hellers Begründung der Politikwissenschaft, in: M. Llanque (Hrsg.), Souveräne Demokratie und soziale Homogenität, 2010, S. 208 ff.

⑨　R. 沃尔夫已对此提出怀疑性的评价，参见 R. Wolf, Hermann Heller, KJ 26 (1993), 500 (502)。

⑩　K. Groh, Demokratische Staatsrechtslehrer in der Weimarer Republik, 2010, dort S. 140 ff., 208 ff., 272 ff., 371 ff., 514 ff., 当时是关于他著作的不同方面; zuvor bereits W. Fiedler, Das Bild Hermann Hellers in der deutschen Staatsrechtswissenschaft, 1994。

⑪　S. demgegenüber noch Chr. Müller/I. Staff (Hrsg.), Der soziale Rechtsstaat. Gedächtnisschrift für Hermann Heller 1891 - 1933, 1984; 一年后又出版了该卷的缩减本, vgl. dies., Staatslehre in der Weimarer Republik. Hermann Heller zu ehren, 1985。无论如何，黑勒现在被兰奎列入"国家理解"系列，并成为其中的代表。Vgl. M. Llanque (Hrsg.), Souveräne Demokratie und soziale Homogenität, 2010.

⑫　此外，还有上一次举办的关于大学以及学院的周年纪念日的相关活动, C. Franzius, Hermann Heller: Einstehen für den Staat, in: Festschrift 200 Jahre Juristische Fakultät der Humboldt-Universität zu Berlin, 2010, S. 637 ff.。

的儿子，1891 年 7 月 17 日出生于奥尔萨河畔的特申（Teschen an der Olsa），这是位于摩拉维亚和加利西亚之间的一个省级城市。他曾在维也纳、格拉茨、因斯布鲁克和基尔学习法学和国家学；从 1915 年 12 月 18 日起，他在格拉茨志愿加入奥地利军队，在回家休假期间，他获得了一个非正式的"战争博士学位"。[13] 在战争期间，他还进行着关于"黑格尔与民族的政权国家思想"的研究，通过这项研究——明显得到古斯塔夫·拉德布鲁赫的有力支持——他于 1920 年 3 月 10 日在基尔获得大学授课的资格。在此前一天，他加入德国社会民主党，但是附有明确的条件，即不将国际主义和历史唯物主义作为其基础：这已是处于两难的境地。仅仅几天之后，为反对爆发的卡普政变，他跟拉德布鲁赫一起加入工人抵抗组织，之后被捕；当时已经签发了死刑判决，但是没有执行死刑，因为政变在此之前就失败了。[14] 接下来的几年中，他致力于国民教育和工人教育：先是在基尔，他跟拉德布鲁赫一起创办了一所业余大学，从 1921 年起——作为新成立的国民教育机构的领导人——在莱比锡工作。他在当时及其他情况下撰写的论著表明他是一个理想主义者和极具热情之人，[15] 具有为实现社会主义的内在热情，他再次执着地追求社会主义并且坚定地反对完全强调民族国家建设。[16]

　　大约自 20 世纪 20 年代中期，黑勒再次转而研究国家与法的重大理论问题并且致力于学术研究，同时也试图跟莱比锡大学及当时的领导取得联系，如特奥多尔·利特。他的研究很快出版了重要成果《现代政治思想危机》（1926 年）和《主权》（1927 年），以及关于帝国宪法、国家

---

　　[13]　这里及下文的相关信息基本都是引用 K. 迈耶的论述，参见 K. Meyer, Hermann Heller. Eine biographische Skizze, PVS 7（1967），S. 293 ff., auch abgedruckt in Chr. Müller/I. Staff（Hrsg.）, Der soziale Rechtsstaat. Gedächtnisschrift für Hermann Heller 1891－1933, 1984, S. 65 ff.；ferner aus Chr. Müller, Hermann Heller：Leben, Werk, Wirkung, GS III, S. 429 ff.。

　　[14]　Schilderung bei G. Radbruch, Kapp-Putsch in Kiel, in：ders., Gesamtausgabe, Bd. 16, 1988, S. 298 ff.；Hellers Beitrag eher relativierend W. Fiedler, Materieller Rechtsstaat und soziale Homogenität, JZ 1984, 203.

　　[15]　从他相关的经验报道的前言中可见一斑："我极力主张，这里所述的所有人的教育工作来自一颗神圣的、炽热的心。"Heller, Freie Volksbildungsarbeit, GS I, S. 623（625）.

　　[16]　参见其《社会主义与国家》，首次发表于 1925 年，根据其前言，他没有明确地考虑到"右翼和左翼的党派官员中在精神上不易改变的那些人"，Heller, Freie Volksbildungsarbeit, GS I, S. 439；关于社会主义思想中民众教育工作的根据，参见 ders., Freie Volksbildungsarbeit, GS II, S. 638 ff., 652 ff.。

理论和宪法理论、政治理论的诸多论文，他的论著之间没有明确的学科边界；后来在较为广泛的范围内参与与即将来临的法西斯主义及其专制的论争，其成果全面地体现在《欧洲与法西斯主义》（1929 年）。[17] 1927年，他在德国国家法教师协会的年度大会上做了关于帝国宪法中的法律概念的报告；1928 年，他在柏林获得了第一个教职——当然是副教授；1932 年，他获得法兰克福大学的教职——这次是正教授。从外在看，黑勒当时的学术研究得到了魏玛共和国的接纳。但是，他仍是一个孤独的战斗者：其论著中闪耀的智慧和理性得到了专业的尊重，但是他的立场得到大多数的反对，并且可能没有人真正支持他；据报道，他所有的聘任的结果都是受到当时同事的明显抵制。[18] 1932 年，在国务法院进行的"普鲁士诉帝国"案件中，黑勒代表德国社会民主党-州议会一方出庭；另一方的代表则是卡尔·施米特。[19] 在此期间，他开始写作《国家理论》一书，但是他所规划的这部巨著最终没有完成。1933 年 3 月在伦敦演讲逗留期间，他获悉国家社会主义者掌权，他不可能再回到德国，最终决定接受马德里的客座教授职位；1933 年 11 月 5 日，他因一种心脏病的迟发性后遗症在马德里逝世，年仅 42 岁，他在第一次世界大战的前线时就曾罹患此病。

　　尽管如此，人们对于黑勒的学者身份之外之事所知甚少。在同时代人看来，他是好争论的、脾气暴躁的，始终准备着打站在他近处之人的头。[20] 1920 年，在基尔期间，他跟当时著名的女舞者格特鲁德·法尔克（Gertrud Falke）结婚，她是一个北德意志乡土诗人的女儿；他们如何相互认识并结婚的并不为人所知。但是，他后来在 20 年代末与狂热的天主

[17]　这是他在意大利居留六个月的成果，详见 K. Meyer, Hermann Heller. Eine biographische Skizze, PVS 7 (1967), S. 308 f. 。

[18]　Vgl. Chr. Müller, Hermann Heller: Leben, Werk, Wirkung, GS III, S. 438 f.; K. Meyer, Hermann Heller. Eine biographische Skizze, PVS 7 (1967), S. 308 ff.

[19]　Dazu im Einzelnen A. Kaiser, Preußen contra Reich. Hermann Heller als Prozeßgegner Carl Schmitts vor dem Staatsgerichtshof, in: Chr. Müller/I. Staff (Hrsg.), Der soziale Rechtsstaat. Gedächtnisschrift für Hermann Heller 1891–1933, 1984, S. 287 ff.

[20]　Vgl. die Schilderung bei F. Borinski, Hermann Heller: Lehrer der Jugend und Vorkämpfer der freien Erwachsenenbildung, in: Chr. Müller/I. Staff (Hrsg.), Der soziale Rechtsstaat. Gedächtnisschrift für Hermann Heller 1891–1933, 1984, S. 89 (109 f.); K. Meyer, Hermann Heller. Eine biographische Skizze, PVS 7 (1967), 313.

教徒和抒情诗人伊丽莎白·朗盖瑟(Elisabeth Langgässer)育有一个女儿，人们对于他们之间的关系非常感兴趣。虽然黑勒承认自己的父亲身份，但是这个孩子从未想见他；[21] 她后来被她的母亲独自送到集材场，在特莱西恩施塔特和奥斯维辛生活，并且写了一本关于犹太人被迫害和死亡集中营的书，这本书成为最感人的书之一。[22]

三、 方法论的特殊之路

　　黑勒在学术方面，除了他的基本政治态度之外，首要的是他独创的方法论：具有重要的独立性和原创性，但是不跟具有竞争性的流派有联系。他运用的方法论在诸多方面是不清晰和难于理解的；更确切地说，他的方法论跟其他方法论大体上没有明确的界限，但是他的方法论在叙述和更进一步的阐释方面谋求对自身的积极认可。对于黑勒来说，他的主要对手就是法律实证主义，例如在帝国时期发展成为国家法的主流学说的格贝尔、拉班德和格奥尔格·耶利内克，以及后来主张纯粹法理论和推进外在逻辑结果的汉斯·凯尔森。那些相互联系的方面正是黑勒意欲克服的：严格区分实然和应然，他认为这种区分又消解在凯尔森自己的建构中；[23] 国家及其法律取代了道德基础，他认为这同时也成为当时政治危机的一个主要原因；[24] 以逻辑和数学上的科学目标为宗旨的概念构成，他认为这"贬低了人文社会科学的尊严和价值"[25]；价值自由和客观性是一种臆想的宣告，在他看来在这背后还带来了一些"心理学-社会学的和政治评断方面的走私物品"[26] ——在他看来，一种占主导地位的方法论全都存在着"能毁坏其根基"的根本性错误。[27]

---

　　[21]　C. Susanek, Neue Heimat Schweden, 2008, S. 116.

　　[22]　C. Edvardson, Gebranntes Kind sucht das Feuer, erstmals 1986.

　　[23]　对此，黑勒曾在其对于"基础规范"的批评中明确论及, vgl. ders., Die Krisis der Staatslehre, GS II, S. 23 f. 。

　　[24]　Ders., Europa und der Fascismus, GS II, S. 475 ff.，参见下文第四部分的论述。

　　[25]　Heller, Bemerkungen zur staats-und rechtstheoretischen Problematik der Gegenwart, GS II, 251.

　　[26]　Heller, Die Krisis der Staatslehre, GS II, S. 3 (15 f.)；在黑勒看来, 凯尔森的理论背后存在着一种"明确的自由主义色彩的国家法观念", vgl. ders., Staatslehre, GS III, S. 159.

　　[27]　Heller, Die Souveränität, GS II, S. 31 (33).

　　黑勒的方法论导向两个方面。一方面，国家和法律应当重新以超实证的、道德原则和法律原则为基础，将其作为一种"不以时间为转移的绝对性"基础，并且——与此相关联地——明确地将其作为自身规范的前提；^㉘ 亦如他在国家理论中所指出的，"描述国家的实然存在之人，无论他愿意还是不愿意，都必须对当下的国家作为具有实际意义的意志共同体和价值共同体自身做出评断，同时为国家的未来提供一种论述"^㉙。另一方面，规范和现实之间应当相互交叠，国家和受到社会条件制约的法律明显地都是社会现象并且是人类文化的一部分：国家和法律的"现实性"应当通过所有包括这方面的内容得到理解。^㉚ 通过这种方式，特别是国家理论的一种新的概念化成为政治学的一部分，有时也应当是社会学或者文化研究的一部分，但无论如何都不是自然科学或者精神科学；这种结果既适用于历史的变迁，也适用于国家的"结构"。^㉛ "现实科学"意味着这种方法论咒语的一再呈现及其多样性转向。^㉜ 然而，什么是"现实的"仍然是十分模糊的，并且黑勒越是总是试图去探讨新的方面，"现实性"就消融得越强烈：无论是何种方式的辩证法，以黑格尔的理论为基础所进行的观念性和现实性的区分是一种模糊的归类，^㉝ 这较少地来自经验和实践，毋宁说是一种直观的理解，所有参与的个人性学术都被搅混成一种很难看得清楚的、浑浊的牛奶咖啡(Melange)。^㉞ 这里所宣告的现实科学的研究，其结果仍然仅是一种十分普通的、更加"贴近生活的"要求。^㉟

　　最后，这种研究的应用范域同样是不明确的：对于黑勒自己来说，仅是适用于论述和表达国家理论，几乎不适用于实践的法学，尽管国家

　　㉘　Heller, Bemerkungen zur staats- und rechtstheoretischen Problematik der Gegenwart, GS II, S. 252 ff., 其中也有相应的纲领性论述。
　　㉙　Heller, Staatslehre, GS III, S. 151.
　　㉚　这方面的展开论述，参见 Heller, Staatslehre, GS III, S. 92 ff.。
　　㉛　A. a. O., S. 92 ff., 116 ff., 122 ff., 142 ff. 特别是在这种关系中历史的功能，参见 P. Goller, Hermann Heller—Historismus und Geschichtswissenschaft im Staatsrecht, 2002。
　　㉜　Heller, Staatslehre, GS III, S. 79 (156).
　　㉝　O. Lepsius, Die gegensatzaufhebende Begriffsbildung, 1994, S. 180 f.
　　㉞　关于后两个方面，参见 K. Groh, Demokratische Staatsrechtslehrer in der Weimarer Republik, 2010, S. 145 ff.。
　　㉟　对于其他理论的相应批评，参见 Heller, Staatslehre, GS III, S. 341。

理论被明确地视为具有一种认知和阐释"辅助科学"的作用。㊱但是，在这方面试图找出线索是徒劳的；黑勒关于实证宪法的著作完全是传统的法学研究，并且大多不带有任何国家理论的特征。因此，黑勒的方法论对于经典的法学来说可能完全是没有结果的，㊲亦如他附带论述的内容所明确表达的，"法教义学和国家理论"应当"根据其研究对象和方法明确地相互分离开来"。㊳通过这种严格的分层，他与凯尔森的理论之间的距离显得没有那么疏远，就像一些激烈的争论最终会扩展到个人的人身层面所推想的那样。从另一方面来看，黑勒的方法论不同于其他同类的反对实证主义的团体，因此他对其他理论基本持不赞同的态度：反民主的基本立场使他反对施米特，将国家和法律融解于一个"诸多事物相互交替的整合过程"使他反对斯门德。㊴对此，黑勒的方法论在诸多方面至今仍是不明确的，甚至远甚于当时。

四、 研究对象与主题

跟他在方法论方面的互不相称类似，黑勒的研究主题和研究对象也是如此：除了极其严肃的学术研究之外，他还从事国民教育；在政治上的重要计划之外还直接干涉日常的活动；研究国家理论和法律理论的同时还研究实证的宪法，但是后一方面的研究经常是接受委托的工作并且数量不多；对于教义学上的普通问题和法学日常工作的内容，黑勒明显地不感兴趣。㊵相反，他自始就致力于研究基本原则问题以及他所在时代的重要问题和根本问题，通过研究这些问题能够实现其政治上的基本观点；在此意义上，他的国家理论背后明显存在一种主导性假定，即"当前国家的阶级结构和针对这种阶级结构的发展趋势的论证是站不住

㊱ A. a. O., S. 118 ff.
㊲ 这至少是默勒斯的推断，参见 C. Möllers, Staat als Argument, 2000, S. 93 ff.。
㊳ Heller, Staatslehre, GS III, S. 140.
㊴ A. a. O., S. 144.
㊵ 在教义学工作方面首先要提的是他关于选举权平等的专家鉴定，参见 ders., Die Gleichheit in der Verhältniswahl nach der Weimarer Verfassung, GS II, S. 319 ff.；此外，还有他在国家法学者大会上所作的关于法律概念的报告，然而，这同样有着强烈的理论思考贯穿其中，参见 ders., Der Begriff des Gesetzes in der Reichsverfassung, a. a. O., S. 203 ff.。

脚的"[41]。与此相应，在其论著中几乎通常占主导地位的是一种高调，激情洋溢和论辩是常用的修辞手段，其对手经常受到尖锐的讽刺，嘲讽和讥笑并非罕见的。他所研究的主题在今天看来突出地体现在下述三个方面，同时也形成了其著作中内在的主旨，黑勒也以此为中心在不同的方面相互转换研究。

（一）政治

黑勒直接论及政治的或者至少以政治作用为目的的论著体现出——或者他出演了——一个勇敢的持不同政见者，这也是人们至今对他的印象：始终深思熟虑地尽最大可能坚持独立的立场，很难适应潜在可能的朋友和反对者，更准确地说是保持一定的距离，而不是基于特定目的而无保留地认同。他赞同魏玛的民主，但是不赞同因为经济制度而"裁减"的较少形式。[42] 他赞同社会主义的阶级斗争观念，但是同时也渴望建立一个工人阶级和资产阶级的文化共同体，这又走出了他资产阶级的狭隘。[43] 他内心的民族主义情感使他坚持将民族观念作为最高的政治组织原则，但是他又以极大的热情为一种欧洲联邦国家理念辩护，并且将欧洲合众国作为一种"古老的思想传统"的延续。[44] 民族理念的欢呼声重新使他在思想方面接近保守主义的圈子，在其他情况下，他跟他们根本没有共同之处，并且他通过承认同时在英国和法国的新友谊向外界表明他跟他们的区别。[45]

与此相反，黑勒在当时明确地为民主辩护并且直面右翼的威胁也是

---

[41]　Heller, Staatslehre, GS III, S. 79 (155).

[42]　Vgl. Heller, Sozialismus und Nation, GS I, S. 443；参见下文的论述。

[43]　S. einerseits Heller, Sozialismus und Nation, GS I, S. 468 ff.；andererseits ders., Nationaler Sozialismus, GS I, S. 571 ff.；Bürger und Bourgeois, GS II, S. 625 ff. 关于这种分类的困难，参见 W. Schluchter, Entscheidung für den sozialen Rechtsstaat, 1968, S. 119 ff.；R. Waser, Die sozialistische Idee im Denken Hermann Hellers, 1985, S. 81 ff., 161 ff.。

[44]　Heller, Die politischen Ideenkreise der Gegenwart, GS I, S. 409; ferner ders., Gespräch zweier Friedensfreunde, GS I, S. 421 (424)；关于这方面的深入研究，参见 G. Robbers, Hermann Heller: Staat und Kultur, 1983, S. 97 ff.；关于民族主义者的弦外之音，参见 R. Waser, Die sozialistische Idee im Denken Hermann Hellers, 1985, S. 97 ff.。

[45]　关于这方面的矛盾，参见 E. Kennedy, Möglichkeiten und Grenzen einer freien Gesellschaft in der politischen Theorie Hermann Hellers, in: Chr. Müller/I. Staff (Hrsg.), Der soziale Rechtsstaat. Gedächtnisschrift für Hermann Heller 1891－1933, 1984, S. 347 (355)。

有远见的：他自始就反对独裁专制的观念，这种观念在当时的法学界还有诸多支持者，他是第一个以在意大利正在形成的法西斯主义为例进行学术分析的学者，大概也是仅有的在其形成令人惊骇的规模之前做出预判的学者。黑勒对其原因的分析具有代表性，并且他在通过典型地整合了科学的世界观和政治的世界观方面预见到哲学的实证主义和法律实证主义的胜利前进；实证主义在这方面"清空所有的内容"，"不仅抽走了国家存在的基础，而且抽走了整个文化的基础"。⑯ 法西斯主义并没有填补上这种空位，而是其直接的表达：其标识是完全不通过密切关联的规划，甚至最终是没有任何规划，因为其目的是想将完全不同的社会团体联系在一起，⑰ 通过一种不明确的非理性主义代替行为的思想观念，并且确立赤裸裸的权力，⑱ 通过法律的工具化实现任意的目的，"通过没有规范的意志"来代替"没有意志的规范"，"通过没有法律的权力来代替没有权力的法律"；⑲ 逐步地实现独裁专制仅是这种空位的必然结果。⑳

　　这种独特的分析也是一种卓越的研究。然而，黑勒也通过少数词句来结束跟其对手之间的论辩：他在一篇关于专制独裁可能具有的好处的期刊文章中开头就写道，这是"富有教益的"，"首先要强调的是，欧洲的专制独裁迄今仅是在那些有着为数甚多的文盲的国家和地区贯彻实施的"。㉑ 值得一提的是，黑勒也被评价为学术智识上的先驱者。

（二）国家

　　黑勒关于国家的研究首先是对于共和国末期始终令人感到痛苦的危机的一种反应：政治上的极端主义的威胁，针对相互竞争的社会团体越

---

　　⑯　Heller, Europa und der Fascismus, GS II, S. 467 ff., 477.

　　⑰　A. a. O., S. 500 f.

　　⑱　A. a. O., S. 509 ff.

　　⑲　A. a. O., S. 528.

　　⑳　黑勒将专制独裁描述为"社会的无政府状态的政治表现形式"，参见 Heller, Rechtsstaat oder Diktatur?, GS II, S. 456, 他跟奥斯瓦尔德·斯宾格勒（Oswald Spengler）在这方面有过论争。此外，黑勒根据其本质分析了法西斯主义的政治要素：浪漫主义-器官学上的国家神化、领袖的魅力化、党派和国家的同等地位、取消基本权利以及所有的法治国家机构。Vgl. Heller, Europa und der Fascismus, GS II, S. 505 ff., 543 ff., 554 ff.

　　㉑　Heller, Was bringt uns eine Diktatur?, GS II, S. 437. 然而，黑勒对于法西斯主义的阐释同样没有得到充分的重视，vgl. ders., Europa und der Fascismus, GS II, S. 465。

来越无能为力，内在的分裂以及精神上的无所依托。黑勒未完成的书稿中的国家理论同样体现出其早期的关于"民族的政权国家思想"的尝试以及将"主权"视为克服这种危机的意图，他关于这个主题的所有论著最终都具有这种目的。其较深层次的原因则在于，国家"是一种虚幻的存在，是一种抽象化的概念，因为其价值内容不再看起来是令人信赖的"，正如他在批评法西斯主义的著作中所写的那样，[52] 一种实质性的观念是与此相对的，这种实质性观念更新了这种价值内容，并且同时有能力克服现存的分裂和纷争。[53] 跟黑勒的国家理论的主导思想相一致，对于国家的统一性及其自主行为，亦如他在其著名的定义中简明扼要的表述，即作为"有组织的决策统一和作用效果的统一"。[54]

基于这种立场，黑勒的意图最初跟当时同样聚焦于这一主题的其他国家理论和宪法理论并没有多大的区别。[55] 相比之下，黑勒具体展开的方式还是具有创新性和重要的独立性。黑勒试图将国家的统一视为通过组织要素的一种保障，对此，国家是作为"一种在诸多方面发挥作用并且具有统一性作用的行动中心"而建立的；[56] 同样也是通过人类在较重要的精神-道德秩序关系中嵌入的作为"世俗人类规范体现"的文化成果，[57] 通过其在辩证法方面与社会的交叠——相对于居于主流地位的二元观念，认为国家是作为"一种在社会-历史的作用中有效的统一体"而建立的；[58] 国家也是通过一种多元的联合观念，基于"多样性中的人民"和不同群体中"作为自我意识而形成的统一体"而建立的，[59] 国家

⑫　Heller, Europa und der Fascismus, GS II, S. 477.

⑬　M. Stolleis, Geschichte des öffentlichen Rechts in Deutschland, Dritter Band：Staats-und Verwaltungsrechtswissenschaft in Republik und Diktatur, 1999, S. 183 f.

⑭　S. etwa Heller, Staatslehre, GS III, S. 339 ff.

⑮　特别是关于统一概念所具有的突出的意义，参见 M. Stolleis, Geschichte des öffentlichen Rechts in Deutschland, Dritter Band：Staats- und Verwaltungsrechtswissenschaft in Republik und Diktatur, 1999, 101 ff.。

⑯　Heller, Staatslehre, GS III, S. 342.

⑰　Heller, Vom Wesen der Kultur, GS I, S. 425（428 f.）；ferner etwa Staatslehre, GS II, S. 174 ff.，236 ff.，258 ff.；这种意义上的文化——完全是一种不明确的概述——经常被视为理解黑勒的国家理论的关键概念，vgl. Robbers（Fn. 44），92 ff.；K. Groh, Demokratische Staatsrechtslehrer in der Weimarer Republik, 2010, 169 f.。

⑱　Heller, Staatslehre, GS III, S. 155.

⑲　Heller, Politische Demokratie und soziale Homogenität, GS II, S. 427；aus der Staatslehre s. etwa GS II, S. 174 ff.，182 f.，345 f.

的组织原则奠定了"共同体的行为方式和价值确信"的基础;⑩ 最后,国家同样也是通过关于——在关联性和我们-意识的意义上的——社会的同质性的一种最低限度的标准而建立的,而这"始终与现存的矛盾和利益斗争"联系在一起。⑪ 在凯尔森的定义中,国家纯粹是法律命令的集合体,施米特则将其视为一种独断的决定所欲达到的目的,但并没有将其限缩为一种单一因果的事物,黑勒的观点不同于凯尔森和施米特,而是将其视为不同因素和作用要素之间的复杂结果。与此相适应,国家的自主行为应当通过对于民族政权国家的共同承认而得到保障,黑格尔曾论述过这种基本思想,黑勒认为黑格尔的这种思想始终具有生命力,并且对其做了部分转化,⑫ 在其主张的一种强大的主权概念下,国家基于这种主权"为了正义,在必要时可以维持自己的绝对权力"⑬,国家以其能力和意愿"在紧急情况下"为维护其统一性,可以"最终通过消灭侵略者肉体的方式"作为回答。⑭

黑勒的这种观点与施米特的观点相去未远,亦如推测其完全不同的基本政治立场。⑮ 但是,黑勒的这种观点明显不同于凯尔森的主权观念中所坚持的法律具有绝对优先性的观点,这使他的观点在诸多方面与政治的关系较为密切。这也体现为黑勒的主要著作中的所有根据在学术和政治上的独立性,这跟黑勒的个人命运及其悲剧不无关系。这恰恰反映在他失望地致力于在一种国家理论中实现这个国家中所有的对立观点的统一,这无疑使他的理论很难被理解,并且其理论内核是不明确的。

(三)法治国家与民主

黑勒也以这种方式将年轻的联邦共和国跟他关于民主和法治国家的

---

⑩　Heller, Sozialismus und Nation, GS I, S. 462.

⑪　Heller, Demokratie und soziale Homogenität, GS II, S. 428 f. 黑勒也以"政治的价值共同体"代替"社会的同质性", vgl. ders., Europa und der Fascismus, GS II, S. 476, 还有"我们-意识""共同属性的感觉"等;这里再次将国家和文化的观念交融在一起。

⑫　特别是其早期的著作, Heller, Hegel und der nationale Machtstaatsgedanke in Deutschland, GS I, dort S. 230 ff.。

⑬　Heller, Die Souveränität, GS II, S. 185.

⑭　Heller, Demokratie und soziale Homogenität, GS II, S. 424 f.

⑮　关于与此相关的解释的困难, 参见 K. Groh, Demokratische Staatsrechtslehrer in der Weimarer Republik, 2010, S. 520 ff.。

思考联系起来，他的思考在当时再次丰富了关于这方面的实质-内容的部分。这实质上反映出他对于受到危害的国家内部统一的忧虑和关心。不同于施米特在关于基本原则的论争和公开场合中对于议会制带有嘲讽性质的解构，黑勒则是致力于在此意义上的议会制的实践，议会制的思想史基础"不在于在公开讨论中对于议会主义的信奉，而是相信存在一个共同讨论的基础，并且也为国内政治上的对手提供公平竞争的机会"⑯。民主应当恰恰通过其典型的特征"从下至上地"实现"有意识的政治统一体的形成"。⑰因此，在另一方面，民主恰恰在特定的程度上规定了社会的同质性。⑱反之，因为恰恰在其本质意义上，民主作为共同的属性意识和共同的价值宗旨受到现存的阶级矛盾和经济不平衡的危害，因此，国家有义务在道德层面和法律层面上去消除这种危害或者有助于消除这种危害。由此，不可避免地是，要求民主转变为"社会的民主"以及法治国家转变为"社会法治国"，黑勒在这方面的诸多论述至今仍被视为其最重要的和具有持久性的成就。⑲当然，更确切地说，他附带地将民主提升和继续发展为一种理论上的完整观念。⑳具有决定性的并且对于黑勒而言更为重要的是法律的伦理基础，他将具有决定意义的价值观念和秩序观念在原则上联结起来，由此产生一种内在的一致性要求，但这仅是诸多要求中的一种要求。因此，在黑勒看来，这应当在

　　⑯　Heller, Demokratie und soziale Homogenität, GS II, S. 427.

　　⑰　A. a. O.

　　⑱　参见第二部分的论述。

　　⑲　相关概念，参见 Heller, Rechtsstaat oder Diktatur, GS II, S. 450 f. ，"社会主义的"法治国家，参见 ders. , Ziele und Grenzen einer deutschen Verfassungsreform, GS II, S. 411 (416)；他偶尔也不对"经济的民主""民主-社会的福利国家"等语词作实质的区分，参见 ders. , Grundrechte und Grundpflichten, GS II, S. 291。关于现在对这种观点的评价，etwa M. Stolleis, Geschichte des öffentlichen Rechts in Deutschland, Dritter Band: Staats- und Verwaltungsrechtswissenschaft in Republik und Diktatur, 1999, S. 184 f. ; F. Günther, Denken vom Staat her, 2004, S. 47。

　　⑳　这里明确争论的一个方面是，黑勒的目的是否指向"社会的"法治国家，或者更准确地说，没有指向"社会主义的"法治国家，vgl. etwa W. Abendroth, Die Funktion des Politikwissenschaftlers und Staatsrechtslehrers Hermann Heller in der Weimarer Republik und in der Bundesrepublik Deutschland, in: Chr. Müller/I. Staff (Hrsg.), Der soziale Rechtsstaat. Gedächtnisschrift für Hermann Heller 1891 - 1933, 1984, S. 213 (219); dagegen und zusammenfassend etwa K. Groh, Demokratische Staatsrechtslehrer in der Weimarer Republik, 2010, S. 175 ff. 。无论如何，黑勒论及"通过经济生活中一种公正合理的制度来代替'产品的无政府状态'"，并且"为实现这种目的，应当继续尽可能地限制私有财产"，vgl. Heller, Grundrechte und Grundpflichten, GS II, S. 291。

形式上的法律中反映出作为前提而存在的道德上的"法律原则",[71] 在法治国家中是"正义的目标",[72] 在民主中是实质平等的原则,[73] 在基本权利中则是所有合乎比例原则的"文化体系"和"价值体系"。[74] 通过这种方式,将所有的一切统一于自身的国家似乎完全再次成为黑格尔意义上的"道德理念的现实性",黑勒在其早期的著作中并未表达反对的观点。[75] 因此,所有与此相关的概念在黑勒看来并非形式上的概念,而是实质的概念,并且是加强和丰富了其内容的概念;它们应当以政治秩序作为思想-伦理的基础,如黑勒所述,这些基础长久以来被理解为当时的时代崩溃的原因。

五、 赫尔曼·黑勒留下了什么?

　　根据计划,1945 年以后与黑勒相关的时期也列入论述的内容,或许必须予以论述:恐怖统治、纳粹对犹太人的大屠杀和战争为世人留下了道德的废墟,一个失去方向和导向的社会试图找到新的思想基础和停靠点,自然法思想经历了一个复兴时期,没有负担的思想领袖已经非常稀少。但是,人们首先在黑勒这里拐了一个弯。联邦共和国早期的国家法学者更倾向于接受施米特和斯门德的理论,他们——尽管已经处于不同的前提条件——著书立说并且产生影响,他们的思想观念通过这种方式得到传播,并形成自己的学派,其代表性人物很快占据具有影响力的教职。20 世纪 50 年代的重要论争——关于社会国家原则中的规范阐释,

---

　　[71]　Vgl. Heller, Der Begriff des Gesetzes in der Reichsverfassung, GS II, S. 227 ff. ; 这种意义上的深入论述, vgl. ders. , Staatslehre, GS III, S. 332: "对于法律, 我们……首先是将其理解为作为实证法律规范之基础的道德上的法律原则。"

　　[72]　Heller, Rechtsstaat oder Diktatur, GS II, S. 449.

　　[73]　Heller, Demokratie und soziale Homogenität, GS II, S. 430 f.

　　[74]　Heller, Europa und der Fascismus, GS II, S. 545, 这里明确提及斯门德。

　　[75]　Heller, Hegel und der nationale Machtstaatsgedanke in Deutschland, GS I, S. 101 ff. 黑格尔所用的概念及其阐释, 参见 G. W. F. Hegel, Grundlinien der Philosophie des Rechts, 1821, §§ 257 ff. 。

关于宪法作为价值体系的新阐释——仍没有涉及黑勒。[76] 从 1960 年开始，黑勒才逐渐出现在诸多作者的文本和脚注中，例如霍斯特·埃姆克（Horst Ehmke）、康拉德·黑塞（Konrad Hesse）以及彼得·黑贝勒（Peter Häberle）。[77] 其全盛时期出现在 20 世纪 70 年代和 80 年代并不是偶然的：通过学生运动，一股清新的风气在共和国流行，人们总结评价过去的时代并且不再因循守旧，大学中"千余年来的霉味"被清新的空气所代替，国家和社会实施广泛的民主化的希望跟平等分配社会财富的古老的乌托邦联系在一起。在这种情形下，黑勒的左派立场得到了继承，并且对其有益甚至就成为其利益。[78] 随着黑勒的著作全集在 1971 年全部出版，研究和发表关于黑勒的著述成为一种真正的潮流，他对于当时的时代问题的回答被广泛、热切地得到接受，并且在变化了条件下的适用性得到了检验。[79] 由于那些年来的乐观长期以来已经冷静下来，现在，其他一些作者重又致力于此；仅是——当然仍有少数人接受——在彼得·黑贝勒重新将宪法学研究作为文化研究的努力中就会发现黑勒当时的最后一个家园。[80] 其原因可能在于，黑勒研究的主题不再具有特殊的现实意义：社会法治国，同样也是市场经济中的一种适度的变形，长期以来已经得到实现，不再是激烈争论的主题；在我们看来，黑勒的国家主义在欧洲化和国际化的过程中似乎不再是值得注意的；黑勒在其大部分的学术著作和时事评论著作中都表达出对于专制独裁的忧虑，现在几乎没

　　[76]　这很有代表性，因为这被一些持局外人立场者描述为例外情形：W. Abendroth, Diskussionsbemerkung, VVDStRL 12（1954），86；ders.，Zum Begriff des demokratischen und sozialen Rechtsstaates im Grundgesetz der Bundesrepublik Deutschland, in：FS Ludwig Bergstraesser, 1954, S. 279 ff.，当时所涉及的是社会法治国的形式。

　　[77]　O. Lepsius, Die gegensatzaufhebende Begriffsbildung, 1994, S. 366 f.

　　[78]　穆勒在其全集中的论述具有代表性，恰好在这部分保留了黑勒的著作，参见 Chr. Müller, Hermann Heller：Leben, Werk, Wirkung, GS III, S. 443 ff.，450 ff.。黑勒是否是保守党的支持者至今仍是一个未解的难题，因此，人们试图依据各种人员作出相对性的论述，vgl. W. Fiedler, Materieller Rechtsstaat und soziale Homogenität, JZ 1984, 203 ff.。

　　[79]　值得一提的是马丁·德拉特的研究，参见 Martin Drath, s. etwa ders.，Art. Staat, in：Evangelisches Staatslexikon, 2. Aufl. 1975, Sp. 2432 ff.；此外还有施卢赫特和罗伯斯的著作，参见 W. Schluchter, Entscheidung für den sozialen Rechtsstaat, 1968；G. Robbers, Hermann Heller：Staat und Kultur, 1983；Chr. Müller/I. Staff（Hrsg.），Der soziale Rechtsstaat. Gedächtnisschrift für Hermann Heller 1891－1933, 1984。

　　[80]　关于黑贝勒在多方面的论述，参见 P. Häberle, Verfassungslehre als Kulturwissenschaft, 1998。

有人对此担忧。在方法论方面，黑勒很久以前就为同行指出了方向，而
当时的时代却对他不予理睬。特别是宪法法院当时在判决中找到了简要
地解决法律与政治、法律与道德以及法律与现实之间关系的方法和途
径，而这些方法和途径最终完全可以在黑勒对于国家理论所作的限制性
的评价中找到答案。黑勒的时代是否会再次来临，取决于人们对他的
理解。

卡尔·罗文斯坦（Karl Loewenstein，1891—1973）

奥利弗·莱普修斯 著 王 锴 译

关于罗文斯坦的著作和生平，我们主要从马库斯·朗（Markus Lang）撰写的著名传记中得到信息，这部传记在每个方面都符合罗文斯坦的原貌。[①] 罗文斯坦本人是个善于交往、博学多才、幽默风趣的人，他曾经写了一部自传，但是没有公开出版。本文不是他的传记，也不是介绍罗文斯坦的著作和生平。对我来说重要的是，我对他的印象来自哪里以及他的哪些观点值得更仔细地审视。人们尽管不会说，德国国家法学者罗

[①] 参见 E. Fraenkel, Geleitwort, in: Loewenstein, Beiträge zur Staatssoziologie, 1961, IX‑XVI; E. C. Stiefel/F. Mecklenburg, Deutsche Juristen im amerikanischen Exil (1933‑1950), 1991, 101‑104 und öfter; A. Söllner, Deutsche Politikwissenschaftler in der Emigration. Studien zu ihrer Akkulturation und Wirkungsgeschichte, 1996; P. Badura, Karl Loewenstein—Staat und Verfassung: Die Kontrolle politischer Macht, in: P. Landau/H. Nehlsen (Hrsg.), Große jüdische Gelehrte an der Münchener Juristischen Fakultät, 2001, 32‑44; M. Lang, Karl Loewenstein zwischen den „Ideen von 1789" und den „Ideen von 1914", in: M. Gangl (Hrsg.), Linke Juristen in der Weimarer Republik, 2003, 217‑245; ders., Politikwissenschaft als „amerikanisierte" Staatswissenschaft, in: M. Dreyer u. a. (Hrsg.), Amerikaforschung in Deutschland, 2004, 137‑160; ders., Karl Loewenstein: From Public Law to Political Science, in: A. Fair-Schulz/M. Kessler (Hrsg.), German Scholars in Exile, 2011, 19‑50; R. C. van Ooyen, Ein moderner Klassiker der Verfassungstheorie, ZfP 51 (2004), 68‑86; ders. (Hrsg.), Verfassungsrealismus: Das Staatsverständnis von Karl Loewenstein, 2007; ders., Verfassungspolitologie des demokratischen „Verfassungsrealismus", in: ders., Hans Kelsen und die offene Gesellschaft, 2. Aufl. 2017, 105‑125; S. Harrecker, Degradierte Doktoren. Die Aberkennung der Doktorwürde an der Universität München während des Nationalsozialismus, 2007, 319‑322. Kurze Würdigungen: P. Lerche, AöR 96 (1971), 574 f.; R. Zippelius, JZ 1971, 700 f.; K. v. Beyme, AöR 98 (1973), 617‑619; F. Hermens, ZfP 21 (1974), 1‑3; P. Schneider, JZ 1974, 409 f.; ders., NDB 15 (1987), 103 f.; M. Lang, in: G. Riescher (Hrsg.), Politische Theorien der Gegenwart in Einzeldarstellungen von Adorno bis Young, 2004, 293‑296; ders., in: S. Kailitz (Hrsg.), Schlüsselwerke der Politikwissenschaft, 2007; L. Wildhaber, Persönliche Erinnerungen an Karl Loewenstein, in: van Ooyen, supra, 35‑39. Die Festschrift für Karl Loewenstein aus Anlass seines achtzigsten Geburtstages, 1971, gaben heraus: H. S. Commager, G. Doeker, E. Fraenkel, F. Hermens, W. C. Harvard, T. Maunz, dort Verzeichnis der Schriften, 509‑516。

文斯坦已经从记忆中消失了，但是对他的名字、他作为政治流亡者的命运或者他从国家法学被强制迁移到政治学的了解要比对他从事宪法学的关切、对象、方法的了解要多。在这里应当给予关注，即罗文斯坦的关切在当代是否值得追求。目前，德国公法学面临着受到罗文斯坦理论指导的、侧重于比较的、以制度和类型为导向的传统的复兴，它超越了概念、过分重视实质法以及体系构建，罗文斯坦的法学思考的兴趣不仅仅是历史的，而且也是面向公法的未来。由于罗文斯坦的研究具有法在多元体系中发展以及不同于教义学体系构建的学术写作的鲜明特色，所以从他的作品中总是可以得到新的启发。

一、 罗文斯坦的作品因何而存在？ 五个主题

在德国国家法学者中，罗文斯坦在多个方面拥有特殊的地位。第一，他是一位坚定的民主主义者，[②] 并且明确地将民主的宪法学理论作为他的研究对象。这在罗文斯坦学术生涯所处的魏玛时代的德国国家法学者中属于少数。对他来说，民主从一开始就是社会和法律的常态，他的政治社会化思想是从第一次世界大战中取得的，罗文斯坦对帝国或君主没有丝毫的感情，他也不相信当时兴起的哲学新思潮能够带来新幸福。纳粹主义对他而言是陌生的，他也不是理性的共和主义者。他的主题不是将法治国转型到民主国，而是民主发挥作用的方式和能力。

第二，他将民主的宪法学说置于比较宪法的背景中，比较了德国、法国、英国、美国等不同类型的特点，形成了分析框架。通过比较，他与当时的法律秩序保持了距离。他并不困扰于这个秩序是否符合他自己的意志，而是将其视为一个统一的根本问题的不同表现形式。尽管魏玛国家法学对国外的熟悉程度令人敬佩，并且比较的传统在 19 世纪后期被维护，但罗文斯坦对于统一的民主法律秩序的兴趣仍然是不同寻常的。他是一位深深扎根于西方经典宪法秩序中的思想家。无论是法国还是英国、美国，

---

②　R. C. van Ooyen, Ein moderner Klassiker der Verfassungstheorie, ZfP 51（2004），105.

罗文斯坦都写了大量的著作。[③] 他的宪法传统属于四种不同传统中的动态模式。今天我们也将其称为结构主义的西方现代宪法学说。

第三，罗文斯坦追求一种比较的民主宪法学说，这在今天的德国法学中仍属于少数。他的法学分析并不指向规范的文义，也不是对文本进行诠释和准备评注，而是探求规范影响政治的方式。罗文斯坦关心的是如何对统治关系进行法律分析，即法对如何组织起社会权力和政治权力的贡献。他并不认为法是一种理想主义的、独立的系统。就像法在现实中所展示的，它是一种统治关系的结果，法在统治关系中产生并被适用。宪法的任务就是将统治关系结构化，而不是简单地吸收它。宪法的成功并不是总能得到好结果，但是罗文斯坦能够从不同的宪法学说中得到一系列比较适合和不太适合的解决方案，他的法学兴趣并不在于合法与违法的符码，而是合目的与不合目的。由此，罗文斯坦抓住了一种法学的主要类型，这恰恰是被德国的法学研究所忽略的，其他人更愿意称之为法政治学的主题。

第四，罗文斯坦致力于一种历史学和社会学的跨领域研究。他不会脱离社会和政治的统治关系和统治条件的前理解去谈论法律。相反，法的影响并不都体现为司法的控制过程，而是通过形成政治生活来发挥作用。法旨在形成利益和表达利益，利益来分配权利和可能性。法律依赖制度，没有制度的法律活动，就像没有组织和程序的国家法学，对于罗文斯坦来说缺乏作用空间。罗文斯坦理解的法的作用跳出了传统的作用方式，比如法律和判决、一般-抽象的规范和个别-具体的规范。与法的作用范围更接近的是政治、历史和社会，这些在德国的国家法学中都是装饰物。如果与魏玛时期的国家法学流派相比，[④] 比如斯门德、赫尔斯泰因、考夫曼的精神科学方向，凯尔森的规范主义方向，施米特的决断主义方向，黑勒的理念主义方向，那么，罗文斯坦应当属于与统治相关的制度主义的代表人物。与此相对应，他的作品也很少关注作为德国法

③ Loewenstein, Volk und Parlament nach der Staatstheorie der französischen Nationalversammlung von 1789. Studien zur Dogmengeschichte der unmittelbaren Volksgesetzgebung, 1922; ders., Verfassungsrecht und Verfassungspraxis der Vereinigten Staaten, 1959; ders., Staatsrecht und Staatspraxis von Großbritannien, 2 Bände, 1967.

④ 关于罗文斯坦在魏玛时期的国家法学流派基本立场的分类，另见 R. C. van Ooyen, Ein moderner Klassiker der Verfassungstheorie, ZfP 51 (2004), 78–83。

学家的学术重点的实质法的主题。更重要的是组织的权限、程序以及工作方式和相互联系。罗文斯坦的特殊之处也不是法与政治的关系，而是理解这种关系的方式。他不是按照传统的法与政治对立的方式来理解，即法作为控制政治的手段。罗文斯坦更多是将法的作用方式内化于民主之中，只有在民主中，政治才从法律中产生并且通过法律来发挥作用。帝制时代的法治国中，法与政治在思想和学术上是分离的，从而也必然缺乏民主法治国的法学任务。

第五，罗文斯坦最终被作为多元民主国家法学的代表从德国驱逐。⑤希特勒攫取权力不仅终结了民主，也导致了精神上的衰落，特别是导致了多元的议会主义传统的丢失。纳粹主义剥夺了多元精神的形成，它仅仅在美国和英国保存了下来，在德国早期只是部分地存在。罗文斯坦遭受了双重驱逐，不仅从他的祖国，还从他的学科，这使得他成为 20 世纪前半叶那种有生机的思想的代表，这种进步主义思潮在德国很难存活下来。

二、 杰作：《宪法学说》（1957—1959 年）

我们对罗文斯坦学术作品的印象主要是通过 1959 年在德国翻译出版的杰作《宪法学说》中获得的。⑥ 它是罗文斯坦的主要作品，也是很少

---

⑤　R. C. van Ooyen, Ein moderner Klassiker der Verfassungstheorie, ZfP 51 (2004), 118, 125 中特别强调。

⑥　Karl Loewenstein, Verfassungslehre, 1959 (2. Aufl. mit einem Nachtrag 1968; 4. Aufl. 2000), übersetzt von Rüdiger Broemer; die Originalausgabe erschien unter dem Titel „Political Power and the Governmental Process", 1957. 该书可追溯到罗文斯坦 1956 年 1 月在芝加哥大学所做的讲座。然而，该书的基本结构早在几年前就可以看出，参见 ders., Verfassungsrecht und Verfassungswirklichkeit, AöR 77 (1952), 387。这篇论文可以作为《宪法学说》的预备删节版来阅读。在评议中，《宪法学说》主要是因其宪法历史和比较宪法的博学而受到多次推崇，但德国和美国的评议者往往没有正确理解，因为他们通常缺乏对英国宪法的详细了解，而这对理解罗文斯坦的方法非常重要。此外参见 C. Bell, International Affairs 34 (1958), 496; R. K. Gooch, The Journal of Politics 20 (1958), 570 f.; L. M. Leiman, Yale Law Journal 67 (1958), 1510 - 1513; L. Rogers, Am. Pol. Sci. Rev. 53 (1959), 806 - 808; O. Kirchheimer, Social Research 26 (1959), 118 - 120; ders., NPL 5 (1960), 236 - 241; H. Spanner, DÖV 1959, 648 - 652; ders., Am. J. Comp. L. 8 (1959), 399 f.; H. Huber, Zs. f. Schweiz. Recht 79 (1960), 458 - 460; H. Kluth, Politische Studien 11 (1960), 268; F. Ermacora, Juristische Blätter 83 (1961), 101 f.; H. Guradze, NJW 1962, 330 - 332; P. Häberle, JZ 1970, 196 f. Zur Aufnahme der „Verfassungslehre" durch die Rezensenten im Überblick: Markus Lang, Karl Loewenstein. Transatlantischer Denker der Politik, 2007, 79 - 85。

全方面展示他的研究对象和方法的作品。这本书展现了他思想的精华：一种通过宪法来组织权力和进行统治的比较的、类型化的同时也是民主的研究，通过它来追求民主的过程。

（一）对宪法的理解

罗文斯坦的基本想法在这部作品中得以呈现：宪法调整权力，并且具有政治生命。宪法通过制度来组织，宪法的前提和条件是研究对象。罗文斯坦不是要构建一个有说服力的规范体系，即一个完美的世界必须是"披着"宪法的形式的，而是要形成和控制能力、权力和统治。在德国法学传统中也是国家法学传统中给予高度重视的实质法，在罗文斯坦那里仅仅是个边缘的东西。与之相对的是，组织法、权限法、程序法位于核心。人们可以将他的思想称为制度中心主义，不管是他的描述性分析还是他把规范结构化：制度如何形成？他拥有什么权限？他如何履行？对手是谁？政治能够对政治生活和过程产生何种反作用？他的宪法学说致力于这些问题。政府体系和宪法模式如何起伏变化？我们能够从结构化的对于权力、统治、法和政治的理解中学到什么？

对于罗文斯坦来说，宪法并非由规范组成的纯粹文本的东西，更多是一种控制权力的工具，它不仅仅确认权力，也对权力提问。[7] 在人们阅读他的作品的过程中，可以感受到宪法服务于权力控制、限制统治和作为统治的基础。罗文斯坦跟踪它对权力和统治的现实作用。他把权力和统治也不是理解为一种宪法的参照物，而是一种政治和社会现实，不理解它们来学习宪法是没有意义的。人们在这里能够看到魏玛的遗产，没有民主党人的民主，即使没有文本也没关系。权力控制的有效性决定了宪法规范性的判定，后者并非由规范文本的抽象效力或者由宪法法院所构建的标准决定，这些都不会影响什么。[8] 罗文斯坦并不是在给宪法下定义，也不是质疑宪法的构成要素。他是从功能或者关系的角度来理解宪法，谈论的是宪法的终极目的。在他看来，宪法的终极目的就是对政治权力分散行使的制度化。他称之为真正的宪法无法再化约的五个最

---

[7]　参见 Loewenstein, Verfassungslehre, 127 f. , 148, 168 f. , 189。

[8]　Loewenstein, Verfassungswirklichkeit (Verfassungslehre), 390 - 392.

小基本要素,⑨ 即(1)国家任务在不同的权力主体间分配,从而避免权力的集中;(2)一套周密的权力主体之间相互配合的机制;(3)一个避免相互妨碍的机制,也不能使得某个权力主体脱颖而出;(4)一种让规范能够适应社会关系和政治关系变化的方法;(5)通过基本权利承认个人的自我决定。

　　要评价在具体和一般环境中的宪法,对现实权力关系进行具体的分析或者类型化的理解就是不可缺少的。罗文斯坦的描述具有一种贯通的、动态的特点。罗文斯坦总是能够进入现实的权力结构中,从过去和当代的例子中去得出普遍化的观点。因此,政治生活在学术构建的意义上被呈现。具体的冲突是连续的和个别化的。他不是对宪法上的事实进行一种历史的或者政治思想史的描述,而是呈现规范对真实的权力状态的影响或者通过规范所形成的状态。受过训练的德国法学家看到这本书的时候都会感到惊讶,因为德国法学所擅长的概念-演绎的方法在这本书中是几乎看不到的,而如何在政治事实中去把握规范又是德国法学家所不习惯的。它拉近了我们对作为规范基础的政治事实的判断。通过罗文斯坦,我们看到宪法规范并非规范自主的,也不是文本自治的,更非内在体系的。功能类型的分析取代了概念-体系的位置。

(二) 有限统治作为组织控制

　　罗文斯坦的研究计划指向三种国家权力的制度安排。通过作为参照物的西方宪法史和国家社会学的例子,他来解释有限统治和责任政治中的基本问题。他明确对分权学说提出了质疑:他拒绝经典的分权模式,通过对民主尤其是议会主义的分析,他得出了新的内涵。基于政府和议会的相互依赖,用分权并无法实现有限统治和责任政治。议会的控制功能通过现实中政府的准备和贯彻决策变得虚幻。⑩ 真正的分权,就像美国和法国所出现的情形,已经被架空,成为现实中的无用之物。它已经被当前的权力行使的"三位一体"所取代了,⑪ 即三种要素——决策、

---

⑨　Loewenstein, Verfassungslehre, 131.

⑩　Loewenstein, Verfassungslehre, 31 - 33, 422 f.

⑪　Loewenstein, Verfassungslehre, 422.

执行、监督,[12] 在一种权力中是并存的。

这里需要动态地去观察,它不能被化约为某种一般-抽象的原理。[13] 分权最终是符合目的的,但很少成功地在程序上落实,并且只能在政治环境中去判断。为了跳出这种情景式的分析,罗文斯坦使用了比较宪法的方法。只有通过运用比较分析,制度的、政治的、程序的洞见才能被把握,也才能形成与个别经验相对的一般的原理。

罗文斯坦主要区分了水平控制和垂直控制。[14] 他又把水平控制分为机关间的控制和机关内的控制。这两种各自针对不同的权力,并且依靠他丰富的比较和历史知识进行了深入探讨。关于垂直控制,他讨论了联邦制、基本权利和市民社会的多元主义。我们通过水平控制的两个例子来阐述对他的宪法学说的典型印象:法院的权力和选民的权力。

(三) 法院的权力

在罗文斯坦动态的权力理解框架以及他将权力分为三种功能(决策、执行、监督)的贡献中,法院是一个权力持有者的角色,并且明显超越了监督的功能。[15] 在同时期的德语文献中,没有哪部著作是明确将法院作为权力行使者来对待的。在德国与之相对的,直到今天主流意见认为,法院的功能被理想化为监督、守护和保障自由。通过法官的审查权,法院被构建为第三种权力主体。它承担了政治监督之后的事情。罗文斯坦正确地指出,直到今天很少被探讨的是,恰恰是法官的独立,构成了法治国体系的基石,但也隐藏着滥用的危险。他指出,为了防止法官恣意,[16] 有必要建构技术性的手段来自我限制。

罗文斯坦将机关间控制与机关内控制的标准运用在法院身上。作为机关间控制,他处理了法院的合议制、法官合议的全体一致要求、上诉

---

⑫　Loewenstein, Verfassungslehre, 39 – 49.

⑬　E. Fraenkel, Geleitwort, in: Loewenstein, Beiträge zur Staatssoziologie, 1961, XII:罗文斯坦对这个问题了解得越深,他就越坚信宪法的有用性取决于如此多的变量,以至于不能一概而论。

⑭　系统的介绍,参见 Markus Lang, Karl Loewenstein. Transatlantischer Denker der Politik, 2007, 62 – 79。

⑮　参见 Verfassungslehre, 15, 44 f. , 117, 186, 247 ff. , 265。

⑯　Loewenstein, Verfassungslehre, 186.

和审级、陪审团的介入(避免同类人管辖与避免职业法官管辖两种竞争性思想)。⑰ 特别需要澄清的是他对于法院机关内控制的说明。法院的造法权力在英美法系自然比大陆法系更明显。此外在美国,美国联邦最高法院还有法官审查权。他首先强调了对于违法行政行为的司法救济,区分了法国的行政法院模式和英国的普通法院对于越权无效行为的救济模式。他自己的兴趣集中在美国法官对于立法的审查权上。宪法法院的规范监督"远远超出了司法活动的正当范围。……合宪性审查本质上属于政治监督,当它对其他权力主体行使的时候,它事实上是在作政治决定。当法院行使审查权的时候,它属于政治决策机关,与其他的政治权力主体平起平坐,但是不能让其他权力主体服从自己的法"⑱。

他的分析超越了《联邦党人文集》第78篇中汉密尔顿对司法权的经典证明。汉密尔顿曾经将审判权视为"最不危险的分支"。人们可以将最终控制委托给法院,因为它们既不拥有执行权也不追求自己的利益("既没有武力也没有意志")。⑲ 罗文斯坦对这个问题的处理,我们今天称之为"反多数难题"⑳,他不是在民主的法政策与宪法法院的监督之间进行一般-抽象的功能分配,而是在多种冲突中进行分割,有的有利于法院,有的有利于民主决策。他赞成法院的审查权限主要是在联邦与州之间的争议,整体与部分之间的关系是"法官审查权的正当范围"㉑。不同的是他对基本权利的判断。他认为,基本权利控制主要是为了维护个人或者团体的自由,这也是法官审查权的正当的行使范围,即使法院在个案中可能作出政治决定。不同于其他人的是,罗文斯坦认为,如果法官被请求根据行为的有价值或无价值来就社会政策和经济政策作出判断,"此时法官就是在针对政治决定进行审查,这等于让法院来进行政治监督,理论上这并非审判的职能"㉒。这并不是机关内的控制,因为其他的政治机关无法有效地反对法院的政治决定,选民也不可能对法院行

---

⑰ Loewenstein, Verfassungslehre, 186.

⑱ Loewenstein, Verfassungslehre, 247 f.

⑲ 罗文斯坦对《联邦党人文集》第78篇的简要讨论,Loewenstein, Verfassungslehre, 248 f.

⑳ Begriff von A. Bickel, The Least Dangerous Branch, 1962.

㉑ Loewenstein, Verfassungslehre, 250.

㉒ Loewenstein, Verfassungslehre, 251.

使监督权。宪法修改只是一种理论上的手段。罗文斯坦关于宪法审判权的判断遭受了很多批评："个别的权力主体，既不是通过民主的方式产生，也无法保证其权力不遭政治滥用，无法享有否决人民选举的其他权力主体的政治决定的权力。而且它不会被免职，也使得其他权力主体包括选民无法对其进行监督。"[23] 人们可以这样来重述罗文斯坦的立场：联邦制或者主观权利救济是宪法审判权作为机关内控制的正当范围，针对立法的客观法救济，尤其是经济立法和社会立法，则是不应当存在的。他并没有将经济基本权利视为主观权利，而仅仅是一种经济需求和市民资产阶级免于国家干预和社会再分配的政治目标。[24] 在经济自由领域，罗文斯坦更相信其他的政治过程中的机关内控制方式，尤其是由选民来决定分配问题。

人们感觉到，可能是 20 世纪 30 年代在新政总统罗斯福和自由放任的美国最高法院之间的冲突影响了罗文斯坦对法院所持的批评态度。[25] 尽管他承认法院的政治功能，这可能仅仅是美国特殊宪法传统的反映。最高法院的政治角色成为美国宪法生活的一部分。尤其是法院在美国的特殊制度安排中是国会和政府之间不断波动的平衡器。最终，政治上的损失通过对公民权利的有效保障得到了弥补。[26] 罗文斯坦也承认，美国的情形是一个在历史-政治条件下的例外。人们可以说，罗文斯坦的观点是一个对反多数难题的现代证明的预言。因为根据冲突的政治相关性程度，有时是有利于法院的，有时是有利于民主决定的。人们可以想到约翰·哈特·伊利的代议制补强理论是对沃伦法院的公民权利能动主义的证明。[27] 罗文斯坦强烈地提醒警惕政治的司法化，这是他从《魏玛宪法》的国事法院得到的经验，他也批评了德国联邦宪法法院在 EVG 案中的处理。[28] 由(宪法)法院来解决政治冲突的趋势，他认为是极不正常的，

[23]　Loewenstein, Verfassungslehre, 253.

[24]　Loewenstein, Verfassungslehre, 338；对于法治国与工业资本和金融资本之间的联系，参见 dems., Verfassungswirklichkeit (Verfassungslehre,), 434 f.。

[25]　Loewenstein, Verfassungslehre, 265, 338, 343.

[26]　Loewenstein, Verfassungslehre, 254.

[27]　J. H. Ely, Democracy and Distrust：A Theory of Judicial Review, 1980；dazu J. Riecken, Verfassungsgerichtsbarkeit in der Demokratie, 2003.

[28]　Löwenstein, Verfassungslehre, 263. Zur Kontroverse：R. Häußler, Der Konflikt zwischen Bundesverfassungsgericht und politischer Führung, 1994, 28－39.

这是一种缺乏民主授权的政治行为，从而混淆了审判和政治，并且将面临双重损害：一方面政治上负责任的权力主体不再决定事情，另一方面法院又不能执行它自己的政治决定。在这种场景中是缺乏机关内控制的，因为决策权和决策的政治责任相互脱钩了。最后，罗文斯坦总结道："在权力行使过程中，机关内的控制最大并不意味着最优。"㉙

（四）选民的权力

罗文斯坦将人民嵌入宪法学说中颇具原创性。㉚ 首先，德国国家法学通常不讲人民，而是讲选民。当罗文斯坦宣布人民发挥机关间控制的功能时，他也没有其他的选择。这再一次解释了，为什么罗文斯坦是在权力关系中来讨论以及总是将权力监督置于归责和责任澄清之上。因为人民监督宪法机关需要以人民具有行为能力（作为选民）为前提（意志形成、选举、政党），同时也需要一个明确的监督主体。人民不是正当的国家权力的归责主体，而是政治过程中的监督机关。首要的工作不是完善代议制——构建人民意志或者最大化选举平等，而是将选民的政治行为能力制度化。

选举和选举程序对于限制统治发挥着核心作用。对于罗文斯坦来说，选民事实上发挥着监督功能，他们的选举决定并非都耗尽在一个具有普遍正当性的集体行为中，首先通过建立更多的机关和罢免来限制统治。选民能够有效地告诉我们，哪些人或者党能够行使统治权。在他们的眼中，最好的政体是英国的议会内阁制，因为在选举议会的同时也任命了胜利的政党领袖成为内阁成员。㉛ 罗文斯坦对英国体制的评价是，选民直接成为政治活动家，就像一个机关对其他的宪法机关一样，不仅设定方向，而且审查它的付诸实施。罗文斯坦认为两党制有很多好处，因为它可以通过选民来准确地保障监督以及有效地进行统治。在实行比例代表制的议会内阁政体中，政府的形成受限于议会的独立意志构建（多数通过政党妥协以及协商行为来形成），选民的监督通过罢免来

㉙　Loewenstein，Verfassungslehre，265.

㉚　Loewenstein，Verfassungslehre，266 ff.

㉛　Loewenstein，Verfassungslehre，267.

体现。

　　选民所达成的机关内控制虽然是选择性地发生的(即选举时才发生),但是它可以通过选举体制来得到特殊的关注。就像在大众民主中,选民可以看清政党的品格和纲领,限制统治的社会和政治条件得以更新。在上述条件下,所有的选举体制都是次优的。一部赋予所有候选人平等机会的完善的选举法,必须首先被制定。[32] 对于多数决,罗文斯坦用一个选举法的例子来说明,“不要因为有利于某个政党或者既得利益而感到羞耻”。只有英国找到了还算公正的解决方案。比例代表制将少数纳入了大众民主之中,这是它的优点。但缺点是疏离了选民与政治的关系,从而导致政党对于选举程序的把持。政党高层通过提名候选人以及对候选人进行排序垄断了权力。政治过程变得机械化,大量政党的出现导致选民意志的分裂以及从许多政党中产生稳定政府的困难,因为这导致了力量的分散,从而不得不依靠那些小集团。[33] 最终,罗文斯坦根据能力来评价选举体制,就像他把选民作为政治过程中的最高权力主体,保障他们对议会和政府的监督权。这些标准对于罗文斯坦来说是重要的,因为在正常的政治过程中,可能出现权力主体之间陷入僵局。这样的冲突最终只能依靠选民来解决,因此选举体制必然对其他权力主体产生影响。[34]

三、 隐藏的模式: 英国

　　在《宪法学说》一书中,读者经常会遇到世界上不同宪法的例子,不仅仅是西方宪法思想的基本类型,拉丁美洲也是经常出现的。人们能够感受到美国教授对南美洲的立宪主义非常熟悉。[35] 去殖民化所产生的新宪法同样引起罗文斯坦的关注,人们会感受到他对英国宪法问题的兴

---

[32]　Loewenstein, Verfassungslehre, 274.

[33]　Loewenstein, Verfassungslehre, 281.

[34]　Loewenstein, Verfassungslehre, 287, 291.

[35]　也参见 M. Neves, Präsidentialismus in Lateinamerika und Karl Loewenstein, in: R. C. van Ooyen (Hrsg.), Verfassungsrealismus: Das Staatsverständnis von Karl Loewenstein, 2007, 193 – 199。

趣。他对世界各国宪法的认知和博学是令人吃惊的。克劳斯·冯·拜梅
（Klaus v. Beyme）曾经将罗文斯坦誉为"自格内斯特、哈切克和耶利内
克以来，精通外国宪法和比较宪法的最好行家"㊱。通过比较，加深了对
世界上不同文化领域的理解，这一话题在德语地区首先是由彼得·黑贝
勒触及的，但明显他与罗文斯坦具有不同的方法前理解。㊲

　　通过对历史信息的比较可以发现，罗文斯坦对英国及其议会内阁政
体的偏爱是明显的。㊳ 这也反映了《宪法学说》一书的目标是限制政治
统治，但是轻视那种机械式的或者体系性的权限划分，主张议会严格限
制政府的偏好，同时将控制权掌握在立法机关手中，主张将选民作为监
督机关或者通过政党将选民纳入政治过程。㊴ 对英国的偏爱使得罗文斯
坦完全忽视了宪法文本。他很少提到宪法规范，他的解释和评注更少。
他实际上丢失的是联合王国并不承认的东西。对罗文斯坦来说，一个成
功的立宪国家光有宪法形式或者对文本的特殊信仰还不够。他的规范宪
法的类型是建立在规范的实效性的基础上，而不是针对规范文本的效
力。对他来说，宪法的规范实效性并不是指宪法法院的判决，而是指政
治过程以及权力主体在规范影响下的实际行动。

　　英国范式也导致他对非英范式的批评。比如罗文斯坦对联邦制提出
很多指责，他举了美国的例子，并且预言美国的联邦制会普遍地衰落。㊵
他认为宪法法院在处理联邦与州的争议外，只从事主观权利的保护是不

㊱　36 K. v. Beyme, AöR 98（1973），617；同样的话，参见 E. Fraenkel, Geleitwort, in：
Loewenstein, Beiträge zur Staatssoziologie, 1961, XIII。

㊲　参见 P. Häberles distanzierende Besprechung der 2. Aufl. von Loewensteins Verfas-
sungslehre, JZ 1970, 196 f. Zum Ansatz Häberles ders., Verfassungslehre als Kulturwissenschaft,
2. Aufl. 1998；ders., Der kooperative Verfassungsstaat—aus Kultur und als Kultur. Vorstudien zu
einer universalen Verfassungslehre, 2013。黑贝勒比罗文斯坦更注重规范文本（文本层级范式，
比较宪法作为解释方法），并通过文化概念而不是通过权力和统治获得对现实的参考。另见
O. Lepsius, Comment on Peter Häberle's „Wissenschaftlicher Rückblick", in：Journal of Institu-
tional Studies/Revista Estudos Institucionais 2（2016），No. 1, S. 93 – 113。

㊳　罗文斯坦在其最厚的著作（Loewenstein, Staatsrecht und Staatspraxis von
Großbritannien, 2 Bände, 1967）第一卷第七章的前言中宣称，他对英国的热爱是"他公法上
致力于的对象"。

㊴　Loewenstein, Verfassungswirklichkeit（Verfassungslehre），402 中明确指出：英国的内
阁制度是最有效的政体形式。

㊵　Loewenstein, Verfassungslehre, 302 ff., 328 ff. 也见 ders., Verfassungswirklichkeit
（Verfassungslehre），414 – 416：der westdeutsche Föderalismus als „künstlich und unfruchtbar"。

值得的,[41] 后者可以由最高法院来进行。总统制在罗文斯坦看来有独裁的嫌疑,并且有利于官僚的统治。[42] 他对总统制保持观望,当然也是从观察拉丁美洲的新总统制的经验中得来。无论如何应当总结一下,罗文斯坦的宪法学说尽管吸收了很多宪法传统,也处理了很多争议情形,但他对于宪法的理解最终仍然是按照最符合英国模式来进行的。

罗文斯坦可能对英国模式进行了理想化,他已经陷了进去,就好像他对其他三个国家都举了很多批评的例子。对于法国,他惊叹于革命宪法的制定以及有关人民立法和代议制的争论。[43] 他着迷于人民如何自己作为立法主体,从而在代议机关之外来直接行使统治权。因为这会将他偏爱的代议制与公投因素(选民的权力)分离。法国宪法发展的不稳定一直持续到第五共和国(正好是罗文斯坦的《宪法学说》一书的出版时刻),这令他无法满意。这也解释了为什么他在讲到机关内控制的时候对法国第三共和和第四共和时期的绝对议会主义介绍得要比第五共和时期的新总统制要少。[44]

他不信任德国的发展,魏玛的失败是他亲眼看到的。对于俾斯麦宪法,他没有留下任何东西。[45] 他整个的宪法思考也不是以德国的法治国为中心,因为他将民主作为多元主义统治的组织形式。但这是德国传统中所欠缺的。对于早期的联邦德国,罗文斯坦也保持距离。在 20 世纪 50 年代,他注意到民主的苏醒以及更早时的复兴趋势。但他抱怨阿登纳时代既不是民主也不是议会制。[46] 罗文斯坦对宪法法院在治理中的角色

---

[41]　Loewenstein, Verfassungslehre, 250 f. , 339 ff. Siehe auch D. Burchardt, Karl Loewenstein und die Verfassungsgerichtsbarkeit, in: R. C. van Ooyen (Hrsg.), Verfassungsrealismus: Das Staatsverständnis von Karl Loewenstein, 2007, 137 – 155.

[42]　除了《宪法学说》一书外,也参见 Loewenstein, Der Staatspräsident. Eine rechtsvergleichende Studie, AöR 75 (1949), 130 – 192。

[43]　参见 Loewenstein, Volk und Parlament nach der Staatstheorie der französischen Nationalversammlung von 1789. Studien zur Dogmengeschichte der unmittelbaren Volksgesetzgebung, 1922 (1918 年作为博士论文完成)。

[44]　参见 Loewenstein, Verfassungslehre, 430 – 442 (Nachtrag zur 2. Aufl. 1969)。

[45]　Loewenstein, Verfassungslehre, 146.

[46]　Loewenstein, Verfassungslehre, 94.

是抱有好感的，[47] 虽然还没有完全展开。[48] 波恩的权力交接还不太久，他认为新的波恩体制是一种民主监督的议会制。内阁的稳定付出了高额的代价，那就是民主过程被扼住了"喉咙"，议会多数毫无怨言地屈从于政府，公众意见也无法通过比例代表制来保护政府中的多数，并且对政府的影响很小。[49] 在罗文斯坦看来，当时的德国政府尽管在职位上具备民主的形式，但政治领导仍然是权威主义的以及在缺乏议会或选民的限制下行使。[50] 这个观察是非常准确的，对阿登纳领导下的总理民主具有说明价值。[51]

罗文斯坦对于美国的判断虽然不能说令人兴奋，但总是有益的。他是研究美国问题的专家。他曾多次撰写有关美国宪法的文章。他在这方面的主要著作是《美国的宪法和宪法实践》，与《宪法学说》一书的德文译本同年出版，并致力于对宪法的相同理解：宪法的效果体现在宪法机关的运作方式上。对于美国来说，这一观点是令人信服的，因为宪法文本在很大程度上抵制修改，同时随着时间的流逝，制度结构发生了根本的改变：权力从国会转移到总统，转移到最高法院，从各州转移到联邦，发展出一个独立的行政部门作为准第四权力。为了了解美国的宪法发展和宪法思维，这部著作至今仍然值得一读。它包含难以获得的信息，例如关于选举法、政党结构、"总统领导的技巧"，甚至国会的运作

㊼　罗文斯坦将其省略了，参见 Loewenstein, Verfassungslehre, 263。

㊽　相反，罗文斯坦对德国联邦宪法法院在 EVG 案中的失败表现表示遗憾，vgl. 160, 262 f.; dazu auch sein Aufsatz The Bonn Constitution and the European Defense Community Treaties, Yale L. J. 64 (1955), 805 – 839; ebenso ders., La Constitutionnalité des Traités instituant la Communauté Européenne de Défense et la Constitution de Bonn, Revue de Droit Public et de la Science Politique 71 (1955), 632 – 669。

㊾　Loewenstein, Verfassungslehre, 93.

㊿　So ebd., 94. Kritische Bemerkungen auch 160, 237 sowie in: Rechtsgutachten, in: Der Kampf um den Wehrbeitrag, Bd. 2, 1953, 337 – 401. 关于与联邦德国有关的"民主威权"类别，参见 Loewenstein, Verfassungswirklichkeit, 401 f.; Max Webers staatspolitische Auffassungen in der Sicht unsere Zeit, 1965, 47 f.。

㊿¹　罗文斯坦对 1968 年联邦德国的判断是积极的，基本权利被作为"良心的样板"受到联邦宪法法院的保护。他对 1962 年《明镜》事件的反应是：这是一次引人注目的"对民主威权政体的不可侵犯的高权领域的突破"。他还认为 1963 年阿登纳在政治上被迫辞职是积极的："人们似乎也意识到，十四年的威权统治未能创造出有利于民主的气氛，国家领导层和经济领导层需要新鲜的血液。"所有引文来自 Nachtrag zur 2. Aufl. der Verfassungslehre 1969, 462 f.。

方式。以下同样值得注意：与德国的做法(52)不同，该书将宪法历史与生效的法律规定相联系，因为历史发展证实了它与当前的冲突情形直接相关——它提供了一种分析的范例，允许对判决进行预测，从而与新的事实进行类比。因此，罗文斯坦以美国宪法为例，可以最佳地展示和付诸实施他对宪法的理解，他让我们更接近相关发展和冲突情形的社会和政治背景，揭示行动者和机关的利益，这看起来是和谐的。

1950 年，罗文斯坦已经开始向德国公众广泛介绍美国宪法的知识。但是他在很多推广民主基本知识的小册中并没有理想化美国宪法，而是指出其特点和不足，从而让德国读者保持清醒，美国的经验对于德国重建民主是有启发意义的。(53) 他在《公法年鉴》中发表了 150 页的关于美国宪法新发展的介绍——在每一个点上都做出了令人赞叹的贡献，从新政时期关于战争经济的权力结构变化到战后反对共产主义的强迫症，对于政治利益有非常敏锐的嗅觉，也详细描述了每一种权力制度的行使条件。可能罗文斯坦的著作跟美国还是有距离的，(54) 他仍然很少正面评价联邦制，他明确地谴责了迫害共产主义者对政治言论的限制，认为这是一场猎巫行动。最后他坚信稳定的民主生活能够自我治愈，从而改善黑人的法律地位。(55)

---

(52) 参见 Loewenstein, Verfassungsrecht und Verfassungspraxis der Vereinigten Staaten, 1959, Vorwort VII f.：在德国，历史发展可以在导论中被“忽略”。在美国，现行宪法设计比其他地方短暂的宪法更依赖历史条件。对于德国读者来说，这导致的困难是，适用的法律与其说是根据宪法规范传达给他的，不如说是从现实的政治角度出发通过法院判决和整个宪法法律传达给他的。

(53) Loewenstein, Vom Wesen der amerikanischen Verfassung, 1950, 48 – 51：那边不是所有闪光的都是黄金，公共生活中的很多事情甚至不能说是发光的。民主不能通过教科书教导，也不能通过武力移植。人们必须经历它才能理解它，而且最好通过观察其他民族是如何做的来学习它。这篇文章可追溯到 1948 年夏天罗文斯坦在美国就宪法和民主问题所做的演讲。

(54) Loewenstein, Staatspolitik und Verfassungsrecht in den Vereinigten Staaten, JöR N. F. 4 (1955), 1 – 152. Siehe überdies：ders., Ketzerische Betrachtungen zur amerikanischen Verfassung, in：Gedenkschrift Max Imboden, 1972, 233 – 254.

(55) “基本权利与共产主义”和“黑人的自由权”也是基本权利部分的主要议题，参见 Loewenstein, Vom Wesen der amerikanischen Verfassung, 1950; Loewenstein, Staatsrecht und Staatspraxis von Großbritannien, 1967, 531 ff., 575 ff.。

四、 罗文斯坦生平的几个时期

罗文斯坦于 1891 年 11 月 9 日出生于一个颇具声望的慕尼黑商人和律师家庭。家里笼罩着一种自由、容易接受新事物和善于交际的氛围。他的童年是无忧无虑的，作为真正的慕尼黑人，他重视音乐、文化和爬山。与父亲想让他接受商业训练的愿望相左，罗文斯坦在伦敦和纽约度过了不成功的学徒期后，最终在慕尼黑学习了法律，并于 1911 年在巴黎度过了一个学年。在 20 岁之前，他就在三个主要的民主国家生活，这对于他的学术著作是有影响的，也使得他的个人认知在这种多语言的环境中变得不同寻常。他最终在海德堡完成了学业，也在 1912 年进入了韦伯与其妻子的交往圈子，从此改变了他的生活。[56] 为了结识女权主义者韦伯夫人，他拜访了韦伯的家，但只有韦伯在家，于是，退休的教授与这个机灵的年轻人进行了交谈，并开始了密切的联系。罗文斯坦固定参加韦伯家的星期日沙龙，并与韦伯有频繁的书信联系，[57] 即使在韦伯迁居慕尼黑后他也再次到访。这种联系是如此充满信任，甚至在韦伯死后，韦伯夫人将她丈夫的法社会学手稿交给年轻的罗文斯坦作为纪念（今天仍然保存在他那里）。[58] 对于韦伯全集，罗文斯坦也是非常熟悉的。尤其是他对权力和统治的兴趣要归功于韦伯，就像对理念、利益、制度的动态处理以及对德国现实的观察。即使韦伯不是我们时代中百年来最博学的人，罗文斯坦也在他的著作中为其争取，他后来也捍卫韦伯，反对错

---

[56]   罗文斯坦生动地描述了他与韦伯夫妇的相遇：Persönliche Erinnerungen an Max Weber, in: K. Engisch u. a. (Hrsg.), Max Weber. Gedächtnisschrift der Ludwig-Maximilians-Universität München zur 100. Wiederkehr seines Geburtstages 1964, 1966, 27 – 38; vgl. auch Markus Lang, Karl Loewenstein. Transatlantischer Denker der Politik, 2007, 95 – 98, 可追溯到自传中的描述；关于韦伯对罗文斯坦的影响，此外见 A. Anter, Max Weber und die Staatsrechtslehre, 2016, 129 – 139。

[57]   从 1912 年到 1918 年，韦伯和罗文斯坦之间的通信多次涉及音乐问题、访问慕尼黑的计划和对战争形势的讨论；vgl. etwa Max Weber Gesamtausgabe (MWG) II/7, 640; II/8, 298, 444; II/9, 593 – 596; II/10, 282 f. 。罗文斯坦作为巴伐利亚州自由学生联合会的成员，也参与组织了韦伯于 1917 年和 1919 年在自由学生联合会举办的"以精神工作为业"系列讲座中的《以学术为业》和《以政治为业》两场讲座。关于讲座的起源背景，详见 W. Mommsen/W. Schluchter, Einleitung, MWG I/17, 35 f. 。

[58]   参见 M. R. Lepsius, Max Weber und seine Kreise, 2016, 265 f. 。

误地评价韦伯。[59] 因此有充分的理由认为，罗文斯坦是韦伯的忠实弟子，也许是对韦伯的关切有最好理解的法学家。

　　毕业后的候补文官工作让罗文斯坦感到无聊，1916 年他以第七名的成绩通过了巴伐利亚州的破产考试，从而开启了他的国家公职活动。1919 年通过了博士考试后，他在慕尼黑的检察署工作，同年他还加入了德国民主党。在离开国家公职三个月后，他选择了律师职业。1920 年，他在马克西姆大街 40 号开办了自己的律师事务所。他的律师事业发展得很好，尤其是接受了很多来自英国的委托，甚至托马斯·曼都成为他的客户。[60] 20 世纪 20 年代他还从事学术工作，主要研究英国宪法。他沉浸于一种功能化的民主世界中。[61] 他翻译了詹姆斯·布赖斯（James Bryce）的《现代民主论》[62]，这本书的结构和风格都影响了罗文斯坦。他的英国研究的圆满结束是在 40 年后的 1967 年，出版了两卷本的著作。[63] 魏玛共和的黄金时期，罗文斯坦在学术事业上飞黄腾达，他完成了教授资格论文的撰写。罗文斯坦用这篇论文来反驳卡尔·施米特关于宪法修改受到

　　[59]　罗文斯坦的书（Max Webers staatspolitische Auffassungen in der Sicht unserer Zeit, 1965）受到蒙森（W. Mommsen）博士论文（Max Weber und die deutsche Politik 1890 - 1920, 1959）的启发，其主要论点被罗文斯坦否定；参见 Loewenstein, Max Weber als Ahnherr des plebiszitären Führerstaats, KZfSS 13（1961）, 275 - 289；也见 ders., Max Webers Beitrag zur Staatslehre in der Sicht unserer Zeit, in: Engisch u. a.（Hrsg.）, Max Weber. Gedächtnisschrift der Ludwig-Maximilians-Universität München zur 100. Wiederkehr seines Geburtstages 1964, 1966, 131 - 146. Zu Loewensteins Verteidigung Webers siehe auch A. Anter, Max Weber und die Staatsrechtslehre, 2016, 134 - 136。

　　[60]　Thomas Mann-Karl Loewenstein. Briefwechsel. Erster Teil: 1933 - 1938, Blätter der Thomas Mann Gesellschaft Zürich 18（1981）; Zweiter Teil: 1938 - 1955, ebd., 19（1982）.

　　[61]　Loewenstein, Das Problem des Föderalismus in Großbritannien, Annalen des Deutschen Reichs 1921, 1 - 95; Die britischen Parlamentswahlen im November 1922, 1923; Zur Soziologie der parlamentarischen Repräsentation in England vor der ersten Reformbill, Erinnerungsgabe Max Weber, 1923, 85 - 110; Zur Soziologie der parlamentarischen Repräsentation in England nach der großen Reform: Das Zeitalter der Parlamentssouveränität（1832 - 1867）, Archiv für Sozialwissenschaften und Sozialpolitik 51（1924）, 614 - 708; Minderheitsregierung in Großbritannien, 1925; Die Magna Charta des britischen Weltreichs, AöR N. F. 12（1927）, 155 - 272; Verfassungsleben in Großbritannien 1924 - 1932, JöR 20（1932）, 195 - 319; Markus Lang, Karl Loewenstein. Transatlantischer Denker der Politik, 2007, 117 - 135.

　　[62]　James Bryce, Moderne Demokratien, ohne Jahr（1923）.

　　[63]　Loewenstein, Staatsrecht und Staatspraxis von Großbritannien, 2 Bände, 1967；更远的有 Der britische Parlamentarismus. Entstehung und Gestalt, 1964。

实质限制的观点,(64) 认为宪法修改只存在形式上的限制。这一次他选择了德国国家法的主题，以《宪法修改的表现形式》为题于 1931 年在慕尼黑大学法学院获得教授资格,(65) 并且被任命为编外讲师。他建议开设有关英国宪法和比较宪法的练习课,(66) 并参加了在哈勒举办的德国国家法教师大会。(67)

在纳粹攫取政权之后，罗文斯坦因为犹太人的身份(自 1918 年起无宗教派别)无法待在德国，也失去了学术的未来。1933 年之后，他与美国的熟人和机构取得联系，从而开启了流亡之路：1933 年 4 月，他的办公室受到袭击，慕尼黑大学撤销了他的教授资格。他曾考虑在英国开一家律师事务所，但援助安置外国学者紧急委员会(68)给了他机会，1934—1936 年，他成为耶鲁大学研究生院的政治科学副教授，1933 年年底，与他的夫人离开了德国。(69) 在耶鲁的日子并不坏，然而他没有稳定的职位。他不想作为政治流亡者来寻找职位，但是作为国家法学者很困难，后者介于法学家和政治学家之间。在政治流亡者中，耶鲁大学法学院最终决定将私法学者弗里德里希·凯斯勒(Friedrich Kessler)纳入课程表，并且成为有合同的研究人员。(70) 罗文斯坦的主题在法学院无法开课，因为公法并不是作为学科存在的，在法学院开设行政法也是很麻烦的，因为当

---

(64) 对于魏玛德国时期的讨论状况，参见 V. Neumann, Carl Schmitt als Jurist, 2015, 110－118。

(65) 授课资格包括一般国家学、德国法和外国法，特别是国际法。关于教授资格，参见 Markus Lang, Karl Loewenstein. Transatlantischer Denker der Politik, 2007, 136－159。

(66) Vgl. die Vorlesungsverzeichnisse 1932 und 1933, http://epub.ub.uni-muenchen.de/view/subjects/vlverz_04.html.

(67) 罗文斯坦的发言见 VVDStRL 7 (1932), 192－194，对于格哈德·莱布霍尔茨有关选举法改革的报告持不同意见。

(68) 该委员会于 1933 年 5 月由学者和慈善家在纽约成立，为美国大学雇用移民筹集资金。参见 Stephen Duggan/Betty Drury, The Rescue of Science and Learning, 1948。

(69) T. Rensmann, Munich Alumni and the Evolution of International Human Rights Law, Eur. J. Int'l L. 22 (2011), 973－991 (979 f.); van Ooyen, Verfassungspolitologie des demokratischen „Verfassungsrealismus", in: ders., Hans Kelsen und die offene Gesellschaft, 2. Aufl. 2017, 112.

(70) 关于罗文斯坦在耶鲁大学的评论，以及为什么人们不能在那里得到有效的任用，参见 Kyle Graham, The Refugee Jurist and American Law Schools, 1933－1941, Am. J. Comp. L. 50 (2002), 777－817 (787, 799 f.). Zu Kessler: H. Beinstein, Friedrich Kessler's American Contract Scholarship and its Political Subtext, in: M. Lutter u. a. (Hrsg.), Der Einfluß deutscher Emigranten auf die Rechtsentwicklung in den USA und in Deutschland, 1993, 85－93。

时的宪法由社会科学方法和案例教学统治。[71] 罗文斯坦付出了巨大的努力在法学院寻找职位，最终失败了。[72] 罗文斯坦的命运是当时很多德国法学家所共同具有的，他们的专业成就无法被美国法认识到，他们不熟悉法学院的案例教学，从而无法被聘用。[73] 在经过了现实评估后，罗文斯坦于 1936 年给格哈德·莱布霍尔茨的一封信中写道："法学家是最悲惨的，因为这些受过大陆法训练的人毫无用武之地。"[74] 即使凯尔森也只能自嘲："我不完全是一个站在美国视角的法律人。"[75] 在流亡者中，公法学者被迫"寄宿"于政治学之下，这一专业本身也是在美国产生的，因为法学院主要从事普通法的研究。德国流亡者(除了法学家外)对于美国政治学的形成产生了重大影响。[76] 像阿诺德·布雷希特(Arnold Brecht)、恩斯特·弗伦克尔(Ernst Fraenkel)、汉斯·凯尔森、汉斯·莫根陶(Hans Morgenthau)、弗朗茨·诺伊曼(Franz Neumann)，包括罗文斯坦都是投身于政治学。1936 年，他被阿莫斯特学院聘用，这是一所位于马萨诸塞州西部的偏远的常春藤学校。这个学院以博雅教育著称，但是没有法学院和研究生，所以罗文斯坦无法授课。为此他遭受了三倍的驱

　　[71]　O. Lepsius, Verwaltungsrecht unter dem Common Law, 1997, 230ff. , 277 ff.

　　[72]　详见 Markus Lang, Karl Loewenstein. Transatlantischer Denker der Politik, 2007, 172 - 191; vgl. auch ders. , Juristen unerwünscht? Karl Loewenstein und die (nicht-) Aufnahme deutscher Juristen in der amerikanischen Rechtswissenschaft nach 1933, in: Politisches Denken. Jahrbuch 2003, 55 - 84。

　　[73]　E. C. Stiefel/F. Mecklenburg, Deutsche Juristen im amen Exil (1933 - 1950), 1991. 对于这些困难的清晰描述以及传记式的评价(也包括罗文斯坦)，参见 M. Stolleis, Geschichte des öffentlichen Rechts in Deutschland, Vierter Band 1945 - 1990, 2012, 361 - 366；来自法学院的视角，参见 Kyle Graham, The Refugee Jurist and American Law Schools, 1933 - 1941, Am. J. Comp. L. 50 (2002)。

　　[74]　Brief v. 16. 10. 1936, zitiert nach Markus Lang, Karl Loewenstein. Transatlantischer Denker der Politik, 2007, 319 f. 他继续说道：欧洲大陆学者必须完全改变，"才能在这里发挥作用。人们对理论几乎没有兴趣，国家法的教学和学习纯粹是实用性的，欧洲的相似之处几乎没有意义，我们的教义学方法被认为是不重要的。这里适用的是描述性方法，在这种方法中，制度被描述而不是根据法律理论来判断。此外，对社会心理学的兴趣是优先的，而不是对精神科学的兴趣，我们还没有认识到这一点，也从未强调过"。

　　[75]　哈佛大学法学院托马斯·里德·鲍威尔 (Thomas Reed Powell) 给院长格特尔 (R. G. Gettell) 的一封信，加州大学伯克利分校暑期课程，1942 年 1 月 9 日，加州大学汉斯·凯尔森的人事档案，无页码。

　　[76]　参见 M. R. Lepsius, Juristen in der sozialwissenschaftlichen Emigration, in: M. Lutter u. a. (Hrsg.), Der Einfluß deutscher Emigranten auf die Rechtsentwicklung in den USA und in Deutschland, 1993, 19 - 31; M. Stoffregen, Kämpfer für ein demokratisches Deutschland. Emigranten zwischen Politik und Politikwissenschaft, 2002。

逐：从他的祖国、他的母语以及他的学科。

　　罗文斯坦坚持比较的和历史的主题，并且逐步熟悉了美国的宪法。此外，他还是纳粹法律的敏锐的观察者，[77] 虽然他对宪法在纳粹德国的衰落的分析并没有获得像弗朗茨·诺伊曼或者恩斯特·弗伦克尔的书那样的反响。需要关注的是，他在阿莫斯特学院发展了防卫性民主的概念，他是首创者。[78] 这是他通过比较魏玛德国的民主以及西班牙、意大利、葡萄牙和奥地利的民主后得出的。自 1941 年春以来，罗斯福总统竭力宣传人权的理念，将其作为新世界秩序的有力思想以及为官方仍然保持中立的美国发动战争的正当性提供价值基础。[79] 1942 年，他成为美国法律研究所的专家委员会成员，为"基本人权声明"提供意见。他在盟军司令部的指令下开始了人权法典的编纂。[80] 在那里，罗文斯坦为社会基本权利和基于民主的人权辩护，他提出，没有民主，人权是不可想象的，因此，人权以民主为前提。[81] 罗文斯坦发展出了革命性的基于民主的人权的思想，最终为 1948 年 12 月 10 日《世界人权宣言》第 21 条奠

---

　　[77]　Loewenstein, Law in the Third Reich, Yale L. J. 45 (1936), 779 – 815; Dictatorship and the German Constitution 1933 – 1937, University of Chicago Law Review 4 (1937), 537 – 574;, Government and Politics in Germany, in: J. Shotwell (Hrsg.), Government in Continental Europe, 1940, 279 – 569; Hitler's Germany. The Nazi Background to War, 1939, 4. Aufl. 1944.

　　[78]　Loewenstein, Militant Democracy and Fundamental Rights, Am. Pol. Sci. Rev. 31 (1937), 417 – 432, 638 – 658. Vgl. A. Kirshner, A Theory of Militant Democracy, 2014, 2 f., 105 f., 148 f.; U. Greenberg, The Weimar Century. German émigrés and the ideological foundations of the Cold War, 2014, 169 – 209; J. -W. Müller, Das demokratische Zeitalter, 2013, 248 – 251; A. Simard, Das Erbe von Weimar aus transatlantischer Perspektive, in: M. Gangl (Hrsg.), Die Weimarer Staatsrechtsdebatte, 2011, 259 – 287; M. Stoffregen, Von der Repression zur Rechtsstaatlichkeit, in: R. C. van Ooyen (Hrsg.), Verfassungsrealismus: Das Staatsverständnis von Karl Loewenstein, 2007, 157 – 191 (158 – 165); Markus Lang, Karl Loewenstein. Transatlantischer Denker der Politik, 2007, 207 – 221; T. Rensmann, Munich Alumni and the Evolution of International Human Rights Law, Eur. J. Int'l L. 22 (2011), 989 f.

　　[79]　罗斯福 1941 年 1 月 6 日关于"四大自由"的演讲影响了 1948 年 12 月 10 日的《世界人权宣言》的序言，其中明确包含了罗斯福的言论。

　　[80]　参见 T. Rensmann, Karl Loewenstein, Ernst Rabel und die Allgemeine Erklärung der Menschenrechte, in: Der Staat 46 (2007), 129 (131 – 136)。

　　[81]　罗文斯坦的发言，参见 The American Law Institute Proceedings 20 (1943), 224 ff. (转引自 T. Rensmann, Karl Loewenstein, Ernst Rabel und die Allgemeine Erklärung der Menschenrechte, in: Der Staat 46 (2007), 148f.); ders., Menschenrechte und Weltordnung, in: Neue Auslese 1 (1946), 37 – 44。

定了基础。⑫ 蒂洛·伦斯曼(Thilo Rensmann)曾经称他为盟军司令部顾问中最有创造力的头脑。⑬ 这也是他多产的年份。

从 1945 年 7 月到 8 月，罗文斯坦作为美国占领军政府法律小组的顾问回到了德国。⑭ 他负责审查带有纳粹因素的法律规定，处理国民报告和对巴伐利亚州司法部及其工作人员进行鉴定，以保证去纳粹化。他对与纳粹亲近的法学教授职位把握准确，他对卡尔·施米特的鉴定导致其被美军当局监禁了很长时间。⑮ 罗文斯坦明确主张，德国只有去纳粹化才能为民主化做好准备，因此要对法律进行仔细审查，对人员进行替换以及连续的社会再教育。⑯ 占领军政府为了消除具体的组织问题，广泛

⑫　Markus Lang, Karl Loewenstein. Transatlantischer Denker der Politik, 2007, 235－242; T. Rensmann, Munich Alumni and the Evolution of International Human Rights Law, Eur. J. Int'l L. 22 (2011), 981－990; The American Law Institute Proceedings 20 (1943), 136 ff. 对于 AEMR(《世界人权宣言》)的产生, 也见 Zur Entstehung der AEMR etwa S. Moyn, The Last Utopia. Human Rights in History, 2010。

⑬　T. Rensmann, Karl Loewenstein, Ernst Rabel und die Allgemeine Erklärung der Menschenrechte, in: Der Staat 46 (2007), 148; T. Rensmann, Munich Alumni and the Evolution of International Human Rights Law, Eur. J. Int'l L. 22 (2011), 988, 990.

⑭　更详细的描述, Markus Lang, Karl Loewenstein. Transatlantischer Denker der Politik, 2007, 247－262。

⑮　参见 Markus Lang, Karl Loewenstein. Transatlantischer Denker der Politik, 2007, 249－252; W. Sollors, Dilemmas der Entnazifizierung: Karl Loewenstein, Carl Schmitt, militärische Besatzung und wehrhafte Demokratie, in: K. Gerund/H. Paul (Hrsg.), Die amerikanische Reeducation-Politik nach 1945, 2015, 225－255; V. Neumann (Fn. 65), 493－495; R. Mehring, Carl Schmitt. Aufstieg und Fall, 2009, 438－445; Joseph W. Bendersky, Carl Schmitt's Path to Nuremberg, Telos 139 (2007), 6－43, 他和朗一样, 引用了罗文斯坦 1945 年 11 月 14 日的报告, Observations on Personality and Work of Professor Carl Schmitt, zitiert. -Am 17. 8. 1949, 卡尔·施米特在其弥漫着自以为是和反犹太主义的《语汇》中指出: 当他被逮捕时, 他从未与美国人有任何关系, 而只是与德国或奥地利的犹太人有关系; 他多次提到罗文斯坦, 见 Glossarium. Aufzeichnungen der Jahre 1947－1951, 1991, 263 f.。

⑯　Loewenstein, Political Reconstruction, 1946; Comment on "Denazification", Social Research 1947, 365－369; Law and the Legislative Process in Occupied Germany, Yale L. J. 57 (1948), 724－760, 994－1022; Reconstruction of the Administration of Justice in American-Occupied Germany, Harvard L. Rev. 61 (1948) 419－467, sowie ein im Nachlass befindliches Ms. Legal Reconstruction in Germany (1948), das R. W. Kostal, The Alchemy of Occupation: Karl Loewenstein and the Legal Reconstruction of Nazi Germany: 1945－1946, Law & Hist. Rev. 29 (2011), 1－52, auswertet.

采纳了他的建议。⑧ 但是很多事实上无法实施，这让罗文斯坦感到不高兴。⑧ 对此可以看罗文斯坦在 1946 年写的巴伐利亚州法学院的报告以及 1948 年写的慕尼黑大学法学院的报告。他力图在当时荒芜的人员状况中进行鲜明的洞察，但是最终，所有罗文斯坦认为带有纳粹负担的慕尼黑大学法学院的教授成员都保留了下来。他的教席直到去纳粹化过程结束仍然是空缺的，1951 年法史学家 San Nicolò 被选为校长，他是公认的明显的纳粹分子。⑧

　　罗文斯坦致力于成为慕尼黑大学的教授，尽管他有政治代言人（威廉·赫格纳［Wilhelm Hoegner］）也无济于事，因为埃里希·考夫曼是一位更有优势的竞争者。1956 年，考虑到罗文斯坦负责再次鉴定，这件事情有了解决方案。慕尼黑大学法学院设置了一个政治学和法政治学的新的正式教授岗位，并将其借给了国民经济学院，罗文斯坦由此被聘用。由于他在阿莫斯特学院还有课，所以教学工作被免除了。1958 年，罗文斯坦 67 岁了，到了退休的年纪。⑨ 考虑到他在再次鉴定中的工作负担，这个国民经济学院的职位处于请假状态。在他的职业生涯最后，他仍然是法学院的正式教授。通常他前往慕尼黑参与学术工作。他与特奥多尔·毛恩茨保持书信联系，后者在他被聘用中发挥了作用。⑨ 彼得·莱尔歇留下了既不讽刺

---

　　⑧　关于罗文斯坦的建议与占领军政府提出的和解实用主义之间的冲突，参见 R. W. Kostal, The Alchemy of Occupation: Karl Loewenstein and the Legal Reconstruction of Nazi Germany: 1945 – 1946, Law & Hist. Rev. 29 (2011), 34 – 40, 46 – 50。最重要的是，罗文斯坦替换全体法官的建议没有实现。

　　⑧　关于他愤怒的日记内容，参见 R. W. Kostal, The Alchemy of Occupation: Karl Loewenstein and the Legal Reconstruction of Nazi Germany: 1945 – 1946, Law & Hist. Rev. 29 (2011), 50 f.。

　　⑧　Vgl. Markus Lang, Karl Loewenstein. Transatlantischer Denker der Politik, 2007, 252 – 257, der aus einem Bericht Loewensteins v. 23. 4. 1946 prägnante Urteilen über das fachliche Niveau und die ideologische Belastung der Münchener Professoren zitiert. 也可参见 R. W. Kostal, The Alchemy of Occupation: Karl Loewenstein and the Legal Reconstruction of Nazi Germany: 1945 – 1946, Law & Hist. Rev. 29 (2011), 42 – 44. Auf Loewensteins Expertise soll ein Artikel in der New York Times, 23. 4. 1946, S. 8, zurückgehen, der betitelt war: Munich University. Hotbed of Nazism。

　　⑨　参见课程目录，die Vorlesungsverzeichnisse 1932 und 1933, http://epub. ub. uni-muenchen. de/view/subjects/vlverz_ 04. html., 其中列出罗文斯坦在 1957 年的夏季学期、1957—1958 年的冬季学期是正式教授，从 1958 年的夏季学期开始是退休教授。

　　⑨　详见 Markus Lang, Karl Loewenstein. Transatlantischer Denker der Politik, 2007, 258 – 262; Harrecker, Degradierte Doktoren. Die Aberkennung der Doktorwürde an der Universität München während des Nationalsozialismus, 2007, 321。

也不带有情绪的总结和补充:"同一个桌上吃饭的人,每个人都有优点,由此无法避免的是,从其他人随口说出的话中发展出一篇博学的论文。"⑫在一次德国旅行后,罗文斯坦于 1973 年 7 月 10 日逝世于海德堡。

五、 背景中的背景主义者

罗文斯坦并非理论家,也不是纯粹的教义学者。他避免了德国存在的理论与实践的脱离倾向。他既不是主张宪法中必然隐藏着一种抽象的理论,也不是将一种理论上没有的实践塑造为一种教义体系。人们可以用"非德国的"这种适度的方式来称呼他。他是经验主义者、实用主义者和政治家。他对理想宪法的理解既不是法治国也不是民主,而是制度化的组织和控制以及利益多元主义。对于统治关系的法律化,对规范体系的信任以及对监督的司法化,他都保持怀疑。宪法对于制度关系的组织化的主要贡献是程序法,对于利益关系的组织化主要是提供了自由权。除此之外,罗文斯坦信任政治过程,正是它形成了法律关系。宪法优位在他那里也是很少提到的,他只提到对统治限制的过分的和无目的的法律化和去政治化。罗文斯坦的观点是英国式的,当他提到法;当他提到统治,他的观点又是韦伯式的。当然,把像罗文斯坦这样博学的思想家的观点化约为这两点肯定是不合理的。在德国国家法学的传统中,他的分类可能是有帮助的,因为他的理由具有原创性,宪法的对象并非真正法律上的东西——比如宪法优位所表达的,而是权力和统治,即宪法的对象是社会和政治。宪法的手段也不是真正法律上的——就像宪法法院说的最后一句话那样,它不仅以法律的预设为基础,也以政治过程为基础。

人们在德国国家法学中探寻的是宪法现实的问题,即宪法现实与宪

---

⑫　P. Lerche, Karl Loewenstein zum 80. Geburtstag, AöR 96 (1971), 574 (575).

法文本之间的紧张关系，这已经不同于罗文斯坦的理解。[93] 德国国家法学很难处理一个真正的法律宪法的局限性和无力感，即如何评价法学的贡献，这并不令人感到惊讶。为此，罗文斯坦强调要靠近政治学，通过他跨学科的能力来维持一种距离感。罗文斯坦自认为是法学家，并且苦于学科上被剥夺了资格。[94] 在这里不评价他在政治学上的贡献，[95] 在这方面，可以参见恩斯特·弗伦克尔的认可。[96] 对于法学而言，人们可能会说：可能在那个时代，必须赞赏罗文斯坦的观点所具有的远见性和西方性。用新的背景主义的观点或者法律多元主义的模型，法律问题在一个多层次体系中呈现出了新的局面，这刺激了罗文斯坦。制度安排的发展演变以及对更复杂的统治关系的控制，它们不再是国家内部或者跨国的，也不再是传统的归责于国家权力的。受到经验指导的法学、实用主义法学和对政治过程的信任，在任何时候都是充满希望的感悟，也是罗文斯坦给予我们的未来之路。

---

[93]　对这种传统观点的批判，例如，W. Hennis, Verfassung und Verfassungswirklichkeit: ein deutsches Problem, 1968, P. Lerche, Stiller Verfassungswandel als aktuelles Politikum, FS Theodor Maunz, 1970, 285 - 300, auch in: ders., Ausgewählte Abhandlungen, 2004, 47 - 60; M. Jestaedt, Verfassungstheorie als Disziplin, in: C. Grabenwarter/O. Depenheuer (Hrsg.), Verfassungstheorie, 2010, § 1 Rn. 46ff.; C. Waldhoff, Verfassungsgeschichte und Theorie der Verfassung, ebd., § 4 Rn. 31, jeweils m. w. N。

[94]　参见他在序言中的自述，第8页："作者在德国接受的是实证法学的训练，尽管他作为马克斯·韦伯的学生，一直是一个变相的社会学家，在他的新祖国（美国）能够拓宽视野，将自己变成一个政治学家，幸运的是，他并没有背叛他作为宪法学家的初心。"Auch Markus Lang, Karl Loewenstein. Transatlantischer Denker der Politik, 2007, 318 - 321.

[95]　相较于范·奥耶（van Ooyen）的传统评价，朗的评价更发人深省（Markus Lang, Karl Loewenstein. Transatlantischer Denker der Politik, 2007, 299 ff.）；对与马克斯·韦伯有关的原创性怀疑，也见 A. Anter, Max Weber und die Staatsrechtslehre, 2016, 139。在 E. Jesse/S. Liebold (Hrsg.), Deutsche Politikwissenschaftler—Werk und Wirkung, 2014 中，罗文斯坦没有被列入德国政治学家的行列，理由是他在德国大学只有短暂的教学生涯，参见 dies., Politikwissenschaftler und Politikwissenschaft in Deutschland, ebd., 9 (36 mit Fn. 99)。罗文斯坦被排除在政治学传统体系之外，显然不是编者裁量权的问题，而完全是他在学术生涯某个阶段的移民导致的，这是一个令人可疑的原因，即移民中断了德国思想史中的纳粹这个阶段。

[96]　他对罗文斯坦作为政治学家的赞赏，参见 E. Fraenkel, Geleitwort, in: Loewenstein, Beiträge zur Staatssoziologie, 1961。

赫尔曼·冯·曼戈尔特

（Hermann von Mangoldt，1895—1953）

海因里希·阿马多伊斯·沃尔夫　著　赵　真　译

一、　生平[①]

　　1895 年 11 月 18 日，赫尔曼·冯·曼戈尔特出生于亚琛一个普鲁士知识分子家庭。他的父亲汉斯·冯·曼戈尔特（Hans von Mangoldt）是一位数学教授，后来成为但泽（Danzig）高等技术学校的创始校长，他的爷爷汉斯·卡尔·埃米尔·冯·曼戈尔特（Hans Carl Emil von Mangoldt）也是大学教师，是弗莱堡大学国民经济学和财政学教授。他的母亲格特鲁德·绍佩（Gertrud Sauppe）是哥廷根古典语文学家赫尔曼·绍佩（Hermann Sauppe）的女儿。

　　高中毕业后，曼戈尔特先是在 1914 年参加了海军。整个"一战"期间，他在海军的不同岗位上服役。他从 1916 年 9 月开始担任海军少尉。他在 1935 年成为海军预备役中尉。在 1939 年，他作为"热情的海

---

① 尤其参见 Ulrich Vosgerau, Hermann von Mangoldt, in：In Verantwortung vor Gott und den Menschen, Christliche Demokraten im Parlamentarischen Rat 1948/49, 2008, 271, 277 f.；Waltraut von Mangoldt；Hermann von Mangoldt, in：Fünfzig Jahre Institut für internationales Recht an der Universität Kiel, Hamburg 1965, 221 ff.；Walter Jellinek, Hermann von Mangoldt, Reden zu seinem Gedächtnis, in：Veröffentlichung der Schleswig-Holsteinischen Universitätsgesellschaft, n. F. Nr. 6, 1953, S. 10 ff.；Viktor Böhmert, Hermann von Mangoldt, JZ 1953, 253 f.；Walter Strauß, Hermann von Mangoldt zum Gedächtnis, DÖV 1953, 247f.；Christian Starck, Hermann von Mangoldt（1895 - 1953）：Mitglied des Parlamentarischen Rates und Kommentator des Grundgesetzes, AöR 121（1996）, 438 ff.；更详细的论述，参见 Angelo O. Rohls, Hermann von Mangoldt（1895 - 1953）, 1997, S. 15 ff.。

军军官"② 再次被征召，一直服役到 1944 年中期。最终是作为海军少校，在西部安全部队司令部效力。

1919 年，他在但泽学习土木工程，但在两个学期后中止了。他参加了东普鲁士志愿军的河湖船队。他在 1919 年担任帝国水防（现今的水警）军官。在这个职位上，他开始认识到法律的意义，这促使他到柯尼斯堡的阿尔贝图斯大学学习法学，从 1922 年一直持续到 1926 年。在见习考试之前（1926 年 7 月），他离开了警察部队，也没有了经济保障。随后，他开始了见习期（没有生活补助）。1930 年 3 月，已经 34 岁的曼戈尔特完成了国家法律考试。这时，他已经提交了博士论文。从 1929 年起，他在柯尼斯堡大学航空法研究所获得了助理职位。此外，他还是法院评估员（当时是无偿的），但他告假回家，以完成由希佩尔（Hippel）指导的教授资格论文《美国的成文宪法和法的安定性》。1931 年，他获得了公法和航空法的执教资格。此后数年，他在柯尼斯堡担任编外讲师。

纳粹掌权后，他失去了固定的职位。对于一个对美国宪法颇有好感的公法学者来说，这不是一个有利的起点。1933 年，他获得了代理阿尔贝特·亨泽尔（Albert Hensel）教席的机会，后者在图宾根因为其犹太人出身而被"放假"。1934 年，曼戈尔特加入了国家社会主义法学家协会。除了其他作品，他撰写了两篇主题与国家社会主义相关的论文，但这两篇论文并没有国家社会主义的内容或命题。首先是一篇很短的论文《过多地受外来影响的边远职位》（1934 年）③。紧接着是五年后，一篇较长的关于种族法的文章，采取了比较法的方法（1939 年）。在图宾根，他于1935 年成为非正式的特别教授。1936 年，他被任命为计划内的特别教授，一个常规的、自由的教授职位。1939 年 4 月 1 日，他被任命为正式教授，1937 年他还拒绝了汉堡大学的聘任。1940 年至 1941 年之交，他接受了耶拿大学的聘任。1943 年 4 月 1 日，他接受了基尔大学的聘任，担任国际法研究所主任。从 1939 年到 1944 年，由于在军队服役，他没

---

② Walter Jellinek, Hermann von Mangoldt, Reden zu seinem Gedächtnis, in: Veröffentlichung der Schleswig-Holsteinischen Universitätsgesellschaft, n. F. Nr. 6, 1953, S. 10, 28.

③ Wehrpolitische Bedeutung der wirtschaftlichen Überfremdung, in: Deutsches Offiziersblatt 1934, 510.

有讲课，在耶拿基本上也没讲课。1944 年年底，他由于健康原因离开海军后才开始上课。因为担心被轰炸，根据他的意愿，他的研究所搬迁到福尔吕克村(Dorf Faulrueck)的火车站餐厅。

战争结束时，跟曼戈尔特的教授职位聘任相关的学术生涯也应该结束了，但他作为德国国家法学者的影响力才刚刚开始。④ 由于重建，他在政治上变得活跃起来。显然，他的起点是公法学者、国际法学者、英美法专家。开始，对重建的领导首先是在学院和大学。1945 年，他担任院长，1947 年至 1948 年，他担任校长。⑤ 他的研究所被联合国视为"公认的国际事务研究中心"。由此，他获得了联合国全部的出版物和报告书。作为大学代表，他被派往英国军政府召集的、在 1946 年 2 月 26 日召开的第一届石勒苏益格-荷尔斯泰因州议会。他是石勒苏益格-荷尔斯泰因州宪法委员会的主席，他在石勒苏益格-荷尔斯泰因州宪法的起草中起了决定性作用。从 1946 年 4 月开始(直到 1950 年)，他是自由选举的第一届石勒苏益格-荷尔斯泰因州议会的成员。起初，他是无党派人士，1946 年，他加入了基督教民主同盟。1946 年 4 月到 1947 年 4 月，他是石勒苏益格-荷尔斯泰因州议会内政委员会的主席。他曾短暂地担任石勒苏益格-荷尔斯泰因州内政部部长(1946 年 6 月 12 日到 11 月 22日)，受州总理特奥多尔·施特尔策(Theodor Steltzer)领导。1948 年至1949 年，石勒苏益格-荷尔斯泰因州议会将他与另外三名代表派往议会理事会。在那里，他当选基本问题委员会的主席，还是司法委员会、总委员会和编辑委员会的成员。他自我评价说，这一影响力是他一生事业的巅峰。⑥

1950 年，他结束了自己的政治生涯。尽管曼戈尔特继续积极地为政

---

④　关于这个时期，也见脚注 1 中提到的证据，以及 Gerhard Leibholz, Hermann von Mangoldt, JöR Bd. 2 (1953), S. III f.; Viktor Böhmert, Hermann von Mangoldt, JZ 1953, 253。

⑤　Michael Stolleis, Geschichte des öffentlichen Rechts in Deutschland, Vierter Band 1945 – 1990, 2012, S. 57.

⑥　Waltraut von Mangoldt; Hermann von Mangoldt, in: Fünfzig Jahre Institut für internationales Recht an der Universität Kiel, Hamburg 1965, 221, 226.

府提供咨询，⑦ 但他又回归了学术，开始撰写他的基本法评注。这项工作远远比向他伸出橄榄枝并被他婉拒的联邦宪法法院的（当时是终身制的）法官职位重要。相反，1952 年，他没有拒绝自由汉萨市不来梅国务法院的成员资格，因为他认为这不妨碍评注的完成。在家庭方面，他也有了新变化。1948 年 9 月，在妻子的提议下，两人离婚了。1949 年 4 月，他在福尔河畔的威克（Wyk auf Föhr）与律师沃尔特劳特·胡尼乌斯（Waltraut Hunnius）结婚。1953 年 2 月 24 日，曼戈尔特死于肺栓塞，享年 57 岁，起因是他在结冰的道路上跌倒。他的去世令所有人感到吃惊。⑧

二、 学术作品

曼戈尔特人生的鲜明特征是他的学术化的家庭环境，他对自然科学、海军和美国宪法的偏爱，以及他在国家社会主义时期和重建时期的经历。曼戈尔特的学术作品可以分为四部分，这不是根据作者的学术发展而是根据政治环境（魏玛时代、国家社会主义时代、重建时代和后宪法时代）划分的。曼戈尔特在正确的时间被命运安排在了正确的地方。造化弄人，过早离世使他失去了发展得更为成功的可能性。

他的研究从海洋法、警察法、工商业管理法、航空法和比较法等主题开始。曼戈尔特的博士论文和其他作品在主题上都具有以下特点：他在很大程度上是从他的职业活动出发认识他的写作内容。他的博士论文是对法律方法纯粹的、清晰的应用。在《德国公共内河航运法的基本问

---

⑦　参见 Gerhard Leibholz, JöR Bd. 2（1953）, S. III f.；Ulrich Vosgerau, Hermann von Mangoldt, in：In Verantwortung vor Gott und den Menschen, Christliche Demokraten im Parlamentarischen Rat 1948/49, 2008, 271, 281。

⑧　参见格哈德·莱布霍尔茨的悼词，Gerhard Leibholz, JöR Bd. 2（1953）, S. III f.；Walter Schoeneborn, AöR Bd. 78（1953）, 257 ff.；Volker Böhmert, JZ 1953, 253 f.；Walter Strauß, Hermann von Mangoldt zum Gedächtnis, DÖV 1953, 247 f.；Alex Meyer, Zeitschrift für Luftrecht, Bd. 2（1953）, S. 126；Rudolf Laun/Viktor Böhmert/Hartwig Bülck, Hermann von Mangoldt, Jahrbuch für internationales Recht, 1954, 5 ff.；Erich Schneider, Hermann von Mangoldt, Reden zu seinem Gedächtnis, in：Veröffentlichung der Schleswig-Holsteinischen Universitätsgesellschaft, n. F. Nr. 6, 1953, 7 ff.；Walter Jellinek, eben da, S. 10 ff. 。

题》这个题目下，他不是讨论水运法的个别问题，而是对这个法律领域进行广泛的、完全的透视，分六个部分介绍了这一领域的历史、概念、法源、机关组织和实质管理，并着重介绍了内河航运自由以及对其限制的可能性。他以州法秩序为依据，总结出共同的原则。

在国家社会主义时期，他的作品数量明显变少了，对德国法的研究不见了，至少是变得非常少见。这一时期的成果的重点首先是关于美国宪法的第二本专著，其基础是他的教授资格论文，1934 年出版于布雷斯劳的《美国的成文宪法和法的安定性》。很明显，这本书与他的博士论文不同，因为这本书试图描述的是外国的法秩序本身，与德国法的比较并不是它的重点。因此，这本书立基于一个正确但并不流行的观念：对现行有效法律的分析也可以是学术贡献。他在这个作品中选择的总标题《宪法作为高级法和宪法优先的实现》表明，作者通过这一研究发现了一些原则，它们后来进入了《基本法》第 1 条第 3 款、第 20 条第 2 款和第 93 条。瓦尔特·耶利内克指出，在这些法律比较中，曼戈尔特已经获得了重要的启发，后来被他带到了议会理事会。在那里，他强调，美国最高法院不做这种鉴定：在审查法律的合宪性时适用合宪性推定，以及在宣布法律无效时需要更高比例的多数。[9] 他在 1938 年发表的、涉及范围更广的论文《美国的法治观和政府形式》进一步推进了这项研究。[10] 在教授资格论文中他关注的是宪法的形式建构，[11] 而现在他关注的是美国宪法生活的思想基础。曼戈尔特没有找到法学方向的出版社，这归咎于其作品的批判倾向。[12] 对于这个作品，瓦尔特·施特劳斯(Walter Strauss)在悼词中写道："就像以前乔纳森·斯威夫特通过《格列佛游

[9] Walter Jellinek, Hermann von Mangoldt, Reden zu seinem Gedächtnis, in: Veröffentlichung der Schleswig-Holsteinischen Universitätsgesellschaft, n. F. Nr. 6, 1953, S. 10, 15.

[10] Ulrich Vosgerau, Hermann von Mangoldt, in: In Verantwortung vor Gott und den Menschen, Christliche Demokraten im Parlamentarischen Rat 1948/49, 2008, 271, 276.

[11] Viktor Böhmert, Hermann von Mangoldt, JZ 1953, 253.

[12] Walter Strauß, Hermann von Mangoldt zum Gedächtnis, DÖV 1953, 247 f.; Ulrich Vosgerau, Hermann von Mangoldt, in: In Verantwortung vor Gott und den Menschen, Christliche Demokraten im Parlamentarischen Rat 1948/49, 2008, 271, 276 f.; Waltraut von Mangoldt; Hermann von Mangoldt, in: Fünfzig Jahre Institut für internationales Recht an der Universität Kiel, Hamburg 1965, 221, 223.

记》迂回地反映他那个时代的状况，曼戈尔特仅仅借助一个外国的范例就能使那个时代的德国读者了解市民自由的思想和宪法基础。"[13] 人们都认可这个判断。[14] 这个作品仍然有影响力，它的重点是平等原则的司法适用性。[15]

他在当时没有与第三帝国的当权者沆瀣一气，[16] 这几乎是正确的，但正如已经提到的，在两个例外中，主题的选择或许受到时代精神的影响。[17] 通过《符腾堡行政杂志》上的文章，曼戈尔特想要削弱当时对他的厉声斥责：他没有多少国家社会主义倾向。[18] 曼戈尔特在这个作品中认同德国的种族立法追求"更高的伦理目标"。客观上看来，通过这篇文章向当权者妥协是微不足道的。但正确的是，[19] 他不是以结果比较纳粹的犹太人政策和美国南部州(在1954年之前)对有色人种的法律歧视，而是得出结论："这一阐述或许足够形成一定的判断。至少我可以放心地把判断权(比较有利于作出判断)交给读者。"[20] 字里行间清楚地表明，曼戈尔特恰恰不赞同国家社会主义的目标设定，而是努力以比较法的描述代替赞同，即使在形式上可以找到对种族法的积极评价。曼戈尔特在

---

⑬　Walter Strauß, Hermann von Mangoldt zum Gedächtnis, DÖV 1953, 247 f.；赞成的有 Gerhard Leibholz, JöR Bd. 2 (1953), S. III f.；Ulrich Vosgerau, Hermann von Mangoldt, in：In Verantwortung vor Gott und den Menschen, Christliche Demokraten im Parlamentarischen Rat 1948/49, 2008, 271, 276。

⑭　同样的，见 Starck, AöR 121 (1996), 438, 440。

⑮　Walter Jellinek, Hermann von Mangoldt, Reden zu seinem Gedächtnis, in：Veröffentlichung der Schleswig-Holsteinischen Universitätsgesellschaft, n. F. Nr. 6, 1953, S. 10, 16.

⑯　这样认为的有 Gerhard Leibholz, JöR Bd. 2 (1953), S. III f.；Walter Strauß, Hermann von Mangoldt zum Gedächtnis, DÖV 1953, 247 f.。

⑰　Ulrich Vosgerau, Hermann von Mangoldt, in：In Verantwortung vor Gott und den Menschen, Christliche Demokraten im Parlamentarischen Rat 1948/49, 2008, 271, 271.

⑱　更详细的论述，见 Angelo O. Rohls, Hermann von Mangoldt (1895 – 1953), 1997, S. 48 ff.。

⑲　Ulrich Vosgerau, Hermann von Mangoldt, in：In Verantwortung vor Gott und den Menschen, Christliche Demokraten im Parlamentarischen Rat 1948/49, 2008, 271, 275.

⑳　Hermann von Mangoldt, Württembergische Verwaltungszeitschrift 1939, 49, 51.

战后没有被视为国家社会主义国家学的追随者,[21] 即使今天在很大程度上也是如此。[22] 这个评价也是正确的。他对德国法以外的法律问题的强调(同时代的人对国内法感兴趣[23]),他对美国宪法的热忱,同时代的批评(他的作品的国家社会主义色彩不足[24]),他在海军长期服役,他的其他论文明显更重要以及他自由、宽容地参与国内法,这些都清楚地表明他是反对的。他加入国家社会主义德国法学家协会,后者在巅峰时期拥有 100 000 名成员。因此,上文提到的两篇文章可以回到对曼戈尔特的评价:对时代精神的妥协是为了保全自己。[25] 或许他不喜欢这一点。

　　第三阶段深受战后问题的影响。他在 1944 年至 1945 年的冬天撰写了 1948 年才发表的文章《追究战争罪行的国际法基础》。在这篇文章中,他根据至少在 1939 年之前即占主流的学说得出结论:只有"狭义上的战争罪行",而非领导侵略战争或反人道行为,才被承认为国际法的概念。而且,他也排除了国家元首的刑法责任。这篇文章成了"一种令人鼓舞的国际法读物,是对同盟国'战胜者正义'[26]的(即使只是'精神上的')胜利"。此外,他投身于宪法上的新开端问题,先是在文献

㉑　Gerhard Leibholz, JöR Bd. 2 (1953), S. III f.; Walter Strauß, Hermann von Mangoldt zum Gedächtnis, DÖV 1953, 247 f.; Viktor Böhmert, Hermann von Mangoldt, JZ 1953, 253 f.; Waltraut von Mangoldt; Hermann von Mangoldt, in: Fünfzig Jahre Institut für internationales Recht an der Universität Kiel, Hamburg 1965, 221, 223; Walter Jellinek, Hermann von Mangoldt, Reden zu seinem Gedächtnis, in: Veröffentlichung der Schleswig-Holsteinischen Universitätsgesellschaft, n. F. Nr. 6, 1953, S. 10, 26.

㉒　Michael Stolleis, Geschichte des öffentlichen Rechts in Deutschland, Vierter Band 1945－1990, 2012, S. 120. 显然,唯一的例外是一个仅在网上发表的不具名的评价:Dr. Hermann von Mangoldt ein Jurist und Nazi, der abgeschworen haben wollte, versus Bonner Grundgesetz als ranghöchste Rechtsnorm der Bundesrepublik Deutschland, von 13. 6. 2011, http://causa-lenniger. grundrechtepartei. de/archives/15148 (最后访问时间 2012 年 5 月)。

㉓　公允的评价,见 Walter Strauß, Hermann von Mangoldt zum Gedächtnis, DÖV 1953, 247 f.。

㉔　参照 Reuß, JW 1934, 2760 zur Habilitation。

㉕　更详细的论述,见 Angelo O. Rohls, Hermann von Mangoldt (1895－1953), 1997, S. 32, s. a. S. 34。

㉖　Ulrich Vosgerau, Hermann von Mangoldt, in: In Verantwortung vor Gott und den Menschen, Christliche Demokraten im Parlamentarischen Rat 1948/49, 2008, 271, 278; 参见 Walter Strauß, Hermann von Mangoldt zum Gedächtnis, DÖV 1953, 247 f.; Viktor Böhmert, Hermann von Mangoldt, JZ 1953, 253 f.; Viktor Böhmert, Hermann von Mangoldt, JZ 1953, 33, 34 f.。

上,㉗ 但更重要的是在议会理事会中发挥影响力。他很认真地对待这项工作,对外也通过文字维护它。

　　《基本法》受到许多影响,但它是由议会理事会起草的。对此,曼戈尔特作为公法学者和作为"基本问题委员会"的主席具有举足轻重的作用。这个委员会开会最频繁。通过发言人目录可以看出,他提出了100多条意见。㉘ 他的主持以严格和目标导向著称。㉙ 他经常会在自己占少数的问题上发挥创造性作用,会使那些建立在他并不喜欢的起始状况基础上的解决方案更优化。㉚ 很明显,即使在警队服役后,他从事公职的想法也一直没改变。他的语言具有很强的确定性,尽管他的修辞能力并不出众。他的同事说,显然他无比珍视一致的、共同的创造性工作,而非斗争和消灭异议者。㉛ 然而,也并不总是如此,在国家法教师大会上,他曾经对重新接纳恩斯特·鲁道夫·胡贝尔表达了强烈的异议。㉜

　　他自己的主张显然是,尽最大可能维护《基本法》内在的统一性以及确保它可以被理解。㉝ 他对下面的问题产生了影响:基本权利的规定、国际法和联邦制问题、代议制政府的形塑以及联邦总统的角色。㉞ 宪法审查以及司法一章㉟,尤其是《基本法》第 25 条的规定㊱,可以归功于

㉗　Hermann von Mangoldt, Zur rechtlichen Natur der bizonalen Wirtschaftsverwaltung, MDR 2948, 438 ff.: ders., Grundsätzliches zum Aufbau einer deutschen Staatsgewalt, Eine staats- und völkerrechtliche Studie, Hamburg 1947.

㉘　Starck, AöR 121 (1996), 438, 442.

㉙　Ulrich Vosgerau, Hermann von Mangoldt, in: In Verantwortung vor Gott und den Menschen, Christliche Demokraten im Parlamentarischen Rat 1948/49, 2008, 271, 270 f.

㉚　Walter Jellinek, Hermann von Mangoldt, Reden zu seinem Gedächtnis, in: Veröffentlichung der Schleswig-Holsteinischen Universitätsgesellschaft, n. F. Nr. 6, 1953, S. 10, 16.

㉛　Walter Jellinek, Hermann von Mangoldt, Reden zu seinem Gedächtnis, in: Veröffentlichung der Schleswig-Holsteinischen Universitätsgesellschaft, n. F. Nr. 6, 1953, S. 10, 30.

㉜　参照 Angelo O. Rohls, Hermann von Mangoldt (1895 - 1953), 1997, S. 128。

㉝　Hermann von Mangoldt, Zum Beruf unsere Zeit für die Verfassungsgebung, DÖV 1948, 51, 52 f.

㉞　Ulrich Vosgerau, Hermann von Mangoldt, in: In Verantwortung vor Gott und den Menschen, Christliche Demokraten im Parlamentarischen Rat 1948/49, 2008, 271, 272 f.

㉟　Gerhard Leibholz, JöR Bd. 2 (1953), S. III f.; Ulrich Vosgerau, Hermann von Mangoldt, in: In Verantwortung vor Gott und den Menschen, Christliche Demokraten im Parlamentarischen Rat 1948/49, 2008, 271, 280.

㊱　Ulrich Vosgerau, Hermann von Mangoldt, in: In Verantwortung vor Gott und den Menschen, Christliche Demokraten im Parlamentarischen Rat 1948/49, 2008, 271, 280.

他。他对《基本法》第 79 条的影响存在争议。[37] 在一些领域，如序言[38]、《基本法》第 18 条[39]、《基本法》第 22 条第 2 款[40]以及《基本法》第 3 条，也并不总是他说了算。在《基本法》第 6 条、第 7 条，他批评这里的规定超出了直接有效的法。[41] 大多数人由此得出结论，曼戈尔特对《基本法》的概念和主要部分都产生了影响，这是其他成员很难做到的。[42] 联邦宪法法院和国家法学不会如此频繁地在基本权利的历史和主观解释方法的框架下考虑以及援引《基本法》其他的制定者。

第四阶段也是最后一个阶段开始于议会理事会工作的完结。曼戈尔特再次转换角色，以教义学的、实在法思考的经典法学方法开展工作。他成为《国际公法和外国公法年鉴》以及《公法年鉴》的共同主编。尤为重要的是他撰写了著名的《基本法评注》，它在产生的过程中越来越丰富，作为战后时代的典范是无可争议的。[43] 他的《基本法评注》第一卷专注于《基本法》的形成史，影响了几乎所有的对基本法的历史研究。[44] 他自己也把该评注视为他一生作品的巅峰。[45]《基本法评注》第一版开始考虑的是三册，后来成为五册。《基本法评注》的前四册都在他有生之年出版了。1953 年 2 月，由于他意外地过早离世，第五册也即最后一册只完成了手稿。[46] 在这一作品里，他基于他带有强烈的遗传导向的观点解释《基本法》。在这里，后来的评论并不总是与议会委员会中

---

[37] 批评的观点见 Angelo O. Rohls, Hermann von Mangoldt（1895－1953），1997，S. 121 ff. 。

[38] Ulrich Vosgerau, Hermann von Mangoldt, in：In Verantwortung vor Gott und den Menschen, Christliche Demokraten im Parlamentarischen Rat 1948/49, 2008, 271, 274；ausführlich Angelo O. Rohls, Hermann von Mangoldt（1895－1953），1997, S. 32, s. a. S. 92 ff.

[39] Ule, Rezension, DVBl 1950, 590 f.

[40] 更详细的论述，见 Rohls, Hermann von Mangoldt（Fn. 1），1997, S. 109 ff. 。

[41] 参照 Starck, AöR 121（1996），438, 443 f. 。

[42] Ulrich Vosgerau, Hermann von Mangoldt, in：In Verantwortung vor Gott und den Menschen, Christliche Demokraten im Parlamentarischen Rat 1948/49, 2008, 271, 272；Walter Jellinek, Hermann von Mangoldt, Reden zu seinem Gedächtnis, in：Veröffentlichung der Schleswig-Holsteinischen Universitätsgesellschaft, n. F. Nr. 6, 1953, S. 10 f.

[43] Ule, Rezension, DVBl 1953, 32；也见 Michael Stolleis, Geschichte des öffentlichen Rechts in Deutschland, Vierter Band 1945－1990, 2012, S. 137。

[44] Michael Stolleis, Geschichte des öffentlichen Rechts in Deutschland, Vierter Band 1945－1990, 2012, S. 140, Rn. 156.

[45] Gerhard Leibholz, JöR Bd. 2（1953），S. III f.

[46] Ule, Rezension, DVBl 1953, 32.

记录下来的讨论资料相符。人们在这里能够看出曼戈尔特对语境的依赖，他不认为法律论证的正确和良好是抽象的。而且，在论证中还存在共同工作和个人学术观点之间的不同。[47] 这种评注的工作在分册撰写的过程中发生了变化，他削弱了形成史描述的意义。[48] 这个评注并没有沉溺于议会理事会的成果。他认为《基本法》第 19 条第 1 款太宽泛了，[49] 对于《基本法》第 19 条第 4 款，他排除了特别权力关系，[50] 他批判性地审视联邦宪法法院关于法律效力的决定。[51] 有人指出，他的评注太过限制基本权利，从下面这一点可以看出来：他在合宪的秩序下理解每一个合秩序（即根据宪法规定）制定的法律。[52] 这一批评在此期间逐渐消失。

如果人们要评价全部作品，那么首要的是，曼戈尔特并不是以固定不变的范畴思考自己的工作。显然，曼戈尔特是个性化的，思想上是变动的。他不属于那种用 20 年时间能够说清他们用 50 年时间做的工作的人。在他创造性地建立新的法秩序的那一刻，几乎没有人比他更充分地做好了准备。作为学者，他不拘泥于学术工作的通常形式。《基本法》的起草也属于学术，即使与非学者的人一起工作。他的作品总是与时代问题紧密关联。他的学术工作总是与问题和与实践相关，他是"法的创造者"。[53] 不仅在全部作品上是这样，在单个作品上也如此。他的作品一方面寻找支撑规定的基础，另一方面关注它的实际影响。宪法应该保持活力，[54] 他在一个充满紧张的领域思考，用宪法和宪法现实这对概念改写了旧的国家法学。[55]

他不是实证主义者，他为不成文法和法的续造留下充分的空间。他

---

[47]　Ulrich Vosgerau, Hermann von Mangoldt, in: In Verantwortung vor Gott und den Menschen, Christliche Demokraten im Parlamentarischen Rat 1948/49, 2008, 271, 272 f.

[48]　Ule, Rezension, DVBl 1953, 32.

[49]　Hermann v. Mangoldt, Das Bonner Grundgesetz, 1953, Art. 19 Anm. 3, S. 119.

[50]　Hermann v. Mangoldt, Das Bonner Grundgesetz, 1953, Art. 19 Anm. 6, S. 123.

[51]　Hermann v. Mangoldt, Das Bonner Grundgesetz, 1953, Art. 19 Anm. 6, S. 517.

[52]　Ule, Rezension, DVBl 1950, 590 f.

[53]　Erich Schneider, Hermann von Mangoldt, Reden zu seinem Gedächtnis, in: Veröffentlichung der Schleswig-Holsteinischen Universitätsgesellschaft, n. F. Nr. 6, 1953, S. 7, 8.

[54]　Viktor Böhmert, Hermann von Mangoldt, JZ 1953, 253 f.

[55]　明确的，Hermann von Mangoldt, Der Fraktionszwang, SJZ 1950, 336 ff. 。

的基本立场是在具有自由民主特征[56]的法治国的概念世界中以现实生活描述的。用法律来控制现实是他的重要关切，对此，他是很认真的。因此，他对批评的反应并不总是这么镇静，[57] 就像对他工作质量的认可。基本上，曼戈尔特的基本立场是支持国家的、功能相关的、保守的。

大概 60 年后，人们会总结说，这明显是受到曼戈尔特的影响：确保《基本法》长期有效并对政治事件产生一定的影响。他支持授予《基本法》第 24 条第 1 款意义上的主权的法律满足简单多数而非三分之二多数的要求即可，由此，他为今天的德国融入国际社会以及欧洲一体化奠定了基础。[58]

---

[56]　Viktor Böhmert, Hermann von Mangoldt, JZ 1953, 253 f. ; s. a. Michael Stolleis, Geschichte des öffentlichen Rechts in Deutschland, Vierter Band 1945–1990, 2012, S. 142：保守的基本立场。

[57]　对比 Hermann von Mangoldt, Rezension von：Hans Peter Ipsen, Über das Grundgesetz, 1950, MDR 1950, 702 f. 。

[58]　参见 Walter Jellinek, Hermann von Mangoldt, Reden zu seinem Gedächtnis, in：Veröffentlichung der Schleswig-Holsteinischen Universitätsgesellschaft, n. F. Nr. 6, 1953, S. 10, 25。

汉斯·彼得斯（Hans Peters，1896—1966）

维尔弗里德·贝格　著　吴国邦　译

一、生平

汉斯·卡尔·玛丽亚·阿尔方斯·彼得斯（Hans Carl Maria Alfons Peters）于 1896 年 9 月 5 日出生于柏林。他的父亲是普鲁士的高级行政官员，曾担任过省长，后来成为省学联副主席和明斯特大学副校长。他的家族源自莱茵兰（Rheinland）和威斯特伐利亚（Westfalen）。彼得斯从科布伦茨（Koblenz）和明斯特的人文中学毕业后进入大学，首先学习的是数学，因为他的兴趣在于自然科学；但是，"第一次世界大战后，我对自己说，你这么笨，学不了数学，学法律还差不多"①。于是在随后的日子里，他在明斯特、维也纳和柏林学习法律和政治。1921 年，他在明斯特的罗森菲尔德（Rosenfeld）获得博士学位，博士论文题为《行政违法、警

---

① S. den Bericht „Talar für ein neues Amt", Kölner Stadt-Anzeiger v. 16. 11. 1964, S. 6, wo die feierliche Einführung Hans Peters' in das Amt des Rektors der Universität zu Köln als der „Höhepunkt in der Laufbahn des 68jährigen Emeritus der Verwaltungswissenschaften" bezeichnet wurde. —Zur Biographie s. insbesondere Ernst Friesenhahn, Nachruf auf Hans Peters, in: Gedächtnisschrift Hans Peters, 1967, S. 1 ff. ; Ulrich Karpen, Hans Peters 1896 – 1966, DÖV 1996, 776 ff. ; Klaus Stern, In Memoriam Hans Peters, 1967, S. 7 ff. —Karl Peters, der 1904 in Koblenz geborene, acht Jahre jüngere Bruder, war einer der bedeutendsten Strafrechtslehrer seiner Zeit, dessen „reiches und umfassendes Werk"als „Mahner und Reformer" Jürgen Baumann in der Festschrift „Wahrheit und Gerechtigkeit im Strafverfahren", 1984, S. 1 ff. würdigt. Er setzte sich auf ganz andere Weise als sein „großer Bruder" für Recht und Gerechtigkeit ein; seine „zutiefst humane unddem Menschen verpflichtete Haltung" (Baumann) zeigte sich nicht zuletzt in vielen kostenlosen Strafverteidigungen für Studenten, Zeugen Jehovas, für Schwache und Außenseiter.

察违法及其与违法的关系》。② 1925 年，他在布雷斯劳师从汉斯·赫尔弗里茨(Hans Helfritz)并以题为《普鲁士地方自治的边界》的论文获得教授资格。直到 1928 年，他都在布雷斯劳担任讲师，之后被聘任为柏林大学副教授，1946 年成为正教授。除了在学术方面颇有建树，彼得斯还活跃于普鲁士各级行政管理部门长达八年之久——这是学术和实践的结合，也是他职业生涯的写照。在以优异的成绩通过两次国家考试之后，他进入普鲁士内政部管理部门并在那里工作了两年。1928 年至 1932 年间，他在文化部长卡尔·海因里希·贝克尔(Carl Heinrich Becker)领导下，负责大学总务处(das Generalreferat)的管理。这还不是他的全部履历：汉斯·彼得斯还是一位真正意义上的 "政治的教授"。③ 从 1923 年起，他就加入中央党(Zentrumspartei)，1933 年被选为普鲁士州议会议员。1945 年他作为创始人之一成立了基民盟(CDU)，1945 年至 1948 年与库尔特·兰德斯贝格(Kurt Landsberg)一同在柏林市议会任基民盟党团主席。他于 1949 年在科隆大学任教，并于 1952 年至 1961 年间担任科隆市议会议员。

汉斯·彼得斯为格雷斯协会(die Görres-Gesellschaft)所做出的贡献以及他通过该协会所取得的成就令人难以忘记。他在 1940 年的时候就担任该协会主席，然而不久之后该协会被纳粹分子取缔。1949 年他重新建立了格雷斯协会，直至去世，他一直担任该协会主席。

同样令人难以忘记的还有他在德国国家法教师协会主席任内所做的贡献。1959 年在维也纳召开了年会，这是该协会第一次在德国之外举行的年会，且争取到来自瑞士的学者参加。

为纪念德国行政和经济学院联合会第一任主席弗里茨·米西希布罗特博士(Dr. Fritz Müssigbrodt)，汉斯·彼得斯写了一篇题为《致力于继

---

② Tiefgreifende Analyse bei Klaus Joachim Grigoleit/Jens Kersten, Hans Peters (1896 – 1966), Die Verwaltung 30 (1997), S. 366 – 371.

③ Vgl. Ulrich Karpen, Hans Peters 1896 – 1966, DÖV 1996, S. 778. Ähnliches konnte Hans Zacher über Hans Nawiasky (1880 – 1961) schreiben, in: Juristen im Portrait, Festschrift 225 Jahre C. H. Beck, 1988, S. 605. Peters seinerseits zählte Nawiasky zur „vorderste(n) Linie der deutschen Staatsrechtslehrer", JZ 1960, 762 f. in seinem Glückwunsch zu Nawiaskys achtzigstem Geburtstag. —Treffend sieht Klaus Stern, In Memoriam Hans Peters, 1967, S. 8 f. das politische Wirken Peters' als die „dritte Grundlage seines weitgespannten Arbeitsfeldes".

续教育的一生》的文章。④ 他很早就意识到继续教育的重要性并致力于此，尤其是对公务员的培训。1928 年至 1950 年他担任柏林行政学院教务主任，之后同时担任亚琛和杜塞尔多夫行政学院的教务主任。⑤

很难具体衡量汉斯·彼得斯的学术著作的广度和深度。⑥ 他的"经典"著作是 1949 年的《行政教科书》——这不仅仅是一本关于行政法的教科书——之后他真的应该再写一部关于德国国家法的大部头教科书。⑦ 他的三卷本巨著《市政科学与实践手册》（1956—1959 年）是他长期以来关注和"从事相关法律工作的"实践成果。⑧

凭借学术及工作方面的成就，彼得斯获得无数嘉奖。他被授予德意志联邦共和国星级大十字勋章、圣格雷戈里大帝星级指挥官勋章和圣墓骑士勋章。比利时鲁汶大学于 1962 年授予他名誉博士学位。他任科隆大学校长的就职典礼被媒体称为"68 岁退休教授的人生巅峰"⑨。对他来说，在波恩联邦议会大厦举行的纪念 1953 年 6 月 17 日东德人民起义十周年的活动上发表演说是一项特殊的荣誉。枢机主教弗林斯（Kardinal Frings）也亲临现场并为悼念起义中的遇难者举行了弥撒。为庆祝他 70 岁生日而筹划的论文集因为他的去世只能以纪念文集的形式出版。⑩ 在他逝世 20 年后，在柏林威丁区（Berlin-Wedding）最初为纪念卡尔·彼得斯（Carl Peters）而得名的彼得斯大街（Petersallee），被用于纪念汉斯·彼得斯。

---

④　Vgl. Peters, in: Die Fortbildung 1/59, S. 15 f.

⑤　Vgl. Wolfgang Wittmann, Verwaltungs- und Wirtschaftsakademien, 1951, S. 15, 21 ff., 30 ff., 159. Zum vergleichbaren Engagement Hans Nawiaskys ebenda, S. 179 ff.; s. a. Hellmuth Günther, Hans Nawiasky als Staats- und Beamtenrechtler, BayVBl. 2011, 453 f. m. w. N.

⑥　S. das Verzeichnis der Schriften und Aufsätze in der Gedächtnisschrift Hans Peters, 1967, S. 977 – 985 und die Würdigungen z. B. bei Klaus Stern, In Memoriam Hans Peters, 1967, S. 10 ff.; Tiefgreifende Analyse bei Klaus Joachim Grigoleit/Jens Kersten, Hans Peters (1896 – 1966), Die Verwaltung 30 (1997), S. 366 – 371.

⑦　部分手稿已于 1969 年由他的学生于尔根·扎尔茨韦德尔（Jürgen Salzwedel）和京特·埃贝尔（Günter Erbel）整理出版，题为《宪法的历史发展和基本问题》。

⑧　S. nur Ernst Friesenhahn, Nachruf auf Hans Peters, in: Gedächtnisschrift Hans Peters, 1967, S. 3.

⑨　S. den Bericht „Talar für ein neues Amt", Kölner Stadt-Anzeiger v. 16. 11. 1964, S. 6.

⑩　Peters, Verpflichtung für Gesamtdeutschland, in: Bulletin des Presse- und Informationsamtes der Bundesregierung vom 19. Juni 1963, Nr. 104/S. 922 ff.

二、 德国历史上最跌宕起伏的时期

彼得斯出生并成长于帝国时期，经历了第一次世界大战、德国第一个共和国的诞生和终结、纳粹专制的恐怖及其在第二次世界大战中的灭亡，还有共产主义在德国东部和中部的统治以及德意志联邦共和国的建立。在两次世界大战中，他在战争中服役了近十年，先是当上了上尉，后来又升为少校。

（一）在魏玛共和国时期的活动

1932 年 7 月 20 日，通过所谓"普鲁士政变"（Preußenschlag），兴登堡（Hindenburg）总统根据《魏玛宪法》第 48 条颁布紧急法令，"为恢复普鲁士领土内的公共安宁及秩序"，任命代理总理冯·帕彭（von Papen）为帝国专员并授权他解散普鲁士政府。彼得斯在帝国法院的审判中代表普鲁士议会中央党派系。彼得斯发出强烈警告，要求必须遵循卡尔·施米特的观点，否则"最终整个《魏玛宪法》可能会根据第 48 条第 2 款的规定被推翻"⑪。法院基本没有采纳彼得斯的意见，因此帝国法院的裁定可以被视为随后联邦制度被纳粹主义废除的"前奏"。⑫

（二）抵制纳粹主义和共产主义

彼得斯在布雷斯劳时就已经和赫尔穆斯·詹姆斯·冯·毛奇伯爵

---

⑪　Vgl. Peters, in：A. Brecht（Hrsg.），Preußen contra Reich, 1933, S. 341. Durch das nationalsozialistische Ermächtigungsgesetz zur „Behebung der Not von Volk und Reich" vom 24. März 1933 wurde der Unterschied zwischen Gesetz und Verordnung überhaupt aufgehoben, vgl. Wilhelm Mößle, Die Verordnungsermächtigung in der Weimarer Republik, in：Möller/Kittel（Hrsg.），Demokratie in Deutschland und Frankreich 1918－1933/40—Beiträge zu einem historischen Vergleich, S. 273 f., S. 279 f. zu Art. 48 Abs. 2 WRV und S. 278 zur Kritik an Carl Schmitt. Zum Verhältnis zwischen Peters und Carl Schmitt s. Tiefgreifende Analyse bei Klaus Joachim Grigoleit/Jens Kersten, Hans Peters（1896－1966），Die Verwaltung 30（1997），S. 372 f. S. a. Ulrich Karpen, Hans Peters 1896－1966, DÖV 1996, S. 777：Eine Karriere an der Universität Berlin, wo Carl Schmitt wirkte, sei Peters nach 1933 versagt gewesen.

⑫　Vgl. Michael Stolleis, Geschichte des öffentlichen Rechts in Deutschland, Bd. III, 1999, S. 122; Frotscher/Pieroth, Verfassungsgeschichte, 6. Aufl. 2007, Rn. 518 ff., 522, 577 ff.; Klaus Stern, Das Staatsrecht der Bundesrepublik Deutschland, Bd. V, 2000, S. 705 ff. Zum Hintergrund s. a. Hans Peters, Geschichtliche Entwicklung und Grundfragen der Verfassung, S. 83 f.

(Helmuth James Graf von Moltke)有过接触，后者作为一家美国报社的记者关注普鲁士政变的审判过程。⑬ 1940 年夏天，随着希特勒在法国和挪威取得胜利，以毛奇伯爵的西里西亚庄园命名的"克莱绍集团"（Kreisauer Kreis）成立。⑭ 这一"反叛"组织的文化纲领由彼得斯拟制，为之后关于国家组织结构、经济发展及外交政策方案的拟定奠定了基础。个人教育、家庭责任、学校、教会和地方自治最终也应成为国家建设的组织基础。⑮

尽管彼得斯积极参与抵抗运动，并成为"同时代的国家法学者中特殊的人物"（格里高利特［Grigoleit］/科斯滕［Kersten］），但对他的一些"官方"著作的解读也不那么容易，"表明了——部分行为的——赞同"，即使人们试图"读出字里行间的意思"。⑯ 这里需要注意的是，例如在 1936 年，彼得斯肯定无法想象整个纳粹主义国家会走向全面战争并有意识地走向灭亡——这个国家已不再对自我维护感兴趣，因此既不可能也无必要成为法治国家。⑰

彼得斯坚信道德价值观的力量，它们是构成自由秩序的基础，并最终不容否定。⑱ 他大概相信，与时代紧密相连的政治风暴以及由此产生的对绝对权力的需求是可以通过条约和策略而被约束的。可是，无论如何——如果国家不遵守协定——教会都将利用教众们信仰的力量以整合

---

⑬　Tiefgreifende Analyse bei Klaus Joachim Grigoleit/Jens Kersten, Hans Peters（1896 - 1966）, Die S. 373 f. m. w. N.

⑭　Zur Zusammensetzung des Kreisauer Kreises Klaus Stern, Das Staatsrecht der Bundesrepublik Deutschland, Bd. V, 2000 S. 895 f.

⑮　Ausführlich Tiefgreifende Analyse bei Klaus Joachim Grigoleit/Jens Kersten, Hans Peters（1896 - 1966）, Die S. 375 ff. m. w. N. S. ferner L. von Trott zu Solz, Hans Peters und der Kreisauer Kreis: Staatsrechtslehrer im Widerstand, 1997.

⑯　Lehrbuch der Verwaltung, 1949, S. 19. —Zur Problematik mit umfangreichen Textbelegen Tiefgreifende Analyse bei Klaus Joachim Grigoleit/Jens Kersten, Hans Peters（1896 - 1966）, Die Verwaltung 30（1997）, z. B. S. 379 ff.

⑰　S. aber Peters, Totaler Staat und die Kirche, in: Kleineidam-Kuss（Hrsg.）, Die Kirche in der Zeitenwende, 1936, S. 321 f. —Zum „Nero"-Befehl Hitlers vom 19. März 1945 und zu seinen—an den Schlußmonolog des Rienzi in Wagners früher „großer tragischer Oper" gemahnenden—Bemerkungen gegenüber Albert Speer, das deutsche Volk habe sich als das schwächere erwiesen und nur die Minderwertigen blieben übrig s. Klaus Stern, Das Staatsrecht der Bundesrepublik Deutschland, Bd. V, 2000, S. 888 ff.

⑱　S. dazu Peters, Rede zum zehnten Jahrestag des Volksaufstandes in der DDR, Peters, Verpflichtung für Gesamtdeutschland, in: Bulletin des Presse- und Informationsamtes der Bundesregierung vom 19. Juni 1963, S. 925.

他们的价值观，从而取得"最终的胜利"。[19] 在纳粹夺取政权后不久，汉斯·纳维亚斯基在瑞士幸运地逃脱了"盖世太保"的追捕。当时彼得斯认为，说服时任国务秘书即后来的帝国部长汉斯-海因里希·拉默斯（Hans-Heinrich Lammers）接管德国行政学院联盟的领导权是"明智之举"。这为按照"领袖原则"（Führerprinzip）将学院重组和"一体化"（Gleichschaltung）拉开了序幕。但拉默斯"懂得如何进行专业培训"。学院的课程只有15%的内容与纳粹党的"世界观教育"有关，而行政学院工作的专业性得以保留，这使得"在1945年之后，1933年的传统……得以……重新恢复……"[20]。

　　作为柏林洪堡大学的教席教授，同时还是法学院的第一任院长，彼得斯一定经历了自由大学在西柏林组建的过程。直到最后，他都站在反对者的立场上："人们应该尽可能长时间地留在东柏林。"[21] 在拒绝弗莱堡大学和慕尼黑大学教授职位的邀请之后，经过长时间的考虑，他终于在1949年10月1日接受了科隆大学的聘任。[22] 作为基民盟在柏林市议会的成员，彼得斯再一次非常乐观地认为，统一社会党（SED）会对在苏联占领区建立州宪法的问题上作出让步。[23] 他对建立中央集权的统一社会党政权的抗议也是徒劳的。就像纳粹分子夺取政权时的想法一样，对于在德国中部建立共产主义政权这件事，他也无法想象，一个国家竟然可以通过歪曲意识形态来追求和实现成为独裁国的目标。

⑲　Vgl. Tiefgreifende Analyse bei Klaus Joachim Grigoleit/Jens Kersten, Hans Peters (1896‐1966), Die Verwaltung 30 (1997), S. 380.

⑳　Vgl. Peters, in: Die Fortbildung 1/59, S. 15 f. S. a. Wolfgang Wittmann, Verwaltungs- und Wirtschaftsakademien, 1951, S. 21 ff., 155 ff., 179 ff.

㉑　S. den Bericht „Talar für ein neues Amt", Kölner Stadt-Anzeiger v. 16. 11. 1964, S. 6.

㉒　S. dazu Ernst Friesenhahn, Nachruf auf Hans Peters, in: Gedächtnisschrift Hans Peters, 1967, S. 5; Klaus Stern, In Memoriam Hans Peters, 1967, S. 8. —Im Jahre 1388 hatte Papst Urban VI. Dem Rat der freien Stadt Köln das Recht zur Gründung einer Universität verliehen. Die Universität zu Köln pflegte Partnerschaften mit den Universitäten Clermont-Ferrand (Frankreich) und Kabul (Afghanistan). An der Rechtswissenschaftlichen Fakultät lehrten etwa Hans Kelsen von 1930‐1933, Hans Carl Nipperdey, der erste Präsident des Bundesarbeitsgerichts, Hermann Jahrreiß (s. den Nachruf von Klaus Stern, Hermann Jahrreiß—Persönlichkeit und Werk, AöR 119, 1994, S. 137‐155), Heinrich Lehmann, Gerhard Kegel, Walter Erman und Karl Carstens—Bundespräsident von 1979‐1984.

㉓　Klaus Stern, Das Staatsrecht der Bundesrepublik Deutschland, Bd. V, 2000, S. 1064.

（三）第二次世界大战后的重建

第二次世界大战后，经历过两个德国专制政权㉔的汉斯·彼得斯在学术、政治及教学方面将全部精力致力于"在思想上巩固自由和民主的基本秩序，建设一个内部强大的并具有榜样作用的国家共同体，使东德对面被排斥在这种制度之外的德国人为之吸引并能彻底完成他们的国家使命……只有建立在道德基础之上的民主才能长久存在。没有民主人士就没有民主!"㉕ 他没有像鲁道夫·斯门德㉖那样过着"安静的学者生活"，他想让斯门德的整合理论（Integrationslehre）在实践中影响公众的国家意识。㉗ 同时，作为一名积极的民主人士和共和主义者，他致力于将自己的学术理论作为一个集文献研究、理论教学与学术建构于一体的整体来实践。

1. 个性的自由发展

对于汉斯·彼得斯来说，个性是所有秩序的核心。"实现以人为本，需要家庭和（无血缘关系、婚姻关系）社群/社区的支持，最终还是需要国家的支持，但后者只能起到辅助作用。不过，现代超大规模国家相比在先的城邦国家——甚至是以往任何历史时期的国家形态——必然具有更为旺盛的欲求性。"㉘ 凭借对"人格主义"（Personalismus）的理解，他

㉔ Tiefgreifende Analyse bei Klaus Joachim Grigoleit/Jens Kersten, Hans Peters（1896 – 1966），Die Verwaltung 30（1997），S. 394 f. sehen die Unrechtserfahrung als „Kern- und Wendepunkt von Person und Werk Hans Peters'"；seine engagierte Gegnerschaft zum Unrechtsstaat hebe ihn weit aus der Menge anpassungsfähiger deutscher Staatsrechtslehrer heraus. —Zur Instrumentalisierung des Rechts im Kommunismus Wilfried Berg, Der Rechtsstaat und die Aufarbeitung der vorrechtsstaatlichen Vergangenheit, VVDStRL 51, 1992, S. 49 f.

㉕ Peters, Verpflichtung für Gesamtdeutschland, in: Bulletin des Presse-und Informationsamtes der Bundesregierung vom 19. Juni 1963, S. 926.

㉖ S. Axel Frh. von Campenhausen, Rudolf Smend 1882 – 1975, JöR NF 56, 2008, 229.

㉗ Vgl. Peters, Verpflichtung für Gesamtdeutschland, in: Bulletin des Presse-und Informationsamtes der Bundesregierung vom 19. Juni 1963, S. 924 unter ausdrücklicher Berufung auf Rudolf Smend.

㉘ 参见 Hans Peters, Geschichtliche Entwicklung und Grundfragen der Verfassung, S. 213。S. a. Hans Peters, Zu den Grenzen der staatlichen Versicherungsaufsicht, in: Festschrift für Heinrich Lehmann zum 80. Geburtstag, 1956, II. Band, S. 894："为满足现代人对安全的总体需求，当今的国家以牺牲自由为代价作出越来越多的让步。国家对自由的限制日益增加，另外，尤其是几乎每一个政府部门都希望扩大其权限，再加上与此相关的公民得到的便利，导致在私人保险领域也造成了国家监管职权的扩大，这有时与经常被提及的社会市场经济和法治国家理念相冲突——尽管或正是由于权力的对抗力量的存在——这一现象的出现要求我们对一些基本的法律问题进行反思。公法科学的当前任务之一，是通过澄清真实的法律状况，抵制现代行政国家过度扩大其活动范围的倾向。"

在受集体制约的个性中找到了"介乎于个人主义和集体主义二者之间的一条折中道路，从而预先对基本法秩序作出了符合主流观点的解释"㉙。根据他提出的"个性核心理论"，《基本法》第 2 条第 1 款所规定的"个性的自由发展"应当是一种在基督教人文主义思想意义上被关注的、对真正的人性产生的影响。在任何情况下，都不能从该条款中推导出一个主观的宪法权利，即做或不做任何不受禁止的事情。个性的自由发展只能适用于真正意义上作为"人"的个体，因此《基本法》第 2 条第 1 款的规定从本质上不适用于法律意义上的"人"，㉚也即这项"最重要的也是最有意义的自由权利"自身的适用是受到限制的。《基本法》第 2 条第 1 款的"只要"这句话中包含的限制条款，是通过"合宪性秩序"，而不是通过任何正式法律和有效法规作出的。如果联邦宪法法院在 1957年 1 月 16 日的"艾尔弗斯判决"（Elfes-Urteil）（BVerfGE 6，32）中错误理解了《基本法》第 2 条第 1 款作为一般行为自由的保障，那么就需要通过另一个错误来纠正这个错误，使自由权利的界限延伸到整个法律秩序。㉛个性核心理论已经被时代忽略了。尽管如此，彼得斯与将自由发展个性的基本权利"平庸化"的斗争还是留下了一些具有时间穿透力的东西。针对漠视《魏玛宪法》价值的观点，为了回应纳粹主义的极权意识形态，彼得斯将个人的社会责任感和捍卫宝贵的防御性民主的责任感带入了德国人的公共意识，不仅是为了年轻的联邦共和国，更是为了联邦共和国的存续与发展。

2. 作为独立国家权力的行政管理

彼得斯致力于实现公共福祉和塑造公众责任感，并在这一过程中形成了对公共行政的理解。在第二次世界大战后，作为"独立国家权力"的公共行政，仍然是他研究的重点，也是他政治实践活动的重点。㉜ 在

㉙　Vgl. Tiefgreifende Analyse bei Klaus Joachim Grigoleit/Jens Kersten, Hans Peters (1896 - 1966), Die Verwaltung 30 (1997), S. 384 mit Nachweis in Fn. 162; zur Kritik S. 387.

㉚　Vgl. Peters, Die freie Entfaltung der Persönlichkeit als Verfassungsziel, in: Festschrift für Rudolf Laun, 1953, S. 669 ff. ; ders. , Die Zulassung von Hypothekenbanken, 1959, S. 33 f.

㉛　Vgl. Hans Peters, Geschichtliche Entwicklung und Grundfragen der Verfassung, S. 205 f. , 263 f.

㉜　Vgl. Tiefgreifende Analyse bei Klaus Joachim Grigoleit/Jens Kersten, Hans Peters (1896 - 1966), Die Verwaltung 30 (1997), S. 389 ff.

界定行政概念时，他不满足于那种简单的、否定性的定义，即国家的行政权力是一种既不涉及立法，也不涉及司法的权力。㉝他通过严谨的研究得出结论：行政机关对法律的发展和表述，法律规定、行政规则和行政行为在实践中的具体化和适用起到了极大的作用。他还指出，通过异议程序和罚款程序，行政当局还履行了一些通常被认为应该由司法部门履行的职能。分权原则在很大程度上还只是现行宪法的"组成部分"或"指导原则"。对于"绝对保留"理论，他表示强烈反对。相反，分权理论的自由思想应该被无条件地贯彻，因为这一思想可以导向分权以保障个人自由："对当今国家来说，最大的风险并非多元化而是独裁，这意味着，权力集中于某一个人或是某几个人的手中，特别是当今科技的发展加深了公民对国家提供的各方面支持的依赖性……与以往相比，面对国家的强大，个人更显得孤立无援。"㉞

与司法判决不同，按照彼得斯的观点，行政行为不必受法律支配，而在很大程度上应该是"自发的、完全以国家理念为导向的"㉟。就其性格而言，"自由裁量"是他的基本特征。"他的气质更符合一名充满活力和创造力的行政长官或总督的旧普鲁士风格，而不是一个谨小慎微，事事依据法律条款，还担心被行政法院和审计机构调查的行政公务员。"㊱正如个性的价值是基本权利的参照点和自下而上民主建设的基点，在公共行政中，彼得斯"首先看重的是高级公务员的人格及其内在的世界观"㊲。这种态度无疑在许多方面影响了德意志联邦共和国的发展进程。从那时起，在德国持续涌现出来的越来越多的各种领域的法律、无数不断更新和完善的行政法规、审计署和各类法院无处不在的监管，以及彼得斯所抵制的各个级别的"主观化"的行政监督，这些都限制了行政人

㉝　Zum Streit um die Methoden, den Begriff der Verwaltung im materiellen Sinne näher zu bestimmen Hartmut Maurer, Allgemeines Verwaltungsrecht, 18. Aufl. 2011, § 1 Rn. 5 ff. Zum Bemühen Peters' um eine „Positivdefinition" der Verwaltung Tiefgreifende Analyse bei Klaus Joachim Grigoleit/Jens Kersten, Hans Peters (1896 – 1966), Die Verwaltung 30 (1997), S. 391.

㉞　Vgl. Hans Peters, Geschichtliche Entwicklung und Grundfragen der Verfassung, S. 184 ff. mit Fn. 141 und S. 193.

㉟　Vgl. Tiefgreifende Analyse bei Klaus Joachim Grigoleit/Jens Kersten, Hans Peters (1896 – 1966), Die Verwaltung 30 (1997), S. 391 f.

㊱　Vgl. Klaus Stern, In Memoriam Hans Peters, 1967, S. 15.

㊲　Vgl. Peters, Lehrbuch der Verwaltung, 1949, S. 26.

员个性发展的空间。然而，实证研究表明，即使在行政机关所执行法律几乎相同的地方，行政实践也存在巨大差异。^㊳ 在行政管制等新的职能领域中，主管部门必须制定越来越多新的政策。法律最终决定了主管部门的行为，并使其在作出最终行政决定时留有一定的余地，联邦行政法院称之为"管制裁量"。^㊴ 另外，欧洲的发展也给了我们更多的理由去重新讨论行政机构自身的立法权限。^㊵ "作为独立的国家权力的行政管理"^㊶仍然是一个没有定论的课题。

三、 尝试对汉斯·彼得斯的评价

汉斯·彼得斯是一个"性格活跃的人，总是忙碌着"^㊷。尽管他的生命只有一次，短暂且充满了不可预知性，但是他经历了丰富的多重人生，他有一种"分身术"（Gabe der Bilokation），^㊸ 但这并不影响他全身心投入每段经历、各项工作。人们可能会看见他在居策尼希乐团（Gürzenich）音乐会中场休息的时候批改稿子和研讨会报告——看见他怎

㊳ Dazu Wilfried Berg, Verwaltung in einem Europa der Regionen, in: Liber Amicorum für Peter Häberle, 2004, S. 425 ff. mit Nachweisen zur Einbürgerungspraxis in verschiedenen Regionen Deutschlands und Frankreichs.

㊴ Vgl. Joachim Wieland, Regulierungsermessen im Spannungsverhältnis zwischen deutschem und Unionsrecht, DÖV 2011, S. 705 ff. S. a. Christoph Ohler, Finanzkrisen als Herausforderung der internationalen, europäischen und nationalen Rechtsetzung, DVBl 2011, S. 1061 ff., 1068 zur umfassenden sachlichen Unabhängigkeit der drei europäischen Finanzmarktbehörden, die durch den europäischen Gesetzgeber mit Wirkung zum 01. 01. 2011 geschaffen wurden und über „denkbar weite Ermessensspielräume und rein generalklauselartige Befugnisse verfügen".

㊵ Vgl. Markus Möstl, Rechtsetzungen der europäischen und der nationalen Verwaltungen, DVBl 2011, 1076 ff. —Zur Entwicklung und zum Scheitern der „gouvernementalen Normsetzung" in der Weimarer Republik s. Möller/Kittel (Hrsg.), Demokratie in Deutschland und Frankreich 1918－1933/40—Beiträge zu einem historischen Vergleich, S. 274 ff.

㊶ So der Titel der 1965 veröffentlichten, am 16. November 1964 „überraschend temperamentvoll" vorgetragenen Rektoratsrede Peters', vgl. Kölner Stadt-Anzeiger vom 17. November 1964, S. 22:„Gemessenen Schrittes ins Amt". S. auch Klaus Stern, In Memoriam Hans Peters, 1967, S. 15 f.; Jürgen Salzwedel, Die Verwaltung als eigenständige Staatsgewalt—zur Bedeutung des Lebenswerkes von Hans Peters heute, in: Jahres- und Tagungsberichte der Görresgesellschaft 1996, 1997, S. 23 ff.

㊷ Vgl. Ernst Friesenhahn, Nachruf auf Hans Peters, in: Gedächtnisschrift Hans Peters, 1967, S. 1.

㊸ Wie er selbstironisch bemerkte, wenn er auf mehreren Veranstaltungen „synchron" auftauchte, vgl. Ulrich Karpen, Hans Peters 1896－1966, DÖV 1996, S. 782.

样同时全神贯注于音乐会、文化和学术。他是一位热情洋溢同时也是令人受到鼓舞的老师，在他那设备齐全的行政学研究所里，他不仅为教职员工，也为一些有兴趣的学生提供了在其他高等院校参与研讨会报告和论文编写的相关工作机会和更多的发展空间。作为指导教师，他通过研讨课、讲授课程和练习课，对无数学生研究课题的选择和职业道路的发展产生了持久的影响。早年的纳粹主义暴政经历促使他把自己的经验传授给学术界的年轻人："当纳粹主义浪潮席卷德国的时候，不计其数的法律界人士无助地面面相觑，任由纳粹主义利用法律程序上的合法化手段胡作非为……"⑭ 他虽然只是一个地方性的政治人物，却具有全球视野。他"知道如何将国家意识与全球视野相结合"⑮。凭借他对《高等教育法》的深刻理解和数十年来在国家和大学行政机构工作的经验，他于1963年制定了《科隆大学章程》并在次年以校长名义正式实施。⑯ 无论他在哪里进行学术研究、教学和政治实践，他"敏锐的目光"都在生活与法律秩序之间，在"实然"与"应然"之间不断逡巡。"法学研究应着眼于实践"⑰，这一观点影响了他的整个职业生涯。

汉斯·彼得斯是虔诚的天主教徒，却又在普鲁士政府任职，即使面临着天人交战般的困境，他还是对自己的信仰坚定不移。⑱ 同时，像文艺复兴时期的新教徒乌尔里希·冯·胡滕（Ulrich von Hutten）一样，他

---

⑭ Vgl. Hans Peters, Geschichtliche Entwicklung und Grundfragen der Verfassung, S. 58 zugleich mit einem flammenden Plädoyer für das Studium des öffentlichen Rechts. S. a. Klaus Stern, In Memoriam Hans Peters, 1967, S. 6 zu Peters' begeisterter Betreuung der akademischen Jugend; ebenso Ulrich Karpen, Hans Peters 1896 - 1966, DÖV 1996, S. 776.

⑮ Vgl. Klaus Stern, In Memoriam Hans Peters, 1967, S. 20.

⑯ Vgl. Klaus Stern, In Memoriam Hans Peters, 1967, S. 17/18; Ulrich Karpen, Hans Peters 1896 - 1966, DÖV 1996, S. 777. 1963年的《科隆大学章程》第1条规定："（1）大学是教师和学生的共同体，服务于师生的自由探索和学术自由，致力于人民的福祉和与此相关的人民理想。（2）大学的职责特别地体现在培养青年学生的学术思考和理性判断，并且通过科学培养为他们将来的职业做好准备。（3）科隆大学也将继续坚持西里西亚的弗里德里希-威廉布雷斯劳大学的传统。"

⑰ Vgl. Peters, Zentralisation und Dezentralisation, 1928, S. 1; ders., Hans Peters, Geschichtliche Entwicklung und Grundfragen der Verfassung, S. 59. Siehe auch Ernst Friesenhahn, Nachruf auf Hans Peters, in: Gedächtnisschrift Hans Peters, 1967, S. 3.

⑱ 参见 Ernst Friesenhahn, Nachruf auf Hans Peters, in: Gedächtnisschrift Hans Peters, 1967, S. 3; 汉斯·彼得斯是一位"正直的民主主义者，对公平和公正怀有坚定的信念，但他也是一个勇敢的人"，正如他在"普鲁士罢工"审判中的表现所证明的那样。在1952年马尔堡举行的国家法教师协会年会上，他"主要是以天主教会为起点"，作了关于国家教会法现状的报告。

"不是一本精致的书"，而是"一个充满了矛盾的人"（康拉德·费迪南德·迈尔［Conrad Ferdinand Meyer］）。[49] 当回顾他的一生时，我们看到的不是一幅风格统一的画作，反而会像经历德国充满戏剧性的70年间出现的四个极端矛盾的国家形态那样跌宕曲折。他的人格魅力吸引着寻求榜样的年轻法律人，[50] 并在学生们未来的生活和工作中发挥着积极的影响。

　　使个体的个性能够得到自由发展并受到道德责任和社会规范的制约是一项永恒的任务，也是他一生价值的关键所在。

　　[49]　Vgl. Peters, VVDStRL 11（1954），S. 177.
　　[50]　Vgl. Jürgen Salzwedel und Günter Erbel, in：Hans Peters, Geschichtliche Entwicklung und Grundfragen der Verfassung, Vorwort S. Ⅵ.

卡罗·施密德（Carlo Schmid，1896—1979）

米夏埃尔·基利安 著 赵 真 译

一、异乡人：两个世界之间的漫游者

卡罗·施密德是唯一几乎把整个职业生涯而不是某段时期献给政治的德国国家法学者和国际法学者。瓦尔特·哈尔斯坦（Walter Hallstein）和卡尔·卡斯滕斯（Karl Carstens）也可以大致列入其中，前者是施密德在外交和欧洲政治领域经常要打交道的人，同时也是法兰克福大学的教授和同事，后者是民法和经济法学者以及国际法学者。作为法学家，施密德也涉及政治、艺术、学术等领域，他同时是美学家和诗人、联邦和州的政治家、国家法和国际法教授以及政治学教授、政党政治家、外交和宪法政治家。他塑造了德国政治和德国法学上的一种例外现象。

作为多面手，施密德在战后德国的政治和法学中是唯一的。他没有找到继承人。只有国家法学者彼得·施奈德（Peter Schneider）经常游走于学术、文学和（大学）政治之间，[①] 但并不相同。施密德是帝国的孩子，在魏玛共和国的混乱中找寻自己的道路，他经受了国家社会主义时期的劫难。他抓住机会，参与德意志在大灾难后的重建：走向人道的、民主的"德意志共和国"，加入和平的欧洲。他是有知识的政党政治家还是受政党约束的知识分子？他肯定不是"真正的"政党政治家，在其社民党中也没有人如此看待他。法学，尤其是国家法学和国际法学影响了他的思考：成为典型意义上的"法学教授"和国家法教授不符合他的本

---

① Peter Schneider, Carlo Schmid zum 70. Geburtstag, AöR 92 (1967), S. 136.

性，他在大学内外都觉得自己是一名"教师"。在一开始，施密德是国际法的学术负责人，他是《公法论丛》的重建主编之一，他加入了德国国家法教师协会，从 1950 年一直到 1979 年去世。[②] 从 1952 年开始，他也是国际笔会(PEN-Club)的成员。他是如此独特的混合体，政治家、学者和体察社会的人道主义者：艺术家和哲人的本性影响了他的基本理解，这在他作为文学家、享乐主义者、美食家、有时也作为浪子的角色上得到了充分体现。所有这些原初的法国人特征符合具有一半法国血统的施密德。在庸常的战后社会，这通常会招致隐秘的或公开的怨愤。

二、 生平

关于施密德的生平，他的自传和两本传记提供了答案。他的自传《回忆录》（1979 年）可读性很强。就像自传通常不可避免的那样，这本书经过了个人的取舍和自我审查。[③] 格哈德·希舍尔(Gerhard Hirscher)在 1986 年的传记和尤其是彼得拉·韦伯(Petra Weber)在 1996 年的描述可以满足学术研究的要求。

1896 年 3 月 12 日，卡罗·施密德出生于佩皮尼昂(Perpignan)一个教师家庭，是家中的独子。他的父亲是德语和英语教师，他开始住在魏尔德尔斯塔特(Weil der Stadt)，后来搬到斯图加特。[④] 施密德在宠爱中成长，同时也接受了严格的资产阶级教育。他的父亲受过良好的教育，出身于施瓦本的奥斯塔布(Ostalb)土生土长的农民家庭，后来家里经营旅馆。他的父亲能够在法国学习并为自己找到了一份语言教师的工作。在那里，他与安娜·埃拉(Anna Erra)结婚。她也是教师，出生于法国南

[②] 在会员名单中，施密德先是用卡尔(Karl)，后来用卡罗(Carlo)。甚至在 1946 年以后的出版物中，施密德还在用卡尔签名。他在图宾根的教席是以卡尔聘任的。作为《公法论丛》的联合主编，他用的是卡尔。

[③] Marc Beise, Carlo Schmid als Vorbild. Zur Einheit von Geist, Recht und Politik, in: M. Kilian (Hg.), Dichter, Denker und der Staat, Essays zu einer Beziehung ganz eigener Art, Tübingen 1993, S. 91 ff. (100 Anm. 29).

[④] 了解施密德的生平，他的自传《回忆录》(Erinnerungen)（1979 年）当然是首选。但是，就像回忆录通常不可避免的那样，它取决于个人对事件和主题的权衡和过滤。彼得拉·韦伯在 1996 年出版的学术传记展开了全面的研究，尽可能广地涵盖施密德的人生。下文关于卡罗·施密德生平的介绍就以这两本书为基础。

部的鲁西荣（Roussillon）的酿酒师和售酒商人家庭。施密德受洗的名字是
卡尔（Karl），被列入夏洛特（Charlot）家族，在德国改名为卡罗（Carlo）。
这个名字在他后来的人生道路上一直保留了下来。⑤

　　施密德经历了孤独的童年。⑥ 作为学生，他发育较晚，直到学生时
代，他一直都被性格内向所困扰；在施瓦本，他的一半法国人血统使他
成为局外人。后来，他在候鸟运动中找到了志同道合的圈子。他在那里
感觉很好。伟大的雄辩家、有魅力的人、闲谈者，这些至少在他的童年
和少年时代还没有显现出来。

　　参加过"一战"之后，施密德作为退役少尉在1919年春天进入图
宾根大学学习。他本来学医学，后来在一个朋友劝说下改学法律。后来
他坦承从未后悔这个选择，因为法律职业能让他结识不同处境中的人。
此外，施密德还旁听财政学家路德维希·斯蒂芬格（Ludwig Stephinger）的
课，加入"社会主义学生小组"，不久他在那里作报告，当时还没有后
来的光环。他也开始朗诵诗歌。在他的回忆中，施密德没有提到对他有
特殊影响的老师，毕竟在图宾根的时代马克斯·吕梅林（Max Ruemelin）
和菲利普·黑克（Philipp Heck）都授课。⑦ 经过六个学期的学习，1921年
秋天，他参加了第一次国家考试，取得Ⅱa的成绩，这是符腾堡州多年
以来的最好成绩。⑧ 1921年12月28日，他与来自杜伊斯堡的莉迪亚·
赫尔梅斯（Lydia Hermes）结婚，她学习国家法学，这在当时是一个例外
现象。在见习期，施密德在图宾根的地方法院实习，同时在法兰克福的
劳动法学家胡果·辛茨海默（Hugo Sinzheimer）指导下撰写博士论文《企
业工会法之下企业代表的法律性质》。⑨ 1923年8月2日的博士学位答辩
以"及格"通过，施密德对此并不满意，这项研究早先已经报告过，并
没有新的想法。1924年春天，他在斯图加特的州高等法院参加了第二次
国家考试，这次的成绩是"优秀"。法官职业向施密德敞开大门。由于

　　⑤　Marc Beise, Carlo Schmid als Vorbild. Zur Einheit von Geist, Recht und Politik, in: M. Kilian（Hg.）, Dichter, Denker und der Staat, Essays zu einer Beziehung ganz eigener Art, Tübingen 1993, S. 103 Anm. 45.
　　⑥　Erinnerungen, Bern/München/Wien 1979, S. 11 ff. , 22 ff.
　　⑦　Erinnerungen S. 80 ff.
　　⑧　Petra Weber, Carlo Schmid 1896－1979. Eine Biographie. München 1996, S. 52.
　　⑨　共270页，这部作品没有发表，见 Erinnerungen S. 99 ff. 。

相应的职位还没空出来，他也不喜欢律师工作，因此他在罗伊特林根等待了一年。后来 1925 年，他到图宾根地方法院当法院评估员，这时他已为人父。1927 年，他在图宾根修建了私人住房。

三、　国际法学者、国家法学者和政治学家

　　尽管作为法官他取得了很多成绩，但在图宾根的绅士社会中，他仍然是个局外人。让他高兴的是，1927 年 9 月，他以学术负责人身份入主柏林的威廉二世外国公法和国际法研究所。这个研究所是由维克多·布伦斯(Victor Bruns)在 1925 年建立的，坐落于柏林城市宫。这个研究所首要的任务是，根据《凡尔赛条约》在学术上进取地维护帝国在国际上的艰难立场，无论是在国际法院还是在国际仲裁法庭的鉴定意见、专家意见和诉讼协助方面。施密德在研究所中负责波兰和捷克斯洛伐克事务。在那里，他逐渐成为研究这些国家中德裔少数的权利的专家。[10] 他的学术经历在市宫不算知名：除了布伦斯，鲁道夫·斯门德、海因里希·特里佩尔和埃里希·考夫曼等人也很活跃。在负责人层面，主要是赫尔曼·黑勒和格哈德·莱布霍尔茨。在此期间，瓦尔特·哈尔斯坦作为负责人在市宫的另一个研究所工作。因此，两个人在那里一定会遇到。首先，施密德与考夫曼和黑勒建立了非常亲密的友谊。早在 1920 年就加入社民党的黑勒成为施密德精神上和政治上的顾问。基于他在柏林研究所的学术活动，施密德于 1929 年凭借《以法语句表述的国际法院的判决》从图宾根大学法学院获得了国际法和国际私法方面的教授资格。这本书于 1932 年在斯图加特出版，指导老师是海因里希·波尔(Heinrich Pohl)。

　　1931 年他重返司法机构，在图宾根地方法院委员会任职，同时在当

---

　　⑩　见 Erinnerungen S. 119 ff. 。更详细的论述，Petra Weber, Carlo Schmid 1896－1979. Eine Biographie. München 1996, S. 59 ff. 。

地大学作为编外讲师教书育人。⑪ 由于在政治上被认定为不可靠，他的学术事业也因此受阻；在 1940 年，作为里尔(Lille)军政府战争管理委员会委员，他逃脱了重新调整。⑫ 1945 年 6 月，作为补偿，他才被图宾根的法学和国家学学院任命为大学的非正式教授。⑬ 这个学院想加强当时被忽视的国际法。

在正教授名录上，维也纳人阿尔弗雷德·费尔德罗斯赫然在列。但是，他决定待在维也纳。施密德在 1946 年接手了"公法和国际法教席"。⑭ 在图宾根的这个教席上，他一待就是八年，这个教席的历史相当悠久，从 1842 年开始，其学术的连续性就没有中断过：他的前任有卡尔·海因里希·路德维希·霍夫曼(Karl Heinrich Ludwig Hoffmann)、路德维希·约利(Ludwig Jolly)、弗里茨·弗莱纳(Fritz Fleiner)、卡尔·萨托里乌斯(Carl Sartorius)和费利克斯·根茨默尔(Felix Genzmer)。他的继任者有阿道夫·许勒(Adolf Schüle)、托马斯·奥珀曼(Thomas Oppermann)以及马丁·内特斯海姆(Martin Nettesheim)。⑮

除了他在联邦议会和社民党内外所担任的不同委员会的委员，人们很难概览施密德担任过的其他国家公职和政党职位。1945 年，他开始担任文化、艺术、教育(学校和高校事务)的国家主管，因此也负责重建图宾根大学。⑯ 他成为巴登-符腾堡州的国务委员，还是该州司法、文化、教育和艺术事务的主管，后来是符腾堡-霍亨索伦国务秘书处主席。诸

---

⑪　根据拜泽(Beise)的论述，与布伦斯就研究所出版物的争执是他返回图宾根、就职符腾堡司法机关的动因。Marc Beise, Carlo Schmid als Vorbild. Zur Einheit von Geist, Recht und Politik, in: M. Kilian (Hg.), Dichter, Denker und der Staat, Essays zu einer Beziehung ganz eigener Art, Tübingen 1993, S. 103.

⑫　Erinnerungen S. 155 ff./175 ff.; Petra Weber, Carlo Schmid 1896－1979. Eine Biographie. München 1996, S. 82 ff./126 ff.

⑬　见 Petra Weber, Carlo Schmid 1896－1979. Eine Biographie. München 1996, S. 104 und anm. 59。

⑭　见 Manfred Erhardt, „Zur Genealogie des Lehrstuhls OPPERMANN", in: Birk/Dittmann/Erhardt (Hrsg.), Kulturverwaltungsrecht im Wandel, 1981, S. 195 (202), 关于施密德受聘图宾根，见 Petra Weber, Carlo Schmid 1896－1979. Eine Biographie. München 1996, S. 238 f.。

⑮　Manfred Erhardt, „Zur Genealogie des Lehrstuhls OPPERMANN", in: Birk/Dittmann/Erhardt (Hrsg.), Kulturverwaltungsrecht im Wandel, 1981, S. 195 ff.

⑯　Mit Konrad Zweigert und Hans Rupp als Unterstützern, die der Krieg mit ihrem Kaiser-Wilhelm-Institutnach Hechingen südlich von Tübingen verschlagen hatte.

如此类的还有，施密德参加了 1947 年 6 月在慕尼黑举行的州总理会议以及 1948 年夏天举行的下瓦尔德会议和"骑士坠崖"（Rittersturz）会议。这些会议决定了即将制定的德国宪法的基础。[⑰] 施密德在 1946 年秋天起草了新成立的巴登-符腾堡州的宪法草案，第一次规定了"建设性不信任投票"的方式。从 1946 年开始，他担任重建的社民党在符腾堡-霍亨索伦州的州主席，[⑱] 从 1947 年到 1973 年，他是社民党联邦执行委员会的委员，他是 1955 年访问莫斯科的德国代表团的成员，在 1959 年曾经短暂地成为社民党的总理候选人。从 1949 年初到 1972 年，施密德是联邦议院的代表，也是联邦议院第一代理议长。施密德是欧盟副主席以及西欧联盟会议的主席。最后，他是德法大使级合作的协调人。

施密德的第二职业是学者，这一点也值得关注。除了广泛的政治职务，他还从事其他专业，如政治学。[⑲] 在收到法兰克福大学政治学专业的教席聘请后，施密德在 50 年代初离开图宾根大学。法兰克福市市长瓦尔特·科尔布（Walter Kolb）——战后时代施密德在党内的同志——促成了这次调动。更好的工作机会、法兰克福临近波恩，这些都起了关键作用。此外，年轻的巴登—符腾堡州也没有竭力挽留施密德。[⑳] 在其施瓦本同乡、大学校长马克斯·霍克海默（瓦尔特·哈尔斯坦的继任者）领导下，施密德在 1953 年春天又开始了新的活动，但不仅在法学院，而且在经济学院和社会学院都遭遇了阻力。与其说这是针对施密德本人，不如说这是因为高校政治。[㉑] 在政治学研究所，他作为恩斯特·威廉·迈耶（Ernst Whilhelm Meyer）的接班人成为所长。这个新教师在学生中间收获了很高的人气。[㉒] 在政治职务之外，施密德在周末和星期一上课，十五年来他对教学一丝不苟。他的第一个助理是斯门德的学生威廉·亨尼斯

---

⑰　这一复杂的公职历史的细节，见 Petra Weber, Carlo Schmid 1896 – 1979. Eine Biographie. München 1996, S. 202 ff.。

⑱　施密德经历德意志联邦共和国的关键时期，见 Petra Weber, Carlo Schmid 1896 – 1979. Eine Biographie. München 1996, S. 330 ff.。

⑲　其他的政治学家，如施密德在图宾根的同事西奥多·埃申堡（Theodor Eschenburg）和他的助理威廉·亨尼斯（Wilhelm Hennis）为人所熟知的首先是法学家。

⑳　Petra Weber, Carlo Schmid 1896 – 1979. Eine Biographie. München 1996, S. 511/12.

㉑　Petra Weber, Carlo Schmid 1896 – 1979. Eine Biographie. München 1996, S. 512 f.

㉒　Petra Weber, Carlo Schmid 1896 – 1979. Eine Biographie. München 1996, S. 514 ff.

(Wilhelm Hennis)，他也是斯门德最著名的学生。㉓　当然，令他失望的事情也接踵而至：伊林·费切尔(Iring Fetscher)被任命为第二任所长，而非他中意的候选人戈洛·曼(Golo Mann)；奥托·基希海默尔(Otto Kirchheimer)在1962年拒绝了他的聘请，没有就任研究所的第二个教席，而是留在了美国。对于学术"跳槽者"施密德来说，与同事相处是很难的。这也适用于法兰克福人特奥多尔·阿多诺(Theodor Adorno)，但让人惊讶的是，施密德很欣赏他的作品。㉔　后来，人们对此表示理解，因为这两位知识分子美学家在作为成功的局外人方面具有不少共同点。在广泛著书立说方面，施密德的偶像是马克斯·韦伯和赫尔曼·黑勒。㉕　但他也成为善于招徕第三方资金(今天是职位的前提条件)的人，通过他与经济界和社团的联系，为研究所提供研究资金。彼得·冯·厄尔岑(Peter von Oertzen)曾在那里做过研究。在他70岁生日之后不久，他在1966年至1967年的冬季学期退休，正好是在法兰克福和其他地方发生学生骚乱之前。

只要施密德住在图宾根，他就生活在一个(对于图宾根人来说)类似别墅的房子里，这栋房子是新客观主义的风格，在下席勒大街和歌德大街的街角，离新礼堂不太远，临近大学的主楼和法学院所在地。在他逝世后，一所在他居住地区新建立的高中以他的名字命名。在50年代离婚以后，他先是住在联邦议会大楼附近的一处小房子里，他在波恩一直还有第二个住处，直到他与新女友搬到位于波恩附近奥沙伊德区(Ortsteil Orscheid)阿吉迪恩贝格-奥沙伊德(Ägidienberg-Orscheid)的一处小房子。这里风格适宜，在一条今天以他的名字命名的街道上，可以看到巴特霍涅夫(Bad Honnef)东部的七峰山(Siebengebirge)。

四、　政治家和思想家

德国新时代的政治人物，尤其战后的政治人物，除了那些受过广博

㉓　对于其他众多的学生，见 Petra Weber, Carlo Schmid 1896 – 1979. Eine Biographie. München 1996, S. 519 ff. 。

㉔　Petra Weber, Carlo Schmid 1896 – 1979. Eine Biographie. München 1996, S. 521.

㉕　Petra Weber, Carlo Schmid 1896 – 1979. Eine Biographie. München 1996, S. 514.

的人文教育的人物，如弗朗茨-约瑟夫·施特劳斯（Franz-Josef Strauss），只有少数人是真正的知识分子：特奥多尔·霍伊斯（Theodor Heuss）、阿道夫·阿恩特（Adolf Arndt）、格哈德·施托尔兹（Gerhard Storz）、汉斯·迈尔（Hans Maier）、彼得·格洛茨（Peter Glotz）、埃哈德·埃普勒尔（Erhard Eppler）、库尔特-格奥尔格·基辛格（Kurt-Georg Kiesinger）。㉖ 在奥地利，布鲁诺·克赖斯基（Bruno Kreisky）也是。施密德是他们中最著名的一个。他与法国具有多重联系，他始终扎根于公共领域，参与外交和政治。这绝不是一个例外情况，只要想一下夏多布里昂（Chateaubriand）、德·拉马蒂纳（de Lamartine）、德·维格尼（de Vigny）、蒂尔斯（Thiers）、克里孟梭（Clémençeau）、饶勒斯（Jaurès）、埃里奥（Herriot）、马尔罗（Malraux）以及密特朗（Mitterand）就能明白。㉗ 在德国政治中，他变成了一个异乡人，被钦佩，被惊叹，被嘲笑，被质疑。㉘ 在他身上，清楚地展示出知识分子和学者在与权力的纠缠中不断冒险，这无疑是20世纪精神科学的重要主题。㉙ 这对于施密德本身来说也是一个重要主题，他的大量言论已经表明了这一点。㉚

在施密德之前，还有不少国家法学者参与政治的例子，他们或多或少取得了一些成就，但大部分人只是短暂地离开学术，当然，也有一些人，如胡果·普罗伊斯、汉斯·凯尔森（也包括卡尔·施米特）参与政治并影响很大。但是，施密德是唯一一个从人生的某一刻起——德国在

㉖　在某一方面，可以把这个名单扩展到卡尔-特奥多尔·楚·古滕贝格（Karl-Theodor zu Guttenberg）、维利·勃兰特（Willy Brandt）和赖纳·巴泽尔（Rainer Barzel），他们在政治中看到了精神任务，而不仅仅是保持权力的策略，因此，他们也作为作者产生影响。

㉗　这个名单还可以补充，如约翰·圣珀尔斯（John St. Perse）、保罗·克劳德尔（Paul Claudel）、罗杰·佩雷菲特（Roger Peyrefitte）、乔治斯·贝纳诺斯（Georges Bernanos）、莫里斯·德鲁恩（Maurice Druon）或让·吉劳杜（Jean Giraudoux）这些在法国外交部门工作的文人，以及像雨果（Hugo）、左拉（Zola）、巴雷斯（Barrès）或萨特（Sartre）这些在法国公共领域活跃的作家。

㉘　Marc Beise, Carlo Schmid als Vorbild. Zur Einheit von Geist, Recht und Politik, in: M. Kilian (Hg.), Dichter, Denker und der Staat, Essays zu einer Beziehung ganz eigener Art, Tübingen 1993, S. 91 ff.

㉙　Julian Benda, La Trahison des Clercs, 1927; Margret Bovery, Verrat im Zwanzigsten Jahrhundert, 4 Bde. Rowohlts deutsche Enzyklopädie 1956–1960; Hauke Brunkhorst, Der entzauberte Intellektuelle, 1990; Wolf Lepenies, Kultur und Politik, Deutsche Geschichten, 2006.

㉚　Carlo Schmid, Politik und Geist, Ges. W. 1, Stuttgart 1961. S. a. Jens/W. Graf Vitzthum, Dichter und Staat. Über Geist und Macht in Deutschland, Berlin/New York 1991.

1945 年的历史性崩溃和重建——即已决定将他此后的人生都奉献给政治的人。然而，与大部分人不同，他并没有完全献身于此；他的兴趣太多样、太广泛了，他敏感的性格太复杂了。

除了他在政治上的重要影响，施密德作为学者和作为基本法的制定者以及作为符腾堡-霍亨索伦州宪法的制定者的角色则屈居次要位置。但是，当《基本法》经过其生效的 40 周年、50 周年、60 周年以至更多时，他的研究越来越明显地成为德国战后宪法的重要来源。施密德从爱国主义的考虑——不能因此加剧德国的分裂——出发，并不想制定完全的宪法。他的担心不是没有理由的，后来急剧加深的德国分裂被证明已成定局。他想要保留使分裂各方重新统一这一方案，后来，像他这样的德国政治家变得越来越少——最终证明他是对的。可惜，他没能看到十年后的那个历史性时刻。

在联邦议院中，施密德是最重要和最吸引人的演说家和修辞家之一。在新的德国议会的第一个任期有很多卓越的演说家。后来的委员会的组成再也没有达到当时的修辞水平。除了施密德，还有舒马赫（Schumacher）、德勒（Dehler）、埃勒尔（Erler）、施特劳斯（Strauß）、阿恩特（Arndt）、基辛格（Kiesinger），后来还有年轻的赫尔穆特·施密特（Helmut Schmidt）。这是一个充满热情的、对根本问题进行讨论的巅峰。施密德能够用流利的拉丁语与弗兰茨-约瑟夫·施特劳斯（以及瓦尔特·延斯）交流。

施密德的思考不是没有矛盾的：[31] 作为法学家，他曾推动反对核武器的全民公决，后来他也反对德国宪法生活中全民公决的要素。他身上体现出独一无二的政治智性，但他（本身是著名的知识分子）不信任知识分子对政治的影响。他是德国的爱国者，并让占领国清楚地感受到了这一点。他是库尔特·舒马赫（Kurt Schumacher）的追随者不是没有道理的。但是，他也是调解人，首先是与法国的关系，也包括与其他先前的

㉛　对于施密德的思想世界，也见 Marc Beise, Carlo Schmid als Vorbild. Zur Einheit von Geist, Recht und Politik, in: M. Kilian（Hg.）, Dichter, Denker und der Staat, Essays zu einer Beziehung ganz eigener Art, Tübingen 1993, S. 98 ff., 107 ff., 115 ff., 以及彼得拉·韦伯所著的全面的自传，当然还有施密德自己的《回忆录》和随笔集。

对手,他把自己理解为德国的欧洲主义者。他是精英,想要促进精英群体。但是,教育应向所有愿意接受教育的人开放。现代的大众社会对他来说是可怕的,在这一点上,他赞同奥尔特加・伊・加塞特(Ortega y Gasset)。他仍然是——也因此是——坚定的社会主义者,尽管康拉德・阿登纳招募他,但他实际上属于市民阶层。他对饱含社会不公和痛楚的历史有着清醒的认识,如果他能对此产生影响,他想改变这种状况。同时,他的现实主义也不会使他陷入明显的世界改良中:因此,他喜欢生活和享受以及奢侈……太多太多。他属于受过教育的精英,是一个文人,但也会论战,即损害和给予,就像作者本人所经历的那样。他基本上很内向,像很多人一样,他恰恰因此成为优秀的群众集会演讲者、竞选演讲者、辩论演讲者。在他身上,自我怀疑和勇气、权力本能和良心痛苦交织在一起。

"第三种人文主义"② 中的人口阶层和社会阶级之间的社会平衡属于施密德的政治生活的重要主题之一,他的演讲、报告、报纸文章和期刊论文不断围绕这个主题展开。任何一种阶级斗争都对这个来自简朴环境的市民之子不利。施密德是德国的爱国者,一直到死都是,他遭遇了德国的灾难以及过去领导层在政治上的无能。第二个德意志共和国会好一些:市民不再是顺从的臣民,而是共同的创造者,即使他们需要普遍的政治教育和启蒙。他将受过教育的德国市民阶层在政治上的节制视为德国的灾难,他想对此有所应对。

从 1946 年开始的几十年里,德国统一被东德和西德丢弃了。德国统一是他期盼已久的人生目标,这是他实现不了的也未曾经历的。在 1989 年秋天,不同于政党中的很多人(不是维利・勃兰特!),他不会有片刻犹豫,去利用重新统一——确实重新统一了——的机会。很明显,他自认为是欧洲人,是欧洲两个主要民族的后裔,虽然是从战后时代开始的。这缓解了他与西南地区可疑的法国占领军之间难以协调的关系。他从一开始在德国以及在欧洲的职位上和演讲中维护和传递逐渐形成的欧

---

②　对于不为人知的施密德与斯蒂芬・乔治学圈(Stefan-George-Kreis)的联系,见新近的研究,Ulrich Raulff, Kreis ohne Meister, Stefan George Nachleben (2009), jetzt dtv TB Nr. 34703, 2012, S. 260 ff., 456 ff., 489 ff.。

洲联盟的理念。尤其是，施密德身体力行的教育理念与今天的教育实用性相去甚远。教育对他来说是任务，而不是自负的资本：所有希望接受教育的人都应该享受它。一直到晚年，他都将自己视为热心的教育家，经常接受邀请在学校里开展讲座和演讲。对他来说，教育主要不是用什么造就（培训），而是具有创造性的生活内容以及在时代风暴中的支撑。他不仅要使今天的这代人了解这种想法，而且要使个人也了解这种想法。

五、 艺术家和作家

从学生时代开始，施密德就在一些诗人的小圈子中朗诵诗歌。逐渐地，他自己也用德语和法语写诗，后来还从拉丁语和用拉丁语翻译。他的作品目录节选可以展示其成就的概况。假如他在诸多职位和活动之外还有更多时间或者他完全放弃了政治，那么，他会成为一个杰出的作者和评论家。相信他会有抒情诗集和杂文集、历史专著，甚至其他有趣的作品、长篇小说和短篇小说。这样的作者在德国文学史上还不多见。在文学作品上他写出的东西足够令人印象深刻；人们的确有理由把他归入"诗人法学家"。[33]

他始终与戏剧家和演员保持着密切联系。他有时自己也参与一些表演，充当小型歌舞演员，尝试做导演。在这一点上，他可能是以文学家、戏剧导演和部长歌德（J. W. v. Goethe）为榜样的。

作为德国战后时代的历史学家和政治散文家，施密德在主题的广度上以及语言和论证的熟练度上，无人能出其右，最多只能提一下戈洛·曼。如果不考虑赫尔穆特·施密特，他就没有找到合适的接班人。

---

[33] 也见 Marc Beise, Carlo Schmid als Vorbild. Zur Einheit von Geist, Recht und Politik, in: M. Kilian（Hg.）, Dichter, Denker und der Staat, Essays zu einer Beziehung ganz eigener Art, Tübingen 1993, S. 94 ff. 。

六、 宪法的创造者

除了少数的政治家，[34] 无论是在海伦基姆湖的岛上，[35] 还是在波恩的议会理事会中，施密德都是宪法磋商的主要人物。后者有两个重要的委员会：一个是总委员会，施密德担任主席；[36] 另一个是原则问题委员会，他作为发言人，参与重要工作。他的大量的、与众不同的发言几乎始终影响讨论结果。这些发言简洁、生动，经常使用合适的例子，很多还是比较法的形式，其中首先吸收了《魏玛宪法》发展的经验。施密德作为学者从德国和欧洲宪法、国际法以及德国文化和历史的广泛认识中汲取知识，他作为法学家亲近实践以及与直观相联系的生活现实。因此，他在施瓦本人菲利普·梅兰希通(Philip Melanchthon)之后的一个世纪再次成为"日耳曼的导师"。

施密德最强大的、"最持久的"影响是在海伦基姆湖的大会以及后来在波恩的议会理事会中。因此，我们应该从他广泛传播的作品中选摘一些特别简洁的引文和论述作为对年轻一代的鼓励——像施密德那样，作为法学家清晰、独立、指导性地思考：[37]"我们不得不承认盟国保留的条件，在此前提下讨论和决定基本法，以组织今天在德国部分地区释放的德国人民的主权。我们不需要制定德国或西德的宪法。"[38] 因此，这个文本不应该叫"宪法"，而应该叫"基本法"。[39] 此外，施密德还指出了宪法策略上合适的方向："德意志帝国"这个国家名称"很好，但也带

---

[34] 除了施密德，彼得·黑贝勒(Peter Häberle)还提到了另外三个重要人物：霍伊斯(Th. Heuss)、聚斯特亨(A. Süsterhenn)和齐恩(G. A. Zinn)；见 Entstehungsgeschichte der Artikel des Grundgesetzes, Neuausgabe des JöR Bd. 1, Hg. P. Häberle, 2010, Einleitung S. XX‐VI.

[35] 从1948年8月10日到23日的宪法会议。

[36] 准确地说，从1948年11月11日直到1949年2月10日。

[37] 引文都出自 G. Leibholz/H. v. Mangoldt (Hg.), Jahrbuch des Öffentlichen Rechts der Gegenwart, Neue Folge, Band 1, Tübingen 1951, Entstehungsgeschichte der Artikel des Grundgesetzes i. A. der Abwicklungsstelle des Parlamentarischen Rats und des Bundesministers des Innern aufgrund der Verhandlungen des Parlamentarischen Rats bearb. von K-B v. Doemming, R. W. Füsslein und W. Matz。

[38] S. 15.

[39] S. 16.

有非常危险的弦外之音"。因此，他推荐"德意志联邦共和国基本法"
这个名称，因为这个国家的"基础组织层面"是德意志联邦共和国，这
必须在基本法的名称中表达出来。[40] 仅仅是"德意志"会将国家的领域
限制在德意志，而联邦共和国则表达出德意志作为国家构成物（Gebilde）
在本质上还是存在的，即使德意志作为组织构造（Gefüge）被摧毁了。
"联邦共和国"是民主的、社会的、共和国的纲领，具有人民主权、以
合宪的权利限制国家权力、法治国、法律面前的平等以及走向社会一致
性的勇气。[41]

　　施密德强调议会理事会受整个德国的委托，它承认德国的统一。[42]
《基本法》没有表达任何形式的分裂：它是"德国的"宪法，而不仅仅
是"西德的宪法"，或者不仅仅是作为法律主体的州的宪法。代表们视
自己是整个德国人民的代表。因此，议会理事会具有整个德国的授权，
而不是部分德的授权。[43] 因此，序言所体现的不仅仅是一个"庄严的
开场白"，而是包含了法律上重要的论断、评价、法律上的抗议和要求，
尤其是涉及德国统一的内容。联邦宪法法院在指导性的基础条约判决中
采纳了这种观点。[44]

　　具有决定意义的是他关于实质宪法的文章："基本权利支配基本法；
它不能只是基本法的附属物。"[45] 施密德反对一般的法律保留。尽管个别
的限制必然存在，但是不能侵害到基本权利的本质。[46] 众所周知，彼
得·黑贝勒后来将这个评论发展成一部重要的专著。[47] 施密德以下述内
容预先规定《基本法》第1条：国家保护的委托、单个基本权利中人的
尊严的证立、基本权利作为直接有效的法对所有三种国家权力和各州的
约束。然而，他也对将基本权利绝对地确定为自然法提出了警告，因为
就像历史所表明的，它恰恰是可以改变的。[48] 施密德的重要观点常常被

---

[40] S. 17.
[41] S. 20.
[42] S. 23, 25, 41.
[43] S. 27.
[44] S. u. a. BVerfGE NJW 1973, 1539.
[45] S. 42.
[46] S. 43.
[47] Die Wesensgehaltsgarantie des Art. 19 Abs. 2 Grundgesetz, 3. A. 1983.
[48] S. 48/49.

吸收进此后某个规定的文字表述中，包括《基本法》第9条第3款的结社自由[49]、《基本法》第14条的财产权[50]以及国籍、《基本法》第116条[51]，在这一点上，他前瞻性地从有利于多重公民身份的角度坚持开放性，因为这是欧洲一体化在未来的期盼。

在国家机构法方面，施密德强调，代表式民主体现出机关中的人民。[52] 因此，国家权力来源于人民，因为人民与国家是不能分离的，[53] 这在德国历史上是太常见的情况。施密德全部的反对在今天的争论中比以往更加现实。对于《基本法》(旧版本)第23条，存在一个核心观点："这个过程(德国统一)不是加入。那是德国的一部分，它想要加入；那是德国，人们想要加入它，第三点，这最终是并入联邦，这通过联邦法律来实现……我们要尽可能地使加入变得容易，尽可能开放性地形成。"[54] 在这里，只能用"先知"这个词来形容他。

施密德作为国际法学家对《基本法》的影响首先是体现在一些国际化的表述，例如《基本法》第24条[55]、第25条[56]和第32条。可惜在《基本法》第26条，施密德的这个主张没有被采纳："难道我们不应该发表一个清楚的、明确的声明：德国不应再制造大炮，不只是我们不应该，其他国家也不应该。"[57] 而现在，联邦共和国在武器出口上位居世界第三！

他的评论也涉及地方自治，如严肃的市政改革目标方面："我们必须在总体上实现：使乡镇以一种完全不同于以往的方式成为政府第一层级的一般载体。"作为乡镇的"基本权利"，这形成于《基本法》第28条第2款的预先规定。[58] 施密德也阻止了对新州和旧州的区分(《基本法》第29条)："我们如果这样做，就在与个别州的关系上创造了等级落

---

[49]　S. 124.

[50]　S. 146 f.

[51]　S. 163.

[52]　S. 196.

[53]　S. 197.

[54]　S. 218, 219.

[55]　S. 225/6.

[56]　S. 230 ff.

[57]　S. 237, 241.

[58]　S. 254.

差……因此会破坏各州价值平等的原则，而这应该是我们的作品的基础。"⑤ 在 1990 年，人们的观点有所不同。对于联邦在运行中的问题，施密德有着正确的认识：世界上所有的联邦国家都是历史的产物，而不是法律体系或逻辑体系甚或理念的自我实现。⑥ 德国那些（中等的和较小的）州不断地重新进行土地重划应该引以为鉴。施密德参考了重要的德国研究者（海森贝格［Heisenberg］、雷格纳［Regner］、策内克［Zenneck］、赖因［Rein］）的文献。后者要求自由地研究德意志民族的存在问题。⑥ 今天，这个要求像过去一样正当。

在国家机构法方面，施密德在议会委员会中再次对《基本法》第 33条⑥、第 59 条⑥以及核心的《基本法》第 79 条第 3 款⑥发挥影响。如果可能，施密德会从他丰富的宪法史和比较法的教育中获取经验。⑥ 联邦总统必须是"中立的权力"，因此它必须摆脱观点的争议。⑥ 对于民主制中的法官，施密德阐述说，法官不只是"就其本身"运用法律，而是在一定价值标准的基础上对待法律。在民主国家中，只有法官能被容忍运用"民主的价值标准"，这些标准不存在于"法律中"，而存在于法官的"意识中"，它是"个人生活所决定的产物"。法官只在"形式民主上"裁判是不够的。他的判决必须被构成"民主之核心"的"价值标准"支撑。⑥ 他还认为，《基本法》的基本权利目录是"最低标准"。因此，各州可以超越这个标准。⑥ 这种结果尤其是体现在 1992 年以来成立的新州的宪法中。下面的观点也是更新的：最终的德国宪法（《基本法》第 146条）会是"原初的"，它不会通过《基本法》的修改而产生。⑥

---

⑤　S. 280.

⑥　S. 459.

⑥　S. 522.

⑥　S. 312.

⑥　S. 415.

⑥　S. 576.

⑥　例如，S. 312，687。

⑥　S. 681.

⑥　S. 729，在我手上这一副本中，这一页被一位不知名的法学家一再勾划，并以双倍的感叹号标注。

⑥　S. 298，911.

⑥　S. 925.

七、 重要性和影响

1979 年 12 月 11 日，长期患有严重疾病的施密德在巴特霍涅夫去世，他获得了国葬礼遇。12 月 15 日，追悼会在联邦议院的会场大厅举行。卡尔·卡斯滕斯、里夏德·施蒂克伦（Richard Stücklen）、赫尔穆特·施密特、法国大使让·布鲁内特（Jean Brunet）和维利·勃朗特到场发言。两天后，施密德的葬礼在他的第二故乡图宾根的一处山地公墓举行。埃哈德·埃普勒尔（Erhard Eppler）和神学家诺贝特·格赖纳赫（Norbert Greinacher）到场讲话。施密德所敬仰的恩斯特·布洛赫（Ernst Bloch）——他钦佩他的"乌托邦思想"——安葬于此。然而，他被安葬在城市公墓，在大学的新礼堂后面，在他的学术工作地点，在施瓦本的帕纳斯（Parnass）。邻居与他的生活和喜好相似：有政治家埃伯哈德·维尔德穆特（Eberhard Wildermuth）和库尔特-格奥尔格·基辛格，有学者路德维希·德希奥（Ludwig Dehio）、爱德华·斯普兰格尔（Eduard Spranger）和恩诺·利特曼（Enno Littmann），但特别是诗人奥蒂莉·维尔德穆特（Ottilie Wildermuth）、赫尔曼（Hermann）和伊索尔德·库尔茨（Isolde Kurz）、路德维希·乌兰德（Ludwig Uhland）和弗里德里希·荷尔德林（Friedrich Hölderlin）。荷尔德林是施密德一生的指路明灯。荷尔德林的挽联与施密德的人生格言颇为一致。[70]

施密德寻求权力和思想的融合。这是一个德国式的主题。最终，他失败了。他注定会失败，因为在德国国家传统中，他没有榜样。歌德和俾斯麦不是有说服力的反例。[71]在他的政党社民党中，他仍然是局外人，但他始终是忠诚的党员。人们欣赏他，钦佩他，但没有交托给他重要权位。他没有被给予重要的政党职位，他也不能证明自己适合于此。唯一的例外是在他的政党事业的开始：担任议会理事会中的党团主席。他当

---

⑦ "在最为神圣的狂风暴雨中，监禁我的囚牢之墙坍塌了，而为我的灵魂建立的美好和自由之墙则在未知的地方。"出自诗歌《命运》。

⑦ 从关于这个主题的大量文献，除了上面（注释 29）提到的著作，见 Heinrich Mann, Geist und Tat, 1910 - 18; Thomas Mann, Betrachtungen eines Unpolitischen, 1918; Wolf Lepenies, Kultur und Politik. Deutsche Geschichten, 2006。

主席，他是被任命的演讲者，也是竞选人，他是思想家，也是纲领制定者。他没能充分利用其中任何一个职位将其作为迈向政党或国家中更高职位的跳板：政党主席、联邦总理以及联邦总统。这也适用于欧洲的职位以及德国的州的职位。他已经准备好服务于此：他在小州符腾堡-霍亨索伦州是国务秘书和政府首脑，然后是州总理的代理代表；在联邦政治中，他只是联邦议会的副议长，最后是没有影响力的部长，负责与联邦参议院以及与各州有关的事务。这在大联盟时代也只有短暂的三年时间。他的同胞库尔特-格奥尔格·基辛格曾担任联邦总理，也是极负盛名的雄辩家。[72]

法国驻波恩大使弗朗索瓦·塞杜（Francois Seydoux）这样评价施密德：

> 那是慷慨、和蔼、善辩的施密德，他的母亲是法国人，他有这样的优势：能够用我们的语言熟练地表达自己。这令我们钦佩。人们差不多可以将他和埃里奥特（Herriort）相提并论。在他那里，具有政治性的外交保持着平衡，他没有获得其他的晋升。人们可以把他派往巴黎当大使。[73]

作为学者呢？作为国际法学者，他为早期的希望提供了动因，后来他改变了思路。作为政治学家，他不想也不能建立学派。大量的政党职位和公共职位不允许他撰写更多的学术专著。他热心于教学、对学术接班人的支持以及——要求很高的——政治散文学。对于法学来说，是他在柏林的威廉皇帝研究所以及在图宾根大学的法学院进行的合乎时代潮流的国际法研究，尤其是围绕《凡尔赛条约》和战后秩序及其对德国的影响等问题。他重要的和持久的行动是实质地参与德国战后宪法的形成，从符腾堡-霍亨索伦州宪法开始，然后是符腾堡-巴登州宪法，首要

---

⑫　他在联邦政府中的国务秘书是弗里德里希·舍费尔（Friedrich Schäfer）博士，是施瓦本人，他以前在符腾堡-霍亨索伦政府中曾经与之共事。

⑬　引自„Beiderseits der Rheins"，Erinnerungen，zit. nach Eugen Schmid，Verleihung des Ehrenbürgerrechts an Prof. Dr. Carlo Schmid，in：Setzler，Wilfried（Hg.），Carlo Schmid 1896 - 1979. Zum 100. Geburtstag，Heft 19 Kleine Tübinger Schriften，1996，S. 23（24）。

的还是海伦基姆大会和议会理事会中的《基本法》。受过学术训练的政治家是一种幸运，在这里，国际法学家和国家法学家施密德，就像我们所看到的那样，一直到今天还有其实践和魅力。国家法学者作为理论家以及战术上先行的制宪的实践者体现出宪法教义学的光辉时刻。这就像一代人以前的胡果·普罗伊斯之于新的帝国宪法。

施密德在他的时代已经是"不合时代潮流者"？一个结合了思想和行动[74]，结合了政治、学术和艺术的"德国的可能性"？从政治日常化的当代出发，处于艺术和文学教育富足的世界中的施密德是非常疏远的。他熟知欧洲以及德国的思想创造的法则，他不需要"领先文化"。对他来说，文学与哲学中德国思想的"永恒性"始终是在场的当代，同时也孕育了他的政治思想。

作为社会主义者和奥地利联邦总理的布鲁诺·克赖斯基本身也是政治中的知识分子和受过良好教育的公民——不同于施密德，他是一个手握权力的人——在他的《回忆录》中以一种独特的方式对施密德予以描述：

> 了不起的施密德是我遇到的最有魅力的人之一——政治家中最后一位博学之士。我们邀请他到奥地利演讲，因为听他演讲和与之谈笑是一件愉悦的事情；他是少见的、完全不知名的引文的永不枯竭的源泉。无论对法国人还是对德国人而言，他是一个如此有影响力的人。一个拥有——人们几乎会说——自负的词汇量的人；一个放弃了任何错误激情的痕迹的演讲家。他个头很大，他的肥胖使得小小的头颅(以及特有的脸庞)直接转入身体中。但是，如果他站在演讲台上——由于他的身型，他出汗很厉害——人们会仔细听他说话。他一直讲，至少讲了一个小时。如果人们离开这个大厅，他所说的话还会有影响。在施密德这里，德国人拥有一个罕见的、有才

---

[74] 基本文献，如 Helmut Plessner, Gesellschaft und Gemeinschaft, 1924; Das Schicksal deutschen Geistes im Ausgang seiner bürgerlichen Epoche/Die verspätete Nation, 1935/1959。

能的政治家。㊄

施密德的形象是自我教育者、阅读者和写作者、翻译者、演讲者、闲谈者：简言之，一个典范？㊅ 这在一个拒绝任何示范效应、忽视所有历史、在对市场经济利用的削足适履中压制所有思想活动、在所谓"排名"中压制可测性和可比较性以及任何创造性的闲暇的时代，如果它的目标不是有用的理念，何来尽善尽美？㊆

对此，克赖斯基再次说道：

> 施密德之死撕开了一个缺口，就不能再被关上了。由于政治越来越平淡，失去了智性的色彩，这种损失很少被人意识到。在认识他的人中，老人们都很怀念他，因为与他这样的人——使人超越日常政治的幽暗——相遇是人生中的幸事：与施密德相遇是一件渺小的世界大事。㊇

对施密德的回顾最终还是要来到"但是"。现在，施密德会不认识他的世界，但是，他也会在"远离思想的时代"（汉斯·沃尔施莱格[Hans Wollschlaeger] 语）无畏地提醒思想的到期并且警告远离思想的堕落，就像在他生活的时代，在不同的征兆和不同的时代状况中所做的那样。但是，在所有保持独立的思想者的典范中，德国国家法学者也应位列其中——施密德算是其中一员。

㊄　Bruno Kreisky, Im Strom der Politik. Erfahrungen eines Europäers, Erinnerungen Teil II, 1988，S. 38 f.

㊅　拜泽（Beise）在总结他关于施密德的思考时是这样认为的，参见 Marc Beise, Carlo Schmid als Vorbild. Zur Einheit von Geist, Recht und Politik, in：M. Kilian（Hg.）, Dichter, Denker und der Staat, Essays zu einer Beziehung ganz eigener Art, Tübingen 1993, bes. S. 115。

㊆　见作家马丁·莫泽巴赫（Martin Mosebach）的随笔，他是一位博学的法学家。

㊇　Bruno Kreisky, Im Strom der Politik. Erfahrungen eines Europäers, Erinnerungen Teil II, 1988，S. 39.

汉斯·J. 沃尔夫（Hans J. Wolff, 1898—1976）

马库斯·默斯特尔　著　王　锴　译

一

汉斯·J. 沃尔夫于 1976 年 11 月 5 日去世，享年 79 岁，讣告一致认为，德国法学界失去了一位伟大的人物，[①] 他的名字在德国行政法史上将永远受到尊重。[②] 特别是他的三卷本《行政法》[③]，长期以来一直是德国行政法的标杆和核心参考著作[④]之一，他对联邦德国早期行政法的形成和深化产生了巨大影响。

二

沃尔夫[⑤]于 1898 年 10 月 3 日出生在埃尔伯费尔德，是一个纺织品制造商的儿子。他在当地的市立实科中学上学，并在 1917 年通过高中毕业考试，此后参加了第一次世界大战。他身负重伤，被授予二级铁十字勋

---

① Achterberg, AöR 102（1977）, 118.

② Kriele, NJW 1977, 28/29.

③ Wolff, Verwaltungsrecht I, 1956；Verwaltungsrecht II, 1962；Verwaltungsrecht III, 1966（贝克出版社的法律短篇教材书系列），此后定期多次再版，后来由巴霍夫（Bachof），然后由施托贝尔（Stober）和克鲁特（Kluth）续写。

④ Kriele, in „Juristen im Portrait. Festschrift zum 225jährigen Jubiläum des Verlages C. H. Beck", 1988, S. 694；Bachof, JZ 1977, 69.

⑤ 他的生平简介，见 Menger（Hrsg.）, Fortschritte des Verwaltungsrechts, Festschrift für Hans J. Wolff zum 75. Geburtstag, 1973, S. 501 ff.；Kriele, in „Juristen im Portrait. Festschrift zum 225jährigen Jubiläum des Verlages C. H. Beck", 1988, 694/695 ff.；ders., NJW 1977, 28 f.；Achterberg, AöR 192（1977）, 118 ff.；Bachof, JZ 1977, 69 f.。

章。在哥廷根、波恩、哈勒和慕尼黑学习法律并在 1922 年通过第一次国家司法考试，随后，他接受了见习律师的培训，在被占领的莱茵地区担任政府职员，在那里他不得不承担起临时市长和地区议会代表的责任。1925 年，他在哥廷根获得博士学位，论文由尤利乌斯·哈切克指导。1926 年，他以优异的成绩通过国家高级文官的考试。之后担任政府候补文官，后来在普鲁士文化部的高等教育部门担任负责人。同时，他还对"机关与法人"（Organschaft und juristische Person）进行了大量研究；⑥ 以其第一卷《法人与国家人格体》（Juristische Person und Staatsperson）取得了教授资格。1929 年，在弗里德里希·吉泽的指导下，在美因河畔的法兰克福进行"宪法与行政法、国家与行政理论以及法律哲学"的专题研究。1933 年，他作为赫尔曼·黑勒的继任者获得了公法教席，但由于政治原因，在纳粹的干预下，他没有就职。⑦ 直到 1935 年，他才得以在位于偏远的里加的赫尔德学院作为正式教授继续他的研究教学活动；⑧ 第二次世界大战爆发后，他担任德国公使的顾问，并从拉脱维亚的德裔移民中拯救德国文化遗产，他因这一行动受到表彰。在拒绝了马尔堡大学的邀请后，他被任命为位于布拉格的德国卡尔大学的公法与法律哲学正教授以及国家法和法律哲学研究所所长。他还是设在那里的德国科学院院长及院士。

　　战争结束后，沃尔夫失去了妻子，她在逃离布拉格时生下女儿而去世；他最初带着四个孩子来到了上巴伐利亚。再婚后，他自 1946 年起在明斯特工作，最初是作为教席代理，然后从 1948 年起，直到 1967 年退休，担任明斯特大学的公法与法律哲学正教授以及市政科学研究所所长。1947—1948 年，作为英国占领区行政与公法咨询委员会成员，他参与起草了《行政法院条例》（MRVO Nr. 165），该条例后来在制定《联邦行政法院法》（VwGO）时发挥了示范性的作用。1950 年，他在慕尼黑举

---

⑥　1933—1934 年作为两卷本出版：Wolff, Organschaft und juristische Person, Erster Band：Juristische Person und Staatsperson, 1933；Zweiter Band：Theorie der Vertretung, 1934；Nachdruck jeweils 1968。

　　⑦　Dazu auch Stolleis, Geschichte des öffentlichen Rechts in Deutschland, Bd. 3, 1999, S. 266.

　　⑧　参见 Menger, AöR 93（1968），590。

行的国家法教师大会上就英国占领区⑨的警察与秩序法的发展进行了演
讲，并在 1951—1952 年作为美因河畔法兰克福促进公共事务研究所的警
察研究委员会成员，为警察法的发展做出了贡献。1952 年，他被任命为
北莱茵-威斯特伐利亚州研究工作组人文部的创始成员；1952—1954 年，
他担任德国国家法教师协会的第一主席，1958—1959 年担任明斯特大学
法律与政治学院院长。多年来，他在明斯特和哈根的行政学院担任辅导
老师，在哈姆担任司法考试办公室副主任，在明斯特大学担任经济与社
会科学考试办公室主任以及明斯特高等行政法院的兼职法官。以 1948 年
出版的《一般行政法》讲稿为基础，沃尔夫于 20 世纪 50 年代中期创作
了三卷本巨著《行政法》⑩，后来在不断的再版中继续发展，这越来越多
地占用了沃尔夫的工作精力。尽管如此，他还是成功地继续活跃在法律
哲学领域：特别是 1957 年，他发起建立了非常活跃的国际法律与国家哲
学协会威斯特伐利亚分会，在分会活动中，他主持了著名法律哲学家们
的讲座。

　　沃尔夫因其功绩而获得了许多奖项，包括德意志联邦共和国大十字
功勋勋章。1973 年，他的学生和同事根据他的研究出版了纪念文集《行
政法的进展》⑪，以示敬意。他于 1976 年 11 月 5 日因工作中猝死而去世。
按照奥托·巴霍夫(Otto Bachof)所描述的，⑫ 他在去世当天写了一封信，
在信中他与批评他观点的人交换看法。按照他的遗愿，他被悄悄地下
葬了。

三

　　关于沃尔夫的本性和人格，认识他的学生或同事写的祝词、讣告，
特别是马丁·克里勒(Martin Kriele)撰写的贝克出版社 225 周年纪念文集

---

　　⑨　Wolff, VVDStRL 9（1952），134 ff.

　　⑩　Wolff, Verwaltungsrecht I, 1956；Verwaltungsrecht II, 1962；Verwaltungsrecht III,
1966.

　　⑪　Menger（Hrsg.），Fortschritte des Verwaltungsrechts, Festschrift für Hans J. Wolff zum
75. Geburtstag, 1973.

　　⑫　Bachof, JZ 1977, 69.

中的一篇文章提供了信息;⑬ 尤其是后一篇文章提供了沃尔夫生活中一些富有启发的轶事,但是,这些轶事只有亲身经历的人才能有说服力地叙述,因此这里就不复述了。

沃尔夫一直被描绘成深受康德伦理学和普鲁士责任感影响的人,自律、缜密、克制、谦虚是他的特点。他的身影和终生成就所散发出的自然权威,他特别带给学生的善良和亲切,以及他在克里勒描述的轶事中表达的幽默都得到了强调。

沃尔夫的工作风格,特别是在处理、收集和整理他的《行政法》的大量材料方面,其特点是极其精确性和追求完整性。根据巴霍夫的判断,他没有表现出任何卖弄学问的倾向,他知道高质量的作品是创造性学术研究不可或缺的先决条件。⑭ 他显然让他的同事深入参与了自己的工作,甚至委托他们为他的著作写初稿,还把他的文本提交给他们进行批评性讨论。⑮

四

就沃尔夫的主要著作而言,1925 年出版的哥廷根大学博士论文《大都市组织的基础》⑯ 首先脱颖而出,因为它涉及法律塑造的问题,即现代大城市现象的适当法律形式。它令人印象深刻(可能从今天的角度来看,一些评估已经过时),不仅是因为其创新的主题,而且还因为它采用了丰富的方法,它主要建立在社会科学的发现和调查研究之上(也有大量统计数据的支持),而且还巧妙地进入了比较法的领域(因为对伦敦、巴黎、纽约等大都市也有详细讨论)。大规模基础性的、在法律理论上意义深远的研究《机关与法人》⑰,其第一卷让沃尔夫在法兰克福取

---

⑬　Kriele, in „Juristen im Portrait. Festschrift zum 225jährigen Jubiläum des Verlages C. H. Beck", 1988;此外,参见 Menger, AöR 93 (1968), 590 f. 。

⑭　Bachof, JZ 1977, 69/70.

⑮　Kriele, in „Juristen im Portrait. Festschrift zum 225jährigen Jubiläum des Verlages C. H. Beck", 1988, 694/697.

⑯　Wolff, Die Grundlagen der Organisation der Metropole, 1925.

⑰　Wolff, Organschaft und juristische Person, Erster Band: Juristische Person und Staatsperson, 1933; Zweiter Band: Theorie der Vertretung, 1934.

得教授资格，如果不是在纳粹时代被拒绝了，它能产生更大的影响，甚至比对联邦德国的行政组织法的研究影响更大（也是通过沃尔夫的行政法教科书）。[18]

五

纳粹垮台后，相对于政治上的，沃尔夫并没有承受法律上的责任，这当然有助于沃尔夫在战后能够对联邦德国的行政法的形成产生如此大的影响（参见他被英国占领军邀请作为顾问）。[19]沃尔夫受到哥廷根新康德主义者和共和民主党人莱昂哈德·内尔松（Leonhard Nelson）的国家思想的影响，[20]他与纳粹之间存在着意识形态上的距离，这一点在沃尔夫的传记中已经写得很清楚了。正如第二部分所述，纳粹党拒绝接受沃尔夫在法兰克福大学的教席，沃尔夫因此不得不长途跋涉到里加继续他的学术生涯。[21]沃尔夫于1933年出版的《德意志帝国的新政府形式》[22]没有改变他曾经说过的话。[23]诚然，对于今天的读者来说，这篇文章已经显得不可接受，因为它分析了魏玛时期"绝对民主"和"自由主义、相对主义和多元主义国家"[24]的失败，特别是因为它（与当时的其他著作一样）必须保持在对新宪法形势的原则性认识框架内，这是由巩固纳粹统治的条件所决定的。[25]然而，从阅读中可以看出，这篇文章（与当时的其他著作形成鲜明对比）缺乏任何意识形态上的夸夸其谈，它总体上表现为学者的一种尝试，基于不同的思维方式，从新形势中获取一些有意义的东西，并根据自己的想法来解释它，同时遏制新出现的不良发展。重

---

[18]　Böckenförde, in: Menger（Hrsg.）, Fortschritte des Verwaltungsrechts, Festschrift für Hans J. Wolff zum 75. Geburtstag, 1973, S. 269 ff.；Battis, NJW 1989, 884.

[19]　Kriele, in „Juristen im Portrait. Festschrift zum 225jährigen Jubiläum des Verlages C. H. Beck", 1988, 694/695.

[20]　Kriele, in „Juristen im Portrait. Festschrift zum 225jährigen Jubiläum des Verlages C. H. Beck", 1988, 694/699.

[21]　Battis, NJW 1989, 884/885.

[22]　Wolff, Die neue Regierungsform des Deutschen Reiches, 1933.

[23]　Battis, NJW 1989, 884 f.

[24]　Wolff, Die neue Regierungsform des Deutschen Reiches, 1933, S. 17 ff., 24.

[25]　Stolleis, Geschichte des öffentlichen Rechts in Deutschland, Bd. 3, 1999, S. 320.

要的是，沃尔夫将新的统治形式描述为"威权民主"，在这种民主形式中，统治权仍然由人民承担，并以人民的名义行使，尽管发生了宪法变革，但根本的制宪权力并未被取代。他还在书的结尾处告诫，负责任的领导不是以不自由为前提，而是以自由为前提。[26] 因此，沃尔夫的书有时在评论中受到更忠于纳粹的同事的尖锐批评也就不足为奇了。[27] 当然，毋庸置疑的是，正如马尔堡大学和布拉格大学的邀请中所反映的那样，即使在纳粹的统治下，沃尔夫也在学术界找到了一席之地。然而值得注意的是，除了几篇关于法律哲学和方法论的论文外，沃尔夫在纳粹时期的出版相当节制。[28] 沃尔夫自己这样描述他在第三帝国时期的角色："我不是英雄，但至少我没有向自己妥协。"[29]

六

沃尔夫在战后和联邦德国行政法的形成过程中，在创造力和影响力方面达到了他的学术全盛时期。这首先适用于实践方面，即他在英国占领区协助建立行政审判机构，并作为委员会成员（通过参与丰富的大众传播活动）进一步发展警察法。但是，他通过三卷本的行政法教科书（以他 1948 年关于一般行政法的讲稿为基础）对一般行政法的理论深化和发展所做出的杰出贡献，也是非常有意义的。[30] 沃尔夫看到了塑造法律的巨大机会，这些机会来自（由于受到全面的法律保护）公法的重要性增加，来自行政法远不如民法先进的教义学和低程度的法典编纂以及基本法所创造的新宪法环境。[31] 他抓住了这一机会，以其三卷本的行政法教科书为联邦德国早期的行政法建设奠定了重要的基石，该教科书在很长

---

[26]　Wolff, Die neue Regierungsform des Deutschen Reiches, 1933, S. 13, 39, 44.

[27]　Nachweise bei Battis, NJW 1989, 884/885.

[28]　Kriele, NJW 1977, 28.

[29]　Kriele, in „Juristen im Portrait. Festschrift zum 225jährigen Jubiläum des Verlages C. H. Beck", 1988, 694/695.

[30]　Wolff, Verwaltungsrecht I, 1956; Verwaltungsrecht II, 1962; Verwaltungsrecht III, 1966.

[31]　参见 Kriele, in „Juristen im Portrait. Festschrift zum 225jährigen Jubiläum des Verlages C. H. Beck", 1988, 694/696; vgl. auch die Einführung in Wolff, Verwaltungsrecht I, 1956, § 1。

一段时间内成为了标杆著作。他的教科书的特点是，在以下几个方面有着不可抗拒的倾向(在最近的行政法学研究中仍然可以感受到)。

——对素材的整理和深入研究(在其精细的分类中可见，几乎每个句子都有自己的参照点)；

——概念的准确性和深思熟虑的定义(其教科书具有解释和分析的风格，以及众多的定义)；

——描述的完整性(在许多较长的列举中可以看到，换言之，即使是看似不言而喻的事情，如作为法律上重要事实的期间问题[32]，也得到了精确的阐释)。[33]

诺伯特·阿赫特贝格(Norbert Achterberg)的判断是，沃尔夫将行政法的术语和体系的简洁性引领到了当时的最高水平。[34] 然而，沃尔夫的持久影响不仅是由于上述的分类和规范工作，更重要的是由于他的创新能力：在行政法的决定性时刻，他通过创造性的想法[35]成功地建立了新的标准和教义，这些标准和教义已经在学术和实践中确立。例如，区分公法和私法[36]的特别法学说、行政私法学说[37]或对物行政行为都可以追溯到他这里。[38] 沃尔夫学说的特点是努力通过法治来约束公共权力，并使其受到民主控制。[39] 实际的行政经验(无论是在部委还是作为高等行政法院的法官)和全面的哲学教育相结合，这是他的作品的典型特征，也是其他人很少能做到的。[40]

---

[32]　Wolff, Verwaltungsrecht I, 1956, § 37.

[33]　类似地，参见 Kriele, in „Juristen im Portrait. Festschrift zum 225jährigen Jubiläum des Verlages C. H. Beck", 1988, 694; ders., NJW 1977, 28; Bachof, JZ 1977, 69/70。

[34]　Achterberg, AöR 102 (1977), 118/120.

[35]　Dazu Bachof, JZ 1977, 69/70.

[36]　Wolff, AöR 76 (1950-51), 205.

[37]　Wolff, Verwaltungsrecht I, 1956, § 23 I.

[38]　Kriele, in „Juristen im Portrait. Festschrift zum 225jährigen Jubiläum des Verlages C. H. Beck", 1988, 694 f.

[39]　Menger, AöR 93 (1968), 590.

[40]　Bachof, JZ 1977, 69.

七

除了作为行政法律人的工作外，沃尔夫一直活跃在法律哲学领域。[41]他的论文《论作为法律原则的正义》[42]经常被作为其法律哲学思想的一个杰出范例。他作为国际法哲学与国家哲学协会威斯特伐利亚分会的创始人和领导人所取得的成就已经在第二部分中提过。

八

不得不说的是沃尔夫对大学的贡献。这首先适用于理论意义上，因为至少通过沃尔夫关于行政组织的工作，大学作为一个机构和一个团体的双重特征在法律上变得可以理解。[43] 在实践方面，沃尔夫乐于参与一系列的学术管理活动，例如作为布拉格大学和明斯特大学的院长，或者作为威斯特伐利亚威廉大学章程的精神领袖，该大学被认为是当时最现代的大学之一。[44] 沃尔夫是西德校长会议高等教育法委员会的成员，退休后被任命为不来梅大学的创始委员会成员。1952—1954年，他曾经担任德国国家法教师协会的第一主席，这一事实已经在第二部分提过。

九

沃尔夫高标准地培养了大量学生。他指导或共同指导的获得教授资格的学生有里德（Ridder）、门格尔（Menger）、冯·翁鲁（von Unruh）、伯

---

　　[41]　Kriele, in „Juristen im Portrait. Festschrift zum 225jährigen Jubiläum des Verlages C. H. Beck", 1988, 694/699 f.; ders., NJW 1977, 28; Achterberg, AöR 102（1977）, 118/120.

　　[42]　Wolff, in FS Sauer, 1949, 103 ff.

　　[43]　Kriele, in „Juristen im Portrait. Festschrift zum 225jährigen Jubiläum des Verlages C. H. Beck", 1988, 694/695.

　　[44]　Menger, AöR 93（1968）, 590/591.

肯弗尔德(Böckenförde)、屈兴霍夫(Küchenhoff)、克里勒(Kriele)、德赖尔(Dreier)、施泰格尔(Steiger)和霍佩(Hoppe)。[45] 他对联邦德国早期的行政法的形成起到了决定性的作用，他的学说至今仍有持续的影响。

---

[45]　Kriele, in „Juristen im Portrait. Festschrift zum 225jährigen Jubiläum des Verlages C. H. Beck", 1988, 694/700.

特奥多尔·毛恩茨（Theodor Maunz，1901—1993）

彼得·莱尔歇　著　王银宏　译

　　20 世纪最具影响力的国家法学者中，至今仍在诸多方面产生持续的影响力者，特奥多尔·毛恩茨无疑是其中之一。毛恩茨集一系列天赋和才华于一身：特别是作为学者、教师、政治家、鉴定专家、诉讼代理人，但也难免有相当的负担。

　　作为学者，毛恩茨以其在战后发表大量的不同种类的优秀论文而闻名。其中最重要的贡献是数量众多的关于基本法的重要评注，现在以"毛恩茨-迪里希"（Maunz-Dürig）命名。这本活页型的著作受到高度重视，至今仍是诸多作者的重要参考，当然实际上也受到京特·迪里希（Günter Dürig）的诸多著名论文的影响。毛恩茨的著述无例外地都是特别地带有实践倾向，但这并不意味着他对于实践需求的妥协。更确切地说，毛恩茨在一定程度上敏锐地觉察到未来实践的需求。这至少——并非始终——导致明确的建议、诸多超前的思考、各方面谨慎的系统化以及令人生厌的呆板的教义。他对实践的巨大影响包括对司法实践的影响，表明了他的成就。此外，他在其他的宪法和行政法方面的成果在整个德国公法领域，包括财政法和经济管理法领域都产生重要影响。但是，欧洲法不属于他感兴趣的领域。但是，他在早期曾着力研究重新统一后的整体性问题，这体现出他的研究的时代特性并且同样产生深远的影响。

　　毛恩茨的导论性著作《德国国家法》（自 1951 年）在学生中间传播得极其广泛，这使他继续成为受人尊敬的作者。

　　毛恩茨的实践倾向早在 1932 年就得到了体现，例如，他当时在争端中代表巴伐利亚反对帝国政府，诉至德意志帝国的国务法院。后来，他非常频繁地作为代理人参与诉讼或者专家鉴定。他的教授资格论文《公法上物权的主要问题》（1933 年）并不涉及纳粹政权，但他后来屈从于其诱惑，成为弗莱堡大学的教授。很遗憾，他的诸多著作都能证明这一点。然而，例如，他始终坚持参加基督圣体节的游行庆祝活动，并且像往常一样试图帮助一些人。因此，这就容易理解，他在妥协之后成为支持赫伦基姆湖宪法代表大会的成员以及西南州的临时部长会议的成员。借助于汉斯·纳维亚斯基（他的博士生导师）的特别投票，他得到慕尼黑大学法学院的聘任，这里算是属于他的巴伐利亚故乡。1957 年至 1964 年，毛恩茨担任巴伐利亚州的教育与文化部长之职。这段时间是中小学和高等学校进行根本性改革的时期，也包括创建新学校。若没有他发现妥协规则的能力，一些改革不可能成功。后来，当他在纳粹统治期间应承担的责任较为完整地显露出来之后，他被迫辞职。

可能正是意识到这些应承担的责任，他才能在各部的傲慢面前保持自己的不卑不亢，然而，这总归不是他的本性。他的讽刺癖使他承受了太多，然而，这能导致他自杀而恰恰又使他没有自杀。人们可能在他那种高龄时才能切身地有所体会。

毛恩茨担任部长期间是他最高产的时期，他以令人惊讶的力量继续工作着，并且对自己学术著述保持严格的自律，大多数时候在凌晨就开始工作。

作为教师，毛恩茨知道需要鼓舞和激励其听众，特别是在他的"大课"上，当时上课学生的"合法性"经常受到怀疑和否定，因为其他学院的学生也会被吸引过来。毛恩茨不是简单地讲课，而是迫使听众以不同的方法共同思考，以解决问题，当然经常也有生动有趣的逸闻轶事。在教学工作的最后时期，他——完全是基于创造欲——仍以新的形式测验教学效果。

在考生的眼中，毛恩茨是那种温和宽容——过于温和宽容——的主考者，这反过来又产生了一种传闻效应。

毛恩茨对自己的同事——可以说是以理所当然的方式——要求很多，但是非常礼貌。例如，笔者作为助理与另一位教授的助理一起在早晨进入共同的房间，这位同事发现他的教授给他留了一个便条，上面写着"打电话！"；而笔者的桌子中间也有一个便条，上面写着："建议你方便时给我打电话。毛恩茨。"

这种表达形式能否拉近距离，这里很难做出判断。无论如何，在这种时刻，毛恩茨在谈话时的内在是和蔼的；大约在那时候，任何一个场合的演讲，他的家属都会到场。但是，他的妻子去世时，据我所知，他几乎没有对外提起过。

此外，他的礼貌也体现在对待学生的态度上，当学生带着些许忧虑去找他时，也许始终会发现，那里同样还有其他不认识的拜访者；至此还不是这里要描述的高潮，当来自日本的同事出现时才是。之后的进展是，亦如笔者已经在其他地方隐含地记述，最高贵的欢迎艺术中的重要仪式部分，试图用远东的那类欢迎方式，而这在欧洲会唤起怀旧的记忆。相互鞠躬并不意味着双方中的一方想结束仪式，而是弯腰越低越好，直至一方认为已经足够表达自己的敬意。

在这种情景描述之后，接下来的内容是体现出毛恩茨的特点的事实。在他通过报刊读物意外地得知自己将要被任命为文化部长并且后来成为现实之后，他就去往办公楼：他先是向门卫介绍了自己，然后依次来到每一个办公室，向当时部里的公职人员介绍自己。因此，他没有将部里所有的公职人员集合在一起开会见面，这是毛恩茨的一个不同之处。

毛恩茨没有通过其教授资格建立一个学派。当然，他也没有这方面的意愿。他始终强调独立性并且将自己的成果作为重新深入思考的激励和鞭策。这使他没有附和在当时的德国国家法学者中占主流的思潮，例如，他在联邦制方面特别强调优先注重解决方案问题，所以始终带有实践特性。恰恰是通过这种整体的态度，他对其学生产生影响，只是影响的大小不同。前述提及的有影响的重要"大课"没有使他不重视研讨课的教学，他认为研讨课具有特殊的意义。因此，他要求每一位参加研讨课的学生都针对研讨课的主题——详略得当地——表达自己的观点。有时在研讨课之外，他还将这种方法用于其他重要的方面或者用于课程内容的复习，对此不能准确地一一论述。

毛恩茨甚至在他最后一个教职的工作期间（笔者同样也在其他地方做出过说明）以极大的热情致力于大学课程的改革和重组，特别是由此形成了所谓小组制度。这些工作也体现出毛恩茨的重要作用和意义。对此，在祝贺毛恩茨 70 周岁的文集（1971 年由贝克出版社出版）的前言中写道："直至他工作的最后一个学期，他仍在测验大学教育的新形式，同时也许能从中看到，他身上所体现出的人类的良善和质朴，以及他的重要成就所带有的神秘性，构成了他作为教师的基本品格。"

在毛恩茨逝世之后，他在纳粹统治期间应承担的责任才被一家极右的报纸——揭露出来，但从未真正地被证实过，但是这家报纸极有可能一直在私下里秘密调查。他在战后的工作成就极其多样、极其丰富，因此，这些成就不可能被抹去。

格哈德·莱布霍尔茨

（Gerhard Leibholz，1901—1982）

克里斯蒂安·施塔克　著　王　锴　译

一、生平

格哈德·莱布霍尔茨于 1901 年 11 月 15 日出生在柏林的一个犹太人家庭，但是，他的两个哥哥是基督徒。[①] 他从小就异常聪颖，所以他上学很早。1921 年，他 19 岁时就以一篇名为《费希特与民主思想》的哲学博士论文开启了学术生涯。1925 年他又以《法律面前的平等》为题获得了第二个博士学位（法学）。1926 年通过了候补文官考试，并于一周后，在 4 月 6 日与萨宾娜·邦赫费尔（Sabine Bonhoeffer）结婚。[②] 在短暂地任地方法院的法官后，莱布霍尔茨在皇家威廉学会的外国公法和国际法研究所获得了报告人的职位，负责意大利的国别报告。1927 年，他有了第一个孩子——女儿玛丽安。1928 年出版了关于法西斯主义的宪法问题的著作，这也是在皇家威廉学会工作的产物。同年，他在柏林大学以《代表的本质和 20 世纪民主的意义变迁》为题获得教授资格，并于 1929 年出版。1929 年，他在 28 岁的时候接受了格拉夫斯瓦尔德大学的邀请，并于第二年在那里有了第二个女儿克里斯蒂娜。1931 年 3 月，他接受了哥廷根大学的邀请，[③] 举家前往哥廷根，住进了赫茨贝格尔（Herzberger）

[①]　Sabine Leibholz-Bonhoeffer, vergangen, erlebt, überwunden, 4. Aufl. 1983, S. 100.

[②]　Sabine Leibholz-Bonhoeffer, vergangen, erlebt, überwunden, 4. Aufl. 1983, S. 75.

[③]　关于邀请的情况，参见 Manfred H. Wiegandt, Norm und Wirklichkeit. Gerhard Leibholz（1901‒1982）—Leben, Werk und Richteramt, 1995, S. 28 ff. 。

大街的房子里。

1933 年夏季学期，莱布霍尔茨的授课就已经受到干扰或者被纳粹的冲锋队阻止。他的小女儿在学校也遭受了敌视犹太人的话语攻击。④ 通过说情，莱布霍尔茨仍然在 1934—1935 年的冬季学期开课，但是在 1935 年 3 月 4 日的公告发出后，莱布霍尔茨被停职，并且被安置到大学图书馆，为此他尽可能地少接触公众。⑤ 该公告马上被修改了，也波及了对外国的研究，尤其是对法西斯国家法的研究。1935 年 12 月，莱布霍尔茨提交了退休的申请，按照标准，他的研究任务可以保留。莱布霍尔茨抢在纽伦堡法的执行规定出台之前提交了申请。

莱布霍尔茨不时前往瑞士和荷兰旅行，但一次为了研究而前往意大利的申请被当时法学院的院长拒绝。作为犹太人，他的旅行护照被撤销了。1938 年 9 月 9 日，他和妻子、女儿伪装假期旅行前往瑞士，⑥ 从那里取道法国前往英国，此前他和妻子从未到过英国。在英国的第一年对于整个家庭来说是困难的，莱布霍尔茨只懂很少的英语。⑦ 幸好得到了他的小舅子迪特里希·邦赫费尔（Dietrich Bonhoeffer）以及朋友和熟人的帮助。

"二战"爆发后，莱布霍尔茨被作为敌国公民遭到拘留并被送往澳大利亚或者加拿大，在恐惧中度日如年。1940 年夏季，他被释放，然后和家人前往牛津，在那里作为客座讲师。他与奇切斯特主教、英国上议院议员乔治·贝尔（George Bell）进行了深入的交流，尤其是关于德国内部的状况和对战后的看法。⑧ 他对当时英国流行的德国平等法以及纳粹主义者提出了批评，并为德国的抵抗力量进行辩护。

1947 年年初，莱布霍尔茨尽了最大努力才得到英国当局的许可，允许他前往到处残垣断壁的德国旅行。⑨ 他立即与哥廷根大学法学院取得

---

　④　Sabine Leibholz-Bonhoeffer, vergangen, erlebt, überwunden, 4. Aufl. 1983, S. 94 ff.

　⑤　Manfred H. Wiegandt, Norm und Wirklichkeit. Gerhard Leibholz (1901 - 1982)—Leben, Werk und Richteramt, 1995, Wiegandt, S. 39 f.

　⑥　Sabine Leibholz-Bonhoeffer, vergangen, erlebt, überwunden, 4. Aufl. 1983, S. 113 ff.

　⑦　Sabine Leibholz-Bonhoeffer, vergangen, erlebt, überwunden, 4. Aufl. 1983, S. 120.

　⑧　Eberhard Bethge/Ronald C. D. Jasper (Hrsg.), An der Schwelle zum gespaltenen Europa. Der Briefwechsel zwischen George Bell und Gerhard Leibholz 1939 - 1951, Stuttgart 1974.

　⑨　Sabine Leibholz-Bonhoeffer, vergangen, erlebt, überwunden, 4. Aufl. 1983, S. 229.

联系。1951 年，他被选为联邦宪法法院第二庭的法官，并且接受了哥廷根大学的聘请，在法学院代理教授政治学课程。1958 年年初，他接受了新设立的政治学和一般国家学教席。为了在德国重建民主法治国，莱布霍尔茨担任了 20 年的联邦宪法法院法官，直到 1971 年。1971 年，他返回哥廷根大学教书，并与年轻的学院同事保持联系，一直到他 1982 年 2 月 19 日逝世为止。

二、 著作

（一）法律面前的平等

在他 1925 年的博士论文《法律面前的平等》的导论中，莱布霍尔茨认为现代议会正在进行大规模的权力扩张，并且对通过议会多数来尊重法律的思想提出了质疑。他认为只有基本权利才能协调"个人自由与国家主权之间的斗争"。他运用平等原则对当时主流的观点提出了批评，当时认为平等主要是法律适用平等，即行政和审判必须首先根据立法来展开，也就是合法性原则。莱布霍尔茨基于《魏玛宪法》的产生历史提出立法者也要受到平等原则的约束，并且有必要保护个人免受立法机关恣意的侵犯。⑩ 将法律视为实质平等和理性的表现以及通过法律来保障平等是有问题的。⑪ 莱布霍尔茨的观点可以追溯到他的老师海因里希·特里佩尔。⑫ 此后，他从美国最高法院和瑞士联邦最高法院的判决中得到了支持。⑬

莱布霍尔茨认为平等的概念并非指禁止区别对待。他在宪法中找到

---

⑩　Gerhard Leibholz, Die Gleichheit vor dem Gesetz, 2. Aufl. 1959, S. 34 ff.；与另一本博士论文的联系，参见 Gerhard Leibholz, Fichte und der demokratische Gedanke, 1921, 其中第 57 页的政治平等和第 58 页的平等保障的社会政策后果，参见 Gerald Stourzh, „Die Gleichheit alles dessen, was Menschenantlitz trägt"（2004）, in Stourzh, Der Umfang der österreichischen Geschichte, 2011, S. 279 ff. 。

⑪　Gerhard Leibholz, Die Auflösung der liberalen Demokratie in Deutschland und das autoritäre Staatsbild, 1933, S. 30 ff.

⑫　Heinrich Triepel, Goldbilanzverordnung und Vorzugsaktien, Berlin 1924, S. 26 ff. 另参见 Gerhard Leibholz, Die Gleichheit vor dem Gesetz, 2. Aufl. 1959, S. 34, Fn. 1。

⑬　Gerhard Leibholz, Die Gleichheit vor dem Gesetz, 2. Aufl. 1959, S. 36 ff.

了大量的区别对待，比如量能课税、根据年龄来确定选举权、根据能力来担任公职等等。[14] 立法机关在一个特定关系中对于某个群体进行法律上的不同对待必须有理有据，它不能任意行为，必须基于事实上的不同，而不能随意区分。[15] 对于平等原则的实质内涵，莱布霍尔茨并没有从正义概念的正面去界定，因为正义的内涵是很难定义的。[16] 他更多是从消极层面的恣意禁止去挖掘。作为法治国的要素，莱布霍尔茨区分了不正确和恣意，不正确有很多原因，对此宪法是无法完全容纳的。因此他把平等限定在恣意禁止。[17] 他从美国最高法院的判决中去提炼出具有实际意义的问题，不同的是他将法院判决中提出的判断平等的标准提升到约束立法机关的高度。[18]

　　恣意禁止的界限最终在 25 年后被联邦宪法法院的判决采纳了：如果一个行为是基于不恰当的动机做出的，那么它就是恣意的。[19] 本质上的相同应当相同对待，本质上的不同应当不同对待。[20] 因此少数人有文化自治权，这意味着他们可以在宗教和文化问题上被施以不同于多数人的法律。基于社会动机的法律能够通过对他们的特殊保护来改善社会底层的生活状况。[21] 莱布霍尔茨在 1931 年写道：[22]"当立法上的区分或者相同对待缺乏一个理性的、事实上可能的理由时，它就是恣意。"对于恣意要件的确定，莱布霍尔茨排除了主观过错，而是将其建立在客观的标准上。[23]

---

　　[14]　Gerhard Leibholz, Die Gleichheit vor dem Gesetz, 2. Aufl. 1959, S. 38 ff.；参见 Christian Starck, Die Anwendung des Gleichheitssatzes, in：Link（Hrsg.），Die Gleichheit im Verfassungsstaat。Symposion zum 80. Geburtstag von Gerhard Leibholz, 1982, S. 51, 61 ff.；Peter Unruh, Erinnerung an Gerhard Leibholz（1901 - 1982）. Staatsrechtslehrer zwischen den Zeiten, in：AöR 126 (2001), S. 60, 67 ff.

　　[15]　Gerhard Leibholz, Die Gleichheit vor dem Gesetz, 2. Aufl. 1959, S. 47.

　　[16]　Gerhard Leibholz, Die Gleichheit vor dem Gesetz, 2. Aufl. 1959, S. 60.

　　[17]　Gerhard Leibholz, Die Gleichheit vor dem Gesetz, 2. Aufl. 1959, S. 77 f.

　　[18]　Gerhard Leibholz, Die Gleichheit vor dem Gesetz, 2. Aufl. 1959, S. 181 ff.

　　[19]　Gerhard Leibholz, Die Gleichheit vor dem Gesetz, 2. Aufl. 1959, S. 89；类似的表述，BVerfGE 1, 14, 52。

　　[20]　BVerfGE 4, 144, 155；86, 81, 87.

　　[21]　Gerhard Leibholz, Die Gleichheit vor dem Gesetz, 2. Aufl. 1959, S. 220, 237.

　　[22]　Gerhard Leibholz, Die Gleichheit vor dem Gesetz, 2. Aufl. 1959, S. 237；类似的表述，BVerfGE 12, 341, 348；51, 1, 23。

　　[23]　Gerhard Leibholz, Die Gleichheit vor dem Gesetz, 2. Aufl. 1959, S 95；类似的表述，BVerfGE 2, 266, 281；83, 82, 84。

《基本法》第 1 条第 3 款规定的平等原则也要约束立法机关，这已经在宪法法院的审判中得到了贯彻。这也可以从《基本法》第 93 条第 1 款第 2、4a 项以及第 100 条规定的规范审查中推导出来。莱布霍尔茨是在纯粹客观法的意义上使用恣意概念的。近来又提出了所谓新公式[24]，从而使得恣意控制可以在更为深入的规范审查中变得可能："平等原则要求，所有人在法律面前被平等对待，于是，如果一个群体被不同对待，而两个群体间不存在方式和权重上的区别能够正当化不同对待，那么，基本权利就被侵犯。"这个不同对待的正当化公式与莱布霍尔茨提出的不均衡或者缺乏可靠的理由的旧公式并没有什么不同。[25] 同时，莱布霍尔茨提及的宪法语境回答了很多不同对待的充分理由问题。[26]

（二）民主中的代表

莱布霍尔茨第二本重要的著作是《民主中的代表》，[27] 它与政党的角色有关。从他的现象学文章中，[28] 莱布霍尔茨得出代表的内涵是将不在场的东西可视化。[29] 因此，代表在宪法理论和宪法实践意义上的功能是整合国家，[30] 这也是斯门德强调的选举的功能。[31] 莱布霍尔茨发现，魏玛

---

[24] BVerfGE 55, 72, 88; 75, 108, 157.

[25] 参见 v. Mangoldt/Klein/Starck, Kommentar zum Grundgesetz, 6. Aufl. Bd. I, 2010, Art. 3 Rn. 11; Wolfgang Rüfner, in: Bonner Kommentar, Art. 3 Rn. 27; Werner Heun, in: Dreier, Grundgesetz Bd. I, 3. Aufl. 2013, Art. 3 Rn. 22 f.。

[26] v. Mangoldt/Klein/Starck, Kommentar zum Grundgesetz, 6. Aufl. Bd. I, 2010, Rn. 13 - 22.

[27] 他 1929 年的教授资格论文标题是：„Das Wesen der Repräsentation unter besonderer Beruck-sichtigung des Reprasentationssystems. Ein Beitrag zur Allgemeinen, Staats- und Verfassungslehre"，1960 年的第二版和 1966 年的第三版标题改为：„Das Wesen der Repräsentation und der Gestaltwandel der Demokratie im 20. Jahrhundert"。1973 年的缩微胶片版的标题为：„Die Repräsentation in der Demokratie"（此后引用都用该标题）。

[28] Gerhard Leibholz, Die Repräsentation in der Demokratie, 1973, S. 112; ders., Die Be-griffsbildung im öffentlichen Recht (1931), in: ders., Strukturprobleme der modernen Demokra-tie, 1974, S. 262 ff.

[29] Gerhard Leibholz, Die Repräsentation in der Demokratie, 1973, S. 26 unter Hinweis auf Carl Schmitt, Verfassungslehre, 1929, S. 209："代表意味着通过公开在场的存在使得看不见的存在显现和被想起。"

[30] Gerhard Leibholz, Die Repräsentation in der Demokratie, 1973, S. 60. 也参见 Manfred H. Wiegandt, Norm und Wirklichkeit. Gerhard Leibholz (1901 - 1982)—Leben, Werk und Rich-teramt, 1995, S. 150 f.。

[31] Rudolf Smend, Verfassung und Verfassungsrecht (1928), in: ders., Staatsrechtliche Ab-handlungen, 2. Aufl. 1968, S. 154 f.

民主中的代表存在一个缺陷，即政党的强烈影响。对此，他强调议员的独立性，那些规定如何行使授权或者丧失授权的合同都是无效的。[32] 莱布霍尔茨认为在当代民主中宪法和现实之间存在紧张关系，[33] 他称之为一个严重危机，特别是俄罗斯、意大利和西班牙的独裁型政党，越来越多地通过议会党团剥夺个别议员的资格，政党提名议员作为候选人等等。今天的议员和部长不再代表全体人民，而是代表党团。莱布霍尔茨将其归结于比例代表制，它虽然反映了人民中的政治划分，但代表和比例是不相容的。[34]

1931 年 10 月，莱布霍尔茨在哈勒举行的德国国家法教师大会上作了《当代选举法的基础》的报告。[35] 他在报告中指出，代表的发展反映了多数决与比例代表制的根本不同，这也是当代代议制与政党国家之间的对立。他认为这是代议制(《魏玛宪法》第 21 条)与比例代表制(《魏玛宪法》第 22 条)之间的一个无法解决的矛盾。从政治社会学的立场，莱布霍尔茨指出理想的选举法改革的三个主题：(1)由于今天的议员都是政党的代表，选区失去了对代表的约束，从而与多数决是相违背的。(2)尽管多数决避免了政党分裂，但是它既不能使统治形成变得容易，也无法维护稳定的统治领导。(3)魏玛共和的失败并不能证明应当放弃选举法改革。基于大众民主的政党国家意义上的选举法改革要求通过法律上强制政党内部实行民主化来消除独裁的政党统治。该研究在 1949 年被《基本法》所采纳。政党内部秩序的民主原则在《基本法》第 21 条第 1 款第 3 句中得以规定。

(三)威权与总体国家

莱布霍尔茨在 30 岁的时候，在一次演讲的结束语中就富有预见地对当时的政治情形评论道：[36]"今天的政治斗争不再是传统的自由主义者的

---

[32] Gerhard Leibholz, Die Repräsentation in der Demokratie, 1973, S. 96 f.

[33] 《代表》一书的第四章标题。

[34] Gerhard Leibholz, Die Repräsentation in der Demokratie, 1973, S. 116.

[35] VVDStRL7 (1932), S. 159 ff., 重印在：ders., Strukturprobleme der modernen Demokratie, 3. Aufl. 1967, S. 9 ff. 。

[36] VVDStRL7 (1932), S. 204.

斗争，即使带有更强的社会性，也不是社会主义者的力量与社会保守势力之间的斗争，而是在最广泛意义上的大众民主中带有神秘基础的人格上获得肯定的力量，与在或多或少激进的集体主义所引发的运动中的个人自由之间的斗争。"

这一预见性观点在他1933年出版的有关自由民主与威权国家形象的著作中有着更准确的描述。⑰莱布霍尔茨在前言中写道（写于1933年3月）："本书旨在展示激烈变化的政治现实——就像过去几年所发生的——的自身规律性和造成当前状态的动机，这些必须放到民主的结构中去理解。"他的目标是对未来国家形象的结构性变化给出可靠的描绘。莱布霍尔茨就他在几个欧洲国家所观察到的威权国家的进展进行了不带肯定色彩的描述，他想提醒人们，威权国家的发展方向就是极权国家。

在介绍了自由民主（第21页及以下诸页）和通过宪法修改（第44页及以下诸页）、宪法变迁或者通过对紧急状态的扩大使用（《魏玛宪法》第48条）来解决问题之后，莱布霍尔茨发现，新兴的威权国家都喜欢以牺牲立法机关为代价来加强执行机关，并往往以一个强有力的、被正当化的、代表人民整体利益的当局为前提（第66页及以下诸页）。他将此称为"总体国家"（totalen Staat）⑱。总体国家的统治"触手"会不断地延伸到越来越多的生活领域。由此，它将挤占个人不受限制的空间。总体国家并不承认自主性，除了国家之外，不允许个人加入超个人的生活共同体，国家对结社抱有敌意，通过尽可能彻底的政治化来实现国家的高度统一（第69页提到了恩斯特·云格尔［Ernst Jünger］和卡尔·施米特）。莱布霍尔茨的问题是，在尊重上个世纪留下的自由遗产的基础上，未来的国家是否会变成威权国家或者总体国家。莱布霍尔茨打赌，基于德国的自由理念和新教传统（第74页），⑲个体被激进地集体化和精神失去个性是不可能的（第72页）。在书的末尾，莱布霍尔茨认为，总体国

---

⑰　Gerhard Leibholz, Die Auflösung der liberalen Demokratie in Deutschland und das autoritäre Staatbild (Wissenschaftliche Abhandlungen und Reden zur Philosophie, Politik und Geistesgeschichte, Heft XII), München 1933.

⑱　今天，人们称之为"极权国家"。

⑲　这并未得到证实，参见 Jürgen W. Falter, Hitlers Wähler, 1991, S. 169 ff., 175－193; Manfred Gailus (Hrsg.), Täter und Komplizen in Theologie und Kirche, 2015。

家会从民主中苏醒，必然发展成专政。不从肉体和精神上消灭少数群体和反对力量，它是无法建立的(第72页)。这些引文的内容可能仅仅是对德国和新教自由思想的假设，直到最后，莱布霍尔茨仍然坚信这一点，这是他被流放前在德国获得的印象。

(四) 宪法组织中的政党

"二战"后，莱布霍尔茨将他的代表文献重新出版，并且补充了民主的意义变迁的内容。为此，他运用经典的代表概念，并将政党的现实纳入他的宪法学思考中。[40] 自由代表的代议制屈从于政党国家，反而使得公投民主成为理性的表现形式。[41]《基本法》第21条的功能是确认了政党的设立自由、内部秩序和政党的财政性质。莱布霍尔茨完全赞成政党的宪法化，并且将其提升到宪法机关的高度，能够产生宪法诉讼法和财政法的后果，这也是联邦宪法法院在他担任法官期间所提出的。[42] 但是1966年，联邦宪法法院与莱布霍尔茨的政党学说保持了距离，政党是一种自由竞争的、能够发挥自身力量的群体，政党财政也被收缩为对选战期间支出的填补。[43] 26年后，联邦宪法法院再次向莱布霍尔茨的学说靠拢，并且确认：[44] 政党参与了人民政治意志的形成，不能被简单化为直接的准备选举。因为准备选举在持续的政党作用下是不间断的，这并不违背迄今的判决，国家财政支持的界限就是仅仅补偿选战的支出。至少从国家对政党的财政支持来看，莱布霍尔茨学说的最终目的实现了。

从议员的地位来看，莱布霍尔茨倾向于一种理想主义的代表概念，这并不符合"二战"期间的比例代表制。[45] 从政党的宪法化出发，莱布霍尔茨通过《基本法》第21条得出的结论是，议员与政党之间存在解不开的依赖关系。议会不再是代表全体人民的议员进行公开辩论的场所，而成为政党的头面人物在党团内合纵连横的场地，从而使政党的预

---

[40]　Gerhard Leibholz, Die Repräsentation in der Demokratie, 1973, S. 224 ff.

[41]　Gerhard Leibholz, Der Strukturwandel der modernen Demokratie (1952), in: Strukturprobleme der modernen Demokratie, 3. Aufl. 1967, S. 93 f.

[42]　BVerfGE 1, 208, 225; 2, 1, 73; 4, 27, 30. 财政见 BVerfGE 8, 51, 63。

[43]　BVerfGE 20, 56, 107, 113 ff.

[44]　BVerfGE 85, 264, 285.

[45]　Gerhard Leibholz, Die Repräsentation in der Demokratie, 1973, S. 98 ff.

先意见产生效力。⑥ 在政党民主体制下，不是议员而是政党才能做出
决定。

　　围绕《基本法》第 38 条第 1 款第 2 句的理解上的冲突，莱布霍尔茨
作出了如下判断：⑥ 制宪者形成了一种困境，相同的形式给了两个不同
的、最终相互无法协调的民主类型。在宪法的整体联系中，《基本法》
第 38 条不再发挥作用，它的最明显后果是政党国家。虽然缺乏从政党国
家的逻辑中得出的党团内一致投票的义务，但这是具有宪法正当性的。
退党并不会导致授权的丧失，与授权有关的概括性放弃声明是无效的。

　　莱布霍尔茨正确地评估了政党的意义是形成人民的政治意志，所以
《基本法》第 38 条第 1 款第 2 句并不必然导致议员政党属性与自由委任
之间的分离。《基本法》第 21 条与第 38 条第 1 款第 2 句之间的不一致是
无关紧要的。这两个规定之间的统一或者联系可以通过人事来实现，即
政党成员同时也是议员。他们共同决定了政党或者党派的路线符合他们
的精神和物质利益，至少是有了一种共同决定的真实机会。承认《基本
法》第 21 条和第 38 条第 1 款第 2 句之间的无解，政党（党团）中由一个
或者几个政党党魁来决定无意志的党员去担任公职。这样的意义表面上
是现实主义的，但更多是一种对政党内部秩序和议会之间关系的集权思
维。这忽视了上述条款之间的联系。一方面，议员并不受任务和指令的
约束，而只服从其内心（《基本法》第 38 条第 1 款第 2 句），另一方面政
党的内部秩序——就像莱布霍尔茨在 1931 年预见到的，必须符合民主原
则（《基本法》第 21 条第 1 款第 3 句）。⑥ 准确地说，将个别议员纳入政
党（党团）中可以对他们产生巨大的影响，从而确保他们对部分利益的依
赖。⑥ 莱布霍尔茨的功劳在于指出了政党在民主国家中是不可缺少的，

　　⑯　Gerhard Leibholz, Die Repräsentation in der Demokratie, 1973, S. 228.

　　⑰　Gerhard Leibholz, Strukturprobleme der modernen Demokratie, 3. Aufl. 1967, S. 114
ff.；参见 BVerfGE 2, 1, 72 ff. 。

　　⑱　类似的，参见 Konrad Hesse, Grundzüge des Verfassungsrechts der Bundesrepublik
Deutschland, 20. Aufl., Rn. 602。

　　⑲　Hans H. Klein, Gerhard Leibholz, in：Loos（Hrsg.）, Rechtswissenschaft in Göttingen,
1987, S. 528, 538；Peter Unruh, Erinnerung an Gerhard Leibholz（1901－1982）. Staatsrechtsle-
hrer zwischen den Zeiten, in：AöR 126（2001）, S. 76 ff.

它使得人民具有了政治行动能力。⑩

（四）宪法审判权

早在他有关平等的博士论文中，莱布霍尔茨就讨论了如何保护个人免受立法机关和法官审查权的侵犯。㉛这个主题在战后，尤其是在他被提名担任联邦宪法法院法官后，更详细地被讨论和运用。在关于联邦宪法法院地位的报告㉜以及其他文献㉝中，他指出，《基本法》的特点就是建立了宪法审判权来维护宪法的规范性。尤其是规范审查程序使得立法处于宪法之下。宪法法院属于审判机关，因为它确认有争议的权利。联邦宪法法院作为权力监督机关在宪法领域内行使它的审判职能，确定国家的特殊性质以及构建国家的现实统一。国家整合的过程在联邦宪法法院的判决下得以实现，不同于联邦最高法院，前者属于最高宪法机关。

莱布霍尔茨从联邦宪法法院的地位中得出的组织法上的结论就是最高宪法机关，㉞由此他将联邦宪法法院从对联邦司法部的隶属中解脱出来，也剥夺了后者的司法行政权。联邦宪法法院的卷宗不再被送到联邦司法部，联邦宪法法院的公务员的最高长官是院长，他享有制定议事规则的权力和单独的预算权。这些结果已经在立法中得以贯彻，并且对于州宪法法院生效。㉟

三、 生平和影响

莱布霍尔茨遇到了德国历史上三个完全不同的时代。在魏玛共和时

---

⑩　Hans H. Klein, Gerhard Leibholz, in: Loos (Hrsg.), Rechtswissenschaft in Göttingen, 1987, S. 537.

㉛　Gerhard Leibholz, Die Gleichheit vor dem Gesetz, 2. Aufl. 1959, Leibholz, S. 123 ff.; 也参见 Peter Unruh, Erinnerung an Gerhard Leibholz (1901－1982). Staatsrechtslehrer zwischen den Zeiten, in: AöR 126 (2001), S. 88 f.。

㉜　JöR, Bd. 6 (1957), S. 109 ff.

㉝　主要参见 Gerhard Leibholz, Verfassungsgerichtsbarkeit im demokratischen Rechtsstaat (1953) in: ders., Strukturprobleme der modernen Demokratie, 3. Aufl. 1967, S. 168－184。

㉞　参见 JöR 6 (1957), S. 114 ff.。

㉟　Christian Starck, Verfassungsgerichtsbarkeit der Länder, in: Handbuch des Staatsrechts, 3. Aufl., Bd. VI, 2008, S. 317, 322－328.

期，他在书中开始研究新的趋势以及为国家法的研究作准备。30岁的时候，他已经基本完成了这份工作。他的生活和影响在纳粹时期遭受了很大的变化。从他在哥廷根担任教职到流亡英国的十年，他受到的关注程度比在德国时要小。战后他为德国与纳粹的区别而发声，并且与奇切斯特的主教交流基督教和教会对于政治的意义。㊿ 自1947年起，他再次回到德国，为巩固1949年《基本法》所建立的立宪国家而奋斗，担任了20年的联邦宪法法院法官，对于联邦宪法法院的地位以及第二庭的判决产生了很大影响，在此期间，他在魏玛时期所提出的理论得以发挥效用并且得到进一步的发展。

㊿　Eberhard Bethge/Ronald C. D. Jasper（Hrsg.），An der Schwelle zum gespaltenen Europa. Der Briefwechsel zwischen George Bell und Gerhard Leibholz 1939 – 1951, Stuttgart 1974；Christoph Link, Gerhard Leibholz—Leben und Werk, in: ders.（Hrsg.），Der Gleichheitssatz im modernen Verfassungsstaat. Symposion zum 80. Geburtstag von Gerhard Leibholz, 1982, S. 23, 26；Hans H. Klein, Gerhard Leibholz, in: Loos（Hrsg.），Rechtswissenschaft in Göttingen, 1987, S. 539 ff.；Manfred H. Wiegandt, Norm und Wirklichkeit. Gerhard Leibholz（1901 – 1982）—Leben, Werk und Richteramt, 1995, S. 48 ff.；Peter Unruh, Erinnerung an Gerhard Leibholz（1901 – 1982）—Staatsrechtslehrer zwischen den Zeiten, in: AöR 126（2001），S. 60, 65；Josef Ackermann, Gerhard Leibholz, Rede anlässlich der Enthullung einer Gedenktafel am 26. 4. 2002, Herzberger Landstraße 57, in: Göttinger Jahrbuch, Band 50, 2002, S. 211, 213；Werner Heun, Leben und Werk verfolgter Juristen—Gerhard Leibholz（1901 – 1982），in: Eva Schumann（Hrsg.）Kontinuitäten und Zäsuren. Rechtswissenschaft und Justiz im „Dritten Reich" und in der Nachkriegszeit, 2008, S. 300 ff.

恩斯特·弗里森哈恩
（Ernst Friesenhahn，1901—1984）

汉斯·迈尔　著　周万里　译

　　恩斯特·弗里森哈恩出生在一个教育世家。他的祖父是国民学校的老师，当时将家从洪斯吕克（Hunsrück）搬到莱茵河畔的希岑纳赫（Hirzenach）。[①] 他的父亲作为高中老师，又搬家到奥伯豪森（Oberhausen）。弗里森哈恩成为一位有天赋的高校老师，显然是归结于他的家族基因。在20世纪30年代，他作为波恩大学法学院的讲师的收入极少，职位极不稳定。不过，他的教育天赋拯救了他。当时，大学校长、学院甚至是国家社会主义教师联盟主席都为他撑腰，对抗告密的学生。不过，他还是被政党指责，导致他不能担任大学教授：卡尔·施米特在弗里森哈恩在柏林的个人档案[②]上做了坏的标注。"帝国水晶之夜"[③] 事件的发生迫使他从事律师职业。他讲课时无需讲稿，只依靠极为不同来源的纸条，多数呈现在信封上，他在上面速记几乎不能阅读的灵感和发现。他的演说精彩且具有针对性。他说自己是唯一能用单音节读出"国家社会主义"（Nationalsozialismus）或"联邦宪法法院"（Bundesverfassungsgericht）的老师。

　　他在论证上开放和准确，反对好的论证之外任何的权威，他的理解

---

　　① 小时候的弗里森哈恩经常在这个地方度过假期。从那个时段，他被铁道吸引。铁道就在狭窄的莱茵河边，接近罗蕾莱，紧挨着房子。在后来的日子里，他的专题研讨班使他在德国火车上感受极大的快乐。

　　② 教授的档案在当时统一在柏林管理。在任命教授时，政党及后来的纳粹党卫军均有否决票。

　　③ 有嘲笑意味的民间习语称之为"1938年11月大屠杀"（"Novemberpogrome 1938"）。

能力和个人魅力使他吸引了听众的注意。这些是多年以来持续举办的"弗里森哈恩专题研讨班"的秘密。该研讨班在他退休后还在持续举办，即使在他逝世 28 年之后（2012 年）"恩斯特·弗里森哈恩圈子"每年还举办两次。

他有一次称自己"很骄傲成为来自中下阶层的莱茵地区的人"④。同时，他曾说尽管天主教家庭牵扯到文化抗争，他的父亲却支持普鲁士威廉皇帝的战争行动。他的父亲却没有参军。在"肮脏的奥伯豪森"，1918 年的斯巴达克同盟起义、自由军团和残忍的暴力给他留下很深的印象，使其产生并强化了保守主义的基本态度，这伴随他的一生。不过，保守主义并不是当时的价值观。他一直以来都不喜欢只依赖主流的观点。他在 80 岁寿辰的时候回望过去，强烈表示他在上学和担任学术助理时就已经不断地成功反驳主流的观点。在联邦宪法法院他坚决支持"不同意见书"（"Sondervotum"）并取得最终胜利。这就是一个展示他的这种态度的典型例子。

在波恩大学学习经济学，对他而言是无聊的。直到遇见拥有天赋的民法学者马丁·沃尔夫（Martin Wolff，1872—1953），才使弗里森哈恩发现他的法学天赋。弗里森哈恩成为家族中的第一位法律人。同样的着迷来自卡尔·施米特，是他将弗里森哈恩带入公法的世界。弗里森哈恩在大学阶段就已经为施米特着迷，施米特还考核了他的第一次国家司法考试，提供给弗里森哈恩在学院里唯一的学术助理的岗位。⑤ 除了批阅学院里一系列专业的学生作业，弗里森哈恩主要是为施米特工作。他认为施米特非常喜欢探讨和说服别人。在施米特的建议下，弗里森哈恩完成了博士论文《政治的宣誓》。⑥

施米特在 1928 年转赴柏林任教，弗里森哈恩集中精力准备第二次国

---

④　1982 年 1 月 11 日，弗里森哈恩在"他的专题研讨班"上报告了自己的人生经历，我因此知道了当时还不知道的魏玛共和国阶段、国家社会主义的阶段及 1945 年后重建阶段的详情。

⑤　当时的教授没有学术助理。

⑥　1928 年出版和 1979 年再版（达姆施塔特学术书出版社）。他去世后 1984 年出版的作品涉及的是同样的主题：Börner, Jahrreiß, Stern（Hrsg.），Über den Anwaltseid im Rahmen der neueren Entwicklung des politischen Eides, in: Einigkeit und Recht und Freiheit, Festschrift für Karl Carstens, Band 2, S. 569 - 587。

家司法考试。担任施米特的继任者的学术助理的愿望并没有实现。受弗里森哈恩高度赞赏的阿尔贝特・亨泽尔(Albert Hensel，1895—1933)给他提供了岗位。因此，他又认识了具有较强民族主义色彩的南德自由主义的里夏德・托马(Richard Thoma，1874—1957)教授。在弗里森哈恩的思想中，托马作为一位拥有说服力的民主人士完全就是卡尔・施米特的对立人物。在当时可能是最重要的财税法学者的亨泽尔[7]，也同样如此。他给弗里森哈恩创造机会，担任高校联盟组织的税务咨询师，使弗里森哈恩有了收入。如果没有这份收入，弗里森哈恩在直至1938年的高校工作中有可能不能生活下来。[8]

　　在20世纪30年代，托马就委托还没有教授资格的弗里森哈恩在《德国国家法手册》上撰写"国家裁判权"的文章。[9] 事实上即将担任帝国法院和国家法院院长的瓦尔特・西蒙斯(Walter Simons，1861—1937)在《德国国家法手册》的增补内容中认为："据我了解，弗里森哈恩的文章，在描述现有问题中最清晰和最一以贯之。"在后面，他又说："弗里森哈恩这样的一位权威的作者。"[10] 在早期的关于国家法院主张的临时决定权的争议中[11],[12] 西蒙斯称其为"一位敏锐思考者的坚决的表

<hr>

　　[7]　1933年，阿尔贝特・亨泽尔因为种族被革职，随后便在意大利离世。

　　[8]　弗里森哈恩担任讲师的收入极低，连生存都不能保障。因此，他必须多年以来在亚琛、科隆和特里尔的行政学院授课，加上紧张的家庭关系和极差的交通条件，严重损害了他的身体健康。

　　[9]　Gerhard Anschütz/Richard Thoma (Hrsg.)，Handbuch des Deutschen Staatsrechts，1932，S. 523-545. 这是个非同寻常的对信任的证明。这表明不仅是卡尔・施米特准确地看到了年轻的弗里森哈恩的潜力。

　　[10]　Walter Simons, Handbuch (s. Anm. 6)，S. 737，738 u. 740. 西蒙斯说是一位学术助理。

　　[11]　弗里森哈恩1931年在"青年保守派"("Jungkonservative")的期刊《光圈》(der Ring)上严厉批判了法律并未规定的临时处分的制度。对此，西蒙斯除了有上述的观点，还说："理论家有直接提出逻辑要求的优先权，而实践者有满足不同的生活要求的义务(即我们的人民在国家方面的共同生活的要求)。"同时，他并不是不高傲地加上一句："国家法院将会更加谨慎地履行其义务，即便理论家还在多数点上有不同的观点。"《联邦宪法法院法》第32条吸取这个争论的经验，明确规定"临时处分"的制度，并做了区别化的调整。

　　[12]　布拉赫尔(Bracher)警告弗里森哈恩，因为他的文章被归属于"青年保守派"，有针对国家法院的对立观点。此类的特刊表明，与弗里森哈恩不同，恩斯特・福斯特霍夫及恩斯特・鲁道夫・胡贝尔仅采用匿名的方式参与讨论。弗里森哈恩评价认为，他的文章涉及的是"专业的(尽管也是放肆的)论文"。这在西蒙斯的批判中得到了肯定。

达"⑬。"敏锐"这个词伴随着弗里森哈恩的一生。⑭

在约翰内斯·黑克尔（Johannes Heckel，1889—1963）的帮助下，托马基于弗里森哈恩的上述手册中的文章，指导他完成教授资格论文。弗里森哈恩继续修订该文章。但是，政治上的变迁导致继续修订该文章成为幻想。国家社会主义分子取得政权，对弗里森哈恩受聘教授产生了直接的影响。弗里森哈恩提交了加入国家社会主义德意志工人党的申请。1982年，弗里森哈恩对其学生曾说："我们当时完全不知所措；毫无疑问的是，魏玛共和国有一些弱点，并且我们受到国家主义浪潮的影响，而且在当初，我们不知道1933年的动乱意味着什么。作为学术助理的我们决定成为党员，我们也被强迫加入冲锋队。我因此也是冲锋队的律师。"⑮ 被误称为"罗姆政变"的1934年7月30日的"希特勒政变"，被卡尔·施米特以《元首守护法律》一文得以正当化。这促使弗里森哈恩以充满危险但又机智的理由撤回还没有被接受的入党申请。⑯ 他感觉不能完成元首对党员提出的高要求。

弗里森哈恩对国家社会主义的内心看法在"罗姆政变"之前就已经展现出来。1934年5月28日，卡尔·施米特从柏林打电话给弗里森哈恩，要他担任即将开始出版的《德意志法学家杂志》的主编。即使弗里

---

⑬　Lammers/Simons, Die Rechtsprechung des Staatsgerichtshofs fur das Deutsche Reich und des Reichsgerichts auf Grund Artikel 13 Abs. 2 RV, Bd. IV（1932），S. XV.

⑭　在庆祝弗里森哈恩70岁寿辰的研讨会上，曾任宪法法院法官的维利·盖格尔（Willi Geiger，1909—1994）曾说，在第二庭，人们只有在保险的语境下才使用"敏锐"这个词，当然这并没有侮辱的意思，弗里森哈恩与波恩大学的同事乌尔里希·朔伊纳有着紧密的关系。朔伊纳有一次对他的助理威廉·克维尼希（Wilhelm Kewenig，1934—1993）说："我不理解为什么在弗里森哈恩那里一切都是清楚的。"

⑮　在这一点上，弗里森哈恩可能记错了。与国家社会主义德国工人党不同，对于冲锋队没有入党阻碍。教师协会的会长卡尔·施米特紧急要求教师至少加入国家社会主义的一个组织。事实上，弗里森哈恩在撤回加入国家社会主义德国工人党的入党申请后，也在冲锋队中要求暂停活动。原因是他的职业活动不允许他经常提供服务。否则，他会申请退出冲锋队。事实上，后来，他的会员资格被解除了。

⑯　因为"三月烈士"的人数对国家社会主义德国工人党而言太多了，因此有了停止入党的举措。

森哈恩当时的经济状况窘迫，[17] 但还是拒绝了这个可以带来丰厚收入的职位。[18] 为此，两人的关系最终宣告破裂。[19] 因为卡尔·施米特，弗里森哈恩在柏林的人事档案上被标注了"天主教主义的代表"。[20] 对此，弗里森哈恩曾在他的专题研讨班上说："我必须强调，我从来都不是某个政党的党员，我参加的唯一的一次政党大会是卡尔·施米特做演讲的一次会议。"

弗里森哈恩曾在他举办的专题研讨会上叙述在早期被阻止的来自海德堡大学、哈勒大学、科隆大学及慕尼黑大学的教授任命。[21] 一直到在一位亲戚的努力下删除人事档案上的标注后，在战争期间只有一个恩斯特·福斯特霍夫推动的，[22] 但因为党卫军安全部门的阻止而最终失败的柯尼斯堡大学的教授任命。但在当时的情况下，该任命利弊共存。最终是因为党卫军安全部门的干涉，该任命失败了。

1938 年的"长刀之夜"对弗里森哈恩而言是一个关键性的事件，促使他放弃在大学的职位和国家法及行政法的教学，并决定从事律师工作。弗里森哈恩从事律师职业工作也不是一帆风顺。他后来才知道，当

---

⑰　弗里森哈恩叙述他在寄信回家后，发现恩斯特·鲁道夫·胡贝尔的一封信。他请求弗里森哈恩接受该任命，并尝试使他享受天主教的荣誉：他，胡贝尔，一直以来都佩服天主教徒的地方是，他们一直以来都坚持自己的观点。在涉及根本性的国家新秩序时，这种态度也受人欢迎。在第二次国家司法考试之前，胡贝尔及其后来的妻子也即帝国法院院长的女儿图拉·西蒙斯(Tula Simons，1905—2000)及弗里森哈恩共同创建了研习团队。无论胡贝尔在纳粹时代写了些什么，弗里森哈恩一直都信任他。而胡贝尔在第六卷的《德国宪法史》中写道："怀念在波恩共同的日子及对《魏玛宪法》的深入研究。"他们之间没有使用平语。

⑱　弗里森哈恩拒绝施米特之后，得到他的一位天主教的朋友的支持。在后来的一些年，尽管弗里森哈恩在内心与天主教机关越来越远地保持了距离，但还是感觉一直有深深的联系。天主教教皇和"格雷斯研究会"（"Görres-Gesellschaft"）授予弗里森哈恩崇高的荣誉，表扬他做出的贡献。

⑲　破裂的关系到最后也没有弥补好。基于波恩大学法学院一位年轻的施米特拥护者的"催促"（"Drängen"；弗里森哈恩的妻子会说很好的莱茵方言，对此的发音是"Triezen"），年老的弗里森哈恩在施米特过高寿生日时送了一张贺卡。笔者推测他并没有这样做，因为施米特在 1949 年的日记被公开，他称自己是"死亡的狮子"，"对于弗里森哈恩先生"，美国士兵让这头"狮子"落井下石。对此，参见 Eberhard v. Medem（Hrsg.），Carl Schmitt Glossarium-Aufzeichnungen der Jahre 1947 - 1951，S. 261 f.。

⑳　施米特在柏林和弗里森哈恩的谈话中，已经指出弗里森哈恩因为天主教的信仰，获得教授职位的机会渺茫。

㉑　弗里森哈恩描述当时的任命程序有多困难：恩吉斯教授特地从海德堡去波恩，为了隐名埋姓地旁听他的大课；不过，恩吉斯因为感冒倒在了床上。

㉒　格哈德·席德迈尔(Gerhard Schiedermair)时任柯尼斯堡大学法学院院长，弗里森哈恩认为推动者是恩斯特·福斯特霍夫。

他要出示"免责证明书"㉓时，是律师协会的业务负责人帮助他取得律师资格许可。是这位负责人想帮助弗里森哈恩，㉔后来他也因此受到其政党的指责。弗里森哈恩直到39岁时才第一次获得可观的收入。

45岁的弗里森哈恩最终在早年职业生涯被终止的波恩大学㉕获得公法学教授的职位。㉖除了担任法学院院长以及1950年至1951年担任大学校长之外，他还投入国家的建设当中。他在专题研讨班上曾说，主要是他撰写了第165号的军政府规章。㉗该规章成为英国占领区内行政审判权的基础，一直适用到1960年。同时，它对于乡镇规章的制定也产生了重要影响。就是在英国占领区的边界，他㉘也发挥了重要的影响。

弗里森哈恩在上述手册中发表《国家审判权》的文章20年后，成为联邦宪法法院第二庭的法官，并任职12年之久。他是受联邦参议院推选担任。该职位尤其适合他。实现正义是他内心的追求。于尔根·扎尔茨韦尔德(Jürgen Salzwedel，1929—2020)在回忆讲话中说了一句并不是没有道理的话："我遇到的人中，没有哪个人能像他一样处于如此过度客观化的风险当中。原因是他犹如惧怕魔鬼的诱惑，惧怕与他的态度保持一致的明显的解答。"㉙

弗里森哈恩在很多的报告和发表中阐释了宪法裁判权的问题。这包括1965年他在州宪法法院院长和副院长的会议上的《联邦宪法裁判权和州宪法裁判权的关系》。该会议也有联邦宪法法院的成员参加。这样

㉓　民间如此称呼免责的证明，是为清白的人，多数是备受尊重之人及国家社会主义德意志劳动党党员而颁发。后者都会渐进地得到该证书。在如此称呼中，当然还包含着保留，因为有些纯粹是殷勤的证明。

㉔　该业务负责人对律师协会会长一直都说，律师协会不要错过如此高素质的法律人。

㉕　他可以在科隆和波恩之间选择，但他从奥伯豪森搬走后，一直喜欢波恩市。

㉖　弗里森哈恩一直没有当过兵，可能是因为他的慢性胃病。他在科隆的家被炸毁后搬到巴特-戈德斯贝格。此地也是波恩大学法学院的避难地。他充满激情地叙述了战后的几年中学生回校及与议会委员会成员之间的深厚关系。

㉗　1948年在汉堡出版的论文集《司法与宪法》中，弗里森哈恩以《司法与行政法保护》为题(第103—131页)，阐释了宪法史、宪法政策和体系的基础性研究。

㉘　还有乌尔里希·朔伊纳。

㉙　Siehe Im memoriam Ernst Friesenhahn，Beiträge zue Geschichte der Universität Bonn (1985)，Bd. 59，S. 30. 弗里森哈恩常说"知识和良知成就法律人"。

的出场体现出他在整个法院系统中的声望。[30] 他的专著《联邦德国的宪法裁判权》已经被翻译成意大利语和日语。[31]

必要的时候，他也会公开出庭。1952 年，联邦宪法法院对《欧洲防务共同体条约》发生激烈的宪法争议。为此，宪法法院的"红色"审判庭（第一庭）与代表反对力量的"黑色"审判庭（第二庭）及执政党，争执不休。德国总统委任的宪法法院的审判委员对此作出了有理有据的决定，上述两个庭应当受到该决定的约束。[32] 问题是，就在法院作出裁判的前两天，审判委员会撤回作出的专家意见书。这导致法院受到严厉的批评（"法院严重脱离法律"）。对此做法作出批评的主要是南德的律师，还包括联邦司法部长托马斯·德勒（Thoms Dehle，1897—1967）。[33] 对此的讨论尤为激烈，弗里森哈恩在波恩大学举办了一场报告，明确赞同审判委员会的决定。[34] 现场坐满了联邦政府的官员。据说，阿登纳接受了弗里森哈恩的建议，认为"是弗里森哈恩让我安静下来"。这体现了弗里森哈恩敢于抗争和乐于争辩的一面。[35]

他担任法官时，正如所有的其他工作，认真对待法官的工作。即使他并未担任通讯人，在他的遗物中有他的大量的投票决定。著名的是他

---

[30] 20 年后，弗里森哈恩发表了全新版的《联邦宪法裁判权和州宪法裁判权的界限》，收录在《联邦宪法法院和基本法：联邦宪法法院成立 25 周年纪念文集》（1976 年版，第 749—799 页），并指出最初只针对宪法法院而写的文章，后来超出该范围，成为援引较多的作品。

[31] 作者分别是塞瓦提（Angelo Antonio Cervati）和浩人（Kenji Hiroto），出版时间分别是 1965 年和 1972 年。弗里森哈恩的兴趣在当时不仅包括宪法裁判权，还包括司法裁判的问题和组织，这些体现在国家社会主义前期和后期的基本研究的文章中。

[32] BVerfGE 2, 79 - 98.

[33] 时任德国总统特奥多尔·豪斯对该观点做了干预，在 1953 年选举之后，康拉德·阿登纳在托马斯·德勒同意后，不再被建议担任司法部长，但是担任了议会党团的负责人，失去了影响力。

[34] 他的后来的法学院同事扎尔茨韦德尔（Jürgen Salzwedel，1929—2020）在纪念弗里森哈恩的活动中，回忆弗里森哈恩的大课给他留下非常深刻的印象，大致写道："在 1952 年 12 月的一个值得回忆的大课上面，他深入分析了方法论方面的认识，以及双方的论点的开放性及其作品的权重，这正是让我们找到和理解的答案，以至于我们难以忘记新的宪法裁判的可能及应当的状态。"(Im memoriam Ernst Friesenhahn, Beiträge zue Geschichte der Universität Bonn [1985], Bd. 59, S. 30, S. 22.)

[35] 弗里森哈恩离开法院后的几年里，有时会在联邦宪法法院出庭。在一个口头谈判中，阿道夫·阿恩特（Adolf Arndt，1904—1974）是他的对手。弗里森哈恩和之前一样，做了出色的陈述，而阿恩特明显很难回应他的观点。在情急之下，阿恩特声称主管部委的报告人低语的内容不正确。弗里森哈恩做了严厉的批评，阿恩特在谈判后，对弗里森哈恩说，不要太认真了，我们作为律师有时是这样做的。

的关于学校争议的特别投票决定。投票决定涉及的问题是，政教协定是否对下萨克森州继续有效。具体而言，国家是否因为州的划分及相应的权力转移，从而不受国际条约的约束。弗里森哈恩否认不受约束的方案，并指出条约调整的可能性。他的观点在宪法法院的审判庭中没有得到支持，促使他强烈支持特别投票权的思想。㊱ 人们在审判庭中对他有很大的信任，这表现在弗里森哈恩离开法院后，法官盖格尔对他的同事的警告："对于现在的一切，我们自己必须提高警惕。"

弗里森哈恩在这些和其他的所有事情中，得到公众关注的并不多。受公众关注比较多的，是他在1962年担任德国法学家大会的主席。该大会在当时由法院的法律人主导，弗里森哈恩主导的德国法学家大会对所有的法律职业群体开放，使成员扩大了两倍。他任职的时候就宣布，法学家大会的主席只能任职两届，而不是当时几乎是终生任职的做法。他克服阻力，选任有声望的律师康拉德·雷德克（Konrad Redeker，1923—2013）担任法学家大会主席的继任者，并以《国家社会主义的政权犯罪的追诉和惩罚的问题》为题，克服巨大的阻力于1966年在埃森召开法学家大会。阻力来自在法学家大会的领导层（即常务委员会）及一些司法机关。无声的职责是内斗及刑事审判权的必要保护。刑事审判权在大型的"集中营审判程序"中仅发挥辅助的作用，且并没有惩罚罪犯，最多是轻微的惩罚。

1965年，弗里森哈恩在克龙贝格组织了自己的内部研讨会。㊲ 在该研讨会上，上述宪法诉讼的当事人、原告、诉讼程序的第三人、辩护人、两位检察官、年轻的刑法教授及当代史学者及雷德克在弗里森哈恩的组织下，一致作出了批判性的声明。针对法学家大会会员的意见，也包括一些州司法系统的意见，也即在埃森举办的法学家大会上不讨论国家社会主义，同时，也针对法学家大会常务委员会中隐藏的不信任的情绪，弗里森哈恩决定自己承担活动的责任。他在常务委员会中取得信

㊱　该话题及原理对他而言是重要的，以至于在纪念康拉德的文集《法律史文集》（1979年，第151—180页）中发表了有些人认为并不和谐的主题——"特别表决权"（"Sondervotum"）。在文章的"前言"部分，他探讨了反对的论点。

㊲　主要是尤斯特-达尔曼（Barbara Just-Dahlmann，1922—2005）在多次的谈话中，激励弗里森哈恩只有他才能在法学家大会中如此作为。

任，使他能够如此作为。他最终取得了成功，超过 800 位的听众认同他的观点。这表明新一代的人并不认同老一代人的担忧。[38]

或许是德国法学家团体的一次以色列之行，触动了弗里森哈恩。1962 年 3 月，他和霍斯特・埃姆克（Horst Ehmke，1927—2017）及他们的专题研讨会成员访问了以色列，在那里又一次发现了流亡的德国，并以最高法院法官、一位有权力的裁判官，同时又是财政部门负责人、军队队长、农村社员会计及很多家庭的形式呈现。这些家庭的亲戚在集中营中虽然失去生命，但还是热情招待了德国的访问。[39] 在这次行程中，弗里森哈恩从那不勒斯回到德国，之后被选任为法学家大会的主席。

同样，正是因为弗里森哈恩的动员，瑞士的国家法学者才重返德国（德语区）的国家法教师协会。他与一部分瑞士的同事有着紧密的联系。他在退休后几年中还在巴塞尔授课。他为获得巴塞尔大学授予的名誉博士感到自豪。

弗里森哈恩一直自豪于自己没有刻意地去追求某个职位。即使是这样，他也全心地完成各项工作。在弗里森哈恩的一生中，他并没有撰写大型名著，而是将重心放在中短篇的作品上。对此，他非常优秀。谁能够在 1935 年像他一样想到，即使被大肆宣传为千年帝国，但如果元首去世，人们对元首的忠诚和服从的宣誓怎么办？[40] 将其发表在帝国总理主编的杂志上？谁能有胆量在 1937 年在帝国部长及国家社会主义德意志工人党领导汉斯・弗兰克主编的《德国行政法》中研究"公法合作社中的自我管理"[41]，清晰地论证元首原则在这里不适用？

之后，在第二次世界大战结束之前，弗里森哈恩仅撰写税法和补偿法方面的文章。这是他在为大学教师联盟提供律师服务和咨询服务时得

---

[38] 该活动在文集中得到深入的探讨，参见 Recht mitgestalten——150 Jahre Deutscher Juristentag 1860 bis 2010, S. 99-105。

[39] 收录在《李斯特协会文集》（巴塞尔，第 4 卷，1963/1964，Nr. 1/2）和由埃姆克、弗里森哈恩主编的《来自波恩和弗莱堡的青年法学家以色列之行的报告》中，在以色列逐渐发展的历程中在今天还值得阅读。在库尔姆霍夫诉讼程序中，也就是在第二个大型的集中营审判程序中，照顾了三个幸存者，其中的一位当时只有 11 岁，在枪击中幸存下来。

[40] 弗里森哈恩的回答是：目前为止所有的宣誓都已经失效，必须重新完成。参见他的文章《论公务员的宣誓》，载于由他主编的庆祝中部莱茵地区行政研究会成立十周年的文集，1935 年，第 72 页。

[41] § 13, S. 262-281.

到的启发。㊷

1950 年，弗里森哈恩在以"国家法学者和宪法"㊸ 为主题的校长报告中，回顾了专业人士在纳粹时期的所作所为。在重建后的 1949 年德国国家法学者学会的第一次大会上，涉及"两个严格界定的基本法的解释问题"。"权力优先于法及并非纯粹秩序意义上的宪法的十二年已经被回避。在那个时代，德国国家法学者的态度不太明确，而且在沉默中度过。这是我们的责任？即使是现在开始的宪法时代中国家法学者的基本任务也并没有展现出来。"弗里森哈恩最后点出："如此恐怖的过程。"

一些年后，他再次做出必要的干预。联邦宪法法院第一庭反对联邦最高法院在 1953 年的裁判，确认在 1945 年 5 月 8 日公务员权利的丧失，㊹ 这促使他在 1954 年的德国国家法教师协会围绕"职业公务员和国家危机"的主题，严厉批判报告人里夏德·瑙曼（Richard Naumann，1906—1978）㊺的观点，并参与到讨论中。㊻ 让多数人激动的是让人难为情的发现，即"第三帝国"的政权已经摧毁了"政治中立的公务员职业"（《魏玛宪法》第 130 条）。弗里森哈恩尖锐且准确地捍卫第一庭的同事的裁判："似乎有些人认为，职业公务员在不涉及其个人地位的情况下，能够度过所有的国家危机，这是职业公务员的主要特征，也是其本质。"另外，"无论如何，应当得到承认的是，职业公务员是现代国家的关键的组成部分。因此，公务员并不能不触及国家危机"（第 164 页）。

㊷ 高校联盟先是并入大学教师联盟，后又并入国家社会主义大学教师联盟。弗里森哈恩在那里一直做咨询服务，正如他所说，原因是"没有更好的选择"。在没有经过他同意的情况下，他自动成为国家社会主义团体的成员，这在"去纳粹化"的程序中，给英国人造成短暂的愤怒。

㊸ Krefeld（Scherp-Verlag），1951，S. 6/7.

㊹ BVerfGE 3, 58‐162. 该裁判有 100 多页，是目前为止联邦宪法法院篇幅最长的裁判。

㊺ VVDStRL 13(1955), S. 93 f.

㊻ 吉泽（Giese）（第 156 页）、黑尔弗里茨（Helfritz）（第 156 页）、耶利内克（"极为陌生的构建"）、文策尔（Wenzel）（第 160 页）、福斯特霍夫（第 161 页）、韦伯（第 171 页）及伊普森（第 176 页）：赞成裁判结论，但撤回裁判理由，瓦克（Wacke）（第 180 页）、普费弗（Pfeiffer）（第 180 页）、默克（Merk）（第 182 页）及厄马克拉（第 191 页）。弗里森哈恩没有忍住在方法论上的攻击："让我惊讶的是，为什么突然在我们的圈子里面做'规范性的'思考，而在其他的地方，历史政治的方法却完全成为风尚。"（第 168 页）

弗里森哈恩同样利用机会参与到 1930 年和 1931 年关于公务员的"满足权"（"wohlerworbene Rechte"；《魏玛宪法》第 129 条）的讨论。他作为"没有希望的少数一方"（第 166 页）反对公务员得到的权利保障，并认为该保障职能应从制度层面来理解。[47] 后来的《基本法》第 33 条第 5 款接受了该观点。

从弗里森哈恩的 100 个作品的标题可以看出他的作品涉及宽广的领域。他不仅研究基本权利的问题，还研究国家机关和政治体系的问题，包括政党地位和宗教团体地位。他还研究乡镇法、警察法、规划法和能源法。在评价这些作品时，不要忘记的是，直到 20 世纪 60 年代，涉及这些主题的研究文献非常少，其中有些主题甚至还没有相关的文献。[48]

能够体现弗里森哈恩的研究风格的，或许是他所做的《基本法和能源经济》的报告。[49] 波恩大学法学院能源法研究所揭牌时，尽管他在能源法方面没有研究，他还是做了这个报告。一方面，针对 1935 年的《能源经济法》，他剖析了联邦管辖权和州管辖权之间的法律现状。另一方面，他探讨了乡镇作为私人所有权主体的地位、作为赠与权人授予乡镇使用及作为"公共能源供给"的主体提供电力能源和煤气能源。最后，他还探讨作为规范性的经济企业的私人能源供给人，或作为公权利人和拥有基本权利地位的私人能源供给人。如果没有"阿基米德支点"，这些关系很难被理清。他在法定的供电和供气关系中，将"公共"任务作为"阿基米德支点"。即使企业有私法的特征，但正是这个任务使企业成为公共行政的要素。因此，现有的制度在有些方面被认为是违法的。

这并非弗里森哈恩的主要研究领域，却表现出他的创造力，通过融入社会的发展也展现了他的研究特征。经济法学者库尔特·巴勒施泰特（Kurt Ballerstedt，1905—1977）从私法的视角提出反对的观点，认为对他而言，"有必要首先说明，他的论述对我来说有很大的挑战"。他的很多

---

[47] Gehaltskürzung und wohlerworbene Beamtenrechte, Wirtschaftsdienst, 1930 S. 1143 - 1146.

[48] 很长的时间，唯一的具有一定挑战性的德国基本法评注，即毛恩茨和迪里希主编的《基本法评注》，从 1958 年第一版起，超过 10 年不断完善；康拉德·黑塞的第一版《联邦德国宪法精要》在 1967 年出版。

[49] Elektrizitätswirtschaft 1957, S. 12 - 21.

听众都有这样感受。准确又富有意义地展开报告，这样的人格魅力让人难以摆脱。

1966 年，弗里森哈恩为他在联邦宪法法院的前同事格哈德·莱布霍尔茨撰写了一篇涉及法院地位的文章《论联邦总统的审查权》。这篇文章成为他的经典作品。[50] 文章的特征是针对联邦总统的完全不同的视角，甚至是君主制中君主的视角，从而得出结论：总统签署法律的工作并不能保证法律的合宪性；不签署并不能产生约束力，而且这种不遵守程序规则的行为并没有得到基本法的认可。[51]

对宪法实践产生直接影响的，是收录在庆祝联邦宪法法院成立 25 周年的文集中的《联邦法律和条例的认同性视角下法律的发展》。[52] 这篇文章体现了弗里森哈恩的典型的研究方式，即将正反两面区分开来。他明确指出，联邦参议院承担"认同性法律"的责任的说法并没有意义（第206—262 页）；这里的责任仅是为了目的而造出，即以这种方式，对认同法律的任何修改都需要得到同意。联邦宪法法院的否定态度（《联邦宪法法院案例集》第 37 卷，第 363 页，第 380 页及以下诸页）在很大程度上依据的是弗里森哈恩的观点。

最为著名且以多样的方式被谈论的是他在 1957 年德国国家法教师大会的报告中的简要论述。该报告的题目是《现代国家的议会和政府》。他的观点是"在一定程度上，国家管理被赋予了议会和政府"[53]。整篇文章尝试论述议会如何从传统的代表机关转变到真正的人民代表，以及议会的单个功能尤其是议会相对于政府的地位。例如，对政府并没有这些保留领域，而议会却有这样的立法职能。因此，议会能够通个国家机关法调整政府机关的问题。另一方面，他建议议会在授权制定规章时，相对于政府应当"大方"。弗里森哈恩认真处理了"现代"的问题。

---

[50]　Die moderne Demokratie und das Recht, Festschrift für Gerhard Leibholz, Bd. II 1966, S. 679 – 694.

[51]　从今天的视角，参见 Hans Meyer, Die Prüfungsrecht des Bundespräsidenten—Staatsrechtliche Argumentation auf dem Prüfstand, JZ 2011, 602 – 608。

[52]　Der Bundesrat als Verfassungsorgan und politische Kraft, 1974.

[53]　VVDStRL 16, 9 – 73 (38). 收录于 Theo Stammen (Hrsg.), Strukturwandel der modernen Demokratie, Darmstadt 1976, S. 109 – 185；部分收录于 Kurt Kluxen (Hrsg.), Parlamentarismus, Köln 1976, 包括第 304—305 页的"引言"。

　　本文最后做个总结。我们在弗里森哈恩的形象中，看到了一位富有天赋的老师，他的潜力在早期的时候就被卡尔·施米特和里夏德·托马发掘，但是国家社会主义的政府在他的多产时期阻碍了他的发展。对于这个时期，他仅是谦虚地说"勉强"应付。在国家社会主义失败后，他一直以来参与德国的民主建设，担任法学院院长和校长总共12年，成为备受尊重的联邦宪法法院的法官。他担任德国法学家大会的主席，在承受巨大阻力的情况下，在法学家大会中处理了德国的战争罪行问题。尽管他的人生中有阻碍，但是，他做了详细的学术研究，包括宪法、国际法和行政法。这些作品展现了其精确性和理念上的说服力，并且在任何保守的基调中，又是法院中代表进步的并且经常是主流的观点：作为20世纪的一位人物，弗里森哈恩有很强的个性，他没有想要创建学派，却培养了学生，在专业方面他是榜样，他为国家服务，我们为他服务，我们作为他的学生感谢他。他拒绝学生为他编写纪念文集。

恩斯特·福斯特霍夫

（Ernst Forsthoff, 1902—1974）

汉斯·胡果·克莱因　著　周万里　译

一、　生平与学术生涯

奥古斯特·威廉·海因里希·恩斯特·福斯特霍夫（August Wilhelm Heinrich Ernst Forsthoff, 1902—1974）1902 年 9 月 13 日出生在拉尔（Laar）（现为杜伊斯堡市的部分），其父是新教牧师海因里希·福斯特霍夫（Heinrich Forsthoff），母亲是埃米（Emmy），其姓氏是贝格弗里德（Berg-fried）。[①] 在 1921 年完成高考后，福斯特霍夫更多是毫无兴趣地开始学习

[①] 本文尤其参考了以下文献：W. Blümel（Hrsg.），Ernst Forsthoff. Kolloquium aus Anlass des 100. Geburtstages von Prof. Dr. Dr. h. c. Ernst Forsthoff, 2003（mit Beiträgen von W. Blümel, K. Doehring, M. Herdegen, H. H. Klein und M. Ronellenfitsch）；K. Doehring, Ernst Forsthoff. Leben und Werk, in: Semper Apertus. Sechshundert Jahre Ruprecht-Karls-Universität Heidelberg 1386 – 1986, Band III, 1985, S. 437 ff.；ders., Ernst Forsthoff, in: Juristen im Por-trait. Verlag und Autoren in 4 Jahrzehnten. Festschrift zum 225jährigen Bestehen des Verlages C. H. Beck, 1988, S. 341 ff.；P. Häberle, Lebende Verwaltung trotz überlebter Verfassung, JZ 1975, S. 685 ff.；ders., Zum Staatsdenken Ernst Forsthoffs, ZSchweizR N. F. 95（1976），S. 477 ff.；R. Herzog, Gedenkrede auf Ernst Forsthoff, in: M. Herdegen u. a.（Hrsg.），Sta-atsrecht und Politik, Festschrift für Roman Herzog zum 75. Geburtstag, 2009, S. XXIII ff.；H. H. Klein, Forsthoff, in: Staatslexikon der Görres-Gesellschaft, Band 2, 7. Aufl., 1986, Sp. 649 ff., auch in: ders., Das Parlament im Verfassungsstaat, 2006, S. 588 ff.；F. Meinel, Der Jurist in der industriellen Gesellschaft. Ernst Forsthoff und seine Zeit 1902 – 1974, 2011；D. Mußgnug/ R. Mußgnug/A. Reinthal（Hrsg.），Briefwechsel Ernst Forsthoff/Carl Schmitt（1926 – 1974），2007；R. Mußgnug, Forsthoff, in: Badische Biographien, hrsg. von B. Ottnad, Band 1, 1982, S. 121 f.；K. -P. Schroeder,,,Eine Universität für Juristen und von Juristen". Die Heidelberger Juristische Fakultät im 19. und 20. Jahrhundert, 2010, S. 571 ff.；C. Schütte, Progressive Ver-waltungsrechtswissenschaft auf konservativer Grundlage. Zur Verwaltungsrechtslehre Ernst Forsthoffs, 2006；U. Storost, Staat und Verfassung bei Ernst Forsthoff, 1979。

法学，先后在弗莱堡大学、马尔堡大学和波恩大学就读。1923 年，他在波恩大学遇到卡尔·施米特，他的公法学案例练习课成为"决定一生的一次经历"。他因此成为法律人。② 1924 年，福斯特霍夫通过第一次国家司法考试，1928 年，通过第二次国家司法考试。1925 年，他在卡尔·施米特的指导下完成博士论文《邦的例外状态》，获得博士学位。1930 年，他在弗莱堡大学③成功完成教授资格论文《联邦国家中的公法人》。1933 年，福斯特霍夫在法兰克福大学获第一个教授职位，随后，汉堡大学（1935 年）、柯尼斯堡大学（1936 年）、维也纳大学（1941 年）和海德堡大学（1943 年）都向他发出邀请。福斯特霍夫在汉堡的时候，就已经与纳粹党发生第一次冲突。他在柯尼斯堡时担任了位于柏林的"旧普鲁士联盟新教教会"高级委员会的法律顾问，引起纳粹当政者的不满。④ 这造成的后果是，他被禁止到维也纳大学授课。1946 年年初，他又遭遇同样的命运：在美国占领区领导的命令下，福斯特霍夫被罢免职务。直到 1952 年，他才被允许回到大学任教。⑤

1960 年至 1963 年，福斯特霍夫担任塞浦路斯共和国宪法法院院长。因为担任该国第一任国家主席和总主教的马卡里奥斯三世拒绝执行有利于土耳其少数族群的裁判，他辞去了该职位。

在大学内外，他主要是在"埃布拉赫的假期专题研讨班"（Ebracher Ferienseminar）⑥开展了成功的教学活动。他在年满 65 周岁后退休，具体是在 1967 年的冬季学期退休。学生们对此感到非常遗憾，举着火把希望

---

② 1953 年 7 月 11 日在庆祝卡尔·施米特 65 岁生日时所言。D. Mußgnug/R. Mußgnug/A. Reinthal（Hrsg.），Briefwechsel Ernst Forsthoff/Carl Schmitt（1926－1974），2007，S. 397 f.

③ 卡尔·施米特自 1928 年任教的柏林商业高等学校并无授予教资资格的权力。F. Meinel, Der Jurist in der industriellen Gesellschaft. Ernst Forsthoff und seine Zeit 1902－1974, 2011, S. 40 ff.

④ 福斯特霍夫最初幻想纳粹政府积极地对待基督教。但是，这个幻想很快就破灭了。让他尤为恼火的是，他（徒劳地）尝试在专家意见书中以法律的途径阻止希特勒的计划，即将奎德林堡教堂改造成供奉亨利一世的地方。对此，参见 Ernst Forsthoff, Res sacrae, AöR 70（1940），S. 209 ff. 。

⑤ 对于福斯特霍夫在 1946 年至 1952 年期间拮据的生活状态，他甚至都没有养活家庭的固定收入，参见 F. Meinel, Der Jurist in der industriellen Gesellschaft. Ernst Forsthoff und seine Zeit 1902－1974, 2011, S. 304 ff. 。

⑥ Dazu：Säkularisation und Utopie. Ebracher Studien, Ernst Forsthoff zum 65. Geburtstag, 1967. Ferner: F. Meinel, Die Heidelberger Secession. Ernst Forsthoff und die „Ebracher Ferienseminare", Zeitschrift für Ideengeschichte, Heft V/2 2011, S. 89 ff.

他改变主意，不要退休。福斯特霍夫在后面的岁月集中从事了学术研究。⑦

除了上文提到的"埃布拉赫的研究"（Ebracher Studien），还有两本纪念文集献给福斯特霍夫。⑧ 1969 年，他被维也纳大学授予名誉博士称号。⑨

恩斯特·福斯特霍夫在长期与病魔作战后，于 1974 年 8 月 13 日在海德堡逝世。

二、 作品一（1945 年之前）

在一个阶段，"自由主义及民主的西方模式在很多人看来"，绝不仅仅是在极左和极右翼那里都被"贬低为毫无希望"。⑩ 在国家学内外的不少人将其希望寄托在强势的且优于社会的国家上。例如，在"保守革命"⑪ 的圈子里，国家被要求以"极权国家"（totaler Staat）⑫的形式出现；在希特勒成为帝国总理之后，他们也将希望寄托在他的政党宣告的"国家革命"上。这里的意思是什么，起初完全不清楚，从国家控制"运动"的意义来看，其呈现的形式和影响是可变的。福斯特霍夫也成

---

⑦　《工业社会的国家》在 1971 年出版，《行政法教科书》在 1973 年出版。K. Frey, Vorwort zur 2. Aufl. von „Rechtsstaat im Wandel", 1976, S. IX ff.

⑧　K. Doehring u. a.（Hrsg.）, Festgabe für Ernst Forsthoff zum 65. Geburtstag, 1967; R. Schnur（Hrsg.）, Festschrift für Ernst Forsthoff zum 70. Geburtstag, 1972（2. Aufl. 1974）.

⑨　针对颁发名誉博士号，对维也纳大学有点不光彩的前史，参见 Doehring, in W. Blümel（Hrsg.）, Ernst Forsthoff. Kolloquium aus Anlass des 100. Geburtstages von Prof. Dr. Dr. h. c. Ernst Forsthoff, 2003（mit Beiträgen von W. Blümel, K. Doehring, M. Herdegen, H. H. Klein und M. Ronellenfitsch）, S. 15 f. 。

⑩　H. Dreier, Die deutsche Staatsrechtslehre in der Zeit des Nationalsozialismus, VVDStRL 60（2001）, S. 9 ff.（14）; Stolleis, Geschichte des öffentlichen Rechts in Deutschland, 3. Band 1914–1945, 1999, S. 200.

⑪　A. Mohler, Die konservative Revolution in Deutschland 1918–1932, 4. Aufl., 1994; kritisch: S. Breuer, Anatomie der konservativen Revolution, 1993.

⑫　福斯特霍夫首次使用该概念，参见结尾总结部分：Die öffentliche Körperschaft im Bundesstaat, S. 182。

为这个错误的受害者，即使是在短暂的时间里。[13] 在他的专著《极权国家》[14] 中，他坚决反对"虚无主义的自由国家"、议会主义和政党国家、个人主义、多元主义及联邦主义。他主张脱离个人权利限制的"统治秩序"，且主张个人有义务完全服从整体。他深信国家为完成涉及生存的任务，不允许有主观的恣意。他写道："运动可以由元首个人执行。国家不行。……国家受制于传统、法律和秩序。"[15] 希特勒成为帝国元首后，受新法律制约。福斯特霍夫在这里，也包括在希特勒"夺权后"的一些年的发表中，展现为有信仰的国家社会主义者，同时针对毫无规则可言的动态发展主导的"运动"，也努力宣告可预测的国家秩序的形式。[16] 当然，在这期间，法律允许政党和国家的统一性，他因此在第2版的《极权国家》中放弃了努力宣告：[17] 他现在的说法是"国家社会主义的国家"。

想象误入歧途。纳粹国家继续发展成为"民族国家"或"元首国家"，福斯特霍夫并没有参与。在汉堡的时候，他就对此感到不满意，原因是他在一个报告中坚持法官受法律约束，并质疑纳粹党的政党章程的普遍约束力。[18] 对他而言，柯尼斯堡是一个"回避和外部安静的地方"[19]。而在那段时间，内部安静并不够，他并不隐晦地与纳粹保持距离，并积极参加教会的活动。

---

⑬ 福斯特霍夫后来一些年在私人场合或公共场合承认这是个严重且生命攸关的错误。Forsthoff, Der Staat der Industriegesellschaft, S. 53 f. ; Doehring, Ernst Forsthoff. Leben und Werk, in: Semper Apertus. Sechshundert Jahre Ruprecht-Karls-Universität Heidelberg 1386–1986, Band III, 1985, S. 442.

⑭ 1. Aufl. 1933, 2. Aufl. 1934. Zumal die 2. Aufl. ; 在罗森贝格(A. Rosenberg)和弗莱斯勒(R. Freisler)的批判下，第2版做了大幅度的修订，包含大量的反犹太主义的表述；同样参见 Deutsche Geschichte seit 1918 in Dokumenten, 1935, S. 290, 306; F. Meinel, Der Jurist in der industriellen Gesellschaft. Ernst Forsthoff und seine Zeit 1902–1974, 2011, S. 89 ff. 。

⑮ 第1版，第31页。相反，在第2版中，似乎希特勒"作为旧德意志国家千年以来的管理者"，"运动"成为其真正的担任者(第35页)。

⑯ U. Storost, Staat und Verfassung bei Ernst Forsthoff, 1979, S. 63. 福斯特霍夫的国家主义使他成为政党意识形态的敌人。

⑰ Gesetz zur Sicherung der Einheit von Partei und Staat vom 01. 12. 1933, RGBl I S. 1016.

⑱ Dazu E. -W. Böckenförde, Zum Briefwechsel zwischen Ernst Forsthoff und Carl Schmitt, AöR 133 (2008), S. 261 ff. (265).

⑲ Stolleis, Geschichte des öffentlichen Rechts in Deutschland, 3. Band 1914–1945, 1999, S. 285.

在柯尼斯堡的时光是福斯特霍夫取得学术成果最为丰硕的阶段。当希特勒独裁后，宪法问题已经"被解决"[20]，正如赫伯特·克吕格尔（Herbert Krüger，1905—1989）恰当的点评[21]，当元首成为宪法，他还有什么要坚持的?[22] 福斯特霍夫转而重点关注行政法。他认为，当时的行政法的技术针对国家社会主义行政已经失灵。原因是，法不仅确定限制，也确定行政行为的内容。[23] 福斯特霍夫以开拓时代的作品《作为给付主体的行政》（1938 年）"成功地走出关键的并直至今天都具有重要意义的学术史一步，超越了后宪法主义的行政法体系"[24]。福斯特霍夫通过该著作"填补了现有的行政法体系与现实之间的空隙"[25]。行政的任务（而非行政行为的形式）成为行政法学的核心。福斯特霍夫所关注的并非将传统的干预行政法从行政法学中剔除，而是关注以法律方法论为起点（而不只是社会学），探索给付行政（"生存照顾"）的现实及其"驯化"。这种给付行政也包括采用私法手段的行政。基于个人对国家给付的不可避免的基本生存的依赖，及基于"现代的人类群体的社会敏感性"[26]，他主张国家承担意外风险的责任[27]及（在他所处的年代并非理所当然的）行政受法律约束。[28] 另外，福斯特霍夫展示了人在现代国家并不是通过保障其自由，而是不管通过什么样的法律形式，以（规范性地保障）分享行政给付，来捍卫自己。这也包括法院有序的权利保护。[29] 通过公

---

[20]　Ernst Forsthoff, Das neue Gesicht der Verwaltung und der Verwaltungsrechtswissenschaft, DR 1935, S. 331 f.

[21]　Krüger, Führer und Führung, 1935, S. 45.

[22]　参见法国《人权和公民权宣言》第 16 条。

[23]　Vorwort zur 1. Aufl. des Lehrbuchs des Verwaltungsrechts, 1950, S. V.

[24]　F. Meinel, Der Jurist in der industriellen Gesellschaft. Ernst Forsthoff und seine Zeit 1902 - 1974, 2011, S. 102; s. a. S. 216.

[25]　Lehrbuch des Verwaltungsrechts, 1. Aufl., 1950, Vorwort, S. VI.

[26]　DR 1935, S. 398.

[27]　福斯特霍夫在他的《行政法教科书》中发展出他坚守的国家的危险责任的法律制度（1. Aufl., S. 259 ff.; 10. Aufl., S. 359 ff.）。不过学界和实务界都没有认同他的这个观点。对此，参见 F. Ossenbühl, Staatshaftungsrecht, 5. Aufl., 1998, S. 368 ff.。

[28]　Die Verwaltung als Leistungsträger, S. 1 f. F. Meinel, Der Jurist in der industriellen Gesellschaft. Ernst Forsthoff und seine Zeit 1902 - 1974, 2011, S. 126.

[29]　Die Verwaltung als Leistungsträger, S. 45 f., 49 f.

法保障分享行政给付，是生存照顾的概念的法律要义。[30]

在接下来的时间里，福斯特霍夫的思想展开的路径是，如何成功地"在有必要理性的和技术化的人民环境中，捍卫并非个人的，而是人格的空间"[31]。属于该思路的作品，包括在柯尼斯堡的报告《法的界限》（1941 年）、《法和语言》（1940 年）以及《作为给付主体的行政》出版后随即进行的关于行政法教科书的相关研究及公开发表的论文《行政法的任务和方法》（1942 年）。该阶段的另一个成果是 1940 年出版的精要书《近代德国宪法史》。[32] 该书并非偶然地展现了（勃兰登堡）普鲁士的宪法国家的历史发展。[33]

三、 作品二（1945—1974 年）

第二次世界大战结束后，福斯特霍夫及其大家庭非常困难。[34] 他曾考虑离开大学。但在 1950 年，他的《行政法教科书》出版，使他再次走向学术的舞台，成为第一等的德国行政法的人物。[35] 这本优雅的书在二十多年以来成为学习、学术和实践的"权威著作"[36]。因此，"它可以与莫里斯·奥里乌（Maurice Hauriou, 1856—1929）、拉费里埃

---

[30] Ernst Forsthoff, Rechtsfragen der leistenden Verwaltung, 1959, S. 9. 因此，福斯特霍夫也会说"基本权利属于历史"（Ernst Forsthoff, Rechtsfragen der leistenden Verwaltung, 1959, S. 1 und S. 45）。这更多的是具有时代局限性的现实分析，因而让人怀疑。在 1943 年的冬季学期，福斯特霍夫对听众说，当"人们以另一种方式被保护时"，也即分享生存照顾的给付得以保障时，排除自由主义的基本权利才有意义。对此，参见 F. Meinel, Der Jurist in der industriellen Gesellschaft. Ernst Forsthoff und seine Zeit 1902 - 1974, 2011, S. 176；178，213。

[31] Ernst Forsthoff, Grenzen des Rechts, 1941, S. 20.

[32] 第 1 版论述了 1871 年之前的德国宪法史，这违背所在时代的人们的期望，即应当论述 1933 年之前的德国失败历程（对此的书评，参见 H. Muth, Grundlinien der neueren deutschen Verfassungsentwicklung, DR 1941, S. 1269 ff.）。该书第 2 版是在战争的后几年完成，时间段截至 1933 年，直到 1961 年出版。对于该书，参见 E. Grothe, Zwischen Geschichte und Recht, 2005, S. 262 ff. 。

[33] 福斯特霍夫被称为"普鲁士神秘主义者"，参见 J. Kersten, Friedrich Julius Stahl（1802 - 1861），in: S. Grundmann u. a.（Hrsg.），Festschrift 200 Jahre Juristische Fakultät der Humboldt-Universität zu Berlin, 2010, S. 205 ff.（226）。

[34] Dazu：Briefwechsel（Fn. 1），S. 19 ff.；Meinel（Fn. 1），S. 304 ff.

[35] Hans Schneider, NJW 1972, S. 1654；ders., DÖV 1974, S. 596.

[36] H. Quaritsch, NJW 1974, S. 2120；ebenso P. Häberle, JZ 1975, S. 688.

(Laferrière)的贡献相媲美"[37]。

　　福斯特霍夫的一生主题是国家。他担心国家是否有能力针对社会的特殊性及其利益，落实公共福利。因此，他在初期受到纳粹鼓吹的"国家革命"的诱惑，也因此在困难的时期重视作为客观导向因素的行政。为此，他的行政法涉及国家。[38] 国家在行政中有其重点。国家不是作为维持秩序的干预性国家，而是作为可靠的给付国家而获得正当性。[39] 对此，国家也是敏感的。

　　在教科书中，首先论述行政法的本质和历史，然后是行政法的法治国家的结构。在这里，福斯特霍夫继续其在 1938 年的思考，将其放在负责生存照顾的行政上。因此，对于福斯特霍夫而言理所当然的是，在"第三帝国"倒台后重兴基本权利，他确信在 20 世纪仅靠宪法保障个人的自由并不能确保人有尊严地活着。[40] 他并没有忽视在重兴基本权利的过程中，生存照顾的概念的法律意义的相对化。原因是，在法治国家宪法保护下发展的工业社会条件下，是社会首先负责生存保障。生存照顾从此成为国家的补充职能，当然是一个重要的补充职能。[41]

　　福斯特霍夫的《行政法教科书》很快被称为"福斯特霍夫行政法"，以典范性的严谨、清晰的概念方式呈现了在当时还没有的行政法总则[42]，并"融入思想史、社会学、经济和政治方面的视角。在该视角下，他变

[37]　P. Häberle, JZ 1975, S. 688.

[38]　Doehring, Juristen im Portrait (Fn. 1), S. 348; Schütte (Fn. 1), S. 18.

[39]　M. Bullinger, Der Beitrag von Ernst Forsthoff zum Verwaltungs- und Verfassungsrecht, in: K. Grupp/U. Hufeld (Hrsg.), Recht—Kultur—Finanzen, Festschrift für R. Mußgnug zum 70. Geburtstag, 2005, S. 399 ff. (403).

[40]　Meinel, Der Jurist in der industriellen Gesellschaft. Ernst Forsthoff und seine Zeit 1902–1974, 2011, S. 338 f.

[41]　Ernst Forsthoff, Rechtsfragen der leistenden Verwaltung, 1959, S. 20 f. —Zur Daseinsvorsorge und ihrer aktuellen Bedeutung s. Ronellenfitsch in: Blümel (Fn. 1), S. 53 ff., insb. S. 67 ff.; derselbe, Daseinsvorsorge und service d'intérêt général im Interventionsstaat, in: S. Magiera/K.-P. Sommermann (Hrsg.), Daseinsvorsorge und Infrastrukturgewährleistung. Symposion zu Ehren von W. Blümel zum 80. Geburtstag, 2009, S. 27 ff.; mit anderer Akzentuierung J. Kersten, Die Entwicklung des Konzepts der Daseinsvorsorge im Werk von Ernst Forsthoff, Der Staat 44 (2005), S. 543 ff.

[42]　使一大部分的行政法总则部分法典化的《行政程序法》在 1977 年 1 月 1 日生效。

得成熟"⑬。⑭ 例如，按照彼得·巴杜拉（Peter Badura）的评价，福斯特霍夫知道将"社会学的分析和法教义学"结合在一起。⑮ 有悖于一些人期望将该书与《作为给付主体的行政》连接在一起，福斯特霍夫继受法治国家的行政法的学术传统，⑯ 其体系方面的品质对他而言并没有过时。⑰这并未导致忽略给付行政或完全放弃其详细的论述。但是，福斯特霍夫清楚地知道构建性的行政展示出的法律结构，"与行政法学的传统方法并不完全一致"⑱。该《行政法教科书》一直未明确的基本认识是："将干预行政和生存照顾整合到一体化的法律制度中的任务还没有完成。这或许事实上不能完成。"⑲

　　"计划"（Plan）和"规划"（Planung）属于协调国家行为的特殊的但又不是新的行为方式。它们在 20 世纪拥有基础性的意义。在空间秩序法和环境法中，计划有着更为特殊的意义，是一种不可舍弃的行政行为的方式。福斯特霍夫基于其对国家行为方式的敏感性，尤其是计划在其中的意义，很早的时候就关注到该方面的发展。这体现在他的学生兼同事

　　⑬　H. P. Ipsen, Buchbesprechung, AöR 76（1950/51）, S. 377 ff.

　　⑭　在福斯特霍夫翻译的孟德斯鸠《论法的精神》的序言中，他写道："该书的研究成果如此丰富，似乎成为终结之书，作者也没有忘记语言艺术者和整体建筑。对此，作者并不是没有自我认识。"（S. XVI）自己的作品也应当如此。

　　⑮　Die Daseinsvorsorge als Verwaltungszweck der Leistungsverwaltung und der soziale Rechtsstaat, DÖV 1966, S. 624 ff.（626）; E. Schmidt-Aßmann, Das Allgemeine Verwaltungsrecht als Ordnungsidee, 2. Aufl. , 2004, S. 164 f.

　　⑯　Vgl. das Vorwort zur 1. Aufl. des Lehrbuchs, 1950, S. VII. Kritisch: A. Vosskuhle, Allgemeines Verwaltungs- und Verwaltungsprozessrecht, in: D. Willoweit（Hrsg. ）, Rechtswissenschaft und Rechtsliteratur im 20. Jahrhundert, 2007, S. 935 ff.（959）.

　　⑰　尽管福斯特霍夫抱怨不够，但他还是表达了对奥托·迈耶的学术贡献的最高尊重：因为他产生的"法学的，也即从法律模式出发的行政法的纲要和描述，在德国学术中占有一席之地"（Lehrbuch, 10. Aufl. , S. 52）。

　　⑱　Lehrbuch des Verwaltungsrechts, 10. Aufl. , S. 73—s. a. die folgenden Seiten.

　　⑲　Ernst Forsthoff, Begriff und Wesen des sozialen Rechtsstaats（1953）, in: Rechtsstaat im Wandel, 2. Aufl. , 1976, S. 65 ff.（70）; s. a. E. Forsthoff, Rechtsfragen der leistenden Verwaltung, 1959, S. 54. 关于"行政法体系建构的失败"及其原因，参见 Meinel, Der Jurist in der industriellen Gesellschaft. Ernst Forsthoff und seine Zeit 1902－1974, 2011, S. 148 ff. 及包含的文献。

维利·布吕梅尔(Willi Blümel, 1929—2015)的基础性研究上。⑩福斯特霍夫和他合作，在 1969 年为联邦内政部出具了在次年出版的专家报告《空间秩序法和建筑规划法》，探讨了规划的两种形式。在"行为学说"一章，有关于"计划和规划"的论述。如果涉及与空间相关的计划，该内容同样体现在第 10 版的《行政法教科书》中。⑪

如上所述，即使在个别论点上有争议，但是诸如福斯特霍夫主张的违法获益行政行为的撤销义务⑫，在行政法领域拥有无可争辩的权威。而他对宪法的论点和对联邦德国的"实证分析"方面有着激烈的争议。⑬

福斯特霍夫在战后主张"自下而上"建设国家，主张强化社员性的因素。⑭为了限制政党的影响，他主张抛弃直接选举中央的议会。所有这些主张的理由是(幸亏是错误的，但是基于直接的战后时代的视角，这又是可以理解的)：德国将会在很长一段时间内没有机会再次经济繁荣和拥有政治意义。和不少的同事一样，福斯特霍夫在最初的时候以冷静的态度对待《基本法》。

他一直保持怀疑。但是，他做了积极的转变，关注维护法治国家和忧虑联邦共和国的国家性。⑮诸如，他在行政法中努力赋予国家法和宪法理论与社会现实保持一致的形式。⑯在这两个方面，他的观点与主流学说在一定程度上发生激烈的讨论。福斯特霍夫的国家学和宪法学经常

⑩　参见福斯特霍夫《行政法教科书》第 10 版第 302 页的证明；主要是参见布吕梅尔在 1967 年的教授资格论文《计划确定——第二编：现行法下的计划确定》(Die Planfeststellung. Zweiter Teil: Die Planfeststellung im geltenden Recht)。该论文直到 1994 年才被收录到《施派尔研究报告》第 140 期正式出版。另外，参见 E. Forsthoff, Über Mittel und Wege moderner Planung, in: J. H. Kaiser (Hrsg.), Planung III, 1968, S. 21 ff.。

⑪　S. a. E. Forsthoff, Der Staat der Industriegesellschaft, S. 115 f.

⑫　Vgl. Lehrbuch des Verwaltungsrechts, 10. Aufl., S. 262 ff.

⑬　Vgl. nur Ernst Forsthoff, Die Bundesrepublik Deutschland. Umrisse einer Realanalyse (1960), in: Rechtsstaat im Wandel, 2. Aufl., 1976, S. 1 ff.

⑭　另外，基于公民参与的视角，对社区自治的积极评价，参见福斯特霍夫的报告：Die Daseinsvorsorge und die Kommunen (1958), in: Rechtsstaat im Wandel, 1964, S. 111 ff.。

⑮　在担忧国家的背后，是担忧国家学在削减国家性：Verfassung und Verfassungswirklichkeit der Bundesrepublik (1968), in: Rechtsstaat im Wandel, 2. Aufl., 1976, S. 25 ff. (37). Zum Thema: J. Isensee, in: O. Depenheuer/C. Grabenwarter (Hrsg.), Verfassungstheorie, 2010, § 6 Rdnrn. 52 ff. (bes. 56), 57 ff.。

⑯　在与现代的宪法理论的比较中，福斯特霍夫重视孟德斯鸠，原因是后者努力"掌握围绕在宪法概念的整个政治现实，且不被形式的体系和概念构建所牺牲"(序言第 LII 页)。

涉及具体的情形，[57] 因此，并不能排除不清晰的方面。[58] 在他的后来的作品《工业社会的国家》[59] 中，他对很多思考做了总结。

1. 福斯特霍夫首先是担忧宪法的规范性。因此，他坚决反对通过实质的宪法解释实现"宪法的去形式性"。他的思考起点是 20 世纪 50 年代关于社会国家原则的宪法意义的争论。该争议如此激烈，还因为在联邦共和国的早期，有人尝试保持宪法的开放性，从而建立社会主义的经济秩序和社会秩序。多数的国家学并未遵从该路线。[60] 但是，它转变到的路线是将社会国家原则作为改变基本权利的因素，因此赋予立法者较大的构建空间，尤其是在所有权方面。[61] 这至少会给人造成的印象是，法治国家及其个人权利的保障应当受制于社会国家的构建。而在这里完全不清楚的是，在现有的社会的保障体系之外，人们该如何理解社会国家。

1953 年，福斯特霍夫在波恩举办的德国国家法教师协会的大会上坚决反驳上述观点，[62] 尤其是他的观点"社会国和法治国不应当在宪法层面融合"遇到反对的声音。当然，与广泛流行的误解相对，他没有否定法治国原则体现的任何宪法意义，甚至是否定社会国的意义：[63] 他认为，基本法认可社会国，意味着这也成为立法和行政的目标之一。因此，福斯特霍夫并不倾向于隐藏社会国与法治国之间（不可解决）的矛盾——社

---

[57] 最重要的，参见 Rechtsstaat im Wandel, 2. Aufl. , 1976。

[58] 例如，Häberle, Zum Staatsdenken Ernst Forsthoffs, ZSchweizR N. F. 95（1976），S. 483。

[59] M. Bullinger, Der Beitrag von Ernst Forsthoff zum Verwaltungs- und Verfassungsrecht, in: K. Grupp/U. Hufeld（Hrsg.），Recht—Kultur—Finanzen, Festschrift für R. Mußgnug zum 70. Geburtstag, 2005, S. 404. 该书在弗莱堡大学公法图书馆中唯一的一本，已经完全不可阅读。

[60] 后来的讨论，参见 W. Abendroth, Das Grundgesetz, 1966, S. 68。该争论被主编福斯特霍夫收录在 1968 年的《法治国家性和社会国家性》（Rechtsstaatlichkeit und Sozialstaatlichkeit）中。

[61] 福斯特霍夫在 1959 年写道，在宪法政策上，这意味着在大幅度消灭自由主义的内容的条件下将基本权利转释为实质上是社会确定的义务约束。对此，参见 Die Umbildung des Verfassungsgesetzes, in: Rechtsstaat im Wandel, 2. Aufl. , 1976, S. 130 ff.（141）。

[62] Begriff und Wesen des sozialen Rechtsstaats, VVDStRL 12（1954），S. 8 ff. = Rechtsstaat im Wandel, 2. Aufl. , 1976, S. 65 ff.

[63] Vgl. nur Forsthoff, Lehrbuch des Verwaltungsrechts, 10. Aufl., 1073, S. 4. —Dazu W. Pauly, Verfassungs- und Verfassungsprozessrecht, in: D. Willoweit（Hrsg.），Rechtswissenschaft und Rechtsliteratur im 20. Jahrhundert, 2007, S. 883 ff.（896）.

会国给付一份东西，法治国必须之前收到一份东西（例如从下一代获取）。福斯特霍夫想要实现社会国的措施必须用基本法的法治国保障来衡量，[64] 而这两个宪法原则的"融合"实则是在社会国的名义下的计划，意味着法治国失去作用。[65]

事实上，福斯特霍夫取得了更多的成功。他将社会国原则解读为国家目标的追求。联邦宪法法院在该意义上，在持续不断的裁判中认为，社会国原则确定了国家的义务，即维护一个公平的社会秩序。[66] "立法者不做更为具体的规定就直接限制基本权利"，是不合适的。福斯特霍夫认识到了这一点。当然，法院补充认为，社会国原则"针对基本权利的解释及针对限制基本权利的法律的解释和宪法评价"具有意义。[67] 对此，社会相关的共同利益有助于使基本权利干预正当化。当然，这需要按照比例原则来衡量。一些保障基本权利的规定明确包含社会国的法律保留，这就更加明显。

2. 在社会国的主题之外，20 世纪 50 年代和 60 年代，国家法学尤其是从根本上讨论了宪法解释。[68] 这对福斯特霍夫而言也是如此。[69] 他的核心观点是："宪法解释作为法律解释的问题"[70] 会导致宪法不确定性的方法，这种被他称为"精神科学的评价有序的"方法与福斯特霍夫的方法相对。福斯特霍夫主张回归"法律"的方法。为了处理这种不确定性，

---

　　[64]　例如，福斯特霍夫强烈主张区分所有权保护和通过税收的社会国的再分配。参见 Eigentumsschutz öffentlich-rechtlicher Rechtsstellungen, NJW 1955, S. 1250 ff. ; s. a. Das politische Problem der Autorität, in: Rechtsstaat im Wandel, 2. Aufl. , 1976, S. 14 ff. （18）。

　　[65]　另外，福斯特霍夫认为，社会国原则上来说无需宪法的保障，原因是现代国家自身为了得到保障，并不能脱离"社会实现"（soziale Realization）。对此，超出所有人的期待，后来的发展证明他是正确的。

　　[66]　BVerfGE 59, 231 （263）; zuletzt BVerfGE 100, 271 （284）.

　　[67]　BVerfGE 59, 231 （262 f.）.

　　[68]　德赖尔（R. Dreier）和施韦格曼（F. Schwegmann）主编的 1976 年的论文集《宪法解释问题》（Probleme der Verfassungsinterpretation）; 另外，参见 E. -W. Böckenförde, Die Methoden der Verfassungsinterpretation. Bestandsaufnahme und Kritik （1976）, in: derselbe, Staat, Verfassung, Demokratie, 1991, S. 53 ff. ; K. Stern, Das Staatsrecht der Bundesrepublik Deutschland, 1. Band, 2. Aufl. , 1984, S. 123 ff. 。

　　[69]　尤其是参见《变迁中的法治国》（Rechtsstaat im Wandel, 2. Aufl. , 1976）第五章中的论文。

　　[70]　Dreier/Schwegmann, Probleme der Verfassungsinterpretation, 1976, S. 7, 15.

他有意挑衅，把法治国描述为"保障法律的自由的法技术概念的体系"⑰。基本法和其他的法律一样，都应当按照萨维尼表述的经典的法律诠释学的规则来解释。⑱基于此，他一直以来主要是批判联邦宪法法院关于基本权利的裁判，⑲将其"转释"为一种"价值体系"，在他看来是"将清晰的概念解散为流言"⑳。福斯特霍夫认为法治国的解散是因为司法国家，联邦宪法法院在其中将自己凌驾于立法和行政之上。

毋庸置疑，福斯特霍夫因此提出了正确的问题。就立法和宪法裁判权的关系，一般而言，对于法官受法律的约束，这些问题在现在还具有现实意义。㉕联邦宪法法院也不是没有注意到福斯特霍夫的警告，即将基本权利理解为评价体系，㉖因此注意到了基本权利教义学很有可能被意识形态俘获。应当明确的是，"基本法在其基本权利的篇章同时追求客观秩序的要素"㉗，并且基于基本权利的客观意义产生国家保护义务，

---

　⑰　Die Umbildung des Verfassungsgesetzes, in: Rechtsstaat im Wandel, 2. Aufl., 1976, S. 152. 在1959年纪念卡尔·施米特的文集中，福斯特霍夫发表的挑衅文章在德国国家法学说中引发激烈的争议。

　⑱　A. Hollerbach, Auflösung der rechtsstaatlichen Verfassung?, AöR 85（1960）, S. 241 ff.；E.-W. Böckenförde, Die Methoden der Verfassungsinterpretation. Bestandsaufnahme und Kritik（1976）, in: derselbe, Staat, Verfassung, Demokratie, 1991, S. 56 ff. 福斯特霍夫并不认为法律解释不存在评价过程的观点。1967年1月19日，在海德堡大学的学生举着火把时，他发表简短讲话，认为规范并非法律人最后的词语："最后的词语在于规范的执行。我们从中知道，它是一个复杂的过程。这里有负责任的良知的主观决定的说法。"转引自 E.-W. Böckenförde, Vom Ethos der Juristen, 2. Aufl., 2011, S. 46 Fn. 88。

　⑲　福斯特霍夫在1958年6月5日写给卡尔·施米特的信件（D. Mußgnug/ R. Mußgnug/ A. Reinthal, Hrsg., Briefwechsel Ernst Forsthoff/ Carl Schmitt, 1926 – 1974, 2007, Nr. 105）。在关于他的国家法报告的讨论中就指出两者的关联：将社会国家条款赋予当然的规范性特征及脱离准确的宪法文本的危险。

　⑳　Der Staat der Industriegesellschaft, 1972, S. 69.

　㉕　Vgl. nur BVerfGE 128, 193（209 ff.）. 对于宪法裁判权的功能，参见 H. H. Klein, Verfassungsgerichtsbarkeit und Verfassungsstruktur. Vom Rechtsstaat zum Verfassungsstaat, in: P. Kirchhof u. a.（Hrsg.）, Steuerrecht, Verfassungsrecht, Finanzpolitik. Festschrift für F. Klein, 1994, S. 511 ff., auch in: Das Parlament im Verfassungsstaat（Fn. 1）, S. 409 ff., mit Nachw。联邦宪法法院已经意识到问题（BVerfGE 95, 1, 15）。联邦宪法法院被指责超越界限的做法自然不会被排除。

　㉖　Vgl. nur BVerfGE 50, 290（337 f.）. —Zum Problem: H. Dreier, Dimensionen der Grundrechte. Von der Wertordnungsjudikatur zu den objektiv-rechtlichen Grundrechtsgehalten, 1993; U. Di Fabio, in: D. Merten/H.-J. Papier（Hrsg.）, Handbuch der Grundrechte in Deutschland und Europa, Band II, 2006, § 46.

　㉗　BVerfGE 73, 261（Leitsatz）.

进而产生给付请求。[78] 完全是在福斯特霍夫的意义上,联邦宪法法院将宪法视为包含(有一些特殊性的)具体的规则内容的法律,这些规则内容不允许任意的效力续造。

　　总而言之,福斯特霍夫尝试将宪法解释完全借助权威的法律解释规则的做法失败了。这是因为针对历史解释和目的解释,同时缺少不同解释方法的权威的位序,[79] 传统的法律解释方法不能保证法官裁判的确定性和可预见性。同时,不无道理的是,除了大致借助"经典"解释规则,[80] 福斯特霍夫自己的宪法解释的方法也没有展现出清晰的脉络。[81] 当然,福斯特霍夫担心实质的宪法解释导致去除宪法的规范性也不是没有正当性。无论如何,因为解释本身就有价值评价的因素,所以,借助任何方法的文本解释都不能永远得出三段论式的明确结果。联邦宪法法院也没有发展出具有普遍约束力的方法论。它不能也不被允许这样做,原因是这"超出了任何的司法裁判权的职能,即最终回答这类的抽象问题"[82]。正确的是,法院在解释宪法规范时拥有一定的灵活性,同时也不脱离普遍承认的解释规则的"制约和理性化的功能"[83]。福斯特霍夫主要是对宪法裁判权的评价有错误的认识。他并不明白宪法裁判权在宪法国家的角色(即"服务国家的政治一体化"[84])及作为法院和宪法机关(《联

　　[78] BVerfGE 35, 79 (114); 96, 56 (64). —Dazu: H. H. Klein, Die grundrechtliche Schutzpflicht, DVBl 1994, S. 489 ff., auch in: Das Parlament im Verfassungsstaat (Fn. 1), S. 179 ff.

　　[79] Dreier/Schwegmann, Probleme der Verfassungsinterpretation, 1976, S. 23 ff.

　　[80] Vgl. Ernst Forsthoff, Zur Problematik der Verfassungsauslegung (1961), in: Rechtsstaat im Wandel, 2. Aufl., 1976, S. 153 ff. (173).

　　[81] E. -W. Böckenförde, Die Methoden der Verfassungsinterpretation. Bestandsaufnahme und Kritik (1976), in: derselbe, Staat, Verfassung, Demokratie, 1991, S. 60. 恩斯特-沃尔夫冈·伯肯弗尔德称福斯特霍夫的观点是"不可实现的合击"。

　　[82] P. Lerche, Stil und Methode der verfassungsgerichtlichen Entscheidungspraxis, in: P. Badura/H. Dreier (Hrsg.), Festschrift 50 Jahre Bundesverfassungsgericht, 2001, 1. Band, S. 333 ff. (336).

　　[83] P. Lerche, Stil und Methode der verfassungsgerichtlichen Entscheidungspraxis, in: P. Badura/H. Dreier (Hrsg.), Festschrift 50 Jahre Bundesverfassungsgericht, 2001, 1. Band, S. 357.

　　[84] BVerfGE 62, 1 (45).

邦宪法法院法》第 1 条第 1 款)的联系宪法法院的功能。[85]

3. 福斯特霍夫在 1971 年出版的《工业社会的国家——以联邦德国为例》超出其他的专业领域,一直到今天都备受关注。[86] 正如该书第一章的双重意义的标题所表达的,该书涉及的对象是"国家记忆"。福斯特霍夫坚决反对在宪法中去除国家(及在宪法学中去除国家学)。[87] 正如洛伦茨·冯·施泰因表达的,国家有义务保护其公民的自由,用来"阻止在社会平等中产生新的受优待的法律阶级"。这是促进自由的法治国宪法的核心。在该意义上,国家和社会的区分成为前提条件。[88] 一个国家只有不受社会的力量的控制,而是控制社会的力量,并且有国家成员同意的权威,才能实现上述的保护。福斯特霍夫担心"'具体一般'不再有组织化的主管机关,其足够强大,使具体一般为自己所用且发挥作用"[89]。原因是国家在今天相对于个人自由,"不再是拥有被承认的权威的精神的政治能力,而是作为立法的和行政的集体,其用来实现自己的目的"[90]。从福斯特霍夫的视角来看,国家成为"社会的功能"[91],并不意味着国家是不稳定的。当然,国家的问题,一方面是因为是去推动社会的再分配,另一方面是工业社会为整个社会带来的贡献:完全就业和

---

[85]　福斯特霍夫在 1971 年 6 月 24 日写信给卡尔·施米特说"但是,谁将是卡尔斯鲁厄的法官"(D. Mußgnug/R. Mußgnug/A. Reinthal, Hrsg., Briefwechsel Ernst Forsthoff/Carl Schmitt, 1926 - 1974, 2007, Nr. 326)。笔者经常会问,如果恩斯特·福斯特霍夫还活着,当他知道在 1983 年 12 月他的最重要的对话者之一(恩斯特-沃尔夫冈·伯肯弗尔德)及他的一位学生(即笔者的学生)成为联邦宪法法院的法官时,会说些什么。

[86]　Vgl. nur A. Gehlen, Wie stark darf der Staat sein?, DIE WELT Nr. 49 vom 27. 02. 1971; M. Otto, Die Situation ist da, FAZ Nr. 291 vom 14. 12. 2005, S. 37.

[87]　Dazu: E. Forsthoff, Einleitung, S. 9, in: ders., Lorenz von Stein, 1972.

[88]　Dazu Forsthoff (wie Fn. 87), S. 18, 19 f. Aus heutiger Sicht vgl. nur: H. H. Rupp, in: J. Isensee/P. Kirchhof (Hrsg.), Handbuch des Staatsrechts, 3. Aufl., 2. Band, 2004, § 31; ferner: K. -H. Ladeur, in: Verfassungstheorie (Fn. 45), § 18 Rdnr. 49: Staat als Moderator der „Gesellschaft der Netzwerke", s. a. Rdnr. 51 mit Fn. 199 zu F.

[89]　Der Staat der Industriegesellschaft, S. 30.

[90]　Von der Staatsrechtswissenschaft zur Rechtsstaatswissenschaft (1968), in: Rechtsstaat im Wandel, 2. Aufl., 1976, S. 188 ff. (191); s. a. Der Staat der Industriegesellschaft, S. 51 ff. —„Der Staat hat den Raum einer objektiv geistigen Staatlichkeit verloren": Haben wir zuviel oder zuwenig Staat? (1955), in: Rechtsstaat im Wandel, 1964, S. 63 ff. (73). 西蒙斯(W. von Simons)在关于福斯特霍夫的著作的书评中认为,联邦德国失去了其他国家保持的东西,即"信仰国家无论如何都要保留的生活形式"。对此,参见 Der Staat 11 (1972), S. 51 ff. (58)。

[91]　Der Jurist in der industriellen Gesellschaft (1960), in: Rechtsstaat im Wandel, 2. Aufl., 1976, S. 232 ff. (239).

增加福利(由此,它间接地实现国家的再分配的权力)。国家为此仅提供框架条件并担负保障责任(后来常见的概念)。如果这种相互作用不再发生作用,评价就陷入危险。

福斯特霍夫认为,对国家的另一个挑战是"技术的实现"(technische Realisation),即不是主要满足现有的需求,而是满足自己产生的需求带来的威胁:"技术的过程以自己的意思进行生产。"[92] 国家有三种路径应对技术。一是与技术融合,为它的目的使技术工具化。这意味着从原则上否定个人自由(例子是布尔什维克国家)。二是国家让技术及其中立性针对所有人,任其自由发展。三是国家确定技术的实现发生的框架。福斯特霍夫考虑到了环境破坏,考虑到了技术"在可预见的将来按照基因研究的结果,有可能改变人类"[93]。对此,国家必须证明自己是可信的。为此,正如技术本身,国家是权力的现象,"需要同样的权力,当然不是优越的权力"。这并不意味着它不再是法治国。[94]

福斯特霍夫关注自由和人性,原因是他怀疑联邦德国有能力给技术的实现[95]划定界限,针对工业社会的"大型结构"落实"具体一般"。将其稳定性归结为工业社会的国家,并不能针对后者行使统治权。[96] 为此,福斯特霍夫将希望寄托在大型的区域一体化和全球的合作。

福斯特霍夫避免武断的回答。他没有给出最终的答案。他以其不同

---

[92] Der Staat der Industriegesellschaft, S. 41.

[93] Der Staat der Industriegesellschaft, S. 45 f.

[94] Der Staat der Industriegesellschaft, S. 46 f.

[95] 关于"实现"(Realisation)这个概念的有趣的解读,参见 F. Meinel, Der Jurist in der industriellen Gesellschaft. Ernst Forsthoff und seine Zeit 1902 - 1974, 2011, S. 462 ff.。

[96] 对福斯特霍夫而言,这尤为明显地体现在法律人在公共行政中的意义在退缩。法律人不断地在行政中依赖专业知识,从而被专家替代。这样的知识"相较于经济领域职位所需要的知识并无两样"。因此,行政丧失了"相对于社会的领先地位",并且这种地位的基础是其与社会的距离。对此,参见 Der Staat der Industriegesellschaft, S. 105 ff. (Zitate S. 112, 113). S. a. die Aufsätze „Der lästige Jurist" (1955) und „Der Jurist in der industriellen Gesellschaft" (1960), in: Rechtsstaat im Wandel, 2. Aufl., 1976, S. 227 ff., 232 ff.。

寻常的敏锐性[97]剖析了现代（法治）国家的问题。毫无疑问，这些问题具有现实性：诸如能源政策或医疗政策中的法律谈判或法律代表的协定、缩减的社会政策产品和不可衡量的国家负债中再分配国家的危机、利益集团的游说者不可控制、国家面对金融市场或环境变化的无助、国家争取在基因技术中落实伦理原则，以及国家尝试在技术的实现和经济的实现中通过超国家的和国际的合作，[98]重新取得控制权。福斯特霍夫针对在工业社会的条件下民主的宪法国家的变化问题，在其著作出版40年后还在等待答案。

四、 结语

恩斯特·福斯特霍夫是一位保守主义者。但是，他并不认同联邦共和意义上的（直到今天才理解正确的）保守主义。保守的是他支持国家，将国家理解为针对社会的力量自主的并脱离于后者的独立的公共利益守护者，拥有自己的尊严和权威并有能力保护个人自由。同时，对职业公务员而言，国家是该思想的体现。他思考联邦共和国的发展，将其视为失灵的现象。在对第二个德国民主的成功经验有着共同认识或至少自我满足的共同认识之外，这个经过证明的观点给对年轻的共和国和当今德国的弱点的敏锐分析提供了支持。对此，按照罗曼·霍尔佐格（Roman Herzog）的评价，"没有人能像福斯特霍夫一样，更多地看到'国家'和'社会'这一组概念产生以来，政治的和社会的前提条件发生如此的变化"[99]。原因是福斯特霍夫距离制作出"适当的现实图景还有很长

---

⑨⑦　一个例子是，福斯特霍夫1948年在《非教义政治新闻》中写道："技术的展开，尤其是现代通信技术的展开，在现代的统治形式中对宪法立法具有非常重要的意义……技术手段的传播扩大了其政治的冲突。从其本身而言，这有助于在统治者和被统治者之间建立真正的直接联系。这也会成为欺骗的工具，从而建立不真实的宣传政策的空间。人群规模化中的去根源化、其淡化批判性及其感性的冲动导致人成为欺骗的受害者。"转引自 F. Meinel, Der Jurist in der industriellen Gesellschaft. Ernst Forsthoff und seine Zeit 1902 - 1974, 2011, S. 330。

⑨⑧　涉及对作为治理机构的国家提出挑战的经济政策和外汇政策，霍德根（M. Herdegen）的说法是经济的实现，参见 W. Blümel（Hrsg.），Ernst Forsthoff. Kolloquium aus Anlass des 100. Geburtstages von Prof. Dr. Dr. h. c. Ernst Forsthoff, 2003, S. 41 ff.（51）。

⑨⑨　Herzog, Gedenkrede auf Ernst Forsthoff, in: M. Herdegen u. a.（Hrsg.），Staatsrecht und Politik, Festschrift für Roman Herzog zum 75. Geburtstag, 2009, S. XXVII.

的距离",相反,在行政法中正如在宪法中,他并没有疲惫于在法学中以客观的视角融入现实(有时候故意采用极端挑衅的方式)。

福斯特霍夫在谈话中谦虚、冷静,在学术作品中展现了令人注目的广度和深度。他超越专业,展现出跨越学科的历史的、文学的及哲学的素养。基于此,他镇定、独立、不屈服、坚定。他以自己的镇定面对1945 年之前和之后大量的敌对行为。他以内在的独立性和不屈服惹怒他的对手,成为他的朋友和学生的榜样,成为他的标志性特征。同样,他还有不受任何东西动摇的坚定的个性。[100]

---

[100] Herzog, Gedenkrede auf Ernst Forsthoff, in:M. Herdegen u. a. (Hrsg.), Staatsrecht und Politik, Festschrift für Roman Herzog zum 75. Geburtstag, 2009, S. XXⅢ;Doehring, in:W. Blümel(Hrsg.), Ernst Forsthoff. Kolloquium aus Anlass des 100. Geburtstages von Prof. Dr. Dr. h. c. Ernst Forsthoff, 2003, S. 16 ff. ("作为朋友的恩斯特·福斯特霍夫")

恩斯特·鲁道夫·胡贝尔
（Ernst Rudolf Huber，1903—1990）
——从新黑格尔主义国家思想到国家主义宪法史

克里斯托夫·古居[①]　著　吴国邦　译

一、　生平

恩斯特·鲁道夫·胡贝尔于1903年6月8日出生在现今的伊达尔·奥贝施泰因（Idar-Oberstein）。当时的莱茵兰（Rheinland）仍处于被占领状态，资产阶级的家庭背景以及当时奥尔登堡公国比肯费尔德（Birkenfeld）地区的新教环境对他的少年时期产生了很大影响。他在图宾根、慕尼黑和波恩分别学习了哲学、国民经济学和法学，1926年，他在卡尔·施米特指导下在波恩获得博士学位，[②] 之后又跟随约翰内斯·黑克尔（Johannes Heckel）和海因里希·格珀特（Heinrich Göppert）工作了一段时间。早在1931年，他就以编外讲师（Privatdozent）的身份发表了就职演说。[③] 他属于"战争青年一代"（Kriegsjugendgeneration），即成长于危机时期和第一次世界大战中但没有参加战争的那一代人。在他们这一代人看来，德国的兴盛与衰落、战争的失败与《凡尔赛条约》的签订、革命的兴起

---

　　① 在此要感谢比勒菲尔德（Bielefeld）的克吕格尔（A. Krüger）女士，感谢她所做的前期准备工作以及在笔者完成这篇文章期间给予的支持和帮助。

　　② H.，Die Garantie der kirchlichen Vermögensrechte in der Weimarer Verfassung，1927；s. a. H.，Verträge zwischen Staat und Kirche.

　　③ H.，Das Deutsche Reich als Wirtschaftsstaat，1931；s. a. H.，Wirtschafsverwaltungsrecht.

与《魏玛宪法》的确立、共和国成立危机与 20 年代经济危机，串联起来便是一部昭示着解体和衰溃的历史；也正因此，这一代人总是喜欢在政治领域和公开场合表达对德国现状的不满。胡贝尔在保守革命中找到了自己的政治方向：他在《标准报》《环报》和《德意志民粹》等报刊上发表了 50 多篇论文。④ 他投身于当代宪法（改革）的讨论中，要求建立一个以种族主义为核心的具有强大行政机构的国家。在实践中，当时他与卡尔·施米特合作，策划以成立临时独裁政权⑤的方式突破《魏玛宪法》的制约，并试图在宪法法院为普鲁士政变的"正当性"辩护。希特勒上台之后，很多人把新政府作为实现他们保守主义、国家主义或独裁目标的工具，胡贝尔也是其中之一。1933 年 5 月 1 日，他加入了纳粹党。同年，30 岁的他被任命为基尔大学"突击队"学院的正式教授。胡贝尔参与编辑了《整体国家学杂志》；加入了德国法学会；撰写了关于国家法的或许是最重要的一部教科书；1937 年被聘任为莱比锡大学教授；1941 年受聘于斯特拉斯堡大学。凭着这些履历，他成为第三帝国最重要的国家法学者之一。在逃离法国之后，他生活在黑森林（Schwarzwald），之后迁往弗莱堡，他的妻子图拉·胡贝尔·西蒙斯（Tula Huber Simons）在那里做律师。他妻子的父亲瓦尔特·西蒙斯（Walter Simons）曾任帝国外交部长和帝国最高法院院长。起初，胡贝尔行事比较张扬，以致他是为数不多的——与卡尔·施米特和奥托·克尔罗伊特同列——既没有被任命为讲席教授，也没有被重新成立的国家法教师协会接纳的学者之一。在争取"新旧和解"的斗争中，胡贝尔应当被视为一个具有象征意义的人物（耶利内克［W. Jellinek］，1950）。在1947 年，胡贝尔认识到自己要"不可避免地"度过一段"沉寂期"；从50 年代起，他更多地认为自己已经处于受害者的位置。⑥ 那些对他过往的质疑或批评，他现在称之为"政治上的刁难"或"游击队"的"毒气"。⑦ 在 1948 年清算纳粹罪行的审判中他被列为第 4 组（从犯

---

④　Näher Walkenhaus, S. 44 ff. , 100 ff.

⑤　H. , in: H. Quaritsch（Hg. ）, Complexio oppositorum, 1988, S. 33.

⑥　Bericht bei Schlink, Vergangenheitsschuld und gegenwärtiges Recht, 2002, S. 124, 134.

⑦　Zitate bei Grothe, Zwischen Geschichte und Recht, S. 318, 325.

［Mitläufer］）受讯，之后，他于 1952 年被弗莱堡大学聘任，并于 1956 年被授予名誉教授头衔，但由于 1945 年之前的历史问题，他始终未能获得讲席教授职位。在加入国家法教师协会这件事上他也历经波折，[8] 国家法教师协会在进行了漫长的讨论之后（"随着越来越多的'普通的'纳粹分子加入我们的队伍，我们更要把那些'高级'纳粹分子排斥在协会之外"［H. 彼得斯，1950］），终于在 1955 年接纳他成为会员。1957 年，胡贝尔在威廉港应用科学大学（于 1968 年并入哥廷根大学）任教，教授社会学，这在当时引发了极大争议。他在那里一直工作到退休（1968年），之后又回到弗莱堡。1900 年 10 月 28 日，胡贝尔在弗莱堡去世。他育有五个儿子，其中之一是后来任德国新教教会（EKD）主席的沃尔夫冈·胡贝尔教授（Dr. Wolfgang Huber）。

二、 著作

（一）基础：作为政治理念的国家和宪法

胡贝尔所秉持的国家观念本质上是黑格尔式的，或者说，他关于"国家"的思维运演并未跳脱出黑格尔的观念范畴，因此可以说，他的国家学说与国家哲学同 20 世纪初流行的新康德主义背道而驰。他认为，国家是"兼具物质和精神实在性的事物"，是一种"政治理念"。[9] 不过，胡贝尔似乎更加重视这一观点的文化论意义，他希望缔造和挖掘出一种厚重的"文化国家"观念，而甚少从伦理学角度观照"国家"的价值本体。他将这一国家理念描述为"一种更高的秩序""一个负有更高义务的整体"，并认为其应当具有"思想性国家"与"现实性国家"两个身体。[10] 在他看来，"只有在'文化国家'的理念中，国家才能成为国

---

⑧　Näher Stolleis, KritV 1997, 339, 349－352.

⑨　H., Das Deutsche Reich als Wirtschaftsstaat, S. 3, 4 (Zitate).

⑩　H., Kulturverfassung, Kulturkrise, Kulturkonflikt, in: ders., Bewahrung und Wandlung, S. 350 (Zitate) als Charakteristika der „metaphysischen Unwägbarkeiten" der politischen Idee.

家，才能成为'现实的国家'和'国家的现实'"⑪。因此，作为一种"理念"的国家的核心，并非是自然状态下的"人"，更不是作为政治社会行动者的"公民"，而是能够投射他们的共同性或成为他们的"公约数"的一种超验观念。它意味着一种永恒的精神价值，更囊括了一种人们在事实上适应的或在道义上必然要适应的且能够成为他们的"归属"的秩序。⑫ 基于此，胡贝尔没有将自由表述为"免于国家支配的自由"或"反对国家的自由"，而是界定为"为了国家的自由"。⑬ 但他却没有进一步展开，言止于此。

他还将"国家"同"国体"相区分，认为两者之间并不存在派生关系(前者并非派生自后者)，因为"国家意义"比"国体"与"国体意义"更为重要。在他看来，我们不可能从一国的宪法和法律中实证地推出"国家意义"，因为它本身便是一种"更高的秩序"。

国家得以存续和发展的核心与基础主要包括三个方面，即统一性、内在价值和"实力"。胡贝尔在他漫长的一生中经历过多种国体，这种人类学式的"一手"接触为他从社会科学角度研究国家法提供了得天独厚的优势。⑭ 也许是得益于这种动态的"参与观察"，胡贝尔在表明其坚定的国家主义立场的同时，又保有足够的灵活性以突破时代桎梏、因应时代变迁(尤其是带有时代烙印的"物质事实和精神现象"的变化)。

他对于宪法的理解亦是如此。在早期出版的著作中，他便意识到了宪法作为"实然"与"应然"矛盾结合体——二者相互依存且相互影响——的特殊功用。宪法规范和宪法现实型构的"共同政治理念"，又是国家及其政治体制的主要塑造力。从这个意义上讲，宪法不仅仅是设

---

⑪ H., Bewahrung und Wandlung, S. 319, 328, 333 (Zitat); ganz ähnlich schon AöR 1933, 79, 93; s. a. ebd., S. 81, 82, 17 f.

⑫ H., Kulturverfassung, Kulturkrise, Kulturkonflikt, in: ders., Bewahrung und Wandlung, S. 350, spricht von der institutionellen Einfügung des Menschen und seiner autonomen Selbstbestimmung in „höhere Ordnungen". S. a. Geis, S. 55.

⑬ H., AöR 1933, 79, 93; s. a. ebd., S. 81, 82, 17 f.

⑭ K. Rennert, Die „geisteswissenschaftliche" Richtung in der Weimarer Republik, 1987.

计和安排国家生活的规范依据，更是国家生活形态的规范表现和理念投射。[15] 这种兼具规范性与描述性的宪法概念很难得到现行实在宪法的印证。但那是因为，在胡贝尔看来，"宪法"和"作为法律的宪法"并不是等价的，这一观点便明示了批判实证主义的立场。我们也不难发现，胡贝尔关于宪法的研究主要集中于宪法学基础理论，而很少涉及具体的宪法典。

将宪法视作一种"政治理念"是胡贝尔宪法思想的基点，更是他界定和阐述"国家"概念的准据。在他看来，国家思想就是宪法思想，宪法思想亦寓于国家思想之中。因此，与国家一样，宪法成为一种精神上的统一、一种象征性的实存，同时也是国家的规范基础。不过，这种精神上的统一既可能同成文宪法保持一致，也可能与之相悖或对立。但无论怎样，在胡贝尔看来，我们必须深植这样的理念：对宪法的解释便是对原初政治秩序的重现，而原初政治秩序所作的宪法承诺（由宪法表达原初政治秩序）更是其不二之选。胡贝尔指出，如若这样的理念被动摇，宪法变革则为期不远。

令人惊讶的是，在从事学术研究的 60 年里，胡贝尔始终以开放的、坚定的而不是模棱两可的态度捍卫自己的学术立场，尽管有时他研究的侧重点会发生变化，但是基本的学术观点始终保持一致。我们能够在他的理论中领略一位学者或伟大或悲怆的复杂心境，这样极富精神张力的理论又能够为国家和政治领域中（几乎）所有层面的问题提供解释或为证成它们提供依据。为了记录和承载这些思想的果实，胡贝尔完成了罕见的、涵盖内容相当广泛的著作。不论是著作的数量（截止到 1973 年已经有 369 部）、内容的多样性还是涉及领域的广度，都令人印象深刻。除政治方面的著作外，他还有诸多关于国家学说和理论、行政法、经济问题、社会分层制度和军事史的论述。理性回看不难发现，由于《1789 年以来的德国宪法史》这部巨著太负盛名，胡贝尔其他的许多思想闪光点都被我们不自觉地忽略了。在这篇文章里，我们无法对这样一部巨著作出完整的评价，我们甚至连完整描述也做不到。但我们至少应该注意

---

⑮ H. , Das Deutsche Reich als Wirtschaftsstaat, S. 3 f. （Zitate）.

到，胡贝尔自取得博士学位以来，在涉及国家教会法的问题上所反复提及的文化方面的内容。出于篇幅限制和主题中心性的考虑，我们不再就这方面的内容作以赘述。

（二）经济国家还是强大的国家？

国家和经济之间的关系是贯穿胡贝尔学术生涯的各个阶段的研究主题。在很早的时候，他便参与了由宪法学、行政法学、公营企业法和劳动法相关内容拧合而成的新学科"经济行政法"的创建工作。[16] 这是一项复杂而庞大的工作，不仅涉及前述多个学科的交叉，还涉及无线广播公司、康采恩法、卡特尔法、劳资协议法和劳动章程法（Betriebsverfassungsrecht）等学理研讨。早在其作为编外讲师的就职演说中，胡贝尔就阐述了这一学科的主要研究方向，[17] 并对当时经济国家的观点提出批判："在经济国家中，经济的价值不是独立于国家的，它往往同国家一道成长为一种'统一的秩序'。"胡贝尔认为，在危机中飘摇的共和国应该大力加强经济方面的立法，并借此加强经济方面的管理。然而，魏玛国民议会却决定"维持现状"。经济自由有双重任务：一方面要实现企业各自的目标，另一方面要"通过个人自由地为集体创造价值，而国家正是集体的有形体现"。至于为何实现个人自由即可实现社会和谐，他对此并没有作出说明。在他看来，国家和社会是和谐统一的，而不是多元的，这是他长久以来所秉持的观点之一。然而这只是硬币的一面。国家和社会在原则上的分离不仅是为了实现经济的自由，同时也使国家更具有行动能力。国家和社会的紧密交织导致了"国家社会主义"和"多重统治"的形成，并削弱了公共部门的创造力。胡贝尔的"理想国"是一个强大而中立的"全民团结"的国家。"强大的国家"作为"经济国家"的对立面，明确界定"自由边界"和"决策空间"并将它们理想化地提炼为一个整体，是胡贝尔"理想国"的基本要素，而实现这一设想就必须从宪法和制度方面着手。此过程中，在他看来确实存在的"独裁

---

[16] H. , Wirtschaftsverwaltungsrecht, 1932；2. A. , 1953/54（sie ist hier zugrunde gelegt）.

[17] H. , Das deutsche Reich als Wirtschaftsstaat（Zitate S. 4 f. , 19, 29, 27）.

国家主义"⑱ 显示出了它的两面性：一方面是其相对于"极权国家"而言的局限性，另一方面则在于它在维护主权和决定权（Entscheidungsmacht）上所可能产生的积极影响。

（三）《大德意志帝国宪法》

自 1932—1933 年以来，胡贝尔就一直把宪法作为其研究重点。最初针对基本权利含义变化⑲的研究，是以《魏玛宪法》仍然作为现行宪法这一前提为基础的。他的导师———一向被他极为推崇的———卡尔·施米特认为，宪法已不再是"铁板一块"，它内部已然生出暗涌，流动在各异的目标、区隔的价值间。对这一论点，胡贝尔持反对态度。同时，他将社会学意义上的基本权利理解为对自由主义国家和极权国家的根本否定。它们"在很大程度上不再是主观权利，而首先是客观原则"，更确切地说，它们"试图在国家自治的基础上确定权威和自由之间的关系"。因此，应当通过调整在形式上仍然有效的《魏玛宪法》的内容，使其重获实质合法性。这种将立宪国家思想与新兴民族社会主义思想相结合的倾向，可以说是处于 1933—1934 年变革时期的保守派作家们最为普遍的行动逻辑之一。

胡贝尔很快就超越了这一观点。在就宪法政治和宪法法律问题作出了大量论述之后，他撰写了关于新国家法的最为重要的教科书。他在1937 年首版时将这部书命名为《宪法》，并于 1939 年再版时以《大德意志帝国宪法》为书名就其内容作了大量的扩展和修订。⑳ 在"国家社会主义革命"之后，他的信条是："《魏玛宪法》已死，现在是波茨坦（Potsdam）宪法的时代。"法律从现在起是"民族共同体的生活秩序；它并没有在个人之间设置社会障碍，但民族共同体在法律中找到了超越个人而存在的秩序"。关于如何才能实现社会和谐的问题，胡贝尔曾寄希望于"自由"，即借自由的力量书写"和谐"的价值内容、建构"和

---

⑱　Nachw. bei Walkenhaus, S. 41, 170.

⑲　H., Bedeutungswandel der Grundrechte（Zitate S. 89, 79, 93）.

⑳　Diese Fassung wird hier zugrunde gelegt（Zitate S. 47, 240, 55, 40, 181, 421, 482, 486）.

谐"的制度体系；但从目前的情况来看，他似乎已将注意力转向法律，并试图从中寻找良方。这里所说的"法律"不必是实证法，形式上和程序上的法律概念都被明确地否定了。宪法将"帝国不成文的基本政治秩序"成文化，法律则牵动着"依照元首的计划和决定而组织的民族生存秩序的发展"。宪法只是徒有其名而已，没有任何价值；对新立国家进行法律约束的想法亦无法同政治实践相兼容，因此总是销声于公共生活之中。于是，胡贝尔这部作品成为了国家社会主义破坏宪法的见证，或者更为确切地说，是破坏宪法法律的见证。就连书中各章节的题目（"人民"、"元首"、"运动"、"帝国结构"、"人民同志"［Volksgenosse］）也带有明显的时代和思想烙印。在细节方面，书中也对彼时之现实情况作出了忠实介绍。其中包括"在集中营里，对国家有敌意的人们被关押在一起"；详细说明了"犹太人的特殊地位，表明了对犹太民族进行种族灭绝的目的"；以及对盖世太保的解释，其行为不仅不受行政法院的审查，而且根据胡贝尔的说法，在官方责任程序上也不受民事法庭的管辖。精神生活的自由结束了，随之而来的是要实现所谓"真正的大众文化"这一目标，为此，"自由主义宪法中对自由的要求已不再适用"。取而代之的是电影审查中心和帝国文化会（Reichskulturkammer），他们"既可以用积极鼓励的方式，也可以用控制和禁止的方式进行干预"。

　　与涉及国家社会主义的文献相参照，该书内容给人留下了"自相矛盾"的印象。一方面，书中缺乏不同思想的交锋和关于种族主义失败的内容，而同时期的其他学者，不管是老一辈的[20]还是年轻的（霍恩［R. Höhn］、贝斯特［W. Best］等），几乎都没有回避这些问题。另一方面，需要指出的是，由胡贝尔对当时情况的描述可知，作为法律学者的他只有两种选择：同意或者保持沉默。胡贝尔虽未选择前者，却也没有完全保持沉默，他精确地把握并在书中呈现了这一官僚主义恐怖国家的常态及其在30年代的发展过程。他是第三帝国为世人所知的法学"精英"（米歇尔·施托莱斯［M. Stolleis］），是"国家社会主义时代最主要的宪法理论家之一"（联邦宪法法院判例［BVerfGE 3，58，92］）。时空距离

[20]　C. Schmitt, Das Judentum in der Rechtswissenschaft, 1936.

实际上是不可见的，因而本着"宽容原则"，我们只能尽力将他所描述的内容与更"高级"的意义相联系。可能的口径是那些他为灵活阐述己身对于宪法理论的基本设想所使用的开放性词汇，即便现在这些词汇已经被赋予了新的内容。

（四）德国宪法史

自 20 世纪 30 年代中期起，胡贝尔便开始致力于研究宪法史；20 世纪 50 年代以来，他将绝大部分精力投放至此；而 20 世纪 60 年代起，这成为他唯一的研究课题。那时候，从事宪法史研究的绝大多数学者都是历史学家，而现在情况则有所不同，法学学者成为了主力军。随着这种情况的出现，宪法学史研究的特征也发生了一定变化。譬如，它与德国哲学和当代人文科学的联系变得更加紧密；又如，我们很难再在宪法学史研究中觅得比较学的影子；再如，或许也是最重要的，两学科交叉的主被动态发生了倒置，历史学者主导的宪法学史研究被他们视作历史学的分支学科，而由法学者主导的宪法学史研究则倾向于将历史问题引入宪法，即以宪法学思维为依据、以当代宪法问题为参考观照制度历史。在法学学者们的不懈努力下，宪法史学的学科合法性得到了认可，它逐步发展成为了一门"具有合法性的科学"（格罗特［E. Grothe］）。在宪法史研究领域，胡贝尔的著作总能脱颖而出，尤其是他那部超过 7500 页的鸿篇巨著《1789 年以来的德国宪法史》，该书在某种程度上亦得益于其早年的军事史和宪法思想史研究；除了这本大部头外，他还出版有大量的宪法史论著、选集等。[22]

其实，令我们难以想象的是，胡贝尔最初的雄心远不止此。按照原初的规划，他欲写就的"德国宪法史"当始自日耳曼早期，在跨越绝对主义后延伸至 1866 年。战后初期，彼时作为民间学者的胡贝尔便开始在斯特拉斯堡实施他这项壮阔的写作计划，至 1950 年，他已经完成了4400 页的手稿。然而，由于出版上的客观困难，加之学术界对他是否有

㉒　H. , Nationalstaat und Verfassungsstaat ; Bewahrung und Wandlung ; Dokumente zur Deutschen Verfassungsgeschichte ; schon zuvor Quellen zum Staatsrecht der Neuzeit, 2 Bde. , 1949 ff. ; H. /W. Huber, Staat und Kirche.

能力妥善处理中世纪的相关史料提出了质疑，该版本并未能付梓。最终，出于种种研究和出版方面的策略性考量，胡贝尔"仅限于处理1789年以来的宪法史部分"[23]，他关于"绝对主义宪法思想史"的记叙自然也被尘封。这部书的第1卷出版于1957年，第4卷出版于1969年；之后几卷的内容是关于第一次世界大战和魏玛共和国的，在1978年至1984年间陆续出版；最后一卷出版于1990年，即他去世前不久。胡贝尔曾回览这部书的创作思路，在他看来，"宪法史不仅仅是作为法律的宪法的历史"[24]，它更是"由思想运动、社会矛盾和政治秩序要素组成的总体结构，是思想、利益和体制的缩影……"。这一观点同他于共和国早期时提出的宪法概念相差无几，唯一的区别可能只是，他的早期宪法观以"国家理念"和"国家现实"的交叠为核心，而此观点则主要从"具体现实秩序"的角度切入，观察并回答"宪法究竟是什么"这一问题。胡贝尔宪法概念中所具有的开放的人文科学内涵已渗入多种国家政体的观念面向，并成为宪法史书写中浓墨重彩的一笔。他的宪法概念具有独特的双重含义。一方面，它表达了"国家正处于向立宪国家和法治国家发展的轨道中"。这种国家观念形态的演进不仅为宪法史研究提供了可能素材，更是宪法史学这门学科得以存在的现实基础。另一方面，拓新了宪法概念用于识别"有效制度"的标准。胡贝尔在保留"外部合法性"标准的基础上，提出了涵括"借由政治行动证成的意义和目标"之要素的二元框架。对于后者而言，中心词虽是"意义和目标"，但政治实践的发展同样是胡贝尔研究的重点，因为在他看来，判断"意义和目标"的合理性当诉诸于此。这显然是一套嵌入了胡贝尔宪法史观的规范标准，他笔下宪法概念所观照的"有效"，不仅关乎历史发展结果的理性程度，更加关涉历史进程本身。

值得一提的是，胡贝尔的宪法史写作总是以评带叙，他的评论格局开阔，并不拘泥于对某一或某些具体宪法规范的态度。这样的风格具有强大的吸引力。尽管身处历史洪流中的胡贝尔亦难逃作为行动者的"主观时刻"，但他始终坚信，"在我们国家所经历的所有变革背后都隐藏着

---

[23]　Grothe, Zwischen Geschichte und Recht, S. 370 (Nachw.).

[24]　H., Bewahrung und Wandlung (Zitate S. 12. 11, 13, 15).

一个强大的'永恒时刻'"。不过，我们也必须清楚，虽然胡贝尔并未否认德国人"在历史进程中的许多失败"，但他对这些失败的正视和重视程度仍带有比较大的偏隘和局限性：他近距离地经历了世界历史上最大的失败，却对其不加批判，这着实让人很难接受。

任何一个试图从《1789 年以来的德国宪法史》这部书中探求立宪国家发展方向的人，都会关注到立宪主义。这一被胡贝尔认为含义较为模糊的概念，被他从类型学上同"资产阶级立宪运动"和西欧模式相区隔，并借此对其进行了重新界定。⑤ "1850 年《普鲁士宪法》的核心内容"应该是以右翼自由派和保守派之间的妥协为基础的"君主制原则"。这一"德国式君主立宪制的组成要素"是在同梅特涅(Metternich)针锋相对的过程中得到具体化的：在所有的君主立宪政体的宪法中，国家权力都掌握在贵族手中。德意志各州在普鲁士宪法颁布之前即已实行君主制，因此，宪法无法对它们施加决定性影响，它们充其量只会受到宪法限制而已。各地颁布宪法的主要目的几乎都是建立一个"防御性的屏障"以"防止自由和民主力量采取进一步的行动"。对强行实施的 1850 年《普鲁士宪法》和对保守派奥地利国家首相的要求，随后被胡贝尔顺理成章地扩展至"整个立宪时代"：对他而言，立宪国家"本质上是一个军事和官僚国家，而不是一个政党国家"。尽管"俾斯麦的帝国立宪"在一些细节上有所不同，但基本结构并无差别，因此胡贝尔高度评价了这一国家体制：它不仅经受住了俾斯麦时期的考验，还平安度过了威廉二世(Wilhelm II)统治下的重重危机，最终"在整体上依然没有动摇"。这一国家体制的确立以前曾被视为俾斯麦的功绩，现在则被归功于 1871 年颁布的帝国宪法。众所周知，普鲁士政府的政治倾向以保守为多，其往往站在保守派立场组织政治决策，但却总是以"中立且超越党派"而自居。胡贝尔模仿普鲁士政府"欺世盗名"的做法，借助学术和技术中立性的外壳，证成其政治观念作为"客观科学"的正确性和适用性，以此掩盖其立场上的主观偏好。很显然，这是一种应当得到批判的、狭隘的史学观。在胡贝尔看来，事实表明，由于"德国式君主立宪制"既具

⑤ H., Deutsche Verfassungsgeschichte III, S. 7, 12, 20, 9, 11.

有内在的稳定性，又具有足够的灵活性和持久性，它是一种"真正的妥协"，是"德国宪法问题的妥善解决方案"，是"符合制度的宪法政治自我设计的典范"。不过，无论是卡尔·施米特，还是胡贝尔之后的伯肯弗尔德（E. W. Böckenförde）都曾以足够重要的论据就此表达过不同的观点。[26]

与胡贝尔有着同样想法的人，认为革命和民主共和制会造成麻烦。最终，革命消灭了旧的政体，以民主共和制取而代之。[27]但在他看来，这种革新只是相对的。新宪法的"基本内容"和"核心"在于，努力"维护集社会利益和社会矛盾于一体的国家的统一、力量和行动能力，这尤其适用于新成立的民主制国家"。[28]从这一角度来看，新的宪法更像是国家政治的妥协，它融合了之前绝大部分国家宪法的基本要素：统一、主权、和谐。这种模式的连续性与政治选择的非连续性影响了胡贝尔的观点。从胡贝尔早期的著作中，我们已经了解到，共和国宪法及其现实有许多值得批评的地方。现在，作者将立宪国家的垮台归咎于世界大战的胜利者、（所有）政党、主要的政治家（兴登堡［Hindenburg］、施莱歇尔［Schleicher］、帕彭［Papen］）和"德国人民"——正是"德国人民"于 1932 年以多数票支持激进党派，因而不可能选出忠于宪法的政府。虽然处在当下的我们都知道，要想挖掘出问题的真正根结，必须追溯其源头；但胡贝尔给出的答案也并非全无价值，他至少提醒了我们注意公民责任——尤其是亲历者的历史责任——问题。我们——尤其是历史评论家们——或许还要面对许许多多个胡贝尔，面对他们对真实历史的回避，但这也让我们不禁猜想，"回避"会否也是一种历史、一种由胡贝尔那代人真实内心独白交织而成的历史？1945 年之后的他们大概也会忍不住扪心自问：这所有的一切，到底还有什么是"有效的"？因为很显然，当你埋怨一切都是错处时，那只能说明，是你自己错了。[29]

---

[26]　C. Schmitt, Staatsgefüge und Zusammenbruch des Zweiten Reichs, 1934；E. W. Böckenförde, Moderne deutsche Verfassungsgeschichte, 1981, S. 146.

[27]　胡贝尔对革命的合法性一直有异议（第 20 页），但对"整体制宪行为"的合法性没有不同意见。

[28]　H., Deutsche Verfassungsgeschichte (Zitate Bd. VI, S. 7, 22；Bd. VII, S. 1280).

[29]　H. Boldt, GG 1985, 252, 270.

三、　回顾

胡贝尔的著作以其翔实的资料、具有穿透力的思想和严谨的论证吸引着人们。这些作品具有划时代的意义，但同时也极具时代性。在他前几卷著作出版时，当时的学术界还会对其表示祝贺，之后的态度却变得越来越疏远。[30] 他们越来越激烈地批评书中个别的调查结果和论断，有的批评甚至触及方法论上的基本假设与核心关注。一方面，人们对他的著作充满敬意，即使是反对者也会高度评价他著作的丰富内容以及他在处理这些复杂材料时所表现出的高超信息提取和加工能力，并常常将他的著作视作"原料库"，像挖掘"采石场"那样进行材料和观点的碎片化引用。

另一方面，事实证明，由法学家主导的宪法史研究范式已无生机。这一被认为具有合法性的所谓科学，因失去了与同时代社会史学、外国宪法史学和比较宪法学的有机联系，而走到了末路。他的时代已经结束，笔者并不清楚他是否有"亲传弟子"，但从实际情况来看，他独特的学术研究方法和思想体系没有得到传续。[31] 自20世纪60年代以来，年轻的学者伯肯弗尔德、米歇尔·施托莱斯、格林（D. Grimm）和博尔特（H. Boldt）开始着手重构该学科的内容和方法。

恩斯特·鲁道夫·胡贝尔生平纪年

1903年6月8日出生在现今的伊达尔·奥贝施泰因。

1921年在图宾根学习历史和文学。

1922—1923年冬季学期在慕尼黑学习国民经济学，1923年转为法学专业。

---

　　[30] Boldt aaO.；H. Brandt, Vierteljahresschrift für Wirtschafts-und Sozialgeschichte 1987, 229.

　　[31] 欧普曼（T. Oppermann）的作品是个例外，Kulturverwaltungsrecht, 1969（S. 5）。该书作者不是胡贝尔的学生，而是他的同伴克吕格尔（H. Krüger）的学生。

1924 年至 1926 年 1 月在波恩大学继续学习法学直到毕业，随后进入见习期，首先在科布伦茨(Koblenz)地方法院实习。

1926 年在卡尔·施米特指导下研究《魏玛宪法》对于教会财产权的保障并获得博士学位。

1928 年 4 月起在波恩大学作为海因里希·格珀特工业法研讨课的助手，1931 年获得大学教授资格。

1930 年 3 月通过国家司法考试，成绩为"好"。

1931 年在波恩大学作为编外讲师发表就职演说，题为《作为经济国家的德意志帝国》。

1932—1933 年为/和卡尔·施米特撰写法律政治方面的文章以及作为顾问参加宪法法院对"普鲁士政变"的审判。

1933 年与图拉·胡贝·西蒙斯结婚，育有五子。

1933 年 5 月加入纳粹党。

1933—1944 年冬季学期接替因《公务员法》而被解聘的瓦尔特·许金，在基尔大学"突击队"学院任正式教授(教授公法、经济法和劳动法)。

1934—1944 年参与编辑《国家学总论》杂志。

1937 年在莱比锡大学任教。

1941 年在斯特拉斯堡新成立的"帝国大学"(Reichsuniversität)任教。

1944 年 11 月从斯特拉斯堡逃往海德堡。

1945 年起"隐退"，与妻子和儿子们生活在黑森林，之后前往弗莱堡，从事顾问和编辑工作，撰写宪法史。

1948 年在清算纳粹罪行的审判中被判为"从犯"(第四组)。

从 1952 年起在弗莱堡大学任教，1956 年获得名誉博士称号。

1955 年重新加入德国国家法教师协会。

1957 年任教于威廉港应用科学大学，教授社会学。

1962 年所任教的学校被并入哥廷根大学，直到 1968 年，一直在哥廷根大学担任教授。

1968 年退休，之后在弗莱堡继续从事学术工作。

1990 年 10 月 28 日逝世，享年 87 岁。

乌尔里希·朔伊纳
（Ulrich Scheuner，1903—1981）

沃尔夫冈·吕夫纳　著　　周万里　译

1903 年 12 月 24 日，乌尔里希·朔伊纳出生在杜塞尔多夫，1981 年 2 月 25 日在波恩逝世。在德意志联邦共和国成立的第一个三十年中，他对德国国家法产生重要的影响。他的学术贡献备受瞩目，涵盖公法的所有领域，包括从国家法和行政法到国际公法，从法律史到教会法。

一、 生平和个性

乌尔里希·朔伊纳出生在一个保守的和新教的普鲁士官员家庭。[①] 他在慕尼黑大学和明斯特大学学习。1926 年，他以《真正的议会主义之学说——议会制政府制度形式的体系化研究》[②] 获得明斯特大学的博士学位。此后，他任柏林大学法学院的学术助理及 “威廉皇帝外国公法与国际公法研究所” 的研究员。1930 年，他在海因里希·特里佩尔(Heinrich Tripel，1868—1946) 的指导下完成没有公开出版的教授资格论文《政府——关于政治、权力分立及宪法学说的研究》。1933 年，他接受耶拿大学的聘请，担任教授。在耶拿大学，他同时担任高级行政法院的法官。后来他在哥廷根大学(1940 年)和斯特拉斯堡大学(1941 年)任教。

[①] 他的父亲最后担任政府副主席，外公冯·施塔夫(von Staff) 曾任上诉法院院长。对此，参见 Klaus Schlaich, Von der Notwendigkeit des Staates—Das wissenschaftliche Werk Ulrich Scheuners, Der Staat 21 (1982), S. 1 (7)。

[②] 在《公法论丛》(AöR 52, n. F. 13) 上刊登，分别是第 209—233 页和第 337—380 页，题目是《论议会政府的不同组织形式——兼批判真正的议会主义学说》。

在"二战"期间，乌尔里希·朔伊纳曾在海洋缉拿法院和机动车连工作。③ 战后，他先是在"德国新教教会救助团"工作。④ 正是这个工作使他的兴趣转移到之前没有关注到的教会法和国家教会法。⑤ 在高校，他先是以代课老师的身份在斯图加特理工大学和波恩大学任教。1950年，他获波恩大学和汉堡大学的教授任命邀请。他选择了波恩大学，可能因为这样可以更接近政府。⑥ 慕尼黑大学（1951年）和弗莱堡大学（1959年）后来的邀请都被他拒绝了。

乌尔里希·朔伊纳终身未娶。他不仅毫无所求，而且谦虚地放弃了所有的嘉奖。⑦ 他住在波恩和巴特-戈德斯贝格的一间养老屋，直到1976年才搬到波恩的养老院。他没有汽车，在戈德斯贝格的住所甚至没有私人的座机电话。尽管他在学术活动中一直关注实践，但他认为技术给日常生活带来的便利并没有意义。他的学术作品全部由他自己亲自撰写，从来没有让学术助理拟稿。学术助理被利用的想法在他的圈子里面完全不存在。

---

③　Martin Otto, Vom „Evangelischen Hilfswer" zum „Institut für Staatskirchenrecht": Ulrich Scheuner (1903－1981) und sein Weg zum Kirchenrecht. In: Holzner/Ludyga, Entwicklungstendenzen des Staatskirchen- und Religionsverfassungsrechts, S. 551 (558).

④　战后的这项工作及其他的活动，参见 Martin Otto, Vom „Evangelischen Hilfswerk" zum „Institut für Staatskirchenrecht": Ulrich Scheuner (1903－1981) und sein Weg zum Kirchenrecht. In: Holzner/Ludyga, Entwicklungstendenzen des Staatskirchen- und Religionsverfassungsrechts, S. 569 ff.。

⑤　Martin Otto, Vom „Evangelischen Hilfswerk" zum „Institut für Staatskirchenrecht": Ulrich Scheuner (1903－1981) und sein Weg zum Kirchenrecht. In: Holzner/Ludyga, Entwicklungstendenzen des Staatskirchen- und Religionsverfassungsrechts, S. 550 f., 561 f. 关于朔伊纳在救助团的工作对他被任命为波恩大学教授的意义，参见第564页。

⑥　出自恩斯特·弗里森哈恩1979年1月19日在法学院餐会上致敬朔伊纳的发言，参见 Ulrich Scheuner 75 Jahre, hrsgg. von der Rechts- und Staatswissenschaftlichen Fakultät der Rheinischen Friedrich-Wilhelms Universität Bonn, 1979, S. 20 (21)；类似的，参见 Christoph Sattler, Zum Tode von Ulrich Scheuner, VOP (Verwaltungsführung Organisation Personalwesen) 1981, S. 1。

⑦　准确的描述，参见 Christoph Sattler, Zum Tode von Ulrich Scheuner, VOP (Verwaltungsführung Organisation Personalwesen) 1981。

二、 乌尔里希·朔伊纳的学术作品

（一）概述

朔伊纳在公法的所有领域都做出重要的贡献，[8] 但最后没有留下一本巨著。他的特长主要是对基本问题的深入研究。在《国家学和国家法》（1978 年）、《国家教会法文集》（1973 年）及《国际公法文集》（1984 年）中，他的大多数的重要作品都很容易获得，只要它们不是在这些文集之后出现的。

（二）思想基础

朔伊纳认为，国家法（包含国家教会法）的任务不仅是保持现状，而且是根据现代的要求去发展法，同时不放弃传统。这种基本态度也反映在他展现基本问题的国际公法的作品中。对他而言，问题的历史观一直都存在。在他的所有的专业领域，他的历史研究备受关注。他的教育背景使他的大课和报告焕发光彩，尽管他抛弃任何的修饰，且以一种形象生动的、清楚又便于理解的方式关注事物。在德国国家法教师大会上，他做了两次专题报告，是对他的一种罕见的认可。他作为讨论者在德国国家法教师协会[9]的大会上享有崇高的声誉。在小圈子的谈话中，他能够在不忘记更大的关系中，从在历史、文学和艺术的细节方面不可穷尽的知识储备中做创造性的思考。

乌尔里希·朔伊纳的思想与海因里希·特里佩尔及鲁道夫·斯门德保持一致。他并不属于某个"学派"，现实中没有也并不想要建立一个

---

[8]　Klaus Schlaich, Von der Notwendigkeit des Staates—Das wissenschaftliche Werk Ulrich Scheuners, Der Staat 21 (1982), S. 10. 一般而言，朔伊纳会在相应的领域写出代表性的文章。

[9]　Peter Häberle, Staatsrechtslehre als universale Jurisprudenz. Zum Tode von Ulrich Scheuner am 25. Februar 1981, ZevKR 26 (1981), S. 105 (107, 124 ff.).

学派。尤其是因为他作为一位"平衡"人物，避免僵化的守护。[10] 受他指导完成教授资格论文的学者包括霍斯特·埃姆克（Horst Ehmke，1927—2017）、约瑟夫·凯泽（Joseph H. Kaiser，1921—1998）、威廉·克韦尼希（Wilhelm Kewenig，1934—1993）、卡尔·梅森（Karl Meessen，1939—2015）及笔者。他的历史知识使他避免单方面的法律理论和教义学的夸大化、夸大理论及令人反感的纯粹理论。他一直尝试研究实务的和政治上的可行方案，尤其是他以专家鉴定人、咨询人和诉讼代理人的身份从事的活动。

朔伊纳曾对学生说"法律人书写的不是永恒"，并敦促他们尽快完成博士论文和教授资格论文。因为关系的变迁一直都会要求有新的法律视角和法律构建，所以，他一直都意识到法律知识的老化性和所有的法律解决方案的临时性。保持动态性同时不失去基础性是他的最重要的追求。他讨厌浪漫主义的回顾及理想主义，[11] 也同样讨厌短期的流行现象。在法律的视角中，他一直关注法律现实和历史。历史的视角通常会展现出当代的联系。对他而言，将政治思考融入其中是理所当然的事情。他一直看到宪法和政治现实之间的紧张关系。[12]

（三）与实践的联系

朔伊纳的教席处在联邦德国首都的地方，使他能够完美地实现理论和实践的结合。在政治上，他与早期的政府（阿登纳）走得近，同时不与反对党发生冲突。对于极端的左翼或右翼团体，他谨慎地保持较远的距离。人们称他为保守人物，但他对国家和社会的变迁持开放的态度，很难将他归属为常见的团体。[13]

---

　　[10] Klaus Schlaich, Von der Notwendigkeit des Staates—Das wissenschaftliche Werk Ulrich Scheuners, Der Staat 21 (1982), S. 10 ff.

　　[11] Der Staat und die intermediären Kräfte, Zeitschrift für evangelische Ethik, 1. Jg. (1957), S. 30–39 (35 f.) = StKR S. 411–421 (417 f.).

　　[12] Peter Häberle, Staatsrechtslehre als universale Jurisprudenz. Zum Tode von Ulrich Scheuner am 25. Februar 1981, ZevKR 26 (1981), S. 120.

　　[13] 在该意义上，参见 Peter Häberle, Staatsrechtslehre als universale Jurisprudenz. Zum Tode von Ulrich Scheuner am 25. Februar 1981, ZevKR 26 (1981), S. 117, 119 其中关于朔伊纳的"中庸的"作品。

他以咨询专家或诉讼代理人的身份（多数是代表联邦政府），参与联邦政府在早期的重大案件。⑭ 因为他的知识和建议备受肯定。另外，或多或少是因为他的中和的判断，使他能够评价宪法争议的全貌和风险。在他的思考中，他一直考虑到某个可能的裁判的实际效果。他从来都不认为，仅依靠教义学的构建能够说服宪法法院。从现实出发，他认为法官的权力是国家权力的组成部分。⑮

朔伊纳经历过魏玛共和国的失败、罪恶的国家社会主义的政局及第二次世界大战的悲剧。国家社会主义的政局迫使他做了一些让他后来感到遗憾的表态。⑯ 他把德国的失败看作是一个非常沉重的负担。正如他在庆祝其 70 岁生日时所说，他能够在后来过上和平的生活，感到非常感激。他用尽全力，第二次尝试在德国建立民主的秩序。接近他的人都能够看出，他的所有的学术的和实践的努力都是为了实现这个目的。对联邦德国实现民主的秩序产生重要作用的人物之中，乌尔里希·朔伊纳是一位大功臣。对此，他在 1979 年获得一等的联邦德国十字奖章。

朔伊纳不仅成为联邦政府的，也是两个教会的炙手可热的专家。多年以来，他是莱茵兰地区新教大会的代表及普世国际事务委员会的成员。自 1980 年年初，他负责由埃森主管教区发起的"埃森对话"。他对德国普世国家教会法研究所的组建发挥重要作用，并担任该所学术委员会的委员。在最后的创作阶段，他关于教会的研究作品的意义不断增加。他与恩斯特·弗里森哈恩联合主编第一版的《联邦德国国家教会法手册》成为国家教会法的权威作品。在他的关于教会法和国家教会法的很多作品中，他展现出自己是教会的人。尽管他不是持单方观点的代表

⑭ 其中包括：Süd-West-Staat, BVerfGE 1, 14; Konkordatsstreit, BVerfGE 6, 309; Preußischer Kulturbesitz, BVerfGE 10, 20; Volksbefragung, BVerfGE 8, 104 ff.; Fernsehstreit, BVerfGE 12, 205; Kirchensteuer, BVerfGE 19, 206 ff.; Caritas, BVerfGE 24, 236; Abgeordnetenentschädigung, BVerfGE 40, 296; Bremer Schulstreit, BremStGH v. 23. 10. 1965, NJW 1966, 36 = KirchE 7, 260。

⑮ Vgl. Die Fortbildung der Grundrechte in internationalen Konventionen durch die Rechtsprechung, in: FS Hans-Jürgen Schlochauer, 1981, S. 899－926（903）= VR, S. 625－654（629）. 该论文将"国家的法院作为国家的机关，其体现了国家的更为重要的权威"。

⑯ Dazu Horst Dreier, Die deutsche Staatsrechtslehre in der Zeit des Nationalsozialismus, VVDStRL 60, S. 9（第 17 页及以下诸页，尤其是第 29 页及以下诸页关于反犹太主义的论述。其中脚注 102 涉及朔伊纳适当的做法）。

人物——这种单方的观点也不能持久，但在他的论述中要比他在其他领域的论述更为坚定。教皇保罗六世授予乌尔里希·朔伊纳指挥官十字奖章。这是一个极为罕见的表彰，尤其是对新教教徒而言。

三、 具体的影响

（一）国家学和国家法

国家学和国家法处在朔伊纳作品的中心位置。他非常重视在该领域研究的延续性，尤其是重视源自旧帝国的文献在后拿破仑时代还在被引用。[17] 他没有割裂与魏玛共和国时期的旧的国家学和国家法的关系。[18]

他的长远视角能够使他避免过度重视某个结果和时代的个别结论。相较于德国法院仅关注俾斯麦帝国的建立及其后果，他的中和的判断可能更适合旧的帝国和德意志联邦。他对普鲁士国家思想的评价及他对政治理论的德国浪漫主义的研究[19]都体现了他如何中和地评价正面影响和负面影响。[20] 发展过程中大的脉络、延续及断层在此处及其他的文章中[21]得到体现。

朔伊纳坚决反对实证主义缩减的国家法。对此，他放弃的最终是表面上可能清晰的概念界定。他曾说"国家法并非担保法"。宪法解释原

---

[17]　Volkssouveränität und Theorie der parlamentarischen Vertretung. Zur Theorie der Volksvertretung in Deutschland 1815 – 1848, in: Der moderne Parlamentarismus und seine Grundlagen in der ständischen Repräsentation, hrsg. von Karl Bosi, 1977. S, 298（302 ff.）; Die Staatszwecke und die Entwicklung der Verwaltung im deutschen Staat des 18. Jahrhunderts, in: Beiträge zur Rechtsgeschichte, GS für Hermann Conrad, hrsg. von Gerd Kleinheyer und Paul Mikat, 1979, S. 467, 485 f.

[18]　Peter Häberle, Staatsrechtslehre als universale Jurisprudenz. Zum Tode von Ulrich Scheuner am 25. Februar 1981, ZevKR 26（1981）, S. 117 f.

[19]　Der Beitrag der deutschen Romantik zur politischen Theorie（Rheinisch-Westfälische Akademie der Wissenschaften, Vorträge G 248）, 1980.

[20]　Der Staatsgedanke Preußens,（Studien zum Deutschtum im Osten Heft 2）, 1965.

[21]　Volkssouveränität und Theorie der parlamentarischen Vertretung. Zur Theorie der Volksvertretung in Deutschland 1815 – 1848, in: Der moderne Parlamentarismus und seine Grundlagen in der ständischen Repräsentation, hrsg. von Karl Bosi, 1977. S, 298（302 ff.）; Die Staatszwecke und die Entwicklung der Verwaltung im deutschen Staat des 18. Jahrhunderts, in: Beiträge zur Rechtsgeschichte, GS für Hermann Conrad, hrsg. von Gerd Kleinheyer und Paul Mikat, 1979, S. 467, 485 f.

则上区别于民法和刑法的运用。[22] 国家法实证主义尝试将法学与政治考量及社会考量分离。他从中看到在民法中(包括放弃和强硬的因素)可能的,但在国家法中却是徒劳的努力,即排除探讨现有的政治秩序,并实现(可能是意向的)现状。[23]

朔伊纳在这里以及其他的地方运用自己的历史知识,防止让法律观点绝对化。他意识到,几乎永远都有其他的方案的存在。明显展示该思想的文章是《19世纪以来的民族国家原则和国家秩序》,即使他认为民族国家"一直以来都是一个民族的政治独立的常见形式"[24],但在现代的民族国家既没有唯一的国家形式,也没有仅是国家的理想形式。[25]

因此,他反对将国家的概念限缩为"近代权力构造的现象"的实证主义的做法,[26] 主张与时俱进的国家概念。[27] 对于国家,他认为的一般性定义是:"国家是人类的效果团体,其任务是在一个地域以最高的机关维护秩序和和平。"[28] 类似的担忧体现在他反对过窄确定法律概念的做法。[29]

他反对认为国家和政治因为所谓技术强制而消失的思想。[30] 他认为,

---

[22] Verfassung, in: Staatslexikon, 6. Aufl. Bd. 8, 1963, Sp. 117 – 127 (126 f.) = StTh-StR, S. 171 – 184 (182).

[23] Das Wesen des Staates und der Begriff des Politischen, in: Staatsverfassung und Kirchenordnung, FG Rudolf Smend, 1962, S. 225 (227) = StThStR, S. 45 (47).

[24] 这明确体现在19世纪初以来的民族国家原则和国家秩序中。Staatsgründungen und Nationalitätsprinzip, hrsg. von Theodor Schieder, 1974, S. 9 – 37 = StThStR, S. 101 – 133.

[25] Der Gedanke der nationalen Einheit im Verhältnis der beiden deutschen Staaten, in: Politik und Kultur Colloquium Verlag Berlin), Heft 1, 7. Jahrgang 1980, S. 3 – 25 (25).

[26] Das Wesen des Staates und der Begriff des Politischen, in: Staatsverfassung und Kirchenordnung, FG Rudolf Smend, 1962, S. 225 – 260 = StThStR, S. 45 – 79; ausdrücklich Staatsgründungen und Nationalitätsprinzip, hrsg. von Theodor Schieder, 1974, S. 12 = StThStR, S. 104; Die Legitimationsgrundlage des modernen Staates, in: Norbert Achterberg, Werner Krawietz (Hrsg.) Legitimation des modernen Staates, 1981, S. 1 (6 f.).

[27] Staatsgründungen und Nationalitätsprinzip, hrsg. von Theodor Schieder, 1974, S. 12 = StThStR, S. 104.

[28] Das Wesen des Staates und der Begriff des Politischen, in: Staatsverfassung und Kirchenordnung, FG Rudolf Smend, 1962, S. 258 = StThStR, S. 77.

[29] Die Funktion des Gesetzes im Sozialstaat, in: Recht als Prozess und Gefüge, FS für Hans Huber 1981, S. 127 (128 ff.).

[30] Das Wesen des Staates und der Begriff des Politischen, in: Staatsverfassung und Kirchenordnung, FG Rudolf Smend, 1962, S. 251 = StThStR, S. 70; auch Legitimation (Fn. 26), S. 7; zu dieser Frage eingehend Klaus Schlaich, Von der Notwendigkeit des Staates—Das wissenschaftliche Werk Ulrich Scheuners, Der Staat 21 (1982), S. 1 ff.

国家及其秩序的正当性体现在伦理思想以及体现在深层次的、时代中的及人民中的价值。③

宪法爱国主义认为，宪法先存在于国家并且在一定程度上基于宪法来界定国家。朔伊纳反对这种观点。② 他从现实视角出发，认为国家是基础，而宪法是国家长期存在的法的基础。

朔伊纳不仅鄙视无视政治发展的狭窄的宪法解释，而且鄙视某段时间流传的倾向，即尽可能地将宪法解释为违宪。一直以来，他都反对通过宪法解释实现"自我衔接艺术"（他的严厉表述）。

朔伊纳的国家法作品中包括关于国家机关法的重要作品。他的博士论文和教授资格论文都属于此类。教授资格论文中的关键思想再次体现在 1952 年纪念斯门德的文集中。朔伊纳警告紧靠法国大革命特殊思想的过时的民主形象的做法，更倾向于在盎格鲁-撒克逊领域找到现代的模范。③ 他从现实角度观察，认为议会不仅是而且不首先是单个议员自由决定的意思形成的地方，而且是通过谈判和妥协实现利益平衡的地方。即使他认为有约束力的决定必须由宪法下的国家机关作出，他还是认为中介力量的中间地段是有意义和有必要的。④

多数原则是为了获取决策的形式原则。它在民主政体中的前提条件是基本认同及在该框架下的多元主义、开放的观点形成及针对变化的开放性。宪法限制少数保护。同样，宪法为了保持对其他观点的开放性也

③　Die Legitimationsgrundlage des modernen Staates, in: Norbert Achterberg, Werner Krawietz (Hrsg.) Legitimation des modernen Staates, 1981, S. 8 ff.

②　Probleme der staatlichen Entwicklung in der Bundesrepublik, DÖV 1971, S. 1 (3) = StThStR, S. 385 (389); auch DÖV 1979, S. 916, in einer Besprechung von Peter Häberle, Verfassung als öffentlicher Prozeß?, 1978; dazu Klaus Schlaich, Von der Notwendigkeit des Staates——Das wissenschaftliche Werk Ulrich Scheuners, Der Staat 21 (1982), S. 17.

③　Der Staat und die intermediären Kräfte, Zeitschrift für evangelische Ethik, 1. Jg. (1957), S. 32 f. = StKR, S. 413 f.

④　Der Staat und die intermediären Kräfte, Zeitschrift für evangelische Ethik, 1. Jg. (1957), S. 34 = StKR, S. 416.

限制多数决定，此多数决定也必须得到受约束者的认同。[35] 扩大的宪法法院裁判权，诸如在德国的情况，促使多数统治受到限制。[36]

朔伊纳的重要作品涉及联邦主义的研究。朔伊纳认为，联邦主义的形式适合德国。对此，他并没有夸大其词，并明确反对某个时期流行的"三成员联邦国家"的观点(三成员即联邦、邦与整个国家)，认为联邦国家的主权问题已经过时。[37] 将联邦主义阐释和正当化为一种新的权力分立形式，他认为并不够，而是坚持认为地区的或国家的、教会的或其他的多元的力量应当使联邦国家的构成具有正当性。[38] 对此，他意识到德国人不希望在"经济"和"社会保障"方面有所区别。

法治国家和基本权利也是朔伊纳的重点研究领域。他认为未来的保障，既不在强化基本权利，也不在于使国家和行政陷入瘫痪的权利保护。他警告不要如此解释《基本法》，即它仅适合于好的时代。他有疑虑的不仅是针对联邦德国早期主流的尤为个人主义的基本权利的阐释[39]，还有后来的发展趋势，即通过宽泛的制度化，从而对权利进行最小化的处理。

他将基本权利并非理解为无限自由的制度，而是针对特定的自由和权利的法律保护做有界限的强化。[40]

---

　　[35]　Hierzu: Das Mehrheitsprinzip in der Demokratie (Rheinisch-Westfälische Akademie der Wissenschaften, Vorträge G 191, 1973); Konsens und Pluralismus als verfassungsrechtliches Problem, in: Rechtsgeltung und Konsens, hrsg. von Günther Jakobs, 1978, S. 33 – 68 = StThStR, S. 135 – 170; Der Mehrheitsentscheid im Rahmen der demokratischen Grundordnung, in: Menschenrechte Föderalismus Demokratie, FS Werner Kägi, hrsg. von Ulrich Häfelin, Walter Haller und Dietrich Schindler, 1979, S. 301 – 325.

　　[36]　Verfassungsgerichtsbarkeit und Gesetzgebung, DÖV 1980, S. 473 – 480 (bes. S. 479 f.).

　　[37]　Struktur und Aufgabe des Bundesstaates in der Gegenwart, DÖV 1962, S. 641 – 648 (642 ff.) = StThStR, S. 415 – 434 (419 ff.).

　　[38]　Struktur und Aufgabe des Bundesstaates in der Gegenwart, DÖV 1962, S. 648 = StThStR, S. 433.

　　[39]　基本权利对他而言绝不仅仅意味着脱离国家的自由。对此，参见 Klaus Schlaich, Von der Notwendigkeit des Staates—Das wissenschaftliche Werk Ulrich Scheuners, Der Staat 21 (1982), S. 18。

　　[40]　Pressefreiheit, VVDStRL 22, 1 – 100 (45 – 50, 96) = StThStR (nur Auszug unter dem Titel: Zur Systematik und Auslegung der Grundrechte, S. 709 – 735 (721 – 724); ähnlich Die Religionsfreiheit im Grundgesetz, DÖV 1967, S. 585 – 593 (586), = StKR, S. 33 – 54 (36).

（二）德国统一

朔伊纳坚持德国统一的思想，直到生命中的最后几年他还不断发表该主题的作品，不过认为德国分裂在很长时间并不能改变。[41] 他想要共同的德国国籍，但是主张动态地和有意义地适用国籍法，包括建议认同德意志民主共和国的入籍。[42] 奥德河-尼斯河线在他的眼中早就消失。理由是，他现实地认为改变奥德河-尼斯河线的做法得不到支持。[43]

（三）行政法

朔伊纳一直以来都关注行政法，撰写了少量的基础性作品。他在该领域不断考虑实操性。他的第一篇文章涉及事后审查，就引起人们的关注。[44] 他基于市政法和其他的视角来研究行政机关法。[45] 重新确定市政的自我管理，尤其是国家的任务和影响，成为他另一篇重要文章的思路。[46] 在他离世后出版的《市政经济和实践手册》中的一篇文章中，他再次研究和尝试描述在变化的关系中市政自我管理的本质。[47] 他认识到相关联的立法活动可以限制市政的自我管理，并恰如其当地将福利国家并非视

---

[41]　Zuletzt noch in: Der Gedanke der nationalen Einheit im Verhältnis der beiden deutschen Staaten, in: Politik und Kultur Colloquium Verlag Berlin), Heft 1, 7. Jahrgang 1980; desgl. Das Problem der Nation und des Verhältnisses zur Bundesrepublik Deutschland, in: Drei Jahrzehnte Außenpolitik der DDR, hrsg. von Hans-Adolf Jacobsen, Gert Leptin, Ulrich Scheuner, Eberhard Schulz, 1979, S. 85－108, wo S. 95 f. angesichts der unterschiedlichen Grundkonzeptionen von Bundesrepublik und DDR nur ein Modus vivendi für möglich gehalten und auf S. 100 eine weitere Beständigkeit der Teilung angenommen wird.

[42]　Die deutsche einheitliche Staatsangehörigkeit: ein fortdauerndes Problem der deutschen Teilung, Europa-Archiv 34 (1979), S. 345－356.

[43]　明确的观点，参见 Die Oder-Neiße-Grenze und die Normalisierung der Beziehungen zum Osten, Europa-Archiv 1970, S. 377－386(尤其是第378及以下诸页，痛苦的战败得到认可后，朔伊纳认为，苏联和边界的东欧国家看到了安全的关键，并且人们不应当在对其他国家的政府的态度上自欺欺人)。

[44]　Zur Frage der Nachprüfung des Ermessens durch die Gerichte, VerwArch 33 (1928), S. 68－98.

[45]　Gemeindeverfassung und kommunale Aufgabestellung in der Gegenwart, AfK 1 (1962), S. 149－178; Voraussetzungen der kommunalen Gebietsreform, in: Georg von Unruh/Werner Thieme/Ulrich Scheuner, Die Grundlagen der kommunalen Gebietsreform, Baden-Baden 1981, S. 57－127; Voraussetzungen und Form der Errichtung ¨öffentlicher Körperschaften (außerhalb des Kommunalrechts), in: Gedächtnisschrift für Hans Peters, 1967. S. 797－821.

[46]　Zur Neubestimmung der kommunalen Selbstverwaltung, AfK 12 (1973), S. 1－44.

[47]　Grundbegriffe der Selbstverwaltung, in: Günter Püttner (Hrsg.), Handbuch der kommunalen Wissenschaft und Praxis, 2. Aufl. Bd. 1, 1981, S. 7－23.

为行政国家，而是立法国家。同时，他警告过于繁杂的立法，在 1960 年就已经找到了后来的"实质理论"（Wesentlichkeitstheorie）的表达。⁴⁸

（四）教会法和国家教会法

朔伊纳是现行国家教会法的捍卫者，支持缓慢谨慎的发展，而不是全新的秩序。⁴⁹ 他虽然对国家和教会完全平等的观点持怀疑态度，但是明确反对在教会和教会机关发生争议时排除国家司法管辖的观点。⁵⁰ 不过，他支持宗教自由和教会活动自由。国家教会法秩序的制度组成部分不应当走回头路。因此，对将它们受制于《基本法》第 4 条第 1 款和第 2 款的做法，他感到担忧。⁵¹ 他认为，解决冲突的方案并不是过度强调"否定的宗教自由"，而是容忍原则。⁵²

朔伊纳在大量的作品中还对教会内部问题发表了观点，包括教会的行政裁判权⁵³和教会机关的基本问题。⁵⁴

（五）国际公法

即使朔伊纳的国际公法作品的数量少于国家法作品，他关于国际公法的研究也具有重要的位置。他研究了基础问题并获得声望。他的目标是将国际公法构建为和平的秩序，并且德国在其中有一席之地。为此，他不仅是以写作的方式参与构建，而且写了很多报告，参加国际会议。

---

⑭⑧　Die Aufgabe der Gesetzgebung in unserer Zeit, DÖV 1960, S. 601 – 611 = StThStR, S. 501 – 528; Die Funktion des Gesetzes im Sozialstaat, in: Recht als Prozess und Gefüge, FS für Hans Huber 1981, S. 134.

⑭⑨　Wandlungen im Staatskirchenrecht der Bundesrepublik, in: Stoodt (Dieter)/Scheuner (Ulrich), Staat und Kirche in der Bundesrepublik Deutschland Schriften der Evangelischen Akademiein Hessen und Nassau, hrsgg. von Hans Kallenbach und Willi Schemel, Heft 77), 1968, S. 27 – 59 (55) = StKR, S. 237 – 262 (261). Eine Verteidigung des Staatskirchenrechts, insbesondere gegenüber innerkirchlichen Zweifeln auch in: Die Kirche im säkularen Staat, in: Im Lichte der Reformation. Fragen und Antworten. Jahrbuch des Evangelischen Bundes. Bd. X. Hrsg. zum Luthertag 1967, 1967, S. 5 – 31 = StKR, S. 215 – 236.

⑤⓪　Religionsfreiheit im Grundgesetz, DÖV 1967, S. 591 = StKR, S. 48 f.

⑤①　Religionsfreiheit im Grundgesetz, DÖV 1967, S. 587 = StKR, S. 39.

⑤②　Religionsfreiheit im Grundgesetz, DÖV 1967, S. 591 ff. = StKR, S. 50 ff.

⑤③　Grundfragen einer kirchlichen Verwaltungsgerichtsbarkeit, ZevKR 6 (1957/58), S. 337 – 364 = StKR, S. 441 – 467.

⑤④　Wie soll eine Landeskirche geordnet werden? überlegungen zur landeskirchlichen Situation, in: Zeitenwende. Die neue Furche 38. Jg. (1967), S. 366 – 390 = StKR, S. 469 – 495.

他曾是德国外交部国际公法学术委员会的委员，为新一代的外交工作人员授课，多次担任国际法院的德国代表团成员。

他认为国际公法的基础是共同的法律确信，批判实证主义的观点，即国际公法仅是主权国家间的法，同时，主权国家是其唯一的创造者。他在早期就明确反对当时的主流观点，即国家的概念最终体现在国家意志和国家的自我约束当中，这是唯一的法源。⑤ 他强调国际公法历史的延续性，展示了作为国家间法律的中世纪的万民法和现代的国际公法的联系。在《威斯特伐利亚和约》中，统一的基督教似乎解散了，在未来缺少了制度的形式，但是，这并不能改变对更高的万民法的承认。⑥ 国际公法以文明的法律共同体为前提，渗透到单个的人。它的要求针对的是人类。⑤⑦ 对多边条约的解释不局限于缔约方的意思。他的观点在很早就引发人们的关注。⑧⑧

乌尔里希·朔伊纳通过其跨学科的作品，经常是超越界限的作品，成为"其专业中最后一位全能专家"⑨。"他是一位不可模仿的真正的全能专家。"⑩ 他敏锐地感知未来的发展，反对短期的流行模式，他经常不在他所在时代的高度，或准确地说，各个时代精神的高度，而是领先于他的时代。仅以类型的视角来思考阻碍了他的历史素养以及可以追溯到君主时期的生活经验。如果以十年为界限，阅读他的作品就会发现他的作品具有延续性。他的作品在有些细节方面已经过时，但是，基本的结论还是有效的。以朔伊纳为导向，带来的还是一如既往的收获。乌尔里希·朔伊纳值得长期留在我们的记忆中。

---

⑤ Staat und Staatengemeinschaft, in: Blätter für deutsche Philosophie, Bd. 5 (1931), S. 255 – 269 (262 ff.) = VR, S. 3 – 18 (11 ff.); Naturrechtliche Strömungen im heutigen Völkerrecht, ZaöRV 13 (1950/51), S. 556 – 614 = VR, S. 99 – 158.

⑥ 尤为明确的是在长篇文章中，参见 Die großen Friedensschlüsse als Grundlage der europäischen Staatenordnung zwischen 1648 und 1815, in: Spiegel der Geschichte. Festgabe für Max Braubach zum 10. April 1964, hrsg. von Konrad Repgen und Stephan Skalweit, 1964, S. 220 – 250 = VR, S. 349 – 378。

⑤⑦ Staat und Staatengemeinschaft, in: Blätter für deutsche Philosophie, Bd. 5 (1931), S. 266 – 269 = VR, S. 15 – 18. Scheuner betont ausdrücklich (S. 267 = VR, S. 15)。此处，他以一种决定性的方式偏离了常见的观点。

⑧ Naturrechtliche Strömungen im heutigen Völkerrecht, ZaöRV 13 (1950/51), S. 566 ff. = SzV 109 ff.; Fortbildung der Grundrechte (Fn. 15), S. 899 ff. = SzV, S. 625 ff.

⑨ Klaus Schlaich, Ulrich Scheuner +, NJW 1981, 1427.

⑩ Karl Doehring, Ulrich Scheuner 1904 – 1981, ZaöRV 41 (1981), S. 265.

维尔纳·韦伯（Werner Weber, 1904—1976）

埃伯哈德·施密特-阿斯曼　著　柳建龙　译

一、生平

"国家机关的伦理不能容忍偏袒和专断的倾向，尤其是党派政治关系决定优劣时。"[①] 这句话摘自维尔纳·韦伯关于议会不相容性的博士学位论文，他在 1928 年获得波恩大学博士学位。对于国家为公共利益服务的能力的关注，决定了他终生的思想。他一直将注意力转向通过法律和必要的实际权力平衡来确保这一点。他的最后一篇论文《论基本法的可靠性》1974 年发表于《阿诺德·格伦(Arnold Gehlen)祝贺文集》。[②] 其间维尔纳·韦伯撰写了一部学术作品，所涉及的问题和主题之多令人印象深刻。[③] 然而，核心问题仍然是对国家的关注，对维护其行动能力的关注。[④] 因此，必须从他对国家的理解来看待韦伯的整个作品。这不仅适用于狭义的宪法和教会法方面的论著，也适用于他关于具体行政法问题的出版物，这些出版物可能涉及市政法、自然保护法、公务员法、高

---

① Werner Weber, Parlamentarische Unvereinbarkeiten (Inkompatibilitäten), AöR NF 19 (1930), S. 161 (221). 时至今日，较大部头的基本法评注仍将这篇文章作为基本参考资料予以引用。Vgl. Herzog, in: Maunz/Dürig, Grundgesetz, Art. 55 (Stand 2009), Lit. ; Fink, in: v. Mangoldt/Klein/Starck, Grundgesetz, 6. Aufl. 2010, Art. 55 Fn. 2 und Rn. 32; Fritz, in: Bonner Kommentar, Art. 55 (Stand 2001) Rn. 2.

② Werner Weber, Über die Verläßlichkeit des Grundgesetzes, in: Festschrift für Arnold Gehlen, 1974, S. 303 ff.

③ 埃卡特·韦伯(Eckart Weber)整理了韦伯截至 1974 年的著述目录：Festschrift für Werner Weber, 1974, S. 1005 ff. 。

④ 威廉·亨克(Wilhelm Henke)同样追溯至韦伯在其博士论文中已经形成的基本观点，见 Wilhelm Henke, Werner Weber zum 70. Geburtstag, AöR 99 (1974), S. 481 ff. 。

等教育法、经济管理法或空间规划。值得关注的不是细节，而是基本原理，在对政治形势的细致分析和对法律的效率和限制的冷静评估中也是如此。韦伯知道，国家和法律的前提条件是多么丰富，多么脆弱。《西德宪法体系中的张力和力量》是这部作品的标题，他在这部作品中收录了他三篇最重要的宪法论文的扩充版。本书献给他 1942 年去世的兄弟。其学术作品以及个人印象中他在与人交谈时表现出来的严肃性，根源可能在于对源于国家和法律的危险的认识。这些都是一代人的经历，他们在生命的前四十年里，面对着动荡和不安，面对着战争和暴力，面对着内部和外部秩序的破坏，面对着毁灭性的不公正，自己却往往无法逃脱。⑤

　　维尔纳·韦伯于 1904 年 8 月 31 日出生在贝吉施州的维尔弗拉特（Wülfrath）。⑥ 他在一个新教教师的家庭长大，后在马尔堡大学、柏林大学和波恩大学学习。他在卡尔·施米特指导下获得博士学位并通过候补文职人员考试后，于 1930 年开始担任公务员。他曾在普鲁士的科学、艺术和成人教育部担任国家教会法事务的顾问，后来主要负责自然保护问题。1935 年，他被任命为柏林经济学院教师，同时继续他的部务活动，直到 1937 年。他是德意志法研究院（Akademie für deutsches Recht）的成员，是那里的二级学院的秘书，主要工作则在宗教法委员会。1942 年，他接受了莱比锡大学的邀请。他由于纳粹党员身份而被俄罗斯占领当局免职，⑦ 基于私法上的理由他继续在那里工作。1949 年，他接受了哥廷

　　⑤　Michael Stolleis, Geschichte des Öffentlichen Rechts in Deutschland, Bd. III, 1999 und Bd. IV, 2012; Horst Dreier und Walter Pauly, Die deutsche Staatsrechtslehre in der Zeit des Nationalsozialismus, in: VVDStRL Bd. 60 (2001), S. 9 ff. und 73 ff.

　　⑥　其生平和著述的介绍，见 Hans Schneider, In Memoriam Werner Weber, Göttinger Universitätsreden, 1977 (dort S. 28 f.。维尔纳著述目录，见 Hans Schneider, Nachruf auf Werner Weber, AöR 102 (1977), S. 470 ff.; Volkmar Götz, Verwaltungsrechtswissenschaft in Göttingen, in: Fritz Loos (Hrsg.), Rechtswissenschaft in Göttingen, 1987, S. 336 (353 ff.); Christian Starck, Erinnerungen an Werner Weber (geb. 1904), DÖV 2004, S. 996 ff.; Klaus Lange, Die Bedeutung Werner Webers für Niedersachsen, NdsVBl. 2004, S. 225 f. 7 Dazu Martin Otto, Werner Weber—ein Opfer der politischen Säuberung nach 1945, SächsVBl. 2004, S. 201 ff.; Stolleis, Geschichte des Öffentlichen Rechts, Bd. IV, S. 111。

　　⑦　Martin Otto, Werner Weber—ein Opfer der politischen Säuberung nach 1945, SächsVBl. 2004, S. 201 ff.; Stolleis, Geschichte des Öffentlichen Rechts, Bd. IV, S. 111.

根大学的任命。[8]

维尔纳·韦伯在哥廷根从事研究工作和担任学术教师近四分之一世纪。他拒绝了柏林大学和波恩大学的邀请。学生们很欣赏他的讲座，因为他的讲座能够提供清晰的体系、精确的表述以及对主题和问题的冷静交流。正是因为韦伯掌握了讲课的艺术，他才能够省去修辞上的附属品。他的研讨课将学生、博士生和行政实务工作者聚集在一起。[9] 这些研讨旨在通报和讨论他本人的和在他指导下进行的研究状况。大量的学位论文涵盖了宪法和行政法以及宪法史的广泛主题。其中的一个重点是关于现行行政制度及其组织工作。促进年轻学者的发展和参与学术自治是他不言而喻的职责。[10] 从 1956 年到 1958 年，他担任哥廷根大学校长。从 1963 年到 1965 年，他任德国国家法教师协会的主席。"就下萨克森州政府而言，他成为一个机构的鉴定人和顾问。"[11] "下萨克森州公共服务部门的许多人都从维尔纳·韦伯那里接受了法律培训。"[12] 他编撰并不断更新的下萨克森州法律汇编是几代学生不可或缺的学习工具。

维尔纳·韦伯是通常被称为旧式普通大学的代表，具有高标准和模范履行职责的特点。他自己以最大的奉献精神工作，并认为其他人也会这样做。对他来说，利用他们是不可想象的。个人交往同样由友善和距离决定。他很少有闲聊的心情。但任何寻求建议或支持的人都可以依靠他。1972 年，维尔纳·韦伯退休。1974 年，他 70 岁生日时，学生、同事和朋友为他编纂一部反映其广泛学术兴趣的纪念文集。[13] 1976 年 11 月 29 日，维尔纳·韦伯于去世。自 2004 年起，按照哥廷根的惯例，在他

[8] Eva Schumann, Von Leipzig nach Göttingen. Eine Studie zu wissenschaftlichen Netzwerken und Freundschaften vor und nach 1945, in: Festschrift der Juristenfakultät zum 600jährigen Bestehen der Universität Leipzig, 2009, S. 633 (bes. 674 ff.).

[9] 对于参与的学生来说，在讨论他们的论文时，要经受住行政实务人员的反对意见，有时候也不容易接受。但他们总是可以确定韦伯的支持。

[10] 有四个学生在韦伯的指导下完成了教授资格论文：汉斯·施奈德(Hans Schneider)（柏林经济学院，1940 年）、威廉·亨克(Wilhelm Henke)（哥廷根大学，1962 年）、埃伯哈德·施密特-阿斯曼(Eberhard Schmidt-Aßmann)（哥廷根大学，1971 年）以及克劳斯·朗格(Klaus Lange)（哥廷根大学，1972 年）。

[11] Michael Stolleis, Geschichte des Öffentlichen Rechts in Deutschland, Bd. III, 1999 und Bd. IV, 2012, S. 53.

[12] Klaus Lange, Die Bedeutung Werner Webers für Niedersachsen, NdsVBl. 2004, S. 225.

[13] Hans Schneider/Volkmar Götz (Hrsg.), Im Dienste an Recht und Staat, 1974.

位于瓦肯罗德尔路的住宅上有一块纪念牌，以纪念这位对大学、城市和州有重大贡献的学者。

二、 基本信念

维尔纳·韦伯对国家和法律的基本信念是牢固的，但不是僵化的。对他来说，国家代表着一种预先确定的统治秩序，为了个人和社会的利益，其行动能力必须得到永久的保障。"在各个方面，国家对其人民来说远不止是一种权宜之计；它是人类本质本身的伟大和不朽的表现之一。"⑭ 就这种核心角色而言，它应被理解为"不仅仅是一个组织、工具、仪器等等"，而且是"作为一项任务"与我们相遇。⑮

公法的重大问题是由任务而非规范界定的：它首先关注的是国家性，它应该表现在负责任的举止和有力地完成任务中。法律的功能是不可低估的。在早期关于副署和法律公开的必要性的意见中，在不法国家的混乱中保留的正是法律形式的基本要求。⑯ 在韦伯伴随德意志联邦共和国宪法发展超过 25 年的著述中，他还警告不要高估法律的安抚作用，并强调公民对国家的支持具有决定性作用。在他看来，"对国家的失望"是危及共同体稳定的最大危险之一。⑰ 1962 年，他和格哈德·奥斯特赖希（Gerhard Oestreich）、汉斯·J. 沃尔夫（Hans J. Wolff）一起创办了《国家》（Der Staat）杂志。它旨在成为一个"反思国家的地方"，在这里，外国研究也被纳入其中，将从不同的科学角度对"作为个人和政治自由

---

⑭　Weber, Die Bundesrepublik Deutschland und die Wiedervereinigung, Rede beim Staatsakt am 17. Juni 1966 im Plenarsaal des Deutschen Bundestages, abgedr. in: Spannungen und Kräfte im westdeutschen Verfassungssystem, 3. Aufl. 1970, S. 314 (318).

⑮　Werner Weber, Die Gegenwartslage des Staatskirchenrechts, VVDStRL Bd. 11 (1954), S. 257 (Schlußwort).

⑯　Weber, Kontrasignatur und Gegenzeichnung bei Akten des Staatsoberhaupts, Jahrbuch der Akademie für Deutsches Recht 1937, S. 184 ff.; ders., Führererlaß und Führerverordnung, Zeitschrift für die gesamte Staatswissenschaft Bd. 102 (1941), S. 101 ff.; ders., Die Verkündung von Rechtsvorschriften, 1942.

⑰　Weber, Der deutsche Bürger und sein Staat (1967), abgedr. in: Spannungen und Kräfte im westdeutschen Verfassungssystem, 3. Aufl. 1970, S. 329 (329)："德国的公民跟他的国家之间的关系是冲突的、断裂的，甚至更多是漠不关心的。"

的最重要保障"的国家的政治秩序形式进行研究。⑱ 对韦伯来说，该杂志从其内容到标题既是学术纲领，也是个人的自白。

韦伯能够以敏锐的洞察力和极强的表达能力将法律状况和社会状况相互联系起来，并根据其关联性对它们进行评估。就制度的运动规律而言，他的研究有一个清晰的、历史的视角。另一方面，他既未将自己限制于狭义的法释义学方法，也反对抽象地谈论方法。虽然他自己是一个很好的体系论者，但他并未对《基本法》作体系性评论。取而代之的是，他对现状的精确分析和对未来发展的预测，他通常提出警告和关切，而不是怨天尤人。

在那些当时引人注意且时至今日仍有启发的作品中，他于 1949 年 6 月在哥廷根的就职演讲《魏玛宪法和波恩基本法》应为其中之一。⑲ 在该文中，韦伯对刚刚生效的《基本法》作了最早的批判性反思：他指出了《基本法》的正当性的不足。他批评了"对规范实证主义的不偏不倚的依赖，《基本法》的制定者认为由此他们可以掌握德国的政治未来"⑳，这将导致"政治的司法化和司法的政治化的双重危险"㉑。他对完全无例外地由政党代表人民表示遗憾。㉒ 他担心某一天会出现"行政被夺权"，在国家中，"不管人们喜欢与否，都是一个行政国家"。㉓ "不能将韦伯在1949—1951 年对《基本法》的批评视为对《基本法》的否定，相反，它们是对新宪法秩序的可行性的清醒的担忧。"㉔ 由此，他指出了国家法

⑱　Der Staat Bd. 1（1962），S. 1 f.：Geleitwort.

⑲　Abgedr. in：Spannungen und Kräfte im westdeutschen Verfassungssystem, 3. Aufl. 1970, S. 9 ff. Zu ihr vgl. Jens Kersten, in：Christoph Gusy（Hrsg.）, Weimars langer Schatten—„Weimar" als Argument nach 1945, 2003, S. 299 ff. 福斯特霍夫的类似思考，vgl. Florian Meinel, Der Jurist in der industriellen Gesellschaft. Ernst Forsthoff und seine Zeit, 2011, S. 347 ff. 。

⑳　Weber, Weimarer Verfassung und Bonner Grundgesetz, Abgedr. in：Spannungen und Kräfte im westdeutschen Verfassungssystem, 3. Aufl. 1970, S. 16.

㉑　Weber, Weimarer Verfassung und Bonner Grundgesetz, Abgedr. in：Spannungen und Kräfte im westdeutschen Verfassungssystem, 3. Aufl. 1970, S. 29.

㉒　Weber, Weimarer Verfassung und Bonner Grundgesetz, Abgedr. in：Spannungen und Kräfte im westdeutschen Verfassungssystem, 3. Aufl. 1970, S. 20.

㉓　Weber, Weimarer Verfassung und Bonner Grundgesetz, Abgedr. in：Spannungen und Kräfte im westdeutschen Verfassungssystem, 3. Aufl. 1970, S. 27 und 31.

㉔　Volkmar Götz, Verwaltungsrechtswissenschaft in Göttingen, in：Fritz Loos（Hrsg.）, Rechtswissenschaft in Göttingen, 1987, S. 359；施托莱斯对韦伯的就职演讲的批评明显更为克制。Stolleis, Geschichte des Öffentlichen Rechts, Bd. IV, S. 132 f.

科学的核心主题，这也影响了其后学术讨论议题的确定。

后续的发展表明韦伯的批评中的重要观点是错误的。在《基本法》赋予国家和社会生活的明确规范标准以及联邦宪法法院的显著地位的框架下，德意志联邦共和国表现良好。韦伯本人——在学术上致力于观察而不是固执己见——在随后的几年里修正或缓和了他的一些判断。他在1967 年写道㉕，尽管存在各种矛盾，但联邦共和国的国家已经成长为"一个具有高度社会自律性的有序共同体"，它"知道如何在一个显著的程度上使自由和社会平衡互相结合"。

然而，同样不容置疑的是，韦伯 1949 年的分析指出，在政治和学术界经过数年甚至数十年的平静之后，针对这些问题可能很快再次爆发激烈的争论。指出这一点的目的并不是简单地再次提出韦伯的警告。不过，不能忽视政党对人民的媒介化与新出现的对更多直接民主和公民参与规划程序的要求之间的联系。在很大程度上，这更适用于目前关于法律和法院在克服欧洲债务危机方面的作用的争论。

即使是那些明确选择规范性方法的人也不会对这样的见解闭口不谈："政府和行政部门的负责任的行动，而不是司法审查和裁决，是国家存在的核心。"㉖ 如果一个保守主义者这么讲，㉗ 则他的话可能会得到欧洲进步法学家的特别认可。但他们提醒我们，不要想当然地认为欧洲的讨论已经达到了德国所达到的宪法规范性水平。㉘

三、 学术著作的一些要点

对韦伯本人来说，在哥廷根的就职演讲也为今后的研究工作确定了重点——不仅是在宪法方面，而且是在整个行政和行政法方面。如果仔细看一下这些论著的主题，关于机构和机构背景的论著占主导地位。他

㉕ Weber, Der deutsche Bürger und sein Staat (1967), abgedr. in: Spannungen und Kräfte im westdeutschen Verfassungssystem, 3. Aufl. 1970, S. 343.

㉖ Weber, Weimarer Verfassung und Bonner Grundgesetz, Abgedr. in: Spannungen und Kräfte im westdeutschen Verfassungssystem, 3. Aufl. 1970, S. 32.

㉗ Stolleis, Geschichte des Öffentlichen Rechts, Bd. IV, S. 132.

㉘ 相关分析见 Christoph Schönberger/Matthias Jestaedt/Oliver Lepsius/Christoph Möllers, Das entgrenzte Gericht. Eine kritische Bilanz nach sechzig Jahren Bundesverfassungsgericht, 2011。

主要在具体的行政法问题中处理基本权利问题，例如自然保护法、高等教育法、新闻法或保险监督法的问题。他关于基本权利体系的专门研究并不多见。在过去几十年里，诺伊曼(Neumann)、尼佩代(Nipperdey)和朔伊纳(Scheuner)主编的《基本权利手册》收录的韦伯所撰写的内容丰富的《财产与征收》一文是《基本法》财产释义学的最重要参考资料之一。[29]

对制度的兴趣一再促使韦伯探讨国家和行政组织的法律问题。恰恰是在这里，结构性见解与特定领域的事实考虑捆绑在一起。在韦伯的其他论述中，如关于政党的作用、结盟影响的中立化、职业公务员的管理者或社会国家需求的灵活性的论述多表明，他在关于国家组织的著述中形成了与组织的复杂性相适应的复杂的论证结构。[30] 在组织法仅被理解为归属权时，他阐述了更为深远的指引功能，并常常附有完善的建议。[31]

此外，韦伯能够回溯他早期对间接国家行政的论述。这已经显示出他的研究在方法论方面的优势：[32] 居于首要位置的是对零散的制定法材料的收集及对其中存在的实际权力关系的分析。在此基础上，再通过比较形成可以概括的特征，最后将之引入释义学的概念和体系的形成中。此种情形下的秩序概念并非形式性的。相反，它具有保障在一定领域内

[29]　Werner Weber, Eigentum und Enteignung, in：Neumann/Nipperdey/Scheuner (Hrsg.), Die Grundrechte, Bd. 2, 1954, S. 331 ff. 该报告首先对德国联邦法院关于《魏玛宪法》第153条的判例法进行了批判性的讨论，以便对《基本法》第14条进行结构性分析，对国家对财产的个人使用权以及"传统征用"和"牺牲性征用"之间的区别做出明确的概念性定义。参考了国家社会主义时期关于财产概念的文献和作者本人关于这个问题的出版物(s. nur Werner Weber/Franz Wieacker, Eigentum und Enteignung, 1935, S. 8 ff.；Werner Weber, Dienst- und Leistungspflichten der Deutschen, 1943, S. 99 ff.)。没有讨论在保护时只根据"狭义或广义的国家秩序中的整体个人和财产状况"(1935年，第24页)而形成的想法。然而，如果只是为了与宪法规定的社会义务(《基本法》第14条第2款)形成对比，这本来是可取的。

[30]　令人印象深刻的，如关于《基本法》第9条第3款的讨论，参见 Weber, Die Bundesrepublik Deutschland und die Wiedervereinigung, Rede beim Staatsakt am 17. Juni 1966 im Plenarsaal des Deutschen Bundestages, abgedr. in：Spannungen und Kräfte im westdeutschen Verfassungssystem, 3. Aufl. 1970, S. 152 ff.。

[31]　Klaus Lange, Die Bedeutung Werner Webers für Niedersachsen, NdsVBl. 2004, S. 225.

[32]　Werner Weber, Körperschaften, Anstalten und Stiftungen des öffentlichen Rechts, 1940, 2. Aufl. 1943. In der Methode ähnlich später Werner Weber, Die Öffentliche Sache, in：VVDStRL Bd. 21 (1964), S. 145 (150 ff.).

有组织的国家性的功能能力，并使其免受政党和协会的不受控制的影响。㉝韦伯所涉的议题非常广泛，此处只讨论其中三个，即联邦主义、地方自治和国家教会法。

（一）德国和欧洲的联邦主义

他在博士论文中已经提到，㉞或许是"被平衡的宪法立场的矛盾性"塑造了国家机构。在缺乏能够代表这些矛盾的真正力量的地方，无论设想得多么好的法律规则都是具文。以这个标准进行衡量，韦伯对联邦共和国的联邦主义持怀疑态度："虽然采取了许多联邦主义的预防措施，但各州不再被视为国家，而是被视为具有广泛自治权的自治机构"；可以想象，即便"在联邦参议院中，较之联邦力量，党派政治力量更加强大"。㉟不过，时隔15年后，他的评价有所不同，也更为友善：㊱在此期间，渐趋顺畅的联邦共和国的联邦主义在促进分权和"政党政治之紧张关系的平衡"的效果方面得到了认可。在联邦参议院及其委员会中，"可以使各州高层官僚机构的经验和专业知识为完成联邦任务所用"。然而，令人担忧的是，鉴于(旧)联邦共和国的面积很小，政治力量可能会陷入联邦主义的玻璃珠游戏中，而世界政治的重要争论则发生在"布鲁塞尔、华盛顿或任何地方"的中心。㊲

韦伯从德意志国家的角度进行思考；不过他的思考并不是内部中心

㉝　在1940—1942年的文件中，纳粹党及其附属组织被剥夺了法人地位。Vgl. Werner Weber, Körperschaften, Anstalten und Stiftungen des öffentlichen Rechts, 1940, 2. Aufl. 1943, S. 75 ff.

㉞　Werner Weber, Parlamentarische Unvereinbarkeiten (Inkompatibilitäten), AöR NF 19 (1930), S 179.

㉟　Weber, Weimarer Verfassung und Bonner Grundgesetz, Abgedr. in: Spannungen und Kräfte im westdeutschen Verfassungssystem, 3. Aufl. 1970, S. 17; ähnlich ders., Fiktionen und Gefahren des westdeutschen Föderalismus (1951), abgedruckt auch in: Weber, Spannungen und Kräfte im westdeutschen Verfassungssystem, 3. Aufl. 1970, S. 57 ff.

㊱　Werner Weber, Die Gegenwartslage des deutschen Föderalismus (1966), abgedruckt auch in: Weber, Spannungen und Kräfte im westdeutschen Verfassungssystem, 3. Aufl. 1970, S. 288 ff.

㊲　Werner Weber, Die Gegenwartslage des deutschen Föderalismus (1966), abgedruckt auch in: Weber, Spannungen und Kräfte im westdeutschen Verfassungssystem, 3. Aufl. 1970, S. 313.

主义的。1969 年，他写道：⑧"联邦共和国真正的结构性变化，可以说是德国国家生活中的欧洲转向，是通过联邦共和国作为'超国家的'欧洲六国共同体的成员而发生的；由此，联邦共和国的地位已经开始转变为联邦主义制度的成员国，而且今天在很大程度上已经发生了变化。"根据韦伯的见解，独立的政治力量于其中相互角力的真正的联邦主义只能存在于未来的欧洲层面。1967 年，韦伯高瞻远瞩地为其发展提出了以下备选方案：⑨"要么我们达成一个联邦主义的联邦国家——'欧洲国家'，要么我们构建一个由管理者和技术官僚统治的欧洲统一经济体，它没有任何政治架构，必须在不可忽视、民族各自独立的法国人、意大利人、荷兰人等争论中消磨。"在韦伯的全集中，只有少数关于公法的欧洲化的见解。他的创作时期，特别是高产时期，是在东西方分裂、冷战及统一前的时期。这些都是他对世界政治思考的主要影响因素。⑩ 然而，这里所引用的语句证明了韦伯在国家性和国家组织的概念中是多么地将欧洲一体化作为一个视角，以及他是多么准确地用几笔就能展示其动态。那些期望他有一个明显的欧洲怀疑论的基本立场的人将会感到失望。即使在他进行历史性论证的地方，韦伯也不关心保留传统的国家组织形式，而是要确定负责任的主权者有能力为公共利益服务。

（二）地方自治

为了确保一个有能力发挥作用并且有明确的责任分配的共同体，有必要对自治，尤其是地方自治进行研究。这也是韦伯一系列具有清晰总结分析的论述的出发点：⑪ 国家和自治之间，相对于君主制的行政机关

---

⑧　Werner Weber, Die Bundesrepublik und ihre Verfassung im dritten Jahrzehnt（1969）, abgedr. auch in: Weber, Spannungen und Kräfte im westdeutschen Verfassungssystem, 3. Aufl. 1970, S. 345（351）.

⑨　Weber, Der deutsche Bürger und sein Staat（1967）, abgedr. in: Spannungen und Kräfte im westdeutschen Verfassungssystem, 3. Aufl. 1970, S. 329（336）.

⑩　这是韦伯非常关心的一个问题。20 年来，他一直担任柯尼格斯坦纳区的宪法委员会主席。1973 年，在维尔纳·雅恩（Werner Jahn）的协助下他主编了一本跨度甚大的书——《1941 年至 1973 年德国政策概要》（Synopse zur Deutschlandpolitik 1941 bis 1973）。

⑪　Werner Weber, Wandlungen der Kommunalverwaltung（1948）, 修订后再版, in: Werner Weber, Staats- und Selbstverwaltung in der Gegenwart, 2. Aufl. 1967, S. 61 ff. ; 下文引用者即此。

和市民社会的角力游戏，已经随着"魏玛"消亡。要想回到它身边，那就是"浪漫主义的复兴"。一部基于现实的自治宪法必须解决新的现实问题。一方面，任务的范围发生了变化，市政当局被广泛地委托来处理各种事务，这导致人们认为市政当局主要是一个政府。另一方面，必须考虑到专业地方行政的重要作用，应将乡镇官僚机构和市民代表的对抗视为一种新的力量平衡予以组织。"就其对人和对事的职能而言，现代城市的市政管理机构需要一个强有力的制衡，以使其不会僵化或安于现状。"㊷ 然而，韦伯仍然对大规模有组织的政党产生的影响持批评态度。自治应该是尽可能的"事务行政"（Sachverwaltung）。

在前述地方学研究完成后没几年，韦伯又进行了一项关于地方自治的法律保障的研究，事实上主要关注《基本法》和各州宪法的自治保障。㊸ 他后来关于《基本法》第 28 条第 2 款的评注所关注的所有重要问题在这里都已经提出：保障的保护方向、"地方乡镇事务"的确定、财政自治的意义以及在分配新的高成本任务时关联规则的必要性、地方监督的问题。韦伯关于联邦和州宪法保障标准的统一性的论述在随后的几十年里成为主流的解释路线。

韦伯的论文、讲演和专家报告中涉及了大量关于市政管理的具体问题。其中一些涉及的是非常具体的情况，如某一地区的重组。有时，它们被设定为结构性问题，如州的国土规划行政。他很早就将国土规划和各邦计划的法律问题纳入关注范围。㊹ 韦伯很早就认识到环境保护发展成为一个独立的法律领域的重要性，并从他的自然保护法知识中指出历史关联性。㊺ 他总是从其现实生活背景（考虑到历史关联性）出发去澄清问题。㊻ 对他而言，熟悉行政科学对于研究的重要性不言而喻。不过，

㊷　Werner Weber, Staats- und Selbstverwaltung in der Gegenwart, 2. Aufl. 1967, S. 71 ff.

㊸　Werner Weber, Die Verfassungsgarantie der kommunalen Selbstverwaltung, in: Weber, Staats- und Selbstverwaltung in der Gegenwart, 2. Aufl. 1967, S. 31 ff.

㊹　关于韦伯在该领域的研究，vgl. Volkmar Götz, Staat und Kommunalkörperschaften in der Regionalplanung, in: Festschrift für Werner Weber, 1974, S. 979 ff. 。

㊺　Werner Weber, Umweltschutz im Verfassungs- und Verwaltungsrecht, DVBl. 1971, S. 806 ff.

㊻　Volkmar Götz, Verwaltungsrechtswissenschaft in Göttingen, in: Fritz Loos (Hrsg.), Rechtswissenschaft in Göttingen, 1987, S. 360, 恰当地指出了韦伯的研究对"现实的重视"和"对现实作准确和批评性评估的偏好"。

他并没有把行政学作为自己的主题。相反，它构成了他对任务相关的行政法理解的一个不可或缺的组成部分。就地方事务和地方法而言，只有将全部地方议程纳入考虑，才能做出有价值的研究。

这项工作的结果记录了巨大的经验财富。因此，韦伯是一位受欢迎的鉴定专家，特别是涉及行政秩序的根本性改革时更是如此。在 1964 年的第 45 届德国法学家大会上，他写了一份题为《目前的地方结构是否符合国土规划的要求?》的专家意见。[47] 第 45 届德国法学家大会的专家意见和决议"引发了一波关于行政改革的活动"，在接下来的几年里决定了古老的联邦共和国各州的政策。[48] 1965 年，下萨克森州为此目的成立了一个专家委员会，韦伯成为该委员会主席。经过三年的紧张工作，该委员会——通常被称为"韦伯委员会"——提交了专家意见，该专家意见因其对整个邦行政的任务和组织结构的全面评估及其平衡的建议而被视为典范。[49] 它成为在政治和社会领域进行的多年的高强度的讨论过程的基础，韦伯本人也通过讲演和发表文章参与讨论。他建议的重要部分在之后萨克森州的改革立法中得到采纳。[50]

(三) 国家与教会

韦伯对国家教会法问题的关注可以追溯至他在普鲁士文化部的宗教司工作的时候。他从 1935 年开始的第一批出版物以国家视角为特征，这可能与该早期的关联有关。不言而喻，韦伯认为，教会享有其根据罗马教皇与政府签订的协定(Konkordat)、教会协议和法律应得的一切。他对这方面的法律基础作了精确细致的研究。但在法律有回旋余地的情况

---

[47]　Werner Weber, Entspricht die gegenwärtige kommunale Struktur den Anforderungen der Raumordnung? Empfehlen sich gesetzgeberische Maßnahmen der Länder und des Bundes? Welchen Inhalt sollen sie haben?, Gutachten für den 45. DJT, 1964.

[48]　Frido Wagener, Neubau der Verwaltung, 1969, S. 171.

[49]　Niedersächsischer Minister des Innern (Hrsg.), Verwaltungs-und Gebietsreform in Niedersachsen. Gutachten der Sachverständigenkommission für die Verwaltungs-und Gebietsreform, 1969.

[50]　Vgl. Volkmar Götz/Wilhelm Petri, Die Verwaltungs-und Gebietsreform in Niedersachsen, in: Die Verwaltung Bd. 18 (1980), S. 37 ff.; Klaus Lange, Die Bedeutung Werner Webers für Niedersachsen, NdsVBl. 2004, S. 225. Zur aktuellen Situation vgl. Albert Janssen, Die Auflösung der staatlichen Organisationsstruktur durch die politischen Parteien, in: Die Verwaltung Bd. 43 (2010), S. 1 ff.

下，他倾向于作出有利于国家利益的选择。(51)

韦伯最重要的见解可以追溯到他为“宗教法委员会”起草的文件，该委员会是德国法学院在1938年至1941年期间成立的。(52) 韦伯在那里讲授了《无异议声明》（Nihil obstat）(53)和《罗马教皇与政府签订的协定中的政治条款》(54)。战后的文献认为，该委员会的工作在法律上是谨慎的，在世界观上未鼓吹国家社会主义，并致力于“为国家教会法奠定理性基础”。然而，它接着说，委员会成员忠实于他们为帝国宗教部的政策并为之服务，为此，通常被视为“教廷律师”（Kurialjuristen）的对手。(55)

然而，韦伯在1941年4月和5月的两次会议上对新教教会官员所作的演讲表明，他对当时教会的状况相当关注。(56) 在这里，他区分了纳粹党越来越多的反教会和反基督教的政策与国家当局未定的政策，将正在发生的“暴力取代教会在大众生活中的公共位置”称为“公共生活的非宗教化”并做了阐述，他冷静而勇敢地指出这些趋势对两个教会的危险，但首先是对新教教会的危险。(57)

---

(51) 然而，1942年4月，“安全警察和安全局局长”的一封信中的评价截然不同（来自文中报道的关于福斯特霍夫被任命到维也纳的事件的档案，Dorothee Mußgnug/Reinhard Mußgnug/Angela Reinthal, Briefwechsel Ernst Forsthoff Carl Schmitt, 2007, Einleitung, S. 16），信中指控福斯特霍夫“与志同道合的法律教师组成一个小集团”，其中包括韦伯，“所有这些人都可以被证明有宗派关系”。它接着指出，这个圈子一直倡导某种“教会的倾向”。

(52) Werner Schubert（Hrsg.），Akademie für Deutsches Recht 1933－1945. Protokolle der Ausschüsse, Bd. XV, 2003. 转载了委员会的意见。关于该委员会的历史和组成，见该书第X页以下。在学术方面，巴里翁（Barion）、福斯特霍夫（Forsthoff）、黑克尔（J. Heckel）和韦伯是该委员会的成员。后者作为学院二组的秘书，负责建立该委员会。Vgl. Jörg Winter, Die Wissenschaft vom Staatskirchenrecht im Dritten Reich, 1979, S. 67 ff.; ferner Thomas Marschler, Kirchenrecht im Bannkreis Carl Schmitts. Hans Barion vor und nach 1945, 2004, S. 292 ff.

(53) 发表的版本，ZgesStW Bd. 99（1939），S. 193 ff.。

(54) 发表的版本，见韦伯的论文的单行本，Werner Weber, Die politische Klausel in den Konkordaten. Staat und Bischofsamt. Nr. 3 der Schriftenreihe der Akademie für Deutsches Recht, Gruppe Verfassungs- und Verwaltungsrecht, 1939；1966年由科学出版社（Scientia Verlag）原版再次印刷。

(55) Jörg Winter, Die Wissenschaft vom Staatskirchenrecht im Dritten Reich, 1979, S. 172 ff.；第174页对韦伯作了专门的讨论。

(56) 条约原文（„Die staatskirchenrechtliche und kirchenrechtliche Entwicklung seit 1933“）于1952年再次刊行：Werner Weber, Die staatskirchenrechtliche Entwicklung des nationalsozialistischen Regimes in zeitgenössischer Betrachtung, in: Festschrift für Rudolf Smend, 1952, S. 365 ff.。

(57) Werner Weber, Die staatskirchenrechtliche Entwicklung des nationalsozialistischen Regimes in zeitgenössischer Betrachtung, in: Festschrift für Rudolf Smend, 1952, bes. S. 372 ff. und 384 ff. 关于韦伯受到的压迫，见Jörg Winter, Die Wissenschaft vom Staatskirchenrecht im Dritten Reich, 1979, S. 192 ff.。

十年之后，即1952年秋，韦伯在德国国家法教师协会上就《基本法》中教会的地位发表了演讲:(58) 联邦共和国赋予这两大教会“一种特别重要的公法地位”；从这种全面的总体地位出发，它们挤进“其他公共生活秩序的领域广阔的前沿”；它们因此处于“这样一个政治共同体中，不再是由一种力量即‘国家’主宰其公共秩序领域”，这个秩序有两个或多个统治者。如果人们想在历史模式上确定自己的方向——他的结论是——人们最有可能在等级制国家中找到相关标准。在随后的学术交流中，韦伯的分析备受赞赏，但“等级制国家”一词也遭到了明确的反对。特别是乌尔里希·朔伊纳在其中看到了韦伯批判性地描绘的图景，他与韦伯关于至高无上的、独立于社会力量的国家的想象相反。(59) 格哈德·莱布霍尔茨也反对“等级”或“多元主义”等术语，因为它们在政治领域已经被废弃且具有破坏作用；教会和强大的“多元主义”联盟之间也具有根本区别。(60) 在他的结束语中，韦伯澄清了他对国家的理解：他的论文并非以主权国家为模式；民主是一种国家形式，在其“统治结构的更迭中”中有自由和平衡的要素。(61) 在这个整合过程中，他给教会及其监督机关分配了一种积极的任务。然而，他有意避免为《基本法》规定的国家与教会的关系发展出一个理想的典型模式:(62)“国家法学以其手段获得未来发展模式的可能性是有限的。”

韦伯关于国家教会法的其他著作探讨了国家和教会在一些具体法律领域中的关系，例如高等教育法、教育法、关于个人身份以及公共财产的法律等。相关法律文本始终处于中心地位。只有在无法做进一步解释时，他才会使用功能论和目的论的论证。它们是从具体的保护需求发展出来的，没有遵循预先设定的教会和国家利益的位阶秩序。他关于“一般法”和“适用于所有人的法律”这两个概念的含义以及对《魏玛宪

(58) Die Gegenwartslage des Staatskirchenrechts, in: VVDStRL Bd. 11 (1954), S. 153 ff. (bes. S. 169 ff.)

(59) Scheuner, Diskussionsbeitrag, aaO., S. 225 f.

(60) Leibholz, Diskussionsbeitrag, aaO., S. 249 f.; vgl. auch Stolleis, Geschichte des Öffentlichen Rechts, Bd. IV, S. 339 ff.

(61) Weber, Schlusswort, aaO., S. 253 (256 f.).

(62) Weber, Schlusswort, aaO., S. 258.

法》中的教会法条款的历史反思也遵循同样的思路。[63] 在他致力于公共生活的末期，韦伯将这方面的最重要的论文纳入其四十年间的广博著述中，并结集成册，其中包括 1935 年至 1940 年的五篇文章。[64] 他在序言中说:[65] "其中一些只具有历史意义，主要是作为当代历史的文献意义；其他的文稿可以说仍具有现实意义，即使各方面尤其是就作者本人而言已经发生变化。"他继续说:"因此，整个作品首先应该被理解为对亲身经历的变化发展的过程的总结，但同时也视为对当代国家和教会之间关系问题的论文。"熟悉韦伯的人知道，他对个人事务持非常谨慎的表达态度，这些话使人注意到其中所表达的对他自己立场的可变性的自我批判性思考。

四、 结语：韦伯的保守主义

人们倾向于将韦伯描述为一个保守派。他或许不会反对这种定性，但需要谨慎行事，因为这样一来，这个引人注目的术语不仅会被用于描述他的生活方式和公务观念，也可以用于描述他那些在学术上具有促进作用的著作，为此有必要予以认真审视。韦伯的核心出发点是国家和决定国家的力量的变化。他反复明确地指出力量的转移及由此产生的危险。然而，他不打算保留传统的宪法模式。任何将他在哥廷根大学的就职演讲解释为保守主义基本态度的人应该读一读韦伯后来关于德国宪法发展的见解。任何怀疑韦伯意在维护强大行政机构的人也应注意到，他也维护地方自治！这就是韦伯的观点。对韦伯来说，历史不是衰败史，而是发现新任务和思考新平衡的背景。即使在今天，主权也没有被吸收到扩散的治理结构中。具有实现公共福祉能力的宪法——无论在民族国家、欧洲或国际层面上看[66]——是国家法理论的一项持久任务，它不能

---

　　[63]　Werner Weber, Das kirchenpolitische System der Weimarer Reichsverfassung im Rückblick, in: Festgabe für Wolfgang Abendroth, 1968, S. 381 ff.

　　[64]　Werner Weber, Staat und Kirche in der Gegenwart, 1978. 在他逝世后，收入莫尔·西贝克出版社(Mohr Siebeck)的一套丛书(Jus Ecclesiasticum)中。

　　[65]　Werner Weber, Staat und Kirche in der Gegenwart, 1978, S. V.

　　[66]　Vgl. nur Christoph Möllers, Gewaltengliederung, 2005; Armin von Bogdandy et alii (eds.), The Exercise of Public Authority by International Institutions, 2010.

绕过早期的国家性的见解和经验。因此，"从国家角度思考问题"⑥ 不必然是特别保守的思维的表现。

与许多同行不同，韦伯对联邦共和国的宪法讨论并非听天由命。从他在政治公共领域的作用和声誉——例如他长期在下萨克森州和不来梅州法院担任法官——就可以看出，听天由命在他那没有任何市场。终其一生，他都与他的博士生导师卡尔·施米特以及波恩研讨会圈子的参与者恩斯特·福斯特霍夫、恩斯特·鲁道夫·胡贝尔和汉斯·巴里翁（Hans Barion）保持着密切的联系。⑥ 1958 年，他与巴里翁、福斯特霍夫主编了施米特的 70 岁祝寿文集。⑥ 他个人撰写了一篇对基本法中分权的批评性文章。⑦ 但它不是向后看的："即便在我们的时代，国家的内部法律也要求，其主权统治的权威要有令人信服的理由，公共责任领域要在其具体的任务和义务中得到明显体现。"⑦ 时至今日，与此相似的表达完全可以见诸欧洲宪法的教科书。

韦伯在其实务的鉴定和咨询活动中也致力于这些任务。正如此前所述，他在萨克森州所做的工作尤其广泛。他的建议得到了各党派的广泛认可。韦伯能够预见实践，并密切结合规范素材进行研究。他感兴趣的是——用他喜爱的词汇中的两个词来说——"权力关系"，而不是"玻璃珠游戏"。然而，他不允许自己被实践所俘虏，而是始终保持科学家与实践的距离和公正性。⑦

---

⑥　弗里德尔·京特（Frieder Günther）的论文题目即是如此，Frieder Günther, Denken vom Staat her. Die bundesdeutsche Staatslehre zwischen Dezision und Integration，2004。

⑥　Vgl. Florian Meinel, Der Jurist in der industriellen Gesellschaft. Ernst Forsthoff und seine Zeit，2011，S. 36 ff. 关于施米特在波恩的研讨会圈子，vgl. Reinhard Mehring, Carl Schmitt. Aufstieg und Fall，2009，S. 177 ff.。韦伯作为共同编辑参与了施米特的第二本祝贺文集，但没有撰文。然而，不确定这是否表明其与施米特已经疏远（Frieder Günther, Denken vom Staat her. Die bundesdeutsche Staatslehre zwischen Dezision und Integration，2004，S. 138 f.）。

⑥　Hans Barion/Ernst Forsthoff/Werner Weber（Hrsg.），Festschrift für Carl Schmitt, 1959. 国家法学部分所作的愤怒的反应，vgl. Florian Meinel, Der Jurist in der industriellen Gesellschaft. Ernst Forsthoff und seine Zeit，2011，S. 405 ff.。

⑦　AaO.，S. 253 ff.；abgedr. auch in：Spannungen und Kräfte im westdeutschen Verfassungssystem，3. Aufl. 1970，S. 152 ff.

⑦　Spannungen und Kräfte im westdeutschen Verfassungssystem，3. Aufl. 1970，S. 174.

⑦　格茨（Götz）的观点相似，见 Volkmar Götz, Verwaltungsrechtswissenschaft in Göttingen, in：Fritz Loos（Hrsg.），Rechtswissenschaft in Göttingen，1987，S. 354，"尽管韦伯倾向于在政府和行政管理方面的实践，但他真正的家是大学"。

奥托·基希海默
（Otto Kirchheimer，1905—1965）[*]

米夏埃尔·基利安　著　吴国邦　译

一、　生平和著作

（一）出生于符腾堡的魏玛观察家、移民、美国政治学家

2015 年是奥托·基希海默逝世 50 周年。[①] 基希海默是法学界为数不多真正能够从事跨学科研究工作的学者。他的治学领域包括宪法、国家理论、劳动法和刑法；此外，他对社会学和政治学也有深入的研究。

奥托·基希海默于 1905 年 11 月 11 日出生在施瓦本-法兰克地区的海尔布隆（Heilbronn），那是当时符腾堡王国的一个新兴工业城市。他的父母是犹太人。虽然是资产阶级出身，但他很早就参加了社会主义青年团。他先是在明斯特学习哲学和历史，然后在科隆、波恩、柏林学习"法律和社会科学"（当时刚出现的一门学科）。[②] 在大学期间，他参加了卡尔·福伦德（Karl Vorländer）、马克斯·舍勒（Max Scheler）、赫尔曼·黑勒、鲁道夫·斯门德和卡尔·施米特等人的课程和研讨课。[③] 作

---

* 作者在此感谢诺默斯出版社（Nomos-Verlag，Baden-Baden）授权重新印刷这篇节选自《阿明·赫兰德（Armin Höland）纪念文集》（2015 年）的文章。

① 2015 年是他诞辰 100 周年。
② 霍斯特·埃姆克（Horst Ehmke）将慕尼黑也列为基希海默的求学地点之一。
③ S. Luthardt, Otto Kirchheimer, Staatsgefüge und Recht des dritten Reiches, Kritische Justiz, H. 1/1976, S. 33 ff.（36）.

为一个在政治上明显具有左翼倾向且思想上受到马克思主义影响的大学生[④]，他师从当时已经闻名全德的右翼保守派国家理论家卡尔·施米特，并于 1928 年在波恩获得法学博士学位[⑤]。他的博士论文题目是《论社会主义和布尔什维克主义的国家理论》[⑥]。这一题目在今天看来仍饶有趣味，在当时亦是一个亟须探讨的议题。基希海默大量地研究社会主义和马克思主义的思想，并加入了社民党；因此，他被认为是"民主的马克思主义者"[⑦]。1930 年，他的那篇在今天看起来颇具预言性的论文《魏玛而后？论〈魏玛宪法〉的缘起与现状》引起了轰动。[⑧] 他也因此找到了愿意为之奋斗一生的研究课题：制定一部能够防范各派——左派和右派——威胁的民主宪法。他观察的领域和评估的对象，首先是当时的《魏玛宪法》，那是德国历史中真正意义上的第一个共和国的宪法，之后是德国第二共和国的《基本法》以及作为"第三共和国"的前民主德国的国家结构，尽管它只存在了 40 年。

在普鲁士司法部门完成实习后——在实习期间，基希海默还在柏林的弗朗茨·诺伊曼和恩斯特·弗伦克尔律师事务所工作过——他于 1932 年通过了第二次国家考试。直到 1933 年，基希海默一直遵循着他的社会

---

④　Vgl. Gangl（Hg.），Linke Juristen in der Weimarer Republik, Frankfurt/Main 2003, darin Schale, Otto Kirchheimer：Linkssozialistische Analysen in der Weimarer Republik, S. 276 - 290 und Söllner, Aufstieg und Niedergang. Otto Kirchheimers politische Interpretation der Weimarer Reichsverfassung, S. 291 - 327. 这些左翼法学家包括胡果·辛茨海默、卡尔·罗文斯坦、弗朗茨·诺伊曼和恩斯特·弗伦克尔，也有人将胡果·普罗伊恩、汉斯·凯尔森、古斯塔夫·拉德布鲁赫和赫尔曼·黑勒列入这一群体。另见 Luthardt, Sozialdemokratische Verfassungstheorie in der Weimarer Republik, Opladen 1986。

⑤　与基希海默同样师从施米特获得博士学位且之后在国家法学界享有盛名的还有恩斯特·鲁道夫·胡贝尔、恩斯特·弗里森哈恩和维尔纳·韦伯。恩斯特·福斯特霍夫早在 1925 年于波恩师从施米特获得了博士学位。

⑥　S. Kirchheimer, Zur Staatslehre des Sozialismus und Bolschewismus（1928），Edition Suhrkamp（= es），Nr. 821, S. 32 - 52；Mehring, „ein typischer Fall jugendlicher Produktivität", Otto Kirchheimers Bonner Promotionsakte, in：van Ooyen/Schale（Hg.），Kritische Verfassungspolitologie. Das Staatsverständnis von Otto Kirchheimer, 2011, S. 19 ff. sowie Llanque, Otto Kirchheimer und die sozialistische Verfassungslehre, in：van Ooyen/Schale（Hg.），Kritische Verfassungspolitologie. Das Staatsverständnis von Otto Kirchheimer, 2011, S. 69 ff. Ein Auszug der Dissertation findet sich in O. Kirchheimer, Von der Weimarer Republik zum Faschismus：Die Auflösung der demokratischen Rechtsordnung, hgg. von Luthardt, es 821, 1976, S. 32 - 52.

⑦　S. Perels, Otto Kirchheimer（1905 - 1965）Demokratischer Marxist und Verfassungstheoretiker, in：Kritische Justiz（Hg.），Streitbare Juristen. Eine andere Tradition, Baden-Baden, 1988, S. 401 - 413.

⑧　S. Abdruck in Kirchheimer, Politik und Verfassung, es Nr. 95, 1964, S. 9 - 56.

主义思想，在工会学校当教师，主要为社会民主类杂志撰写文章（特别是为鲁道夫·希尔费丁［Rudolf Hilferding］编辑的《社会》杂志）；此外，他还在柏林做律师以贴补生计，至少在当时犹太人还没有被禁止从事律师职业。然而国家社会主义政权不断施加的暴行迫使他和他的家人在 1933 年夏天移民到国外，先是去了巴黎，1937 年冬天又经英国移民到了美国。

　　1934 年至 1942 年，基希海默在由马克斯·霍克海默（Max Horkheimer）和特奥多尔·W. 阿多诺（Theodor W. Adorno）共同创办的著名的社会研究所工作，1934 年至 1937 年先是在巴黎分部，1937 年至 1942 年在纽约。此后，他在美国多所高校任兼职讲师和客座教授。⑨ 1955 年他被社会研究新学院⑩聘为政治学教授，自 1961 年起任教于著名的哥伦比亚大学（纽约）。1943 年，在"二战"中期（美国于 1941 年参加"二战"），他被美国国务院任命为科学顾问。在此期间，他浸润逡巡于国家法律和政治学领域的各种议题之间，并进行了大量研究。作为德国问题专家，他的主要研究方向之一是对德国国家、行政和社会结构的分析。他与弗朗茨·诺伊曼和赫伯特·马库塞（Herbert Marcuse）一道，组成了至今仍被视为传奇的秘密情报组织战略情报局（OSS）下属的调查分析小组。⑪最后，他在美国特勤局（Secret Service）担任中欧研究部门负责人。⑫ 这种

⑨　Ehmke, Otto Kirchheimer†, AöR Bd. 91（1966）S. 117 nennt als Stationen：1937 - 1942 Associate im Internationalen Institut für Sozialforschung, 1943 Visiting Lecturer im Wellesley College, Mass., 1952 Visiting Professor an den Howard and American Universities Washington.

⑩　查阅该校校史可知，自 1919 年创校至 1997 年，该校校名始终是"社会研究新学院"（New School for Social Research）；之后，它曾更名为"新学院大学"（New School University）；但在 2005 年，它又改回了原本的称谓，即"社会研究新学院"。而且，"社会研究新学院"这个名字至今仍被用于称谓该校最为著名的研究部。该校以社会、历史、政治经济、哲学与人文为主的著名研究部起初被称为"流亡大学"（University in Exile），之后更名为"政治与社会科学研究所"（Graduate Faculty of Political and Social Science）。因此，1955 年该校的准确名称应当是"社会研究新学院"，译者推测，作者给出的称谓系出于资料误差导致的不同时期名称混用，不应作直译。故而，译者直接根据史实翻译为"社会研究新学院"。——译注

⑪　So lt. Nachruf von John H. Herz auf Kirchheimer in Political Science Quarterly, Vol. LXXXI September 1966, No. 3.

⑫　S. dazu T. B. Müller, Die epistemischen Bedingungen der Macht. Wissenschaft, Staatsapparate und Stiftungen im frühen kalten Krieg：Der institutionelle Kontext Otto Kirchheimers, Herbert Marcuses und Franz Neumanns in Amerika, in：van Ooyen/Schale（Hg.）, Kritische Verfassungspolitologie. Das Staatsverständnis von Otto Kirchheimer, 2011, S. 35 ff.

聘用专家组成情报智库的政策咨询形式很久之后才得以在德国兴起和发展，其制度化的标志性事件是 1962 年"科学与政治基金会"的成立（成立于慕尼黑，2001 年迁往柏林）。[13]

如前所述，自 1961 年起，奥托·基希海默一直在哥伦比亚大学从事教学和研究工作，直到他 1965 年突然去世。他居住在华盛顿，但是为了在学校授课，他每周都要在华盛顿和纽约之间往返奔波。[14] 1965 年 2 月 22 日，年仅 60 岁的基希海默在华盛顿的达拉斯国际机场因心脏病发作而逝世。[15]

与大多数的移民——如恩斯特·弗伦克尔、奥古斯特·冯·哈耶克（August von Hayek）、特奥多尔·W. 阿多诺或马克斯·霍克海默——相比，他更愿意像卡尔·J. 弗里德里希（Carl J. Friedrich）、卡尔·罗文斯坦或是汉斯·凯尔森那样留在美国，而不是回到德国或奥地利。[16] 然而，1949 年，基希海默再次到德国拜访他的博士导师卡尔·施米特；[17] 1961—1962 年，他接受了弗莱堡大学的聘任，作为"富布莱特客座教授"。1964 年，他在于卡尔斯鲁厄（Karlsruhe）召开的第 45 届德国法学家大会上作了报告，并与恩斯特·弗伦克尔和霍斯特·埃姆克一起参加了

---

[13]　Bei Schale, Zwischen Engagement und Skepsis. Eine Studie zu den Schriften von Otto Kirchheimer, Baden-Baden 2006, findet sich im Literaturanhang unter 1. 2., S. 355 bis 358, eine Aufstellung von Reports für die OSS-Department of State, die Kircheimer zugeordnet werden konnten.

[14]　基希海默在那里的工作场所是位于曼哈顿（Manhattan）的费耶韦瑟厅（Fayerweather Hall），哥伦比亚大学的历史系和社会学系位于附近。

[15]　Vgl. den Wikipedia-Artikel zu Otto Kirchheimer, abgerufen am 8. 11. 2014. S. auch den Nachruf von Horst Ehmke im AöR Bd. 91 (1966), S. 117 - 119. Weitere Nachrufe stammen von Helmut Ridder, Neue Politische Literatur, Jg. 1967, S. 301 f.; John H. Herz, Political Science Quarterly, Vol. LXXXI, Spt. 1966, No. 3 und Politische Vierteljahresschrift, Jg. 7, H. 1/ 1966, S. 171 f.; Erich Hula, Sozial Research. An International Quarterly of Political and Social Science, Vol. 33/1966, No. 1, p. 4 - 7 und Herbert Marcuse, The American Political Science Review, Vol. LX, June 1966, No. 2, p. 486.

[16]　在当时非常有影响力的作家赫尔曼·凯斯滕（Hermann Kesten）出版的题为《我不生活在联邦共和国》（Ich lebe nicht in der Bundesrepublik）的平装书中也收录了奥托·基希海默就这一观点给凯斯滕写的一封类似信件的声明（"Meine Freunde, die Poeten"）。List-TB Nr. 256, 1963, S. 85 - 91 mit amüsant-ironischer biographischer Notiz S. 173. Die Beiträge reichen von Max Brod bis Carl Zuckmayer.

[17]　S. D. Mußgnug/R. Mußgnug/A. Reintal (Hg.), Briefwechsel Ernst Forsthoff Carl Schmitt (1926 - 1974), Berlin 2007, S. 360 Anm. Nr. 1.

由奥托·巴霍夫主持的座谈会。[18] 1962 年，基希海默拒绝了接替卡罗·施密德在美因河畔法兰克福大学任教的邀请。然而，据霍斯特·埃姆克说，如果他能活得更久，可能真的就会在那里做教授了，因为双方已经开始对聘任条件进行讨论了。而且那时候基希海默应该去弗莱堡大学接替阿诺德·贝格施特雷瑟（Arnold Bergstraesser）担任政治学讲席教授。[19] 毕竟这有可能成为一次返乡之旅，尽管基希海默和许多移民一样，对德国政治局势的发展感到失望。[20] 对他来说，不想回德国的主要原因首先是 1962 年的《明镜》事件：

> ……然而，随着暴露的细节越来越多，我对这个事件思考得越久，便越清楚地意识到，在这里，司法机关并非居中裁判者，而只是政治操弄与对抗的工具罢了。既然如此，我们还不如重启那早已销声匿迹的"德国方式"，将所谓"叛国罪"加诸政治对手之身。[21]

尽管如此，基希海默还是希望被安葬在他的出生地海尔布隆的犹太人墓地[22]，这样，他至少可以在死后回到他的故乡——施瓦本。

（二）学术著作

在 60 年代和 70 年代，著名的苏尔坎普（suhrkamp）出版社陆续出版了四本基希海默的论文集[23]。1985 年，政治学的同仁在柏林举办了纪念

[18]　S. Verhandlungen des 45. Deutschen Juristentags, Karlsruhe 1964, Bd. II, öffentlich-rechtliche Abteilung, Sitzung vom 24. 9. 1964, S. E 96 ff., München/Berlin 1965.

[19]　Czada S. 108; s. a. Wilhelm Hennis, Regieren im modernen Staat, Politikwissenschaftliche Abhandlungen I, dort: Politikwissenschaften als Beruf, 1999, S. 406.

[20]　Czada S. 108. S. v. a. den Brief Kirchheimers an Kesten S. 85 ff.

[21]　Kirchheimer in Kersten S. 85.

[22]　So Ehmke AöR S. 119 und Friesenhahn im Schlusswort zu den Verhandlungen des 46. Deutschen Juristentags, 1966, C 67 f.

[23]　Otto Kirchheimer, Politik und Verfassung, es 95, 1964; ders., Politische Herrschaft. Fünf Beiträge zur Lehre vom Staat, es 220, 1. A. 1967, 2. A. es 220 o. J.; ders., Funktionen des Staats und der Verfassung, es 548, 1972; ders., Von der Weimarer Republik zum Faschismus: Die Auflösung der demokratischen Rechtsordnung, Suhrkamp, es 821, 1976.

基希海默逝世 20 周年座谈会^㉔，这场会议无疑将那时已被重唤起的学界对基希海默创作于二三十年代之作品的兴趣推向了高潮。即使在 1985 年之后，从政治学角度^㉕——尤其是从政治学国家理论角度——对基希海默进行研究和介绍的出版物也屡见不鲜。^㉖

1965 年，也就是基希海默去世的那一年，他那本关于"政治正义"(Politische Justiz)的伟大著作——被评价为"最重要的"著作也不为过——以德语出版。^㉗ 他的其他优秀作品^㉘还包括 1930 年发表的《魏玛而后？论〈魏玛宪法〉的缘起与现状》、1935 年以"赫尔曼·塞茨博士"(Dr. Hermann Seitz)为笔名出版的《第三帝国的国家结构与法律》^㉙以及 1939 年在美国与格奥尔格·鲁舍(Georg Rusche)一同撰写的《惩罚与社会结构》等。《政治正义：利用法律程序达到政治目的》一书于 1961 年在美国出版，之后又于 1965 年以德文出版。《惩罚与社会结构》

㉔　确切地说，是从 1985 年 11 月 13 日至 11 月 15 日在柏林。会议记录直到四年后才出版。Luthardt/Söllner (Hg.), Verfassungsstaat, Souveränität, Pluralismus. Otto Kirchheimer zum Gedächtnis, Opladen 1989. Die Heimatstadt Kirchheimers steuerte einen Druckkostenzuschuss bei. S. dazu Czada S. 113 Anm. 6, und die Materialien zu dem Symposium, herausgegeben von Luthardt, Fachbereich Politische Wissenschaften der FU Berlin, 144 S., Okt. 1985.

㉕　Schale, Zwischen Engagement und Skepsis. Eine Studie zu den Schriften von Otto Kirchheimer, Schriftenreihe der Sektion Politische Theorien und Ideengeschichte in der Deutschen Vereinigung für Politische Wissenschaft, 2006, darin eine Liste an Sekundärliteratur über Kirchheimer vor allem aus politikwissenschaftlicher Sicht S. 363 – 388; Bavaj, Otto Kirchheimers Parlamentarismuskritik. Ein Fall von „Linksschmittianismus"?, VjH f. Zeitgeschichte Bd. 55 (2007), H. 1, S. 33 – 51; Artikel „Otto Kirchheimer" von Salzborn in Voigt/Weiß (Hg.), Handbuch Staatsdenker, Stuttgart 2010, S. 210/211.

㉖　van Ooyen/Schale (Hg.), Kritische Verfassungspolitologie. Das Staatsverständnis von Otto Kirchheimer, Baden-Baden 2011.

㉗　副标题是"利用法律程序实现政治目的"(Verwendung juristischer Verfahrensmglichkeiten zu politischen Zwecken)，共 687 页。该作品于 1961 年在美国首次以英文出版。1965 年的德文版初由路希特汉德出版社(Luchterhand-Verlag, Neuwied)出版；1981 年由欧洲出版公司(EVA, Frankfurt/Main)再出德文版，见 van Ooyen, Die dunkle Seite des Rechtsstaats: Otto Kirchheimers „Politische Justiz" zwischen Freund-Feind, Klassenjustiz und Zivilisierung—Eine Weimarer Spurensuche (Schmitt-Fraenkel-Kelsen/Weber) zu einem Klassiker der Rechtspolitologie, in: van Ooyen/Schale (Hg), Kritische Verfassungspolitologie. Das Staatsverständnis von Otto Kirchheimer, 2011, S. 199 ff. and Scheuerman, Politische Justiz in Zeiten des „War on Terror", ebenda S. 225 ff.。

㉘　关于基希海默已出版和未出版的作品清单，见 Schale, Zwischen Engagement und Skepsis. Eine Studie zu den Schriften von Otto Kirchheimer, Schriftenreihe der Sektion Politische Theorien und Ideengeschichte in der Deutschen Vereinigung für Politische Wissenschaft, 2006, S. 353。

㉙　S. dazu Luthardt, Otto Kirchheimer Staatsgefüge und Recht des dritten Reiches, Kritische Justiz, H. 1/1976, S. 33 – 39.

则在出版很久之后(1974年)才被译成德文，德文版书名经直译后与原题稍有出入，名为《社会结构与制裁实施》㉚。基希海默著述的另一重要组成部分是他在美从事政策咨询工作时，基于调研之所得，针对法律、政治与科学领域诸多现象所撰写的指南、手册和报告。这些作品有的是基希海默独立署名，也有的是同他人合作撰写，且大多没有被翻译和出版。㉛

　　基希海默具有代表性的著作不多，因为他表达思想的主要媒介载体是"长篇期刊论文"。他最重要的专著《政治正义》于1961年才出版，可以算得上是一部晚成之作了。至于德国国家理论，除了1939年和1961年出版的两本内容丰富的专著外，前文提到的由苏尔坎普出版社出版的论文集中也有几十篇内容与之相关，其中大部分都已被翻译成外文。此外，还有一些基希海默专门面向德国学界与读者而撰写的作品。这些稿件包括《美国的宪法解释原则》㉜、《政治中的司法》㉝和《国家安全战略的演化》㉞。他其他的一些文章还涉及"西欧政府中的多数派和少数派"㉟与"民主德国的司法和法制概念"㊱等。早在1959年，基希海默就在他的论文《庇护权之当下保障所面临的问题》中对"政治庇护"进行了分析㊲；直到今天，德国联邦及各州政府仍在致力于保障该项基本权利的实现。

㉚　287 Seiten. Wie die Politische Justiz erschien auch dieses Buch in der Europäischen Verlagsanstalt/EVA, Frankfurt/Main und Köln.

㉛　Die Titel und Fundstellen von 44 solchen größeren oder kleineren Gutachten sind bei Schale, Zwischen Engagement und Skepsis. Eine Studie zu den Schriften von Otto Kirchheimer, Schriftenreihe der Sektion Politische Theorien und Ideengeschichte in der Deutschen Vereinigung für Politische Wissenschaft, 2006, S. 356 - 358 vermerkt.

㉜　JöR N. F. 11 (1962), S. 93 - 109.

㉝　In: Hesse/Reiche/Scheuner (Hg.), Staatsverfassung und Kirchenordnung, FS für Rudolf Smend, Tübingen, 1962, S. 97 - 118.

㉞　ZfP 11 (1964), H. 2, S. 126 - 146.

㉟　Die neue Gesellschaft 6 (1959), H. 4, S. 256 - 270.

㊱　AöR 85 (1960), S. 1 - 65, dazu auch Kirchheimer, Politische Justiz, S. 385 ff.

㊲　Publiziert von der Arbeitsgemeinschaft für Forschung des Landes Nordrhein-Westfalen, Geisteswissen-schaften, Heft 82, 68 S., Köln-Opladen, 1959.

二、 国家法学者的研究领域

（一）对于学术的评估和分类

基希海默广泛的学术兴趣使他被贴上了不同的"学术标签"：政治学者们依其在"批判理论"方面的成就，将其评价为法律政治学或"批判政治宪法学"的代表[38]；但他有时也被视为"左倾施米特主义者"（Linksschmittianist）[39]，这并不奇怪，因为他们的学术领域中有许多重叠的议题，如合法性与正当性的关系[40]、主权[41]、议会制演变及其中的议会反对派[42]、国家保护（尤其是政治正义）等。

奥托·基希海默曾做过美国政府的政策顾问，同时有着政治学教授的身份，政治学者们将他视为"自己人"[43]也是合乎情理的。此外，自1961年以来，基希海默一直是著名的《美国政治科学评论》杂志[44]的编辑。尽管涉猎广泛，他最为人所认可和熟知的背景依旧是国家法和宪法研究者。当然，他对刑法和劳动法的涉猎也引起了一部分人的重视，但由于其关注的焦点始终同"政治"脱不开关系，这两个领域并非其研究的"轴心"。在这个意义上，历史学家弗里德尔·京特（Frieder Günther）

---

[38] van Ooyen/Schale（Hg.），Kritische Verfassungspolitologie. Das Staatsverständnis von Otto Kirchheimer，2011，darin besonders van Ooyen/Schale，Einleitung S. 9 ff.

[39] S. Bavaj, Otto Kirchheimers Parlamentarismuskritik. Ein Fall von „Linksschmittianismus"?，VjH f. Zeitgeschichte Bd. 55（2007），H. 1，S. 33 - 51.

[40] S. Kirchheimer, Bemerkungen zu Carl Schmitts „Legalität und Legitimität"（1932），in Luthardt（Hg.），es 821，S. 113 ff.；ders.，Legalität und Legitimität（1932），es Nr. 220，S. 7 - 29，zum labilen Verhältnis von Legalität und Legitimität in der Bundesrepublik des kalten Krieges ders. Deutschland oder der Verfall der Opposition（1966 posth.），es Nr. 220，S. 58（85/86）.

[41] Kirchheimer, Zur Frage der Souveränität（1944），es Nr. 95，S. 57 - 95，speziell die Schlussfolgerungen S. 88 ff.

[42] S. jeweils die Nachweise in den folgenden Anmerkungen.

[43] S. etwa Ooyen/Schale, Einleitung S. 12.

[44] 2014 年，根据影响力排名，该期刊在所有同类期刊中位列第一。

将其归入在第三帝国受迫害的德国国家法学者范畴，也不无道理。[45] 总的来看，对于法律人而言，我们有充足的理由将其视为一名出色的宪法理论家，即便他的研究有时带有强烈的政治学家气质；不过，这种气质并非基希海默所独有的，身负政治学家气质的国家法学者（例如奥利弗·莱普修斯等人）在当时似乎并不罕见。

基希海默没能成为德国国家法的讲席教授，是因为极权主义、非人道主义在德国盛行的那个时代阻碍了他的发展，尽管他的学识——尤其是他的分析能力——毫无疑问足以使他担当此任。至于卡尔·施米特是否曾想帮助他获得教授资格，我们仍然不得而知。[46] 尽管未能在德国成为讲席教授，可是他像许多——当然不是全部的——从德国移民来的学者一样，在美国多所高校和科研机构担任了教授职位。不过，他们都面临着类似的身份认同困境[47]，无法撕下移民学者标签而栖居在政治学篱下。他在刑法、劳动法、法律史、政治学（包括"政治正义"）等方面——尤其是在政治学方面——做了大量的研究工作，但是从他的基本思想来看，作为卡尔·施米特的"左派"学生，他主要是一位法律研究者和法学思想家。基于此，我们可以进一步得出结论，他是——至少是与他在政治学研究中所取得成就相当的——一位"德国国家法学者"。

基希海默以一种新的方式对宪法和普通法进行思考和阐述，其独特之处在于，他先是从政治学和历史学的角度概览其实证面向，之后才使用"规范分析"的方法对研究对象进行二次加工。[48] 这种方式类似于在

---

[45]　一同列入该范畴的还有凯尔森（Kelsen）、考夫曼（Kaufmann）、黑勒（Heller）、莱布霍尔茨（Leibholz）、瓦尔特·耶利内克（Walter Jellinek）、克劳斯（Kraus）和纳维亚斯基（Nawiasky）。与基希海默一起，弗伦克尔（Fraenkel）、阿本德罗特（Abendroth）、德拉特（Drath）和罗文斯坦（Loewenstein）也因为这种迫害而没有成为教席教授，s. Günther, Denken vom Staat her. Die bundesdeutsche Staatsrechtslehre zwischen Dezision und Integration 1949－1970, München 2004, S. 48 Anm. 86。

[46]　笔者虽尝试多次，但也没有找到能够明确回答此问题的可靠文献材料。

[47]　例如恩斯特·弗伦克尔（Ernst Fraenkel）、卡尔·罗文斯坦（Karl Loewenstein）、格奥尔格·施瓦岑贝格尔（Georg Schwarzenberger）或卡尔·J. 弗里德里希（Carl J. Friedrich）。

[48]　van Ooyen/Schale （Hg.）, Kritische Verfassungspolitologie. Das Staatsverständnis von Otto Kirchheimer, 2011, darin besonders van Ooyen/Schale, Einleitung S. 12 f.

研究国际法时所采用的"纽黑文方法"（New Haven Approach）[49]，该方法的逻辑进路与前述的基希海默范式十分类似，只不过它通常被用于研究国际法，而非宪法。

在当时，基希海默委身于法学界"门外"，但这在某种程度上成为了他的优势，他能够从主流的实证主义法律思维中脱颖而出，就像当时著名的评论家格哈德·安许茨和里夏德·托马——还有古斯塔夫·拉德布鲁赫——在评价《魏玛宪法》时所表现出的那样。基希海默清楚地看到了《魏玛宪法》的缺陷和疏漏，并认为这样一部宪法在面对极端反对者的攻击时很难作出适当而有效的反应；于是他很早便提出了警告，应当启动对《魏玛宪法》的改革；不幸的是，这仍于事无补。显然，他的分析无疑是"来自左派的观点"，另外他是个犹太人，这使他多次被魏玛国家的反对者怀疑是左派分子。[50]

来自政治、社会、历史的诸多要素都可能成为政治学者的研究对象，但政治学更为重要的任务，应当是对强权政治及其影响、强权战略等的研究。基希海默所要做的就是揭示隐藏在这些事物之中的潜在关系及其相互影响并作出论证。他是权力理论家卡尔·施米特的得意弟子，尽管他没有受到其右翼保守思想的影响，恰恰相反，他是从左翼批判的角度对社会、经济、国家和权力进行研究。基希海默在很早的时候就把官僚主义或军工业等社会经济现象纳入了他的考察范围，在许多法学文章中他都使用了这一批判性的分析方法。当展卷基希海默之初，我们或许会认为其行文风格有些枯燥，但随着深入阅读，它的流畅和清晰被深刻感知：他时而贡献精妙的推证，时而穿插饱含现实意义的论断，更不会在必要时吝惜尖刻的讽刺、辛辣的挖苦和犀利的评述，且往往一语中

[49] Entwickelt an der Yale University von Myers S. McDougal (1906–1998), Harold J. Lasswell (1902–1978) und fortgeführt in der zweiten Generation von W. Michael Reisman (1939–1939).

[50] S. etwa Schale, Otto Kirchheimer: Linkssozialistische Analysen in der Weimarer Republik, in: Gangl (Hg.), Linke Juristen in der Weimarer Republik, 2003, S. 276–290 und Söllner, Aufstieg und Niedergang. Otto Kirchheimers politische Interpretation der Weimarer Reichsverfassung, in: Gangl, S. 291–327.

的。[51] 因此，他的著作并没有过时，反而一直具有现实意义，即使在今天读来也能获益匪浅。他的著作——尤其是他最后那部关于"政治正义"的伟大著作——能够让我们更清醒地认识到，正处在政治、财税等重重压力下的西方民主国家所面临的诸种根基性或制度性问题，政治、法律等的结构性症候自不待言，反复出现且难以根治的价值体系痼疾在其笔下亦尤为明显。

政治学家们称基希海默为"阴郁的思想家"，而不是"国家学思想家"。与他的老师卡尔·施米特不同，基希海默没有创立自己的学派。他将施米特的思想、"法兰克福学派"的理论、社会学和实证主义法学相融合，用于对国家和社会进行分析。[52] 当然他的思想也来源于他所处的时代和那个时代的观念潮流。除此之外，他还是一个独立的思想家，以敏锐的思想洞察力作出自己的判断——在这一点上他与施米特类似，虽然两人的政治倾向截然相反。

恩斯特·弗里森哈恩从德国国家法学的角度评价基希海默是"以社会学方法从事研究的法学大师"[53]。但从美国学界同僚的角度来看，基希海默的思想不具备"系统性"[54]。他的怀疑精神同严格教义学取向的思维方式格格不入。他也被视为科学的倡导者，一个"本能地站在知识前沿的倡导者"[55]；今天也许人们会说，他是一个"思想的先驱者"。格哈德·里德(Gerhard Ridder)用"温和的怀疑主义和人道的相对主义"来描述他致力于国家法研究的动力。这两种特质使他那"极其强烈的建立

---

[51]　Nur als wenige Beispiele im der „Politischen Justiz" s. S. 411 Mitte oder S. 464 2. Abs a. E.

[52]　van Ooyen/Schale（Hg.），Kritische Verfassungspolitologie. Das Staatsverständnis von Otto Kirchheimer, 2011, darin besonders van Ooyen/Schale, Einleitung S. 9 ff.

[53]　Friesenhahn im Schlusswort zu den Verhandlungen des 46. Deutschen Juristentags, 1966, C 67 f.

[54]　So John H. Herz und Erich Hula, Otto Kirchheimer. An Introduction to his Life and Work, in: Politics, Law and Social Change. Selected Essays of Otto Kirchheimer. Edited by Frederic S. Burin and Kurt L. Shell, Columbia University Press, New York/London 1969, p. IX.

[55]　So John H. Herz und Erich Hula, Otto Kirchheimer. An Introduction to his Life and Work, in: Politics, Law and Social Change. Selected Essays of Otto Kirchheimer. Edited by Frederic S. Burin and Kurt L. Shell, Columbia University Press, New York/London 1969, p. IX.

法治国家的愿望超越了一切平庸的意识形态"[56]。他的批判精神没有使他成为愤世嫉俗的旁观者，而是促使他在理论和实践（教学、政策咨询、媒体发声、社会活动）中成为启蒙大众的、如让-保罗·萨特(Jean-Paul Sartre)[57]一般的"公共知识分子"，从而免于陷入"知识分子的背叛"（尤利恩·本达［Julien Benda］)[58]中。

（二）不同时期的著作

　　根据查达(Czada)的梳理，基希海默在政治学方面的研究大致由以下四个方面构成，且从相应著述的产出时间上判断，基希海默关于这四项主题的思考和讨论之间具有时序上的先后关系[59]：(1)作为青年社会主义者的基希海默对魏玛共和国宪法和社会各阶层状况的分析与研判。关于该主题的研究不仅是基希海默最早的"自我命题"，更是他持守终身的"毕生志业"。(2)对德国法西斯主义的研究。(3)对德国战后发展路向的研究。(4)对中欧（联邦德国）战后发展路向的分析。基希海默的国家法著作内容丰富、形式多样，且同样可以被归纳为五个具有时序发展关系的主题：(1)以时代亲历者身份对《魏玛宪法》的批评；(2)作为"他者"对纳粹国家的观察；(3)作为美国政府顾问对"二战"结束前德国军事管理的观察；(4—5)作为在美国任教的政治学学者对尚不成熟的德意志联邦共和国宪法所作的外部观察与批判思考。

---

　　[56]　Ridder S. 301, s. Kirchheimer, Über den Rechtsstaat (publ. posthum 1967), es Nr. 220, S. 122-151.

　　[57]　让-保罗·萨特(Jean-Paul Sartre, 1905年6月21日—1980年4月15日)，法国20世纪最重要的哲学家之一，法国无神论存在主义的主要代表人物，西方社会主义最积极的倡导者之一，一生中拒绝接受任何奖项，包括1964年的诺贝尔文学奖。在战后的历次斗争中都站在正义的一边，对各种被剥夺权利者表示同情，反对冷战。他也是优秀的文学家、戏剧家、评论家和社会活动家。他的一生波澜壮阔，曾参加反法西斯斗争，支持法国革命群众运动，挺身保护《人民事业报》，在侵朝战争、侵越战争、阿尔及利亚战争上都曾发表正直的言论，被称为"公共知识分子"。——译注

　　[58]　"知识分子的背叛"一词化用自尤利恩·本达(Julien Benda, 1867—1956)的代表作《知识分子的背叛》。尤利恩·本达系法国犹太哲学家、作家，曾在法国索邦大学学习历史。本达是法国德雷福斯事件的亲历者，著有《对欧洲民族的讲话》等。——译注

　　[59]　Czada, „Hersteller politischer Analysen". Zur Aktualität von Werk und Person Otto Kirchheimers/Ein Tagungsbericht, Journal f. Sozialforschung, Jg. 26 (1986), H. 1, S. 107-113.

（三）作为研究重点的《魏玛宪法》

基希海默最初的重心是从宪法文本与宪法现实两个角度切入展开对《魏玛宪法》的研究。《魏玛宪法》的软弱使德国无产阶级对"社会主义失望"[60]，最终导致了德国第一个共和立宪制国家的灭亡。问题的关键在于议会制和政党国家。众所周知，《魏玛宪法》从未被第三帝国政权正式废除，而是被当作披在独裁者身上的"外衣"。

基希海默还关注《魏玛宪法》的可操作性，他试图在他的著作中从彻底的左翼社会主义政治立场来解释和捍卫这部宪法。可是最后，他认为这是一部失败的宪法、一部"没有决定的宪法"（Verfassung ohne Entscheidung）、一部没有对无产阶级的穷人和被压迫群众作出承诺的宪法。[61] 他认为，《魏玛宪法》的失败，与议会和在议会党团背后的政党的失败有关。[62] 在一些文章中，他还对《魏玛宪法》及其制宪共同体（或称"魏玛立宪国家"）所面临的主要问题进行了分析。譬如，财产保护性规范失之模糊，仅《魏玛宪法》第153条对其有不甚清晰的规定[63]；征用规制性条款（《基本法》第14条）引发巨大争议，其焦点主要涉及东西德统一后对苏联于1945—1949年间的征用行为予以撤销的事件[64]。基希海默同样关注那些关涉魏玛共和国之发展的具体节点性事件，如战舰冲突

---

[60] Kirchheimer, Verfassungswirklichkeit und politische Zukunft der Arbeiterklasse (1929), es Nr. 821, S. 69 – 76; ders. Verfassungsreform und Sozialdemokratie (1933), es Nr. 548, S. 79 – 99; Tribe, Introduction to Kirchheimer, The Limits of Expropriation, p. 67.

[61] Kirchheimer, Weimar- und was dann? Analyse einer Verfassung (1930), es Nr. 95, S. 9 (52 ff.) und ders. Das Problem einer Verfassung (1929), es Nr. 821, S. 64 ff. S. zu Kirchheimers Verfassungsanalyse Luthardt, Sozialdemokratische Verfassungstheorie in der Weimarer Republik, Beiträge zur sozialwissenschaftlichen Forschung 78, Opladen 1986, S. 70 – 85.

[62] Kirchheimer, Bedeutungswandel des Parlamentarismus, es Nr. 821, S. 58 – 63; Verfassungsreaktion 1932, es Nr. 548, S. 62 – 78; Strukturwandel des politischen Kompromisses, es Nr. 821, S. 213 – 245.

[63] Kirchheimer, Reichsgericht und Enteignung. Reichsverfassungswidrigkeit des Preußischen Fluchtliniengesetzes, es Nr. 821, S. 77 – 90; Eigentumsgarantie in Reichsverfassung und Rechtsprechung, es Nr. 548, S. 7 – 27; Die Grenzen der Enteignung. Ein Beitrag zur Entwicklungsgeschichte des Enteignungsinstituts und zur Auslegung des Art. 153 der Weimarer Verfassung, es Nr. 548, S. 223 – 295.

[64] S. BVerfGE 84, 90; 94, 12; 112, 1 „Bodenreform I – III".

事件⑥、帝国议会解散事件⑥、1932 年"普鲁士事件"⑥、根据《魏玛宪法》第 48 条的紧急命令权⑱和宪法改革"逾期"事件⑲等。此外，他还就议会的功能变迁、宪法与宪法现实的关系以及与此相关的工人阶级政治前途⑳、政治妥协的结构性变化㉑等议题作出过论述或发表过看法。

也许从基希海默的角度来看，《魏玛宪法》是失败的，但它直到今天仍然能够提供许多值得借鉴的经验，仍然能够成为制宪实践者创造性思维的源泉。

（四）移民时期和在美国期间的其他研究工作

1. 对于纳粹国家的研究

基希海默不仅描述了《魏玛宪法》一步步走向衰亡并导致灾难性后果的历程㉒，还对国家社会主义具有明显一元化特征的国家和法律制度进行了研究。他与恩斯特·弗伦克尔㉓和塞巴斯蒂安·哈夫纳（Sebastian Haffner）㉔一道，成为这一研究领域的先行者。需要注意的是，基希海默

---

⑥ Kirchheimer, Panzerkreuzer und Staatsrecht (1928), es Nr. 821, S. 53–57.

⑥ Kirchheimer, Staatsrechtliche Probleme der Reichstagsauflösung (1932), es Nr. 548, S. 28–41.

⑥ Kirchheimer, Die Verfassungslehre des Preußen-Konflikts (1932), es Nr. 548, S. 42–61.

⑱ Kirchheimer, Artikel 48 und die Wandlungen des Verfassungssystems. Auch ein Beitrag zum Verfassungstag (1930), es Nr. 821, S. 91–95.

⑲ Kirchheimer, Die Verfassungsreform (1932), es Nr. 821, S. 96–112.

⑳ Kirchheimer, Das Problem der Verfassung (1929), es Nr. 821, S. 64–68; und Verfassungswirklichkeit und politische Zukunft der Arbeiterklasse (1933), es Nr. 821, S. 69–76.

㉑ Kirchheimer, Strukturwandel des politischen Kompromisses (1941), es Nr. 821, S. 213–245.

㉒ Kirchheimer, Weimar-und was dann? Analyse einer Verfassung (1930), es 95, S. 9–56 und der Band Von der Weimarer Republik zum Faschismus. Die Auflösung der demokratischen Rechtsordnung, es Nr. 821.

㉓ The Dual State. A Contribution to the Theory of Dictatorship, New York, o. J. (1941), später auch ins Deutsche übersetzt als Der Doppelstaat. Recht und Justiz im „Dritten Reich", Frankfurt/Main 1974.

㉔ Germany, Dr, Jekyll & Mr. Hyde, London 1940, dt. Berlin 1996.

之所以能够成为最早就该议题展开研究的"德国"法学家之一⑦，主要得益于其"移民"经历的"附加值"——美国宽松的政治与学术环境。仍生存于德国本土学术空间中的学者——无论是法学学者，还是政治学学者——都只能在纳粹政权倒台后投入研究，自然落于后进。⑦

2. 通过对中欧问题的分析提供政策咨询

基希海默很早就从他在德国和美国的经验中认识到积极的政策咨询的重要性，从而认识到国家学说和国家法学具有更重要的实践意义。他在美的咨政工作始于第二次世界大战期间，且"冷战"时期仍在持续。⑦其中一部分咨询报告是基希海默与其他人——如弗朗茨·I. 诺伊曼、约翰·H. 赫茨(John H. Herz)等——一同撰写的，与后者的合作尤多。这些分析往往针对非常实际的政治课题⑦展开，且大多涉及德国的国内政策⑦。1945—1949 年后，调查研究的重点转向民主德国⑧。吊诡的是，对民主德国政治架构的研究并没有得到西德的重视，也正因此，西德的人们对 1989—1990 年两德究竟会发生何种剧变几乎一无所知。

3. "政治正义"的出现意味着国家保护出了问题

基希海默最为关注的是立宪国家权力分配的特征。就这一问题而言，基希海默思考的焦点是如何在政治和法律层面实现"国家保护"，或者说，是如何实施"政治正义"；对此，他作出了深入的分析。《政治

---

⑦　S. Staatsgefüge und Recht des Dritten Reiches (1935) und Das Strafrecht im nationalsozialistischen Deutschland (1939), abgedruckt in Luthardt (Hg.), es 821, S. 152 ff. bzw. S. 186 ff. Dazu Saage, Otto Kirchheimers Analyse des nationalsozialistischen Verfassungssystems, in: van Ooyen/Schale (Hg.), Kritische Verfassungspolitologie. Das Staatsverständnis von Otto Kirchheimer, 2011, S. 119 ff.

⑦　Als Bsp. die Referate von Horst Dreier und Walter Pauly, Die deutsche Staatsrechtslehre in der zeit des Nationalsozialismus auf der Staatsrechtslehrertagung 2000 in Leipzig, VVDtRL 60, Berlin/New York 2001.

⑦　Vgl. zu solchen Reports auch Carl Zuckmayers Geheimreport für die US-Regierung und den US-Geheimdienst zu Personen aus der deutschen Kulturszene (Künstler, Journalisten, Verleger im Dritten Reich), 2002 veröffentlicht von Nickel/Schrön (Hg.), Göttingen 2002.

⑦　旧德国(魏玛)政党复兴的可能性(1944 年)、警察和公共安全、军事管理下的德国刑事司法、德国行政和公务员法的主要原则以及德国地区和市政管理的介绍。

⑦　德国政治生活的复兴、德国工会的地位和发展、德国的教会和政治生活、未来的德国政府、战后中欧和东欧的选举、战败后的德国政治局势、德国的政党、共产党在工会中的影响。

⑧　在民主德国的工作、民主德国的高等教育、社会民主党的情况、对 1951 年苏维埃德国声明的反应、德国的地下运动。

正义》能够成为他的代表作并非没有道理，在他以广博历史知识为基底构建的学术大厦中，这部著作至今仍具有重要地位和现实意义。[81] 在这部著作中，基希海默较为详细地研究了政治刑法与国家保护等方面的问题，并就政党禁令(Parteienverbot)的必要性与界限、政治犯罪的赦免权与庇护权等议题开展了比较性调查。在这部著作的创作过程中，他得到了卡尔·罗文斯坦的大力支持和帮助。[82] 这本近 700 页的重要著作可以永久奠定基希海默在国家法学领域的学术地位。他的另一部关于刑罚执行制度的重要著作则更多走向了法律社会学的进路。

英文的"Justice"一词在语义联想的意义上能够帮助我们投射"正义"概念，而德文中的"Justiz"却仅能与"司法机构"(Gerichtsapparatur)相牵连。因此，这本著作的英文标题 *Political Justice: The Use of Legal Procedure for Political Ends* 更加切中要害，即献给"过去、现在和未来所有政治正义的受害者"。许多人还对那时候在苏联和东欧国家上演的"法庭秀"记忆犹新。

这本书的语言非常清晰，它的德文译本也"写得很好"，整书内容通俗易懂，即使是非法律专业人士也能理解。[83] 此书涉及了历史学、社会学、比较法学甚至心理学的内容，包含大量富有启发性的例子，作者基于对国家法学、国家哲学的扎实研究而对"超实证主义司法伦理"作出的思考，始终能够同读者产生共鸣。只因它不再局限于政治权力，而试图为每一种司法管辖权设定边界。与许多其他的经典法律书籍不同，该书对"政治正义"重要性的论证得到了即时性认可，这一点可从同时代的诸多重量级评论家[84]——包括时任司法部长、后来成为联邦总统的

[81]　Gedanken aus dem späteren Buch publizierte Kircheimer bereits 1955, s. Politische Justiz (1955), es Nr. 95, S. 96 - 122 und es Nr. 548, S. 143 - 185 sowie ders. Gnade in der politischen Strafverfolgung (1961) es Nr. 548, S. 186 - 222.

[82]　S. Vorwort S. 15 der deutschen Ausgabe. Kirchheimer rezensierte seinerseits Loewensteins wichtiges Werk der „Verfassungslehre", 1959, in der Neuen Politischen Literatur, Jg. V/1960, H. 2/3, Sp. 236 ff.

[83]　翻译工作由就职于达姆斯塔特工业大学(TH Darmstadt)的古尔兰(A. L. R. Gurland)博士负责，就通俗易懂性而言，该译本可与卡尔·J. 弗里德里希的《近代宪法国家》(1953 年)和卡尔·罗文斯坦关于英美宪法及其理论的著作于 1959 年后出版的诸德译本相媲美。

[84]　Gotthard Jasper, ZfP Jg. 13 (N. F.), H. 1/1966, S. 100 f.; Richard Schmid JZ 1966, S. 325; Eduard Kern, Das kritisch-politische Buch, Jg. XIV (1966), S. 145.

古斯塔夫·海纳曼(Gustav Heinemann)[85]——的意见中得到确证,亦可为许多非学术性报刊佐信。[86]

4. 其他主题

(1) 议会制和政党

作为卡尔·施米特的学生,他当然要考察现代议会制[87],探讨其对国家及政治生活的影响,并通过审慎分析来预测议会反对派软弱无力时所可能发生的情况。[88] 基希海默很早就认识到政党在立宪国家中所起的关键性作用,认为它们是现代议会制的决定性要素。[89] 议会和政党之间的相互隔绝,正如魏玛共和国末期在国民议会中所表现的那样,是魏玛立宪国家失败的部分原因。在《魏玛宪法》的政党制否定条款(见《魏玛宪法》第 130 条第 1 款)基于历史经验被《基本法》第 21 条的单独"政党条款"代替之后,国家法学说才开始触及政党现象。

(2) 反对派和对少数群体的保护

与民主制度中保护政治少数派的问题密切相关的,是议会中反对派存在的可能性以及反对派在议会中享有的权利。基希海默为此专门撰写了两篇内容丰富、具有启发性的文章,分别论述了魏玛国民议会中、战后德国内,反对派的历史、意义、目标和特殊困难。[90] 总的来说,他认为议会中反对派的声音在不断减弱——现如今的情况是否又有不同呢?

---

[85] S. Gustav Heinemann, Das befleckte Recht, DER SPIEGEL Nr. 36, v. 1. 9. 1965, S. 93.

[86] S. Richard Schmid, Justiz mit politischem Zweck. Otto Kirchheimers klärende Untersuchung über das Verhältnis von Macht und Recht, DIE ZEIT Nr. 38 v. 17. 9. 1965 S. 27; Copić, Frankfurter Hefte, Jg. 20, H. 7 v. Juli 1965, S. 507 f.

[87] Dazu S. Schale, Parlamentarismus und Demokratie beim frühen Otto Kirchheimer, in: van Ooyen/Schale (Hg.), Kritische Verfassungspolitologie. Das Staatsverständnis von Otto Kirchheimer, 2011, S. 141 ff.

[88] Wandlungen der politischen Opposition (1957), es Nr. 95, 1964, S. 123 – 150; Deutschland und der Verfall der Opposition (1966 posthum), es Nr. 220, 2. A. 1967, S. 58 – 91, s. a. sehr deutlich Kirchheimer, Politische Justiz S. 330.

[89] S. Kirchheimer, Bedeutungswandel des Parlamentarismus (1928), es Nr. 821, S. 58 – 63. Dekker, Das Catch-All Party-Konzept von Otto Kirchheimer aus parteientheoretischer Sicht, in: van Ooyen/Schale (Hg.), Kritische Verfassungspolitologie. Das Staatsverständnis von Otto Kirchheimer, 2011, S. 177 ff.

[90] Kirchheimer, Wandlungen der politischen Opposition (1957), es Nr. 95, S. 123 – 150; ders., Deutschland—oder der Verfall der Opposition (1966), es Nr. 220, S. 58 – 91, dort S. 64 f. zur Rolle der SPD als Opposition in der frühen Bundesrepublik.

（3）立宪国家的官僚主义

正如马克斯·韦伯已经从社会学角度论述过的那样[91]，三权分立式的权力分配制度无法对科层制现象提供有效解释，官僚主义似乎已经成为无形的"第四种权力"。官僚主义可以帮助行政机构抵消议会掣肘，其效果就像在财政危机、银行危机和欧元债务危机中施用紧急救市制度（Installation der Rettungsschirme）一样立竿见影。除了真正的行政机构之外，官僚主义能够——以及其他一些具有影响力的利益集团——对权力的分配产生一种持久的、动态的影响，基希海默作为最早意识到这一点的国家法学者之一，曾在其著作中就此作反复强调。[92] 官僚主义的权力意识虽不常显现于宪法中，但作为现代国家权力架构重要组成部分，必须引起我们足够的重视。[93]

与官僚权力和官僚机构密切相关的是社会国家、军备政策及其对军工业的影响。[94] 在德国，这些问题也几乎没有得到重视；在美国则完全不同。第二次世界大战后，尤其是在朝鲜战争和强权集团扩充军备之后，曾作为职业军人的美国时任总统德怀特·D. 艾森豪威尔（Dwight D. Eisenhower）对"军工业集团"的影响发出了警告。今天似乎没有人知道，仅仅是德国的军工业在两次世界大战中就给人类带来了怎样的难以想象的苦难。以"出口成功"（保住了就业）为荣，真的令人感到羞耻。

（4）与国家法相关的其他问题

基希海默对建立法治国家的目标[95]毫不妥协，然而却又充满怀疑精神。作为一个独立的思想家，他还创造性地提出了许多其他重要的与国

　　[91]　S. etwa im Falle des Weimarer Staates Kirchheimer, Verfassungsreform und Sozialde-mokratie（1933）, es Nr. 548, S. 79（88 ff. , 90 ff. , 95 f. ）.

　　[92]　S. etwa Kirchheimer, Zur Frage der Souveränität（1944）, es Nr. 95, S. 57（S. 85 ff. Bürokratie; S. 68 ff. Verbände）. Zu den Verbänden und deren Einfluss auch Kirchheimer, Poli-tische Justiz, S. 353 f.

　　[93]　Zur Situation in Weimar Kirchheimer, Legalität und Legitimität（1932）, S. 26 f. zur Bürokratie,, die sich als letzten Endzweck des Staates hält".

　　[94]　Sehr eindrucksvoll Kirchheimer, Politische Justiz S. 472/3.

　　[95]　Kirchheimer, Politische Justiz, S. 432. S. auch Kirchheimers Ausführungen zum deut-schen Versuch der allzu spät einsetzenden Verfolgung von NS-Verbrechen Über den Rechtsstaat, es Nr. 220, S. 122（139 ff. und die Schlussfolgerungen S. 148 f. ）.

家法相关的基本问题，比如私人与社会的关系。[96] 在全球网络化时代，这一课题比以往任何时候都更具现实意义。

三、 基希海默著作在国家危机时期的重要性和现实意义

　　奥托·基希海默的特殊之处是将国家法理论拓展到政治学和社会学领域，并用"政治学和社会学的方法"对国家法特别是宪法进行研究。他在学术和教育领域对宪制国家的研究投入了巨大精力。[97] 而被他视为在魏玛共和国失败的立宪体制，目前在许多方面又都处于危机之中。

　　自从奥托·基希海默英年早逝后，人们总是习惯于从政治学的角度对他的著作进行研究，虽然也有学者尝试从国家法学的角度解读他的相关论述，但都不甚深入。笔者注意到，他的著作具备一定的观照当下局势的解释能力，所涉及的相关内容自然也成为其著作中的重要部分：他指出了作为民主制基本结构的议会和反对派的衰落，揭露了"隐藏在幕后的势力"——官僚机构和军工业；最重要的是，他指出了过度的国家保护和坚持国家理性可能对民主国家造成任何人都无法从外部加以抑制的伤害。基希海默对每一种政治和经济权力，甚至是以民主方式行使的权力都抱有怀疑的态度，并勇于直接作出明确的评价。他对实现法治的坚定主张尽管不是很完美，但依然堪称典范。他的洞察力在当下仍然弥足珍贵。出于国家理性的理由，不管人们对爱德华·斯诺登（Edward Snowden）或尤利安·阿桑奇（Julian Assange）的行为提出什么样的反对意见，但以这种不透明的和难堪的方式处理他们担忧的问题（究竟是不是"叛国"？）总应引起我们警觉。因为法治国家的前提是公开和透明，如果在运行机制上存在以维护国家安全为名设立的"秘密组织"，那么法治国家的建设成果就会受到威胁和破坏，并最终毁于一旦：谁来监督监督

---

　　[96]　Kirchheimer, Privatmensch und Gesellschaft（erschienen posthum 1966），es Nr. 220, S. 92 - 121.

　　[97]　笔者认为，当今可与之相比较的学者是彼得·黑贝勒和霍斯特·德赖尔。

者？（取自尤文纳尔［Juvenal］所作的拉丁文诗）这样的时代需要拥有敏锐头脑的分析者，他不仅仅能够以规范性思维看待问题，还能够借由社会学和政治学的理论工具剖析我们身处的这个国家和社会。我们的时代便缺少像国家法学者奥托·基希海默这样能够令人如此信服地担当这一角色的人！⑱

---

⑱　Vgl. die Bestandsaufnahme von Kilian, Betrachtungen eines Staatsrechtlers zum Zeitgeist, in: Baumann/Ulrich（Hg.）, Streiter im weltanschaulichen Minenfeld, FS für Hubertus Mynarek, Essen 2009, S. 280－302.

汉斯·彼得·伊普森
（Hans Peter Ipsen，1907—1998）

克劳斯·施特恩　著　吴国邦　译

一

　　我初次见到汉斯·彼得·伊普森是在 1960 年。作为《巴伐利亚行政期刊》的记者，我有幸参加了那年在科隆举行的"德国国家法教师协会大会"，故而得以结识他。他非常亲切地和我聊了起来，并对我最近在《法学家报》上发表的一篇关于一般行政法的文章赞不绝口。我理所当然地称呼他为"教授先生"，他大概以为我也是在大学教书的同行，所以马上纠正我对他的称呼，让我称他为"伊普森先生"。

　　1961 年，在由公法领域的助教们参加的"国家法教师小型会议"以及同年九月在弗莱堡举行的"国家法教师大型会议"上，我们再次相遇。对于一个像我这样的年轻学者来说，这是很大的鼓舞。回想起来，可以说，从那以后直到他 1998 年去世，我们始终保持着友好协作关系。我们通过书籍和选印本所进行的频繁交流也印证着这种关系。他曾深入地评论我写的关于国家法的文章①，鉴于他对此文学体裁的谨慎，这些书评本身就已算是对我的嘉奖。

　　很高兴能够写文章介绍这位 20 世纪的国家法学者，这是我的荣幸，因为我把他当作我们这个领域的一个杰出人物。特别是 1949 年之后，他

---

① AöR 103（1978），S. 413 – 425；AöR 106（1981），S. 284 – 292；AöR 110（1985），S. 144 – 146.

完成了关于国家法和行政法，尤其是关于欧盟法方面的卓越学术著作。因此我也借此机会，行使我的"补救权"（nobile officium），在这篇介绍20世纪国家法学者的文章里，向汉斯·彼得·伊普森致敬。

二

汉斯·彼得·伊普森于 1907 年 12 月 11 日出生于汉堡，1998 年 2 月 2 日逝世，一生经历了五个德国政权：德意志帝国、魏玛共和国、纳粹政权、"二战"后四个战胜国管制政权、分裂和统一时期的德意志联邦共和国。在完成汉堡大学法学专业并通过了第一次和第二次国家考试之后，师从库尔特·佩雷尔斯（Kurt Perels）于 1932 年获得博士学位，博士论文的题目是《有效行政行为的撤销》。1934 年他加入家乡的公务员队伍。虽然很快晋升为行政专员，但他仍然走向了学术生涯。1936 年他跟随鲁道夫·冯·劳恩（Rudolf von Laun，1882—1975）——1947 年任汉堡大学校长——准备教授资格论文。在这关键时刻，鲁道夫始终是伊普森的导师。伊普森的教授资格论文题目是《政治和司法——用司法解决主权行为的问题》。其实早在 1933 年之前，他就已经关注到这个论题，但在那个时代，这个题目显然是不可触及的禁区。但伊普森知道如何与纳粹强权的要求和目标保持距离。这不是一部忠于政权的作品，而是一部法律上干净、教义和条理方面无可指摘、"未经修饰的质朴"的作品（汉斯·施奈德）。这个评价也适用于他在"第三帝国"时期的其他作品，尤其是其关于汉堡的论述②，即使偶尔受到出于当前安全角度考虑而提出的批评。

1937 年他成为汉堡大学国家法、行政法和教会法的讲师。三年后被聘任为教授，并于 1943 年担任汉萨同盟高级法院顾问，之后又被任命为高级行政法院法官。他的事业始终扎根于汉堡，即使因为他妻子的健康原因，他们搬到了吕内堡（Lüneburg）附近气候更适宜的拉芬（Raven）居

---

② Nachweise in der Festschrift für Hans Peter Ipsen zum siebzigsten Geburtstag, hrsgg. von R. Stödter und W. Thieme, 1977, S. 721 ff.

住。即便收到来自慕尼黑和波恩的盛情邀请，他仍然把他的出生地汉堡当作事业发展的根据地。在 1956 年出版的《汉堡的宪法与行政》（1988 年重印）一书中，他在前言中写下了对这座城市的表白："然而，必须承认，这本书的作者，一个土生土长的汉堡人，对这座城市的心之所系——25 年多来服务于行政管理部门、法院、大学——并在其中讲述着他的故乡。"

他当然了解这座城市的开放性，并懂得如何去利用这一点，即使在他的青年时代和作为助教的时期也是如此；只不过当时的局势不允许他亲身出国感受罢了。此后，他才种下了对欧洲的偏爱。为此，于 1977 年出版的纪念他的文集，标题很贴切地确定为《汉堡—德国—欧洲》。他最重要的作品无疑是 1972 年出版的《论欧洲共同体法》，1984 年，这本书中被收录进他的关于欧洲法的论文集中。封面的简介中写道："本书（《论欧洲共同体法》）是第一次从德国人的视角全面介绍这一新的法律秩序，尽管经历了各种危机和一体化的倒退，但这一新的法律秩序已成为现实并将实现。"这是正确的。慢慢来吧！伊普森不仅仅是最早的欧洲法学者，在这之后更成为了无可辩驳的"欧洲法教皇"（Europarechts-papst）。

姑且不论这些，在国家和行政法方面，他也是一位杰出作者。在其关于国家法、行政法和欧洲法的学术著作中，我们能够大致勾勒出一个杰出的、亲切的、有家庭观念的、值得尊敬的教师和研究者的形象。他是 20 世纪后半叶最具影响力的主流国家法学者之一。虽然他的生命贯穿并定格在了 20 世纪，他的学术著作却仍在 21 世纪发挥着作用。伊普森总是着眼于未来。尤其是在对欧洲的研究中，他取得了开创性的、始终切实可行的、清醒并具有远见的成果。他预见到欧洲法会大力推动成员国的国内法在诸多领域发生改变，并于 1964 年深入论证了欧盟法律的"优先适用性原则"③，从而对目前主流观点的形成作出了学术上的铺垫。

作为一名演讲者，他懂得如何吸引听众，就像笔者在 1964 年于卡尔

---

③　„Das Verhältnis des Rechts der europäischen Gemeinschaften zum nationalen Recht", in：Aktuelle Fragen des europäischen Gemeinschaftsrechts，Europarechtliches Kolloquium，Bensheim 1964，之后也以法语、意大利语和英语发表。

斯鲁厄举行的第 45 届德国法学家大会上第一次经历的那样，即便因为当时德国法律界对欧洲法存在抵触情绪，他在大会留言薄上写了一些批评的文字，却也难掩其作为一位雄辩家般的风采：一如既往的言语有力，用词形象生动。思想、机智和魅力在他身上完美地结合在一起。

三

伊普森的学术生涯是从研究行政法开始的(参见文章第二部分提及的博士论文)，在后来的研究中，他仍然致力于此。从他的著作中，我们发现了他对各种特别行政法及其相关领域的研究，其中大多与经济行政法有关。比如，他的《汉堡(州)和行政法》出版了五次。1956 年出版的《汉堡的宪法和行政法》，共 518 页，其中一半以上的内容涉及从魏玛共和国到联邦共和国期间的行政及其法律。此外，他还发表了至少 30 篇与行政法相关的文章。但这些都有着时代局限性。

然而，他对其中两项内容的研究在今天仍有意义：一是他关于"对私人的公共补贴"的研究，后续的内容于 1956 年发表在《德意志行政论丛》[④] 上；他从未放弃对此的研究，正如《通过补贴的行政行为》[⑤] 一书所展现的。二是对无线电广播费的论述。[⑥] 其他和广播法相关的问题也是他研究的内容。伊普森澄清了原本混乱的"国家补贴"的定义，区分了直接补贴和间接补贴，并在类型学的意义上发展并厘定了"补贴"的谱系。其中的重要意义在于，它阐明了国家补贴的宪法背景。在朔伊纳(U. Scheuner)于 1952 年国家法教师大会上所作的报告《经济领域的国家干预》[⑦] 的基础上，综合自己在哥廷根举行的国家法教师大会上所作的《征收和社会化》[⑧] 的报告内容，伊普森从社会福利国家的角度将国家对企业和非企业"经济过程参与者"的补贴合法化，因为其

[④]   S. 461 ff. , 498 ff. , 602 ff.

[⑤]   VVDStRL 25 (1967), S. 257 ff. und HStR, Bd. IV, 2. Aufl. 1999, § 92.

[⑥]   1. Aufl. 1953, 2. Aufl. 1958 sowie „Zur Rechtsnatur der Rundfunkgebühr nach dem Fernseh-Urteil des Bundesverfassungsgerichts", Rechtsgutachten, 1961.

[⑦]   VVDStRL 11 (1954), S. 1 ff.

[⑧]   VVDStRL 10 (1952), S. 74 ff.

"允许和要求国家……为建立公正的社会经济主体形态而努力"⑨。当然，伊普森也懂得如何划分民事诉讼管辖权、经济宪法的法律保留原则、基本权利以及《欧洲煤钢共同体条约》⑩ 的界限。其中的一些界限划分在今天看来变得更加严格了⑪，但总体来看，伊普森取得的开创性成果对从未像现在这样充满争议的法律领域所面临的诸多问题仍具有重要意义。

伊普森很早就注意到广播电视行业。广播费最初是依据 1928 年颁布的《电信系统法》第 2 节和第 9 节内容，为取得"无线电装置运营"许可而向帝国邮政局缴纳的费用。在 50 年代，这个条款因为其法律属性而引发了激烈的争论。1953 年，伊普森通过他的著作《广播电视费》介入了这件事。他认为，广播电视费是带有会费性质的机构使用费，应该归属于公法广播电视台。正是基于他的论述，联邦行政法院于 1968 年授权州立法机关制定辖区内广播电视公司"使用费"的相关规则。⑫ 联邦宪法法院后来也确认了这一管辖权⑬，但是并没有对涉及的那些广播电视费的判决作出明确的法理说明。然而需要强调的是，广播电视费"是为整个公法广播电视活动提供的经费，立法者根据宪法规定有责任维护这一体制"⑭。因此，1968 年，德意志联邦共和国各州签订了第一份广播电视费协议，明确了设备用户的缴费义务。⑮ 这个协议维持了很久，直到最近才改为以家庭和企业为单位进行收费。于 2013 年 1 月 1 日生效的《国家广播电视协议第 15 次修订版》明确将收费方式改为以每个家庭或企业为单位进行收费。伊普森终于可以瞑目了。⑯

伊普森对公法广播电视相关法律的研究并不仅限于广播电视费。1972 年，他关注广播电视中的共同决定权，早些时候，在 20 世纪 60 年

---

⑨　DVBl. 1956, S. 463.

⑩　1951 年 4 月 18 日，法国、联邦德国、意大利、比利时、荷兰、卢森堡六国在巴黎签署了《欧洲煤钢共同体条约》，条约于 1952 年 7 月 25 日正式生效。——译注

⑪　vgl. J. A. Kämmerer, Subventionen, in: HStR V, 3. Aufl. 2007, § 124.

⑫　Bd. 29, 214 [217].

⑬　Bd. 31, 314; 73, 118; 95, 60; 119, 181.

⑭　ZUM 1988, 532.

⑮　§ 4 Abs. 1 RGebStV.

⑯　vgl. K. Stern (Hrsg.), Neue Rechtsgrundlagen für die Finanzausstattung des öffentlich-recht-lichen Rundfunks, 2011.

代，他还关注过电视广告。他在《新法律周刊》上对这个当时存有争议的话题发表了两篇重要的论文。在这个问题上，伊普森又一次取得了实践性的胜利。他认为公法广播电视公司的电视广告是"合法的"[17]；这其实和他对基本权利的质疑以及对宪法的批评并不冲突。伊普森还认为，应当允许公法广播电视公司将电视广告"外包"给子公司；这与他对宪法或行政法的质疑并不相违背。[18] 1964 年，他还研究了报纸出版商针对电视所提出的建议。[19]

1983 年伊普森发表了《欧洲共同体法中的广播电视》，对这个题目的研究他一定不会忽略。伊普森能够将广播电视法中对当前还有现实意义的问题放在国家经济活动和国家对经济干预的大环境中去考量——这些都是引起他极大兴趣的研究课题，他也为此写了许多这方面的论著。这些论著包括：《国家的经济干预》《国家宪法和经济秩序》[20]《投资援助的法律问题》[21]《关于经济规划的若干问题》，这些论述部分被收录于 1965 年柏林自由大学的会议刊物中，还有约瑟夫·海因里希·凯泽(Joseph H. Kaiser)1966 年和 1968 年分别发表的规划集中，其中大部分被收录于 1985 年出版的《公共商业法：基本法框架内的发展费用》一书中。在许多领域，他开辟了法律新大陆，并能够提出恰如其分的、有前瞻性的"关键概念"，使其成就更加引人注目，如双阶理论、计划保证、一揽子建议条款、(欧洲)市场公民等等。

四

至少是从联邦德国成立之后，和对行政法的研究相比，伊普森更注重对宪法的研究。与其相关的大量出版物，包括他的专著或收录在杂志、纪念文集和汇编作品集的著作都证明了这一点。

1949 年 11 月 17 日，他在汉堡大学校长就职典礼上发表题为《关于

---

[17] NJW 1963, 2049.

[18] NJW 1963, 2102.

[19] DÖV 1964, 793.

[20] JZ 1952, 759.

[21] AöR 78 (1953), 284.

基本法》的演讲，此时，《基本法》才生效半年。从那之后，他开始致力于对《基本法》的研究。伊普森在他的《1949 年以后的文集》一书前言中写道："除了鲁道夫·劳恩和维尔纳·韦伯的文章外，这是对德意志联邦共和国宪法作出的最早的法律说明之一。"这篇演讲稿被收录进 1988 年出版的《论基本法》一书中。㉒ 在他对这部"临时"宪法㉓总体的积极评价中有两个具有深远意义的重要论断：其一，"确切表明了作为国家法和国际法权利主体的德国在 1945 年事件之后并未停止存在，这也是德国法学研究工作的成果"。导致"德国国家政权灭亡"的原因，既不是领土的损失，也不是国家机构的崩溃以及主权被占领国接管。"当然，也不是基本法造成的……"㉔ 其二，伊普森认识到，虽然被称为《基本法》，但应达到宪法的标准，并对此作出了详细的阐述。㉕

　　之后，伊普森始终关注着《基本法》的命运。1974 年他发表了《论基本法——25 年后》㉖。通过对《基本法》实施以来经历过的考验、缺点以及对修正和增订条款的分析，他抱怨了那些从当时某些方面考虑而提出的，宣称《基本法》"过时"，需"全盘修正"以"适应未来体系"的想法。他提出了一个当我们今天回想起"戈莱本事件"（Gorleben）㉗和"斯

㉒　S. 1 ff.

㉓　dazu das „Grundgesetz in seiner Vorläufigkeit", in：Recht-Staat-Wirtschaft, Bd. II（1949）, S. 182 ff.

㉔　dazu das „Grundgesetz in seiner Vorläufigkeit", in：Recht-Staat-Wirtschaft, Bd. II（1949）, S. 34.

㉕　dazu das „Grundgesetz in seiner Vorläufigkeit", in：Recht-Staat-Wirtschaft, Bd. II（1949）, S. 4 ff.

㉖　DVBl. 1974, S. 289 ff. = Gesammelte Beiträge, S. 38 ff.

㉗　戈莱本事件：1979 年，联邦德国波恩市政府决定为核废料寻找永久储藏基地，地质学家提出下萨克森州的三个盐矿作为备选方案，然而该州政府最后决定的戈莱本完全不在科学家的选址名单上。按照冷战时期的思维，处于东西德交界处的戈莱本更有"战略意义"，一旦出现核泄漏，首先受害的应该是"敌方"。基于同样的思维方式，东德也将核废料储藏基地放在了两德交界处摩尔斯雷本（Morsleben）的一个废弃的盐矿。两德统一后，摩尔斯雷本作为核废料储藏基地继续使用，直到 1998 年由于安全问题被政府叫停。那里至今仍存放着东德的核废料。戈莱本的选址情况公布之后，在德国引起轩然大波。多位国际知名地质学家警告那里不能作为核废料存放点，理由是那里的盐矿层夹杂着地下水源，有渗水的危险，而且盐矿层上面也没有黏土层作为安全屏障。戈莱本居民更是不惜一切保卫家园，除了举行示威外，还给当时的美国总统卡特写信，请他关注戈莱本事件，梵蒂冈也收到来自下萨克森的邮件，请求教皇拯救人类。——译注

图加特21事件"(Stuttgart 21)㉘时会重新思考的问题:"一个以基本法条款作为基础的国家——具有一切政党体制基本要素的议会民主政体——是否仍然能够满足我们对当前和未来生活状况的要求?"㉙ 1976年,由德国联邦议院授权的调查委员作出了最终报告,对是否进行宪法改革(BT-Drucks. 7/5924)给出了肯定的答复。1977年伊普森深入分析并赞扬了这个报告。㉚他称赞这份报告有着"扎实的努力"和"冷静、面向现实的整体态度",并对报告中提出的"宪法持续发展的原则"表示接受。然而,他也批评这篇报告"在机构、组织、权限和程序上考虑得太多,在人和公民方面考虑得太少"㉛。

　　汉斯·彼得·伊普森不仅仅把《基本法》作为整体来研究,自其实施以来,他的研究还涉及和宪法有关的诸多问题。从他的两篇最受关注的报告开始:1950年,在伦敦举办的第三届比较法国际会议上,他作的关于"法律的合宪性审查"的报告㉜;自德国国家法教师协会年会重新恢复后,1951年他在哥廷根举办的第三届大会上作的关于"征收和社会化"的报告㉝。

　　通过刚才提到的最后一个报告,伊普森与该学者协会建立了密切的联系。1974年和1975年,他成为该协会第一主席(1952—1953年,他已担任第二主席),并于1990年被聘任为终身名誉主席——这是理所当然的,因为他几乎没有缺席过任何一届年会。另外,他还擅长以雄辩彰显

　　㉘　"斯图加特21"是一项在德国巴登-符腾堡州斯图加特市进行中的铁路交通重组工程,其中最重要的部分是将斯图加特火车总站由一个终点站改建为地下贯穿式车站,以连接欧洲高速铁路网络。新火车总站将会建在原有车站的北端,而新的车站轨道将会和旧站轨道呈90度直角。旧站的港湾式月台将会改建,而工程预计会保留大部分原有车站大楼。该工程被部分政客形容为欧洲高铁网络现代计划的一部分,以改善斯图加特连接到巴黎、维也纳及最终到布达佩斯的铁路联系,意图将斯图加特建成欧洲的新中心。重建工程在2010年2月2日正式开工,但开工至今备受斯图加特市民抗议阻挠。然而至2010年9月底,当地警方更曾动用水炮和胡椒喷雾对付反对工程的示威者。——译注

　　㉙　DVBl. 1974, S. 289 ff. = Gesammelte Beiträge, S. 67.

　　㉚　„Zum Schlußbericht der Enquête-Kommission Verfassungsreform", DÖV 1977, S. 537 ff. = Gesammelte Beiträge, S. 69 ff.

　　㉛　„Zum Schlußbericht der Enquête-Kommission Verfassungsreform", DÖV 1977, S. 537 ff. = Gesammelte Beiträge, S. 82.

　　㉜　abgedruckt in der Zeitschrift für ausländisches und internationales Privatrecht 1950, S. 791.

　　㉝　VVDStRL 10 (1952) S. 74 ff.

自己（即便在1965年，他也没有放弃这一特质）。㉞ 他是协会里的杰出人物，有着评判是非的话语权。他不仅在1951年的年会上作了报告，而且——作为特别嘉奖——在1966年格拉茨（Graz）举办的年会上作了第二次报告，报告内容是关于补贴（Subvention）的。㉟

1972年和1984年，他写文章深入分析了该学者协会的学术地位，认为其"在国家法学界有代表意义"。㊱ 在1992年拜伊罗特（Bayreuther）举行的年会上，借国家法教师协会成立70周年纪念的时机，他纲领性地向全体成员表述了他的理念：我们"在团结的组织中完成我们的任务，这也为邻近学科树立了榜样。我们的协会既不会代表行业利益——正如海因里希·特里佩尔所说——也不会是一个政治团体。鲁道夫·斯门德将功劳归于海因里希·特里佩尔，是因为在他的努力下，德国国家法教师协会（于1922年10月13日）建立，从而使同行们免于因专业信仰和权威的崩溃而陷入政治上的党派斗争中"。因为成员们不同的基本态度和各自的不同背景，我们的协会是一个组成结构和思想多元化的协会，对此，我并没有作出错误判断。自成立以来，协会也接纳来自奥地利和瑞士的成员，最近还有条件地接收其他国家大学的教授（见协会章程第4条），在他看来，协会的这一性质，正如协会章程里要求的，致力于解决"公法领域的学术以及和法律相关的问题"㊲。

伊普森还将国家法与国家法教师协会成员关联在一起，这令其在公法领域成为重要的评论家。他详细审阅了克劳斯·施特恩（Klaus Stern）所著的《伟大的"国家法"》㊳ 的前两卷，曼戈尔特、克莱因、施塔克所著的第三版《基本法评注》㊴ 的第一卷以及京特·迪里希在《基本法评注》㊵ 中针对《基本法》第3条的注释。和那些具体评论相比，他所

㉞　AöR 90, S. 505.
㉟　s. oben III.
㊱　AöR 97（1972），S. 375 ff. und AöR 109（1984）S. 557 ff., auch abgedruckt in：Gesammelte Beiträge, S. 267 ff.
㊲　VVDStRL 52（1993），S. 8 f.
㊳　AöR 103（1978），S. 413, AöR 106（1981），S. 284, AöR 110（1985），S. 144.
㊴　AöR 110（1985），S. 457.
㊵　Der Staat 13（1974），S. 555.

写的共 40 多页的评论性论文《论德国国家法学术在教科书中的反映》[41]则更加出色。在此之后，几乎没有人做出这样的评论汇编。其实这在当时也是迫切必要的，因为各种作品的内容明显更加丰富了。这大概也和自那以后国家法教科书数量大幅增加有关。[42] 1985 年，伊普森只评论了五本经典教科书——毛恩茨(Maunz)、黑塞(Hesse)、施泰因(Stein)、德林(Doehring)、施特恩(Stern)——若在今天，如果要做一个评论集，得至少对 20 本书进行评论了。[43]

从汉斯·彼得·伊普森大量的国家法研究中只能选取其中几项来展示他始终提纲挈领和善于分析的思想。1951 年在哥廷根国家法教师会议上的发言中，他首次对《基本法》第 14 条和第 15 条作出了极其重要的分析。在此之前，只有亚伯拉罕(Abraham)在《波恩评论》(Bonner Kommentar)中发表过跟其产生的历史相关的基础性评论以及赫尔曼·冯·曼戈尔特(Hermann von Mangoldt)在 1950 年出版的第一版评论集中发表的评论。因此，伊普森不得不做开创性的工作，尤其是对《基本法》第 15 条所说的社会化条款，之前只有在《魏玛宪法》第 155、156 条里被有限地提到过。他对于这一条款的解读，"很难让人感到和谐和匹配"[44]，成为后来对《基本法》重要评论的指导原则。在这些评论中，他的这一解读因为政治上的"过时而不适用"，慢慢地沦为"宪法化石"（奥托·德彭霍伊尔［O. Depenheuer]），正如伊普森在国家法教师会议上的补充报告人赫尔穆特·里德(Helmut K. J. Ridder)所说。[45] 伊普森指出，从《基本法》第 15 条中无法得出宪法授权的社会化原则。这是当今占主导地位的观点。即便当前的银行业危机也只是以极左的方式触发这一条款的激活，尽管银行和其他服务行业的企业是否属于这一条款所

[41]　AöR 106 (1981), S. 161 ff. = Gesammelte Beiträge, S. 349 ff.

[42]　vgl. die Nachweise bei K. Stern, Allgemeines Literaturverzeichnis, in: Staatsrecht Bd. IV/2, 2011, S. C XXX IV.

[43]　vgl. W. Pauly, Verfassungs- und Verfassungsprozeßrecht, in: D. Willoweit, Rechtswissenschaft und Rechtsliteratur im 20. Jahrhundert, 2007, S. 883 ff.; bes. S. 919 ff.; J. Isensee, Die Staatlichkeit der Verfassung, in: Depenheuer/Grabenwarter, Verfassungstheorie, 2010, § 6.

[44]　VVDStRL 10 (1952), S. 108.

[45]　VVDStRL 10 (1952), S. 149.

指的“生产资料”还是一个悬而未决的问题。㊻

在黑塞(K. Hesse)、莱布霍尔茨(G. Leibholz)、托马(R. Thoma)和蔡德勒(W. Zeidler)前期工作基础上，汉斯·彼得·伊普森于1953年对《基本法》第3条平等条款(没有男女平等)㊼进行了全面和根本的分析。这项研究发表于1954年出版的由诺伊曼(F. Neumann)、尼佩代(H. C. Nipperdey)和乌尔里希·朔伊纳㊽主编的《基本权利的理论与实践手册》，为之后关于这个深奥的宪法条款的解释指明了方向。他在引言里写道：“平等条款应当具有的意义是，解决法治观念和法律内容的冲突，并具备必要的可变性而不是绝对永恒不变的内容。另外一方面，对它的解释必须要能够满足充分可衡量的司法标准和法律的适用性特征。”㊾ 这段话指出了问题的复杂性。联邦宪法法院关于普遍平等原则的诸多司法判例也证实了这一点。㊿ 值得注意的是，对于平等的判定很大程度上属于价值观判断，这尤其会导致司法判决的任意性。因而对伊普森来说，审慎地制定出“适用平等原则的方法”有着非常重要的意义，因为平等原则的适用以其“调解”的本质为前提；由于需要足够准确地对调解主体、调解客体、(法律上需要注意的)调解特征和调解关系作出界定，因此就其本质而言，对平等原则很大程度上要避免抽象和概括的规定。(51)

伊普森借助于以前的研究《运输和能源行业的股东和社会化，印刷好的法律鉴定》(1949年)，还论述了普遍基本权利“第三人效力”和特别的平等原则问题，这是在20世纪50年代极具现实意义的课题。(52) 他

㊻ ausführlich dazu W. Durner, in: Maunz/Dürig, GG, Art. 15 (2008) Rdn. 35 ff.; J. Dietlein, in: Stern, Staatsrecht IV/1, 2006, § 113 X 5 c mit umfangreichen Nachweisen.

㊼ 德国《基本法》第3条第2款规定：男女平等。但《基本法》在当时还包含一个过渡条款——第117条第1款，它规定：与第3条第2款相抵触的法律，在调整以适应基本法规定之前仍然有效，但不得超过1953年3月31日。1994年12月27日生效的第42次《基本法修正案》在第3条第2款后面又加了一句：国家促进男女平等的实现并力求消除现有的不平等现象。——译注

㊽ Bd. 2, S. 111－198, abgedruckt auch in: Gesammelte Beiträge, S. 150 ff.

㊾ Gesammelte Beiträge, S. 113.

㊿ zu ihr zuletzt M. Sachs, in: Stern, Staatsrecht, Bd. IV/2 (2011) § 120.

(51) zu ihr zuletzt M. Sachs, in: Stern, Staatsrecht, Bd. IV/2 (2011) § 120, S. 177 ff.

(52) zu ihr zuletzt M. Sachs, in: Stern, Staatsrecht, Bd. IV/2 (2011) § 120, S. 143 mit Fußnote 109.

称罗伯特·卡尔（Robert K. Carr）[53]是平等原则问题的发现者，他发现了这一原则首先在男女同工同酬方面具有的实际意义，还发现其与国家私法领域的活动也关系重大。

这些和经济宪法密切相关的内容从一开始就是伊普森首选的研究领域之一。刚才提到的他早在 1949 年就已经出版的《法律鉴定》一书已经证明了这一点，并在之后的许多著作中继续得到证明。他的重要研究包括：《国家宪法和经济秩序》[54]、《投资援助的法律问题》[55]、《大宗货物道路运输的禁止》[56]、《关于德国联邦最高法院对石油案件的判决》[57]、《按照 1965 年 9 月 9 日〈石油产品最低库存法〉模式解释的个人法定储存义务》[58]、《对外经济和外交政策》[59]、《联邦经济管理补偿税》[60]、《反垄断价格管制作为宪法问题》（1976 年），这些著作被收录在 1985 年出版的共 683 页的《公共商业法：基本法框架内的发展费用》一书中。

五

然而，在之后的日子里，伊普森把越来越多的精力放在研究欧洲共同体法上。这大概开始于 1963 年，当时他发表了两篇深入的文章，第一次以欧洲法学者的身份为学术界所知：《第二阶段行动方案和共同体法当前发展的报告》[61] 和《欧洲行政权的合并和共同体法当前发展的报告》[62]。这也标志着他开始定期发表关于欧洲共同体法的报告。这两篇报告通过广泛的引用和深入细节的阐述，表明他对自《欧洲煤钢共同体条约》签订以来，尤其是自《欧洲经济共同体条约》签订以来而形成的欧

---

[53] Federal protection of civil rights, 1947.

[54] JZ 1952, 759.

[55] AöR 78 (1953), S. 284.

[56] Gedrucktes Rechtsgutachten, 1954.

[57] in: AöR 81 (1956), S. 241. BGHZ 19, 209.

[58] AöR 90 (1965), S. 393.

[59] Rechtsgutachten zum Rhodesien-Embargo, 1967.

[60] DVBl. 1976, 653.

[61] NJW 1963, 1713.

[62] NJW 1963, 2209.

洲共同体法已经研究很久了。前面提到过的1964年他在德国法学家大会上所作的报告也无疑证明了这一点。

除了研究活动外，伊普森还在欧洲法院担任煤钢联盟高级机构和欧洲经济共同体委员会的顾问。他撰写了关于欧共体法律的重要意见，并多次应邀对欧洲事务发表演讲。早在1972年他就对如今的现实作出了预言：根据条约所取得的和尚未完成的一体化进程和措施，面对日益严重的部门扩充和职能重叠交叉情况，将经济政策问题——这类问题已经属于政治问题了——扩大到其他政策领域并产生作用，这越来越应该被称为“大政策”（große Politik）。(63) 伊普森痴迷于研究欧洲的一体化及其相关法律。他很快就成为德国权威的欧洲法学者。如前文所述，他1964年在本斯海姆（Bensheim）作的报告《欧共体法律和国家法律的关系》，为确定欧洲共同体法律对成员国国内法的优先适用性原则开辟了道路。对伊普森来说，其法律依据是欧洲共同体的超国家性和《基本法》第24条第1款“一体化杠杆”的规定(64)。同时，欧洲法院对“科斯塔诉电力委员会”案（Rechtssache Costa-ENEL）(65)的范例判决也同样强调了这一优先适用性原则，并影响着之后的判决，成为固定的判例法，现在已得到了普遍的接受。(66) 因为德国联邦宪法法院的判决对此并不总是很明确(67)，这引起了伊普森的担忧，使得他一再地写文章批判，如果他认为判决过于强调国家权利的时候。

对优先适用性原则的强调并不是伊普森对欧共体法律作出的唯一开创性工作。他在这一法律领域的大量论述，被收录于前文提及的1985年出版的共574页的《欧洲共同体法个人研究》一书中。在1966年为纪念瓦尔特·哈尔施泰因（Walter Hallstein）出版的纪念文集中，他写了关于

(63) Europäisches Gemeinschaftsrecht in Einzelstudien, S. 21.

(64) 《基本法》第24条第1款规定：“联邦可通过法律将国家主权转让给有关国际机构。”——译注

(65) 即1964年弗拉米尼奥·科斯塔（Flaminio Costa）诉意大利国家电力委员会（ENEL）案。——译注

(66) Vgl. die Nachweise bei Oppermann/Classen/Nettesheim, Europarecht, 4. Aufl. 2009, § 11 Rdn. 4 ff.

(67) BVerfGE 37, 271—Solange I; 52, 187—Absatzfondsgesetz; 73, 339—Solange II; 89, 155—Maastricht; 102, 147—Bananenmarkt; 118, 79—Emissionshandelssystem; 123, 267—Lissabon; 126, 286—Honeywell; BVerfG, EuGRZ 2011, 525.

"联邦制国家在共同体中"的问题；在 1965 年卡尔·弗里德里希·奥菲尔斯(Carl Friedrich Ophüls)纪念集中，他对"方针—结果"进行了论述。这两位欧洲人都是与他关系密切的欧洲法的先驱。随后他于 1969 年和 1970 年出版了两个"小部头"（kleine）作品：《欧洲共同体合并宪法》和《欧洲共同体宪法观点》。其他重要论著收录于 1984 年出版的合集《欧洲共同体法的个案研究：关于欧洲法律的论文集 1972—1984》。另外要提及的还有《论超国家性》[68] 或《欧洲共同体法律规定的规范性不公正的责任》。[69]

　　然而，许多作品预示了他最重要的著作《论欧洲共同体法》的问世。这部 1000 多页的著作于 1972 年出版，在当时的德语国家中没有任何一个样本可以参照。作为前言的封面介绍写道："此书是对三个欧洲共同体的法律的总体介绍，从其国家条约基础和共同体组成的来源及其成员、组织和机构的地位、行动授权、法律行为、一体化法律的实质内容、共同市场的法律和秩序、市场公民的法律地位、法律基础以及共同体经济、货币和社会政策至目前为止的发展情况。"事实上，《论欧洲共同体法》一书取得了巨大的成就，决定性地影响了之后的整体形态，并指引着欧洲一体化的理论和实践。欧洲共同体法最终与国际法、国家法和行政法以及（国家）教会法一起在公法科学体系中得了令人尊敬的地位。不该被误解的是：它与国家私法也联系在一起。让我们在众多对于此书的积极评论中，至少引用其中的一句，乌尔里希·埃弗林(Ulrich Everling)[70]，一个因为职业原因熟悉欧洲事务的人，写道："伊普森因此写了一本罕见的书，在出版时就可以算作伟大的经典著作。"[71] 确实如此！

[68]　BVerfGE 37, 271—Solange I; 52, 187—Absatzfondsgesetz; 73, 339—Solange II; 89, 155—Maastricht; 102, 147—Bananenmarkt; 118, 79—Emissionshandelssystem; 123, 267—Lissabon; 126, 286—Honeywell; BVerfG, EuGRZ 2011, 525—Griechenland-Hilfe und Euro-Rettungsschirm, S. 97 ff.

[69]　BVerfGE 37, 271—Solange I; 52, 187—Absatzfondsgesetz; 73, 339—Solange II; 89, 155—Maastricht; 102, 147—Bananenmarkt; 118, 79—Emissionshandelssystem; 123, 267—Lissabon; 126, 286—Honeywell; BVerfG, EuGRZ 2011, 525—Griechenland-Hilfe und Euro-Rettungsschirm, S. 249 ff.

[70]　乌尔里希·埃弗林于 1925 年 6 月生于柏林，德国法律学者。——译注

[71]　Der Staat 13 (1974), S. 74.

伊普森在他的著作中并不满足于介绍共融的内容，他还敢于把目光投向未来。他称这本著作最后一部分为"展望"（第973页及以下诸页）。鉴于目前联盟的方式，对于共同体未来的"存在形式"，他明智地持观望态度。他不认为"结盟—邦联—联邦的三级跳"是必须的。他没有用"国家协会"（Staatenverbund）[72]。他在考量共同体未来的存在形式是否应为"目标协会"（Zweckverband），因为如果为了共同体而向国家发行债券，他对此持审慎的态度。20年后，在《国家法手册》中，他坚持认为"共同融合的形式、决策结构和达成一致的需求不能参照传统的国家模式，而需要合适的、原创的设计"[73]。正如托马斯·奥珀曼（Thomas Oppermann）1998年在伊普森的悼词中写道的：只有为数不多的人能够像汉斯·彼得·伊普森一样，"通过在德国法学界内的极力主张，对确立政治和宪法赋予的欧洲法的地位做出决定性的贡献"[74]。

如果说，今天成员国法律的欧洲化已成为德国法律现实中通用的模式，那么伊普森就是这一发展的最重要先驱之一。他从一开始就是"欧洲人"，他的整个创作生涯都与欧洲相关，并从未怀疑过这条道路的正确。他的建议、准确地表述和解决问题的能力是当前欧盟，尤其是货币联盟面临的危机中所需要的。我们不知道他会指出什么方法解决危机，但我们知道，他会给我们明智的建议而不会抛弃我们。在1994年春天出版的纪念乌尔里希·埃弗林文集[75]里，他论述了欧盟的未来，这是他最后的几篇学术论著之一。我一直觉得他是一个乐观主义者，极少表现出怀疑。文章的最精彩的部分是以下问题的提出：欧盟是否足够"亲民"，以及欧盟是否为现在是欧洲公民的人们找到了充分的合法性。这在那时就是事实，今天更是如此！

六

在20世纪德国重要的国家法学者名单里，不能没有汉斯·彼得·伊

---

[72]　BVerfGE 89, 155.

[73]　Bd. VII, 1992, § 181 Rdn. 98.

[74]　JZ 1998, 452.

[75]　Bd. I, 1995, S. 551 ff.

普森。从 1907 年 12 月 11 日至 1998 年 2 月 2 日，他的一生几乎贯穿了整个 20 世纪。伊普森首次发表学术论著是在 1932 年。重点是他在 1948 年之后的著作，从《战争与和平之间的汉堡》开始，该文章出现在纪念雷奥·拉佩（Leo Raape）70 岁生日的文集中。他在文章中承认了他和家乡的紧密相连——他称自己为"出生于此并心之所系的汉堡人"——并表示了对家乡的忠诚，尽管有来自其他地区的盛情邀请："这篇文章的作者本人就是汉堡人，也是汉堡大学的一名学生，因此履行了学生的美好职责，向将他带入法律学和教学道路的人深表感谢。"他在我们的记忆里是这样的：一个具有深刻的人性，具有强烈的家庭观念，殷勤体贴，拥有杰出的专业知识，雄辩，学术上坦诚直率，从不锋芒毕露的人，以及他表现出的对足球运动的热衷，特别是对他最喜欢的球队汉堡队（HSV）。要是在现在，2011 年，他会对汉堡队的表现感到痛心的，这是笔者能够感受到的。

起初他是一名行政官员和法官，但他的爱好很快就转移到了学术，既在研究方面也在教学方面。他培养了许多后来身居高位的学生，他们都很感激他。恩斯特-威廉·富斯（Ernst-Wilhelm Fuß）、埃伯哈德·格拉比茨（Eberhard Grabitz）、沃尔夫冈·马滕斯（Wolfgang Martens）、格特·尼古拉森（Gert Nicolaysen）、吉斯贝特·乌贝尔（Gisbert Uber）等人亦是如此。1992 年，在伊普森 85 岁生日时，夸里奇谈道："在讲座中，我们欣赏到了他那讲究措辞的、回避冗长句式的、谦逊的，甚至有一些距离感和冷淡的，通过精确的规则、出其不意的反转和犀利的讽刺来吸引听众注意力的语言。"⑦⑥ 事实上，那些听过他精彩纷呈的演讲和读过他充满闪光点的偶尔也有些刻薄的讨论稿件的人也会赞赏他的表达能力，还包括那些在 1949 年至 1922 年间参加德国国家法教师协会会议的成员，因为他们经常听到他在会上发言。在人们的记忆中他首先是一个重要人物，一个和蔼可亲的可与之闲谈的人，他不仅会谈论专业内容，也会谈论体育；一个具有人文关怀的人，一个处处受人尊敬的人：70 岁生日祝贺文集、80 岁生日座谈会、萨尔布吕肯名誉博士、国家法教师协会名誉

---

⑦⑥ NJW 1995，3278.

主席、被翻译成外文出版的著作等等，他得到了作为一个汉堡人所能得
到的全部荣誉。公法学要对他表示深深的感谢。这句格言也适用于他：
"我树立了比青铜更耐久的纪念碑。"⑦

---

⑦ "我建一座纪念碑，比青铜像耐久，比帝王的金字塔更崇高巍峨。贪婪的雨、粗野
的北风都不能把它摧毁，时间的飞流、无穷的岁月的纪念对它也无可奈何。"2000多年前，
古罗马诗人贺拉斯在《歌集》里写下了这段话。——译注

瓦尔特·安东尼奥利

（Walter Antoniolli，1907—2006）

卡尔·科里内克　著　王银宏　译

　　瓦尔特·安东尼奥利是 20 世纪后半叶的一位有着鲜明个性的奥地利公法学者和实践者。[①] 他既是国家法和行政法学者，也是奥地利宪法法院的法官，他担任奥地利宪法法院法官达 25 年之久，并且在近 20 年的时间里任宪法法院院长。他对于奥地利的公共生活特别是法律生活必然产生重要影响，对此给予任何高度的评价都不过分。

　　这种意义评价是基于安东尼奥利卓越的学术成就和司法成就，此外还有——或者首先是——他伟大的人格，他的正直和诚实、忠诚和坦率、思想和言语的明确清晰给人留下深刻印象。

一

　　1907 年 12 月 30 日，瓦尔特·安东尼奥利出生在下奥地利（Niederösterreich），他在圣珀尔滕（St. Pölten）读完人文主义的高级中学，1926 年以优秀的成绩毕业。接着，他在维也纳大学学习法学，1932 年获得博士学位。阿道夫·默克尔、路德维希·阿达莫维奇（Ludwig Adamovich sen.）都是他的老师，对他产生十分重要的影响。

　　经过法院的实习和短期的经济经营活动之后，安东尼奥利在 1934 年

---

①　本文参考了下列著述：Günther Winkler, Walter Antoniolli—80 Jahre（AöffR 1987, 485 ff）；Walter Antoniolli—der Altmeister des Österreichischen Verwaltungsrechts—80 Jahre（ZfV 1987, 605 ff.）und Der Rechtslehrer Walter Antoniolli（JBl 1997, 754 ff.）sowie Karl Korinek, Walter Antoniolli zum Gedenken（JBl 2006, 513 f.）。

进入圣珀尔滕市政府从事较高等级的行政服务工作，他几乎在这里所有的乡镇和区的行政部门工作过。在第二次世界大战的最后几年中，他在德国的国防军中服完兵役。

在重新成立的奥地利共和国，瓦尔特·安东尼奥利在第一时间成为当时的那批重要人物之一。他跟当时基督教-社会党的一些重要人物，例如利奥波德·菲格尔(Leopold Figl)、尤利乌斯·拉布(Julius Raab)成为真正的朋友。

1945年，在奥地利宪法法院重新开始工作之后，当时的院长路德维希·阿达莫维奇任命他为院长秘书，在宪法法院工作，并且引导他从事公法的学术研究。跟他的老师一样，公法的学术和理论研究以及宪法法院的工作成为瓦尔特·安东尼奥利一生的双重职责。

1947年，安东尼奥利以一篇关于维也纳大学法学院自治的论文获得在大学任教的资格；这篇论文没有出版，但是其中的一些重要内容(关于制定章程的权利、自治的基础以及社团权利的宪法基础)发表在当时的《法学家报》《(奥地利)公法杂志》和《奥地利社区报》上。1948年，安东尼奥利被因斯布鲁克大学聘为副教授，1954年被聘为教授。1956年，他接受了家乡的大学——维也纳大学的聘任，接替路德维希·阿达莫维奇的教授职位，直至1973年退休。

瓦尔特·安东尼奥利在1951年就被任命为奥地利宪法法院法官，1956年被选为常务负责法官；1957年，他成为宪法法院的副院长。1958年，他接替意外逝世的路德维希·阿达莫维奇，成为宪法法院院长。他担任宪法法院院长直至1977年秋季退休——因为跟宪法法院的多数法官在一些重要问题的裁决上存在严重的意见分歧。

因此，安东尼奥利的职业之路是"从实践到学术，而后再回到实践"(京特·温克勒[Günther Winkler]语)，对此，他的工作基本都能成功地将理论和实践联系起来，他将这种理论和实践之间的联系理解为"相互之间和谐一致的结合"。

二

瓦尔特·安东尼奥利的"从实践到学术"之路中间没有其他过渡，

而是直接到大学的学院任教。除了专业的教学工作之外，他还获得在地区自治领域的授课资格。再次借用京特·温克勒的表述，"从个人的见解和经历出发来独立地掌握和理解其法律思想的一般性和原则性内容是一条艰难的路"。在这条路中，安东尼奥利的学生们在 25 年间获益匪浅——本文的作者也是如此。安东尼奥利的报告和论述有助于丰富和加深教材的一般性和原则性内容，但是，他始终是通过法律实践生活中大量的事例来举例讲授相关内容，由他发展出的关于"一般理论"的概念和语词一再地经受住了法律实践的考验。

安东尼奥利的学术生活之路不是由特定的学术导师引导的；当然，存在着理论方面的先驱者和伴随者：特别是其老师阿道夫·默克尔——不仅奠定其思想的一般理论基础，而且也涉及看待行政机构和行政法的角度——对他产生了决定性影响，路德维希·阿达莫维奇则是以他自己的方式解决具体问题，进而从中探讨解决一般问题的方法，这对于安东尼奥利而言显然具有重要的典范意义。他理应是安东尼奥利的重要导师：他不仅引导安东尼奥利进入学术的世界，而且指导安东尼奥利的宪法法院实践工作，没有他，安东尼奥利的人生道路不会有如此的成就。

安东尼奥利的学术兴趣的重点是行政法方面——包括行政法的国家法基础及其影响。他作为教材而撰写的《一般行政法》（1954 年）成为因斯布鲁克大学当时的教材。经过了八个学期之后，他在研讨课上讨论该著作的草稿，其中有他的学生菲利克斯·埃马克拉（Felix Ermacora）、京特·温克勒，以及后期的一些学生，例如后来成为萨尔茨堡州州长的维尔弗雷德·哈斯劳尔（Wilfried Haslauer）以及一些在理论上对此感兴趣的行政官员。这部《一般行政法》成为安东尼奥利最重要的著作；他在书中论述了实证的奥地利行政法的一般理论，也可以说是阿道夫·默克尔所著的具有开创性和奠基性的《一般行政法》在奥地利实证的法律制度方面的具体化。他的学生弗里德里希·科亚（Friedrich Koja）在 1986 年继续对该著作再次进行了广泛的修订。[②]

安东尼奥利的学术兴趣还体现在奥地利国家法的基本原则、关于自

___
② Walter Antoniolli/Friedrich Koja, Allgemeines Verwaltungsrecht, 2. （vollständig neu bearbeitete）Auflage；3. Auflage：1996.

由的制度和民主体制方面，特别是关于法治国家、宪法法院制度和权力分立等方面的问题。这些内容以特殊的方式体现出安东尼奥利在一般性和原则性内容方面的学术兴趣，因此也体现出阿道夫·默克尔的重要影响。在最高等级法院的重要判决的执行方面和纯粹的法治国家中的行政管理方面，他也费尽心力地整理和研究最高行政法院和宪法法院的司法裁决。

安东尼奥利最终所关心的是大学的教育。亦如京特·温克勒的恰切表述，他"在肉体和灵魂方面"都是一个法学教师。他的课堂讲授条理清晰，他的思想和语言的表达非常精确，他的体系建构逻辑严密，他对其他思想的发展也具有范式意义。上过他的课的所有人都是幸运者，也都会受到他的影响。

安东尼奥利在担任宪法法院院长履行职务和参与裁决期间也坚持——在每天的上午 8 点至 9 点——给学生上主干课程。尽管这时是"非基督的时间"，但是阶梯教室还是坐得满满的，因为学生们——理所应当地——很期待上这种大课，更准确地说是期待知识的讲授。我很幸运，既上过他的"一般国家理论"和"奥地利宪法"的大课，也上过他的"一般行政法"的大课；我上课时所记的笔记在很多年来都使我获益甚多，其中也包括对我自己的教学工作的准备。

安东尼奥利对教学方法的精通也表明他对新生代学术的支持。他不是引导学生在特定方面的研究，而是以极大的宽容，鼓励学生独立思考和进行讨论，鼓励学生提出异议并且通过独立、明晰的思考针对异议提出自己的观点。他有时会对其助手说："你们无须同意我的观点，而是要针对我的观点进行批判性地思考、反问和提出异议。"他对学生的这种批判性思考的训练首先体现在他的研讨课上，他曾要求研讨课的学生逐章逐段地对卡尔·恩吉施（Karl Engisch）的方法论（《法律思维导论》）进行批判性讨论。他的这种讨论不仅向与他关系密切的学生群体开放，而且所有愿意共同进行批判性思考的其他人都可以参与，包括其他思想流派的学术新人和其他法学专业的助理，以及对理论感兴趣的实践者。

安东尼奥利的一些参加这种研讨课的学生，包括一些跟他关系并不密切的学生——例如本文的作者——后来成为他的同事。在一定意义上，他塑造了我们所有人——在严格的意义上，自然是常年跟他共同工作的人——作为他的助理或者宪法法院的同事。这里特别要提及的是菲利克斯·埃马克拉、京特·温克勒、弗里德里希·科亚、海因茨·彼得·里尔（Heinz Peter Rill）和贝恩德-克里斯蒂安·丰克（Bernd-Christian Funk）。[3]

在方法论方面，安东尼奥利以维也纳学派的法律理论作为基础，该学派的理论首先是由凯尔森和默克尔所发展的，但是他始终强调价值解释和实践合理性解释及其法律运用的必要性。实在法始终是安东尼奥利进行法律分析的出发点和界限，也是法律规范适用的基础。但是，法律规范的适用应当与生活现实和理性解决问题的需要联系起来。因此，他教导他的学生——也包括下一代的法学家——要重视法律在实践中的运用：具体案件实情的重要性、先决条件以及法律规范都应当从需要规范的生活的具体情况出发来理解，并且法律规范的适用应当考虑到特殊的案件情况。

他从平等原则推导出，人们有义务在受到奥地利法律制度影响的价值的意义上来理解一般性规范。这种重视法律的价值及其界限的观点（京特·温克勒曾写过同名的纲领性论文）由他的学生，特别是京特·温克勒和海因茨·彼得·里尔继续加以深化。而瓦尔特·安东尼奥利为此奠定了基础。

三

瓦尔特·安东尼奥利在超过 25 年的时间里任奥地利宪法法院的法官，他担任宪法法院院长也接近 20 年。因此，他不仅影响了奥地利宪法法院的风格，而且对宪法法院的诸多裁决也产生影响。他——始终坚持和维护权力分立的原则——从未将自己视为政治家，而是作为法官在宪法具体化的过程中维护宪法的规则和原则。根据阿道夫·默克尔所发展出的法律制度的位阶等级结构的观点，法律是一种具体化过程的结果，这成为安东尼奥利的司法工作理所当然的基础。

---

③ 他们在 1979 年共同主编安东尼奥利的祝贺文集《一般行政法》，其中无例外地都是安东尼奥利的学生（在广义上理解这个词的含义）撰写的关于行政法的最新发展的重要学术论文。这部文集的顺利出版要特别感谢作为共同编者的海因茨·彼得·里尔的努力和关心。

安东尼奥利善于分析和系统化的能力对于他的宪法法院法官工作很有助益，这尤其体现在他主持宪法法院法官的讨论方面。安东尼奥利最为关切的是宪法法院的裁决的学术基础及其在方法论上无懈可击，同时也考虑到实践的需求和公众的普遍认可。

安东尼奥利出席——就像诸多报道的内容那样——诸多重要案件的审理，并且实事求是地提出自己的论据和理由，他参与讨论时保持必要的宽容，绝不会忽视其他的意见。他使宪法法院的讨论组织化，但并没有对讨论加以限制，他重视宪法法院裁决的表达和措词，但毫不掩饰常务负责法官在解决案件的准备工作方面所承担的职责。最后，安东尼奥利充分利用他对语言的谙练和精通，从中选择合适的语词用于裁决，以使所表达的意涵尽可能地明确和准确。

安东尼奥利作为宪法法院法官代表了人格化的正直和公正，确保宪法法院居于完全的独立地位。他在宪法法院的履职得到人们的信赖，因为他坚持法官仅受到法律和良心的约束。他努力地使其生活的时代适应这一原则，并且努力地在所有方面给予其高度重视。宪法法院被认可为民主和法治国家的宪法的独立的守护者在很大程度上要归功于安东尼奥利的品格。

四

瓦尔特·安东尼奥利以其学术上的正直和诚实、分析和论据的准确性以及思维、表达和写作的明确与清晰影响了整整一代奥地利的法学家，并且在法学界和司法实践领域留下了深深的印记。他始终服务于法律，通过负有责任心的法律规则适用解决矛盾和问题。

安东尼奥利从其基督教信仰、对上帝的信赖和对法律的制度效力的确信中获得了克服工作中的困难的能力，并且能够忍受个人无法躲避的命运的打击。笔者过去和现在都不熟知太多的人，而歌剧《费德里奥》（Fidelio）中的列奥诺莱（Leonore）的自白很适合用于瓦尔特·安东尼奥利："我相信上帝和法律。"

维尔纳·克吉（Werner Kägi，1909—2005）

瓦尔特·哈勒　著　吴国邦　译

《宪法作为基本法律秩序》是维尔纳·克吉写于战争年代中期，并在 1945 年发表的教授资格论文。这篇论文的研究重点是试图建立一个实现正义和限制国家权力的"宪法秩序"，论文发表后立刻在正经历国家秩序重建的德国得到了广泛关注。因此，克吉的影响力也远远没有止步于法律界和大学。

一、 学术生涯

1909 年 8 月 26 日，维尔纳·克吉在瑞士比尔（Biel）出生。他在达沃斯（Davos）度过了自己的青春时光，并在一所商业高中完成了学业。毕业后，他进了一家银行，在那里工作了很长时间，之后去伦敦深造。1930 年秋天，克吉进入苏黎世大学学习法律。那时，他就已经把他后来常对学生们说的那句话牢记在心，那就是：只做律师——用马丁·路德（Martin Luther）的话说——是件"可怜的事情"。所以，除了对法学的研究外，他还深入探讨了许多神学、哲学和史学方面的问题。他对多个领域的涉猎热情和研究兴趣也渗透进了他后来的工作中。

学生时期的克吉十分赞同纳粹主义，并与卡尔·施米特保持着书信往来。[①] 他在 1936 年完成的博士学位论文《权力分立制度的起源、转化和问题》中，表达了他那时对独裁政治的理解和对其与个人自由之间矛

---

① Nachweise bei Andreas Kley, Geschichte des öffentlichen Rechts der Schweiz, Zürich/St. Gallen 2011, S. 155.

盾关系的思考。尽管如此,他的自由派博士生导师——察卡里亚·贾科麦蒂,一个对不同观点极其包容的人——仍然不带偏见地鼓励他继续从事学术事业。显然,克吉也较早地经历了内心的成熟——他明确地拉开了与宣称"宪法国家终结"的保守主义理论的距离,并最终号召后来与他成为挚友的汉斯·胡贝尔一起进行了反思。② 1940 年以来他出版的一系列著作,就像一根主线贯穿了他对法治、民主和联邦制等基本制度坚定探索的后半生。③

毕业后,克吉分别在一家一审法院和一所顶尖的、国际化的苏黎世律所实习。"二战"期间,他被委任管理专为波兰受拘禁者设立的温特图尔战地大学法律系。1943 年,维尔纳·克吉开始在大学授课,1946 年的夏季学期,他被任命为苏黎世大学国家法、教会法和宪法史副教授。在去英国及海牙访学后,他加深了对国际法的研究,于是 1948 年迪特里希·申德勒先生早逝后,克吉开始接替他教授国际法。期间,他拒绝了来自巴塞尔大学和许多德国大学抛出的橄榄枝。1952 年,克吉被提升为正教授,1956 年至 1958 年间,担任法律与政治学院院长。1973 年,他被伯尔尼大学授予神学名誉博士学位,1977 年被耶路撒冷希伯来大学授予法学名誉博士学位。克吉在 1978—1979 年的冬季学期结束后退休,之后便过着隐世的生活,只是在一些国家政策问题上发表极少的言论,他长期以来的忧郁症也变得越发严重。不再任教的他转向研究神学和哲学,尤其偏好索伦·克尔凯郭尔(Søren Kirkegaard)的著作。妻子格特鲁德(Gertrud)一直陪伴在他左右,悉心照料,直到克吉在 2005 年 10 月 4 日去世。

二、 作为教师的克吉

克吉在大学里的授课尤其令人印象深刻。每到冬季学期,他每周 5

---

② 克吉在 1940 年 10 月 21 日《巴塞尔报》第 290 号(增刊)上对汉斯·胡贝尔在 1940 年 8 月发表于《瑞士高校报》上的文章提出强烈抗议。该文章将"所谓公民法治国家"形容为"腐朽的",并称德国为榜样。

③ Die Festschrift zum 70. Geburtstag von Werner Kägi, herausgegeben von Ulrich Häfelin, Walter Haller und Dietrich Schindler jun., Zürich 1979, trägt denn auch den die Hauptanliegen des Jubi-lars zusammenfassenden Titel „Menschenrechte-Föderalismus-Demokratie". Vgl. dazu den Besprechungsaufsatz Peter Häberles in: AöR 105 (1980), S. 652 ff., auf S. 655–657.

课时的"一般国家法"大课都会点燃许多未来律师们对法律的热情。这门课在苏黎世大学有着悠久的传统（然而，作为一门独立的基础课，它也在某种程度上沦为了因"博洛尼亚改革"④造成的法学研究平庸化的牺牲品），它往往联系当前的政治事件，从思想史和比较法的角度出发讨论一般国家理论、国家职能和国家机关、国家决策程序、基本权利及法院对其的保护以及其他与民主宪法国家的理解相关的核心问题。克吉对比较法的娴熟运用得益于他在英国的几次访学，在此期间他对普通法有了更加深入的了解。上过他课的人都知道英国的法律思想对法治发展非比寻常的意义，以及比较法对于宪法的重要性。⑤ 克吉的主要关注点一直都是法学与其他学科之间的联系以及法律伦理基础的教学。他与神学家埃米尔·布鲁纳（Emil Brunner）和哲学家耶娜·赫尔施（Jeanne Hersch）等人交往甚密。他们总在许多跨学科性质的研讨会上进行妙趣横生的深入讨论；研讨会结束后也常会到克吉家泡上一壶茶，吃着蛋糕，再来一场专题讨论。许多其他院系的学生，尤其是哲学、语言学和历史学的学生，也来上克吉的"一般国家法"课程，并参与探讨，最后参加考试。几十年间，这种跨学院的对国家和法律基本问题的讨论促使学生不断地对法治的基本价值进行反思，这些反思也在他们的论文中得到了体现。

用迪特里希·申德勒的话来说，克吉的课入木三分。"内容都是真知灼见，遣词用句更是力透纸背、精益求精，整体上庄重感十足。"⑥ 不是每个学生都会对关于不同的法令及其逻辑结构以及最高法院相关解释的讨论结果满意。对他们而言，克吉带有强烈的自然法思想烙印的"一

---

④ 博洛尼亚改革（Bologna Reform）指自 1999 年起由 29 个欧洲国家在意大利博洛尼亚签订宣言并发起的教育改革，又称为"博洛尼亚进程"（Bologna-Prozess）。该进程建立了学分制（ECTS），旨在促进欧洲教育资源、标准和体系的互通，以消除跨国人才交流的障碍。——译注

⑤ 笔者在克吉的一堂课上首次了解到监察员制度；在那之前，也就是 1959 年 1 月，克吉刚在新德里的国际法学家委员会一次大会上与丹麦首任监察员史蒂芬·赫维茨（Stephan Hurwitz）进行了交流。1969 年，笔者在美国时，受克吉鼓励发表了关于直接民主制在美国各州和乡镇的传播情况的材料（目的是驳斥当时反对妇女选举权的人提出的一个尽管极其站不住脚的"论点"，即只有在瑞士，人民才会定期就实质问题进行表决）。

⑥ Dietrich Schindler jun., in: Die Universität Zürich 1933–1983, S. 315.

般国家法"是他们在学习上源源不断的灵感源泉。⑦

克吉的另一门大课是他主讲的"国际法",很好地介绍了基础知识,但不如"一般国家法"那样引人入胜。那时在学院里还有一位在 1956年起获得教授资格的优秀国际法专家——迪特里希·申德勒。由于年轻的讲师几乎没有去听课,所以多年来,为人过于谦逊的申德勒只能开设一些国际法的特别课程。

每次克吉当考官时,考生一不留神就会忘记自己正在参加口试,只觉得与老师在进行一次有趣的关于国家法或国际法问题的对话,丝毫不会察觉到被提问。所以,克吉既是苏黎世司法考试委员会的成员,也参与遴选外交官候选人,不能不说是从业者的幸运。

三、 作为作家和劝诫者(Mahner)的克吉

维尔纳·克吉的作品集里,附有一份约 200 篇出版物的目录。里面的文章主要都在讨论三个主题,即法治、民主和联邦制。克吉认为这三者紧密相关。克吉在为他的老师贾科麦蒂编写的纪念文集中就表明,对他来说,民主与法治缺一不可,因为法治的核心就是人的自由与尊严。民主对于决策极权主义的抑制被他描述为"决定西方国家命运的根本性问题"⑧。他始终认定,民主程序及其决策必须以法治为基础。即使《瑞士联邦宪法》中没有和德国《基本法》第 79 条第 3 款⑨相对应的条款,也没有 19 世纪末以来民众对部分修宪的广泛倡议,但并不代表"制宪

---

⑦　多年来,维尔纳·克吉和汉斯·内夫(Hans Nef)齐头并进地研究国家法。他们研究取向的二元性对教学起到了重要作用。Vgl. dazu Dietrich Schindler jun., Das öffentliche Recht an der Universität Zürich seit 1833, in: Festschrift zum 70. Geburtstag von Hans Nef, hrsg. von Ulrich Häfelin, Walter Haller, Georg Müller und Dietrich Schindler, Zürich 1981, S. 295:"汉斯·内夫更多地追随贾科麦蒂基于实在法及其逻辑结构的方向,而维尔纳·克吉则更重视自然法的思维,尤其是对伦理基础的纳入。"两人的对抗关系(此处引 Nachweise bei Andreas Kley, Geschichte des öffentlichen Rechts der Schweiz, Zürich/St. Gallen 2011, S. 160)几乎没有在课堂上表现出来,但博士生和研究生都看在眼里。

⑧　Rechtsstaat und Demokratie (1953) S. 133.

⑨　此条款被称为"永恒条款"(Ewigkeitsklausel),保障宪法决策核心始终有效。即对公民的基本权利、基本的民主思想、共和议会制的政府形式、联邦的州结构以及各州对立法的基本参与的绝对保护,即使修宪也不得更改,旨在保护人的尊严和联邦共和国作为一个民主和社会宪制国家的整体结构。——译注

权"就可以在瑞士横行无阻。[10] 与好友汉斯·胡贝尔不同的是,他对直接民主的整体评价相当正面。[11] 但是,他也担心一些过于复杂的问题可能会导致选民弃票的情况。克吉很早就致力于将人权具体化[12],他将联邦制理解为一种全面的秩序观,它能使人们在一个多元化的社会中共同自由地生活,让民主在更大的范围内得到落实,并更有效地保障人民免受国家的不公正待遇。在这一点上,联邦制也算得上是一种"革命的政体"了。[13] 第二次世界大战接近尾声时,联邦制的地位变得岌岌可危。年轻的克吉站了出来,说了一句掷地有声且常被后人引用的话:"瑞士要么实行联邦制,要么将不复存在!"[14]

克吉的文章主要侧重于讨论以下问题:小国的立场、国际社会的公正秩序、人民的自决权、国家主权及其限制、瑞士在大国冲突间的维和任务、欧洲统一、革命权、对少数群体的保护、生命权、女性的平等权利、难民及其庇护法、教会与国家的关系以及法律的宗教和伦理基础。他曾在不同的文章中论述了1956年的匈牙利革命(为此他曾在苏黎世组织了一次抗议集会)[15]。

在几次为他的大寿举办的庆祝会上,克吉都被大家描述成一位"劝诫者"[16]。正如在他的课堂上那样,在著作中,克吉也极力维护社会的公正秩序,倡导对国家基本价值的理解。他告诫堕落、批评时弊,并不断引领大家追求真正的公平和正义。他的大部分文章都以说服力强、语言

---

⑩ 他在1956年瑞士法学家大会(Schweizerischen Juristentag)上就民众倡议部分修宪的法律问题作的发言尤其令人印象深刻,详见第829a及以下页。

⑪ Vgl. z. B. Hans Huber, Das Gesetzesreferendum, in: Rechtstheorie—Verfassungsrecht—Völkerrecht, Bern 1971, vor allem S. 553 ff.

⑫ An den Grenzen der direkten Demokratie? Zu einem Grundproblem unserer Verfassungspolitik. Jahrbuch der Neuen Helvetischen Gesellschaft 22/1951, S. 53 ff. ; vgl. auch Rechtliche Zuständigkeit, Sachkenntnis, Verantwortung—ein Grundproblem der Demokratie. Industrielle Organisation 1962, Heft 12. 参见1977年维尔纳·克吉和里夏德·博伊姆林(Richard Bäumlin)之间的辩论(Vgl. Nachweise bei Andreas Kley, Geschichte des öffentlichen Rechts der Schweiz, Zürich/St. Gallen 2011, S. 300 ff.)。

⑬ Warum noch Föderalismus? (1971) S. 12.

⑭ Vom Sinn des Föderalismus (1944), S. 44.

⑮ Dazu Peter Stadler, in: Die Universität Zürich 1933 - 1983, S. 93.

⑯ Z. B. Dietrich Schindler in Neue Zürcher Zeitung (NZZ) Nr. 196 vom 25. /26. 8. 1979, S. 36 und NZZ Nr. 197 vom 26. /27. 8. 1989, S. 24; Daniel Thürer in NZZ Nr. 197 vom 26. 8. 1999, S. 16; Hans Peter Moser in ZBl 80 (1979) 329.

简洁，且只在必要时加以注释为特点。（若以今天的"研究质量"标准来评判，他的写法必然极其不占优势！）克吉并不想把自己的影响局限在大学里，"为学术而学术"不是他的风格。所以，他常在知名的日报上发文，也多次在《新瑞士协会年鉴》和新教杂志《改革》上发声，以便让自己的想法能接触到更多的受众。

四、 克吉对瑞士法治的贡献

克吉在一篇早期的文章中专门论述了瑞士法治的发展[⑰]，后来他也为宪法修订做出了重要贡献，填补了一些法治方面的空缺。

长期以来，因为宪法中缺乏女性投票权和存在"教派例外条款"，瑞士都无法加入缔结于 1950 年 11 月 4 日的《欧洲人权公约》（EMRK）。克吉通过无数专家报告、报刊文章和讲座，扫清了瑞士成为民主法治国家的障碍。1974 年 11 月，瑞士终于被批准加入公约。

1971 年，瑞士才第一次拥有了联邦层面的妇女投票选举权。[⑱] 早在 15 年前，克吉就在一份专家报告中强调了妇女的政治平等。[⑲] 可惜的是，1959 年，第一次关于赋予女性投票权的提案在公投中惨遭失败。但随后，在普遍进步的瑞士法语区（Romandie）各联邦州的带领下，越来越多的州在宪法上宣布支持男女政治平等。1971 年 2 月 7 日更是一个值得纪念的日子，在最后一次投票中，仅由男性构成的选民群体以三分之二多数票决通过了普选权提案。克吉不遗余力、坚持不懈地争取高政治参与民众对普选权的认同应该多多少少为这个结果做出了贡献。

教派例外条款对于以人权为宗旨的宪法来说是一个严重的遗留问题。"独立联盟战争"（Sonderbund war）前夕，自由派与宗教势力对立严

---

⑰ Zur Entwicklung des schweizerischen Rechtsstaates seit 1848（1952）.

⑱ 见修订后的旧宪第 74 条。各州和市镇的投票权由各州保留（旧宪第 43 条）。一些州已先于联邦政府引入了妇女投票权，然而直到 1990 年（！），阿彭策尔州政府才不得不根据 1981 年修订后的"平等原则"的解释这样做。该原则最新明确规定了男女平等（旧宪第 4 条第 2 款）。Vgl. BGE 116 Ia 359.

⑲ Der Anspruch der Schweizerfrau auf politische Gleichberechtigung, mit einem Vorwort von Max Huber（1956）. Vgl. S. 55："我国宪法秩序合理的进一步发展要求承认妇女的政治平等，向普选权过渡。"

重。直到 1848 年，神学同盟被军事力量解散后，瑞士才完成了向现代化联邦的过渡。第一部《联邦宪法》(BV)第 58 条中就明令禁止了耶稣会(Jesuitenorden)。全面修宪时，"文化战争"(梵蒂冈第一届理事会重新引发的宗教冲突)达到了顶峰，导致 1874 年的《联邦宪法》中加强了有关反教会干政的条令。其中最突出的是在耶稣会禁令(新宪第 51 条)对修道院条款(第 52 条)的补充，该条令禁止建立新的或者恢复已被废除的修道院或宗教团体。这些条款严重限制了宗教自由，却还被配以"保护公共秩序"和"维护教派和平"等冠冕堂皇的理由。

作为一个在新教改革派教会中有着深厚宗教信仰的人，克吉一再坚定地表示，应该本着客观的精神，重新审视对耶稣会和修道院的指责，并思考必要的新出路。1959 年 5 月，联邦委员会指定他编写一份关于废除旧宪第 51、52 条的详细报告。在接下来的十年里，克吉为此呕心沥血，夜以继日。他在对资料进行全面整合分析的基础上，从历史和法治的语境中旁征博引，广泛剖析了例外条款，并得出了宪制相关的结论。其中最重要的一项结论是，例外条款从性质上属于"非正当法"，必须予以废除。在政府的不断催促下，1969 年 6 月，克吉先提交了报告中写有结论的第三部分，后来又补上了前两个部分。[20] 比争取妇女选举权困难得多的是，他不仅要与根深蒂固的偏见作斗争，还要忍受许多敌对情绪。基于克吉的意见，联邦委员会向议会申请废除这两项例外条款，[21] 并得到了上下议院的支持。经过激烈的投票表决，1973 年 5 月，举国上下通过了这份迟来的宪法修正案。

五、 后世评价

维尔纳·克吉对近四十年来的瑞士文化和政治生活产生了重大的影

---

[20] 专家意见全文印在 1973 年出版的特刊上。在克吉的一篇长序言中，有一句特别的话，非常适用于 2009 年 11 月在民众倡议的基础上被纳入《联邦宪法》的禁止建造清真寺的规定(第 72 条第 3 款)："有些顽固不化的成见抵触所有的反对意见，也不接受任何合理的论证或对话的可能。"

[21] Botschaft des Bundesrates an die Bundesversammlung vom 23. 12. 1971, Bundesblatt 1972 I S. 105 ff.

响，而且这种影响远不止在瑞士。他的《宪法作为基本法律秩序》在战后的德国引起了轰动，并于1971年在达姆斯塔特再版。他后来的学术著作，尤其是关于民主、法治和联邦制之间相互关系的研究，也在国家法的相关文献中占据了一席之地。[22] 笔者在南非与当地同行交谈时发现，在南非种族隔离制度终结前，克吉的著作一度是那些不愿接受当时不公制度的法律界人士的精神慰藉。

无数法律人都把克吉看作自己的榜样。他们最看重的是克吉教给他们的基本伦理观，让他们在进入社会后，在司法、政治、学术和商业等各个领域都能够挑起重担。他激励了许多人从事他们的学术研究，也因此造就了数量可观的论文文献。这些文献常常受到克吉风格的影响，哪怕有时只引用了克吉学生的一句话或是其他的二级文献，也能从字里行间找到他的影子。直到现在，克吉在国家法相关的权威著作中仍然拥有举足轻重的地位。[23]

今天，我们多希望还能听到克吉的告诫声。比如在涉及违背人权的民众倡议时，主张决策极权主义民主的人辩称，人民可以为所欲为，人民主权是凌驾于少数群体保护和相称性原则等其他法治价值观之上的。[24] 而克吉早就警告过，过于主张多数人的无限制权利和狂妄地认为"人民的声音，就是上帝的声音！"，将必然会导致"民主的自毁"。[25]

---

[22]　克劳斯·施特恩指出，克吉最强调的是法治和民主的结合。Vgl. Das Staatsrecht der Bundesrepublik Deutschland Bd. I：Grundbegriffe und Grundlagen des Staatsrechts, Strukturprinzipien der Verfassung, 2. Aufl. München 1984, S. 623 Anm. 231. 在这部著作尤其是关于宪法的第3节中多次出现将克吉的宪法理念作为国家基本秩序的详细阐述。Vgl. zur Bedeutung von Kägis rechtsstaatlich-materialem Verfassungsverständnis für die schweizerische Staatsrechtslehre Felix Renner, Der Verfassungsbegriff im staatsrechtlichen Denken der Schweiz im 19. Und 20. Jahrhundert, Zürich 1968, S. 479 ff.

[23]　主要指对瑞士的周边国家的影响，如 Josef Isensee, Staat und Verfassung, in：Handbuch des Staatsrechts der Bundesrepublik Deutschland Bd. I, 3. Aufl. Heidelberg 2003, der in Rz. 121（Anm. 174），将克吉描述为实质宪法发展的关键；Peter Pernthaler, Österreichisches Bundesstaatsrecht, Wien 2004, S. 29；Giuseppe de Vergottini, Diritto costituzionale comparato Bd. 1, 9. Aufl. Bologna 2013, S. 343，他们称克吉为"国家法律基石的捍卫者"。

[24]　近年来的几次公投中，许多违反了人权和国际法义务的提案被通过，例如2009年禁止建造清真寺（一条全新的专门针对穆斯林的教派例外条款！《联邦宪法》第72条第3款），以及2010年"驱逐违法外国人出境"的民众倡议（《联邦宪法》第121条第3—6款）。

[25]　Der Kampf um das Recht in der Gegenwart, S. 177.

奥托·巴霍夫（Otto Bachof, 1914—2006）

迪特尔·赫尔穆特·朔伊林　著　吴国邦　译

　　自 1945 年重启法治国家建设进程以来，奥托·巴霍夫始终伴随国家法学的成长，并且已然成为一个无法被轻易抹去的名字。他果断地摆脱了国家社会主义对法律的歪曲，在德意志联邦共和国的公法领域耕耘，致力于早日实现其建设社会法治国家的理想。对他而言，重新继承魏玛传统不过是他所提出的"必要变革"这一紧迫问题的起点。特别是对行政法和行政法保护的重新定位，巴霍夫做出了重要贡献。由于他在行政管理、行政法院及宪法法院具有多年的实践经验，他的学术意见总是特别有分量。几十年来，凭借着其责任心、令人信服的能力和谨慎行事的风格，他不仅没有迷失在传统与进步的张力之中，反而在德国公法理论与实践上均颇有建树，因而十分受人尊敬。[①]

一、生平

　　1. 巴霍夫于 1914 年 3 月 6 日出生在不来梅。父亲是一名律师，于 1918 年在法国去世。作为家中独子，他在母亲的照顾下长大。他的母亲是左翼自由民主党不来梅州执行委员会的成员，也是不来梅州议会的议

---

① 本文的阐述主要来源于奥托·巴霍夫自己的叙述（wie Bachof, Eine Dissertation vor 50 Jahren. Die evangelische Diakonie im Kirchenkampf, Freiburger Universitätsblätter Heft 108, Juni 1990, 111‐120; ders., Beginn der DÖV, DÖV 1998, 793‐795; ders., Danke, der nächste bitte!, Rechtshistorisches Journal 19, 2000, 542‐548）、赫尔曼·韦伯（Hermann Weber）的文章（Otto Bachof, in: Juristen im Portrait. Verlag und Autoren in 4 Jahrzehnten. Festschrift zum 225 jährigen Jubiläum des Verlages C. H. Beck, München, 1988, S. 109‐125）以及笔者、巴霍夫的助理和跟随他取得教授资格的学生的回忆。

员，在国家社会主义势力崛起时，他的母亲与之进行了不懈斗争；因此，在国家社会主义夺取政权后，她被立即免除了具有公务员身份的半公立性质的妇女培训学校院长职务，且没有退休金。

从不来梅的"旧中学"（Alten Gymnasium）毕业后，巴霍夫自 1932 年夏季学期开始辗转在五所大学学习法律（在弗莱堡学习了两个学期，之后在日内瓦、柏林、柯尼斯堡和慕尼黑各一个学期）。

据他自己的回忆，有三段经历对他的法律学习产生了特殊影响。

一是帮助他获得专业成就感的早期经历。[2] 那是在第二学期，巴霍夫在从没听说过罗马法的情况下，在弗里茨·普林斯海姆（Fritz Pringsheim）的法律评注（Digesten-Exegese）课上取得了最高分 1 分。那是一次闭卷考试，他很快就翻译了有关货船沉没的试题，从中提取出问题，并就提取出的问题制定了相应解决方案；这使普林斯海姆大为惊讶，因为他的回答同三世纪罗马律师保罗（Paulus）的方案几乎一致。这似乎印证了，在大学专业选择上，巴霍夫找到了一条适合自己的道路；这同时也预示着巴霍夫作为一名法律人的职业技艺与智识准则：在解决法律纠纷时，问题思维必须优先于系统思维。

二是被新政权强征入伍的经历。[3] 在日内瓦学习了一个学期之后，巴霍夫原想回到弗莱堡继续学习。在当时弗莱堡大学校长马丁·海德格尔的要求下，他为此不得不参加 1933 年秋季的学生军事体育训练营。在训练营结束前不久，他和其他参与者一起被登记为纳粹冲锋队（SA）队员；如果他拒绝的话，他将无法继续学习。巴霍夫因此被迫加入了纳粹冲锋队，尽管他对国家社会主义十分反感——这也和他母亲受到的不公正待遇有关。他后来多次更换学习地点，但是推迟了变更学籍，他的目的是尽量摆脱与纳粹的关系；显然，通过这种方式，他最终成功地从冲

---

② Vgl. dazu Bachof, Danke, der nächste bitte!, Rechtshistorisches Journal 19, 2000, 544 f.

③ Vgl. dazu Bachof, Eine Dissertation vor 50 Jahren, Die evangelische Diakonie im Kirchenkampf, Freiburger Universitätsblätter Heft 108, Juni 1990, 111 – 120; ders., Beginn der DÖV, DÖV 1998, 113; ders., Danke, der nächste bitte!, Rechtshistorisches Journal 19, 2000, 542 f.; Weber, Juristen im Portrait. Verlag und Autoren in 4 Jahrzehnten. Festschrift zum 225 jährigen Jubiläum des Verlages C. H. Beck, München, 1988, S. 109 f.

锋队员的名单中"逃脱了"。④

　　三是使他见识到御用学者官迷心窍与心胸狭隘的经历。⑤ 在柏林学习的时候，巴霍夫被允许参加卡尔·施米特的研讨会。施米特的助手告诉他，在施米特的研讨会上，有一些人的名字是不能提及的，尤其是像奥托·克尔罗伊特教授这样的被他视为竞争对手的国家社会主义者⑥，否则，他就会立即打断你的报告："谢谢，请下一位！"然而，巴霍夫认为，如果不提克尔罗伊特的名字，他就无法正常完成既定报告；因此，在参加了两次会议之后，为表示抗议，他选择了退出。

　　在慕尼黑，他只用了最短的时间(由于经济原因)——六个学期，就在 1935 年 5 月以最优异的成绩通过了第一次国家考试。

　　在之后的见习培训期间，他作为不来梅法院的实习生，被分配到不来梅附近利林塔尔(Lilienthal)的普鲁士地方法院。⑦ 1936 年年初，出于对行政管理方面的兴趣，他转而身入普鲁士政府机构。根据当地的惯例，作为一名年轻的见习生，他需要高度的独立性和决断能力，例如在地方行政管理部门休假期间代为行使职责，作为特派专员负责对某一债务繁重的地区进行整顿。1937 年，他加入了纳粹党，因为该党党员身份是他之后继续在政府部门工作的前提。1938 年 11 月，他在柏林以优异的成绩通过了国家高级行政管理考试。

---

　　④　So Weber, Juristen im Portrait. Verlag und Autoren in 4 Jahrzehnten. Festschrift zum 225 jährigen Jubiläum des Verlages C. H. Beck, München, 1988, S. 110. 诚然，巴霍夫后来说，他和他那一代人中的大多数人一样，不能说他一直保持自己不受那个时代的诱惑，vgl. Bachof, Die „Entnazifizierung", in：Flitner (Hrsg.), Deutsches Geistesleben und Nationalsozialismus, Wunderlich, Tübingen, 1965, S. 195, 213; vgl. dazu ferner Bachof, Eine Dissertation vor 50 Jahren，Die evangelische Diakonie im Kirchenkampf, Freiburger Universitätsblätter Heft 108, Juni 1990, 112。

　　⑤　Vgl. dazu Bachof, Danke, der nächste bitte!, Rechtshistorisches Journal 19, 2000, 545; ders., Diskussionsbeitrag, VVDStRL 60, 2001, S. 111 f.

　　⑥　克尔罗伊特是一个坚定的国家社会主义者，1945 年后，他由于政治原因而无法被学界接受，vgl. Stolleis, Verwaltungsrechtswissenschaft in der Bundesrepublik Deutschland, in：Simon(Hrsg.), Rechtswissenschaft in der Bonner Republik, Suhrkamp, Frankfurt am Main, 1994, S. 227, 229, 231 Fn. 17。

　　⑦　Vgl. dazu und zum Folgenden Bachof, Verfahrensrecht, Verfahrenspraxis, DÖV 1982, 757, 763; Jörn Ipsen, In Memoriam Otto Bachof (1914 – 2006), DVBl 2014, 295.

在政府实习期间，巴霍夫一直在攻读博士学位。⑧ 他听从了他在弗莱堡大学的导师威廉·范·卡尔克（Wilhelm van Calker）的劝告：“在当前局势下你怎么能写得出一篇体面的关于国家法的论文呢？”⑨ 于是，他放弃了之前的想法，决定将研究方向定为新教的教会法。他将“教会机构的教区权力”作为博士论文题目，并为此咨询了不来梅牧师康斯坦丁·弗里克（Constantin Frick）。弗里克与认信教会（Bekennende Kirche）关系密切，是内部宣教会（Innere Mission）的负责人。由于范·卡尔克在他的博士论文完成之前就已经去世，所以最初的论文评估工作由他的教席继任者特奥多尔·毛恩茨接手；而毛恩茨又把工作交给了对新教教会法比较了解的埃里克·沃尔夫（Erik Wolf）。1938 年 6 月，巴霍夫通过了博士论文答辩，其博士论文于次年出版。⑩

2. 在普鲁士政府实习期间，巴霍夫最初被派往马尔堡地区的行政部门。就在战争开始前，他被征入国防军，在参加完法国战役后，他又重新回到了普鲁士政府，在波美拉尼亚的斯托尔普（im pommerschen Stolp）担任了 3 个月的地方办事处代表，此后又在科布伦茨担任了价格监督处主管。尽管最初遭到纳粹党总理府的反对，但他还是在 1942 年被任命为政府议员。⑪ 然而，由于政治原因，他似乎不可能被提拔为地方长官。⑫ 他因向教会当局提供咨询而被盖世太保盯上，⑬ 所以他主动申请加入德

---

⑧　Vgl. dazu näher Bachof, Eine Dissertation vor 50 Jahren, Die evangelische Diakonie im Kirchenkampf, Freiburger Universitätsblätter Heft 108, Juni 1990, 111 ff.；ferner Bachof, Danke, der nächste bitte!, Rechtshistorisches Journal 19, 2000, 545；Weber, Juristen im Portrait. Verlag und Autoren in 4 Jahrzehnten. Festschrift zum 225 jährigen Jubiläum des Verlages C. H. Beck, München, 1988, S. 118 f.

⑨　Zitiert bei Bachof, Eine Dissertation vor 50 Jahren, Die evangelische Diakonie im Kirchenkampf, Freiburger Universitätsblätter Heft 108, Juni 1990, 113.

⑩　Bachof, Die parochiale Rechtsstellung der großen Anstalten in den deutschen evangelischen Kirchen, Vahlen, Berlin, 1939.

⑪　Vgl. Bachof, Eine Dissertation vor 50 Jahren, Die evangelische Diakonie im Kirchenkampf, Freiburger Universitätsblätter Heft 108, Juni 1990, 113；Weber, Juristen im Portrait. Verlag und Autoren in 4 Jahrzehnten. Festschrift zum 225 jährigen Jubiläum des Verlages C. H. Beck, München, 1988, S. 111.

⑫　Vgl. Bachof, Eine Dissertation vor 50 Jahren, Die evangelische Diakonie im Kirchenkampf, Freiburger Universitätsblätter Heft 108, Juni 1990, 113；ders., Danke, der nächste bitte!, Rechtshistorisches Journal 19, 2000, 543.

⑬　Vgl. Weber, Juristen im Portrait. Verlag und Autoren in 4 Jahrzehnten. Festschrift zum 225 jährigen Jubiläum des Verlages C. H. Beck, München, 1988, S. 111.

国国防军，之后他在意大利和法国担任少尉。战争结束时，他虽身在鲁尔包围圈（Ruhrkessel），却最终得以从那里逃脱，并未被盟军俘虏。

1939年，他与伊丽莎白·海德西克（Elisabeth Heidsieck）结婚；结婚五十多年后，妻子于1996年去世；他与妻子在婚后育有两个女儿。

德国投降后，巴霍夫立即返回科布伦茨。在被那里的美占区政府短暂地聘任为行政人员之后，他被接管该地区的法占区政府无故拘留了三个月，且事后法占区政府没有给出任何解释。从那以后，他被迫成为一名建筑辅助工人，勉强维持生计。

3. 1946年年初，通过弗里克的推荐，巴霍夫受雇于斯图加特的一家商业信托公司，在那里他受符腾堡-巴登州政府委托，负责"去纳粹化"工作。[14] 1947年5月，他被任命为州长办公厅主任时仍负责这一工作。然而，由于他并不回避与美占区政府在去纳粹化问题上的冲突，后者要求立即解除他的职务。

于是，巴霍夫转而投身行政司法领域。在符腾堡-巴登州州长莱因霍尔德·迈尔（Reinhold Maier）的促成下，1947年秋，他被调到斯图加特行政法院，并于1948年被任命为该行政法院院长。1949年，他成为符腾堡-巴登州高级行政法院的法官；他在该法院工作到1952年2月底，最后担任该法院第一审判庭庭长。[15]

4. 当他在斯图加特行政法院的时候，海德堡大学的讲席教授瓦尔特·耶利内克作为那里的兼职法官曾与他一起共事。他鼓励巴霍夫将行政法保护作为教授资格论文的主题。1950年，巴霍夫在海德堡取得了教

---

[14] 关于去纳粹化行动及其缺点，参见 Bachof, Die „Entnazifizierung", in: Flitner（Hrsg.）, Deutsches Geistesleben und Nationalsozialismus, Wunderlich, Tübingen, 1965, S. 195 - 216. Bachof selbst wurde 1947 im Spruchkammerverfahren-nicht zuletzt wegen seines Eintretens für kirchliche Belange—als „entlastet"eingestuft, vgl. Jörn Ipsen, In Memoriam Otto Bachof（1914 - 2006）, DVBl 2014, 295.

[15] 由于立法机关和行政机关缺乏法治意识，他还面临着行政管辖权的执行困难（州议会要求因不受欢迎的管辖权而罢免和惩罚行政法官，部长宣布不遵守具有法律约束力的联邦宪法法院裁决，斯图加特市的"行政地位权"）, vgl. dazu Bachof, Diskussionsbeitrag, VVD-StRL 51, 1992, S. 126 f. 。

授资格；资格论文于次年发表。⑯ 1952 年，巴霍夫在埃尔朗根大学担任公法学教授。在 1954—1955 年，他连续收到四所大学的聘书（分别来自基尔大学、美因河畔法兰克福大学、柏林大学和图宾根大学）。1955 年，他接受了图宾根大学的聘任，并在那里一直工作到 1979 年退休，尽管在此期间多所大学曾向他伸出橄榄枝。自 1959 年至 1961 年，他担任图宾根大学校长；1969 年至 1970 年，他担任法学和经济学院的院长。

即便是在成为大学教授之后，巴霍夫仍继续作为兼职法官从事行政司法方面的工作。1953 年至 1955 年，他在巴伐利亚州行政法院工作；1956 年至 1979 年，他先后在符腾堡-巴登州行政法院和巴登-符腾堡州行政法院工作；不仅如此，1958 年至 1985 年间，他还任巴登-符腾堡州宪法法院的法官。

奥托·巴霍夫于 2006 年 1 月 21 日在图宾根去世，享年 92 岁。⑰ 2006 年秋天，他的两个女儿将他的私人图书馆委托给奥斯纳布吕克大学地方法律研究所管理，后者将其命名为"奥托·巴霍夫图书馆"。

---

⑯ Bachof, Die verwaltungsgerichtliche Klage auf Vornahme einer Amtshandlung, zugleich eine Untersuchung über den öffentlich-rechtlichen Folgenbeseitigungsanspruch nach Aufhebung eines rechtswidrigen Verwaltungsaktes, Mohr/Siebeck, Tübingen, 1951, 2. (unveränderte) Aufl. 1968.

⑰ 关于悼词，vgl. DÖV (Verlag, Schriftleitung und Herausgeber), Universitätsprofessor Dr. Dr. h. c. mult. Otto Bachof, DÖV 2006, 385; Rupp, Otto Bachof†, JZ 2006, 245; ders., Zum Tod von Otto Bachof (1914 bis 2006), AöR 132, 2007, 114－116; Hermann Weber, Otto Bachof†, NJW 2006, 971. Vgl. ferner die zu weiteren Anlässen verfassten Würdigungen von Badura, Otto Bachof zum 70. Geburtstag, AöR 109, 1984, 169－173; Dürig, Otto Bachof 65 Jahre, DÖV 1979, 128; ders., Das wär's, lieber Otto. Professor Otto Bachof zum 60. Geburtstag. Eine unkonventionelle Laudatio, Südwest Presse—Schwäbisches Tagblatt v. 5. 3. 1974; Göldner, Von Otto Mayer zu Otto Bachof. Gedanken zur Emeritierung Otto Bachofs, BWVPr 1979, 163 f.; Jörn Ipsen, In Memoriam Otto Bachof (1914－2006), DVBl 2014, 295 f.; Ferdinand Kirchhof, Forscher und Ersatzgesetzgeber. Ermessen, Klagebefugnis, Folgenbeseitigungsanspruch, kurz: Verwaltungsrecht—100 Jahre Otto Bachof, FAZ 3. 4. 2014, 8; Kisker, Otto Bachof zum 80. Geburtstag, NJW 1994, 639 f.; Nederkorn, Otto Bachof zum 60. Geburtstag, DÖV 1974, 127 f.; Nettesheim, Otto Bachof zum 90. Geburtstag, JZ 2004, 236 f.; Püttner, Otto Bachof zum 70. Geburtstag, JZ 1984, 275 f.; ders., Otto Bachof zum 85. Geburtstag, NJW 1999, 702; ders., Otto Bachof zum 90. Geburtstag, NJW 2004, 995; Rupp, Otto Bachof 70 Jahre, DÖV 1984, 204 f.; Scheuing, Otto Bachof 1914－2006, VBIBW 2014, 453 f.; Hermann Weber, Otto Bachof zum 70. Geburtstag, NJW 1984, 472。

二、著作

巴霍夫发表了约三百篇学术作品，内容涉猎广泛，[18] 其中的一些已被翻译成外文出版。我们仅能在此处拣选"最重要"的一些浅作介绍。

1. 在前文提到的 1938 年博士论文中[19]，巴霍夫论述了新教慈善机构相较于新教教区来说，在多大程度上享有教区权力的问题，即不受外来因素干扰地"拥有自己的神职人员"的权力。这一看似纯粹的组织法问题，背后却掩藏着复杂的宗教与社会背景：当时教会的大多数神职人员隶属于认信教会，而德国基督徒往往以地方牧师的身份行使职责，他们便试图以政权的意志影响教会。通过细致的研究，巴霍夫证明了许多新教机构应自主享有教区权力。因此，他的这一论文实质上为保障教会工作的正常进行和反对国家社会主义对宗教领域的渗透做出了贡献。[20]

巴霍夫为数不多的于 1945 年之前单独出版的著作内容大多限于细节性的具体法律问题，如当时的价格法制度（巴霍夫在科布伦茨担任行政官员时处理的事务）等。这多少同他担任行政官员的经历和视野有关。[21]

2. 直到"二战"结束，巴霍夫才开启新的篇章：他将注意力转向（"二战"后）新（立）的公法，旨在勾勒其"横纵网络"，"横"指其论域解析与边界框定，"纵"则是对其发展演化进程的论说。他的文章、著作总有一贯的风格：语言清晰准确、深挖问题本质、实践产出论证、乐于接受批评。他的作品总是关注宪法与行政法的互动、互构，并倾向于就疑难问题提出便于平衡、折中的解决方案。

他在五六十年代所做出的贡献尤其具有开创性。

---

⑱　Eine-unvollständige-Auflistung findet sich in: Püttner u. a. (Hrsg.), Festschrift für Otto Bachof zum 70. Geburtstag, Beck, München, 1984, S. 381 - 390.

⑲　Vgl. Bachof, Die parochiale Rechtsstellung der großen Anstalten in den deutschen evangelischen Kirchen, Vahlen, Berlin, 1939.

⑳　Vgl. Bachof, Eine Dissertation vor 50 Jahren, Die evangelische Diakonie im Kirchenkampf, Freiburger Universitätsblätter Heft 108, Juni 1990, 117, 120.

㉑　Vgl. vor allem Bachof, Der Kalkulationserlaß insbesondere in seinem Verhältnis zum Preisstoprecht und zu anderen Preisbestimmungen, Glückauf, Essen, 1941.

巴霍夫在 1951 年发表的教授资格论文㉒，对当时尚未被确立的行政
法保护的发展做出了决定性的贡献。特别值得关注的是，该文阐述了将
能够被广泛理解的"义务诉讼"和撤销非法行政行为之后的"后果清除
请求权/结果除去请求权"纳入行政法保护体系的必要性。他的这部创
新之作是"从实践出发，为实践而写"㉓。他十分关心法律原则的执行，
认为妥适执行法律原则对实现公平意义重大；为此，他还引用自己作为
行政法官时所作出的判决案例来进行说明。㉔他还在论文中提到了一些
受时代制约的情况，例如在房屋统制经营㉕方面的行政法律纠纷。然而，
他对行政法保护的理解远远超出了时代的局限，因此，他的教授资格论
文于 1968 年(未经修改)便出版了第二版。

1951 年巴霍夫在海德堡发表以《违宪的宪法规范?》㉖为题的就职
演讲，讨论了宪法规范是否会因违反超实证法而无效的问题。这一问题

㉒ Vgl. Bachof, Die verwaltungsgerichtliche Klage auf Vornahme einer Amtshandlung, zu-
gleich eine Untersuchung über den öffentlich-rechtlichen Folgenbeseitigungsanspruch nach Aufhe-
bung eines rechtswidrigen Verwaltungsaktes, Mohr/Siebeck, Tübingen, 1951, 2. (unveränderte)
Aufl. 1968.

㉓ Bachof, Die verwaltungsgerichtliche Klage auf Vornahme einer Amtshandlung, zugleich
eine Untersuchung über den öffentlich-rechtlichen Folgenbeseitigungsanspruch nach Aufhebung eines
rechtswidrigen Verwaltungsaktes, Mohr/Siebeck, Tübingen, 1951, 2. (unveränderte) Aufl.
1968, S. XI.

㉔ 作为法官的巴霍夫与作为学者的巴霍夫之间"通力合作"的成果，vgl. dazu Ba-
chof, Danke, der nächste bitte!, Rechtshistorisches Journal 19, 2000, 543; vgl. ferner Bachofs
Brief an Hermann Weber vom 17. 9. 1987, zitiert bei Weber Juristen im Portrait. Verlag und Au-
toren in 4 Jahrzehnten. Festschrift zum 225 jährigen Jubiläum des Verlages C. H. Beck, München,
1988, S. 120。

㉕ 住房政策源于战后的住房短缺。"二战"后德国工业企业生产设备、基础设施和公
共房屋被大量拆除或破坏。由于盟军对德国城市的大轰炸，有 900 多万德国平民被疏散到了
农村地区。在德国位于东欧的大部分领土事实上被波兰和苏联吞并之后，又有 1200 万人从
那部分乡下地区逃出来，逃至德国的核心地带。总之，有大约 2100 万人在寻找新的住所。
这些数字在 1946 年的人口普查中得到了验证，当时西部的三个占领区的同盟国(美国、英国
和法国)统计得出有 1370 万户家庭，而当时住房单位存量仅 820 万套，结果是有 550 万户家
庭缺少住房单位。战后，西占区的盟军政府立即采取了短期措施，来应对住房紧缺问题。在
三个西占区于 1949 年建立了新的联邦德国之后，大多数政策议题的主权被转移给了新选举
产生的联邦德国的议会。德国政界立即决定实施被称为"住房统制经营"的严厉的短期措
施，它包括对现有租户的强力保护，具体包括：事实上禁止租赁合同的取消，租金由国家规
定，以及把私房单位公共配置给那些需要住所的人。此外，德国政界也就某些长期措施作出
了决定，以便确保新建立的共和国的社会和平。大多数后来运用的住房手段与联邦德国初建
时的社会状况紧密相关，而且，其中三种手段甚至在 1990 年两德统一之后被沿用下
来。——译注

㉖ Bachof, Verfassungswidrige Verfassungsnormen?, Mohr/Siebeck, Tübingen, 1951.

不仅在当时具有现实意义，更具有超越时空的永恒性。他就这一问题给出了肯定答案。在他看来，至少在——当然，他更加希望仅仅是在——某些极端情况下，宪法规范可能违背法治社会的基本原则——同样可能是最低限度的道德准则——由这样的宪法组织起的规范秩序会因此面临伦理失据的困境，而不再值得被称为"法秩序"。虽然可能只是极端情况，但联邦宪法法院司法审查却不得不将其纳入考量范围，即便对于一个法治国家而言，它总是不得已而为之的"最后手段"。㉗这些针对国家动荡局势的思考，直至今日仍能引起国内外学者们的广泛共鸣。

1953年10月，巴霍夫在波恩的国家法教师大会上作了关于"基本法意义上的社会法治国家"的重要报告。㉘他在报告中强调——与巴霍夫相比，作补充报告的恩斯特·福斯特霍夫关于《基本法》对社会国家的规定这一问题的研究没能取得很大进展㉙——《基本法》的价值绝不仅仅是重启了复建"公民法治国家"的进程，它更为重大的意义在于，表述并确立了建构"社会法治国家"的义务性目标；《基本法》将"社会法治国家"建构抬升至"国家义务"层次而赋予其相应规范性意涵，即通过设置合理的劳动规则与资源分配机制，保护弱势群体的利益以实现社会公平。因此，面对个人对行政管理部门日益增强的社会依赖性，应通过加强法制建设矫治资源与社会力量失衡，以促使二者关系健康、平衡发展。关于这一设想对不久之后的行政法重新修订会产生什么样的后果，巴霍夫不仅在其报告中作了阐述，更在那前后的许多纪念文集、期刊文章和判例评注中作了分析与预测。他的许多观点已然被我们普遍接受，有些甚至已经成为无需论证的公理和通说。例如行政内部治理的

㉗ 关于之后与维利巴尔特·阿佩尔特（Willibalt Apelt）的争论，vgl. einerseits Apelt, Erstreckt sich das richterliche Prüfungsrecht auf Verfassungsnormen?, NJW 1952, 1－3, und andererseits Bachof, Zum richterlichen Prüfungsrecht gegenüber Verfassungsnormen, NJW 1952, 242－244。

㉘ Bachof, Begriff und Wesen des sozialen Rechtsstaates, de Gruyter, Berlin, VVDStRL 12, 1954, S. 37－84.

㉙ Vgl. Forsthoff, Begriff und Wesen des sozialen Rechtsstaates, de Gruyter, Berlin, VVDStRL 12, 1954, S. 8－36.

法制化㉚、对"国库行政"的法律约束㉛、加强对裁量权的监督包括承认无瑕疵裁量请求权㉜、行政判断余地学说㉝以及对主观公权利的进一步理解㉞等。

巴霍夫对联邦行政法院判例所作的深入研究也引起了广泛关注。这些研究内容首先以判例法报告的形式在《法学家报》上发表,之后以两卷单行本的形式独立出版。㉟ 这两本书以独特的方式,将精确的资料、不断深入的系统性分析、教义化的阐述和建设性的批评相结合。㊱ 对此,巴霍夫兴奋地说,联邦行政法院的那些人还认为这些报告实际上是一个

㉚ Vgl. Bachof, Verwaltungsakt und innerdienstliche Weisung, in: Verfassung und Verwaltung in Theorie und Wirklichkeit. Festschrift für Wilhelm Laforet, Isar-Verlag, München, 1952, S. 285 ff.; ders., Begriff und Wesen des sozialen Rechtsstaates, de Gruyter, Berlin, VVDStRL 12, 1954, S. 58 ff.

㉛ Vgl. Bachof, Begriff und Wesen des sozialen Rechtsstaates, de Gruyter, Berlin, VVD-StRL 12, 1954,, S. 61 f.

㉜ 关于无误使用自由裁量权的主观权利, vgl. schon Bachof, Die verwaltungsgerichtliche Klage auf Vornahme einer Amtshandlung, zugleich eine Untersuchung über den öffentlich-rechtlichen Folgenbeseitigungsanspruch nach Aufhebung eines rechtswidrigen Verwaltungsaktes, Mohr/Siebeck, Tübingen, 1951, 2. (unveränderte) Aufl. 1968, S. 69 f.; ferner ders., Begriff und Wesen des sozialen Rechtsstaates, de Gruyter, Berlin, VVDStRL 12, 1954, S. 76。

㉝ Vgl. Bachof, Beurteilungsspielraum, Ermessen und unbestimmter Rechtsbegriff im Verwaltungsrecht, JZ 1955, 97-102.

㉞ Vgl. Bachof, Reflexwirkungen und subjektive Rechte im öffentlichen Recht, in: Bachof/Drath/Gönnenwein/Walz (Hrsg.), Forschungen und Berichte aus dem öffentlichen Recht. Gedächtnisschrift für Walter Jellinek, Isar Verlag, München, 1955, S. 287 - 307; 2. (unveränderte) Aufl., Olzog, München, o. J., S. 287-307. Vgl. auch schon Bachof, Die verwaltungsgerichtliche Klage auf Vornahme einer Amtshandlung, zugleich eine Untersuchung über den öffentlich-rechtlichen Folgenbeseitigungsanspruch nach Aufhebung eines rechtswidrigen Verwaltungsaktes, Mohr/Siebeck, Tübingen, 1951, 2. (unveränderte) Aufl. 1968, S. 84 f., und ders., Begriff und Wesen des sozialen Rechtsstaates, de Gruyter, Berlin, VVDStRL 12, 1954, S. 72 ff. Vgl. ferner z. B. Bachof, Urteilsanmerkung, DVBl. 1960, 128 ff.; ders., Über einige Entwicklungstendenzen im gegenwärtigen Deutschen Verwaltungsrecht, in: Külz/Naumann (Hrsg.), Staatsbürger und Staatsgewalt. Verwaltungsrecht und Verwaltungsgerichtsbarkeit in Geschichte und Gegenwart, Jubiläumsschrift zum hundertjährigen Bestehen der deutschen Verwaltungsgerichtsbarkeit und zum zehnjährigen Bestehen des Bundesverwaltungsgerichts, Müller, Karlsruhe 1963, Bd. 2, S. 3, 11 ff.

㉟ Vgl. zu den beiden Bänden Bachof, Verfassungsrecht, Verwaltungsrecht, Verfahrensrecht in der Rechtsprechung des Bundesverwaltungsgerichts, Bd. I, Mohr/Siebeck, Tübingen, 1. Aufl. 1963, 2. Aufl. 1964, 3. Aufl. 1966; Bachof, Verfassungsrecht, Verwaltungsrecht, Verfahrensrecht in der Rechtsprechung des Bundesverwaltungsgerichts, Bd. II, Mohr/Siebeck, Tübingen, 1967.

㊱ Nach Wahl, Herausforderungen und Antworten: Das Öffentliche Recht der letzten fünf Jahrzehnte, de Gruyter, Berlin, 2006, S. 26 Fn. 53, hat Bachof damit „eine Literaturgattung begründet, die in dieser Weise leider keine Nachfolge gefunden hat. "

团队集体创作出来的，只是假借他的名字发表而已，根本不相信这些都是他自己独立完成的。或许，他的确感觉到，继续独立完成这样一部具有如此挑战性的作品可能会超出他的工作能力阈限；然而不管怎样，他只是记录和评论了联邦行政法院 1953 年至 1965 年的判例而已。

3. 巴霍夫应邀在德国国家法教师大会上第二次作报告，这是一项特殊的荣誉。1971 年，他在雷根斯堡所作的关于行政法教义学[37]的报告中强调，"并不是所有的新事物都是真正的新事物"，因为即使是奥托·迈耶[38]对"福利国家"和"目的导向"也并不陌生。不需要对行政法体系进行新的建设，只需要进行改建和扩建工作。因此应更多地注意行政法律关系(而不是单纯的行政行为)和组织法，并将特别行政法中与社会国家有关的领域作为参考；此外，欧洲共同体的(行政)法律也应得到更多的关注。

4. 20 世纪 70 年代，巴霍夫成为教科书作者。汉斯·J. 沃尔夫曾请求他帮忙找到一位愿意逐渐接替他继续编写他的三卷本行政法教科书的同事。在寻找未果后，巴霍夫于 1972 年自己接下了这个任务，因为正如他当时所说，他可能不会有力气和闲暇来写一部自己的行政法教科书了。巴霍夫也以极大的热情投入工作。然而，事实证明，这是一项艰难的工作。沃尔夫口中的"简短的教科书"实际已经被他当作一部概念体系复杂、内容极其详尽的参考书来创作，[39] 但这其实并不符合巴霍夫简洁明了的风格；[40] 另外，沃尔夫一开始仍然以合著者的身份参与，这更增加了巴霍夫的工作难度，却又是无法回避的现实难题。最初的工作从合作修订第一卷开始，该卷中包含了行政法的通识性基础知识。因此，巴霍夫认为，他应该在其接手的章节中适应该著作的总体特点，并继续

---

　　[37]　Bachof, Die Dogmatik des Verwaltungsrechts vor den Gegenwartsaufgaben der Verwaltung, VVDStRL 30, 1972, S. 193 – 244.

　　[38]　奥托·迈耶被誉为"德国行政法之父"，逝世于 1924 年。这里的逻辑是，像迈耶这样的老一辈法学家对当时流行的"福利国家"(起源于俾斯麦时期)等概念并不陌生，这说明，"福利国家"等概念虽然流行于时下，但并非当时才生发出的"新事物"，而可能是"旧瓶装新酒"的观念调适或理念复兴。——译注

　　[39]　Vgl. dazu auch Voßkuhle, Allgemeines Verwaltungs- und Verwaltungsprozeßrecht, in: Willoweit (Hrsg.), Rechtswissenschaft und Rechtsliteratur im 20. Jahrhundert, Beck, München, 2007, S. 935, 957 mit. 157.

　　[40]　Vgl. Hermann Weber, Otto Bachof †, NJW 2006, 971.

使用沃尔夫的术语；尽管按照他一贯的风格和原本的想法，他肯定不会在一本自己编写的教科书中引入或保留"他人之思"。㊶ 两人共同编写的第一卷于 1974 年出版。㊷ 在两年后出版的经过重新修订的第二卷（关于行政组织和公共服务）中，巴霍夫只撰写了关于高等院校和普通学校方面的文字。㊸ 沃尔夫曾打算自行修订第三卷（关于秩序行政、给付行政、行政诉讼和行政监督），但他于 1976 年 11 月去世，于是巴霍夫中断了他已经开始着手的第一卷，自行完成了第三卷的修订工作；在此过程中，他考虑到了已故编者沃尔夫所作的前期工作和早日出版新版的必要性，并试图在二者间找到平衡。㊹ 在 1979 年退休之初，巴霍夫仍然继续编写他的教科书，但逐渐把整个工作交给了罗尔夫·斯托贝尔（Rolf Stober）。也就是说，即便巴霍夫的名字仍旧被列于合著者之中，这部三卷本教科书之后数次的修订重版工作㊺都没有他的参与。㊻ 因此，巴霍夫虽然在特定时间段内对这部教科书的问世做出了极其重要的贡献，但我们终究不能因此便将其称为一本真正意义上的"巴霍夫"教科书。

作为退休教授，巴霍夫参与学术讨论的热情仍未熄灭。不过，令人有些遗憾的是，他于 1983 年发表的关于赦免法的论文㊼几乎没有引起什么反响——可能是因为赦免法处于刑法与公法交叉的领域，属边缘问题。㊽ 还有他自 1990 年起便开始呼吁放宽对避难权（Asylrecht）的限制，㊾

㊶　Vgl. z. B. die Unterscheidung zwischen imperfekten, minusquamperfekten, perfekten und plusquamperfekten verwaltungsrechtlichen Verpflichtungen und Berechtigungen in: Hans J. Wolff, Verwaltungsrecht I, Beck, München, 8. Aufl. 1971, S. 269 f., 287 f.; fortgeführt in: Wolff/Bachof, Verwaltungsrecht I, Beck, München, 9. Aufl. 1974. S. 295, 317 f.

㊷　Vgl. Wolff/Bachof, Verwaltungsrecht I, Beck, München, 9. Aufl. 1974.

㊸　Vgl. Wolff/Bachof, Verwaltungsrecht II, Beck, München, 4. Aufl. 1976.

㊹　Vgl. Bachofs Vorwort zu Wolff/Bachof, Verwaltungsrecht III, Beck, München, 4. Aufl. 1978.

㊺　Wolff/Bachof/Stober, Verwaltungsrecht I, Beck, München, 10. Aufl. 1994; dies., Verwaltungsrecht II, Beck, München, 5. Aufl. 1987; dies., Verwaltungsrecht III, Beck, München, 5. Aufl. 2004.

㊻　不仅如此，斯托贝尔还在后续版本的修订工作中吸纳了更多新的学者。

㊼　Bachof, Über Fragwürdigkeiten der Gnadenpraxis und der Gnadenkompetenz, JZ 1983, 469 - 475.

㊽　Vgl. dazu Weber, Juristen im Portrait. Verlag und Autoren in 4 Jahrzehnten. Festschrift zum 225 jährigen Jubiläum des Verlages C. H. Beck, München, 1988, S. 120.

㊾　Bachof, Hände weg vom Grundgesetz! Änderungen von Rechtsweggarantie und Asylrecht?, in: Maurer u. a. (Hrsg.), Das akzeptierte Grundgesetz. Festschrift für Günter Dürig zum 70. Geburtstag, Beck, München, 1990, S. 319 - 344.

也一直没有得到官方重视。

此外，几十年来，巴霍夫作为多家法律专业杂志的编辑也做出了许多贡献。⑤

三、 成就

巴霍夫的成就远不仅限于出版学术著作。作为学术教师、鉴定专家和委员会委员、法官，他都取得了不俗的成就；哪怕仅仅是作为一名关心政治且有责任心的公民，他也有值得称道之处。

1. 作为一名学术教师，巴霍夫有着巨大的个人魅力。他的讲座言辞冷静、阐述清晰、表达直观，处理问题深入浅出且干脆果断，深受学生们的喜爱。即便是退休后，他仍眷恋讲台，常在图宾根大学就时事法律问题发表演说，亦受到学生们的欢迎。值得一提的是，两德统一后，莱比锡大学法学院得以重建，他于1991—1992年间在那里教授公法学课程，以行明志、表示支持。⑤

在他组织或主持的学术研讨会上，他总是一边慢慢抽着雪茄，一边展开深刻的思维作业。有时意犹未尽又或是认为应就某些未决问题作更为深入和拓展的讨论，他还会邀请所有参会者到他在图宾根的家中做客，氛围总是那样美好而愉快。

作为博士生导师和教授资格导师，他指导培养了大量的博士生和八名教授资格获得者，其中有温弗里德·布鲁格(Winfried Brugger)、路德维希·弗雷勒(Ludwig Fröhler)、德特莱夫·格尔德纳(Detlef Göldner)、迪特里希·耶施(Dietrich Jesch)、冈特·基斯克(Gunter Kisker)、约斯特·皮茨克尔(Jost Pietzcker)、汉斯·海因里希·鲁普(Hans Heinrich Rupp)和迪特尔·H. 朔伊林(Dieter H. Scheuing)。

巴霍夫任图宾根大学教授时，还有许多来自外国（包括意大利、葡

---

⑤　以特别的方式作为《公共行政》(Die öffentliche Verwaltung)杂志的编辑，vgl. Dazu Bachof, Beginn der DÖV, DÖV 1998, 793 - 795。巴霍夫还曾长期担任《公法档案》《法学家报》《新教教会法杂志》和《法律哲学杂志》的共同编辑。

⑤　Vgl. Bachof, Danke, der nächste bitte!, Rechtshistorisches Journal 19, 2000, 544.

萄牙、西班牙、拉丁美洲、日本和韩国等）的奖学金获得者跟随他学习。[52] 其中一位是来自葡萄牙的若泽·曼努埃尔·莫雷拉·卡多索·达·科斯塔（José Manuel Moreira Cardoso da Costa），他之后常年担任葡萄牙宪法法院院长。他于 1994 年在巴霍夫的建议下被图宾根大学法学院授予名誉博士学位。此外，直到晚年，巴霍夫都十分热衷学术旅行，他多次接受邀请，到欧洲其他国家乃至欧洲之外的许多大学进行演讲。

从自我认同上看，巴霍夫会把自己视作不来梅人，但他同时又（认为自己）是普鲁士人、施瓦本人，[53] 或许正是这样多元交融的文化气质，孕育了巴霍夫开放、客观、值得信赖、乐于助人并富有幽默感的性格，这是与巴霍夫有过交往的人们的共同感受。[54]

他在图宾根法学院的同事京特·迪里希有着爽朗的性格和易激动的脾气，与他不是很合拍。尽管如此——或许也正是因为如此——巴霍夫仍对他特别友好。[55] 这便让外界的人误以为他们之间并无隔阂，以至于有一次，求贤若渴的科隆法学院向他们二人同时发出了聘任邀请，"挖人"行动最后只能徒劳。[56]

他的图宾根同事们对他怀有崇高的敬意，在大家的支持和拥护下，巴霍夫于 1959 年当选为校长，并在卸任后的第八个年头，也正是最艰难的那段岁月，肩负起法学院院长（1969—1970 年）的重责。1984 年，在他 70 岁生日时，他的同事们共同为他献上了一本纪念文集贺寿，即便在

---

[52]　Vgl. Bachof, Danke, der nächste bitte!, Rechtshistorisches Journal 19, 2000, 547.

[53]　关于他自己，参见 Bachof, Beginn der DÖV, DÖV 1998, 793。

[54]　从他对自己往事的描述中我们可以感受到他的幽默，譬如，他在利林塔尔地区法院实习时发现的图书馆馆藏，他作为部长顾问却犯下了毁坏保管物罪（文章末尾提到的他同部长一起焚毁文件的经历），普鲁士和施瓦本档案管理的差异对他造成的文化冲击，等等。Vgl. Bachof, Verfahrensrecht, Verfahrenspraxis, DÖV 1982, 757 f., 760. 6 und 763 f.

[55]　Vgl. als Dokumente dieser Freundschaft einerseits Dürig, Otto Bachof 65 Jahre, DÖV 1979, 128, und ders., Das wär's, lieber Otto. Professor Otto Bachof zum 60. Geburtstag. Eine unkonventionelle Laudatio, Südwest Presse-Schwäbisches Tagblatt v. 5. 3. 1974; andererseits Bachof, Günter Dürig zum 65. Geburtstag, AöR 110, 1985, 93-95, ders., Nachruf: Professor Dr. Günter Dürig, DÖV 1997, 458 f., und ders., Danke, der nächste bitte!, Rechtshistorisches Journal 19, 2000, 546.

[56]　Vgl. ders., Das wär's, lieber Otto. Professor Otto Bachof zum 60. Geburtstag. Eine unkonventio-nelle Laudatio, Südwest Presse—Schwäbisches Tagblatt v. 5. 3. 1974; Otto Bachof †, NJW 2006, 971.

当时有些人早已离开了图宾根大学法学院。[57] 虽然在 1967 年，那时的巴霍夫正任国家法教师协会主席，曾公开表示要严格限制发行纪念文集的做法；[58] 但他还是接受了这本表达敬意的、负有特殊意涵的"来自图宾根的纪念文集"，因为这就像在他指导下取得教授资格的学生们为其 65 岁生日的祝寿文集一样，只是纯粹的感情流露，而未夹杂功利性的因素。[59]

　　巴霍夫的教学与研究工作不仅受到了同事的认可，还受到校外同行的广泛赞誉。他也与许多国内外的同领域学者保持着频繁的交流。他于 1958—1959 年和 1966—1967 年两次当选为德国国家法教师协会理事会成员，并于 1966—1967 年担任该协会主席。1989 年，正值巴霍夫取得博士学位 50 周年之际，弗莱堡大学法学院为其举行了专门的庆祝仪式。[60] 1970 年，艾克森-普罗旺斯大学（Universität Aixen-Provence）授予其名誉法学博士学位，以表彰他为之与图宾根大学建立伙伴关系所做出的贡献。[61] 1989 年，在《基本法》颁布 40 周年之际，他又被维尔茨堡大学法学院授予名誉博士学位。

　　2. 巴霍夫作为鉴定专家和各类委员会委员的工作也非常重要。他提出的若干法律意见，只有一部分被公开，其中包括针对《工商业管理条例》所规定技术委员会之法律性质是否合理展开的调查[62]、关于国家对

---

　　[57]　Püttner u. a. （Hrsg.）, Festschrift für Otto Bachof zum 70. Geburtstag, Beck, München, 1984; vgl. dazu die Besprechungen von Hans Peter Ipsen, DVBl. 1984, 1025; Lerche, AöR 109, 1984, 444 - 447; Ossenbühl, DÖV 1984, 564; Hermann Weber, NVwZ 1988, 141 f.

　　[58]　Vgl. dazu Weber, Juristen im Portrait. Verlag und Autoren in 4 Jahrzehnten. Festschrift zum 225 jährigen Jubiläum des Verlages C. H. Beck, München, 1988, S. 123.

　　[59]　Bachof, Wege zum Rechtsstaat. Ausgewählte Studien zum öffentlichen Recht, Athenäum, Königstein/Ts. , 1979; vgl. dazu die Besprechung von Bettermann, AöR 109, 1984, 435 - 443, 最后的评价："奥托·巴霍夫致力于德国的法治国家。"

　　[60]　Vgl. dazu den Festvortrag von Bachof, Eine Dissertation vor 50 Jahren, Die evangelische Diakonie im Kirchenkampf, Freiburger Universitätsblätter Heft 108, Juni 1990, 111 ff.

　　[61]　Vgl. dazu Bachof, Danke, der nächste bitte!, Rechtshistorisches Journal 19, 2000, 546 f.

　　[62]　Bachof （unter Mitarbeit von Dietrich Jesch）, Teilrechtsfähige Verbände des öffentlichen Rechts. Die Rechtsnatur der Technischen Ausschüsse des § 24 der Gewerbeordnung, AöR 83 （1958）, 208 - 279.

医院融资所作相关规定的合宪性的意见㉓、关于《德国电视二台条约》
（ZDF-Vertrag）的合宪性的意见㉔与关于"是否可能禁止电视广告"的意
见㉕等。

他也是许多重要的咨询委员会的成员，包括《联邦行政法院法》与
《联邦行政程序法》编纂委员会、最终未能取得成果的《国家责任法》
改革委员会（1970—1973 年）。㉖

巴霍夫曾多年担任巴登-符腾堡州校长联席会议主席一职，并在此
期间与州政府产生过一些矛盾。㉗

他也是不来梅大学第一届创立筹备委员会的成员和副主席。㉘ 令巴
霍夫失望的是，这个委员会并没有取得成功，但他很乐意谈起他因此作
为不来梅市民而得以受邀参加不来梅海员聚餐的经历。

3. 巴霍夫多年的法官生涯㉙对他产生了极大的影响。他一直非常热
爱并认真对待这项工作。对他来说，这项工作是他灵感的源泉，也是检
验学术知识有效性的实践路径。作为一名法官，他认为自己不仅对法律

㉓　Bachof, Rechtsgutachten über die Verfassungsmäßigkeit der Bundespflegesatzverordnung,
Kohlhammer, Stuttgart/Köln, 1963; ders. (unter Mitarbeit von Dieter H. Scheuing), Kranken-
hausfinanzierung und Grundgesetz, Kohlhammer, Stuttgart/Berlin/Köln/Mainz, 1971; Bachof/
Scheuing, Verfassungsrechtliche Probleme der Novellierung des Krankenhausfinanzierungsgesetzes,
Freiburg i. Brsg. , 1979.

㉔　Bachof (unter Mitarbeit von Gunter Kisker), Rechtsgutachten zur Verfassungsmäßigkeit
des Staatsvertrages über die Errichtung der Anstalt „Zweites Deutsches Fernsehen", Mainz, 1965.

㉕　Bachof (unter Mitarbeit von Walter Rudolf), Verbot des Werbefernsehens durch Bundes-
gesetz?, Metzner, Frankfurt am Main/Berlin, 1966.

㉖　Vgl. dazu Bachof, Danke, der nächste bitte!, Rechtshistorisches Journal 19, 2000, 544;
ferner die zu weiteren Anlässen verfassten Würdigungen von Badura, Otto Bachof zum 70. Geburt-
stag, AöR 109, 1984, 170; Nederkorn, Otto Bachof zum 60. Geburtstag, DÖV 1974, 127 .
Scheuing, Haftung für Gesetze, in: Püttner u. a. (Hrsg.), Festschrift für Otto Bachof zum 70.
Geburtstag, Beck, München, 1984, S. 343; Stolleis, Geschichte des öffentlichen Rechts in
Deutschland, 4. Band: Staats- und Verwaltungsrechtswissenschaft in West und Ost 1945 - 1990,
Beck, München, 2012, S. 258 f.

㉗　Vgl. Weber, Juristen im Portrait. Verlag und Autoren in 4 Jahrzehnten. Festschrift zum
225 jährigen Jubiläum des Verlages C. H. Beck, München, 1988, S. 121.

㉘　Vgl. Juristen im Portrait. Verlag und Autoren in 4 Jahrzehnten. Festschrift zum 225
jährigen Jubiläum des Verlages C. H. Beck, München, 1988, S. 121.

㉙　更多有关信息，请参阅本文第一部分的 3 和 4。

负有义务，更负有在解纷过程中伸张正义的社会义务。[70] 在法律与政治交织的领域中，他也在不断地探寻其作为法官的适恰的身份定位。[71]

他以专职、兼职转续的灵活方式，在行政法官的职位上坚持了近三十年，其中，担任专职行政法官的时长为四年半，而兼职的期间则逾四分之一个世纪。此外，他还——同样也是超过四分之一个世纪之久——担任过巴登-符腾堡州宪法法院法官。[72] 那所法院里的有些工作人员并非法律专业出身，这大大增加了他的工作量。[73] 为了表彰他出色的工作，他被授予"联邦大十字勋章"和"巴登-符腾堡州功勋奖章"。

毫无疑问，他本可以走向更高的位置。[74] 例如，1951 年的时候就已经有人提议选举他为联邦宪法法院法官；但这个提议从一开始便未奏效，因为巴霍夫当时还未满 40 岁，这是法律规定的担任此职务所需要的最低年龄。当 1966—1967 年联邦宪法法院副院长一职空缺时，他又在继

---

⑦　Vgl. schon Bachof, Verfassungswidrige Verfassungsnormen?, Mohr/Siebeck, Tübingen, 1951, S. 51; ferner ders. , Zum richterlichen Prüfungsrecht auf Verfassungsnormen?, NJW 1952, 1－3, und andererseits Bachof, Zum richterlichen Prüfungsrecht gegenüber Verfassungsnormen, NJW 1952, 243; ders. , Der Verfassungsrichter zwischen Recht und Politik, in: SUMMUM IUS SUMMA INIURIA. Individualgerechtigkeit und Schutz allgemeiner Werte im Rechtsleben, Ringvorlesung, gehalten von Mitgliedern der Tübinger Juristenfakultät, Mohr/Siebeck, Tübingen, 1963, S. 41, 42.

⑦　Vgl. Bachof, Grundgesetz und Richtermacht, Mohr/Siebeck, Tübingen, 1959; ders. , Der Verfassungsrichter zwischen Recht und Politik, in: SUMMUM IUS SUMMA INIURIA. Individualgerechtigkeit und Schutz allgemeiner Werte im Rechtsleben, Ringvorlesung, gehalten von Mitgliedern der Tübinger Juristenfakultät, Mohr/ Siebeck, Tübingen, 1963, S. 41－57. ; ders. , Der Richter als Gesetzgeber?, in: Gernhuber (Hrsg.), Tradition und Fortschritt im Recht. Festschrift gewidmet der Tübinger Juristenfakultät zu ihrem 500 jährigen Bestehen von ihren gegenwärtigen Mitgliedern, Mohr/Siebeck, Tübingen, 1977, S. 177－192.

⑦　最初，巴霍夫将宪法法院描述为"一种在事实上多余的奢侈品"，vgl. seine Diskussionsbemerkung von 1961 auf dem Internationalen Kolloquium des Heidelberger Max-Planck-Instituts für ausländisches öffentliches Recht und Völkerrecht, Verfassungsgerichtsbarkeit in der Gegenwart, Beiträge zum ausländischen öffentlichen Recht und Völkerrecht Band 36, 1962, S. 830, 833; 然而，他在巴登-符腾堡州担任宪法法官的经验使他改变了这一判断，vgl. Bachof, Der Staatsgerichtshof für das Land Baden-Württemberg, in: Tübinger Festschrift für Eduard Kern, Mohr/Siebeck, Tübingen, 1968, S. 1, 19. Zu seinen diesbezüglichen Erfahrungen vgl. auch Bachof, Diskussionsbeitrag, VVDStRL 46, 1988, S. 141 ff. 。

⑦　Vgl. dazu Bachof, Verfahrensrecht, Verfahrenspraxis, DÖV 1982, 760 f. ; vgl. ferner Bachofs Brief an Hermann Weber vom 17. 9. 1987, zitiert bei Weber, Juristen im Portrait. Verlag und Autoren in 4 Jahrzehnten. Festschrift zum 225 jährigen Jubiläum des Verlages C. H. Beck, München, 1988, S. 117.

⑦　Vgl. zum Folgenden Jörn Ipsen, In Memoriam Otto Bachof (1914－2006), DVBl 2014, 295; Weber, Juristen im Portrait. Verlag und Autoren in 4 Jahrzehnten. Festschrift zum 225 jährigen Jubiläum des Verlages C. H. Beck, München, 1988, S. 118.

任者名单之列，因为他不属于任何政党，若当选，便有助于消除党派之别对院长职位的"政治割裂"。起初，巴霍夫对那些为此支持他的政客们明确表示，他曾加入过纳粹冲锋队并且是前纳粹党员。但最后，他还是宣布准备参加选举，以响应社民党联邦议会党团执行委员会——在与其他议会党团达成一致之后——向他提出的要求，并已为自己的新任务作好了准备。然而，执政大联盟（Große Koalition）的成立不仅改变了社民党党团执行委员会的构成，也改变了其选任倾向，因而最终是来自慕尼黑的律师——同时也是社民党议员——瓦尔特·佐伊费特（Walter Seuffert）当选。我想，这件事对巴霍夫的打击一定很大。在 1971 年联邦宪法法院选举时，他的名字又一次被提及，但因为种种原因他依然未能当选，[75] 这也意味着他错失了进入联邦宪法法院的最后机会，即便他本以为这才应当是他职业生涯的最高成就。

当 1969 年联邦行政法院院长弗里茨·维尔纳去世时，有人问巴霍夫是否考虑成为继任者，他明确表示否定。不但如此，他还曾拒绝担任最高联邦检察官。[76]

4. 最后，不能不提的是，巴霍夫是一位关切政治且富有责任感的公民。

不论在哪里，只要他认为有必要，就会单独或联合众人大声疾呼，以遏制不良事态的发展，或要求有权机构采取其认为必要的（法律）政治手段予以规制。

例如，他是 1958 年反对核军备的《图宾根宣言》的共同签署人之一，他还是 1965 年延长谋杀罪诉讼时效的请愿书的发言人。[77] 1969 年，他代表图宾根大学法学院 65 名教师向希腊司法部长提出抗议，反对独裁

---

⑦⑤　Vgl. Birkenmaier, Die Karlsruher Richter werden in Bonn gewählt, Stuttgarter Zeitung v. 25. 2. 1971, 3; Jörn Ipsen, In Memoriam Otto Bachof（1914－2006）, DVBl 2014, 295.

⑦⑥　Vgl. Dürig, Otto Bachof 65 Jahre, DÖV 1979, 128; Göldner, Von Otto Mayer zu Otto Bachof. Gedanken zur Emeritierung Otto Bachofs, BWVPr 1979, 164; Weber , Juristen im Portrait. Verlag und Autoren in 4 Jahrzehnten. Festschrift zum 225 jährigen Jubiläum des Verlages C. H. Beck, München, 1988, S. 118.

⑦⑦　Vgl. hierzu und zum Folgenden Weber , Juristen im Portrait. Verlag und Autoren in 4 Jahrzehnten. Festschrift zum 225 jährigen Jubiläum des Verlages C. H. Beck, München, 1988, S. 121 f.

政权的非法措施。他赞成社会自由联盟[78]的《东方条约》。他曾长期在大赦国际(amnesty international)工作。在晚年，他还曾公开谴责当时在他看来面临衰败的法治状况。[79]

1974 年，巴霍夫应邀担任南符腾堡-霍亨佐伦州金属工业劳资纠纷的调解人。他毫不犹豫地接受了这一全新的任务，之后，这一特殊立法过程的速度和效率给他留下了深刻的印象。[80]

1946—1947 年，他受命在斯图加特执行去纳粹化任务，在巴霍夫看来，这无疑是一项特殊的挑战。当时，只要他认为美国占领军所采取的具体措施和执行方式[81]有所不妥便会提出批评；从本质上来说，他的立场是支持去纳粹化的。[82] 然而，直到 80 年代，他才向外界透露那时犯下的"罪行"，尽管他的行为动机确实出于强烈的政治责任感。他曾戏谑道，那时他同他的共犯——符腾堡-巴登州的政治解放部长——一起犯下的《刑法》第 133 条所规定的毁坏保管物罪行，早已过了追诉期。[83]

---

⑱　从原文的语法结构来看，"sozialliberalen Koalition"系《东方条约》之物主。按照常理推断，它应当是由《东方条约》诸缔约国——苏、德、波、捷以及波罗的海等国——结成的同盟或联盟。《东方条约》的协定内容亦能印证此推断，即"当缔约国任何一国受到进攻时，其他缔约国应自动向遭受进攻的一方提供军事援助"，由此可见，《东方条约》各缔约国之间存在军事互助同盟关系。但奇怪的是，无论是以德文检索，还是以中文检索，都没能得到任何关于"社会自由联盟"的有效信息；《东方条约》缔约国也从未宣称其联盟为"社会自由联盟"。故而，译者选择遵从语法结构直译。——译注

⑲　Vgl. Bachof, Diskussionsbeitrag, VVDStRL 38, 1980, S. 157 ff.; ders., Verfahrensrecht, Verfahrenspraxis, DÖV 1982, 764 Fn. 19; Bachof, Hände weg vom Grundgesetz!, Änderungen von Rechtsweggarantie und Asylrecht?, in: Maurer u. a. (Hrsg.), Das akzeptierte Grundgesetz. Festschrift für Günter Dürig zum 70. Geburtstag, Beck, München, 1990, S. 335.

⑳　Vgl. Bachof, Verfahrensrecht, Verfahrenspraxis, DÖV 1982, 761 f.

㉑　美国占领军逮捕了大批纳粹党领导核心成员。为从德国公共机构中彻底清除"纳粹积极分子及其狂热的同情者"，美占区所有担任公职及半公职的德国人均被要求填写一份详细的个人问题调查表，以交代其在希特勒统治时期的种种表现，尤其是在政治方面的活动情况。至 1946 年 6 月，共有 1 613 000 名德国人参与填表，其中，373 762 人被解除了职务。美占区政府还取缔了所有的报纸和电台，并关闭了所有的大学及学校。在卡塞尔的每一个成年人都被强制要求观看纪录片《布痕瓦尔集中营的恐怖》，这部纪录片原本是由德军摄影师拍摄的，但后来落入了盟军的手中，盟军将原片制作成纪录片用来作为去纳粹化的教材。纪录片里堆积如山的尸体被成堆焚烧的场面震惊了德国人。针对平民展开的去纳粹化的另一种方式，就是让他们亲手掩埋那些在集中营里被折磨死去的人们。——译注

㉒　Vgl. Bachof, Diskussionsbeitrag, VVDStRL 51, 1992, S. 126; Weber, Juristen im Portrait. Verlag und Autoren in 4 Jahrzehnten. Festschrift zum 225 jährigen Jubiläum des Verlages C. H. Beck, München, 1988, S. 112, 114 f.

㉓　Vgl. hierzu und zum Folgenden Bachof, Verfahrensrecht, Verfahrenspraxis, DÖV 1982, 763 f.

占领国曾下令对此类去纳粹化的案件进行重新审理和从严判决。但这两位作案人却认为该命令与事实严重不符且严重违法，于是设法使同案件相关的 2000 多份卷宗直接消失——部长在深夜将它们彻底焚毁于暖炉中。在晚年的时候，巴霍夫承认，他当时的行为虽系社会不公所迫，但毕竟不妥；尤其是在当今的法治国家，私自销毁档案乃不可取的违法行为，不值得模仿和称赞。

在文章的最后，我愿意写下他在我们心目中的形象：他亲历了国家社会主义政权的不公，并因此决定尽最大努力为德意志联邦共和国实现社会法治国家而努力！回首往事，巴霍夫在 1994 年 4 月曾写信给祝贺他 80 岁生日的人："我也许有一些成就值得回顾，可在其他方面终究是失败的。不过，作为一位法学者，我怎么还能期望得到更多呢？"

康拉德·黑塞（Konrad Hesse，1919—2005）

彼得·黑贝勒　著　周万里　译

一、 个性与生平[①]

1919 年 1 月 29 日，康拉德·黑塞出生在柯尼斯堡的一个教授之家，在弗罗茨瓦夫长大。他的父亲是一位著名的经济学家，备受黑塞爱戴。黑塞在高考后就被抽调服役。神奇的是，他度过了这场浩劫（他经常说"我们再次脱离险境……我丧失了人生中重要的七年"）。此后，他以最短的时间在哥廷根大学完成法学课程，1950 年在鲁道夫·斯门德的指导下完成了关于平等原则的博士论文（载《公法论丛》第 77 期，1951/1952 年，第 167 页及以下诸页）。他在斯门德的教会法研究所担任学术助理，并以著名的作品《教会领域国家法院的权利保护》（1955 年）取得教授资格。他在 1956 年就被任命为弗莱堡大学的教授（尽管期间有慕尼黑大学和波恩大学的教授任命），一直坚持到退休。他的作品分层次有序地展开，几乎所有的作品都用脍炙人口的关键词表述：《宪法的规范性效力》（1959 年）、《中央集权的联邦国家》（1962 年）及《民主集体中的自由教会》（1964 年）。黑塞的学术巅峰始于《联邦德国宪法纲要》（献给鲁道夫·斯门德的书；1969 年第 1 版，1995 年第 20 版；1999

[①] 笔者以下的文章有助于塑造康拉德·黑塞的人物形象：Laudatio, in：H. -P. Schneider/R. Steinberg（Hrsg.），Verfassungsrecht zwischen Wissenschaft und Richterkunst，1990，S. 107 ff. ；K. Hesse zum 70. Geburtstag, AöR 114（1989），S. 1 ff. —Zum 70. Geburtstag von K. Hesse sind noch folgende Würdigungen erschienen：F. K. Fromme, FAZ vom 28. 1. 1989, S. 4；P. Lerche, NJW 1989, S. 281；E. Benda, DÖV 1989, S. 119。

年再版)。该书很长一段时间以来成为现代的经典之作,这也体现在大量的译本上。2004 年 10 月 14 日的《时代》杂志对此的题目是《阅读!》(第 72 版面)。这本书的继受过程②可以展现其如何成为我们共和国的政治文化。一字也不多,以原理为目标,在独特的结构艺术中展现现行宪法,同时又做创造性的构建。黑塞的独一无二的吸引人之处可能是,他为自己的多版教科书保持薄的体量而骄傲——这与当今厚重的手册和法律评注形成强烈的对比(他也参与出版了紧凑的《宪法手册》,1983 年第 1 版,1994 年第 2 版)。诸如"实践的协调性"(praktische Konkor-danz)③等概念到今天都是实在宪法的要素,"宪法的开放性"是对《基本法》的评价。他在弗莱堡从 1956 年起创建了著名的专题研讨班。他和恩斯特·本达(Ernst Benda,1925—2009)一起举办该研讨班,一直到 1992 年。来自日本、韩国、西班牙及葡萄牙的很多外国学者来"访学"。他与霍斯特·埃姆克(Horst Ehmke,1927—2017)(vgl. die Würdigung in:AöR 117,1992,S. 1 ff.)以及后来与维尔纳·冯·西姆松(Werner von Simson,1908—1996)(Das Geburtstagsblatt in AöR 103,1978,S. 73 f.)的朋友关系在那些年很明显(后来,黑塞在当地与民法学者沃尔夫拉姆·穆勒-弗莱恩费尔茨 [Wolfram Müller-Freienfels,1916—2007] 成为朋友)。

康拉德·黑塞为人展现出罕见的谦虚、温文尔雅、正直及真诚。他一直以来厌恶挑衅、心机及任何的机会主义。应予批评的是,他会直言不讳。但他的声调是适当的。乌尔里希·朔伊纳曾说,这是"温柔的不妥协"(即从疏忽的作者那里收集过期的《公法论丛》的稿件)。他反对任何献给他的纪念文集,体现了他的谦虚。恩斯特·弗里森哈恩也是如此(他拒绝奖章,仅为自己在 2003 年成为巴伐利亚科学研究院的通信研究员而喜悦)。无论如何,他的学生还是被允许撰写多个生平简介(1979 年和 1999 年),举办多个研讨会(针对 60 岁、65 岁、70 岁及 75 岁的生

---

② Dazu P. Häberle, in: H. -P. Schneider/R. Steinberg(Hrsg.), Verfassungsrecht zwischen Wissenschaft und Richterkunst, 1990, S. 107(113 ff.);A. Rinken, R. Geitmann, G. Herbert, P. Häberle, in: JöR 57(2009), S. 527 ff.

③ 对于里夏德·博伊姆林(Richard Bäumlin)所述的该概念之前在瑞士的历史,参见 A. Kley, Geschichte des öffentlichen Rechts der Schweiz, 2011, S. 214 f. 。

日)。对此,传统的专题研讨会的风格得到延续。这包括大师的严密的
"总结"部分。人们在这里还能感受到一定的严格。在"魏玛共和国巨
人"中,他尤为推崇鲁道夫·斯门德,尊重汉斯·凯尔森,高度评价赫
尔曼·黑勒(远在其"辉煌"之前)。如今力推和复兴卡尔·施米特的做
法让他难以理解。他与瑞士的同事分享自己的观点,后者直呼"魔鬼"
的魅力和"优秀"。对他而言,瑞士意味着很多。他是"瑞士的朋友"。
苏黎世大学授予他名誉博士,让他特别喜悦(1989 年,维尔茨堡大学授
予他名誉博士时也同样如此)。对他而言,德国的统一是我们的宪法史
中的幸事。他在《联邦德国宪法纲要》的后来版本中甚至加入不断深化
的欧洲一体化的篇章。当然,他在 1992 年 5 月 11 日写信给笔者,认为:
"我不仅在这方面有些担忧。在德国史的高峰期,这样一幅让人无助的
场景到底是什么。如果人们相信媒体,那么德国人民已经变成了恶人,
犹豫不决及赤裸裸的自私无处不在。"

可以说,"康拉德·黑塞是正义者"。他表里如一。他的人生信守老
加图(Cato)的箴言:"把握题目,话语自然从之。"

康拉德·黑塞在经历长期的重病煎熬后,在 2005 年 3 月 15 日逝
世。④ 黑塞在病中,得到妻子伊尔莎(Ilse)最好的几乎是超越人类力量的
照顾。对黑塞而言,家庭是其为人的基础。如此独一无二的真正的国家
法学大师和联邦宪法法院法官的一生、超出德国和欧洲在学术和实践中
得到很多尊重的一生就此结束。

二、 作品和影响

本文从三个维度展现黑塞的作品和影响。其一,作为学术作品作者
的康拉德·黑塞。其二,作为学术导师的康拉德·黑塞。其三,作为位
于卡尔斯鲁厄的联邦宪法法院法官的康拉德·黑塞。这三点中展现时间

---

④ 笔者撰写的悼文,参见 AöR 130 (2005), S. 289 ff.; ZÖR 60 (2005), S. 279 f.;
weitere Nachrufe in ZevKR 50 (2005), S. 569 ff. und im Jahrbuch der Bayerischen Akademie der
Wissenschaften。其他人撰写的悼文,参见 E. Benda, Nachruf K. Hesse, †15. März 2005, JZ
2005, S. 454 f.; R. Steinberg, NJW 2005, S. 1556; H. Goerlich, Sächs. VBl. 2005, S. 223
ff.; A. Lopez Pina, El País vom 20. April 2005, S. 51. (2005), S. 339 ff. 。

的和生平的顺序——研究者、老师、法官，最终构成一个特别的整体：在《联邦德国宪法纲要》第一版中似乎就有了宪法法院法官的影子（例如自我限制的艺术）；在共同表决的裁判中展现乐观主义的老师（BVerf-GE 50，290，329 f.）；作为作者的他不能做出"懒惰的"妥协，他作为法官推动"实践的协调性"。

（一）作为学术作品作者的康拉德·黑塞

处在黑塞的作品及其影响的中心位置的是《联邦德国宪法纲要》及1984 年的《康拉德·黑塞文集精选》。这两部作品共同构成其"总和"。不过，不要忘记的是他在其他两个创造领域的成就，即学术史⑤和国家教会法⑥。他在哥廷根大学的教授资格论文研究的就是国家教会法。他在海德堡的报告《民主共同体中的自由教会》甚至在学术界产生根本性的影响，成为"主流观点"。《联邦德国宪法纲要》产生影响力的一个原因是，这本书给理论和实践都带来丰富的成果。不过，也有批评者认为这本书虽然富有魅力，但从教育的角度来看，只有高年级的法科学生才能从中收益。

如果有一本学术作品，不管是在外在还是内在地发展成为众多的"树轮"，那么，这就是康拉德·黑塞的这本著作。回过头来看，黑塞的早期的作品，尤其是专著和文章，都成为《联邦德国宪法纲要》的"预研究"。黑塞体系化地更新了新版教科书的单个章节。其预研究的主题包括法治国家原则（载 1962 年《斯门德纪念文集》）、联邦国家（1962 年的《中央集权的联邦国家》）及作为纲领性研究的弗莱堡大学就职报告（1959 年的《宪法的规范性力量》）。其他的基础性文章主题，包括政党法（VVDStRL 17，1959，S. 11 ff.）和例外状态（DÖV 1955，S. 741 ff.；JZ 1960，S. 105 ff.）。

---

⑤　除了国家教会法，学术史是黑塞的另外一个"附属"研究领域。这包括在《公法论丛》涉及"德国国家法教师协会"成立 50 周年的文章（AöR 97，1972，S. 345 ff.）及其他的观点（庆祝《公法论丛》100 卷的文章，参见 AöR 100 [1975]，S. 1 ff；该文是他与彼得·巴杜拉及彼得·莱尔歇合作完成）。

⑥　Dazu H. Wißmann，K. Hesse in：T. Holzner（Hrsg.），Entwicklungstendenzen des Staatskirchenund Religionsverfassungsrechts 2013，S. 521 ff.

这些研究的核心及其进一步的补充构成《联邦德国宪法纲要》的组成部分，并且是核心的组成部分。黑塞的思想核心是"实证"宪法，而不是通用的国家学。回顾地看，如果说《联邦德国宪法纲要》作为一部学术作品能够实现，那么，这本书自 1967 年以来明显强化了德国的《基本法》的适用条件。黑塞一直强调，他关注的并非某个国家及其宪法，而是特指德国《基本法》，例如关于分权原则的研究（1995 年第 20 版，208 及以下诸页）。如果黑塞想要"更通用"的，那么他的这本书就会变成宪法学（而不是国家学）。这样的思考还需要补充实质的方面：针对方法论（例如宪法解释的方法论），关于宪法和基本权利的理解，黑塞关于"国家和社会"、社会国家原则、宪法裁判权及"特殊地位"的研究。

下文详述《联邦德国宪法纲要》的三个问题：

1.《基本法》下的，或更准确地说，与《基本法》一起产生的继受史和效果史。这可以追溯到不同的层面。首先是书评，其次是其他的"宪法解释者的开放社会的"媒体层面。学术界的回应可以按照文献类型做区分（从"竞争性的"教科书到文章，再到其他的文献类型）。同样，这本书主要是对联邦宪法法院的实践产生影响。

2. 作者推动的渐进发展——包括三次新修订（1970 年、1975 年及 1980 年）和"补充"（最后是 1988 年和 1995 年）。

3. 继受的发展形式和背景。详细如下：

（1）书评文化中早期的基调，体现在瑞士伯尔尼大学汉斯·胡贝尔对 1967 年第一版《联邦德国宪法纲要》的书评中（AöR 92, 1967, S. 550 ff.）。他认为，"该书的题目其实简洁并且过窄"。他称赞关于宪法解释的章节，并认为国家和法尽管在方法论和实体上具有不确定性，不过没有脱离生活，这是黑塞的功劳。曾被期待写一本教科书的乌尔里希·朔伊纳称赞《联邦德国宪法纲要》"浑然一体"，传递了"全新的思想和观点"，并且说"该书是近几年以来最重要的出版物之一"。最后，在众多的书评中，也有认为黑塞的书是"宪法学说的经典"（耶克维茨：《戈尔特曼刑法论丛》，1979 年，第 38 页）。[7]

---

[7] 其他的书评，参见 P. Häberle, Laudatio（FN 1），S. 107（115 ff.）。

（2）本文不可能详细展现《联邦德国宪法纲要》的"发展阶段"或"树龄"。其原因可以用关键词来表达：《基本法》的修改、"宪法现实"的变迁、学术（以不同的文献类型来展现）和宪法裁判的发展以及关于该书的书评材料。

该书 1970 年第 4 版回应了"68 运动"所提出的问题，包括民主（第55 页及以下诸页）、宪法概念的变化（1970 年第 4 版，第 14 页及以下诸页）、关于教会和宗教共同体的地位的章节（1970 年第 4 版，第 188 页及以下诸页）、明确反对原本的基本参与权利（1975 年第 8 版，第 123 页及下页）及探讨"通过组织和程序实现和保障基本权利"从而被"标准化"的内容（1980 年第 12 版，第 151 页及以下诸页）。不可忽略的是，还有联邦宪法法院的裁判的发展得到"不断地呈现"（例如针对 BVerfGE 58，300 的裁判，相应的章节：1984 年第 14 版，第 175 页及下页），以及不断考虑新的和多元的文献。在该书 1995 年的最后一版（第 20 版）中，欧洲一体化带来的变化也被论述（参见该书第 45 页及以下诸页，第 49 页及以下诸页）。该书的编辑技术层面也没有被忽略（例如，从该书 1982 年第 13 版起，增加了边码）。

另外，该书也认真研究了"宪法的开放性"。黑塞对问题的变化有深入的研究，即使经常是简短地涉及，包括议会改革（1970 年第 4 版，第 229 页及下页）、政府改革（1975 年第 8 版，第 257 页）、公务员法改革（1975 年第 8 版，第 219 页及下页）及国家对基本权利的保护义务（1980 年第 12 版，第 147 页；1988 年第 16 版，第 139 页及下页）。即使是在该书的补充版本中的"延续发展"或新的"强调"也没有被其他人发现。黑塞在 1988 年第 16 版的序言（第 5 页）中因此明确了这些变化。

（3）《联邦德国宪法纲要》继受史的展现形式、原因及背景。该教科书的继受史体现在形式方面和实质方面（1967 年第 1 版，1988 年第 16版，1995 年第 20 版）。就形式方面而言，问题是在开放的社会有哪些宪法解释者在讨论、继受或批判黑塞的作品，包括国家法学研究和实践，尤其是联邦宪法法院和联邦行政法院，也包括其他的学术界，诸如民法法学、政治学或社会学。国家法学界应当区分不同的文献类型：《联邦德国宪法纲要》带来了一种新的风尚，这主要体现在体系的方面。后来的教科书经常明确承认或在实质上其类型依据的是黑塞的《联邦德国宪法纲要》。对此，大型的学术作品也是如此，包括教授资格论文和博士论文。在论文的文献中，黑塞的《联邦德国宪法纲要》应当是被引用最多的宪法学作品。

事实上，黑塞研究的多数是中和的方案，这使得继受他的书变得容易。早在"实践的协调性"被联邦宪法法院认可为公式之前，这也是他为自己设定的目标。这个"魔力公式"取得了巨大的成果，很好地证明了《基本法》在政治共同体中的融合力：法律人无论如何追求"实践的协调性"，而不只是嘴上说说而已。偶尔，黑塞才会用激进的(可能是有意的?)语言引发讨论。这包括他在海德堡的报告《民主集体中的自由教会》(1965年)。在其他的情况下，他都会特别保持个人"品性"拥有的"实践的协调性"原则。他在国家教会法的研究中也是如此。⑧

宪法的基本理论与以联邦宪法法院的实践为导向的紧密结合是《联邦德国宪法纲要》的内容被继受的一个原因。该书最理性地反映了"教义学"的论述，同时又避免"僵化"。黑塞可能是第一位对《基本法》做体系化论述的学者。由于缺少极端化的观点，该书能够在很大范围内得到学术的认同。它构建的基础不是"敌友关系"⑨，也不是没有客观的论证。这可能促使这本书在联邦德国得到广泛且深入的认可。他的融合效果是其融合的思考方式的结果。这当然也会受到批判。⑩

正如《基本法》拥有的"解释史"所展示的，不仅法典会"老化"，教科书也会"老化"。为了避免他的《联邦德国宪法纲要》提早老化，黑塞做了很多工作。为此，他经常修订该书(除了"补充"该书)，即该书的第4版、第8版、第12版以及第20版。不过，"老化"也难以避免。比如，教科书不再收录或很少收录新文献，因此，原则上没有修订。无论某个国家法学者的开放性和工作的热情如何，教科书和代沟问

---

⑧ 参见 Das Selbstbestimmungsrecht der Kirchen und Religionsgemeinschaften, in：HdbSt-KirchR, Bd. Ⅰ(1974), S. 409 (430 ff.)。该文章的内容涉及针对所有有效法律的限制："作为归属规则的限制公式。"

⑨ 体现黑塞的融合思想的典型作品是他关于国家和社会的关系的论述(DÖV 1975, S. 437 ff.)。

⑩ Vgl. etwa D. Göldner, Integration und Pluralismus im demokratischen Rechtsstaat, 1977.

题都会在这里带来"自然的"局限性。⑪ 法律教科书的作者不能完全融入他所在学科的全新的思维模式中。这可以通过附带的文章发表来实现。因此，在他给《欧洲基本权利杂志》寄送文章之后(1978 年，第472 页及以下诸页)，他才在书中阐述基本权利的程序法问题(自第 12 版起，第 151 页及以下诸页)。

黑塞的《联邦德国宪法纲要》几乎成为联邦德国的"宪法文化"的组成部分。例如，《联邦德国宪法纲要》不管是在形式上还是在实质上都对德国的政治进程产生巨大的影响：德国议会在 1974 年所谓"宪法争议"⑫ 中采用的表述直接或间接地源自黑塞。

黑塞产生影响的一个领域需要得到特别的关注，即德国国家法教师协会。这不是指报告脚注中他的名字——无论是在形式上还是在实质上，他的《联邦德国宪法纲要》已经成为被引用最多的书之一。这里展现了黑塞对学术的贡献，尤其是黑塞的为人和口头方面的影响。黑塞(与彼得·莱尔歇及汉斯·海因里希·鲁普一起)担任该协会的会长。除

---

⑪ 黑塞在他的文章中扩充了他的教科书《联邦德国宪法纲要》中的论点，例如"合作性的联邦主义"(FS Gebhard Müller, 1970, S. 141 ff.)、"宪法变迁"(FS U. Scheuner, 1973, S. 123 ff.)及基本权利教义学(EuGRZ 1978, S. 427 ff.)。

⑫ 在 1974 年 2 月 14 日德国联邦议会所谓"宪法辩论"中(7. Wahlperiode, 79. Sitzung, Verh. Bd. 86, S. 5001 ff.)，社民党的议员迪尔(Dürr)整段引用了黑塞的作品(7. Wahlperiode, 79. Sitzung, Verh. Bd. 86, S. 5068 A)："拥有基本法的国家，是计划的、引导的、给付的、再分配的、个人的及在此基础上促进社会生活的国家，这是基于宪法，通过社会法治国家赋予它的任务。"迪尔又说："该思想并非源自社会民主人士，而是源自国家法学者康拉德·黑塞。"(其实这里应当加上脚注：《联邦德国宪法纲要》，1973 年第 6 版，第 86 页。)另外，还有多位发言人使用了接近"弗莱堡学派"的概念。例如自由民主党的议员希尔施(Hirsch)(7. Wahlperiode, 79. Sitzung, Verh. Bd. 86, S. 5028 A)："谁要是将基本法视为静态的模具，就会毁灭它。"自由民主党的议员根舍(Genscher)(7. Wahlperiode, 79. Sitzung, Verh. Bd. 86, S. 5053 C, D)："我们的宪法的动态性体现在，宪法从两个方面处理自由的问题。它为维护和捍卫自由提供幸福导向的工具，同时又为物质的、也即为实现社会的自由提供长远的目标……宪法法院在大量的裁判中，指出路径开放的宪法是《基本法》的特征。"德国基民盟和基社盟的议员福格尔·恩内塔(Vogel Ennepetal)(7. Wahlperiode, 79. Sitzung, Verh. Bd. 86, S. 5072 A)认为："因此，这个《基本法》肯定不仅是国家的组织章程。它也不是世俗的神圣秩序，而是针对替代的政治章程在原则上开放的宪法。"自由民主党的议员格罗斯(Gross)(7. Wahlperiode, 79. Sitzung, Verh. Bd. 86, S. 5077 A)认为："一个自我保障又是开放的制度……这个开放的秩序……"基社盟的议员、国家部长汉斯·迈尔(7. Wahlperiode, 79. Sitzung, Verh. Bd. 86, S. 5090 f.)认为："宪法是一个国家的法的基本制度……任何人都知道宪法在发展……但是无论如何发展，发展都是开放的，而且必须保持开放性，基本价值保持不疯狂……我认识到，有些政治家必须认识到宪法是一个开放的制度，并且人们必须不断地发展它。"

了乌尔里希·朔伊纳和汉斯·彼得·伊普森，黑塞在很长一段时间里是该协会的主导者(参见《公法论丛》1972 年第 97 期，第 345 页及以下诸页；1974 年第 99 期，第 312 页及下页)。在讨论的场合，他更喜欢以冷静的方式对待。但是，他的发言简单、简洁、准确、针对性强。例如他在维也纳举办的围绕政党的宪法地位的总结发言(《德国国家法教师协会年刊》1959 年第 17 期，第 115—117 页)及关于《基本法下的教会》的表决(《德国国家法教师协会年刊》1968 年第 26 期，第 137 页)。在后者的情况下，他是为支持第二报告人亚历山大·霍勒巴赫(Alexander Hollerbach，1931—2020)而发言。他并不避讳将自己的"早期的作品"作为批判的对象，因此，这些发言是理所当然的事情。在伯尔尼的会议上(《德国国家法教师协会年刊》1970 年第 28 期，第 132 页)，他反对报告人的观点，即报告人论证了良知自由的国家学的界限，而不是宪法的界限。有些受批评者到今天都还没有理解其中的问题！可以想象，不仅有干涉雷根斯堡的作者(1971 年)。黑塞在这里注意到两位报告人的观点达成一致(其中一位是过早离世的沃尔夫冈·马滕斯)，并且说是"动态的先发制人"，用来支持第二个发言人(《德国国家法教师协会年刊》1972 年第 30 期，第 145 页)。最后的表决(准确地说，是在报告人的最后总结之前)反映在《德国国家法教师协会年刊》1981 年第 39 期，第208 页。黑塞提醒过分强调抽象的方法讨论，并客观地引出"优秀的法律人"。笔者还清晰地记得，当时在因斯布鲁克的讨论安静到能听到自己的呼吸声：让人非常激动地关注大师以及联邦宪法法院法官的表决！不过，如何才能成为"优秀的法律人"？明确的是，优秀的法律人不仅是榜样，也是老师！

(二) 作为学术导师的康拉德·黑塞

黑塞产生影响的核心领域还包括对很多人而言富有传奇的弗莱堡的"黑塞专题研讨班"。该研讨班始于 1956 年。如同"哥廷根的斯门德专题研讨班"成为典范，究竟是什么成就了这个长期延续的、不可复制的研讨班？首先，黑塞明确计划和管理。其次，研讨会一直围绕根本问题作为主题选择的对象。最后是思考前提和方法上的开放性。从参与者的角度来看，自愿参与的人在政治上的观点非常不同，又互不妥协。简而言之，"专题研讨班"是一个机构，不过，这里并没有竞争性，成为被罗曼·赫尔佐格（R. Herzog，1934—2017）称为"弗莱堡学派"的基础——该说法引起不少人的不满（《国家学通论》，1971 年版，第 222页）。该研讨班保持它原本的路线，即使在霍斯特·埃姆克建立自己的研讨班的时代也是如此。黑塞与埃姆克保持了朋友的关系，和冯·西姆松也是如此，在此之前还有过早离世的卡尔·蔡德勒（Karl Zeidler，1923—1962），后来还有恩斯特·本达。

对于黑塞的学生而言，印象最深的是黑塞在为人和专业方展现出的纯粹性和客观性。这种客观性体现了黑塞的尊严和道德。这在我们所在的如此外向型的和经济的时代，难能可贵。这种客观性是"自由的体现"（希尔德·多明）。我们依赖这样的自由。限度及谦虚是黑塞的其他的个性方面，对其学生产生典范性的影响。尤其是黑塞的不妥协的个性引导着学生，有些时候制约和过度要求学生。如今，有很多种公开的或隐藏的、有意的或无意的学术腐败，尤其是在国家法领域：从众多的（未公开的）专家意见书到不再多元化的聘用政策，再到"电视教授""政党会议教授"及"专栏教授"。例如，在聘用来自海德堡的恩斯特·福斯特霍夫的学生蔡德勒的过程中及在其他的情况下，聘用同门时，黑塞起到了积极的作用。

黑塞的学生在专题研讨班里学到了什么？首先是公平地与对立观点探讨，针对自己和别人去探讨思维前提条件的严格问题、情绪控制及有意愿迎接新的发展。认清自己观点的不完全性也同样重要！体现在黑塞身上的还有"特别宪法"的深入方法、谨慎地处理宪法文本、解释及作为最终决定权的良知，后两者都是新教的要素，以及在学术理论和实践中提炼和完善，或许是"突破"。

（三）作为位于卡尔斯厄的联邦宪法法院法官的康拉德·黑塞

针对 1975 年至 1987 年的阶段，当今的观察者会有以下的疑问：

1. 黑塞在"他的"第一庭工作中，作为报告人或作为"普通"的法官，如何产生影响？卡尔斯鲁厄的同事哈拉德·克莱因（Harald Klein）在 1984 年出版的庆祝黑塞 65 岁生日的厚重的文集中，总结了黑塞作为报告人负责做出的裁判。[13] 基本型裁判的数量就已经很多并且让人震撼。著名的且引人关注的，包括"参与决定裁判"（E 50, 297 ff.）、言论自由和新闻自由的裁判（E 54, 148, Eppler/CDU；54, 208, Böll/Walden）及所谓"电视裁判"（E 57, 295；73, 118；74, 297）。另外，他还做出对日常产生有重要影响的裁判，包括教会争议（E 55, 32）、自由的广播工作人员（E 59, 231；64, 256）及"价格递减"（E 68, 193；70, 1）。总体而言，这些裁判简洁、准确、客观和理性，同时也没有较多的修辞。

其中的一个问题是，为什么黑塞本人不撰写特别表决权意见。他能够借助其客观的论证原则在审判庭中基本上"执行到底"吗？他愿意妥协吗？特别表决与他对法官的地位的理解矛盾吗？或许在"集体讨论"中，尤其是为学生和朋友的"不同意见"而喜悦，并有好的理由支持该观点，无论如何，当人们将宪法理解为公共程序时，特别表决起到特殊

---

⑬ BVerfGE 42, 42（Privatrundfunk Saarland）；42, 143（DGB）；42, 163（Echternach）；43, 27（§ 184 Abs. 1 Nr. 7 StGB [Ⅰ]）；43, 126（Selbstablehnung [Zwischenentscheidung]）；43, 130（Politisches Flugblatt）；44, 37（pr. Kirchenaustrittsgesetz）；44, 59（hess. Kirchensteuergesetz）；46, 120（Direktrufverordnung）；46, 246（Halbfettmargarine）；46, 315（Rechtl. Gehör [Öltank]）；E vom 7. 12. 1977, unveröffentlicht（Mitrecht [§ 93 a Abs. 4 BVerfGG]）；E 47, 109（§ 184 Abs. 1 Nr. 7 StGB [Ⅱ]）；48, 394（Rechtl. Gehör [Schriftsatzfrist]）；49, 217（Mitbestimmung [Zwischenentscheidung]）；50, 290（Mitbestimmung）；E vom 3. 4. 1979, unveröffentlicht（Erdölbevorratung [Prozeßentscheidung]）；E 51, 146（Wiedereinsetzung）；51, 166（Benzinqualitätsangabenverordnung）；51, 188（Art. 103 Abs. 1 GG）；51, 295（Zweitschuldnerhaftung）；52, 283 Tendenzschutz）；53, 115（Wiedergutmachung）；53, 135（Kakao-Puffreis [UWG]）；54, 129（Kunstkritik）；54, 148（Eppler ./. CDU）；54, 208（Böll /Walden）；55, 32（Kirchenaustritt [übergangsfrist]）；57, 295（Privatrundfunk im Saarland）；E v. 14. 7. 1981（unveröffentlicht）（Mieterhöhungsverlangen）；E 59, 231（Freie Rundfunkmitarbeiter）；60, 234（Kredithaie）；61, 1（„CSU ist NPD von Europa"）；61, 126（Erzwingungshaft）；62, 230（Boykottaufforderung）；63, 131（Gegendarstellung）；64, 108（Zeugnisverweigerung）；64, 203（Rechtliches Gehör）；64, 256（Freie Rundfunkmitarbeiter Ⅱ）；65, 248（Preisangabenverordnung）；65, 297（HOA Ⅰ）；66, 116（Springer ./. Wallraff）；68, 193（Kostendämpfungs-Ergänzungsgesetz [Zahntechniker]）；68, 334（Preisangabenverordnung [Nichtannahme durch Senat]）；70, 1（Kostendämpfungs-Ergänzungsgesetz Ⅱ）；70, 93（Grenzabstand bei Pflanzungen）；70, 115（Vertragsdauer von Versicherungsverträgen）；70, 126（Zahlungspflicht trotz Kündigung des Versicherungsvertrags）；71, 108（Politische Plakette）；71, 206（§ 353 d StGB）71, 350（Frühmagazin in „Radio Stuttgart" [e. A.]）；unveröffentlichte E vom 25. 2. 1986（Rechtl. Gehör [Nichtannahme durch Senat]）；E 73, 330（Richterablehnung Dr. Simon）；73, 118（Nds. Landesrundfunkgesetz）；74, 69（Rechnungshofkontrolle beim SDR）；74, 297（Landesmediengesetz Baden-Württemberg）.

的作用，就会产生上述的效果。[14] 例如，布吕内克（Rupp von Brünneck，1912—1977）女士和西蒙（Helmut Simon，1922—2013）行使了重要的特别表决权。黑塞与他们不只是同事关系！一位撰写（不仅是）《联邦德国宪法纲要》的宪法法院法官拒绝特别表决的需求特别少。

2. 在裁判中，尤其是在第二庭的裁判中，《联邦德国宪法纲要》有哪些直接的影响力？联邦宪法法院引用文献的方式是自愿和片段摘录的，甚至有时候是巧合（?）的，在不标注出处的情况下引用诸多学术界的研究成果。这引起不少同行的不满（我认为这是允许的，尤其是当自己的名字被只字不提而被忽略的情况下）。[15] 联邦宪法法院在裁判中明确引用黑塞的观点，是经常发生的。[16]

3. 自20世纪70年代末至今天，联邦宪法法院的哪些裁判引用了黑塞的作品？这里的收获非常多。除了京特·迪里希，康拉德·黑塞是《基本法》生效六十多年以来的历史中被引用最多的经典人物。[17]

回过头来看，黑塞成功结合了国家法学说和宪法法官的职务（如同恩斯特·弗里森哈恩及格尔哈德·莱布霍尔茨）。德国国家法学术界中有重要影响力和自律的成员成为联邦宪法法院的法官有助于提升德国国家法学说的影响和声望。相反，联邦宪法法院受益于作为国家法学界成员的康拉德·黑塞。这体现在由他担任报告人的"大型"裁判中，从日常工作到"三人委员会"。联邦宪法法院的有些裁判隐含着对国家法学说的"评注"。反过来，宪法法院裁判也依靠学术界的评注。

---

[14] Dazu P. Häberle, Kommentierte Verfassungsrechtsprechung, 1979, S. 24 ff. Aus der weiteren Literatur K. -G. Zierlein, Erfahrungen mit dem Sondervotum beim BVerfG, DÖV 1981, S. 83 ff. —Eher kritisch: T. Ritterspach, Gedanken zum Sondervotum, FS W. Zeidler, Bd. 1, 1987, S. 1979 ff. Weitere Lit. bei K. Schlaich, Das Bundesverfassungsgericht, 4. Aufl. 1997, S. 38 ff. —Soweit ersichtlich gibt es nur ein Sondervotum zu einer von K. Hesse als Berichterstatter verantworteten Entscheidung: SV. Heußner, E 59, 273 f.

[15] Vgl. H. H. Rupp, Zum „Mephisto-Beschluß" des BVerfG, DVBl. 1972, S. 66 (67). —Allgemein aus der jüngsten Lit. zur Zitierpraxis des BVerfG: M. Jestaedt, Autorität und Zitat, FS Bethge, 2009, S. 513 ff.; H. Schulze-Fielitz, Staatsrechtslehre und Bundesverfassungsgericht..., FS Wahl, 2011, S. 405 (423 ff.).

[16] Vgl. E 20, 56 (101 f.); 37, 363 (381, 383); 42, 312 (322); E 52, 223 (242); 53, 366 (401); SV Simon/ Heußner E 53, 69 (71); SV Rottmann E 53, 408 (410).

[17] 相应的证明，参见 P. Häberle, Einleitung zur Entstehungsgeschichte der Artikel des Grundgesetzes, Neuausgabe des JöR Bd. 1, 2010, S. VI (IX, FN 15)。

　　宪法解释者的开放社会依靠(及存在于)诸多不同类型的"评注"和作为解释者的诸多人。在这样的独一无二的法学家个性中,学术教科书(及一生贡献)与宪法法院的法官职位紧密联系在一起,这对于整个解释者共同体也是一个机遇:康拉德最优地把握住了机会。

京特·迪里希（Günter Dürig, 1920—1996）

瓦尔特·施米特·格莱塞尔　著　吴国邦　译

一

读者第一眼看这篇文章时可能会产生疑问，为什么我要从自己写起，确切地说，是从我第一次和京特·迪里希的接触写起。但这可能是使读者感受这位学者非凡魅力的最好方式。当我拿到迪里希的《对基本法第一条和第二条的评论》① 这篇文章时，我已开启了公务员职业生涯。仅仅读完前几行，我便沉浸其中，忘记了周围的一切，全然无法停止阅读。那种感觉仿佛是我从未见过的迪里希亲自坐在我面前只为我一个人讲述并与我交谈一样。在那一时刻，我便萌生了拜他为师取得教授资格且只跟他学习的念头。我给在图宾根的他写信，表达了我的愿望，并附上我的证书，希望能与他当面交谈。我得到了他的回复并如约前往。他显得有些心不在焉，可是提出的问题却很有针对性，我马上意识到他对我的观察非常敏锐。谈话结束时我们交谈的内容我还能逐字复述："您没有结婚。""没有。""在可预见的时间内，您有结婚打算吗？""没有。""好的，那我们可以试一下。"

于是我辞去了在慕尼黑的公务员职位，于 1963 年搬到图宾根。此后几年的日子虽然并不轻松，但很充实。继哈特穆特·毛雷尔（Hartmut Maurer）之后，我成为迪里希的第二个也是最后一个学生，也是第二个和最后一个师从迪里希获得教授资格的人。然而他对于收"徒弟"，甚至

---

① In：Theodor Maunz/Günter Dürig, Grundgesetz. Kommentar.

对于创立自己的"学派"都不是很热衷。他是一个"孤军奋战的人"。对他来说,科学思想源于"孤独的大脑"。他是一个无所"牵挂"的人。他是一个用内心和灵魂教书的老师,而这样的老师现在竟然有徒弟了。另外提一句:我在获得教授资格后问他,现在我是不是可以结婚了?他的回答简明扼要:"必须的。"

二

　　这篇文章结尾处的照片展示了京特·迪里希在课堂上讲授基本权利时的场景;从照片中能感觉到一种几乎无法用语言来描述的东西:全神贯注、充满激情、扣人心弦的论证,对听众魔法般的吸引力,使听众对未来充满希望,按照我们的理解,这正是他想要传达给听众的内容。对于工作,迪里希[2]自己说:"我确实把大部分的时间都用在了教学上,也把大部分的体力和精力都投入到了教学上。"但这"不是一种牺牲,而是给我带来最大乐趣的事情……总而言之,这一切对我来说都是值得的"。

　　这对他的学生们来说也是值得的。很难评价教师在教学工作方面的努力程度。迪里希向学生们展示的世界,如同一幅光怪陆离的写意画。但可以肯定的是:学生们被他们的老师深深地吸引,他们钦佩他、尊敬他。这当然与迪里希的语言驾驭能力以及他那清晰的、恰到好处的、诙谐的表达方式有关;更是因为他进行论证时的直言不讳、坚定不移的正义感和对法律文化的感悟。学生们感觉到了他的心口如一:所想即所说,所说即所想。他的教学充满魅力的秘诀是与学生进行实质性的交流,以及将自己的性格与工作、思想与行动紧密地结合起来。[3] 这也是

　　[2]　Dankesrede zum 65. Geburtstag, JÖR Bd. 36 (1987), S. 91/101.
　　[3]　他对学生的意愿和建议持开放态度,并自己制作了一份名为《对国家学说总论课程(迪里希)的批评》(Vorlesungskritik allgemeine Staatslehre [Dürig])的表格。在这份表格中,他自己提出了一些核心问题,如"材料的选择是否有用?""我是否在材料中清晰标注出了属于我个人主观意见的部分?""对于如此强烈的个人沉思和反思,您是否有被碾压感?""当我'不得不过'而又无所适从时,它是否足够清晰?"。Gefunden von und zitiert nach Peter Häberle, Staatsrechtslehre im Verfassungsleben—am Beispiel Günter Dürigs, in: Walter Schmitt Glaeser/ders. (Hg.), Günter Dürig, Gesammelte Schriften (1984), S. 13, Fn. 13.

他的学术著作能够持久地散发光芒的原因所在。迪里希是一个始终如一的人，有着清晰和坚定的世界观，同时也对其他世界观和必要的自我提升持开放态度。

在研讨会上，在与博士生、博士后和助理的谈话中，在这样的"小圈子"里，哈特穆特·毛雷尔④也令人印象深刻地评价了他的老师；他将迪里希描述为一个善解人意的人，在个人生活方面如果有需求或麻烦的话也可以寻求他的帮助。1963 年，当我来到图宾根的时候，却没能感受到这一点。那段时间，由于 1945 年 3 月在东线战场头部中弹而造成的永久性头痛将他折磨得痛苦不堪，因此他没有多余的精力去关心其他人的事情。这对于他有着三个女儿的家庭来说，也不是一段轻松的时光。在大学里，我基本上只能感受到他作为"公开课"大师的一面。在这里，他一如既往地展示着他非凡的人格魅力、对公平正义的法律目标的无限投入、缜密的论证和端正的治学态度。除此之外，还有无懈可击的逻辑性，对事物进行生动、形象描述的能力和修辞方面的才华，以及将最困难的问题以简单明了的方式提出，而且在语义上也能切中要害。⑤迪里希的课令人印象深刻，还有一个原因是，他知道如何给听众一种参与感，能够直接参与到问题的提出和解决的过程中。⑥ 他将这一才能同样用于参加专家论坛、为杂志撰写文章、作报告、法庭辩护，尤其是在联邦宪法法院，当然还有在德国国家法教师协会年会上的辩论。能体现出他这一才能的经典例子是他在电视栏目"基本法导论"里所作的讲解，"形式上不拘一格"，但"内容方面非常扎实"，正如他自己所说的那样，最重要的是能让那些非法律界人士同样了解我们的宪法。迪里希不仅是我们自由秩序的伟大倡导者，他还对这一秩序的实现做出了巨大贡献。由毛雷尔编辑的(与施米特·格莱塞尔 [Schmitt Glaeser]、黑贝勒 [Häberle] 和格拉夫·菲茨图姆 [Graf Vitzthum] 一起)，为庆祝迪里希 70 岁生日而出版的纪念文集(1990 年)，书名为《被接受的基本法》，以

---

④　Günter Dürig als Lehrer und Forscher, JZ 1985, S. 223.

⑤　Etwa：Eigentum als „geronnene Freiheit"；„ Keine Gleichheit im Unrecht"；„ethische Un-ruhe", die Art. 1 GG in das System der Grundrechte bringe；Art. 1 I ist keine „kleine Münze".

⑥　Vgl. auch Maurer, Nachruf, JZ 1997, S. 193/194.

彰显他的成就。

毫无疑问，1968年的学生运动⑦令他极为震惊，也引起了他的担忧。对他来说，这场运动意味着一个急剧的转折点。一方面，直至当时为止，他与学生之间一直保持着友好关系，然而现在突然产生了一种不信任感和抵触情绪；即使课堂里只有少数的几个人有这种倾向，可他们影响了整个气氛，而大多数人却对此毫无反应。另一方面，令他更为痛苦的是学生们明显的极权主义态度，虽然不是所有的学生，但在绝大部分"进步的"学生身上都有明显表露。他们认为自己（又一次）掌握了唯一"真理"，并且在暴力面前毫不畏惧。有一次，在办公室门前那条具有传奇色彩的走廊里"踱步"时——在那条走廊里，他经常踱着步子走来走去，时而沉思，为他的课程做准备——他问我，他为教导年轻人所付出的巨大努力，让他们意识到自由秩序的优点和人性与宽容的崇高价值，这一切是否都是徒劳的。

三

1920年1月25日，迪里希出生在布雷斯劳，他没有想到自己将来会从事法律方面——甚至是法学方面——的工作。1937年从家乡的人文

---

⑦　1967年夏，前伊朗国王巴列维访问联邦德国，当时正值联邦德国青年学生的"反权威、反专制"运动兴起。巴列维国王作为镇压人民的"独裁者"和"暴君"出现在这里，引起青年学生的极度反感，西柏林市爆发了大规模的游行示威。学生运动很快与当时席卷全国的反对政府颁布"紧急状态法"的斗争连在一起。所谓"紧急状态法"是联邦政府内政部长格哈德·施罗德（Gerhard Schröder）早在1960年就提出的一个法案，主要内容是在非常时期政府可以宣布接管一切权力，限制各种自由，以保证国家的安全和社会的稳定。这份长期不能通过的法律草案由于社会民主党立场的转变，终于在1968年5月被国会通过。这项法律意味着国家可以随时限制甚至取消宪法保障的公民权利。在学生抗议浪潮的影响下，许多市民群众也加入了反对"紧急状态法"的示威活动。1968年4月，著名的学生运动领袖鲁迪·杜奇克（Rudi Dutschke）被刺致残，激发广大青年学生的愤怒，掀起了大规模的复活节抗议游行。施普林格出版社通过《图片报》等报刊攻击丑化杜奇克，于是"左派"学生把施普林格·康采恩（Springer Konzern）视为杜奇克遇刺事件的幕后操纵者。青年学生的这些抗议和示威活动逐步升级，斗争愈演愈烈。这场大联合政府时期所爆发的青年学生运动，起源于要求高等教育改革的呼声，却迅速转化为要求革新和促进在广泛领域内实现民主化的诉求。两大政党的联合执政，致使议会内缺少一个强有力的反对党，由此青年学生构成院外反对派的主力军，成为影响民主政治的一个特殊的群体。其深层次原因是长期潜在的全球范围内的代议制民主制的认同危机，这一点可以从学生运动在许多西方工业国家的同时兴起中得以证明。——译注

中学毕业后，经过六个月的劳工服役（Arbeitsdienst），他决定参军，并于1938年以候补军官的身份加入了奥尔斯（Oels）（西里西亚〔Schlesien〕）骑兵团。从第一天到最后一天，他完整地经历了第二次世界大战。在战争中他经常负伤，有时甚至是重伤，最后被提拔为"大德意志"国防军精锐师坦克侦察部队的骑兵队长（上尉）。战争结束时他在泰根湖（Tegernsee）（上巴伐利亚行政区〔Oberbayern〕）的一家医院里，这至少使他免于入狱。

1946年，他开始在复课的慕尼黑大学学习法律。选择这门课程的原因可能与他经历过的不公正的政治制度、严酷的战争有关；至少他后来的学术生涯表明了这一点，因为从一开始他就将法律视为"正义的科学"，且在他看来，法律工作者应始终以此为信条行事。在短短的五年内，他便以最优异的成绩通过了第一次和第二次国家考试，并于1949年师从维利巴尔特·阿佩尔特（Willibalt Apelt）获得了博士学位，博士论文的题目是《"公共利益"概念的恒定前提》。1952年，同样在阿佩尔特的指导下，他取得了教授资格，论文题为《从所有权的角度分析基本法中的自由权利和社会义务》。同年，他接替卡罗·施密德到图宾根大学任教，并最终担任了教席教授。尽管有来自各方的盛情邀请并许以优厚条件（包括基尔、波恩、科隆、慕尼黑等地的大学），但他不为所动，不愿意离开"他的"图宾根。这座城市和大学让迪里希觉得很舒适，使他有一种强烈的学术归属感。⑧

四

迪里希治学广泛：宪法（特别是基本权利）、国家组织、国家学、一般行政法和特别行政法是其重要的研究领域。他所涉领域如此广泛的学术谱系、所据地位如此之高的国家法学研究在这里不可能得到详尽描

---

⑧ Dafür gibt es viele Nachweise, auch im Theodor Maunz/Günter Dürig, Grundgesetz. Kommentar., so z. B. bei Art. 3 Abs. I, Rn. 427, Fn. 1："我们图宾根人问自己……"

述。正如彼得·黑贝勒⑨在对这位学者的深入评价中所指出的那样，这必须是"宪法史和基本法研究史的任务"。除了黑贝勒之外，我们还要感谢毛雷尔⑩、沃尔夫冈·格拉夫·菲茨图姆（Wolfgang Graf Vitzthum）⑪和彼得·莱尔歇⑫对迪里希的学术工作所作出的富有启发性的评价。考虑到这些评价都饱含情感且内容丰富，为了避免重复，我试着将我介绍的重点略作调整，同时也不忽略那些已经以各种方式描述过的众所周知的内容。

京特·迪里希从一开始就知道自己要做什么。他仿佛一下子抓住了"他的"研究课题。⑬他极其敏锐地意识到，⑭在经历过那段法制彻底崩塌的年代之后，我们为什么必须砥砺前行："重要的是，要与旧的制度彻底决裂，开辟出前行的道路，铺设出起飞的跑道……有时，人们的确能体会到这种感觉，就像圣埃克苏佩里（Saint-Exupery）在《夜航》中描写的那样：看见了星星点点的火苗，那一定是磷火，他得出这样的结论，然后我确定了航线，然后我驶向水星。如果说，《对基本法前三条的评论》⑮具有'飞行员特征'，那么从语义学的角度来讲，这一评价是有道理的。人们肯定也会想到盲飞，几乎连一条航标线都没有。信号台非常遥远。你必须要能看到很远，而你随身携带的指南针是你自己制作的。"

当然，能够在联邦共和国的建国年代工作，参与制定基本的法律原则和框架，是一种特殊的优势，有人会认为是"运气"。但他以独特的方式做到了这一点，所以，京特·迪里希也是我们共和国的"运气"。

⑨　Peter Häberle, Staatsrechtslehre im Verfassungsleben-am Beispiel Günter Dürigs, in: Walter Schmitt Glaeser/ders. (Hg.), Günter Dürig, Gesammelte Schriften (1984), S. 9/22.

⑩　Günter Dürig als Lehrer und Forscher, JZ 1985, S. 223; auch Maurer, Nachruf, JZ 1997, S. 193/194.

⑪　Die Menschenwürde als Verfassungsbegriff, JZ 1985, S. 201 ff.

⑫　Günter Dürig als Architekt, in: Zum Gedenken an Professor Dr. iur. Günter Dürig (1920-1996), Tübinger Universitätsreden N. F. Bd. 27, Reihe der Juristischen Fakultät, Bd. 13 (1999), S. 13 ff. sowie Graf Vitzthum, Die Spuren zu verfolgen, wo er seinen Weg nahm, in: ebenda S. 37 ff.

⑬　So schon Peter Häberle, Staatsrechtslehre im Verfassungsleben-am Beispiel Günter Dürigs, in: Walter Schmitt Glaeser/ders. (Hg.), Günter Dürig, Gesammelte Schriften (1984), S. 21 f.

⑭　Dankesrede zum 65. Geburtstag, JÖR Bd. 36 (1987), S. 95.

⑮　In: Theodor Maunz/Günter Dürig, Grundgesetz. Kommentar.

《基本法》和新的法律体系能够如此迅速地被人们接受，在某种程度上应当归功于他。他擅于将专业语言和日常语言完美结合，在法律方面非常严谨，同时又通俗易懂。他的论证不仅面向"高深"的科学。迪里希[16]自己也给出了"两个非常简单的理由来说明他的方法为何具有说服力：这里涉及两重考验。一是德国联邦宪法法院的检验，二是德国司法考试及其培训者的斟酌，如果这二者都没能提出更多的完善意见，其方法自然会被视为经典"。[17]

然而，有一件事情使包括迪里希在内的所有优秀的国家法学者们都从中受益：在战后的德国(直到 1968 年!)形成的广泛的社会共识。这一点在 1946 年巴伐利亚宪法的序言中体现得尤为深刻。[18] 这当然不是运气，而更像是天意；因为如果没有这些共识，更替后的德国民主制度很快就会溃败。

五

京特·迪里希不仅很早就找到了"他的"课题，而且还凭着强大的直觉意识到，为了最终形成一个连贯的整体概念，应该以什么顺序及何种方式来进行研究。[19]

50 年代初，他确定了要首先着手研究的重点，并发表了两篇具有开拓性意义的文章：一篇是 1952 年的《论基本法中人的概念》，另一篇是

---

[16] Dankesrede zum 65. Geburtstag, JÖR Bd. 36（1987），S. 95.

[17] 与康拉德·黑塞一起，迪里希是迄今为止仍然被联邦宪法法院最常引用其著作的学者之一：Häberle, Einleitung zur Neuausgabe des JÖR, Bd. 1（2010），S. IX, Fn. 15。

[18] "在这个没有上帝、没有良知、没有对于人的尊严的尊重……的国家和社会秩序所导致的废墟之上，巴伐利亚人民决心为保证德国子孙后代永久的和平、人格和公正而祈福……特制定如下民主宪法。"

[19] Günter Dürig als Architekt, in: Zum Gedenken an Professor Dr. iur. Günter Dürig（1920－1996），Tübinger Universitätsreden N. F. Bd. 27, Reihe der Juristischen Fakultät, Bd. 13（1999），S. 13 ff. sowie Graf Vitzthum, Die Spuren zu verfolgen, wo er seinen Weg nahm, in: ebenda S. 37 ff, illustratives Bild von dem Architekten Dürig trifft die besondere Art seiner Arbeitsstruktur wohl am Besten.

1956 年的《论人的尊严原则》。^⑳ 其中第二篇有一个用来概括文章内容的副标题："《基本法》第 1 条第 1 款与第 19 条第 2 款对基本权利实用价值体系的构架。"

这时，他的理论基础已颇具雏形，在之后发表的《对基本法第一条和第二条的评论》（1958 年）和《对基本法第三条的评论》（1973 年）^㉑中，他对此作了进一步的丰富和完善。人的尊严、个性的自由发展和平等是三大支柱，它们密不可分、相互支撑。他从《基本法》第 1 条第 1 款规定的人的尊严和第 2 条第 1 款保障的人格自由发展出发，想"帮助从第二次世界大战中走出的人们……用法律的武器…… '重新赢得中心'……"^㉒。由此勾画出了一个以基本法的实证法规范为基础的"价值体系"（不是逻辑体系！），这是一项勇敢而富有创造性的成就，或许还有些冒险。^㉓ 若想重新赢得"中心"，则需要在 19 世纪经典自由主义意义上的"自主和封闭的个人"与作为集体之组构的"去主体化的个人"之间找到平衡。这关涉到个人，按照《基本法》第 2 条第 1 款，只有当个人的人格能够得到自由发展，才能使人的尊严及人的本质得到保障。^㉔因此他意识到了第 2 条第 1 款中的这项"一般的自由权利"和具有"母体性的"的兜底性权利，如果在明确规定的"特别的自由权利"不适用的情况下，防止所有在实际中可能对自由产生的威胁。^㉕《基本法》第 19 条第 4 款又作了进一步的说明：《基本法》第 2 条第 1 款规定"在实

---

⑳ Peter Häberle, Staatsrechtslehre im Verfassungsleben—am Beispiel Günter Dürigs, in: Walter Schmitt Glaeser/ders. (Hg.), Günter Dürig, Gesammelte Schriften (1984), S. 27 ff. und 127 ff.

㉑ Theodor Maunz/Günter Dürig, Grundgesetz. Kommentar. -Art. 1 und 2 sind inzwischen durch andere Autoren neu kommentiert; die Kommentierung Dürigs ist nur noch in einem Sonderdruck des C. H. Beck Verlags zu erhalten.

㉒ Peter Häberle, Staatsrechtslehre im Verfassungsleben—am Beispiel Günter Dürigs, in: Walter Schmitt Glaeser/ders. (Hg.), Günter Dürig, Gesammelte Schriften (1984), S. 27.

㉓ Peter Häberle, Staatsrechtslehre im Verfassungsleben—am Beispiel Günter Dürigs, in: Walter Schmitt Glaeser/ders. (Hg.), Günter Dürig, Gesammelte Schriften (1984), S. 22:„Der Versuch, sich aus der Alternative ,Naturrecht oder Rechtspositivismus' dadurch zu lösen, dass zunächst einmal das positive ,Wertsystem' der Verfassung als solcher … zugrunde gelegt wurde, kann gar nicht hoch genug veranschlagt werden."

㉔ Peter Häberle, Staatsrechtslehre im Verfassungsleben—am Beispiel Günter Dürigs, in: Walter Schmitt Glaeser/ders. (Hg.), Günter Dürig, Gesammelte Schriften (1984), S. 28.

㉕ In: Theodor Maunz/Günter Dürig, Grundgesetz. Kommentar, Art. 2 Abs. I, Rn. 6 ff.

质权利方面全面保护个人权利"，而第 19 条第 4 款则作出了"同样重要的决定，即在诉讼权利方面全面保护个人权利"。第 19 条第 4 款为实质权利装上了"牙齿"。㉖

在这一价值体系中，迪里希于 1953 年发表的《作为人权的财产权》㉗ 属于"重新赢得中心"范畴的一部分，在这篇文章中，迪里希一丝不苟、令人信服地证明，尽管有《基本法》第 14 条第 1 款第 2 项的规定，财产权也毕竟是一种先于国家产生且仅为国家承认的主观公权利，其实质内容(《基本法》第 19 条第 2 款)在法律上是不可被剥夺的，是"神圣不可侵犯的"。只有在这一核心内容之外，才需要承担责任和义务。对迪里希而言，特别重要的是，人权的性质一方面从法理上禁止任何将财产物质化和去专属化的行为，无论是对法律主体还是对法律客体而言，另一方面它也构成了准确理解义务含义的基础。同时，迪里希还论述了基本权利学说的核心问题，并概述了已经成为范本的解决方案，如基本权利的(仅仅是间接的)第三人效力、《基本法》第 2 条第 1 款对一般人格权的规定或国家在财政领域对基本权利可能造成的约束等。㉘

从一开始就可以很清楚地看出，"基督教哲学人类学""基督教社会学说"和"道德神学"是京特·迪里希思想的源泉，也指引着他思想前进的方向。㉙ 作为国家法学者，他决定远离政党或世俗的意识形态。他对基督教的信仰如此坚定，这不仅是他的信仰，也是他理性的来源。可能对迪里希而言，真理存在于宗教与科学的结合之中。无论如何，在"合理的信仰"的基础上，迪里希获得了他的人格观念，这一观念——正如他所教导的那样——早已存在于基督教："自启蒙运动以来变得无

㉖　Auch Art. 19 Abs. 4 wird inzwischen von einem anderen Autor kommentiert. Die Dürig'sche Fassung aus dem Jahr 1958 ist in Auszügen in Peter Häberle, Staatsrechtslehre im Verfassungsleben-am Beispiel Günter Dürigs, in: Walter Schmitt Glaeser/ders. (Hg.), Günter Dürig, Gesammelte Schriften (1984), S. 13, S. 197 ff. nachzulesen.

㉗　In: Peter Häberle, Staatsrechtslehre im Verfassungsleben—am Beispiel Günter Dürigs, in: Walter Schmitt Glaeser/ders. (Hg.), Günter Dürig, Gesammelte Schriften (1984), S. 47 ff. sowie Dürig, Zurück zum klassischen Eigentumsbegriff! ebenda, S. 103 ff. Vgl. auch Maurer, Enteignungsbegriff und Eigentumsgarantie, in: Festschrift für Dürig, 1990, S. 293 ff.

㉘　Vgl. auch Dürig, Die Geltung der Grundrechte für den Staatsfiskus und sonstige Fiskalakte, BayVBl. 1959, S. 201 ff.

㉙　Peter Häberle, Staatsrechtslehre im Verfassungsleben—am Beispiel Günter Dürigs, in: Walter Schmitt Glaeser/ders. (Hg.), Günter Dürig, Gesammelte Schriften (1984), S. 31.

所束缚的人，很快就膨胀得感觉自己像超人一样，然后马上又充满恐惧地逃到了集体中"，对他而言，这始终包含着两件事："第一，人之所以为人（个体），是因为拥有思想。是思想使人脱离了非人的本性，并赋予了人判断力，并使人能够自觉地意识到自己，确定自己并塑造自己。第二，人存在于一种实然的秩序中，并在这一秩序中认识到了自己，就像理论上的主体识别客体一样，不仅如此，从本质上来说，人也存在于一种价值关系中。在与永恒的上帝的'你'、其他人的'你'和社会的'我们'的对话中，人只是他们的'共存'中的'存在'，这时候人才意识到自己是一个人。如果一个人出于内心的自由而认可这些价值观，并为之奋斗，那么这个人就有了一个成熟的'人格'。"㉚迪里希借助于《基本法》，表明这种人格观念是多么"合理"，《基本法》把人理解为国家间秩序的组成部分，尤其是在婚姻和家庭（《基本法》第6条）、乡镇（《基本法》第28条）和教会（《基本法》第140条，结合《魏玛宪法》第137条）中。㉛他指出，按照特奥多尔·利特的观点，"正是从文化哲学的角度——这属于作为存在科学的社会学范畴，人们认识到，'我'只有在与'你'的'互动'中，在与集体的'社会交往'中，才能实现其作为人的本质……人格的形成与责任的形成，人格的形成与为共同利益服务，其实是一回事"㉜。

对于京特·迪里希而言，基督教人类学所秉持的人类是不可侵犯的尊严的载体这一认知，是其思想的基础和灵感的来源，而不是其观点正确性的"证明"。《基本法》的条文表述及其彰示的法律教义能够证明其

㉚　Peter Häberle, Staatsrechtslehre im Verfassungsleben—am Beispiel Günter Dürigs, in: Walter Schmitt Glaeser/ders. (Hg.), Günter Dürig, Gesammelte Schriften (1984), S. 31 f., 135.

㉛　Peter Häberle, Staatsrechtslehre im Verfassungsleben—am Beispiel Günter Dürigs, in: Walter Schmitt Glaeser/ders. (Hg.), Günter Dürig, Gesammelte Schriften (1984), S. 28 f.

㉜　Peter Häberle, Staatsrechtslehre im Verfassungsleben—am Beispiel Günter Dürigs, in: Walter Schmitt Glaeser/ders. (Hg.), Günter Dürig, Gesammelte Schriften (1984), S. 33. Sehr ausführlich zur Gemeinschaftsbezogenheit auch ders. Theodor Maunz/Günter Dürig, Grundgesetz. Kommentar, Art. 1 Abs. I, Rn. 46 ff.

观点的正确性；因此，正如格拉夫·菲茨图姆㉝所说，迪里希的法律思想"即便没有以基督教为根基"也是可行的。

以《基本法》第 1 条 1 款（结合第 19 条第 2 款）为基础，产生了一个完整的价值和权利体系，㉞ 在前 20 年中，该体系主导了联邦宪法法院的司法判决，㉟ 因此具有重大意义。随着时间的推移，尽管该体系受到越来越多的批评，康拉德·黑塞具有启发性的观点㊱却未被湮没，他明确指出："对基本权利规范内容、保护范围、体系关系缺乏明确界定，也未就基本权利限制的合宪性条件作出清晰阐述，鉴于这种状况，对前文提及的价值体系之思想意涵作以深研是阐释基本权利的取效之道。"㊲没有比这更好的方式用来形容迪里希所取得的独特的开创性成就了。必须提到的是，是他让我们意识到，基本权利不仅是宪法的开篇内容，而且也是任何一个自由秩序中不可或缺的核心内容。㊳

迄今为止，学术界对迪里希的基本观点总的来说没有什么争议。他最主要的观点是：《基本法》第 1 条第 1 款作为一切客观法的最高宪法原则，指导着人们对基本权利的整体理解，并从个人的伦理价值出发，决定和限制了国家和法律的合法性，从而得出结论：《基本法》第 1 条第 1 款迫使国家制定其整体法律体系（包括私法），使国家以外的力量也

㉝　Günter Dürig als Architekt, in: Zum Gedenken an Professor Dr. iur. Günter Dürig (1920 – 1996), Tübinger Universitätsreden N. F. Bd. 27, Reihe der Juristischen Fakultät, Bd. 13 (1999), S. 13 ff. sowie Graf Vitzthum, Die Spuren zu verfolgen, wo er seinen Weg nahm, in: ebenda S. 39.

㉞　Peter Häberle, Staatsrechtslehre im Verfassungsleben—am Beispiel Günter Dürigs, in: Walter Schmitt Glaeser/ders. (Hg.), Günter Dürig, Gesammelte Schriften (1984), S. 129 ff.

㉟　Von E 5, 85/139, 204 f.; E 6, 32/41; E 7, 198/205 bis BVerfGE 39, 1/41 f. std. Rspr.

㊱　Grundzüge des Verfassungsrechts der Bundesrepublik Deutschland, 1995, Rn. 299 ff., 427 f. m. N.

㊲　Grundzüge des Verfassungsrechts der Bundesrepublik Deutschland, 1995, Rn. 299. Vgl. auch Graf Vitzthum Günter Dürig als Architekt, in: Zum Gedenken an Professor Dr. iur. Günter Dürig (1920 – 1996), Tübinger Universitätsreden N. F. Bd. 27, Reihe der Juristischen Fakultät, Bd. 13 (1999), S. 13 ff. sowie Graf Vitzthum, Die Spuren zu verfolgen, wo er seinen Weg nahm, in: ebenda S. 41: 迪里希的价值哲学评价"对于思想重建也发挥了作用"。迪里希一再强调要涉及价值体系，而非逻辑体系；besonders pointiert Peter Häberle, Staatsrechtslehre im Verfassungsleben—am Beispiel Günter Dürigs, in: Walter Schmitt Glaeser/ders. (Hg.), Günter Dürig, Gesammelte Schriften (1984), S. 76 f., Fn. 10。

㊳　Vgl. auch Hesse Grundzüge des Verfassungsrechts der Bundesrepublik Deutschland, 1995, Rn. 299.

不能够侵犯人的尊严。[39] 这也是"迄今为止仍然兴盛的国家保护义务理论的直接来源"[40]，以及基本权利唯一间接的"第三人效力"的来源。[41] 将《基本法》第 2 条第 1 款规定的内容视为一般自由权利和具有"母体性的"兜底性权利以防止所有在实际中可能对自由产生的威胁，这一观点——至少是在迪里希的努力下[42]——也得到了普遍认同。与康德（Immanuel Kant）[43]的哲学思想颇有渊源的客体论也是如此，它首先使人类尊严的价值变为"可裁判的"（彼得·黑贝勒）。[44] 对此，迪里希很早就指出，"当人们被迫在使他们沦为客体的经济条件下生活时，人的尊严本身也会受到影响"[45]。基于这一思想做出了历史上第一份关于保障最低生活水平保障的司法判决，[46] 对此，争议已解，但"代价"仍续。[47]

---

[39] Theodor Maunz/Günter Dürig, Grundgesetz. Kommentar, Art. 1 Abs. I, Rn. 4, 15 f.; Josef Wintrich, Zur Problematik der Grundrechte, in: Heft 71 der Arbeitsgemeinschaft für Forschung des Landes Nordrein-Westfalen, 1957.

[40] Günter Dürig als Architekt, in: Zum Gedenken an Professor Dr. iur. Günter Dürig (1920 - 1996), Tübinger Universitätsreden N. F. Bd. 27, Reihe der Juristischen Fakultät, Bd. 13 (1999), S. 13 ff. sowie Graf Vitzthum, Die Spuren zu verfolgen, wo er seinen Weg nahm, in: ebenda S. 14.

[41] Peter Häberle, Staatsrechtslehre im Verfassungsleben—am Beispiel Günter Dürigs, in: Walter Schmitt Glaeser/ders. (Hg.), Günter Dürig, Gesammelte Schriften (1984), S. 128, 133 f. sowie ders., Grundrechte und Zivilrechtsprechung, ebenda S. 215 ff. Vgl. auch Jost Pietzcker, Drittwirkung—Schutzpflicht—Eingriff, in: Festschrift für Günter Dürig, S. 345 ff. -Unter Einfluss vor allem des Europarechts setzt sich allerdings die Direktwirkung der Grundrechte im Privatrecht immer stärker durch; dazu noch Ziffer VI.

[42] Theodor Maunz/Günter Dürig, Grundgesetz. Kommentar, Art. 2 Abs. I, Rn. 6 ff.

[43] Grundlegung einer Metaphysik der Sitten. Dazu eingehend Graf Vitzthum, Günter Dürig als Architekt, in: Zum Gedenken an Professor Dr. iur. Günter Dürig (1920 - 1996), Tübinger Universitätsreden N. F. Bd. 27, Reihe der Juristischen Fakultät, Bd. 13 (1999), S. 13 ff. sowie Graf Vitzthum, Die Spuren zu verfolgen, wo er seinen Weg nahm, in: ebenda, S. 47 ff.

[44] Näher dazu Walter Schmitt Glaeser, Dauer und Wandel des freiheitlichen Menschenbildes, in: Festschrift für Maurer, 2001, S. 1213 ff.

[45] Theodor Maunz/Günter Dürig, Grundgesetz. Kommentar, Art. 1 Abs. 1, Rn. 43 sowie bereits Peter Häberle, Staatsrechtslehre im Verfassungsleben—am Beispiel Günter Dürigs, in: Walter Schmitt Glaeser/ders. (Hg.), Günter Dürig, Gesammelte Schriften (1984), S. 35 f., 141.

[46] Grundlegend BVerwGE 1, 159/161; a. A. zunächst noch BVerfGE 1, 97/104.

[47] Dazu etwa Klaus Stern, Das Staatsrecht der Bundesrepublik Deutschland. Bd. IV/1, 2006, S. 51 ff.

六

在对京特·迪里希学术生涯不计其数的评论中，关于他对平等原则的理解极少被关注。在《对基本法前三条的评论》[48]这篇论文中，他曾对此作过几乎是专题性的深入探讨。因此在这里我要特别提及这一概念，尤其是在关于自由或平等优先权的斗争再次全面展开之际。

京特·迪里希第一次对平等原则表示关注，是在他1952年的一篇论文中。[49]他认识到，《基本法》确立的人格概念（第1条第1款，结合第2条第1款）"考虑到了个人的多样性和独特性"，因此，人格概念必然涉及不平等的问题。在1952年，迪里希还强调，法学对于平等的理解是亚里士多德式的、相对公平的、使每个人各得其所的平等，而不是绝对的、"无差别"的平等。[50]但是，他也非常具体地指出了可能存在的危险："当形式上的平等在政治领域（特别是选举法）取得了胜利之后，人们必须非常警惕，因为有效原则不会成为公平原则的实质性内容。"这种引申就不再是基本法的人格原则所能涵盖的范畴了。[51]

京特·迪里希有着很高的警惕性，自1968年学生运动导致的文化断层之后，对于战后形成的以人的尊严为基础的价值体系以及由此而形成的共识（参见本文第四部分第4段），他越来越没有信心。从他对《基本法》第3条第3款对私人间关系所造成的直接影响的评估中，便可明显地看出这一共识的消失。迪里希表现得有些"焦躁"，因为他自己的合理论点一再受到质疑。对此，他简明扼要地写道[52]："笔者仍然认为，就

---

⑧　Theodor Maunz/Günter Dürig, Grundgesetz. Kommentar. -Dazu die Rezension von Hans Peter Ipsen, Der Staat, Bd. 13（1974）, S. 555 ff. Vgl. Auch Klaus Stern, Das Gebot der Un-gleichbehandlung, in：Festschrift für Günter Dürig, S. 207 ff. sowie Martin Heckel, Art. 3 III GG. Aspekte des Besonderen Gleichheitssatz, ebenda, S. 242.

⑨　Peter Häberle, Staatsrechtslehre im Verfassungsleben—am Beispiel Günter Dürigs, in：Walter Schmitt Glaeser/ders.（Hg.）, Günter Dürig, Gesammelte Schriften（1984）, S. 27/36 ff.

⑩　Peter Häberle, Staatsrechtslehre im Verfassungsleben—am Beispiel Günter Dürigs, in：Walter Schmitt Glaeser/ders.（Hg.）, Günter Dürig, Gesammelte Schriften（1984）, S. 36.

⑪　Peter Häberle, Staatsrechtslehre im Verfassungsleben—am Beispiel Günter Dürigs, in：Walter Schmitt Glaeser/ders.（Hg.）, Günter Dürig, Gesammelte Schriften（1984）, S. 37 f.

⑫　Theodor Maunz/Günter Dürig, Grundgesetz. Kommentar, Art. 3 Abs. III, Rn. 172.

《基本法》第 3 条第 3 款的规定而言，在任何情况下确实都应当反对将第三人效力应用到私法领域。可是笔者不想再一次解释，这为什么是荒谬的，当一个人在面对他的'教堂'时，因为他的'宗教观点'而援引第 3 条第 3 款证明己身享有宗教信仰自由；为什么倾向性机构㊿可以仅仅因为（而不是因为其他原因）'政治观点'的不同而雇佣或解雇员工；为什么遗嘱的设立可以仅仅因为子女性别不同而区别对待。但是笔者必须承认，在这个问题上——施瓦贝（Schwabe）在 1971 年对'所谓第三人效力'的强烈批判，其实没有写出任何东西——他已经没有什么可写的了。"

今天，这已不再仅仅是一个或另一个同事的"强烈批判"，而是来自政治领域和立法机关的正面攻击。基于欧盟准则，于 2006 年 8 月 18 日颁布的《一般平等待遇法》将明显针对国家歧视行为的禁令渗透到了广泛的私法领域中，并要求人们"体面地"对待彼此，就像国家对"体面"的理解一样。这一法律的施行几乎没有遭到严重的抗议。显然，大多数人已经习惯了这样一个事实，即国家正在缩短与私人个性间的距离，越来越多地对其进行控制，将个人视为需要引导的对象，这样可能导致社会自治能力的枯竭。此外，如果法律真正的目的是让人们更加"体面"和"公平"地对待彼此，那么以这种方式是不可能实现的。正如人们很快看到的那样，这只会养活官僚机构和律师，最重要的是，还会对经济造成损害并牺牲纳税人的利益。人们是否有一天会明白，立法机关的权力有着天然的阈限，尤其是不能妄图规范心态（和社交行为方式）？

真正受到损害的是源自人类尊严的平等的自由，也是整个自由的国家。迪里希最伟大的学术成就，大概就是一再明确指出，在一个能够涵括所有平等意义的价值体系中，不能回避"发展的自由"。他认为，不是每一项基本权利都是对"特定的—政治的—历史的危险情况"的"针

㊿　"倾向性机构"指为某些思想或意识目标（如政治、教育、宗教）而服务的机构，报社、工会或雇主协会的教育机构、红十字会企业、私立学校、剧院、新闻企业等都是典型的倾向性机构。根据笔者的理解，这类机构一般要求其雇员的意识形态具有一定的"倾向性"，也正因此，这类机构可以因为雇员的思想意识倾向不符合己身宗旨而作解雇处理，且这一行为并不违反《基本法》第 5 条第 1 款的规定。——译注

对性"回应。只有这种"目录框架思维",才能为了实现平等,而使人们蹑手蹑脚地绕过人类的"发展的自由"。"这恰恰是一个'价值体系'所不能承受的。人们必须抓住问题的实质并表达出自己的意见;但不是根据某些政治社会学的'先入为主'和一厢情愿的想法,而是要根据宪法的要求。"⑤ 如果这段话被解读为对《一般平等待遇法》的批评,那并不奇怪。因为纵观整个宪法史,追求平等的狂热分子总是用一些相同的社会学的陈词滥调来反对自由、反对人的个性。这种对于平等的极端理解,往往是建立在不切实际的"人人真正平等"的假设上,⑤ 或是建立在使所有人都平等的迫切愿望上。平等产生于对人的公平对待。在实践中,实现这一目标的"突破口"要从经济领域找寻,重点应锚定分配问题。具体来看,需要考察劳务提供者收入水平异质化是否能为社会接受;若能,则会在多大程度上被接受。收入差距悬殊现象是否能够被容忍,是否有某种社会欲求主张应将其超额部分分配给低收入群体或用于救济无业者。这一问题引发了对公平的探讨,也导致了具有根本性错误的选择,是应该有更多的自由还是更多的平等。平等的自由已不再被需要,只需要从二者选其一。迪里希一直反对的恰恰是这种二元对立思维,因为它显然不符合《基本法》的理念,《基本法》将两种价值平等地置于基本权利的层面,所以对于这两者而言只能是有所侧重,即一方面要保证这两种价值各自的优益提升,另一方面也要承认两者之间存在优先性上的位序差异。⑤ 迪里希提出了一个简单的问题用来说明⑤如何确定二者何者优先:"你愿意牺牲自由来获得平等吗?相信每一个人都会给出相同的答案。很明显,人们把自由的价值置于平等之上,人们追求的是'自由的平等',这也是符合宪法精神的。"现在,进一步的结论也同样明确:根据《基本法》,平等"本身并不是一种价值",而是"具有为自由服务的功能,是人类差异性和独特性自由发展的基础和条件"。⑤ 如果说不平等中没有自由,就必须承认自由的发展会导致不平等,而这

---

⑤　Theodor Maunz/Günter Dürig, Grundgesetz. Kommentar, Art. 3 Abs. III, Rn. 120.

⑤　Friedrich August von Hayek, Die Verfassung der Freiheit, 1991, S. 106.

⑤　Theodor Maunz/Günter Dürig, Grundgesetz. Kommentar, Art. 3 Abs. I, Rn. 128 ff.

⑤　Theodor Maunz/Günter Dürig, Grundgesetz. Kommentar, Art. 3 Abs. I, Rn. 134.

⑤　Theodor Maunz/Günter Dürig, Grundgesetz. Kommentar, Art. 3 Abs. I, Rn. 135.

一不平等必然是由宪法的人格概念所导致的(《基本法》第 1 条第 1 款，
结合第 2 条第 1 款)。

迪里希用一幅图画表现了他对自由与平等关系的构想，这幅图画是
他以前在图宾根时和拉尔夫·达伦多夫(Ralf Dahrendorf)一起"发明"
的。这是一幅有"地板"(基座)、"支柱"和"天花板"的图画。我想
在这里"大致"[59]重现一下这个画面：在作为"地板"的水平方向上，
宪法确立了权利平等和法律适用平等的规范，在这一规范内，平等和自
由之间根本不会产生冲突，因为自由与平等之间存在一致性。此外，还
包括例如相同的权利能力或相同的权利保护自由或相同的"权利基点"，
为了它们的利益，必须不断提高基座的高度，但永远也不会达到各方都
满意的高度。矗立在地板之上，作为纵向"支柱"的是发展的自由，即
竞争、竞赛、主动、创造、风险等，只有当一个人由于年老、疾病或伤
残等原因，在这种向上的竞争奋斗中示弱时，才会再一次被平等的宪法
权利所接纳。水平方向的"天花板"则代表着以福利救助、照顾、保险
或赔偿为方式的社会兜底性权利。有许多危险可能会使这一精心设计的
结构倒塌；目前最主要的一项是人们错误地认为，可以以"社会公平"
的名义在"天花板"上随意"加载"内容，最终超过"支柱"所能承
受的力度。如果柱子断裂，"天花板"就会掉到"地板"上，灯光也会
随之熄灭。

这种自由和平等学说是京特·迪里希留下的特别重要的遗产。现在
是我们认识到其根本意义并从中得出必要结论的时候了。政治必须再次
成为自由的政治。否则，平等不仅会变成贫穷的平等，还会变成缺乏自
由的平等。

七

京特·迪里希对自由与平等之间关系的思索，以及目前政界和文学

---

[59]　Ausführlich Theodor Maunz/Günter Dürig, Grundgesetz. Kommentar, Art. 3 Abs. I,
Rn. 140 ff.; vgl. auch Dürig, VVDStRL, Bd. 30, S. 154 ff. (Diskussionsbeitrag).

及法学界⑥对二者关系的看法，清楚地表明，我们是多么怀念这位伟大的学者以及他出色的语言驾驭能力、值得信赖的人品和对教育的热爱。我们今天比以往任何时候都更需要他，因为战后关于自人的尊严派生出的自由优先于平等的共识正在受到侵蚀。这也可能是因为，实现自由的伟大理想并没有被所有人理解，而是被越来越多的人理解为在物质层面对自由的要求，主要被视为吃好、喝好、穿好、拥有房子和汽车、到遥远国家度假的机会、有高收入的工作和尽可能享受更多的休闲时光。弗朗索瓦·巴勃夫（Francois Babeuf）的表述旨在追求一种"每个人都能以最少的努力享受最舒适的生活"的状态。在这种情况下，阿诺德·格伦（Arnold Gehlen）⑥谈到了"脱离实际、自负的判断和安于现状"。这也改变了人们对平等的态度。如果人们认为幸福是自然而然就可以得到的，而不需要能力和勤奋，那么绩效和成功将不再得到相应的回报，更不用说被别人赞赏了，而是被视为"不应得到的幸运"，本来对劳动者理所应当的尊重也就消失了。机会均等越来越趋向于结果均等，这通常会导致平均化，使人们满足于平均水平，从而导致自由的衰退。

---

⑥ Vgl. etwa nur Walter Schmitt Glaeser, Über Tendenzen zur Unterwanderung unserer Verfassung. 60 Jahre Grundgesetz, JÖR Bd. 57（2009），S. 39/48 ff.

⑥ Moral und Hypermoral, 5. Aufl.（1986），S. 143.

费利克斯·埃马克拉

（Felix Ermacora，1923—1995）

克里斯托夫·施林特内尔、格哈德·施特雷策克　著

王银宏　译

天赋是上帝私下里赋予我们的，没有它，我们就不能认知和理解事物。

——孟德斯鸠

一、生平

（一）出身和教育

费利克斯·埃马克拉于 1923 年 10 月 13 日出生在克拉根福（Klagenfurt），[①] 因此，他出生时是一个克恩滕人（Kärntner），并且在那里度过了童年时期。因此，应予指出的是，埃马克拉始终将自己视为蒂罗尔人（Tiroler），可能是因为他致力于研究南蒂罗尔问题，同时也由于他的名字听起来像是意大利语的发音。在南奥地利有好多罗马式的名字，因为在意大利人占主体的帝国西南部从 1848 年起就出现了一个移民浪潮，当

[①] Vgl. M. Nowak/D. Steurer/H. Tretter（Hrsg.），Fortschritt im Bewußtsein der Grund- und Menschenrechte. Progress in the Spirit of Human Rights. Festschrift für Felix Ermacora，1988，S. 677.

来自加利西亚、普鲁士北部和波兰东北部的移民来到这里之后，这里成为比较严重的统治薄弱地区。② 埃马克拉的曾祖父可追溯到奥匈帝国时期。他的家族来自特伦托（Trento），具有温和的民族主义思想倾向，而致力于调停和解的埃马克拉始终支持南蒂罗尔的独立和自治。他先后毕业于菲拉赫（Villach）、格拉茨（Graz）和雷根斯堡（Regensburg）的学校，1942 年高级中学毕业。③ 之后，从 1945 年起在因斯布鲁克学习法学，并且在 1948—1949 年的两个学期在巴黎的索邦大学法学院广泛参与了博士生阶段的学习。④

（二）服兵役

费利克斯·埃马克拉在第二次世界大战期间曾在德国的国防军服兵役⑤，用他自己的话就是，在一支巴伐利亚-奥地利的山地步兵部队服役，这支部队曾参与在巴尔干半岛的军事行动。作为一个下级军官，他成为一些可归入战争罪行的事件的见证人，这深深地触及他内心的深处。在这种关系中，埃马克拉与有争议的恩斯特·云格尔之间的朋友关系不能不提：他曾友好地为埃马克拉题词，并且赞叹于埃马克拉的勇气，同时他也承认人权保障的努力有时是徒劳的。他们两人都在所谓"恩斯塔尔圈子"做过报告，云格尔是在 1967 年秋天做的报告，而埃马克拉是在 11 年后。⑥ 这种每年举办两次会议——至今仍作为"民主、教育、科学与文化对话促进会"而进行活动——的习俗，阿尔弗雷德·阿布莱廷格尔（Alfred Ableitinger）在当时将其评价为"高级社会阶层中的民

---

② 一般认为，很多移民来自南方（如威尼托、特伦托），在 19 世纪时在克恩滕安家落户，埃马克拉的祖先也是如此。Vgl. die Nachweise für die oberkärntner Region bei M. Maierbrugger, Die Geschichte von Millstatt, 1964/1996, S. 234.

③ Vgl. H. L. Stadler-Richter (Hrsg.), Die Evolution des öffentlichen Rechts. Felix Ermacora zum fünfzigsten Geburtstag, 1974, S. 295 bzw. M. Nowak/D. Steurer/H. Tretter (Hrsg.), Fortschritt im Bewußtsein der Grund- und Menschenrechte. Progress in the Spirit of Human Rights. Festschrift für Felix Ermacora, 1988, S. 677.

④ Vgl. H. L. Stadler-Richter (Hrsg.), Die Evolution des öffentlichen Rechts. Felix Ermacora zum fünfzigsten Geburtstag, 1974, S. 295.

⑤ Vgl. H. L. Stadler-Richter (Hrsg.), Die Evolution des öffentlichen Rechts. Felix Ermacora zum fünfzigsten Geburtstag, 1974, S. 295.

⑥ Vgl. www. ennstalerkreis. at/historische-tagungen/ (13. 10. 2017).

族-保守主义者的松散的大会"⑦。斯蒂芬·卡纳(Stefan Karner)将"恩斯塔尔圈子"——根据其当时的形象——称为"当时的基督教社会党、州联邦党、祖国党、奥地利人民党以及当时的民族党和国家社会主义者之间的施蒂利亚竞赛论坛"。后来的结果是,这个协会形成了"在几十年间关于社会和政治问题的相当重要的学术讨论",并且成为一个"之前是相互敌对阵营的竞争平台"。⑧

(三) 国际政治工作

埃马克拉的国际政治工作得到人们的高度评价,他主要是作为调解人、外交家和事实查明者所涉及的工作,这些始终是显而易见的,但较少得到人们的积极评价。人们将在阿富汗发生的事件视为西方政治的集体失败,联合国的授权被看作是回溯性的,也成为联合国外交上的一个划时代的时刻,这是继苏联军队在 1989 年退出阿富汗⑨和 1988 年签订《日内瓦和约》之后的一个独特的阶段。这个受到压迫的国家只在短时期内实现过和平,和平甚至似乎是地平线上一丝微弱的希望。塔利班自 1994 年在一次灾难性的内战之后袭击了这个多民族国家,塔利班被视为恐怖威胁,之后可以说是又经历了一次新的但仍然是灾难性的入侵战争。⑩

二、 国际司法和人权专家

埃马克拉作为欧洲人权委员会的成员所做的工作是卓越的——奥地

---

⑦　A. Ableitinger, Politik in der Steiermark, in: ders. /D. A. Binder (Hrsg.), Steiermark. Die Überwindung der Peripherie (= Geschichte der österreichischen Bundesländer seit 1945 Bd. 6/7), 2002, S. 87.

⑧　Siehe zu diesen Zitaten S. Karner, Die Steiermark im 20. Jahrhundert. Politik-Wirtschaft-Gesellschaft-Kultur, 2005 (2. Aufl.), S. 400.

⑨　Vgl. dazu H. Berehns, Die Afghanistan-Intervention der UdSSR. Unabhängigkeit und Blockfreiheit oder Mongolisierung Afghanistans: Eine Herausforderung für das internationale Krisen-management, 1982.

⑩　关于阿富汗较近的历史, siehe etwa B. Chiari, Wegweiser zur Geschichte: Afghanistan, 2006, S. 50 ff. 。

利在 1958 年批准了《欧洲人权公约》——他的备忘录曾长期被转到欧洲人权法院。在这种背景下同样值得一提的是，埃马克拉自 1959 年起就成为奥地利在联合国人权委员会的代表。他最迟在编完《基本自由和人权手册》（1964 年）之后就成为国际上公认的人权专家，并且作为人权专家接受联合国组织的诸多委任，被聘为特别报告人。他在 20 世纪 70 年代参加了"事实调查团"，调查智利和其他南美洲国家的右翼独裁统治。在 80 年代初期，他受联合国经济和社会委员会的委托，在当地的全体大会进行详细的调查研究之后，提交关于阿富汗的人权状况报告。五份报告中最为详细的一份报告是在 1985 年，一年后在德国出版。[11] 这份报告在同一年提交给联合国大会，在任务期限延长期内得到批准，形成联合国关于阿富汗问题的解决方案。[12] 埃马克拉的详细阐述表明，他不仅关注现实的政治状况，而且也集中考察该国的历史并且从多方面考察该国的精神状况。其中关于"大国民议会"的内容具有特别的吸引力，[13] 这是一个由所有阿富汗的普什图族的重要代表组成的大会。在 20 世纪，这个大会只在一些极为重要的时期召开会议，例如，1964 年时值《阿富汗宪法》（阿富汗当时是立宪君主制国家）通过，之后是在 20 年后的后苏联时期，当时较早时期的占领者建立了一个卫星政府（Satellitenregierung），意在"推进现代化"，超越受古时影响的穆斯林的多民族的状况。当时政府统治的方法是让保守的部族和村镇转为接受"西方的福利"，而人们对于西方的同盟者撤军之后的状况感到惊讶。

埃马克拉同样也是诸多其他下设委员会的成员，例如在 1965 年设立的关于希腊、爱尔兰、塞浦路斯问题以及圭亚那官方事务中种族歧视问题的委员会。此外，他还是联合国人权委员会以及经济和社会委员会下设的委员会的成员，他还受到委托调查南非、西南非洲（纳米比亚在 1918 年至 1990 年间由南非受托统治时期的称谓）、罗德西亚（现在的津巴布韦）以及葡萄牙在非洲的殖民地的政治犯处理问题。1961 年，埃马

---

[11]　Sonderberichterstatter F. Ermacora, Bericht über die Lage der Menschenrechte in Afghanistan, 1986.

[12]　UN-Resolution 1985/33.

[13]　Bericht 16.

克拉被国际司法委员会任命为处理"比塞大事件"(Bizerta-Fall)的下设委员会的成员。1968 年，他作为奥地利代表团成员参加在德黑兰举办的人权会议，一年后，他成为在被占领地区适用《日内瓦第四公约》的专家团成员。在这方面，特别是他早期的助理曼弗雷德·诺瓦克(Manfred Nowak)沿着他的足迹，继续费利克斯·埃马克拉毕生的事业。

埃马克拉曾多次作为奥地利代表团成员参加联合国全体成员国大会。1970 年，他关于人权领域的著作得到人们的普遍认可，奥地利共和国也授予他国家勋章。[14]

三、 内政工作

在政治-世界观方面，埃马克拉是一个带有天主教经历和"蒂罗尔印迹"的自由-民族主义者，他长期担任国会议员，在议会中属于基督教-民主派或者更准确地说是市民-保守的奥地利人民党，他在几年后成为奥地利国民议会的议员；他在七十多岁时第一次作为独立候选人被列入蒂罗尔人民党的候选人名单，之前在自由党的讨论中也曾考虑将其列为候选人。但是，埃马克拉决定避免和与德意志民主主义始终暧昧不清的自由党发生联系，成为支持奥地利人民党的候选人。多年以后，他作为军队的发言人履行职务，尽管如此，他作为国会议员并没有得到所有各方的完全认同。

四、 学术和方法

在这里，我们必须提及另一位著名的奥地利国家法学者京特·温克勒。他跟埃马克拉始终竞争性地引领当时的思想，他们在世界观和方法论方面的差别要多于局外人的印象，虽然他们都是"保守党派的支持者"。京特·温克勒直至今天都是一位"温和的"法律实证主义者，但是与凯尔森及其"纯粹法理论"之间论争激烈，在情感上实际是持拒绝

---

[14]　Vgl. H. L. Stadler-Richter (FN 3), S. 296 bzw. M. Nowak u. a. (FN 1), S. 677 f.

和反对的态度。⑮ 与他相反，费利克斯·埃马克拉始终坚持其他的方法论基础，这种方法论基础不能简单地归为通常的任何一种范畴。

　　若考察一下美国的两个流派——原旨主义和跨国司法主义所发挥的作用，那么很快就能对埃马克拉的方法论做出合理的评价。原旨主义的出发点是，应根据目的性标准来解释规范（更准确地说是宪法），应当追溯规范创制者的目的，⑯ 而跨国司法主义则主张，解决一国国内的法律问题也需要考虑各外国法中所存在的相关论据和题材。⑰ 探究埃马克拉的方法论理论是令人感兴趣的课题，而值得注意的是，他试图将上述两个流派的法律理论结合起来。

五、　著作

（一）奥地利联邦宪法法

　　埃马克拉所编的宪法版本乍看之下似乎会觉得没有太大的价值，因为之前出版的奥地利宪法都是最小的开本。但是，出版社——菲利普·雷克拉姆出版社（Verlag Philipp Reclam）——关心的是最大范围内的传播，并且不仅仅是在国内的传播。很遗憾，由于条款段落的原因，使用的还是 80 年代的版本。再版两次之后，由于版权的原因，由另外一个奥地利出版社出版，但还是缺乏技术上的专门知识，在最小的开本方面还是比不上黄色的版本（雷克拉姆出版社，第 8763 卷），雷克拉姆出版社的黄色版本便于衬衫或上衣口袋携带。尽管内容完全相同，但是这些版

---

　　⑮　Vgl. etwa G. Winkler, Rechtstheorie und Erkenntnislehre. Kritische Anmwerkungen zum Dilemma von Sein und Sollen aus geistesgeschichtlicher und erkenntnistheoretischer Sicht, 1990. 这也体现为他对纯粹法理论的激烈批评；vgl. etwa R. Walter, Rechtstheorie und Erkenntnislehre gegen Reine Rechtslehre? Eine Buchbesprechung und eine Erwiderung, 1990。

　　⑯　"……认为，应当根据其制定者和修订者的'原初的'意旨来解释宪法。" E. A. Purcell Jr., Originalism, Federalism, and the American Constitutional Enterprise. A Historical Inquiry, 2007, S. 3.

　　⑰　Vgl. J. Resnik, Law's Migration：American Exceptionalism, Silent Dialogues, and Federalism's Multiple Ports of Entry, In：The Yale Law Journal 2006, siehe http：//www. yalelaw journal. org/ pdf/115－7/Resnik. pdf (15. 10. 2012).

本还是绝版，同样因为带子质量的原因不能长久耐用，比不上先是在斯图加特出版和两德统一后再次在莱比锡出版的大学图书馆通用版本。埃马克拉将这些版本的出版归功于他的老师瓦尔特·安东尼奥利。不幸的是，安东尼奥利在此期间逝世，而埃马克拉的葬礼于 1995 年在因斯布鲁克举行，因斯布鲁克是埃马克拉和安东尼奥利以前的居住地。安东尼奥利当时给人的印象是精神矍铄，精力充沛。他从奥地利宪法法院院长的职位卸任之后[⑱]，完全退出了宪法学界。这种如此彻底的退隐是罕见的，但是传说他因健康原因不再担任教授职位明显是不足信的。

　　关于"奥地利联邦宪法法"非常详细的导论是埃马克拉的风格和方法论的典型示例。他既不满足于规范状况的概论和自 1918 年以来的奥地利共和国宪法的形成，也不满足于对于奥地利联邦宪法法的内容和一系列基本权利的原则性阐释。毋宁说，他是以简洁明确的方式阐释宪法中最宽泛意义上的法律规范，及以此为基础的奥地利联邦宪法法中的繁多内容和多层复杂的状况。不同于德国宪法，奥地利宪法没有关于内容合并吸收的相关规定——联邦宪法法由此成为宪法性文件中绝对必要的组成部分——因此，诸多宪法性文件作为法律渊源散见于各处。这在历史上并不鲜见。但是，令人觉得不同寻常的是，例如，其宪法版本中将"政治性文件"作为三个重要渊源之一，而"其法律的性质完全是不明确的"。这方面涉及的文件有 1945 年的《独立声明》、1946 年的《巴黎协定》以及 1955 年 4 月的《莫斯科备忘录》。[⑲] 对于这种法律渊源的研究以及对于奥地利与德国的"合并"问题所进行的十分详细的阐述体现出埃马克拉对于历史学和政治学的兴趣，这方面也在方法论上超越了通常的规范内容之间的关系，这些内容也跟有价值的分析性评论联结在一起。

（二）联邦宪法的产生以及汉斯·凯尔森的贡献

　　埃马克拉对于宪法发展的理解并非只是概论式的，这也体现在上文

---

　　⑱　安东尼奥利在退休之后曾在 1975 年参加关于《大学组织法》的会议，他不想再参与在政治上有重大争议的决定，因为这与他的观点不同。

　　⑲　F. Ermacora（Hrsg.），Österreichische Bundesverfassungsgesetze, hier zit. nach der 8. Aufl., 1979, 11.

提及的宪法版本以及——更深入地——宪法理论中。几乎没有第二个宪法教义学学者像他那样对于宪法草案进行如此深入的档案式研究。[20]

埃马克拉的注意力特别地聚焦在 1920 年奥地利联邦宪法法的材料方面，这些材料现存于国家档案馆，但是令人惊讶的是，直至 20 世纪 80 年代仍然没有学者对此开展学术性研究。然而，这些档案中一些具体草案的著作权人是不明确的，至今有些仍不能确定，有些则是归为凯尔森的手稿。除了主编多卷本的文献汇编《联邦宪法的产生》[21] 之外，埃马克拉还在汉斯·凯尔森诞辰 100 周年之际（凯尔森出生于 1881 年 10 月 11 日）与给予其大力支持的克里斯蒂安娜·维尔特（Christiane Wirth）共同主编了一部研究文集，其中比较研究了《奥地利联邦宪法》的文本级别及诸多宪法草案。[22] 事实上，这部著作出版于 1982 年，较晚的出版时间在一定程度上削弱了其重要价值。在一年的深秋时期出版的著作经常被视为下一年度的出版物，一本重要著作应当及时出版，特别是对于一本纪念文集或者类似的出版物而言更是如此。真正的凯尔森纪念文集《宪法的设计师》在凯尔森生前就已经出版，即在此十年前出版的，埃马克拉当时也以相同的主题写了论文。但是，他从未私下请教过凯尔森具体问题或者跟他求证其研究成果中的具体问题。据说埃马克拉曾说道，因为凯尔森高龄，不想让他把时间花在对于大多数具体问题可能持否定态度的事物上，这些问题涉及凯尔森对于奥地利联邦宪法法的产生或者解释

---

 [20] 除了当时较年长的学者，例如凯尔森、默克尔和安东尼奥利，当代的学者（意即自然属于该专业的宪法教义学学者，而非宪法史学者）中首推罗伯特·瓦尔特，他致力于研究宪法的渊源。他们的研究没有相互之间的引证，也在一些方面存在方法的不同以及关于历史进程和过程的不同解释，对温克勒的著作在方法论方面的批判性继承，导致瓦尔特和温克勒之间存在正常的学者之间的冲突。因此，值得指出的是，温克勒的法教义学研究（埃马克拉作为安东尼奥利的一个学生，同样跟他同往因斯布鲁克和维也纳）的实证主义指向明显比埃马克拉的研究更为强烈；从纯粹法理论的角度来看，这明显是"混合主义的"方法所批判的客体，但是，这种批评最后通过其极其缜密的历史渊源研究和具有可识别性的法政治学阐释而被忽略。

 [21] Ermacora（Hrsg.），Die Entstehung der Bundesverfassung，4 Bde.，1974 ff.

 [22] F. Ermacora/Ch. Wirth（Hrsg），Die österreichische Bundesverfassung und Hans Kelsen. Analysen und Materialien. Zum 100. Geburtstag von Hans Kelsen.（= Österreichische Schriftenreihe für Rechts-und Politikwissenschaft Bd. 4，hrsg. von Felix Ermacora，1982）.

所持的态度。[23]

埃马克拉在上述文集(在凯尔森的纪念日再次到来一年后出版)的前言中表达了当时编辑出版的动机和理由:"自从我主编的文献资料出版之后,我的关注点没有停留在宪法文献的发展方面。特别是传言,除了宪法委员会的下设委员会[24]的会议记录之外没有其他资料……"

埃马克拉在开始部分的说明对于今天的读者来说可能并不容易理解其阐释的方法和事物的经过。但是,诸多宪法草案的文本对比条分缕析且内容丰富。

值得一再指出的是,对于这方面的研究者而言,这卷著作值得随身携带,因为它所具有的现实意义会超出人们的想象。这里应当予以说明的是,当时提出的直接民主方式在今天仍具有高度的现实意义。例如,现在这个手稿的第一稿的内容在 2012 年 8 月已经出现在诸多重要政党的草案中,其中包括了一个"一揽子民主计划",目的在于实现和扩大全民公决的要素。不同于瑞士的"半直接民主"(和德国的纯粹代表制),奥地利仅在宪法的整体改变[25]方面规定了一种义务性(强制性)的全面公决;在其他方面则不必强制进行全民公决,而仅是进行关于公民表决的提议,其最终的结果决定在议会的手中。在"一揽子民主计划"中做出的改变的方面是关于一项全民公决的强制实施,但基于宪法方面的考虑而落空。

埃马克拉和维尔特关于宪法草案的比较研究的结果是令人惊讶的:[26]根据凯尔森的草案,需要 400 000 赞成票才能针对(任何)一项法律决议进行全民公决,针对部长提出的草案则降低为需要 100 000 票;在迈尔

---

[23]　对于这些在传记中没有记载的内容,笔者要感谢米歇尔·波塔克斯(Michael Potacs)所提供的信息; siehe im übrigen R. A. Métall, Hans Kelsen. Leben und Werk, 1969; Neuerdings Jestaedt (Hrsg.), Hans Kelsen Werke, 2006 ff; Ogris/Olechowski, Hans Kelsen, 2010 (= Schriftenreihe des Hans Kelsen-Instituts 25)。

[24]　这个宪法委员会的下设委员会设立于 1920 年夏季,由在 1919 年 2 月 16 日选举产生的制宪国民大会设立,其主要职能是根据各州的会议,为达成意见一致的联邦宪法法草案提供咨询建议。

[25]　宪法的整体改变意味着基本的宪法原则中的一个原则被放弃,或者这些原则之间的相互关系被明显改变。

[26]　F. Ermacora/Ch. Wirth (Hrsg), Die österreichische Bundesverfassung und Hans Kelsen. Analysen und Materialien. Zum 100. Geburtstag von Hans Kelsen, 1982, 281 f.

的草案中，否决全民公决的票数被提高到需要 300 000 票，而在此之前（在林茨草案中）则没有提及。事实是，1920 年的奥地利联邦宪法法仅是规定了一种可能性，即国民议会可以自主决定是否进行全民公决，而这在奥地利历史上至今只发生过一次。

（三）其他重要著作

费利克斯·埃马克拉的(学术)兴趣很广泛，因此，不可能对他的全部著述进行论述，只能重点突出几个方面。特别值得一提的是，埃马克拉出版了关于历史-政治方面的著作[27]，还出版了两卷本的《一般国家理论》[28]，还有关于一国国内的人权保障和国际人权保障的著作[29]，以及关于大学法和当时的"南蒂罗尔问题"的著述。

埃马克拉在方法论方面所做的一项十分令人感兴趣并且几乎可以说是无与伦比的工作是——通过政治学和法社会学的方法——在全球范围内对人权的扩展及其贯彻实施。虽然他较早地逝世，但是他还是在这方面留下了三卷的著作：《人权和基本自由的历史发展》[30]《理论与实践：人权在南非和近东的实现》[31]《变化世界中的人权：美国》[32]。

六、 个人的评价

在我个人看来，埃马克拉有着很多方面的特点，自然有不少缺点，也有很多突出的优点；在学术方面，他博学多才且秉持公共精神，从未盲目地跟随某个"学派"，他有着丰厚的历史学和政治学的知识素养，永远对新事物保持兴趣。尽管如此，他在学术上——在有些人看来，他基于利害关系而在国家理论和政治科学方面反对不公正和非正义——始终坚持方法论的纯粹性，这体现在他对于法教义学和法政治学的区分。

---

[27] Wie etwa 20 Jahre österreichische Neutralität, 1976.

[28] 出版于 1970 年。

[29] Z. B. Handbuch der Grundfreiheiten und Menschenrechte, 1963; Grundrechte der europäischen Volksgruppen, 1993 oder International human rights, 1993.

[30] Bd. 1, 1974.

[31] Bd. 2, 1983.

[32] Bd. 3, 1994.

他的研究方法不是教义学的，而他当时的同事罗伯特·瓦尔特(Robert Walter)和京特·温克勒以不同的方式推进教义学的研究。

埃马克拉是传统学校培养出来的一个有魅力的、随和的"先生"，不带有任何的逢迎、傲慢和奉承，并且——在有名望的学者、政治家和国际公认的专家中是极少见的——仅仅是有点爱慕虚荣。在形象方面，他的行为表明他在任何方面都是"克制"和"节制"的朋友，他爱好运动并且非常有耐力。据我所知，他开车技术很好，在维也纳没有聘请司机。他住在希特庆(Hietzinger)的别墅区，通常在步行一段不算近的路程之后，乘坐地铁来到下圣法伊特(Unter Sankt Veit)，在那里乘坐公共交通工具来到内城。在途中，他会遇到很多熟人，因为沿途还住着卡尔·科里内克(Karl Korinek)、特奥·约林格尔(Theo Öhlinger)以及其他住在维也纳的第13区需要去往城中心的法律学者。这有时会令人回忆起帝国时期，当时很多官员都搬到美泉宫附近居住，而他们的工作地点则是在霍夫堡(Hofburg)和(后来的)环形大道附近的区域。

埃马克拉天生是一个温和的人，几乎从没有脾气暴躁。他的任何一个家人始终都是令人感兴趣的交谈者，他们对自己的孩子感到自豪并且乐于交友。他们信仰天主教，但是开明、开放，在社会政治方面具有自由的倾向。这里没有任何教条，尽管他们对教士的态度带有价值保守主义和农村田园式的倾向。

在政治上，埃马克拉虽然属于"右派"，但是不带有任何教条主义，他长期以来都是小党的成员，曾在奥地利人民党和奥地利自由党之间转换，在此之前，他属于"独立联合会"；最后，他成为支持奥地利人民党的候选人并且成为国民议会的议员。作为议会议员，他并未不赞同社会民主党的政治家和其他的社会民主党派成员，特别是作为(奥地利人民党)军队发言人时，与他们有过专业上的合作(例如安东·加尔 [Anton Gaal])，以及他作为曾经的同事在专业上对他们非常尊重(例如沃尔夫·弗吕奥夫 [Wolf Frühauf])。与此相对，他对一些"右翼的"奥地利人民党政治家持怀疑态度，甚至是对立的态度，其中也包括对于"黑-蓝"阵营(法律联盟)的支持者，而这在他逝世后应该才得到认同。

应当予以批评的是，他对于一些法律上的极端思潮有时"视而不见"，有时过于宽容，或者更准确地说是接近于"天真"；他毫无疑虑地出现在右翼的学生团体的房间，并且在那里举行演讲。他在专业杂志上为老纳粹普赖费尔(Pfeifer)的79岁生日撰文祝寿，为他证明，虽然他的行为有一定的过分之处，但他始终支持其德意志故乡。就此而言，这是一种失策，因为普赖费尔从未与纳粹系统保持距离，并且通过时事评论在国家法和政治上过激地抨击奥地利(特别是在1938年左右，之后是在1945年之后)。但是，这并没有妨碍共和国在暂停其教授职位之后再次任命他为教授，他讲授"德国和奥地利国家法"，此外，他还被选为国民议会的议员，并且获得奥地利共和国的金质功勋奖章。

像所有其他人一样，埃马克拉也有缺点，他有时会搞得手忙脚乱、不知所措，例如在旅游时会搞得很匆忙，并且承担过多的任务和工作；在极其特殊的20世纪80年代，他成为国民议会的议员、欧洲人权委员会的成员、联合国特别报告人、大学教授，同时也是出版诸多论著和经常出现在新闻媒体的学者，他在六个方面的工作或多或少地涉及所有的国家权力(议会议员：立法；担任法官［EKOM］：司法；教授，在1975年依据《大学组织法》设立的不同委员会的成员，军事法的纪律惩戒机构、预备役军官以及少校：行政)；人们几乎不可能对"现实中的权力分立"作出区分，对于其他的国家法学者而言也是如此。

埃马克拉的博学多才不仅体现在学术方面，而且体现在政治学、哲学和文学的文献方面。他曾赠送给本文的作者一本他非常珍视的奥克塔维奥·帕茨(Octavio Paz)的著作。他与恩斯特·云格尔的关系非常密切，云格尔曾友好地为他题词，并且对埃马克拉的勇气感到惊讶，他也证明，人权保障的努力有时是徒劳的。

彼得·莱尔歇（Peter Lerche，1928—2016）

鲁珀特·肖尔茨　著　吴国邦　译

一、生平

彼得·莱尔歇教授是德国过去几十年来最优秀的国家法学者之一。他于 1928 年 1 月 12 日出生在波希米亚易北河畔的莱特梅里茨（böhmischer Leitmeritz/Elbe），是律师弗里茨·莱尔歇和其妻子卡罗琳·莱尔歇（父姓阿尔特曼）（Karoline Lerche，geb. Artmann）之子。他在巴伐利亚州的埃希施泰特（Eichstätt）和慕尼黑大学学习法律并师从特奥多尔·毛恩茨。彼得·莱尔歇与妻子、自然科学家伊尔莎·莱尔歇博士（父姓佩舍克）（Ilse Lerche，geb. Peschek）婚后育有两子，分别是沃尔夫冈（Wolfgang）和克莱门斯（Clemens）。他们延续了父母的事业——大儿子成为一名活跃在国际上的自然科学家，小儿子成了一名法学家。

1952 年，莱尔歇在导师特奥多尔·毛恩茨的指导下，以获奖论文《一般法律诉讼与行政法律诉讼——论美英地区一般行政条款对行政争议可诉与否的影响》（1953 年）获得了慕尼黑大学法律系的博士学位。1958 年，他再次师从特奥多尔·毛恩茨，并以论文《过度与宪法——论相称性原则和必要性原则对立法者的约束》（1961 年，1999 年第二版出版）获得慕尼黑大学法学院的教授资格。1960—1961 年，他接受了柏林自由大学法学院的任命，并于 1962 年至 1964 年间分别拒绝了汉堡大学、波鸿鲁尔大学和维也纳大学的任教邀请。1965 年，他应母校之邀回到慕尼黑大学，教授新开设的公法课程，重点教授宪法保护和公法社会法，直到 1996 年他退休为止。

2016 年 3 月 14 日，彼得·莱尔歇在慕尼黑附近的家乡高亭（Gauting）去世。

彼得·莱尔歇曾获得许多荣誉和奖项。1974 年起，他成为巴伐利亚科学院的正式成员。1977 年获巴伐利亚勋章，1989 年获巴伐利亚马克西米利安科学与艺术勋章。1989 年，他被授予巴伐利亚宪法金奖章。2001 年，作为创校人之一的他，被奥格斯堡大学法学院授予名誉博士学位。1981—1984 年，他与瓦尔特·施米特·格莱塞尔（Walter Schmitt Glaeser）和埃伯哈德·施密特-阿斯曼（Eberhard Schmidt-Aßmann）一起担任德国国家法教师协会主席，并主持了协会在康斯坦茨和科隆的年度会议（见《德国国家法教师协会会刊》第 41、42 期）。自 1966 年起，彼得·莱尔歇成为《公法档案》的编辑之一。1981 年至 1984 年，担任德国科学委员会委员。1983 年至 2012 年，担任卡尔·弗里德里希·冯·西门子基金会董事会成员。1987 年至 2007 年，担任新闻法和新闻自由研究协会主席。

二、 作为教授的彼得·莱尔歇

彼得·莱尔歇在科研和教学方面取得了突出的成绩。但他对法律实践也不陌生，尤其对宪法法院的审判工作感兴趣。

彼得·莱尔歇在教学和培养后备研究力量这两件事上取得了难得的功绩。他不仅极具教育热情，而且在学术研究上也成就非凡。对他而言，即使是在 20 世纪 60 年代的动荡时期，课堂上坐满学生也是再正常不过的事。他的讲座和研讨会开阔了无数青年法学者的眼界，给他们留下了深刻的印象，让他们意识到宪法和民主法治在今天意味着什么，更确切地说，应当具有的含义。对学生们来说，彼得·莱尔歇一直是个父亲般体贴的朋友。莱尔歇总是特别热衷于以一种不同寻常的方式发现和提拔学术人才，他传奇一般的国家法研讨课更是助了他一臂之力。彼得·莱尔歇组织召开的关于国家法的研讨会事实上已经成为了慕尼黑法学院的一个"规定动作"——莱尔歇退休后好多年都继续担任主持人，最后是和笔者共同管理其事务。

他有一种独特的能力，有时能发现某个学生身上的科研天赋，并以身作则地、一如既往地用像父亲一般负责任的方式，来帮助他的学生和助手们提高水平。当然，有时他也会给他们施加一些轻微的压力。笔者作为亲身经历过这一切的人，只记得当时对他的感谢。那些不间断地同彼得·莱尔歇推心置腹的日子，依然清晰地停留在我的脑海里。他一直表明对我学术研究的天分的认可，并且认为我应该好好运用它。我却表达了我的不同意见，说自己其实从一开始就想成为一名律师。他对此不置一词，只亲切又不失严肃地告诉我，不管我是什么想法，他都会为我申请好德国研究基金会(Deutsche Forschungsgemeinschaft)的大学教师资格奖学金。于是，我就这样在彼得·莱尔歇的"逼迫"下，走上了学术道路。这一选择决定了我职业生涯的走向，对于此，我将一生感谢他。

如果莱尔歇要他的某个助手就某一学术问题的论文撰写准备资料，而该论文最终由莱尔歇自己起草和负责，那么，如果助手准备的资料被他采用，莱尔歇会尽可能地将助手的文字保留入最终稿——这也是莱尔歇一贯尊重别人成果的典例，哪怕对方只是一个普通工作人员。彼得·莱尔歇总是更愿意把助理看成是一起做科研的同事，而不是只乖乖听话的帮手。正因如此，每一位年轻的法学者都把能成为他的助理或学生当作一件高兴的事情，并引以为荣。

莱尔歇一直全方位地、不间断地推进博士和教授的培养。他带的博士生中，除了笔者外，还有联邦宪法法院院长安德烈亚斯·福斯库勒(Andreas Voßkuhle)教授和前联邦宪法法院法官保罗·基希霍夫(Paul Kirchhof)教授。他指导的大学教授，除了笔者之外，还有迪特尔·洛伦茨(Dieter Lorenz)教授、克里斯蒂安·格拉夫·冯·佩斯塔洛扎(Christian Graf von Pestalozza)教授、米歇尔·克勒普弗(Michael Kloepfer)教授、汉斯·雅拉斯(Hans D. Jarass)教授、克里斯托夫·德根哈特(Christoph Degenhardt)教授和奥利弗·莱普修斯(Oliver Lepsius)教授。

尽管莱尔歇早已桃李满天下，但他从来没有创立过一种所谓自己的"学派"；而且他肯定也极不情愿这么做。因为他所理解的做学问，一直都是以个人自由、包容并蓄和主题多样为前提的。因此，他的学生们，包括上面提到的几位，都有着各自专攻的方向和工作的重心。对莱尔歇而言，最重要的是每个学生的科研天赋能够得以发挥，不论学生今后的发展方向和从事何种领域的研究。无论莱尔歇本人是否赞成其他人的结论，他都认为对他人的研究成果给予最大的包容和尊重永远是最重要的。然而，尽管学生们走向了各自不同的发展道路，其中一部分选择了学术方向，但也许正是因为这个原因，对于当年的老师彼得·莱尔歇，每一个学生直到今天还怀有真诚的谢意。彼得·莱尔歇在学术上非凡的成就和他对自由与包容的坚定信仰，都是我们所有人终身的榜样。

三、 国家法学者莱尔歇

彼得·莱尔歇在多方面影响和塑造了德国的国家法和宪制理论。他非凡的创造力和对宪法的敏锐嗅觉，令他产生了无穷的想法和无尽的灵感，从而像他自述的那样——他知道如何成功地用一种特殊的方式将宪法的风格和方法结合在一起。他对宪法的理解是一种开放的、非教条主义式的理解。他认为，宪法不应该是一个“封闭的系统”，传递一些已经在经济上固化了的价值标准，而应该试图通过其自身的辩证性和对话能力来生存和发展。对他来说，宪法及宪法的实施主要——或者首先——倚赖宪法程序和其程序的辩证发展及更新，而宪法的可持续性与灵活性是相辅相成的。就像他的自述中说的，一切宪法思想和一切宪法现实首先都存在在一种“观点的思考”中，这种思考是对话式的、循序渐进的，而不是教条式的。①

上述这篇莱尔歇的文章记录了他 1961 年 2 月 3 日为纪念汉斯·纳维亚斯基在柏林自由大学所做的开幕式演讲。宪法样式论与方法论几乎是莱尔歇所有学术著作的研究重心，汉斯·迈尔就曾在他的文章《巴洛克式透明：关于作家彼得·莱尔歇》中谈到莱尔歇对《基本法》的语言、

---

① vgl. „Stil, Methode, Ansicht, Polemische Bemerkungen zum Methodenproblem", in: Deutsches Verwaltungsblatt, 1961, 690 ff.

风格和方法的基本理解，是"从宪法的可能性、多样性和流动的丰富性出发的"。1993 年，彼得·巴杜拉（Peter Badura）和笔者在彼得·莱尔歇65 岁生日之际，结合莱尔歇的研究重点出版了纪念文集《宪法生活的方式和程序》，以表达对这位伟大的国家法学者的敬意。彼得·巴杜拉在其《彼得·莱尔歇纪念讣告》（《公法档案》第 141 卷，2016 年，第 283页）中的断言不失偏颇："从此学界和法律实践中再也听不到他的声音，再也感受不到他的风格了，这将是一大憾事。"

彼得·莱尔歇的许多基本见解事实上都成为了现行宪法里的内容，但大多数人只知道他在面对冲突的宪法立场时所遵奉的"平衡至上原则"（Prinzip des schonendsten Ausgleichs）——这一原则和信条至今仍然影响和决定着联邦宪法法院的判决。莱尔歇自述中也有提到，他对宪法的理解很大程度上受了"引导型"宪法思想②的影响，即宪法不给出行动或评价的具体方针，而只主要在诉讼程序方面为立法者提供一些启示。彼得·莱尔歇眼中的宪法，应该发挥政治和司法的"引导"作用，规范立法和实现正义的"程序"，保证"平衡至上"，尤其是要限制国家权力"过度"和国家暴力的出现。不少人认为，制定法原则上只是"具体化了的宪法"，而彼得·莱尔歇正确认识到了这种看法对宪法的误解。宪法为立法、司法和国家法教义提供了基本准则，但这些准则实际上只是不断发展中的法律共同体的一种表达而已。

彼得·莱尔歇的主要研究重点是基本权利、联邦制和媒体法，在这几个领域中他都发挥了相当大的作用。在基本权利领域，他 1961 年出版的教授资格论文《过度与宪法》尤其值得一提。彼得·莱尔歇凭借这篇至今仍有基石意义的文章，为相称性原则确立了相当重要的标准及教义般的地位。同时，莱尔歇为基本权利与立法之间的关系打好了至今依旧权威的基础。他通过对"干预的""解释说明的""赋予基本权利的"

---

② 我国台湾地区前"司法院"大法官、法律学者苏俊雄曾言："德国的宪法学者 Peter Lerche 将宪法比拟为一种'乐团指挥式的秩序'（dirigierende Ordnung），良有以也。"苏俊雄：《宪法意见》，元照出版有限公司 2005 年版，"自序"。照此翻译，则亦可将正文所示内容表述为"乐团指挥式的宪法思想"。——译注

"防止滥用的""消除竞争的"法律规范的类型化区分，使基本权利与立法的关系具体化、规范化，并对其作出了方向性的指引。

彼得·莱尔歇不仅对宪法有相当开放和辩证的理解，还对联邦国家原则的定位和发展有深入见解。在此特别值得一提的是他在1963年国家法教师大会作的报告——"作为国家组织原则的联邦制"③、1968年的论文《当今联邦制宪法问题》以及他对毛恩茨/迪里希《基本法评注》中第85—87条的评论。在莱尔歇看来，联邦国家并不是一个静态的组织原则的体现，而是一个完全动态的、尤其是有序的国家内部的操作系统。在这个意义上，彼得·巴杜拉说得没错，彼得·莱尔歇对"联邦形式的艺术"给予了特殊的关注。④ 是形式和程序塑造了我们的联邦秩序，并且一次又一次地更新了它。宪法变迁是现代联邦制国家的一个突出特点。莱尔歇以同样的方式看待欧盟的超国家邦联结构。这是一条无疑正确且应继续(孤独)走下去的路。⑤

彼得·莱尔歇对媒体法的问题和弊病进行了大量的研究，在这方面他有着数量可观的著作，以下只提几篇，它们分别是：《论德意志广播的职权范围》（1963年）、《论电视广告的法律问题》（1965年）、《广告与宪法》（1967年）、《广播垄断——关于私人电视节目的许可问题》（1970年）、《关于媒体集中化的宪法问题》（1971年）、《电视税与联邦权限》（1974年）、《"内部新闻自由"的宪法问题》（1974年）、《从公法角度看电信垄断》（1980年）、《媒体与私人广播》（1984年）以及《作为竞争对手的德国联邦邮政》（1985年）。

彼得·莱尔歇在媒体法方面的兴趣还体现在他担任过一些重要的公职上，比如巴伐利亚州有线电视试点项目主席、巴伐利亚州新媒体管理委员会成员和广播机构财务需求评估委员会(KEF)成员。

---

③　VVDStRl. Heft 21, 1964, S. 66 ff.

④　vgl. AöR 141, 2016, S. 285.

⑤　vgl. Europäische Staatlichkeit und die Identität des Grundgesetzes, in: Festschrift für Konrad Redeker, 2003, S. 131 ff.

四、 宪法诉讼法学家莱尔歇

彼得·莱尔歇的另一个工作重心是宪法诉讼法，涉及庭审、鉴定实务与宪法诉讼法的相关理论。彼得·莱尔歇曾无数次作为鉴定专家和诉讼代理人在德国联邦宪法法院出庭，并取得了多次成功。像他这样在宪法法院出庭次数近半百的国家法学者，可以说是前无古人后无来者，而这一切都要归功于他对宪法程序逻辑的深刻理解。所以，这里仅列出几个他在宪法法院参与出庭的具有争议性的案子：1975 年 2 月 25 日和 1993 年 5 月 28 日的判决[6]（关于堕胎及终止妊娠期限）、1984 年 12 月 18 日的判决[7]（关于核武器的改装和部署）、1991 年 2 月 5 日的判决[8]（《西德广播电台法》）。同样，彼得·莱尔歇也经常作为专家出席议会层面的听证会，例如，1987 年 10 月 14 日德国联邦议院法律委员会关于《基本法》中环境保护问题的听证会和 1994 年 4 月 14 日联邦议院特别委员会以“保护胎儿的生命”为主题的听证会。他还参与撰写了联邦议院调查委员会关于《未来教育政策——2000 年教育问题》（1990 年，联邦议院印刷品，91/7820）的总结报告。赫里贝特·普兰特尔(Heribert Prantl)在《南德意志报》上发表的纪念莱尔歇的讣告里曾说：“几十年来，他一直是德国国家机关的法律代言人。他影响了联邦共和国的主要运作模式，他是德意志联邦共和国的‘国民博士、教授’(Prof. Dr. BRD)。”这句话来形容他简直再合适不过了。

在学术上，彼得·莱尔歇还对宪法诉讼法进行了大量深入的研究。[9] 宪法法院的地位及其特殊的宪法任务是彼得·莱尔歇学术研究的重点。对他来说，联邦宪法法院不仅是一个法院，而且更确切地说，也越发成为科学研究和讨论的对象。从这种意义上来说，作为宪法机构的联邦宪法法院也要对他表示无尽的感谢。

---

⑥　BVerfGE 39, 1 ff. und 88, 203 ff.

⑦　BVerfGE 68, 1 ff.

⑧　Bundesverfassungsgerichtsentscheidungen 83, 238 ff.

⑨　vgl. besonders „Das Bundesverfassungsgericht und die Verfassungsdirektiven“, AöR 90, 1965, S. 341 ff.；„Stiller Verfassungswandel als aktuelles Politikum“, in：Festgabe für Theodor Maunz, 1971, S. 285 ff. und „Verfassungsgerichtsbarkeit in besonderen Situationen“, 2001.

汉斯·F. 察赫尔（Hans F. Zacher，1928—2015）

米歇尔·施托莱斯　著　吴国邦　译

社会法的创立

　　直到 20 世纪下半叶，社会法才被认可为一门作为科学的学问，更确切地说是在 1960 年至 1980 年之间。从那时起，"社会法"这一具有广泛含义的概念，才适用于各种各样的规则。自 1883 年以来，大约从 1900 年开始①，曾经并行存在的工人和雇员保险、战争受害者抚恤、救济措施、青少年福利权利等，直到五六十年代才被看成是一个"多样化的整体"。1953 年新的联邦社会法院开始运作②，医疗保险被重新规定（1955—1956 年）③，1957 年推出了意义重大的"阿登纳"养老金改革。所有这一切都清楚地表明，《基本法》规定的社会国家原则，并不是一句美丽而空洞的口号，而是一个天然的使命，其合法性主要在于建立一种为民主政体运作所必需的社会平衡。随着新政权的巩固，人们越来越相信，在社会法这一学科背后隐藏着一个系统的功能性核心。1966 年第一次关于社会福利的调查得以展开，这次调查有助于我们整体性地了解

---

　　① 1883 年，德国帝国议会制定了《疾病社会保险法》，明确规定对以工资和薪水维持生计的社会阶层实施强制性保险，标志着德国法定社会保险制度的建立。1900 年 1 月 1 日起德国施行《德国民法典》，《德国民法典》是德意志帝国制定的民法典，以后为德意志共和国、德意志联邦共和国继续适用，现在仍然有效。——译注

　　② 德国行使社会保险司法权的是社会法院，随着德国在 1953 年 11 月 3 日颁布的《社会法院法》的实施，社会法院从行政法院体系中分离出来，形成了一种独立的专门法院体系。——译注

　　③ 1955 年德国颁布《签约医生法》，1956 年德国颁布《养老金领取者医疗保险法》。——译注

社会福利状况。随后而来的社会福利预算首次展现了这一民主政体内庞大分支系统的经济规模。最终，由察赫尔主持的一个专家组从 1970 年起开始起草编纂《社会法典》。当《社会法典》于 1976 年颁布时，绝大多数人都理所当然地把"社会法"当作法律学的分支和一门作为科学的学问。

　　让我们再一次回到 20 世纪 50 年代。年轻的汉斯·察赫尔于 1960—1961 年间完成了他那传奇般的教授资格论文，在论文中他不仅对联邦共和国早期的社会法发展阶段做出了具有历史意义的研究，而且还对其进行了重新构建。④ 虽然慕尼黑大学没有授予他社会法教授资格，但察赫尔很快就被聘任到萨尔布吕肯，之后又回到了慕尼黑，实现了自己的愿望。在由他 1965 年参与共同创建的社会法院协会(Sozialgerichtsverband)⑤(1982 年更名为与之前有显著差别的"社会法协会"!)里，在德国法学家大会上，在不计其数的报告中，在礼堂，在学院，在马普学会(Max-Planck-Gesellschaft)与他的项目团队中，察赫尔不知疲倦地为"他的"研究所宣传。他始终从全面的视角出发进行历史、社会伦理和教义学上的论证，尤其是从宪法学的角度，勾画出了与该学科功能相对应的"中等射程"(mittlere Reichweite)概念的基本特征。为此他广泛涉猎了政治学和社会学的文献资料，用来分析现代的社会福利国家并寻找它们之间的联系。

　　一门学科的"诞生"当然不能归功于个人，不可或缺的还有契合的时机、人们对朝着新方向发展的共同需求以及各类出版物和杂志的大量涌现⑥，不过，最终还要在很大程度上归结于个人的资质和努力。汉

---

④ H. F. Zacher, Sozialpolitik und Verfassung im ersten Jahrzehnt der Bundesrepublik Deutschland, Berlin 1980, mit einer Einleitung(XXXIX‐CII), die über Entstehung und Motive des Buchs ausführlich berichtet.

⑤ H. F. Zacher, 25 Jahre Deutscher Sozialrechtsverband e. V., in: Selbstverwaltung in der Sozialversicherung. Bundestagung des Deutschen Sozialrechtsverbandes e. V. 11. und 12. Oktober 1990 in München, Wiesbaden 1991, 7‐16.

⑥ Siehe etwa M. Stolleis, Wie entsteht ein Wissenschaftszweig? Wirtschaftsrecht und Wirtschaftsverwaltungsrecht nach dem Ersten Weltkrieg, in: H. Bauer—D. Czybulka—W. Kahl—A. Vosskuhle(Hg.), Umwelt, Wirtschaft und Recht. Symposion für Reiner Schmidt, Tübingen 2002, 1‐13; speziell zum Sozialrecht I. Mikešic, Sozialrecht als wissenschaftliche Disziplin. Die Anfänge 1918‐1933, Tübingen 2002.

斯·察赫尔对社会法贡献的重要性程度，可与汉堡人汉斯·彼得·伊普森对于欧洲法在学术推广方面所做的贡献相匹敌。前辈们的功绩⑦，尤其是瓦尔特·博格斯（Walter Bogs）和格奥尔格·万纳加特（Georg Wannagat）对社会法做出的贡献当然不能忽略，但是，汉斯·察赫尔坚定的意志、强大的说服力以及作为一名公法学者将对"社会保障法"重新构建的设想嵌入宪法的独特智慧，正是这些因素促使他的研究取得了突破性的进展。与他紧密合作的弗朗茨-萨弗·考夫曼（Franz-Xaver Kaufmann）在福利国家的社会学领域也做出了与之相类似的贡献。⑧ 作为一个整体的社会法最初是通过新的社会法院司法管辖权限被确立的，之后察赫尔将其从社会法院的权限中分离出来，依据宪法精神实现了社会法的统一。这样做的一个很大的好处是，能够将不属于社会法院管辖权范围而在功能上属于社会法的社会法律方面的内容涵括进来。

从一开始，察赫尔便成功地争取到了为数不多的独立工作的高等院校社会法教师们的加入。"社会法教师会议"（Sozialrechtslehrertagungen）正是由他创立的。社会法领域的学者们第一次有了一个论坛。以往所有的经验都表明，这类服务于增强该学科自我意识的核心机构有助于促进团结；如果人们愿意，还可以建立互惠的学术共同体关系。

在法律保障的前提下实现社会公平这一愿景背后，是察赫尔坚定的信仰，他的战争经历，他早年异常简朴的物质生活条件以及他作为"重建家园的一代人"⑨ 所拥有的乐观精神，这些生活世界的镜像在许多对其人、其作品的称道中得以凸显。⑩ 当时他在慕尼黑的助手们（京特·迪

---

⑦　Zacher nennt(Anm. 1) 9 f. Gerhard Mackenroth, Walter Auerbach, Walter Bogs, Hans Achinger, Josef Höffner, Hans Muthesius, Ludwig Neundörfer, Wilfried Schreiber, Walter Rohrbach, Erich Roehrbein, Carl Meyrich und Ludwig Preller, gefolgt von Elisabeth Liefmann-Keil, Viola Gräfin von Bethusy-Huc, Helmut Meinhold und Wilfried Schreiber.

⑧　Siehe das Gespräch Kaufmanns mit Stephan Lessenich „Die Moderne ist das fortgesetzte Stolpern von Krise zu Krise", in: Zeitschrift für Sozialreform 61(2015) 129 - 146, in dem mehrmals auf Zacher Bezug genommen wird, sowie F. -X. Kaufmann, Unter Druck. Der deutsche Sozialstaat ist ohne Blaupause entstanden ..., in: FAZ v. 10. August 2015.

⑨　联邦德国第一任总理阿登纳执政期间，制定了被称为三"W"的基本国策，即Westintegration(重回西方)、Wiederbewaffnung(重新武装)、Wiederaufbau(重建家园)，由此有了"重建家园的一代人"的说法。——译注

⑩　Siehe etwa B. Baron v. Maydell—E. Eichenhofer, Einleitung, in: H. F. -Zacher, Abhandlungen zum Sozialrecht, Heidelberg 1993, VII - XIII; U. Becker—F. Ruland, Einleitung, in: H. F. Zacher, Abhandlungen zum Sozialrecht II, Heidelberg 2008, VII - XII.

里希［Günter Dürig］、马丁·黑克尔［Martin Heckel］、罗曼·赫尔佐克
［Roman Herzog］、彼得·莱尔歇［Peter Lerche］、莱因霍尔德·齐佩利
乌斯［Reinhold Zippelius］、克劳斯·施特恩［Klaus Stern］）彼此之间的
关系也非常亲密。在一篇"自我回忆"的文章中，察赫尔以《我的20
世纪法律生涯》为题描述了自己的人生历程："我出生于1928年，在下
巴伐利亚州长大，是一名乡村教师的孩子。"⑪ 在那里，他免于受到纳粹
时代的蛊惑（"我的父母是反对纳粹的"），尽管还是被应征为空军辅助兵
（Luftwaffenhelfer），但他从战争中归来时却安然无恙，精神上得到了锻
炼并且具有了广泛的兴趣。一位军官建议他学习法律。1947年至1951
年他在班贝格（Bamberg）、埃尔朗根和慕尼黑相继完成学业，虽然他觉
得学习法律不切实际，但是他从中得到的主要经验就是，"学习的过程
虽可能抽离于现实，但学习的最终归宿却要回到现实"，虽然他自己回
忆起这段经历时的口气就像玩笑一般，但表达的含义十分深刻。随后他
作为实习律师，度过了当时通行的为期三年的无薪实习期。接下来作为
"辅助工"在巴伐利亚行政法院（1955—1956年）工作，之后任职于联邦
宪法法院（1956—1959年）和内设行政部门（1960—1963年），期间还做
过律师和助理，取得博士学位（1952年）并完成教授资格论文（1962年），
之后被聘任到萨尔布吕肯（1963年）。最后，他成为一位年轻的教授和父
亲。他将生活世界的重建——尤其是法治国家、社会国家和民主制度的
重建——视为早期联邦共和国的一项创造性成就，并以此纲规划己身的
生活。吸引他注意的是"社会干预的宪法权利"，这是为创造有尊严的
生活而从国家层面做出的设计，并通过由《基本法》确立的人格尊严条
款、平等原则以及待实现的"社会国家"原则得以保障。这种人生道路
抉取的内在社会动机与基督教精神发生了"选择性亲和"，那些终于甩
掉纳粹历史罪孽包袱的新一代人的旺盛创作欲和强烈事业心，感染着他
成为学术担纲者、批判者、鼓励者、创作者。他是一个知行合一的人。
他想"创造"一些东西，不仅从思想史的维度厘清不断演变的纷繁芜杂
的社会法，而且还能将其应用于建立社会国家的实践中。他在不断拓展

---

⑪　Hans F. Zacher, Mein 20. Jahrhundert im Recht, in: Rechtshistorisches Journal Bd. 19
（2000）, hrsgg. v. D. Simon, 682–688.

的圈子里将这一想法付诸实践，最初从他在萨尔布吕肯任教开始，1971年之后在慕尼黑，1974 年他开始与他的项目团队筹划成立马普学会外国与国际社会法研究所。在德国统一后那段极度紧张的（也是激动人心的）岁月中，察赫尔担任马普学会的主席（1990—1996 年），并为该学会做出了巨大贡献。仅仅是建立 18 个新的研究所，并为其找到所长、工作人员、地点和资金就是一项需要用审慎和勇气来完成的独特的科学管理任务。察赫尔将自己的冲劲、热情和内心的沉着结合起来完成了这项任务，正是这一特质使他能够将目光投向多元化和被普遍认可的公共利益。他的内心总是很坚定。他精神上的独立、源自工作和内心的谦逊以及基于此所表现出的自信心表露明显，并影响了马普学会的众多工作人员、相关的科学家以及各州的相关机构。

在担任马普学会主席时，他当然与科学法接触更多，但他的真正兴趣，是在慕尼黑跟随汉斯·纳维亚斯基学习的社会法。不仅在教授资格论文中，而且在马普学会和项目组的讨论会上以及一次次地在短篇论著中，他一方面强调了人们作为弱势的个体习惯性地对他人的帮助有着天然的不以时间为转移的依赖——从某种意义上说，这是亚里士多德的理论；但是另一方面，他比其他人更清楚地看到近代早期和 19 世纪社会法的历史年轮演变：教会的、国家的和免费的贫困公民救济以及军人福利、市政资金和紧急救护，所有的这些在日益严重的"社会问题"面前都显得软弱无力。由此，将国家强制与合作自治相结合，建立健康保险、意外保险和养老及伤残保险的想法得以产生，可以说，这是迈向现代的创造性飞跃。这一飞跃的实现可能最终要归功于俾斯麦。从那时起，虽历经第一次世界大战和第二次世界大战中的扩建、改造、危机管理和两次货币贬值，但社会法体系的框架依然存在，并在 1911 年颁布的《帝国保险条例》中得以确认。⑫ 第二次世界大战刚结束，察赫尔就见证了社会法体系如何被修复，怎样进行改造和扩充，例如对难民和流亡者的救济以及战争赔款和所谓对犹太受害者进行的赔偿。因此，社会法的一部分是刚性的或者说有韧性的（即社会保障法），另一部分则表现为可

---

⑫　M. Stolleis, History of Social Law in Germany, Berlin Heidelberg 2014, 29 - 74.

以被政治塑造的、柔性的，所以变得没有系统性和杂乱无章。在每一个立法周期，社会法都会增添新的内容。

这个由目的、融资模式、接受群体组成的集合体，尤其是当它与劳动法和税法交织在一起时，需要有秩序地被安排调控。察赫尔着眼于整体，首先区分了人的一生中会经历的主要风险以及由其他法律制定出的相应的解决方案(工作、购置、财产、日常消费品市场)。他称之为"诉诸内的解决方案"，因为它们属于一般法律体系。与之相对应的是真正的社会法的解决方案。尽管筹资渠道和结构不同，但它们是借由"社会目的"被维系在一起的，也就是说，最终是通过宪法的社会国家原则被维系在一起的。对于察赫尔来说，这些就是通过其"社会目的"维系在一起的所谓"诉诸外的解决方案"。现在已经在观念层面根据其特定功能对后者进行了重新归类。最后，可以更加清楚地看到：

(1) 预防制度，主要通过团体协作提供安全保障；

(2) 赔偿制度，适用于群体利益受损害时希望和必须得到赔偿的情况，例如战争受害者、政权受害者和犯罪受害者；

(3) 针对特殊紧急情况或需求的国家援助制度。[13]

这是社会法概念的基础，在任何情况下，它都是前文提到的社会法体系中内在逻辑的前提，从中可以要求"制度公平"。社会保障的公平意味着付出和回报的对等(不是由数字组成的!)，包括防范典型风险的巨大优势。照护措施的公平是指对无法挽回的损失给予"相应的"补偿。保障最低限度生存的公平意味着维护人的尊严。另外，在各代人之间、性别之间、被保险人与非被保险人之间以及一般意义上的服务提供者与被服务者之间，都应该存在公平。这需要通过观察社会指标并权衡相互冲突的目标，使公平的实现在各个层面都具有可操作性。所有这些都应该转换成在法律上准确且能够被公众理解的语言，社会国家的法律也必须以此为特征，如果它也想成为一个透明的法治国家的话。从教义学上发展出来的语言形式，只能是浓缩的和一致性的，以使法律具有可预见性。汉斯·察赫尔具备所需的语言天赋。他简明扼要、浅显易懂的

---

⑬　Besonders prägnant in: Grundtypen des Sozialrechts(FS Zeidler, 1984), in: Abhandlungen zum Sozialrecht, Heidelberg 1993, 257 ff.

措辞总是令人印象深刻，而对事物的解释又如此生动，使人很容易理解。

这些特点——姑且抛开察赫尔在德国社会法中的崇高地位——正如前文所说，也使他 1970 年之后成为社会法典专家委员会的创始主席。尽管法典的文字被无数参与者反复推敲斟酌，但听起来仍然很像"察赫尔"的风格，正如第一部分第 2 页第 1 条写道：社会法典（社会法）的法律应有助于"确保有尊严的生存，为人格的自由发展，特别是为年轻人，创造平等条件，保护和促进家庭通过自由选择的活动谋取生计，特别是避免和减轻生活的负担，包括通过帮助自助者"。在这些话语的背后，受过法律训练的人首先听到的是《基本法》的内容：人的尊严的保障，自由发展的基本权利，对家庭的保护，以及"自助权"和辅助性指导原则[14]。但这也是察赫尔的"声音"，他最关切的事情，是要揭示社会法核心领域的内在结构，同时将社会法与宪法的要求联系起来。

宪法和社会法的紧密相关意味着，一方面应该对《基本法》中可用于社会法的极其有限的文字进行阐释，另一方面社会法自身的设计应符合宪法的要求。《基本法》本身对此言之甚少。一部分原因是对未来的不确定性，还有一部分原因是基于政党策略的考量，社会国家未得建立，《基本法》也仅是道出了最有必要的内容。人们对此感到十分遗憾，但对于像汉斯·察赫尔这样的人来说，这是一个挑战。他根据宪法和他密切关注的联邦宪法法院及联邦社会法院的判例来理解并制定了社会法。同时，他借助了社会法的"结构"，并将其应用于宪法。这也给了他以平等视角敦促或批评立法者的自由，例如，当值得引起注意的、同基本制度理念相违背的情况一再出现的时候。

察赫尔改变了德国的科学面貌，几乎可以说是将其重新塑造。只是比较一下：大约 1960 年的时候他没有被授予教授社会法的大学教授资格，这简直有些莫名其妙，而现在社会法是一门得到充分承认的学科。

---

[14] 德国社会救助的首要基本原则是帮助自助者。德国《社会法典》明确规定，社会救助的目的是帮助自助者（Hilfe zur Selbsthilfe），使受助者早日自力更生。因此在德国有相应的激励和惩罚措施来促使受助者增强自立能力。而且受助者有义务在救助机构帮助下采取自救措施。其次，社会救助的辅助性原则是指只有在个人无法以自己的积极行动或力量帮助自己时，国家或社会才有义务进行干预。——译注

这个学科当然有其政治周期，但是今天社会法已经形成了一个坚实的体系，在大学里学习关于社会保障的基础知识时，社会法属于必学内容，之后在攻读博士学位或是在实践中还可以继续深入学习。在察赫尔建立社会法体系之后，无数年轻人通过学习掌握了社会法的知识，进入社会管理部门和社会法院。察赫尔的学生们作为大学教师，从事着各自的教学和科研工作，继续推动着社会法的发展。之后对于社会法学科发展史的研究可以描绘其发展脉络。毫无疑问，汉斯·察赫尔将被确认为联邦共和国社会法的奠基人。[15] 任何与他有过进一步接触的人，都不会忘记这位强大、敏感、充满活力和不断对本质问题进行思考的伟大人物。

---

⑮　In diesem Sinn durchweg etwa H. -J. Papier, Hans F. Zacher zum 65. Geburtstag, AöR 118(1993) 321 - 324; P. Lerche, Hans F. Zacher zum 75. Geburtstag, in: NJW 2003, 1853; E. Eichenhofer, Hans F. Zacher zum 80. Geburtstag, in: Die Sozialgerichtsbarkeit 2008, 347 - 348; F. Ruland, Nachruf für die Vereinigung der Deutschen Staatsrechtslehrer(unveröff.); H. Hofmann, Hans F. Zacher, Nachruf für die Bayerische Akademie der Wissenschaften(unveröff.); H. Prantl, Der Erfinder des Sozialrechts, in: Süddeutsche Zeitung v. 21. 2. 2015; A. Nußberger, in: Frankfurter Allgemeine Zeitung v. 23. Juli 2015.

克劳斯·福格尔（Klaus Vogel，1930—2007）

保罗·基希霍夫　著　吴国邦　译

克劳斯·福格尔是一位国家法学者，他为公民的自由而奋斗，并牢记实现自由所需要的前提条件。他认为，应制定具有持续性效力的法律，作为实现内部和外部和平的保障，作为自由与平等的条件。他力求严格按照法治的原则规定国家权力，并向国际合作——尤其应该以签订条约、协议的方式——打开大门。因此，他很早便致力于研究警察法和税法，即通常被视为具有防御性特征的"国家干预法"，这些"国家干预法"为国家和社会在分工互赖、理念互补、福利互持等方面实现自由共存提供了基础。随着克劳斯·福格尔学术生涯的拓展，税法逐渐成为其研究的中心位域，起初他主要关注税收的基本问题，之后将中心转向国际税法。1975年，他预言税法将成为"最有趣和最具挑战性的法律领域"①。克劳斯·福格尔实际上也为税法的发展做出了重要贡献。他的杰作《〈经合组织范本〉② 评论》（Kommentar zum OECD-Musterabkommen）③一再重版并被译成英语，已成为对《双重征税条约法》最重要的评论范本。

1. 克劳斯·福格尔讲授并解释了一项权利，该权利在其积极方面能

---

① Klaus Vogel, Die Besonderheit des Steuerrechts, DStZ/A 1977, S. 5.

② 《经合组织范本》全称为《经济合作与发展组织关于避免所得和财产双重征税的协定范本》，它是由经济合作与发展组织（OECD）制定，于1977年公布的签订国际税收协定的示范文本。经合组织理事会要求各成员国，在谈判新的税收协定和修订原有协定时，能够与这一范本保持一致。该范本全文共7章30条。——译注

③ Klaus Vogel/Moris Lehner, Doppelbesteuerungsabkommen der Bundesrepublik Deutschland auf dem Gebiet der Steuern von Einkommen und Vermögen. Kommentar auf der Grundlage der Musterabkommen, 5. Aufl. 2008; Klaus Vogel, Klaus Vogel on double taxation conventions, 3. Aufl., 1997; 4. Auflage vorgesehen für August 2013.

够保障法律的确定性、实现"法律和平"和法律界的民主团结，并在警察法和税法中找到公民权利和公民义务的平衡。该权利并非产生于某一具体的法律规则，而是从相应的法律原则中产生并不断发展，且在这些原则中证明其"权义分置效应"（Belastungswirkungen）的合理性并对其作出限制。

这项权利的目的是使全球交往、经济和文化交流活动着眼于国际性、政府间及国际条约协定。1964 年，克劳斯·福格尔在他成为教授后的首次演讲《基本法关于国际合作的宪法决断》中提出了建设"开放的国家"的构想，这一构想要求根据国际法和德国宪法的原则进行国际合作。确定开放合作的国家法和以"共同承担"为特征的现代国际法的主体，不应当是屏蔽外界的执政联盟，而应当是融入国际社会并作为其中一员的国家。《基本法》在第 24 条、第 25 条和第 26 条以及序言中对"开放的"国家作出了全面的宪法规定。"德意志联邦共和国要面向国际社会"，这一具有指导性的宪法决断要求联邦各机构为建立这样一个"开放"的国家制定积极的政策和相应的法律。

"《基本法》决定了国际合作"，1965 年，他的题为《行政法规范的空间效力》的教授资格论文便以此作为论点。至于何时可将行政法规范的效力延伸到"国际的"、超越国家界限的事务上，便取决于地区性原则的消除，即国家行政法的规定几乎只适用于其领土内的人和事务这一原则。福格尔在关于地域性原则的阐述中，特别提及了与地域性原则相抵牾的一般国家理论，并追溯了其自 19 世纪以降的发展。今天，无论是根据当前的国际法还是德国的国家法和行政法，地域性原则都已经不再具有重要意义。在论述国际行政法的概念和理论时，福格尔分析了深受萨维尼影响的"经典"国际私法学的思想史和政治基础，并强调，将私法置于国家之前且将其归于与国家相分离的社会领域的观点不能适用于真正的国家行政法。因此，福格尔深化了国际行政法的单一性理论；国际行政法不是一般行政法和特殊实体行政法的从属分支。因此不存在作为一门独立科学的国际行政法；人们最多可以抽象出某些关于国际行政法的一般性原则，用于填补行政法及其各分支学科的"规范漏洞"与

"理论漏洞"。与他所推崇的卡尔·诺伊迈尔（Karl Neumeyer）④的理论形成鲜明对比的是，福格尔提出，不必将对适用范围限制的标准与实体行政法的标准教条地区分开来。独立成编更多的是立法技术问题；边界标准主要用于需要被限制的实体法规范。国际行政法真正的但也是唯一的"冲突规范"在于单一性理论，即国家可以且只能适用自己的行政法。

对于外国行政法的适用，原则上要遵循"实体参照"规准，一种形式是直接参照外国实体规范的相应法律后果加以适用，另一种则是根据外国行政法准则构制本国法的构成要件，实际是以构成要件设置为媒介，复原直接参照适用的技术。对外国行政行为的"承认"，只是外国行政法适用的一个特例；而外国行政法关于行政行为拘束力（续存力[Bestandskraft]）的规定则可适用。

"开放的国家"这一主要思想在克劳斯·福格尔的学术生涯中留下了烙印。在他60岁生日时，他最重要的著作结集出版⑤，名为《开放的财政和税收国家》。⑥ 在慕尼黑的告别演讲中他又一次提及这一指导思想并强调了国际法与宪法的关系。然而，"开放"并不意味着减弱拘束力，更不意味着任意性。他以"近乎严格的忠诚度"⑦ 和清晰的语言表达提醒立法机关和行政部门——特别是在学术自由遭受破坏的时期，在面对作为现代国家"权力中心"的税收权力时——应在宪法国家的框架内遵循法律自由主义的思想，行使人民的权力。

2. 在这些需要考虑的范围内，税法作为"要求履行的"法律已经成为"开放的"国家这一理念在应用中的实例。⑧ 在有异议的情况下，应将税法适用于与外国有关的事务，以避免在国际服务交换中可能发生的

---

④　Vgl. auch Klaus Vogel, Karl Neumeyer zum Gedächtnis, AöR 95 (1970), S. 138.

⑤　Klaus Vogel, Der offene Finanz- und Steuerstaat, Ausgewählte Schriften 1964 - 1990, hrsg. Von Paul Kirchhof, 1991.

⑥　"税收国家"（Steuerstaat, Tax State）一词最早见于美籍奥地利经济学家熊彼特（Joseph Alois Schumpeter）1918 年所著《税收国家的危机》一文中。他指出："财税与现代国家有着密不可分的关系，以至于可以把现代国家称为'税收国家'。"这一概念被用来指称由公众税收养活的现代国家，区别于中世纪西欧那些依靠国王自有领地收入（土地收益）的封建国家。——译注

⑦　Anna Leisner-Eggensperger, Nachruf auf Klaus Vogel, NJW 2008, S. 277.

⑧　Klaus Vogel, Der räumliche Anwendungsbereich der Verwaltungsrechtsnorm, 1965, S. 425 f.

问题。克劳斯·福格尔将这一最初想法作为国际税法的核心内容并加以发展。

迄今为止，对于征税理由或税收收入分配，国际所得税法中尚无一致认可的原则。在某些情况下，国际所得税法被理解为是国家税法与国际协定条款（二元理论）在法律上的积极共存，而在另一些情况下，双重征税被认为是不同税法体系之间的冲突，可以通过明确划分税收主体和税收客体来解决（冲突理论）。最新的税收方式试图在原则上只对每个纳税人的国内收入征收所得税（来源地理论）。克劳斯·福格尔[⑨]从来源地理论出发，指出对来源地的定位是建立任何公平公正的国际税收秩序的关键。鉴于国内法与条约法之间的相互关系，国际所得税的征收在当今已不再具有优先性。然而，福格尔采用了一种新的方法确定来源地：来源地的确定虽然以一国经济资产增值为前提；但是，对来源地的定义更多的是描述问题工作的一部分，而不是解决问题的基础，因此必须根据国际税法的首要目标加以确定。所以，福格尔并没有依据每个国家的收入贡献来判断其是否可以作为来源地，而是首先要明确，根据国际税法所做出的公正评估，应给予哪个国家征税的权力。

福格尔将经济效益、个体的和国家间的公平作为国际税法的目标，并据此来定义来源地概念。效益意味着生产力；因此，如果生产要素收入由市场机制分配而不受国家影响，则符合了对效益的要求。福格尔认为，不干扰由市场进行的按要素分配的税法是中立的。但是，如果投资是在没有税收的情况下进行的，那么税收就不具有中立性；相反，在进行投资时，只有当国家不对投资决策产生影响——无论是积极的还是消极的——时，税收才更具有中立性。随着这种中立性的增强，福格尔考虑到，投资者的投资决策不仅基于未来的税收负担，而且还基于投资所在国提供的公共产品的供给。税收效率与国家"回报"的关系是这样的："一个国家的税收水平越高，对公共产品的供给就越多，特别是在

---

⑨　Klaus Vogel, Die Besteuerung von Auslandseinkünften. Prinzipien und Praxis, in: Klaus Vogel, Grundfragen des internationalen Steuerrechts, 1985, S. 3 ff. (20 ff.); ders. World-wide vs. Source Taxation of Income. A Review and Re-evaluation of Arguments, Intertax 1988, S. 216 ff., 310 ff., 393 ff.

安全性、经济稳定性、基础设施、直接补贴、医疗卫生水平和公共教育等方面。"

所以，福格尔将税收视为对国家提供公共产品的回报。这种"效益理论"在国家间的关系中赋予（纳税人所得）来源国唯一的征税权，因为它可以在投资所在地通过提供公共服务获得收入。因此，福格尔既看到了在来源国进行直接投资和证券投资所能开辟的收入来源，又关注到了在居住国销售商品和无形资产所能得到的收入。特许权使用费的来源部分在居住国，部分在来源国，因为通过分期付款的方式取得的许可证授权可作为无形资产转让并同时得到贷款。

通过这些论述，福格尔揭示了来源地理论在当今的学术意义和实用价值：它不仅是金融学上的假设，而且也是现行法律的基础，同时奠定国际法律秩序的重要组成部分。这一理论要求国际所得税法致力于实现总体法律秩序的重要目标，促进公平以及提高效率。如果所有人都在他们所处的国家中根据获得的公共服务来缴纳所得税，那么从根本上来讲，这是公平的，同时也是具有竞争中立性的。

3. 对于克劳斯·福格尔来说，税收公平是分配的公平，[10] 是关于国家负担的公平分配。税收公平以纳税人的生活状况为出发点。分配的公平本质上不是"积极公平"，而是"消极公平"。即便是调整非财政性税收的法规也要遵循公平分配的要求，只有如此，宪法授予的税收评估优先权最终才不会被剥夺。只有当非财政目的能够同时成为税收负担变量与税收分配标准的合法性理由时，基于此的相关构成性规定才得以证成。税收的目标是为了满足公共财政需求，而这一目标是通过每一笔纳税来实现的。满足国家财政需求是一个抽象的概念，在很大程度上可以任意地规定其数值，而且它并没有为税法设定具有明确理由的限制性目标。因此对于税收公平而言，首要目标是公平地分配税收负担，而不是为国家筹集资金。克劳斯·福格尔呼吁为税法匹配一套单独的方法，以

---

⑩ Klaus Vogel, Steuergerechtigkeit und Verfassungsrecht, in: Bitburger Gespräche, Jahr-buch 1972/1973, S. 155 ff.; ders., Steuergerechtigkeit und soziale Gestaltung, DStZ/A 1975, S. 409 ff.; ders. Die Besonderheit des Steuerrechts, DStZ/A 1977, S. 5 ff.; ders., Rechtfertigung der Steuern: Eine vergessene Vorfrage, in: Der Staat 1986, S. 481 ff.

满足分配公平的要求。按照能力原则分配税收负担只是一种初步的相对简单的方法。此外还需要逐步使之具体化，以更清晰地体现负担公平的标准。特别是累进所得税从两个不同的方面体现了公平：具有同等支付能力的纳税人之间的关系（横向税收公平）和具有不同支付能力的纳税人之间的关系（纵向税收公平）。累进税率实现了纵向公平；横向税收公平则要求同等支付能力的纳税人采用相同的税率。立法者在确定支付能力概念时应承担的责任，是区分支付能力的必要要素和非必要要素，并剔除与支付能力无关的内容。

这些对税收公平的考虑，不仅涉及税负的结构和数额，也关系到税收正当性这一原则性问题。洛伦茨·冯·施泰因[11]提出了三项原则来证明税收的正当性、限制税收的权力：经济原则要求税收不应损害资本，以免破坏通过收入积累和资本增值而重新形成资本的过程；财政原则禁止征收超过所需的税款；国家经济原则和税收的再生产原则也要求税收国家以征收到的税款创造的经济价值大于所使用税款本身的经济价值。克劳斯·福格尔[12]继承了这一学说，但特别指出，有必要重新审视再生产原则。今天，国家、经济和社会之间的关系取代了国家和社会的二元关系。相应地，税收的正当性不再仅基于国家的正当性，还有赖于国家/经济/社会三者关系的正当性。在这一体系中，自主管理的私有经济具有产生和维持经济生产力的卓越能力。在有效率的、强大的经济面前，国家的主要任务是维护重要的共同利益，并纠正管理经济中出现的错误。因此，国家的支出以及为支付这些支出而征收的税款，只要是履行国家职责所必需的，都是合理的。

从原则上来说，税是就经济价值而征收的。其合理性在于，税收是由国家、经济、社会三大部分组成的宪法所不可或缺的要素之一。通过税收，生产性经济把产生的经济价值的一部分归还给公众，而国家又为商品的生产做出了贡献——这一思想已证明了在跨国生活中不同国家税

　⑪　Lorenz von Stein, Lehrbuch der Finanzwissenschaft, 5. Aufl. , 1. Theil und 2. Theil, 1. Abtheilung, 1885, 2. und 3. Abtheilung 1886.
　⑫　Klaus Vogel, Rechtfertigung der Steuern: Eine vergessene Vorfrage, in: Der Staat 1986, 481(497 ff.); ders. , in: Josef Isensee/Paul Kirchhof (Hrsg.), Handbuch des Staatsrechts der Bundesrepublik Deutschland, Bd. I 1987, § 27 Rdnr. 64 ff.

收主权的合理性并将其进行分配。但是，如果国家的效率不如私有经济，那么最迟在国家所占产值的份额达到 50% 时，证明己身经济活动拟合前述再生产模型的责任不再由私营经济组织承担。不过，如果再生产原则在此时失灵，即无法从中得出相关的正当性理由，则只要利益可以归于个人且征税额度能够根据相应利益规模加以衡量，效益原则仍可有效参与税收正当性之证成。

4. 克劳斯·福格尔是国际税法教义学的创始人。他对国际税法的阐释和适用方面的理论贡献"得到了全世界的认可"[13]。他的杰作是《双重征税条约评论》（DBA-Kommentar）。[14] 这部著作已经发行了第五版，从第六版起，他开始与莫里斯·莱纳（Moris Lehner）合著。在这部著作中，他就征税权的国际分配和如何避免双重征税提出了一套全面的理论。从合法性、平等待遇和一致性的角度来看，如果将征税权只分配给来源国，那么征税权的分配就能同时实现个体公平和国家间公平。《经合组织范本》（OECD-Musterabkommen）的主旨就是通过协议避免双重征税。克劳斯·福格尔深刻影响了双重征税理论的形成和发展。他的评论已成为学术和税法实践中的标准著作，他的评论原则在德国、丹麦和英国成为其他著作的典范。他的学说通过该评论的英译本[15]在几乎所有参与世界贸易的国家中广为流传。

《双重征税条约评论》所关注的内容不是去评论全世界大约 2500 项协议或德国签订的近 100 项协议，而是以《经合组织范本》为"蓝本"[16]，从法学的角度出发，研究和理解这一由国际实践所确定的法律领域的基本结构。跨国法律包含了各种规范及其适用范围的"决策协调"（Entscheidungsharmonie），是由国家间的法律演变而来的。他以对税法基本原理的研究和税收的正当性法理[17]为基础，从法律形成和制定的视角，

---

[13]　Moris Lehner, Klaus Vogel zum 75. Geburtstag, DStR 2005, S. 2053.

[14]　Klaus Vogel/Moris Lehner, Doppelbesteuerungsabkommen der Bundesrepublik Deutschland auf dem Gebiet der Steuern von Einkommen und Vermögen. Kommentar auf der Grundlage der Musterabkommen, 5. Aufl. 2008.

[15]　Klaus Vogel, Klaus Vogel on double taxation conventions, 3. Aufl. , 1997; 4. Auflage vorgesehen für August 2013.

[16]　Christian Waldhoff, Klaus Vogel, Nachruf, JZ 2008, S. 246（247）.

[17]　Klaus Vogel, Rechtfertigung der Steuern: Eine vergessene Vorfrage, Der Staat, Bd. 25（1986）, S. 481 f.

严格依据事实并结合文字资料，对现行法律从历史渊源、法律意义和经济影响等方面进行了研究。这一基础使税收国之间能够在原则上取得适当的平衡，[18] 并且还由此产生了同样重要且有争议的观点，即违反国际法（"条约废除"）是违宪行为。[19]

　　5. "国家对资金征收、管理和分配"，这种对税收国家概念的描述体现了现代国家学说的要义。克劳斯·福格尔认为税收国家是《基本法》的重要原则之一。[20] 按照博丹（Bodin）的说法，金融是国家的神经，这一说法向我们展示了一幅具有启发性而且很贴切的画面：金融传递给社会力量，"财富"的本义具有双重性。金钱具有两个特殊功能：它丰富了个人的自主行动的选择性（自由），但也增加了影响他人意志（权力）的可能性。货币权力可与法律权力相提并论，因为它可以限制或给予更多的自由，但也可以通过转移来传递权力。通过金钱传递的权力虽然并不具有像法律命令那样的无条件约束力，但确实可以达到实际上相似的、有时更为有效的控制效果。金钱被用于组建国家机器并维持其运作，还用于影响经济和社会，[21] 并使国家预算——特别是议会的预算权力——与财政规划、财政监督等一起成为国家主要的行动和协调工具。

　　国家金融力量的强大往往伴随着"税收国家原则"的确立。该原则以国家与经济的分离为前提，但同时也使国家分享了生产性经济的收益。这种分离使国家和经济能够按照自己的标准行事：国家行为应维护普遍利益，致力于创造公平；与之相对应，经济则以盈亏作为衡量其行为"正确"与否的标准。国家与经济的分离可以提高经济效率，从而使生产力得到发展并维持企业的运作。然而，要想实现这种合理性就必须有所放弃：其他不以金钱衡量成功或失败的标准尚未出现。国家的任务在于，必须纠正在经济分配过程中出现的不符合公平原则的情况，只要

---

[18]　Klaus Vogel, World-wide vs. Source Taxation of Income. A Review and Re-evaluation of Arguments, Intertax 1988, S. 216 f., 310 f, 393 f.

[19]　Ekkehard Reimer, Klaus Vogel（1930–2007）, Ein Nachruf, DStR 2008, S. 169.

[20]　Klaus Vogel, Der Finanz- und Steuerstaat in: Josef Isensee/Paul Kirchhof（Hrsg.）, Handbuch des Staatsrechts, 3. Aufl., Bd. II, 2004, § 30.

[21]　Vgl. auch Klaus Vogel, Begrenzung von Subventionen durch ihren Zweck, in: Rolf Stödter/Werner Thieme（Hrsg.）, Festschrift für Hans Peter Ipsen zum 70. Geburtstag, 1977, S. 539 ff.

从公平的角度来看，这些情况不再是合理的，那么就要对其纠正。如果经济活动的行为危害到他人（劳动监察、环境保护）或不利于文化发展（建筑规划、纪念碑保护），那么国家就必须进行监督并在必要时予以纠正。

《基本法》凭借其财政宪法和经济宪法㉒确立了税收国家原则。对于《基本法》是否将税收国家视为宪法预设或是宪法内容，克劳斯·福格尔不置可否。不管怎样，税收国家这一原则都受到基本法的保障，因为如果没有税收国家，宪法的重要规定将无法生效。税收国家这一原则特别要求国家通过税收筹集资金，期望私有经济提高生产力，从本质上将国家财政收入限制在以税收方式参与私有经济生产的范畴，并为征税设定宪法限制。

在对《基本法》中的经济宪法的论述中㉓，在《基本法中的财政法特征》㉔这篇总结自己经验和认识的论文中，以及在他关于联邦共和国财政宪法法律的大量论述中，克劳斯·福格尔一再指出：对财政国家和税收国家概念的理解，就像对法治国家、民主国家、社会国家和联邦国家的理解一样，有助于在同一层面认清德意志联邦共和国的现实。在对财政宪法的基本考量中㉕，福格尔以《基本法》中的赋税制度（基本上可以说是不成文的）为基础，阐释了宪法的税收概念，并在宪法框架内对税收和特殊的融资税、补偿税及行为目的税㉖的正当性、评估和限制作

㉒ "经济宪法"概念由20世纪30年代欧肯等人开创的"弗莱堡学派"首先使用，认为经济是一个有机整体，亦如政府政治行为须受到政治宪法约束一样，政府的行为也必须受到一部经济宪法的规制。可以说经济宪法在其产生之初即为规制国家经济权力，并且以根本经济法的形态而存在。德国对于经济宪法概念的认识尚存异议，但这一概念通常指《基本法》中调整经济生活秩序的宪法规范总和，或是经济生活予以调整的所有法律规范的总和，并不止于《基本法》的规定。作为德国公法上的一个重要概念，经济宪法与政治宪法、社会宪法一样属于宪法的一个重要组成部分，也是经济法具有最高法律效力的法渊源，而其中心即在于如何确保国家经济权力在宪法框架内运作。——译注

㉓ In: Bonner Kommentar, Zweitbearbeitung zu Art. 104a - 109, 114 GG (1970 - 1978).

㉔ Klaus Vogel, Der Finanz-und Steuerstaat in: Josef Isensee/Paul Kirchhof (Hrsg.), Handbuch des Staatsrechts, 3. Aufl., Bd. II, 2004, § 30.

㉕ Klaus Vogel, Der Finanz- und Steuerstaat in: Josef Isensee/Paul Kirchhof (Hrsg.), Handbuch des Staatsrechts, 3. Aufl., Bd. II, 2004, § 30.

㉖ Vgl. auch schon den Beitrag: Das ungeschriebene Finanzrecht des Grundgesetzes, in: Peter Selmer/Ingo v. Münch (Hrsg.), Gedächtnisschrift Wolfgang Martens, 1987, S. 265 ff.

出了论述。在更深入的个人研究中，福格尔还探讨了公共财政监督[27]的宪法限制，如《基本法》第 105 条第 2a 款[28]禁止了"同类的"地方消费税和奢侈物品税[29]，阐述了税收优惠与直接补贴之间的界限及其对立法、融资和行政权限的影响，以及预算编制的必要性[30]，还将《基本法》第 106 条第 3 款第 1 节中对流转税分配的规定与国际法相关规则[31]作比较，论述了美国宪法对税收和国家支出作出限制的宪法政治理论。[32]对于实体税法来说，他关于企业家单位（Unternehmereinheit）的法律效力的专题论著（1966 年）[33]影响了联邦财政法院（BFH）[34]的判例。在大量的论述中他向立法机构指出税务制度的缺陷，并多次从比较法视角提出了很多具体的改进建议。[35]

　　与克里斯蒂安·瓦尔德霍夫（Christian Waldhoff）一起，克劳斯·福格尔以《财政宪法的基础》[36]这部著作作为基础，结合对财政、税收国家[37]和《基本法》中的财政法[38]的研究，将其对国家和经济、税收和预算、

[27]　DVBl. 1970, 193 ff.

[28]　In：Karl Oettle（Hrsg.）, Festschrift für Kuno Barth, 1971, S. 169 ff., ferner：Zur Konkurrenz zwischen Bundes- und Landessteuerrecht nach dem Grundgesetz, Über das „Anzapfen" von „Steuerquellen", StuW 1971, 308 ff.

[29]　德国《基本法》第 105 条第 2a 款规定："地方消费税和奢侈物品税不与联邦法律规定属同类的，各州享有立法权。"——译注

[30]　Klaus Vogel, Verfassungsfragen der Investitionszulage und verwandter Vergünstigungen, DÖV 1977, 837 ff.

[31]　Klaus Vogel, Anwendung des Völkerrechts zur Auffüllung einer Lücke im Bundesstaatsrecht：Art. 108 Abs. 3 Nr. 1 GG, in：Festschrift für Hans Huber, 1981, S. 333 ff.

[32]　Klaus Vogel, Verfassungsgrenzen für Steuern und Staatsausgaben, in：Peter Lerche/Hans Zacher/Peter Badura（Hrsg.）, Festschrift für Theodor Maunz, 1981, S. 415 ff.

[33]　福格尔该专题论著的原文题名为：Die Rechtswirkungen der Unternehmereinheit：Zur Haftung der Giedgesellschaften für Steuerschulden der Unternehmereinheit。——译注

[34]　BFH BStBl. II 1979, 347, 350, 352, 354, 358.

[35]　除了为 1966 年德国法学家大会所写的鉴定意见之外，也参见他关于法人税收改革中外国股东的论文（1973 年）、他在加拉加斯（委内瑞拉）举办的第 11 届国际比较法协会大会上所作的主报告的主题：国际金融交易中的逃避税收（1982 年），或者关于有限责任公司等负有社会缴税义务（BB 1970, 269 ff.）以及关于法人税收改革中公益和慈善基金会的工作困难的诸多论文（DB 1980, Beilage Nr. 11）。

[36]　Klaus Vogel/Christian Waldhoff, Grundlagen des Finanzverfassungsrechts：Sonderausgabe des Bonner Kommentars zum Grundgesetz（Vorbemerkungen zu Art. 104a bis 115 GG）, 1999.

[37]　Klaus Vogel, Der Finanz- und Steuerstaat in：Josef Isensee/Paul Kirchhof（Hrsg.）, Handbuch des Staatsrechts, 3. Aufl., Bd. II, 2004, § 30.

[38]　Klaus Vogel, Grundzüge des Finanzrechts des Grundgesetzes, in：Josef Isensee/Paul Kirchhof（Hrsg.）, Handbuch des Staatsrechts, 1. Aufl., Bd. IV, 1990, § 87.

财政和法权、法学和经济学以及对国家、欧洲、外国和国际的法律的见解归纳总结，形成了一个完整的和宪法相结合的财政国家体系，以使宪法国家可以通过其财政权力得以运作。

6. 克劳斯·福格尔在一篇分析文章中批评现行德国税法"过于复杂，不透明，经常不公正"㊴，指出税法已不再"合适"了。一部税法由于其复杂性而妨碍了民主责任的履行，这违背了民主原则；当一部税法已无法践履其规范意旨时，我们便可认为其违背了法治国家这一宪法原则。

为了使宪法法院在未来对税法立法机构的监督更加有效，克劳斯·福格尔按照联邦宪法法院的"新方案"对平等原则进行了明确阐述，将人的平等原则作为基本权利加以看待，并将其与从客观上杜绝宪法的任意性的平等原则相区别。人的个体差异所招致的不平等对待，无法容忍任何借口的苍白辩解，除非有超越个体平等原则的更强理由作为支撑。在人的平等原则之外，是对任意性的杜绝，对正当理由的要求，以及对一致性要求的充分考量。

按照这一理论，作为税收立法标准的效率原则，依据宪法要求被建立于这四重基础之上：对税收进行分类的财政宪法是规范基础；内涵不断丰富发展的作为基本权利的平等权决定了税收立法模式的择取方案和税法创制（参照）技术的宪法尺度；民主法治国家框架内的一致性要求则指示，应当依据判决成例来调整税收法律；社会国家原则给出了内容方面的要求。在这些宪法要求的框架内，立法机关有很大的发挥空间。但是，重要的是要遵守这些宪法所确立的涉及面广泛但具有严格约束力的规则。

7. 为国家提供更多的规制工具以帮助其应对不断增大的治理压力，但又对其干预范围进行严格限定，此种设想尤其适于社会国家的警察立法。在这里，克劳斯·福格尔也注意到维护自由法治国家持续性的重要意义，因为国家总要应对新的和不断变化的任务。在献给他的老师格哈

㊴   Klaus Vogel, Der Verlust des Rechtsgedankens im Steuerrecht als Herausforderung an das Verfassungsrecht, in: Karl Heinrich Friauf（Hrsg.）, Steuerrecht und Verfassungsrecht, DStJG 12（1989）, S. 123 ff.

德·瓦克(Gerhard Wacke)的《自由国家理论关于警察法起源的分析》[40]
这篇论文中，他积极肯定了警察法的自由主义传统和作为"危机防范"
法律的功能定位，并称其为"我们对抗警察国家的有力武器"，即使在
当今福利国家中警察法也仍然担负着多方面的社会责任。摒弃警察法的
传统特性也就等同于摒弃了通过警察法而得以保障的自由。正是在这样
一个自由的国家里，需要某种社会准则来约束和规范社会生活领域中诸
多的法外之地。当某人受到严重伤害时，如果缺失国家层面的惩罚，伤
者就会被迫自救。如果国家为了维护内部稳定而要避免这种自救情况的
出现，就必须要承担更多的责任和义务，并在出现类似情况时采取行动
以防止其再次发生。因此，今天的警察法仍然需要"公共秩序"的授
权，按照绝大多数人的理解，这种授权是保护人们共同生活必不可少的
前提条件。这种警察系统是基于其职能和由此产生的受限制的权限而形
成的，不会反过来使我们的自由完全由国家甚至立法者掌控，而是让我
们期待着使我们享有自由的社会与致力于实现自由的国家二者相互作
用，从而产生的真正的自由。这一基本论断是克劳斯·福格尔在与沃尔
夫冈·马滕斯共同重新修订的关于德国警察法的经典著作[41]中提出的。
这部著作的贡献在于，以德国警察法的自由传统和整个德国警察系统所
共同面临的挑战为出发点，试图维护和完善一部共同的德国警察法，尽
管各联邦州有独立的立法权，但它确保了宪制国家所具有的基本共性。
这项任务在内容和实际意义上可与基本权利理论相提并论。

　　8. 如果我们把克劳斯·福格尔作为一名学者来赞扬，法律人首先想
到的是这位宪法、警察法和税法的研究者，这位勤于探索新的教学方法
的大学教师，这位乐于助人的朋友，这位丈夫，这位五个孩子的父亲和
儿孙满堂的祖父。克劳斯·福格尔虽然受到他所处时代的影响，但经常
能够超越其局限性。他于1930年出生于汉堡，在艰难的经济和政治条件
下度过了自己的童年，由此他产生了对一个健全、自由的法治国家的渴

　　[40]　Klaus Vogel, Über die Herkunft des Polizeirechts aus der liberalen Staatstheorie, in: Ver-
fassung, Verwaltung, Finanzen, Festschrift für Gerhard Wacke, 1972, S. 375.
　　[41]　Bill Drews/Gerhard Wacke/Klaus Vogel/Wolfgang Martens, Gefahrenabwehr, 8. Aufl.,
Band 1 1975, Band 2 1977; 9. Aufl. 1986.

望。他在青年时期也亲身经历了这样一个过程：一个受改变现状的强烈意愿驱使的社会能够几乎从零开始，建立了一个宪法国家，一个很快重新赢得尊重的民主制度，一个文化共同体和一个"经济奇迹"。克劳斯·福格尔在汉堡学习法律并获得相关学位，1964 年作为教席教授任教于埃尔朗根-纽伦堡大学（1964—1966 年），他在海德堡（1966—1977 年）创立了德国和国际税法研究所，最后在慕尼黑工作（1977—2007 年），并在那里建立了外国和国际财政法及税法研究中心，之后成为国际财政协会的主要成员。福格尔还担任经合组织、美国财政部、欧共体委员会和联合国的顾问和专家。他的学术研究涉及国际和跨国法律，他将自己的学术理论广泛应用于人际交往、建立友谊和学术交流中。[42]

　　他始终着眼于国家和国家法，在进行学术研究和参加机构活动中亦是如此。1995 年[43]，他与罗曼·赫尔佐克一起在德国国家法教师协会作了题为《立法与行政》的报告，此报告引发了关于该题域基本原理的热烈讨论。1974—1975 年，克劳斯·福格尔与汉斯·彼得·伊普森和弗里茨·奥森比尔（Fritz Ossenbühl）成为该协会的董事会成员，并在 1990—1991 年担任该协会主席。他的主席任期恰逢德国统一之时，当时的政治领域及部分公共媒体中出现了质疑《基本法》合法性的声音，要求在这一最能体现宪法合法性的时刻进行全民公投。克劳斯·福格尔以该协会主席的身份呼吁在柏林召开特别会议，这次会议在《基本法》框架之内——而不是超然于《基本法》之外——为实现德国统一做出了重大贡献。

　　作为一名研究者和老师，克劳斯·福格尔熟读 19 世纪和 20 世纪的国家法和税法文献资料，在对税法的研究过程中，他结识了来自世界各地的杰出学者并接触到了新的观点。他将自己的思想传授给了他的学生们，但也对其他观点持开放态度。他的一些理论被他投身于大学教师资

---

　　[42]　Vgl. die 2. englischsprachige Festschrift zu seinem 70. Geburtstag: Paul Kirchhof/Moris Lehner/Arndt Raupach/Michael Rodi/Kees van Raad, International and Comparative Taxation. Essays in Honour of Klaus Vogel, 2002.

　　[43]　该报告是克劳斯·福格尔和罗曼·赫佐格于 1965 年在维尔茨堡（Würzburg）举行的德国国家法教师协会年会上所作，此处似原文印刷错误或作者记忆有误。——译注

格考试的学生们所接受，并在他们各自的法律思想体系中发挥着作用。[44]
克劳斯·福格尔得到了广泛的认可，被纽伦堡、萨尔布吕肯、波鸿、海
德堡、汉堡和慕尼黑的大学聘为教授。他所参与的许多国际协会、咨询
委员会和学术机构都对他的工作表示赞赏。维也纳经济大学授予他名誉
博士学位，为向其致敬，每年还举办克劳斯·福格尔讲座（Klaus-Vogel-
Lecture）。为表彰其学术贡献和表示对其个人的肯定，联邦共和国授予
他联邦十字勋章。德国统一后，他提出了"与东德分享"的倡议，再次
将对国家的政治见解和科学要求与实际行动相结合。为纪念他诞辰七十
周年，两本纪念文集特别出版，一本为德语的[45]，另一本为英语的[46]。

　　作为一名法律学者和法律设计者，克劳斯·福格尔维护了法律的积
极性，始终从思想平等的角度思考法律的根源，并从国家来源和跨国局
限性的角度阐述法律。克劳斯·福格尔所取得的成就永远具有现实
意义。

---

[44]　Vgl. insbesondere Dieter Birk, Steuerrecht, 13. Aufl. , 2010.

[45]　Paul Kirchhof/Moris Lehner/Arndt Raupach/Michael Rodi, Staaten und Steuern. Festschrift für Klaus Vogel zum 70. Geburtstag, 2000.

[46]　Vgl. die 2. englischsprachige Festschrift zu seinem 70. Geburtstag: Paul Kirchhof/Moris Lehner/Arndt Raupach/Michael Rodi/Kees van Raad, International and Comparative Taxation. Essays in Honour of Klaus Vogel, 2002.

阿尔弗雷德·克尔茨

（Alfred Kölz，1944—2003）

约格·保罗·穆勒　著　　王银宏　译

　　2003 年 5 月 29 日，阿尔弗雷德·克尔茨在学术事业精力充沛时逝世，终年 59 岁。克尔茨自 1983 年起任苏黎世大学的宪法、行政法和宪法史教授。1978 年，他以一篇关于苏黎世州行政诉讼的评论和一篇在几十年间对于实践和学术均具有重要指导意义的论文获得在大学任教的资格，他在这篇论文中对实践进行了审慎的分析，对程序原则进行了令人信服的论述，他的语言极具特色，具有简明易懂的特点和富有教育意义的风格。后来，阿尔弗雷德·克尔茨致力于研究联邦层面诸多不同形式的行政诉讼。他在教学工作期间逐渐转向对于宪法史和国家哲学问题的研究。在这方面，他是一个真正的研究者，并且在重要的相互关系和研究进路方面做出了突出的贡献。在他生命中的最后 12 年间，他每年都有好几个月的时间待在州档案馆、巴黎的国家图书馆进行原始资料的研究，他将此视为关于"新瑞士宪法史"的主导性著作的基础。该著作的第一卷出版于 1992 年，论述的时间段为 1798 年至 1848 年，第二卷论述的时间为 1848 年至当代，虽然进展顺利，但还是没有完成。除了实质性的论述之外，他的研究还附带产生了两卷本的原始资料，这有助于读者形成自己的思考及对于历史的判断。克尔茨的论述具有令人惊讶的理解和认知能力，后来被视为瑞士的典型制度的直接民主制，例如要求公民投票的宪法提案或者关于法律的全民公决，这些制度并不是源于瑞士的本土传统(州民众大会、乡镇居民大会)，而是直接来源于法国大革命的思想遗产。这些内容并非总是能够得到明确地论述。恰恰是法国大革命的激进-民主的思想使 19 世纪初的瑞士觉醒，至少是使 1814 年之后的瑞士觉醒。对此，制定宪法的决定性的先导，例如伯尔尼州和瓦德(Waadt)州的宪法的一些思想理念源于法国，在早前，这并没有向公众公开或者使民众蒙混不清，尽管人们也许会把吉伦特派的宪法草案视为政治权利的典范，并且支持 1793 年的山岳派宪法中的规定。[①] 克尔茨多元性地分析并且生动形象地论述了政治理论所发挥的作用和反作用，他在《现代国家理念横渡大西洋的循环》（第 228 页及以下诸页）中论述道：不仅约翰·洛克，而且法国 18 世纪的伟大思想家在美国革命和美国宪法的制定中都发挥了重要影响。在他看来，这种运动所产生的影响要追溯到法国大革命。美国和瑞士之间的相互影响尤其令人印象深刻，特别是美国通过瑞士接受了与联邦制密切联系的两院制议会，并且瑞士的直接民主制度在美国的一些州得到广泛传播。[②]

环境保护法是阿尔弗雷德·克尔茨的学术研究和咨询建议工作中的另一个重要方面。他不仅投身于联邦和州所有层面的规范制定并且确定实质性目标，而且十分关心程序问题以及从宪法到规划法、建筑法和警察法的不同组织领域的协调问题。一位法学天才跟他的夫人莫妮卡·克尔茨-奥特(Monika Kölz-Ott)的责任心之间的协同配合使这些方面的工作令人印象深刻。

阿尔弗雷德·克尔茨在他所有产生影响的领域都保持着一位研究者的好奇心和谨慎细致，同时也跟他作为一位政治思想家的远见卓识有着密切联系，他有着坚定的政治责任心，同时对于法律的可能性及其界限保持一种实践的清醒和理智。虽然克尔茨不是政治家，但是他积极参与瑞士的政治活动，并且保持其作为学者、宪法学家和政治理论学者的独立性。熟悉政治实践以及作为观察员、专家、政治评论家和实践性法学家使他对权力始终保持一种冷静的态度。他从未试图获得任何政治职位，从未成为任何党派的成员，但是，只要涉及宪法上需要处理的问题，他就以自身的勇气极力地推进政治的发展，例如投票表决中的程序

---

① 相关阐释，参见 Alfred Kölz, Verfassungsgeschichte, 1992, S. 475 ff. und 484 ff.。

② Dazu etwa Alfred Kölz, Der Weg der Schweiz zum modernen Bundesstaat, 1998, S. 228 ff.

正义问题（"双重赞同"）或者关于环境的核心问题。

阿尔弗雷德·克尔茨长期以来始终实质性地参与瑞士的宪法改革进程，并且在1999年使瑞士接受了一部新的联邦宪法。他的一项重要贡献是出版了他跟伯尔尼的同事共同起草的宪法草案，并且在1984年使公众"相信，我们今天对宪法的根本性改革有利于于州的利益"（1984年的前言）。媒体和学术界的反响是令人愉快的，[3] 这激励他们继续修订，在1990年和1995年出版了新的版本——这项共同的工作耗费了他们在苏黎世和伯尔尼的几十个周末。在最后一版中，例如瑞士加入欧盟的国内程序以及其后来的合作中特别重视的民主体制等内容则付诸阙如。关于这些宪法草案在实践中对1999年新的联邦宪法的形成所产生的影响，伊莎贝尔·黑纳（Isabelle Häner）有过认真细致的学术研究。[4]

阿尔弗雷德·克尔茨也在学术研究和宪法政治方面参与了州的宪法改革进程，同时也在联邦层面做出努力，或者予以推动，他在这方面的工作给人留下了深刻的印象。尽管伯尔尼州的1933年新宪法被视为典范，并且为联邦层面和苏黎世州的改革提供了重要标准，但是伯尔尼的宪法改革工作现在仍在继续（2003年），克尔茨曾再次提交其跟同事以极大的创造力共同起草的宪法草案。在此，我们对其实际产生的影响所知甚少；这就是一位致力于在公共生活方面推进宪法政治的无党派人士的命运，他的名字并没有得到广泛地传播，而各个党派都乐于接受他的思想财富并广为宣传。

阿尔弗雷德·克尔茨一心致力于民主事业、公民直接参与的体制和选举权的完整无缺。他相信，实质性的需求和接下来几代人的需求都能通过民主的不同扩展得到最好和最长久的保障，因此，需要成功地使决定程序相对地不受到团体、经济和党派的操控。克尔茨积极地为世俗化的需求辩护；他与人们分享了孟德斯鸠对于权力的怀疑以及卢梭对于人类的任何形式的屈从和不能独立自主的厌恶。"相较于安静的奴役，我

③ Peter Häberle, Der private Verfassungsentwurf Kölz/Müller, in: Zeitschrift für schweizerisches Recht 1985, Bd. I, S. 353–365.

④ Isabelle Häner, Nachdenken über den demokratischen Staat und seine Geschichte, Zürich 2003.

更偏爱躁动的自由"（卢梭），克尔茨将此作为箴言写在讲课手稿上。这同样适用于他全部的著作和工作。

直至致命的事故发生的前一天，阿尔弗雷德·克尔茨仍在撰写他的宪法史的最后一卷——尽管数月以来，他的病情已经严重并且已无法治愈。当时，这位富有激情的、果敢的和——也在最高难度之处探索开辟新的登山路线——富有创新精神的登山爱好者再次行进在乌里阿尔卑斯山脉（Urner Alpen）。他爬上了山峰，下山时疾病无情地来袭，导致他致命的跌落。一位勇敢的、无所畏惧的、有才华的、殷勤周到的朋友，一位和蔼可亲、谦虚朴素的同事，一位有才能的、富有感染力的教师离我们而去。

2003年年初，日内瓦大学决定，基于其作为法国和德语文化的交流者所做出的贡献，授予阿尔弗雷德·克尔茨名誉博士学位。之后，国务委员会批准了该决定。预定于大学开放日在日内瓦举行的官方的荣誉授予仪式来得太晚，原定的学术庆祝仪式在当天按时举行，然而，我们必须在苏黎世的圣彼得教堂跟阿尔弗雷德·克尔茨送别。

温弗里德·布鲁格

（Winfried Brugger，1950—2010）

彼得·黑贝勒　著　王银宏　译

一

　　人们如何才能更好地纪念一位突然从我们生活的世界离开的学者，一位其才华和能力达到了一位国家法学者所能达到的最高高度的学者？对于一位刚刚 60 岁就因严重的疾病而骤然离世的学者，人们应如何公正地评价其著述，例如，如何评价其学术论著的接受度问题？诚然，自古以来就有悼文、悼词、讣告的习俗。然而，这里所要面对的是布鲁格的朋友，特别是他在美国以及最后在巴西的朋友，以及他在海德堡的学生，他自始就成为他们的榜样和典范。本文的作者对于英年早逝的温弗里德·布鲁格教授心怀感激之情，特别是对在过去的几年中共同成长的巴西同事——感谢诸多参观访问、共同的学术讨论会（例如在阿雷格里港［Porto Alegre］）和共同的主题选择。因此，本文也是在这种视界中写成的，其中部分内容以葡萄牙语发表在扎尔勒特（I. Sarlet）所编的杂志（在阿雷格里港）上，现在这部纪念文集所收录的是扩增后的德语版本。

　　若要成功地论述一位国家法学者，其本人及其著述是不可能予以分开的。他的学术道德必须以其著作为基础进行论述才是可靠的。若非如此——例如，作者所致力于研究的所有制度或者通过大量未公开的专家鉴定实践所揭露出的经济腐败——我们所要表达的只有哀悼之情。而恰恰是在拉丁美洲，人们在诸多军事独裁统治下生活，对此需要做出恰当的评价，例如，撤销《赦免法》为这种主题提供了例证材料。艺术家可以将(人们可以想到毕加索［P. Picasso］和布雷希特［B. Brecht］的传记中的诸多问题)将其个人与作品分离开来，但是服务于宪法国家的学者却不能。温弗里德·布鲁格自始就是这样一个学者。

二

温弗里德·布鲁格于1950年2月26日出生于符腾堡，他在慕尼黑和图宾根学习法学。他在图宾根跟随巴霍夫(O. Bachof)获得法学博士学位，其博士论文的题目是《人权伦理与责任政治：马克斯·韦伯对于人权的分析及其根据的贡献》(1980年)。之后，布鲁格在伯克利获得法学硕士学位。他的教授资格论文是《美利坚合众国的基本权利与宪法审查》(1987年)。此后，他至今——除了施泰因贝格尔(H. Steinberger)——是德国的研究美国宪法的最权威的专家。例如，这体现在他的论文《美利坚合众国的宪法解释》[1] 以及论文集《民主、自由、平等：美国宪法研究》[2]。此外，布鲁格还针对阿克曼(B. Ackermann)的著作(1983—1986年)和德沃金(R. Dworkin)的著作(1985—1987年)发表了数量众多的书评，针对笔者的著作也发表了书评[3]。

温弗里德·布鲁格早期是在曼海姆大学和海德堡大学任教。此外，他运气很好，曾作为马克斯·韦伯研究机构的成员在埃尔福特(Erfurt)进行了大约五年的研究——不用受到官僚主义的约束，也不必过多地承担教学工作。在他生命的晚期(2003—2008年)，布鲁格仍有大量作品问世——他的施瓦本式的勤奋使他完成了超额的工作。他的著述目录极其丰富，他的著述涉及所有的文献类型：从专著到论文，从司法判决评论到书评，从演讲到讨论性文章。

温弗里德·布鲁格除了担任诸多享有盛誉的美国大学特别是华盛顿

---

① „Verfassungsinterpretation in den Vereinigten Staaten von Amerika", JöR (1994), S. 571 ff.

② „Demokratie, Freiheit, Gleichheit. Studien zum Verfassungsrecht der USA", 1993, 2. Auflage 2001.

③ Z. B. Wahrheitsprobleme im Verfassungsstaat, 1993, in: JZ 1995, S. 1005 f.

大学的客座教授之外，他还多次前往巴西讲学，得到扎尔勒特的关照。除了本文提及的著述④之外，他还有不少论文被译为葡萄牙语。布鲁格，亦如本文的作者，赞赏巴西的立宪制所具有的活力，特别是其巴西的同事门德斯(G. Mendes)和扎尔勒特。同样也是因为巴西最高法院的积极工作使巴西处于拉丁美洲宪法发展的顶端。人们可以想到他提及的关于"宪法解释者的社会圈子"公开征求意见以及"法庭之友"(amicus curiae)实践。⑤ 令人印象深刻的是不少年轻的巴西法学家的热情，布鲁格以及笔者在当地的讲座中一再地对此感到惊讶。巴西在宪法国家方面的乐观主义显得德国和欧洲在这方面的"老气"。借用斯蒂芬·茨威格(Stefan Zweig)的优美词句就是，巴西是一个"未来的国度"，布鲁格先生也在谈话中对此给予高度评价。我也斗胆地认为，巴西是一个现代和未来的国度。巴西偶尔也跟印度(金砖四国)等国家一起被称为"崛起的发展中国家"。秘鲁则完全是一个所谓"发展中国家"。这两个概念有时会被拒绝使用，是因为它们仅仅以经济作为标准——完全是以世界范围内所有生活状况的经济化为标志。而巴西现在是一个富有活力的宪法国家。温弗里德·布鲁格对这个和平的、多民族的和多文化的政治共同体持赞赏态度；巴西不仅通过以乔宾(A. C. Jobim)为代表的音乐为世人所知，而且通过足球、共同的语言和国旗这些作为宪法国家的文化身份认同要素中"最为内在的要素"而为世人所知。

三

温弗里德·布鲁格的研究成果从一开始就非常广泛，不仅包括法哲学⑥和社会学⑦，还有涉及人类学等跨学科的研究成果⑧。人的尊严和人

---

④　Z. B. im JöR 56（2008），S. 613 ff.，in Sachen moderner Konstitutionalismus am Beispiel der USA，Brasiliens und des Grundgesetzes.

⑤　Dazu G. Mendes，in：JöR 58（2010），S. 95（111 ff.）.

⑥　„Grundlinien der Kantischen Rechtsphilosophie"，in：JZ 1991，S. 893 ff.

⑦　„Kommunitarismus als Verfassungstheorie des Grundgesetzes"，in：AöR 123（1998），S 337 ff.

⑧　„Das anthropologische Kreuz der Entscheidung in Politik und Recht"，2005，2. Aufl. 2008.

的观念⑨、表达自由的基础及其限制、自由与安全之间的关系以及公共
利益⑩等都一直都是他富有创新性研究的主题。布鲁格作为诸多跨学科
文集的编者也成果卓著。⑪ 此外，他通过其友好的、善于调解的特质成
功地将诸多对立、矛盾的同事聚在一起交谈。他发表的最后一篇论文应
该是《分离、平等、亲近：三种国家-教会模式》。⑫ 他在汉堡举办的德
国国家法教师协会会议上所作的重要报告⑬将在下文第四部分中论述。

　　布鲁格以其极有争议的、以"营救中的酷刑"为主题的论文⑭而成
为德国国内的公众人物。与主流意见相反，他认为在极端的例外情形
下，人的尊严保障具有相对性，尽管这在宪法国家的文化人类学前提方
面是有一定的限制的，并且可以针对任何反对意见提出反驳。在这方
面，他的功劳特别地体现为使这个主题的讨论变得激烈，（甚至通过一
些随笔文章）提高人们的普遍意识。

四

　　温弗里德·布鲁格在德国国家法教师协会会议上所作的报告理应得
到恰当的评价。温弗里德·布鲁格的名字第一次出现在德国国家法教师
协会的成员名单中是在该协会会刊的第 46 卷(1988 年)，此后不久，他
成为曼海姆大学的教授(第 328 页)——这种情形并不常见，一位获得教
授资格的编外讲师通常要经过多年之后才能获得教授职位。在第 63 卷
(2004 年)收录的是 2003 年在汉堡举办的会议报告，其主题是"自由与
安全的保障"。众所周知，年轻的国家法学者在适当的时间在大会上作

---

⑨　„Menschenwürde, Menschenrechte, Grundrechte", 1997.

⑩　„Gemeinwohl als Integrationskonzept von Rechtssicherheit, Legitimität und Zweckmä
ßigkeit", in: ders./S. Kirste/M. Anderheiden (Hrsg.), Gemeinwohl in Deutschland, Europa
und der Welt, 2002.

⑪　Z. B. „Legitimation des Grundgesetzes aus Sicht von Rechtsphilosophie und
Gesellschaftstheorie"(1996), dazu mein Besprechungsaufsatz, in: AöR 123 (1998), S. 476 ff.

⑫　„Trennung, Gleichheit, Nähe. Drei Staat-Kirche-Modelle", in: A. Reuter u. a.
(Hrsg.), Religionskonflikte im Verfassungsstaat, 2010, S. 119 ff.

⑬　„Gewährleistungen von Freiheit und Sicherheit im Lichte unterschiedlicher Staats- und
Verfassungsverständnisse", VVDStRL 63 (2004), S. 101 ff.

⑭　„Darf der Staat ausnahmsweise foltern? ", in: Der Staats 35 (1995), S. 67 ff.

报告没有任何保障性机制。作报告的偶然性取决于能否有机会得到一个"重要的主题"。温弗里德·布鲁格得到这样一个机会，并且很好地把握住了这个机会（另外一位报告人是古居［C. Gusy］）。他信心十足地从根本上研究这个既具有现实性又具有基础性的主题。他首先论述了"自由与安全的前现代观点"（第 103 页及以下诸页），之后论述了"警察、法治国家和社会国家的变迁"（第 121 页及以下诸页），然后论述了"社会契约理论中的现代国家目的理论"。他在两个部分中都深入论述了经典作家的理论，例如霍布斯、约翰·洛克、卢梭以及康德的理论。他将经典作家的文本放在我们时代的宪法生活中加以论述，并且在诸多分领域内提出了新的创见和理解。在第四部分，他回溯性地论述了"经典作家的理论框架对于解决现代秩序问题的能力"（第 124 页及以下诸页），这部分的论述十分具有说服力。他对于早前几个世纪的文献的理解和认知是令人惊讶的。同时，他成功地对于"基本法中的自由与安全"这个主题进行了适当的研究。特别值得称赞的是，温弗里德·布鲁格不仅聚焦于理论上的原则问题，而且以两个具体事例形象地予以阐释：煽动民众（《刑法典》第 130 条第 1 款）和党派禁止（《基本法》第 21 条第 2 款）。通过这两个事例，他继续追问，在部分地具有分歧的讨论中这反映了什么问题（第 191 页及以下诸页）。简要、精炼、明确地论述基本原则是一个优秀的国家法学者的报告应当具备的艺术技能（除了多元化的文献、自己观点的明确表达、基本评价的确定、基于经典文本的论证）。布鲁格在第九个基本原则方面的第二段表述具有典范性（第 150 页）："这种特别法规范（《刑法典》第 130 条第 1 款）受到宪法上的怀疑，总的看来，它是作为'政治氛围上的犯罪行为'而规定的，因为这与威胁性损害相去甚远。它仅是一种有危险的危险，可能只是剩余的风险，而对于表达自由的侵害应当是直接的和有目的的。"这种论点明显具有挑衅性，并且在之后的讨论中遭到反对。

　　传统上，会议报告人在德国国家法教师大会上为自己的观点辩护的环节是"最后的"和最难的环节，也是在欧洲范围内展现自己学术水平的环节，而布鲁格的论辩具有典范性。他受到了包括格茨（V. Götz）在内的赞扬（第 198 页），并且在结束语（第 209—213 页）中上升到一个学术报告当时所能达到的理论高度。所有评论人都具名、友好地同意他的论述，并且还有诸多令人信服的表达和词句：例如，"法律是为了保障和平，是国家'在必要时可以使用的利剑'"（第210页）；"如今天上午所述，在经验和法律方面，很多事物都与国家发生了偏移，但是始终存在执行的困难，甚至利用强制力也有困难，然而，我们始终都会接到更多的行政机构的命令"（第211页）。在当时的背景下，这句话是指向联合国组织的执行能力，例如，在2011年发生的利比亚战争对西方国家共同体特别是北大西洋公约组织执行联合国安理会的决议提出了考验。就此而言，布鲁格的观点几乎带有预言的性质。

德国国家法教师大会报告的结束语不仅应当散发出修辞学的光芒、证明自己理论的稳定性，而且也应当在知识认识范围内表达自己的学术信仰。在这方面，温弗里德·布鲁格的如下话语带有典范性：

> 作为一个公民，我必须强调如下内容：我们应当致力于文明的、客观的和专业的讨论，有些内容在讨论之内，有些内容则在讨论之外。但是，若出现一个事物，之后立即毫不掩饰地、生动形象地塑造这个事物，或者严重地夸大，那么我们就不应当拔出刑法之剑并且规定对于煽动民众的刑罚。在这方面，我是一个典型的自由主义者。（第213页）

"作为公民的国家法学者"——这种自白是多么地可贵！

五

还剩下什么？直至今天，这个问题仍然没有答案。人们通常可以说，在1945年之后的德国国家法理论的历史上，第一代先驱者有G. 迪里希、K. 黑塞，还有O. 巴霍夫，而温弗里德·布鲁格无疑属于第二代中的佼佼者。他典范性地将国家法理论与法哲学联结起来，他几乎是唯一能够在美国和拉丁美洲的主题范围内深入地进行比较研究的学者，他丰富和充实了关于人权的文献，他十分宽容大度地关心和爱护每一位有前途、有希望的学生，在关于他的各种纪念文集中能够明显地看到他的学术遗产得到了继承，当然也包括本文集。特别是在巴西，他同样因其个人的坦率开放和亲切和蔼而被永远怀念，在德国也是如此。他的遗产不仅仅属于他的学生。

译后记

《20 世纪公法学大师》终于译完交稿了。本书以彼得·黑贝勒（Peter Häberle）、米夏埃尔·基利安（Michael Kilian）、海因里希·沃尔夫（Heinrich Wolff）所编的《20 世纪国家法大师》（2018 年第 2 版）为基础，选择了 44 位公法学大师的内容翻译而成。诚如本书的编者所言，"任何选择都带有一定程度的主观性"。关于本书的目录，译者也曾考虑按照现代学科领域分类编排人物目录，例如，格奥尔格·耶利内克（Georg Jellinek）、汉斯·凯尔森（Hans Kelsen）等人应当归为公法理论，将海因里希·特里佩尔（Heinrich Triepel）、费利克斯·埃马克拉（Felix Ermacora）、阿尔弗雷德·费尔德罗斯（Alfred Verdross）等人列入国际公法学也几乎没有异议，但是当时相当一部分国家法学者的研究领域涉及现在的诸多学科领域，无法简单地归类为宪法学、行政法学或者其他领域，因而本书遵照原书的国家法学者的目录顺序排列。

这些 20 世纪的公法学大师的人生和学术成就令人印象深刻，令人感慨万千：有的学术大师英年早逝，有的学术大师得享天年；有的学术大师一生顺遂，有的学术大师人生坎坷；有的学术大师的经历令人激昂，有的则令人唏嘘……这些学术大师各有特性和品格，他们在不同的人生阶段做出不同的选择，这也成就了他们不同的人生，但是，相同的是他们的学术成就以及他们对于公法学和人类智识的贡献。从这些公法学大师的人生经历中，我们感受到"导师"的价值和意义：他们无一例外地都受到导师和其他老师的关心、关爱和关怀，没有他们的导师和老师，他们的人生之路和学术之路可能是另一种样态。借用卡尔·科里内克（Karl Korinek）对于任奥地利宪法法院院长近二十年的瓦尔特·安东尼奥利（Walter Antoniolli）的论述：没有他们，这些学术大师在人生的道路上不会取得如此成就。现实中的我们也承蒙导师和诸多师者的厚恩，感激之情溢于言表。在此，我们也对我们的导师和老师们致以深深的谢意！

本书是合作翻译的成果，感谢王锴、柳建龙、周万里、赵真、吴国邦等诸位老师和同学的付出与合作，同时也要感谢王静编辑的催促、认真和敬业。本书由王银宏统稿，主要是统一全书的人名、地名和一些出现频次较多的语词，在最大程度地尊重各位译者成果的基础上也作了部分译文和脚注的译改。原著中的人名主要根据商务印书馆出版的《德语姓名译名手册》（修订本）译出，其中没有的则主要根据其德语发音译出。书中不当和欠妥的译处，敬请读者诸君批评指正。

王银宏

2021 年 12 月 21 日

（辛丑年冬至）

图书在版编目 (CIP) 数据

20 世纪公法学大师 / (德) 彼得·黑贝勒, (德) 米
夏埃尔·基利安, (德) 海因里希·沃尔夫编; 王银宏等
译. — 北京: 商务印书馆, 2022
（法律史译丛）
ISBN 978-7-100-21399-8

Ⅰ. ① 2… Ⅱ. ①彼… ②米… ③海… ④王… Ⅲ. ①
公法—法的理论—文集 Ⅳ. ① D90-53

中国版本图书馆 CIP 数据核字（2022）第 115034 号

法律史译丛
20 世纪公法学大师

彼得·黑贝勒
〔德〕 米夏埃尔·基利安 编
海因里希·沃尔夫

王银宏 王 锴 柳建龙 等 译

商 务 印 书 馆 出 版
（北京王府井大街 36 号 邮政编码 100710）
商 务 印 书 馆 发 行
南京新洲印刷有限公司印刷
ISBN 978-7-100-21399-8

2022 年 10 月第 1 版　　　开本 700×1000 1/16
2022 年 10 月第 1 次印刷　　印张 40¼

定价：196.00 元